仰觀集

古文物的欣赏与鉴别

（修订本）

孙机 著

文物出版社

北京·2017

封面题签　孙　机
责任印制　陈　杰
责任编辑　王　霞

图书在版编目（CIP）数据

仰观集：古文物的欣赏与鉴别／孙机著. —2 版（修订本）
—北京：文物出版社，2015.6（2017.5 重印）
ISBN 978 - 7 - 5010 - 4307 - 1

Ⅰ. ①仰… 　Ⅱ. ①孙… 　Ⅲ. ①文物—鉴赏—中国—
文集　Ⅳ. ①K870. 4 - 53

中国版本图书馆 CIP 数据核字（2015）第 115002 号

仰　观　集

古文物的欣赏与鉴别

（修订本）

孙　机　著

*

文物出版社出版发行

（北京东直门内北小街2号楼）

http：／／www. wenwu. com

E - mail：web@ wenwu. com

北 京 京 都 六 环 印 刷 厂 印 刷

新 华 书 店 经 销

787×1092　1/16　印张：32. 75

2015年6月第2版　2017年5月第3次印刷

ISBN 978 - 7 - 5010 - 4307 - 1　定价：160. 00 元

Appreciation and Authentication of Ancient Chinese Cultural Relics

Sun Ji

Cultural Relics Press

Beijing · 2017

目　录

灵玉·礼玉·世俗玉*

八千年前，生活在辽宁阜新地区之创造出兴隆洼文化的先民，以超常的毅力和独特的技巧，磨砺出中国、也是世界上最早的一批真玉制品，器形有斧、匙、小管、玦等。其中的斧和匙属工具类，小管和玦（用作耳饰）属装饰品类。由于玉材的硬度高，制作的难度大，却又不耐磕碰，用作工具可谓得不偿失。因此，尽管它们从新石器中脱颖而出之初，有的还保留着斧、钺、刀、凿等外形，但在以后的发展过程中，这类器物却大都成为备而不用的仪饰了。故《越绝书》所称"黄帝之时，以玉为兵，以伐树木为宫室，凿地"之说，良不足信。今人或进而主张中国曾经历过一个"玉器时代"，更于理不合。在远古，与近现代相较，玉器更珍异、更难得，它所代表的首先是一种可资炫耀的符号。不过在这一前提下，还存在着许多层次：玉器既可满足一般意义上的视觉美感，又可以显示身分；既可以象征权力，又可以作为沟通天人、"与天合德"的灵物①。特别当其优良的质地被逐步深入认识以后，身价愈益非比寻常，造型亦愈益多样，有的甚至十分奇特，具体用途很难说清。像红山文化中的玉卷龙、勾云形器、突出一对漩涡眼和一排凿状巨齿的扁长形玉神面（或即《山海经·海外南经》、《淮南子·本经》等处所称"凿齿"）等；像良渚文化中琢出神徽图案，原先称为"冠状饰"或"倒梯形器"，现已知为玉梳背的精美玉件等。到底当时都是什么人在什么场合用的，均未能悉知。就连良渚文化中常见的、在江苏常州寺墩的一个墓（3号墓）里就出土了三十三件之多的玉琮，其用途也仍然被认为是"古器物学上最大的难题之一"②。只能到几千年后的儒家经典中那些虔诚的附会里去寻找答案，而其未便轻信的程度，与当代学者对它的无拘束的想象不相上下。故而早在原始社会，玉器已成为在精神领域中举足轻重、而在生产实践中作用不太大的一个特殊的器类。

这种情况到商代仍无多大变化。"殷人尊神，率民以事神，先鬼而后礼"③。甲骨刻辞中所见的情况正是如此。所以，商墓中出土的璧、琮、圭、璋等物，均应含有基于某种神话背景而被认定的灵性；它们在当时意味着什么，只从器物表面是难以看出来的。比如玉璧，这时还出现了边缘上带齿牙的新类型，旧称"璇玑"，结合《周礼·典

---

* 为在日本举办的"中国国宝展"而作。

瑞》的记载，或应称为"驵（钮）璧"。此种形制的产生很难从功能的角度作出解释。金石学家或指之为天文仪器上的构件，显然讲不通，从而迫使研究者不得不回到神话的谜团中四处摸索。当然，和原始社会中的情况一样，商代也还有若干可供实用的玉刻刀、玉容器，以及供观赏的玉制艺术品等，但它们并非商玉的主流。直到这时，大部分玉器的原型仍然是从巫觋的道具中演化出来的，故不妨称之为"灵玉"。

周代的情况则有所不同。西周初年周公平定三监之乱后，"吊二叔之不咸，故封建亲戚以蕃屏周"④。也就是通常所说的周初大封建。周王室的昆弟、子孙、姻娅、功臣，按照亲疏远近授民授疆土，在各地建立起大小不一的诸侯国。而被分封于周人固有的势力范围之外者，则与当地旧有的氏族相结合，借征服的优势推行周人的新秩序，最终在全国大部分地区构建起以血缘和婚姻为纽带的错综层叠的封建宗法关系网。直接从事生产的庶人虽处于宗法社会底层，却仍然是宗族的成员，在宗法网络的序列中有自己的位置。因而在他们和贵族之间依然笼罩着一层亲情的面纱，与商代"尊而不亲"的社会基调有别⑤。而且早在西周建国之初，周公就致力于制礼作乐。"礼起于俗"，不可能于一时一地凭空创造。同时周礼也曾因袭部分殷商旧制，即孔子所说"周因于殷礼，所损益可知也"⑥。另外，对远古流传下来的习俗，周人也有选择地适度保留，融会推演，形成了一套覆盖起各种人际关系的礼。其内容繁琐，等级森严；名物制度，揖让周旋，都有明确规定，统治阶级中"由士以上必以礼乐节之"⑦。在吉、凶、宾、军、嘉等典礼中，社会精英们都必须沿着礼所铺设的轨道作惯性运动，不容差忒。这对于维持当时的社会稳定曾起到重要作用。而玉器正是礼的载体之一。周代分封时以玉为符信。"公执桓圭，侯执信圭，伯执躬圭，缫皆三采三就。子执谷璧，男执蒲璧，缫皆二采再就"⑧。诸侯觐见天子则执玉以朝。入门奠圭，就坐取圭；无过复圭，有过留圭⑨。礼数至烦。甚至连并不被视作瑞玉的佩玉，也同样受到礼的制约。当时贵族的佩玉是以玉璜和玉管、玉珠等串联在一起的，身分愈高，璜数愈多，玉佩愈长，行步也愈迟缓，故有"改步改玉"或"改玉改行"的说法⑩。在《礼记·玉藻》中，还对行走时玉佩所发之"玉声"提出要求："右徵、角，左宫、羽；趋以《采齐》，行以《肆夏》。"即诸玉件因自击而锵鸣时，尚须合乎音律，形成和声，还要在不同的步伐下与不同的乐曲相谐。其规定细致得不可思议。而这一切都是为礼制服务的，故多数西周玉可以称之为"礼玉"。

春秋后期，特别是到了战国时代，诸侯国之间的为争霸而战，变成了为统一、为独占天下而战。郡县制、国家授田制、军功爵制、法家学派等相继横空出世。西周之用于维持秩序、保持稳定的礼乐文明，尽管"郁郁乎文哉"，却已不合时宜；遂礼崩乐坏，走下历史舞台。

与尊神事鬼的商、封建宗法的西周不同，汉代面临着新的形势，采取的是新的路线。这时讲外儒内法，讲杂霸政治，"灵玉"和"礼玉"的存在空间已被大大压缩。

汉代人对待琮的态度可作为这方面的典型事例。直到西周时，琮还是玉器中的重器。至春秋战国，此物虽渐趋式微，但在长沙浏城桥 1 号墓、随县曾侯乙墓等大墓中，琮仍出土于墓主头边，地位仍相当尊崇⑪。可是到了汉代，在江苏涟水三里墩汉墓中所见者，玉琮下面已被装上银鎏金四鹰足底座，成为一件工艺品了⑫。在满城 1 号墓中，可能是前代遗留的琮更被改造成玉柙上的生殖器罩，亵慢之至⑬。再如《礼记·内则》谓"子事父母"所用的"事佩"中有觿和玦。觿是解结锥。玦亦作决。《诗·小雅·车攻》："决拾既佽，弓矢既调。"毛传："决，钩弦也。"决又名韘。《说文·韦部》："韘，射决也，所以拘弦。以象骨，韦系着右巨指。"因为我国古代张弓时用右手的拇指勾弦，而将食指、中指压住拇指，和西方用右手的食指、中指、无名指一同弯过来拉弦的方式不同；所以张弓时用以护指的指套——韘，乃固定在右手的大拇指上。可是《内则》说的是清晨"鸡初鸣"，到父母住处"下气怡声"嘘寒问暖的情况，不比《车攻》中描写的是"修车马，备器械"，进行田猎，有类于实战演习的场合。人子为问候早安而整饬武备，似乎不好解释。其实不然，因为韘还有用作佩饰的功能。如《诗·卫风·芄兰》毛传所说："韘，玦也，能射御则佩韘。"可见佩韘表示此人已有资格充任武士。同样，"觿所以解结，成人之佩也"⑭。则佩觿还是成年人的标志。从实物资料看，此说并非虚语。制韘的材料可以是玉棘（一种纹理适合做韘的坚木，见《仪礼·士丧礼》）或骨角，但也有玉制的。玉韘初见于殷墟妇好墓，是一段随拇指的曲度琢成的短管，下口平齐，上口稍偏斜。外侧有两孔，以备穿绳将它缚于腕部。内侧有缺刻，用于拘弦（图 1-1）。其后在演变的过程中，管的高度越来越矮。山西太原金胜村春秋墓出土的玉韘，管壁之侧且旁出小钩以拘弦。湖北荆门包山战国墓出土的骨韘，形制虽与金胜村玉韘相近，但管壁更矮⑮（图 1-2：1、2）。而山东巨野红土山西汉墓所出者，几乎成为扁平的椭圆体，因为偏斜之韘管的正投影接近此形。

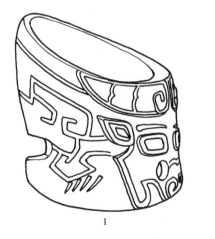

1 2

图 1-1 商代的韘

1. 河南安阳妇好墓出土玉韘 2. 韘的使用方法（仿夏鼐）

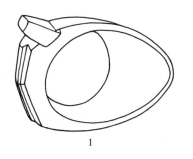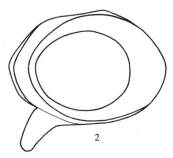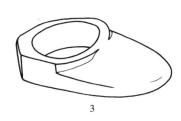

图 1-2 玉韘和骨韘

1. 山西太原金胜村春秋墓出土玉韘 2. 湖北荆门包山战国墓出土骨韘 3. 山东巨野红土山西汉墓出土玉韘

图 1-3 系结在组带上的骨韘，湖北江陵杨场楚墓

其拘弦的小钩也被略去，已经从实用器变成装饰品了（图 1-2:3）[16]。湖北江陵杨场楚墓墓主人系结的组带上，就穿着一枚琉璃珠和一枚骨韘[17]。后者正如《内则》所说，应是"事佩"之类礼仪性的佩饰（图 1-3）。而且在上述红土山那座汉墓里，还出土了构图更加繁复的玉韘。图案的主体是由椭圆形发展而成的合尖向上拱起的所谓"鸡心形"，两侧附益透雕的卷云纹。再进一步，如天津市艺术博物馆所藏之品，周围环绕龙、虎、螭，虎躯且自韘孔中穿过。诸兽腾踔搏噬，当中之韘形反而退居次要地位，可见它完全成为饰物了（图 1-4）[18]。更有的甚至将韘和觿组合在一起，还附着上许多雕饰，既不能拘弦也难以解结，从功能甚至礼制上说均不成名器。河北定县 40 号汉墓、河南永城僖山汉墓，以及江苏扬州甘泉汉墓出土者均可为例（图 1-5）[19]。

多璜组玉佩在汉代也基本消失了，除了在可以视为"后战国"式的汉初之南越王墓外，此物很少发现。大贵族必须小步慢行的周礼已不再讲求。高祖时，"群臣饮酒争功，醉或妄呼，拔剑击柱"，要他们走出"接武"、"继武"的步子来，大概是做不到的[20]。虽然以后制定朝仪，情况有所改善，但显然没有必要再以长长的玉佩节步了。而且反映汉代官员级别高低的标志物是印绶。绶的起源虽与串联佩件之组有关，可是这时它一般只

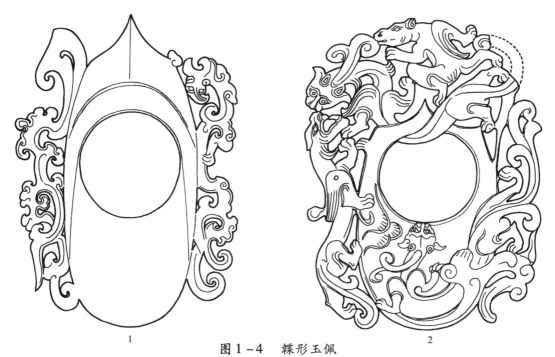

图1-4 韘形玉佩

1. 山东巨野红土山西汉墓出土　2. 天津市艺术博物馆藏

图1-5 韘螭合体的玉佩

1. 河北定县40号西汉墓出土　2. 河南永城僖山西汉墓出土　3. 江苏扬州甘泉西汉"妾莫书"墓出土

是一条带子。绶间偶有施玉环的,亦仅寥寥数枚,与组玉佩无从比附。

壁的没落要迟缓一些,西汉时仍以璧作为祭祀用玉。山东荣成成山头曾发现埋有玉璧的祭玉坑,可能是武帝"礼日成山"时所瘗[21]。但不少汉代大墓中却以玉璧随葬。河北满城1、2号墓中共出玉璧六十九件,其中二十六件还是镶嵌在2号墓主棺木上的。有些汉墓中的"温明"(头罩)也镶嵌玉璧。这种做法应与祭天礼神无关,纯粹是为亡人辟除邪厉,祈求冥福用的。而汉代构图最别致的玉璧应推"出廓璧",即在玉璧的圆形轮廓外再附益纹饰。满城1号西汉墓出土的一件玉璧,边缘上方高踞二龙,龙的头顶上再雕出卷扬的云纹。其下部之圆形璧的直径为13.4厘米,上部增加的云龙雕饰却达16.5厘米,完全突破了"璧圜象天"的传统模式[22]。东汉时,此风更为流行,河北定县43号墓所出上部附以龙虎衔环纹的出廓璧,两侧再各附一龙为耳。使其整体呈弧底的钝三角形,显得稳定而优雅。这时的出廓璧还有透雕吉语文字的。如江苏扬州老虎墩及山东青州马家冢两地的汉墓中均出"宜子孙"璧,北京故宫博物院的藏品中还有"长乐"璧和"益寿"璧(图1-6)[23]。它们显然更不宜祀神,在现实生活中,这类玉璧之最具可能性的用途是充当"璧翣"。《礼记·明堂位》郑注:"周又画缯为翣,戴以璧,垂五采羽于其下,树于簨(钟虡横木)之角上。"汉代将此物作为豪华的

图1-6 "宜子孙"玉璧,江苏扬州甘泉老虎墩东汉墓出土

室内装饰。《西都赋》、《西京赋》描写长安宫殿之室内布置时都提到"金釭衔璧"，"络以美玉"。《三辅黄图》也说未央宫"黄金为壁带、间以和氏珍玉，风至其声玲珑然也"。汉代在屋内悬璧翣的情况在沂南画像石等处表现得很具体，其中虽未刻画出廓璧，但把它们悬在这里，正是相得益彰（图1–7）。

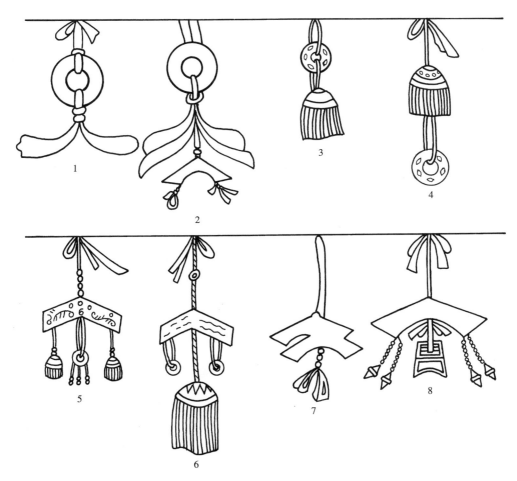

图1–7　汉代图像中所见璧翣纹

1. 长沙马王堆1号墓朱地彩绘漆棺　2. 同墓出土的帛画　3～6. 沂南汉墓画像石　7、8. 长沙沙子塘 1号墓外棺漆画

当前一历史时期的祭玉、瑞玉等在汉代逐渐淡出之际，却出现了新兴的汉式葬玉。像以几千块玉片组成的玉柙，用玉量之大，骇人听闻[24]。再如玉九窍塞、玉琀、玉握和玉尸枕之类，虽然有的有其传承，但汉墓中的配置最为完备。它们固然与汉代的丧葬制度不无关系，不过葬玉毕竟与礼玉不同。汉因秦制，律令烦苛，这时并不是一个礼治的社会，汉玉中能确指为礼玉者不多。

同时，汉代之日常用玉的品种增加。某些器物后面还可能有制度的背景，比如以

摽、首、镡、璏四者构成的玉剑具，就不是其他材质可以轻易代替的，其选料的情况
颇类唐代以降之玉带銙。在玉剑具中，玉摽和玉璏的形制最富变化。玉摽有梯形的、
多角形的，和攀附着各种浮雕或透雕的异兽。玉璏有单檐的、双檐的、双卷檐的，
其上也常带有浮雕的兽形[25]。玉璏当中的大孔可贯剑带以佩剑，这是我国特有的佩剑的
方式。它曾向远西传播，贵霜、萨珊以至希腊、罗马武士都有仿效此法以佩刀剑的例
子。汉之玉璏曾在南俄出土，黑海地区之萨尔马泰人的遗物中也多次发现汉代玉璏[26]。
他如玉环佩、玉带钩、玉带扣、玉耳珰、玉胜、玉玺印、玉刚卯、玉樽、玉杯、玉卮、
玉砚滴以及其他玉制观赏品等，在汉代遗物中均不乏极精美者。但概略言之，它们既
不宜视作礼玉，更不宜视作灵玉，只不过是些高等级的实用品。因此，似可称之为
"世俗玉"。此名称虽不够雅驯，亦未通行，却比较符合汉代的实际情况。倘使此说得
以成立，则我国从原始时代到汉代的玉器，大致经历了灵玉—礼玉—世俗玉等三个阶
段。当然，就器物发展演变的全过程而言，不同的阶段之间从来都不能截然断开；模
糊、混合、包容的现象永远不能排除；旧风习在新时期中还会有不同程度的残留。但
在不同的发展阶段上，却总表现出不同的特色。把握住这一点，则对于各个时期的玉
器的性质的认识，或将不无小补。

（原载《"中国国宝展"图录》，2004 年。收入本集时作了修改补充）

注 释

① 晋·傅咸：《玉赋》，《艺文类聚》卷八三引。
② 张光直：《谈"琮"及其在中国古代史上的意义》，载《中国青铜时代》第 2 集，三联书店，1990 年。
③、⑤《礼记·表记》。
④《左传·僖公二十四年》。
⑥《论语·为政》。
⑦《荀子·富国篇》。
⑧《周礼·典瑞》。
⑨《仪礼·觐礼》。《尚书大传》，《御览》卷八〇六引。
⑩《左传·定公五年》。《国语·周语中》。
⑪ 湖南省博物馆：《长沙浏城桥一号墓》，《考古学报》1972 年第 1 期。湖北省博物馆：《曾侯乙墓》上册，第 414
页，文物出版社 1989 年。
⑫ 南京博物院：《江苏涟水三里墩西汉墓》，《考古》1973 年第 2 期。
⑬ 中国社会科学院考古研究所、河北省文物管理处：《满城汉墓发掘报告》上册，第 356 页，文物出版社，
1980 年。
⑭《诗·芄兰》毛传。
⑮ 金胜村出土韘，见《中国玉器全集》卷 3，图 50，河北美术出版社，1993 年。包山出土韘，见《包山楚墓》上
册，第 264 页，文物出版社，1991 年。

⑯ 山东菏泽地区汉墓发掘小组：《巨野红土山西汉墓》，《考古学报》1983 年第 4 期。

⑰ 彭浩：《楚人的纺织与服饰》彩图 45，湖北教育出版社，1996 年。

⑱ 《中国玉器全集》卷 4，第 238 图，河北美术出版社，1993 年。

⑲ 定县出土者，见河北省文物研究所：《河北定县 40 号汉墓发掘简报》，《文物》1981 年第 8 期。永城出土者，见《中国玉器全集》卷 4，第 180 图。甘泉出土者，见扬州市博物馆：《扬州西汉"姜莫书"木椁墓》。《文物》1980 年第 12 期。

⑳ 《史记·叔孙通列传》。

㉑ 《汉书·武帝纪》。

㉒ 《周礼·春官·大宗伯》郑注。

㉓ 见注⑱所揭书第 249、265、266、267 图。

㉔ 玉柙亦作玉匣，即《礼记·檀弓》、河北平山中山王墓出土《兆域图》所称"椑棺"。霍光下葬时，汉廷曾赐"珠玑玉衣"，今人因称玉柙为玉衣，实不确。此玉衣与《汉书·外戚传》说的"珠玉之衣"相当，是在衣上施珠玉，与玉柙不同。又《东观汉纪·耿秉传》言"赐朱棺玉衣"，其说为《后汉书》袭用。但这里的"朱棺玉衣"实即《后汉书·邓骘传》之"锦衣玉匣"、《梁竦传》之"玉匣衣衾"的略语。"衣"自衣，"匣"自匣，二者判然有别。

㉕ 参见拙文《玉具剑与璏式佩剑法》，《考古》1985 年第 1 期。

㉖ 参见拙著《汉代物质文化资料图说（增订本）》，第 523 页，上海古籍出版社，2008 年。

神龙出世六千年

中国被称作"东方巨龙",不论居住在世界上哪个地区的中国人都被称作"龙的传人",这是一个约定俗成、已得到广泛认同的观念,因为龙和中国人的关系实在太密切了。苏秉琦先生于《华人·中国人·龙的传人》一书中,从考古学的角度对此作了阐述。在现代中国,带"龙"字的地名,像龙门、龙口、龙岩、龙华、九龙、后龙等,粗略统计已不下五百个;如果将古今带"龙"字的人名加在一起,更是个天文数字。明末来华的传教士将"龙"译为外文时,套用了西方的 Dragon 一词,其实二者毫不相干,这是在两种全然不同的神话和历史背景下的产物。喷火的 Dragon 代表邪恶,而出没于云霭间的龙代表吉祥。用 Dragon 顶替中国的龙(Loong),可谓牛头不对马嘴。

但是,什么是龙?宋人程颐在《伊川语录》中说:"龙只是兽,茆山华阳洞常有之。"太轻描淡写了,不知道这位理学大师何所据而云然,因为伊川先生尊崇的先师、儒家学派的创始人孔子并不是这样讲的。《庄子·天运篇》称,孔子见老子之后,情绪不能平静,三天不开口说话。弟子问;"夫子见老聃,亦将何规哉?"孔子曰:"吾乃今于是乎见乎龙。龙,合而成体,散而成章,乘云气而养乎阴阳。"用以比拟老子的龙在这里已被推上超凡脱俗、变化无常,"本合而成妙体,妙体穷冥。迹散而起文章,文章焕烂",神奇到莫测高深的地步了[①]。这是中国古文献中对龙最早的描述,但太玄妙,难以捉摸。稍后,在《管子·水地篇》中出现了另一种说法:"龙生于水,被五色而游,故神。欲小则化如蚕蠋,欲大则藏于天下,欲上则凌于云气,欲下则入于深泉。"这些话虽然也说得很神,但却引进了一些量的概念,比《庄子》中的说法稍稍具体。可是神龙原非池中物,岂能受量的束缚。于是刘向在《说苑·辨物篇》中遂先之以突破,继之以发挥:"神龙能为高,能为下,能为大,能为小,能为幽,能为明,能为短,能为长。昭乎其高也,渊乎其下也,薄乎天光,高乎其著也。一有一亡,勿微哉,斐然成章。虚无则精以和,动作则灵以化。于戏,允哉!君子辟神也。"这段话后来被许慎压缩在我国第一部字典《说文解字》里,成了龙的经典性的定义。《龙部》:"龙,鳞虫之长,能幽能明,能细能巨,能短能长。春分而登天,秋分而潜渊。"其实仍让读者找不到感觉,因为它只着眼于行为,忽略了形象;而历史上的龙,首先是存在于它的艺术形象之中。

后来,宋·罗愿《尔雅翼》卷二八引王符曰:"龙,其形有九似:头似驼,角似鹿，眼似兔，耳似牛，项似蛇，腹似蜃，鳞似鲤，爪似鹰，掌似虎是也。"此前，孔子、庄子、管子、刘向以及许慎提到龙，都是绕着弯子避开具体问题，高谈阔论，决海吞江，神乎其神，玄而又玄。王符用"九似说"把它坐实了，却又走上另一极端，这种用驼、鹿、兔、牛等动物的器官拼合成的龙，也太僵硬板滞了，简直是拼凑起来的一堆积木，灵异的禀赋几乎无存。不过纵然不依从九似说，龙的形象也总应有所本。但其所本为何，古今各家的说法却分歧很大。王东《中国龙的新发现》一书中列举出蟒蛇、扬子鳄、湾鳄、大蜥蜴、鱼、鲵、马、牛、猪、鹿、羊、狗、虎、鹰、恐龙、云、闪电、黄河、星象诸说[2]。此外，这本书中未提到的还有极光、龙卷风、雷声、虹、河马以及松树等[3]，可谓众说纷纭，莫衷一是。看来为解决这个问题，有必要先对原始的龙的形象加以界定，否则茫茫大千，各种动植物和无生物都被拿来与龙相比附，头绪日繁，治丝益棼，势将无法得出结论。其实，它本有现成的客观标准，最直截了当的鉴别方法就是以我国早期的象形字、如甲骨文中的龙字（ ，后下：6：14）为据。这个字的特点是前有大头，后部为几乎卷曲成环形的短躯，可以说，凡与之相同或相近的形象即龙。在甲骨文之后，"龙"固然还在不断地发展演变，但已有轨迹可寻。而在甲骨文出现之前，有些原始艺术品中的动物形象与后世之三停九似、充分夸张的龙形或有某些约略接近之处，但和上述象形的龙字差别很大，至少商代人并不承认这是龙。当时在语言中如何称呼它，是否叫作龙？如若找不到真正能站得住脚的文献支持，诚难以回答。比如内蒙古赤峰敖汉旗兴隆洼赵宝沟文化的房址中所出陶尊上的猪首蛇身形动物、河南濮阳西水坡 45 号仰韶大墓所出蚌砌鳄形动物、陕西宝鸡北首岭所出仰韶陶壶上的鲵形动物与甘肃武山傅家门所出马家窑陶瓶上的六足形动物等均属此类，它们都和甲骨文龙字所示之形不侔（图 2－1）[4]。倘使不杂以后世的眼光，不出以概然的判断，要用科学方法证明它们是龙，恐怕相当困难。

那么，在商代以前，原始社会中有没有与甲骨文龙字相近的艺术形象呢？对此，首先应举出的是红山文化中的玉卷龙。在内蒙古赤峰巴林右旗羊场及那斯台、巴林左旗尖山子、敖汉旗大洼、翁牛特旗三星他拉及黄谷屯，河北围场下伙房、阳原姜家梁、辽宁建平牛河梁、富山，吉林农安左家山等地均曾出土[5]。国内外还藏有一批传世品。其显著的特点正和上述龙字一样，躯体卷曲：有的首尾连接如环形；也有缺而不断的；还有当中留出隙缝如玦形的（图 2－2）。其前端都有一个被强化和神化了的大头，由于并非用写实手法表现的，很难辨识是何物种；过去曾认为是猪头，显然太离谱。此类玉卷龙在红山文化分布区之外、于濒临长江的安徽含山凌家滩及江汉平原的湖北天门肖家屋脊也出过，造型与红山诸例基本一致。凌家滩所出者头上还有两只角，背上有通到尾部的鳍，显得更有灵气（图 2－3）[6]。再往后，在河南安阳商代妇好墓等处仍出这类玉卷龙（图 2－4）[7]。它的传播面如此广袤，历时如此久远，造型如此固定，似

图 2-1　新石器时代若干特异的动物形象

1. 河南濮阳西水坡仰韶大墓墓主身侧之蚌壳砌出的两个动物　2. 西水坡大墓墓主左侧砌出的动物疑似鳄鱼（仿刘洪杰、李文翎）　3. 内蒙古赤峰兴隆洼出土陶尊上的猪首蛇身动物　4. 陕西宝鸡北首岭出土陶瓶上的鲵形动物　5. 甘肃武山傅家门出土陶瓶上的六足动物

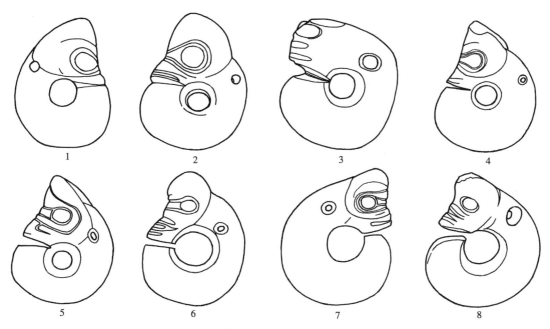

图 2-2　红山玉龙

1. 敖汉旗干饭营子出土　2. 河北围场下伙房出土　3. 吉林农安出土　4. 巴林右旗羊场出土　5. 辽宁建平牛河梁出土　6. 巴林左旗尖山子出土　7. 巴林右旗那斯台出土　8. 辽西地区征集品

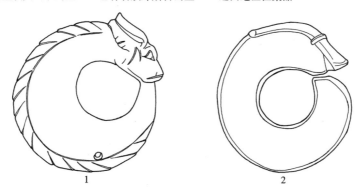

图 2-3　南方的玉龙

1. 安徽含山凌家滩出土　2. 湖北天门肖家屋脊出土

乎不能没有与之相联系的神话传说和自然界中实有的生物作为其立意和造型的基础。

　　求之古文献，则远在中华古史中的黄帝时代，就出现了和卷龙相关的记述。《史记·封禅书》："黄帝得土德，黄龙、地蟥见。"《五帝本纪》说，轩辕"有土德之瑞，故号黄帝"。索隐："炎帝火，黄帝土代之，即黄龙、地蟥见是也。"蟥有两种解释。一说蟥即蚯蚓（《封禅书》集解引应劭说）。但蟥又训螾（《说文·虫部》）。《尔雅·释虫》"螾蚓"，郭璞注："即蚓蟺也。"《文选·琴赋》张铣注："蚓蟺，盘旋貌。"《说文·虫部》也说："蟺，夗蟺也。"段玉裁注："夗，转卧也，引申为凡宛曲之称。"则蟥又指躯体盘旋卷曲之虫。这样，它和《封禅书》里说的"黄龙"就互相靠近了。因为《说文·虫部》说：

图 2—4　商代玉龙
1. 安阳妇好墓出土　2. 安阳孝民屯南 701 号墓出土

"螭，若龙而黄，北方谓之地蝼。"蝼也是黄帝时期的祥瑞。《吕氏春秋·应同篇》："凡帝王之将兴也，天必先见祥乎下民。黄帝之时，天先见大螾、大蝼。"《封禅书》所记者，与之似同出一源。其大螾相当地螾，大蝼则相当于"若龙而黄"的黄龙即地蝼。由于它是上天见示之祥，故又不妨称作"天蝼"。《尔雅·释虫》和《大戴礼记·夏小正》都说蟊即天蝼。《方言》卷一一，螻蛄"或谓之蟪蛄……或谓之天蝼"。又说明天蝼即螻蛄。资、齐皆为脂部从母字，标声时可相通假，古文献中不乏例证[8]，故螻蛄亦作蛴螬。古代将多种类似甲虫的昆虫之幼虫都叫蛴螬，但主要指金龟子的幼虫，它生活在土壤中。因而从生活习性上说可以叫地蝼；从神话的角度说，又可称之为天蝼。金龟子的蛴螬卷曲如环，头尾几乎碰到一起。豆象的幼虫也叫蛴螬，却只弯成大半个圆弧形（图 2—5）。二者均堪称夗蟺，也正和红山玉卷龙的造型相合[9]。

远古之人为什么重视这种昆虫？可能是着眼于其从幼虫到成虫的变化过程。《论衡·无形篇》："蛴螬化为复育，复育转而为蝉。"蝉的幼虫亦名蛴螬；虽然蝉与金龟子不同，但它们之成长蜕变的生理机制类似。而且螾字本身就含有生长运动的用意。《淮南子·天文》："斗指寅，则万物螾。"高诱注："螾，动生貌。"《史记·律书》："寅，言万物始生，螾然也。"而《管子·水地篇》说，龙"欲小则化如蚕蠋，欲大则藏于天下"，更极尽螾动之能事。这里的蚕亦指蛴螬，因为它亦名"地蚕"。蠋则是与之相近的蜻蛚，即天牛的幼虫[10]。《史记·五帝本纪》索隐又说："螾，土精，大五六围，长十余丈。"是极言其大。不过这和说小如蚕蠋或蛴螬并不矛盾，因为龙"能为大，能为小"；螾动变化，了无拘束，正是它的特性。马王堆 3 号汉墓所出帛书《易传·易之义》中就说龙有"七十变"。故上述两种形态均不失龙的本色。远古之人贴近自然，他们对蛴螬的观感，跟今天大不相同。《诗·卫风·硕人》："领如蝤蛴。"孔颖达疏引孙

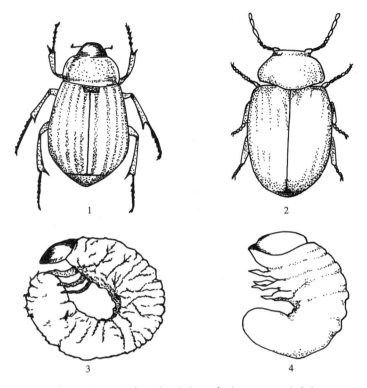

图2-5 两种甲虫（上：成虫 下：幼虫）
1. 金龟子 2. 豆象 3、4. 蛴螬

炎曰："蛴螬……关东谓之蝤蛴。"用这种冰凉的白虫子比拟美人的颈部，现代女性恐断难接受。可那时却会附会上若干神话成分，使得它非比寻常。只是这些传说的大部分细节已然湮灭，今天已无法将关于蛴螬的神话勾画完整。然而通过红山文化的玉卷龙，却使人认识到地蟥、地蝼等反映出的正是龙之"能短"、"能小"的一面，故可作为土德之瑞的代表。

商代玉器之动物造型，曾自新石器时代不同的古文化中汲取营养，如蝉纹和凤纹得自石家河文化，鹰纹中含有山东龙山文化的成分，龙纹则以红山文化的玉卷龙为祖型。在商周之际，红山玉器是著名的宝物。《尚书·顾命》记康王践阼时，堂上东、西序所陈之物中有大玉、夷玉、越玉。马融说夷玉是"东夷之美玉"。《尔雅·释器》："东方之美者，有医无闾珣、玗、琪焉。"医无闾山在辽河西岸，山名自上古沿用至今。《周礼·夏官·职方氏》："东北曰幽州，其山镇曰医无闾。"郑玄注："镇，名山安地德者也。"而据《尔雅·释地》郭璞注，幽州的范围"自易水至北狄"，则自今河北中部直到东北，都要仰仗医无闾山来"安地德"。《尔雅》所称"东方"，应泛指这一地区。医无闾山以产玉著称。《楚辞·远游》："夕始临乎微闾。"王逸注："东方玉山也。"红山文化诸遗址正分布在医无闾山周边。玉器专家邓淑苹认为大玉、夷玉、越玉可看作是代表华夏、东夷、苗蛮三大氏族集团的"古玉三大分系"⑪。所以《尚书》中称道的夷玉似即红山玉器。先秦时它一直受到宝爱，陕西韩城梁带村26号春秋墓中仍出土红山文化的玉卷龙，可以为例⑫。

龙最先出现于夷玉，而为中原的华夏族所接受。但是，是什么原因促使先民创造这种形象的呢？一种回答是：它是图腾标志。图腾一词来自美洲印第安奥吉布瓦方言。每个印第安氏族都有自己的图腾，大部分为动物，氏族成员认为自己和图腾动物有共同的祖先，甚至把图腾动物就看作自己的祖先，并且此图腾动物的形象也就成了本氏族的徽识。在印第安氏族的遗物中，图腾徽识占有显著地位。但图腾制并非世界各族在原始社会时必须遵循的制度，我国古代主要是祖先崇拜和萨满崇拜，自考古发掘中看不到图腾崇拜的迹象。我国已发掘的新石时器时代古墓葬不下十多万座，但在出土物中却找不出哪怕是一个氏族的成员所共同拥有的图腾徽识。解释龙的形象的形成，有人又提出所谓"图腾兼并说"或"综合图腾说"，认为龙系由多种图腾结合而成。但两个不同氏族的男女缔结婚姻，并不会导致图腾的融合。如果两个氏族发生战争，胜利者也不会把失败者的图腾兼并过来。鉴于图腾的排他性，这种兼并乃至融合在印第安人那里都不曾发生，更不要说在中国了。古代中国各族虽然也有自己的关于始祖诞生的神话，但这和笼罩全社会的制度性的图腾崇拜有本质上的区别。

实际上龙是一种代表升腾变化的吉祥物。作为吉祥物，它可以如九似说所称，将众美萃于一身。作为吉祥物，它不仅不只是属于某一氏族的，而是泱泱中华亿万公众和诸多民族所共同拥有的。它既有弹性又有韧性。翻开龙的历史，其造型之多变令人目为之眩，千种姿态，万般风流：既可作成威严凝重的庞然大物之形，又可变为蜷曲蟠结的小巧玲珑之状。把它装饰在任何器物之上，充填于任何图形之中，均可契合无间，挥洒自如。它既可以精细加工，银鳞金甲，耀日生辉；也可以在水墨画中变成艺术家的笔下逸气，纸上云烟。总之，作为吉祥物，就没有任何禁忌，不设任何樊篱。但这并不是说龙没有神性，商代甲骨卜辞中出现的龙字，虽然好多都是当人名、地名用的，但也有表明龙具有神性的记事，如"其作龙于凡田，有雨"（合集29990）。可见作龙就有雨。又如"壬寅卜，宾贞，若兹不雨，帝佳兹邑龙不若"。王固曰："帝佳兹邑龙不若"（遗珠620）。龙意不若（顺）就不下雨。均显示出龙是司行雨的神。既然是神，则须有灵异之处，而对龙的形象不断进行艺术加工，就是使之日益神化的手段。

必须指出的是，只有卷体状才是真正的原始龙纹。红山文化流行期比商代早几千年，可是商代玉龙的基本轮廓仍奉红山玉卷龙为圭臬，说明它是一种为公认的神话所支持、世代流传、相沿不替的定型的图案。这种观念一直延续到周代。《左传·昭公二十九年》记蔡墨说："其《夬》☰☰曰：'亢龙有悔。'"亢龙是不吉之占。闻一多在《周易义证类纂》中释亢龙为直龙，谓龙欲曲不欲直。李镜池在《周易通义》中也说："曲龙吉，直龙凶。曲龙是正常的，直龙则反常。"曲龙就是卷曲的龙，即卷龙。据《周礼·春官·司服》:"享先王则衮冕。"郑玄注引司农曰:"衮,卷龙衣也。"《礼记·玉藻》:"龙卷以祭。"郑玄注:"龙卷,画龙于衣。字或作衮。"孔颖达疏:"卷谓卷曲。画此龙形卷曲于衣,以祭宗庙。"可见在极其隆重的礼服——衮冕服上,周人画的也是卷龙。不过在对龙的形象进行艺术加工的过程中,其体型变得日益生动。龙的尾部虽多向内卷,但也有外翻的。商代之同一类型的玉龙中,尾部内卷、外翻者并存,铜器纹饰中也是如此(图2-6)。如将它们区别为两个物种,是没有说服力的。从字形上看,甲文宠字可作🐉(合集7358)、作🐉(续5.34.5),亦可作🐉(乙7143),其所从之龙字的尾部既可内卷亦可外翻,甚至外翻后再内卷,所以不能依据尾巴摆动的姿势把它们释为不同的字[13]。商周之际的子龙诸器中,子龙觚与子龙爵铭文中之龙字的尾部内卷,子龙鼎铭文中之龙字的尾部则外翻,亦可作为二形相通之证(图2-7)[14]。唐兰先生认为,只有"虬曲而尾向外"的才是龙字;"蟠结而尾向内"的,则被认为"其形迥异"[15]。可是若干相当明确的商代龙纹,其尾部皆内卷,难道能因此而认为它们不是龙吗?何况尾部内向的卷龙到了西周、东周乃至西汉仍然常见,如依尾式将它们悉数否定,是讲不通的。更有学者将🐉字释蠃,将红山文化遗物以至妇好墓中出土的玉龙皆改定为玉蠃。其实甲文蠃字作🐉(合集31084),从蠃的赢字在金文中作🐉(庚赢卣),所象之形均强调其背上之奇特的戟刺状物,自别有所指;故🐉、🐉两字不能混为一谈[16]。而且先秦时有关龙的神话连篇累牍,却未曾见过蠃是何种神物的记述,更表明蠃无法攘龙的地位而代之。

红山玉卷龙并不像蛇。到了夏代,在山西襄汾陶寺3072号墓出土的陶盘上却绘出口吐长舌、身上画满鳞甲的接近蛇形的卷龙,从而与蜿、蝼等昆虫逐渐拉开了距离(图2-8)[17]。而且商代的这类龙形上的鳞纹,有的又发展了陶寺龙鳞之葺瓦式的构图。如安阳小屯村北18号商墓及妇好墓出土的铜盘,所饰龙纹在龙身上排列套叠的菱形,显得锋棱峭峻,更像大蛇的鳞甲[18]。《韩非子·说难》中曾提到"夫龙之为虫也"如何如何,此虫字读hui,正字作虺,指一种蛇。在《说文》中,它和读chong的蟲,不仅是两个不同的字,而且是两个不同的部首。《虫部》称:"虫,一名蝮。博三寸,首大如擘指。象其卧形。物之微细:或行、或飞,或毛、或蠃,或介、或鳞,以虫为象。"但古书经历代翻刻,有时会将虫、蟲互讹。《左传·昭公二十九年》:"魏献子问于蔡墨曰:'吾闻之,蟲莫知(智)于龙。'"此蟲字实应作虫。可见这时已将龙视若蛇类,即所谓:"鳞虫之长。"上述夏、商之龙,有的已进入这个范畴。

多数红山玉龙没有明确的角,凌家滩玉龙和陶寺陶盘上的龙纹却有角。有些商代的龙更将这一部分强化,出现了瓶形角。甲骨文中的龙字或作🐉(京4889),对之亦有所反映。此字亦作🐉(乙5409),瓶形角简化为▽形;周代金文中的龙字作🐉(龙母尊)者与之相近。后来小篆中的龙字作🐉,即由此发展而来。添上角的龙字当然要比无

图 2-6　商代之尾部外翻（左侧图）和内卷（右侧图）的龙

1~4. 玉龙，安阳妇好墓出土　5. 三联甗，妇好墓出土　6. 铜戈（内部），妇好墓出土　7. 铜钺，陕西城固五郎庙出土　8. 铜胄，安阳侯家庄西北冈 1004 号墓出土

图2-7 子龙诸器的铭文
1. 子龙鼎 2. 子龙壶 3. 子龙瓿 4. 子龙爵

图2-8 陶盘,襄汾陶寺出土

角的原始龙字出现得晚。除了瓶形角，商代的龙角还有作螺形的。殷墟西北冈 1005 号墓中曾出土两件铜中柱旋龙盂，围绕中柱的四条龙，两条为瓶形角，另两条为螺形角。林巳奈夫还举出一件收藏在国外的晚商铜鼎盖，其上饰两龙头相对，一龙为瓶形角，另一龙为螺形角（图 2-9）[19]。两种角型不同的龙以对比的方式出现，其中肯定包含某种用意。《汉书·司马相如传》："蛟龙赤螭。"颜师古注引张揖曰："赤螭，雌龙也。"既言雌龙，则可推知汉代人认为龙分雄雌。再向前追溯，在西周器物上，螺角龙

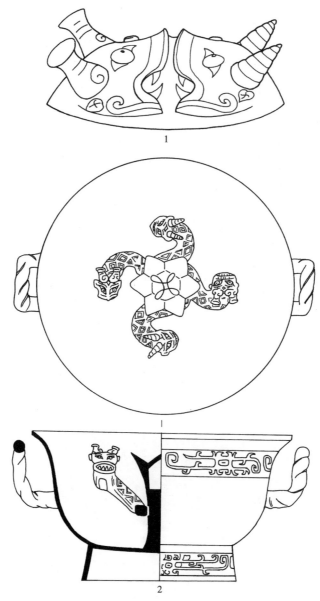

图 2-9　商代的瓶角龙和螺角龙
1. 饰对龙首的鼎盖　2. 中柱旋龙盂，安阳侯家庄出土

罕有充当纹饰之主题的；它们大多用作铜匜之耳。相形之下，瓶角龙却往往被安排在显著的位置上。那么，是否可以作这样的推测：即瓶角龙为雄龙，螺角龙为雌龙呢？虽然目前尚无确证，不能断定。此外，商龙的足也逐渐成形。红山玉龙无足。商代玉龙有的在腹下有轮廓不甚明晰、几乎是象征性的足状物，从中还能看到其祖型蛟蟠的三对伪足的影子。商代铜器上的龙纹则大多有二前足。1973年在安阳小屯宫殿区附近采集到一件石磬，其上之龙纹类蛇，但有瓶形角，有生利齿的巨口，龙身有鳞甲，背上有一条脊棱，还有明确的、带五爪的前后足（图2-10）[20]。后世之龙的基本特征，到这时初步齐备。

图2-10　石磬，安阳小屯采集

西周龙多继承商代的传统式样（图2-11）[21]。但引人注意的是，西周早期还出现了一种别具一格的西周式涡卷龙纹，比如天亡簋的器腹和方座上就饰以此种龙纹。这件铜器是武王克商后回到周都，大会诸侯、告天告庙、庆祝胜利之际，一位有功之臣所铸，它的铭文不像一般的套话，称为祭祀其祖考而作器，却强调"敏扬王休于尊簋"，也就是说铸簋是为了颂扬武王的勋业。像这样一件铭功之器，其造型显然是经

图2-11　西周的卷龙纹
1. 玉龙，陕西长安张家坡出土　2. 玉龙，陕西宝鸡竹园沟出土　3. 父乙簋器底所铸纹饰

1　　　　　　　　　　　　　　　　　　　　2

3

4

5

6

图 2 - 12　　西周式涡卷龙纹

1、3. 天亡簋，陕西岐山出土　2、6. 铜罍，四川彭州竹瓦街出土　4. 铜簋，甘肃灵台白草坡出土　5. 铜罍，
辽宁喀左北洞沟出土

过精心设计的。它的主题花纹采用新式的涡卷龙纹，应该被看作既是对传统的尊重，又是周人自身之艺术特点的表现。商代铜器上从未见过这种纹样，而西周早期却早有一批饰此种西周特有的龙纹的器物。除天亡簋外，甘肃灵台白草坡出土的簋、陕西泾阳高家堡出土的簋和卣、四川彭县竹瓦街出土的罍，以及美国哈佛大学福格美术馆所藏叔德簋等均是其例（图2－12）[22]。这种纹样或被称作"蜗身兽纹"。其实其涡卷的身躯并不代表"蜗牛壳"，而是商代的卷龙纹被周人改造了的结果。

涡卷龙纹只在西周早期兴盛了一阵子，以后便隐而不彰。到了西周中期，如上海博物馆所藏奠仲壶上的纹饰，就变得只有涡卷而失去龙首了（图2－13）[23]。东周的龙纹有时很率意，有时却很张扬。如河南新郑出土的莲鹤方壶、安徽寿县出土的蔡侯方壶，以及河南淅川出土之铜方壶的大龙耳上，龙角都装饰得很繁复，莫可名状（图2－14）[24]。这类造型到底是基于神话上的要求，还是出于艺术上的考虑，尚难以遽断。不过也有以简峭的手法出奇制胜的，河北平山出土的中山王䚟方壶器身四角所铸之龙，头顶上伸出带尖的、光素的大弯角，高昂倨傲，气势不凡（图2－15）。而类似的弯角龙又见于湖北随州曾侯乙墓出土的楚王酓章所赠之铜镈的钮上[25]。楚国与中山国地处南北，相距遥远，这一造型却彼此肖似，说明当时列国间的铜器具有时代共性。

图2－13　西周恭王时的奠仲壶

1　　　　　　　　　　　　　2　　　　　　　　　　　　　3

方壶龙耳上所见装饰繁复的龙角

1. 莲鹤方壶，春秋中期，河南新郑出土　2. 蔡侯方壶，春秋晚期，安徽寿县出土　3. 方壶，春秋晚期，河南淅川出土

弯曲光素的尖龙角

中山王𰯼方壶，战国中期，河北平山出土

中山王𰯼方壶上的龙有翼，𫍲章镈钮上的龙也有小翼。艺术史家多半把我国古文物中出现的有翼兽当作东西方文化交流的例证，对它相当重视。其实早在中山王𰯼方壶之前，我国已有这种造型。已知之较早的一例为春秋时期的鲍镈，其镈钮作双翼龙噬翼兽形（图 2 – 16：1）[26]。镈为齐器，作器者鲞（鲍）鲍就是留下"管鲍之交"的佳话的鲍叔之孙。当时齐、鲁是中国文化的中心。齐地近海，多"海上方士"，其言词夸诞，翼兽的神话可能是他们想象出来的。然而有些研究者一看到中国古代的有翼兽，立即指之为从西方、具体说就是从西亚传来的[27]。但无论在美索不达米亚或伊朗，早期有翼神兽的翼都出自肩部，因为鸟类翼内之肱骨是和肩关节相衔接的（图 2 – 17）。而中国古代的有翼神兽，其羽翼的安排却并不完全遵循鸟类的生理

1   2

图 2－16　中国早期的翼龙

1. 鳞镈，春秋中期，山西万荣出土　2. 郐子佣簠，春秋晚期，河南淅川出土

特点。鳞镈钮之龙的翼位于肩部，而被它吞噬之兽的翼位于腰下。淅川出土的春秋晚期之郐子佣簠的龙形耳上的翼径置于腹部（图 2－16：2）[28]。山西侯马所出春秋中期至战国早期之陶模和陶范上的翼龙，翼的位置更奇特：一块钟钮范上的龙翼是反方向倒置的，一块陶模上的龙于肩、尻、腰间各有一翼，一块壶耳范上的龙纹多处生翼（图 2－18）[29]。这类形象在西方从未见过。同时中国古翼龙和翼兽身上也没有西方那种自肩部一直延伸到尾部的大翅膀。西方古翼兽可以凭翅膀起飞；而中国古龙腾云驾雾，凌虚御风，其遨游四海并不靠、或至少不全靠翅膀的扑打扇动。双方的分歧关系到彼此大相径庭的神话背景、设计意匠和审美情趣。中国古龙之翼与其说是功能性的，倒不如看作是艺术上的加意夸张；膊上添翼与颊上增毫一样，都是作者的神来之笔。所以东、西方的翼龙、翼兽之间找不到造型上的真正交会点，所谓的传播关系难以成立。后来斯基泰艺术中虽然在神兽肘部出现小翼，但这类制品要到前 4 至前 3 世纪才传入我国；而鳞镈为前 7 世纪之物，年代要早得多。之后翼龙历秦汉、六朝均不乏其例，唐、宋时较少见，至明代它再以"飞鱼"的名称出现时，用意就有所不同了。

　　秦代之带龙纹的文物较少，只在陕西咸阳秦代建筑遗址中出土过龙纹空心砖。龙体修长，嘴短，头方，足细，还没有表现出新的特点。这类龙纹到西汉时才逐渐成熟，虽然其基本构图与秦代差别不大，但各个局部都被强化了，整个体形也被调整了，形成神完气足、既不抽象又不造作的龙。

　　西汉时，也发现过比较传统的卷龙玉饰，尽管其造型在继承中又有变化（图 2－19）[30]。但毕竟代移时迁，引领潮流的是新的创意。这时新出的龙可以分成两大类：一

图 2 - 17 西方的有翼神兽

1. 美索不达米亚，阿卡德时代，前 24 ～ 前 22 世纪　2. 美索不达米亚，新亚述帝国时代，前 9 世纪　3. 叙利亚，阿拉姆时代，前 8 ～ 前 7 世纪　4. 乌克兰，斯基泰文化，前 4 世纪

类的躯干仍像大蛇，另一类则像猛兽。汉瓦当上恰恰饰有这两类龙纹（图 2 - 20）。之后，卷龙纹逐渐淡出人们的视野。而且这时的蛇体龙还将兽体龙的足移植过来，于是它的足不再类似蜥蜴，变成了强健的四肢。但长长的身躯仍不太容易处理，如果首尾缺乏呼应，气势将不能贯通，生动的效果就没有了。所以对龙体上下打弯处的弧线很注意，因为拱屈而行时，打弯的部位是发力之处，四足也正好安排在这里。以西汉的蛇体龙为例：它们的头部挺立，胸下之足着地，背部拱起，胯下之足再着地，尾部或卷绕，或旋摆，或甩出，整体像横置的"弓"字形。而头部则被着意刻划，其吻长，鼻部略上卷，眼眶凸起，尖耳，有髯，有角。汉代的龙一般都有角。《汉书·东方朔传》记有一个以蜥蜴为谜底的"射覆"，东方朔的答案暗指蜥蜴。他说："臣以为龙又无角，谓之为蛇又有足。"可见在汉代人的观念中，龙角备受重视。而当龙的形象发育到这种规模以后，就要在龙体内注入生机，使之呈现出矫夭腾踔的气势。为此，汉代

艺术家付出了极大的努力。长沙马王堆 1 号汉墓约葬于文帝时，在这里能看到许多龙纹。如所出之著名的帛画，其上部为日、月，月下方有一女子乘龙[31]。此龙的前后肢虽然画得也比较粗硕，但只在半空向左右松开，并无着力的支撑点，因此显得不够遒劲。再看此墓所出土的朱地彩绘漆棺左侧壁板上画的龙，也犯同样的毛病，有足而并

图 2－18　侯马出土陶模、范上所见翼龙

1. 陶模（ⅡT81H126：47）　2. 陶钟钮范（ⅡT13⑤：6）　3. 陶壶耳范（ⅡT31F13：9）

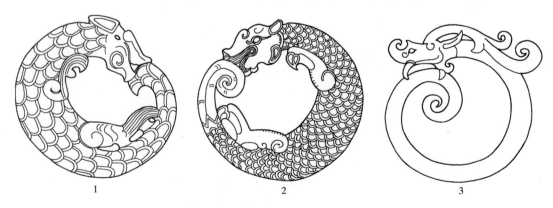

图 2－19　西汉玉卷龙

1. 江苏仪征刘集镇出土　2. 安徽巢湖放王岗出土　3. 安徽天长三角圩出土

图 2 - 20　　汉代的两种龙纹瓦当
1. 蛇体龙　2. 兽体龙

不用力，形同虚脱。较马王堆汉墓的时代稍晚，在河南洛阳烧沟发掘的卜千秋墓，约葬于昭、宣之世，属西汉中期。此墓壁画中的龙，前二足踩地，后二足却依然悬在空中（图2－21）㉜。时代再晚些，在河北定州三盘山122号西汉晚期墓中出土了一件连接车盖杠用的铜管箍，上面的纹饰分为四段，以金银嵌错出在云气中行进的各种鸟兽一百二十五个，并镶有圆形和菱形的绿松石，工艺精湛㉝。其中的龙纹长短适度，肢体的安排也比较合理（图2－22）。这是在汉代的蛇体龙纹中，第一次看到四足各得其所的作品。

兽体龙也出现于西汉晚期，最先在镜背花纹中看到。西汉早、中期的镜子，除蟠螭镜、蟠虺镜等多以高度变形的动物纹为饰者外，其他如草叶纹镜、星云纹镜等多以几何图案为饰，日光镜、昭明镜等则以文字为饰。而在西汉晚期的四乳四兽镜中铸出的兽体龙纹，却使人耳目一新。它摆脱开那不容易处理的长长的蛇躯，使之变成一头生着已为时人熟悉的龙头的猛兽。尽管龙本是想象的动物，然而在这里它显得异常生动，身体各部分的比例恰到好处，动作不仅自如，甚至可以称得上是活泼。稍晚的一件铜镜上有一个羽人豢龙的场面，那条龙俯首帖耳，简直有点稚态可掬的样子，以前种种不近情理的生硬造作之病，这时似一扫而空了（图2－23）。

将镜子上的龙单个挑出来看，还会发现这些形象还不仅是生动活泼四个字所概括得了的，那倔强的颈部、粗壮的长尾、剽悍的四肢，尤其用后腿撑起身来半人立的姿势，岂不是史前恐龙的再现吗！铜镜的设计师当然没有见过恐龙，但艺术创作的颖悟性和生物进化的合理性碰撞在一起，竟然就是如此巧合，如此会心，如此似曾相识而各臻其妙！

图 2-21　西汉绘画中的龙
1. 长沙马王堆汉墓帛画　2. 洛阳卜千秋墓壁画

　　这些龙身上都有翼，如前所述，它不仅与西方的有翼兽毫无关系，而且是汉代人所习用、夸张点说几乎是滥用的艺术手法。在瓦当、陶器、铜器、丝织品、画像石及壁画中，有翼之兽比比皆是。规矩四神镜和多乳禽兽带纹镜中的龙、虎、马、鹿、麒麟、辟邪无不有翼。连河北望都 1 号汉墓壁画中榜题"羊酒"处的待屠之羊、

图 2 – 22　　河北定县三盘山汉墓出土金银错车杠箍部分纹饰展开图

山东苍山前姚村所出汉画像石中被猎狗追赶的兔子、辽宁辽阳棒台子屯大墓壁画中颈系绳索的守门之犬，也都生有羽翼㉞。流风所及，三国时甚至在青瓷虎子上也有刻翼的。不过汉代人画翼并不像侯马陶范那样精雕细刻，往往只是简单的几根线条，是乘兴之作。有人根据《广雅》中"有鳞曰蛟龙，有翼曰应龙，有角曰虬龙"的说法，称它们为应龙，看来不必。因为《广雅》的分类有点侧重生理，而这种随处可见的翼似乎游走于神话和纯装饰之间，并不在意那些动物是否能真的飞起来。

虽然东汉二百年间，兽体龙蔚为大观，但蛇体龙并未退出历史舞台，特别如交龙穿璧之类体裁，完全是蛇体龙的天下。总的说来，龙之"能幽能明，能细能巨，能短能长"的特质这时已被普遍接受。但兽体龙这样的庞然大物，总使人觉得它升腾时会有所不便，所以到了魏晋以后，蛇体龙更加得势。而且在当时学人的心目中，认为龙本该有很长的躯体。魏·缪袭《青龙赋》说："观夫仙龙之为形也，盖颎洞轮硕，丰盈修长。"晋·郭璞《烛龙赞》则说龙"身长千里，可谓至灵"㉟。在这种观念的支配下，兽体龙遂不复得势，此后的龙躯基本上都采用"丰盈修长"的造型了。

以兽体龙与蛇体龙相比，兽体龙的体型还能从现实当中找到若干参照物，相对说来尚易下笔。而蛇体龙则纯属想象，它们一般没有翼，生物界中不曾有生着蛇躯又有四足又会飞的动物。相反，无论生蛇躯或生四足，对飞翔来说都是赘尤。今天不是常说"龙的腾飞"吗！而中国艺术家从南北朝蛇体龙定于一尊的时候开始，就在艺术实

图 2-23 汉镜上的龙纹

1~5. 龙纹 6. 规矩四神镜上的羽人豢龙

践中为龙的腾飞作出努力了。就是要让龙带动它那长长的身躯，并且不靠翅膀的力量飞起来，就是要完成这样一个艺术形象，创造出这样一个接近神奇的艺术真实。

魏晋南北朝是产生大艺术家的时代，对龙的形象的处理往往很严肃、很认真，汉代人腕下那种写意的逸笔已很少出现。像甘肃高台地埂坡魏晋墓壁画中之端坐并擎起食品、带点幽默感的独角龙，仅仅偶一见之，几成绝响（图2－24）[36]。这时的龙多半是神龙，清峻超逸，一身傲骨。龙翼多呈飘动的火焰状，或称之为"肘鬃膊焰"（宋·曾极），只是对龙之体型的一种衬托，用以调节长身躯的单调感，同时增加运动的气势。与西方之有翼兽的造型相去已不可以道里计。龙角这时上端卷曲，下端增加结节，予以强化。龙腿却变细，小腿部分成为只包着鳞皮的鸟胫，更使它和兽体龙判然两途。江苏丹阳胡桥南朝大墓中的拼镶砖画和洛阳上窑所出北魏画像石棺上的龙均可为代表。[37]但这时它们尚只能在地面横行，飞不起来。龙要不靠双翼而起飞，必须在蜷曲伸张、辗转翻腾之际将全身的能量集中迸发出来，四足又要在虚空中捕捉到那看不见的着力点。而其前提，就是要先会自由蟠曲；但不像有些交龙纹那样，纠结得像编丝带一般，几乎动弹不得。汉末三国六朝镜上的龙，有的就蟠曲得较随意。吉林集安五盔坟相当北朝时期的4号高句丽墓壁画中的蟠龙，距上面说的姿态更近（图2－25）[38]。这样的造型离起飞就不远了。

图2－24　甘肃高台地埂坡4号魏晋墓前室壁画

图 2-25　吉林集安五盔坟 4 号高句丽墓墓顶壁画

　　隋代留下了一批饰龙纹的重要艺术品，如河北赵县安济桥上的石栏板，是 1952 年修缮此桥时，从桥下洨河淤泥中掘出的隋代原物㉚。其中有一件浮雕二龙对穿岩穴，非常精彩（图 2-26）。早在汉代，工艺品上的龙纹已有穿游于山峦、云气之间的构图，画面上修长的身躯虽被景物遮去一段，却仍是浑然的整体。新疆焉耆博格达沁古城址和平壤石岩里 9 号乐浪墓出土的汉代金带扣，其上都有在激流漩涡间穿游的龙纹，也隐去龙身的中段，与安济桥石栏板构图的意匠相同。但安济桥栏板上龙体隐没的部分特别大，龙之头尾四肢等部分更加集中，更难处理也更有力度。此桥为隋大业间李春所建，是世界上第一座石构坦弧敞肩拱桥，至今仍巍然屹立。徘徊桥前，流连瞻眺，"李春留得典型在，高枕清江耀岁寒"，使人充满感喟。

　　一种相当普遍的印象是，龙是皇权的象征。从历史上看却不尽然。在它出现以后的漫长岁月里，并未尽数变成御用之物。龙纹在汉代器物上相当常见，可是许多在铭文中标明系某庙或某厨之皇家用的鼎，却大部分为素面，罕有饰龙纹的。直到汉末魏晋，如陈琳说何进是"龙骧虎步，高下在心"；《世说新语》说嵇康是"龙章凤姿，天质自然"；都没有把他们比作皇帝的意思。虽然秦代曾有人称始皇为祖龙，汉代也曾称高祖为赤帝子，但这时帝王和龙的联系尚不固定，他们还未将这一全社会通用的吉祥物攫为己有。唐代人的看法则略有不同。如果把杜甫的诗作为了解民情的晴雨表，则他一再说："高帝子孙尽隆准，龙种自与常人殊。""云移雉尾开宫扇，日绕龙鳞识圣颜。"反映出皇帝和龙的联系在人们心目中已更加紧密。唐代饰龙纹的器物中，铜镜是很突出的一种。唐玄宗将他的生日八月五日定为千秋节，这一天皇帝赐群臣镜，王公以下亦献镜及承露囊。千秋节时颁赐和进奉之镜主要是带"千秋"铭文的盘龙镜。《太平广记》卷二三一引《异闻录》对此有所记述："扬州进水心镜一面，纵横九寸，青莹耀日。背有盘龙，长三尺四寸五分，势如生动。玄宗觉而异之。歌曰：'盘龙，盘龙，隐于镜中。分野有象，变化无穷。兴云吐雾，行雨生风。上清仙子，来献圣聪。'"几乎将镜上之龙当成皇家的纹章了。这种铜镜在出土和传世文物中都能见到，绝大多数仅铸出一条龙。因为镜背的面积不大，外轮廓又是一个固定的框子，当中还要避让开镜钮，龙的活动范围很受限制。但在此小小空间之中，威猛的精气却在蓬勃喷涌；这里没有局促的挤压，没有矫情的安排。谈古镜的文字常称它为蟠龙，然而构图的走向却不是蟠曲，而是捕捉住纵身腾跃的瞬间。弓起的躯体和扭转的头部使画面上的线条充满弹性，极度开张的四肢表现出奋飞之势，龙尾缠绕在举起的右腿上，又使狞猛的活力聚而不散（图2－27）。再看通过整体的精雕细刻而展现出的富丽堂皇、健劲丰腴之美，更使它无愧于"天子镜"的称号。

图2－26　河北赵县隋安济桥石栏板（局部）

图 2 - 27　唐蟠龙镜

　　尽管龙的形象此前已经定型，但唐龙之若干细节的处理仍具有创造性。这时龙口大张，与南北朝时龙口多半张半闭不同。龙角依隋代的式样分出小支杈，背鳍则从颈部一直延伸到尾部，这两种式样也是南北朝时罕见的。而且龙胸后的密髭、肘后的鬣毛、身上的细鳞、腹下的软甲，处理得也都比前代灵巧。或以为唐镜上的蟠龙纹彼此互相接近，有点公式化。其实不然，认真端详每件作品，会发现面貌各有不同，他们不是出自通用底本的依样葫芦。纵使不能说每件都有自己的个性，但至少都是经过分别设计、精细施工的，虽然它们之间存在着共同的时代风格。

　　除了盘龙镜以外，在江苏丹徒丁卯桥唐代窖藏中还出土了一件饰有龙纹的银筹筒，器壁刻铭："论语玉烛"（图 2 - 28）⑩。"玉烛"即筹筒别名。花蕊夫人《宫词》："昭仪侍宴足精神，玉烛抽看记饮巡。依赖识书为录事，灯前时复错瞒人。"唐人饮宴时巡酒行令，席上设录事司筹，依筹罚酒。这件玉烛中装有五十支摘取《论语》文句刻制的酒令筹，故名。从探讨龙之造型演变的意义上说，玉烛刻纹的重要价值在于其上第一次出现了直立的升龙。这种意匠代表的是真正要起飞的姿势，日后它还要大放光彩。

　　唐代还从域外引进了一种近似龙形的摩羯纹。摩羯本是印度神话中的巨鱼，生有长鼻上卷的兽首。它通过佛教经典、印度与中亚的工艺品，以及天文学上黄

图 2－28　江苏丹徒丁卯桥出土唐"论语玉烛"银筹筒与所饰龙纹

道十二宫中的摩羯宫等渠道传入我国。在唐代器物的纹饰中，摩羯的兽首被改成龙头，又添上翅膀，俨然是一条中国式的鱼龙。内蒙古昭乌达盟喀喇沁旗哈达沟门出土的中唐银盘上的摩羯纹虽已华化，但距离印度原型还不太远，胸鳍并未变成翼，头上亦无角。丹徒丁卯桥所出晚唐银盆上的摩羯纹就不同了，它不仅有翼，且增独角。辽宋时这种纹样仍然流行，辽墓中多次发现金银摩羯耳坠，辽陈国公主墓出土摩羯玉佩，内蒙古宁城辽墓出土三彩摩羯壶。特别是广西南丹拉要屯出土的宋鎏金摩羯形银器，更为精美（图 2－29）[41]。其双翼高耸，独角并分成三杈，很特殊。摩羯在我国虽然常被认为是鱼变成的龙，但它始终只有独角，大约表示下真龙一等吧。

图 2－29　宋鎏金银摩羯，广西南丹拉要屯虎形山出土

伴随佛教还传来了印度的龙（那伽，Nága）和龙王（那伽罗亚，Nágarája）。但印度本无与中国之龙完全相当的概念，那伽指的是一种大蛇。那伽罗亚则是水神、海神和司行雨之神，其像作人形，但在头巾或伞盖上探出蛇头，甚至在头上盘蛇，以表明

图 2-30　辽代石函刻纹"那吒追捕和修吉龙王图"，辽宁朝阳北塔地宫出土

身分。龙王的神通广大。《大智度论》说："如大龙王，从大海出，起于大云，遍覆虚空，放大电光，明照天地，注大洪雨，润泽万物。"这倒和中国的龙相近。但印度龙种类繁多，既有拥护佛法的龙，也有毒龙、恶龙，佛典中有不少降龙的传说。《大唐西域记》称，桥赏弥国都城西南有"毒龙石窟"。《法苑珠林》称："西方有不可依山，甚寒，山中有池，毒龙居之。"连王维的诗中都有"薄暮空潭曲，安禅制毒龙"之句。刘禹锡的诗也说："独向昭潭制恶龙。"这是中国以前不曾有过的一种观念。后来在辽宁朝阳北塔地宫所出辽代石函上就刻出了那吒追捕和修吉龙王（Vásnki）图（图 2-30）[42]。那吒是四大天王中北方毗沙门天王之子，原名那吒俱伐罗（Nalakú-vara），简称那吒，明代人将其名改为哪吒。图中的那吒和龙王头侧分别有题名。那吒戴天王冠，着锁子甲，手托宝塔，端坐祥云之上，挥手令诸夜叉追击。作孽的龙王身已中箭，正在狼狈逃窜。在这里它只是一幅护法的图像，而在《封神演义》中，却根据此类素材编造出哪吒闹海故事，热闹非凡。不过石函所刻龙王为普通龙形，没有在形象上进一步加以处理，未能将在观念上把那个与西方的 Dragon 有共同之处的 Vásnki 和我国的龙彻底切割。将那些居心叵测、混淆 Dragon 与 Loong 的区别以乱视听，从而制造"赤龙论"的人的嘴早早堵住。

晚唐以降，龙的造型又增神韵。此前各类工艺品中之龙，概成于匠师之手，这时它还出现于文人笔下。《益州名画录》中列入"逸格"的孙位，在应天寺"画山石两堵，龙水两堵"。"龙拏水汹，千状万态，势欲飞动"。又在"能格"中说："黄筌于石牛庙画龙一堵，黄居寀于诸葛庙画龙一堵，（孔）嵩于广福院画龙一堵，蜿蜒怪状，不与常同，逼视远观，势欲躩跃，时人异之。此三公画龙，宗师孙位。"除壁画外，画家也在屏风上画龙。《图画见闻志》中说："任从一仁宗朝为翰林待诏，工画龙水、海鱼，为时推赏。旧有金明池水心殿御座屏扆，画出水金龙，势力遒怪。"又说苟信："工画龙水，真宗朝为翰林待诏。天禧中尝被旨画会灵观御座扆屏看水龙，妙绝一时，后移入禁中。"这些被目为"轩冕才贤，岩穴上士"之知识界的佼佼者投入画龙的活动中，无疑使龙形更曲尽妙趣。在此基础上，郭若虚对画龙的技法作出归纳："画龙者折出三停，分成九似。穷游泳蜿蜒之妙，得回蟠升降之宜。仍要鬐鬣肘毛笔画壮快，直自肉中生出为佳也。"不过宋代画龙的名家真迹，泰半不传，今尚存世者只有陈容所绘之龙。

陈容号所翁，生活在南宋晚期。《图绘宝鉴》说他："善画龙，得变化之意。泼墨成云，喷水成雾。醉余大叫，腕中濡墨，信手涂抹，然后以笔成之。或全体，或一臂一首，隐约而不可名状者，曾不经意而得，皆神妙。"《画继补遗》说他"善画水龙，得变化隐显之状"。他的画在北京故宫博物院、广东省博物馆、日本德川美术馆、美国波士顿美术馆、纳尔逊美术馆等处均有收藏。广东省博物馆所藏《墨龙图》，画面上的龙在浓云密雾中翻腾（图2-31）[43]。诚如萨都剌《题陈所翁墨龙》所云："画龙天下称所翁，秃笔光射骊珠宫。长廊白日走云气，大厦六月生寒风。"张羽诗所云："陈翁砚池藏霹雳，往往醉时翻水滴。便觉天瓢入手来，雨气模糊泽是墨。"他以水墨渲染，使云气弥散瀚晕，恍若风劲雨骤，天垂海立；在这种气氛烘托下，怒龙光动鳞甲，足蹈雷霆，显得出神入化。后来明代的汪肇、清代的周璕，画龙均师法陈容而得其三昧。宋代工笔白描的龙也极精到，传李公麟笔《九歌图》可以为例。但宋代画龙的成就，尚未能随即扩散到工艺领域，宋瓷上的龙纹，多沿袭唐制。直到元代，瓷器上画的龙纹才使人耳目一新。

其实，元代对龙纹曾屡加限制，至元时甚至下令禁止"织造销金日月龙凤段匹纱罗"。但龙凤纹行世已久，势难禁断。《大元圣政国朝典章》载：大德元年三月十一日不花帖木儿奏："街市卖的段子似上位的御用大龙，则少一个爪儿，四个爪儿的着卖，有奏呵。"此后则只禁"五爪二角"的龙纹，三爪、四爪者民间可用。

元代龙纹的最高成就表现在青花瓷器上。元青花出现之前。宋代瓷器装饰主要采用刻花、印花、划花、雕花、堆花、剔花等技术，虽然也有绘画，但未曾像元青花画得这样细致。而且元青花还将刻、划、雕、印作为辅助手法，使既奔放又严谨的绘画被陪衬得更加精彩。元代龙纹的身形较细长，原来长着象征性的羽翼之位置，这时已安排上宛曲多叉的火焰纹，有的并给龙尾添上尾鳍。元龙纹大多为三爪、四爪，五爪龙只偶然出现。由于元代宫廷日常不大使用瓷器，所以饰这种龙纹的瓷器也不好以进呈御用的贡瓷来解释。在形象的处理上，行龙、立龙、升龙、降龙这时无不挥洒自如。以青花器为例，由于它多半只在底边画一泓海水，天空中也只有小朵祥云，不能像泼墨那样纵情晕染，所以龙体的轮廓清清楚楚，无意追求纸本绘画上那种阴明变化、疏密掩映的效果，因而不能有一丝懈笔。可以说，元青花上的龙纹不仅接受了宋代画龙的成就，而且又有发展。一件扁壶上画出一升龙、一降龙，如用张羽《题陈所翁九龙戏珠图》中"一龙回矫一倒起，侧桀虬髯怒喷水"之句来形容，真是恰当不过。但它们仍不脱行龙之构图的窠臼，两龙虽颠倒而立，却总各有一只前足或后足未离开地面，还是阔步前行的姿势（图2-32）。距离使之腾空飞跃，看来工艺家还有一段路要走。

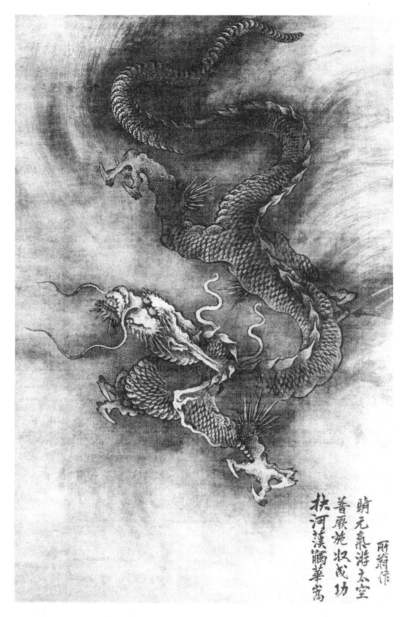

晴元气游太空
普厭燒收成功
扶河漢腾華嵩

所翁作

图 2 – 31 南宋·陈容《墨龙图》

青花瓷以钴蓝呈色，如通体施此种釉并以高温氧化焰一次烧成，则呈匀净沉着的宝石蓝色，称为蓝釉瓷器。有的蓝釉圆盘中露出一条白龙，仿佛它出现在深湛的海水中，蓝白色调的对比强烈，而又异常和谐。而以铁盐调釉的龙泉瓷，烧成后呈不同色调的绿色。它还有露胎贴花的作法，一件云龙纹折沿盘，盘心贴立龙，其两上肢与龙头均偏向一侧，像真的在跃动。贴上的胎泥花纹烧成后呈火石红色，在刻满水波纹的葱绿色釉面上，给人以典雅的美感（图 2 – 33）。再如烧民用瓷的磁州窑，也喜欢在所

图 2 – 32　　元青花龙纹扁壶

图 2 – 33　　元龙泉窑贴花龙纹盘

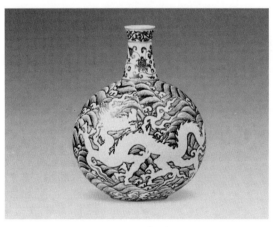

图 2 – 34　　明宣德青花海水龙纹瓶

产瓷罐上画龙，笔道粗犷，饱含着淳朴的生命力。

明代在景德镇设御器厂，遣官督造，所以在瓷器中再出现五爪龙则不为奇。这时于瓷上绘龙已得心应手，姿态多变，并产生了一些特殊的或变形的式样，如穿花龙、莲塘龙、飞鱼龙、斗牛龙、夔纹龙以及图案化的正面龙等。明瓷上的龙纹，宣德时最为壮观，如宣德青花海水龙纹大扁瓶，白龙遨游在汹涌的波涛中，鳞甲刻出暗纹，虽师元人遗意，但构图雄健，用笔酣畅，自成一代气象（图 2 – 34）。成化、弘治间，官窑瓷器上龙的造型渐趋温驯，口部闭而不张，且有时置身莲塘，不知将何以叱咤风云。万历时出现了将龙头摆到中央，使之成为直视前方的正面龙。设计者或以为飞动时龙头多为侧面，不够对称。可是将龙头扭到正面，本意虽希望使龙纹更加端庄肃穆，提高品位；但身躯在腾飞，头部却要岿然不动，两部分不容易协调得好，动态和静态难以统一起来。这个问题留到清代也没有完全解决，只不过习惯成自然，久而久之，见怪不怪，它竟成了皇家御用之龙的标准图像。

明代工艺品中的龙纹大多围绕着帝后的服御之器展开，其中也不乏豪犷之作。如一件景泰款的鎏金雕龙铜香炉，二龙盘绕炉腹，头部昂起形成器耳。体量虽不大，但显得很有力度（图 2 – 35）。不过更多见的是在精细富丽上下工夫。明太医院御药局旧存之黑漆描金云龙纹药柜，正面及两侧饰描金开光双龙纹，柜内正中有一组八方旋转式屉，共计八十个抽屉，每个抽屉面上均绘出一对龙纹，在黑漆地的衬托下，金鳞烁耀，光彩夺目（图2－36）[44]。再如定陵出土的凤冠，本是皇后受册、谒庙、朝会时所用，冠顶以花丝编出金龙，口衔珠滴，为翠凤、珠花、宝钿所簇拥，显得华贵异常。

图2－35　明景泰鎏金雕龙铜炉

　　说起明代的龙，还不能不提到朱元璋十三子朱桂于洪武二十五年（1392年）在山西大同其王府门前所建九龙影壁。壁长45.5米、高8米，琉璃砖上模印海水云龙。海水呈绿色，波涛涌漾，天宇呈蓝色，散辍云朵。九条大龙的色调、身姿各不相同，但气概极恢宏，精神极矍铄、极昂扬，而且仿佛具有写实意味。龙睛灼灼，威棱逼人。

图 2-36　明万历黑漆描金云龙纹药柜

图 2-37　山西大同九龙壁
1. 左起第 3 龙　2. 左起第 6 龙

图 2-38　大同观音堂三龙壁

图 2 - 39　　清代龙袍上的龙纹

1

2

图2-40 清代龙纹瓷器

1. 康熙斗彩龙纹缸　2. 康熙釉里红海水龙纹缸

由于是大型高浮雕，所以效果为绘画所难以比拟。龙爪呈轮形，很大，看了它反觉得只有这样才与其体量相称。尾部也处理得很好，有如蜻蜓击水、鼓浪而行（图2-37）。亲临其境，驻足观赏，真有目眩神驰、地动天摇之感⑥。"凌波擘日曳惊虹，海内无如此壁雄！"北京故宫和北海的九龙壁，虽然也都是建筑史上的天之骄子，却被拥抱在一片琉璃丛林里，倒不显得那么突出了。而明代山西的琉璃建筑装饰确有不少优异之作，即以大同一地而论，除上述九龙壁外，兴国寺的五龙壁，甚至观音堂的三龙壁，也都是有声有色、照耀人寰的佳构（图2-38）。

清代围绕在皇帝身边的各种龙纹，用得太泛，太和殿内外，以不同形式出现的龙共13844条之多，所以龙纹几乎成为普通装饰图案或象征性的符号了。帝后朝服上最煊赫的纹样：正龙，本是明中晚期出现的正面龙，这种龙纹千篇一律，只起纹章的作用（图2-39）。固然在龙袍上将正龙、行龙、过肩龙、团龙和象征"四海清平"的水波纹、象征"江山万代"的山石、象征"洪福齐天"的蝠纹和云纹以及万字、寿字等精心组织搭配，的确富丽堂皇。精致和艺术上的创造性虽并不等同，可是现在看到那些饰以龙纹的绎缎、缂丝、戳纱等织物，也令人叹为观止。清代饰龙纹的青花、釉里红、五彩、粉彩、斗彩等诸色瓷器，更是琳琅满目，各臻其妙（图2-40：1）。一件康熙釉里红瓷缸上的龙纹，更有奔放不羁、咄咄逼人之致；龙的肢体配合紧凑，无一处不发力，显得精气充溢（图2-40：2）。仿佛一声炸雷，拔地腾空，冲云破雾，劈月斩星。但这种式样当时并未能引领风尚，实际上没有多少追随者。作为帝国的纹章，要求龙纹约束在固定的格式里，基本上应保持静态；特别是礼仪性器物上的龙纹，更不允许逸出常规。而艺术创作追求的是有所突破，有所创新。这对矛盾在清代几乎无法解决。

正龙既然成为纹章，所以光绪年间的新式铸币上也少不了标出这种图案（图2-41：1）。袁世凯复辟帝制时所铸金银币上的龙纹稍有变化，添上翅膀。设计者可能寓意于"飞龙在天"，反而类似明代三等蟒袍上的飞鱼（图2-41：2）。铸币中最后见到的龙纹是1923年天津造币厂所铸龙凤银元，其上选取十二章元素重新组织成一个国徽的形式。今天看来感到构图似乎太传统了，但当时大约仍有新意。其设计者为鲁迅、钱稻孙和许寿裳。《鲁迅日记》1912年8月28日条记："与稻孙、季市同拟国徽告成，以交范总长。一为十二章，一为旗鉴，并简章二，共四图。"龙凤币上采用的就是他们画的图样（图2-41：3）。

古代中华民族创造的龙纹，经历了六千余年的沧桑巨变，仍为广大人民所喜爱，仍能唤起民族自豪感，表明中华文明既古老又年轻。近年龙作为艺术题材相当流行（图2-42）；预示着在下一个世纪中，龙的传人将奔腾而起，大展鸿图。然而尚须艺术家为这一值得珍视的艺术形象增辉添彩。

（原载《"龙文化特展"图录》，2000年。收入本书时作了修改）

1

2

3

图 2-41 饰龙纹的金、银币
1. 光绪金币 2. 洪宪金币 3. 龙凤银币

图 2-42　用花卉摆砌的巨龙（现代）

注　释

① 《庄子·天运篇》成玄英疏。

② 王东：《中国龙的新发现》，北京大学出版社，2000 年。其中星象说最近又被强调。论者认为"龙的形象来源于二十八宿东宫星宿的形象"。并称："其本质来源于星象则是最基本的事实"（《考古学集刊》第 17 集，第 160、185 页）。但夜空繁星万点，并不构成任何图形。说某个星座的连线像哪种动物，如若不是拿它和已知的形象相比附，本身是什么也看不出来的。故此说与科学的认识论不合。

③ 极光等说见刘志雄、杨静荣《龙与中国文化》，人民出版社，1992 年。雷声说见胡孚琛《谈龙说凤》，《中国社会科学院研究生学报》1987 年第 4 期。

④ 中国社会科学院考古研究所内蒙古工作队：《内蒙古敖汉旗小山遗址》，《考古》1987 年第 6 期。濮阳市文物管理委员会、濮阳博物馆、濮阳市文物工作队：《河南濮阳西水坡遗址发掘简报》，《文物》1998 年第 3 期。中国社会科学院考古研究所：《宝鸡北首岭》，文物出版社，1983 年。甘肃省博物馆：《甘肃彩陶》，文物出版社，1979 年。

⑤ 孙守道：《三星他位红山文化玉龙考》，《文物》1984 年第 6 期。巴林右旗博物馆：《内蒙古巴林右旗那斯台遗址调查》，《考古》1987 年第 6 期。王未想：《巴林左旗出土的红山文化玉器》，《辽海文物学刊》1994 年第 1 期。孙守道、郭大顺：《论辽河流域的原始文明与龙的起源》，《文物》1984 年第 6 期。邵国田：《概述敖汉旗的红

山文化遗址分布》，《中国北方古代文化国际学术研讨会论文集》，中国文史出版社，1995 年。翁牛特旗文化馆：《内蒙古翁牛特旗三星他拉村发现玉龙》，《文物》1984 年第 6 期。贾鸿恩：《内蒙古又发现一件新石器时代玉龙》，《中国文物报》1988 年 4 月 8 日。《中国玉器全集》卷 1，图 28，河北美术出版社，1993 年。河北省文物研究所：《河北阳原县姜家梁新石器时花式遗址的发掘》，《考古》2001 年第 2 期。辽宁省文物考古研究所：《辽宁牛河梁红山文化"女神庙"与积石冢群发掘简报》，《文物》1986 年第 8 期。吉林大学考古教研室：《农安左家山新石器时代遗址》，《考古学报》1989 年第 2 期。

又，有的研究者以北京颐和园仁寿殿前摆设的清代铜龙作为晚期之龙的标准形象，进而推断龙的原形为鳄鱼（《中国国家博物馆馆刊》2017 年第 3 期）。作者并主张"万变不离其宗"，仿佛早期之龙亦应以此形为依傍。但我国最早出现的红山玉龙，造型与上述铜龙相去甚远，何况辽宁、吉林、内蒙古一带亦不产鳄鱼，故其说似不无本末倒置之嫌（修订时补注）。

⑥ 安徽省考古研究所、含山县文物管理所：《安徽含山县凌家滩遗址第三次发掘简报》，《考古》1999 年第 11 期。张绪球：《石家河文化的玉器》，《江汉考古》1992 年第 1 期。

⑦ 中国社会科学院考古研究所：《殷墟妇好墓》，文物出版社，1980 年。

⑧ 《仪礼·丧服》"齐衰之绖"，武威出土简本作"资衰之绖"。《尔雅·释草》："茨，本作薋。"《诗·鄘风》："墙有茨。"《说文·艸部》"茦"下引《诗》作"墙有茦。"

⑨ 俄国学者 C. B. 阿尔金《红山文化软玉的昆虫学鉴证》（《北方文物》1997 年第 3 期）一文已提出红山玉卷龙的外形类似甲虫之幼虫的看法。但未援引中国古文物及古文献进行比较研究，故其说在该文中无法落实。不过他凭直觉就能认识到这一点，仍属难能可贵。

⑩ 蚧蟟又名"地蚕"，见《方言》卷一一郭璞注。蠋之本字作蜀。《说文·虫部》"蜀"下段玉裁注："桑中蠹，即蚧蟟。"

⑪ 邓淑苹：《由蓝田山房藏玉论中国古代玉器文化的特质》，载《蓝田山房藏玉百选》，年喜文教基金会，1995 年。

⑫ 国家文物局主编：《2005 中国重要考古发现》，第 81 页，文物出版社，2006 年。

⑬ 林沄：《所谓"玉猪龙"并不是龙》（载《二十一世纪的中国考古学》，文物出版社，2006 年）一文，认为尾内卷的不是龙字，只是尾外翻的才是龙。此说固非林氏首倡，但他却在没有任何证据的情况下，只缘不合己意，便斥乙 7143 之龙字为"误刻"。

⑭ 子龙瓿见《殷周金文集成》卷 4，6906 号。子龙爵为上海博物馆藏品，见陈佩芬：《夏商周青铜器研究》第 94 图，上海古籍出版社，2005 年。子龙鼎藏中国国家博物馆。李学勤等关于此鼎的论述，见《中国历史文物》2006 年第 5 期。

⑮ 唐兰：《天壤阁甲骨文存考释》，第 40～41 页，辅仁大学丛书，1939 年。

⑯ 王蕴智：《䕎字探源》，载《追寻中华古代文明的踪迹》，复旦大学出版社，2002 年。龙宇纯《说嬴与嬴嬴》则认为，"嬴当与嬴同字，为螺嬴的象形初文"，即土蜂的形象。又说"马叙伦的《说文解字六书疏证》，竟至但凭嬴字的翅形与龙字的口形相似，便说嬴是龙字。大抵捕风捉影、望文起意的古文字专家所在多有，古今皆然"（《丝竹轩小学论集》，中华书局，2009 年）。

⑰ 中国社会科学院考古研究所山西工作队、临汾地区文化局：《1978—1980 年山西襄汾陶寺墓地发掘简报》，《考古》1983 年第 1 期。

⑱ 中国社会科学院考古研究所安阳工作队：《安阳小屯村北的两座殷代墓》，《考古学报》1981 年第 4 期。

⑲ 殷墟所出中柱旋龙盂的用途，拙著《中国圣火》（辽宁教育出版社，1996 年）中有说。晚商鼎盖见林巳奈夫：《神与兽的纹样学》（常耀华等中译本），第 145 页，三联书店，2009 年。

⑳ 中国社会科学院考古研究所安阳发掘队：《殷墟出土的陶水管与石磬》，《考古》1976 年第 1 期。不过应当说明

的是，虽然其造型与河南濮阳西水坡 45 号仰韶大墓中的蚌砌"龙"有近似之处，但后者取象于鳄，这是古脊椎动物学家考察了其身体各部分的比例关系后得出的结论。而且原始的红山玉卷龙无足，有足的龙不早于商，要晚上几千年。西水坡的蚌砌图形如果被视作龙，则将因其过分超前而无法解释。

㉑ 张家坡出土玉龙见《中国玉器全集》卷 2，图 238，河北美术出版社，1993 年。竹园沟出龙见广东省博物馆编：《贞石之语》图 153，岭南美术出版社，2006 年。父乙簋见李学勤、艾兰：《欧洲所藏中国青铜器遗珠》图 85，文物出版社，1995 年。

㉒ 所举诸例见《中国历史博物馆》图 48，文物出版社、讲谈社，1984 年。陈梦家：《美帝国主义劫掠的我国殷周铜器集录》图 219，科学出版社，1962 年。甘肃省博物馆文物队：《甘肃灵台白草坡西周墓》，《考古学报》1997 年第 2 期。葛今：《泾阳高家堡早周墓发掘记》，《文物》1972 年第 7 期。王家祐：《记四川彭县竹瓦街出土的铜器》，《文物》1961 年第 11 期。喀左县文化馆、朝阳地区博物馆、辽宁省博物馆北洞文物发掘小组：《辽宁喀左北洞村出土的殷周青铜器》，《考古》1974 年第 6 期。

㉓《中国青铜器全集》卷 6，西周 2，图 88，文物出版社，1997 年。

㉔《中国青铜器全集》卷 7《东周 1》图 22、74，卷 10《东周 4》图 35，文物出版社，1998 年。

㉕ 河北省文物研究所：《䝨墓——战国中山国国王之墓》上册，第 118～120 页，文物出版社，1996 年。湖北省博物馆：《曾侯乙墓》下册，图版 33，文物出版社，1989 年。

㉖ 中国历史博物馆：《华夏之路》第 1 册，第 199 页，朝华出版社，1997 年。

㉗ 在我国古代，于飞鸟以外的动物身上添翼的做法由翼龙发轫后，继而出现了多种有翼兽。汉代还有大型石雕有翼兽，南朝陵墓前更不乏这类杰作。但自上世纪以来，中国古代有翼兽起源于西方之说亦不断被提出。早在 1928 年，瑞典学者喜龙仁已持此种观点（见 O. Sirén, *Winged chimaras in early Chinese art*, Eastern Art , 1928）。其后他更肯定地说："它们身上有翼的这一事实，就证明了它们是依属于波斯艺术的"（见《大英百科全书》卷 5，第 582 页。）此论点虽未免皮相，却得到了日本学者的响应，如石田干之助谓："南朝萧齐、萧梁陵墓上的石兽，他那有翼的狮子像，纵使不问其是从哪个地方、经过哪条径路的影响，总之他有波斯方面的感化，是谁也很容易看得出来的；敢不待喜龙仁氏的提说"（见氏著《支那文化と西方文化との交流》，东京，1936 年）。然而这一无根之游谈亦为若干中国学者所接受。如朱偰认为："六朝诸陵墓，皆有石兽，无论其为麒麟、天禄或辟邪，皆具双翼。此种作风当自小亚细亚、美索不达米亚传来"（见氏著《建康兰陵六朝陵墓图考》，商务印书馆，1936 年）。黄文弼先生甚至表示："在秦汉以前，中国艺术无有以翼兽为雕刻题材者，可证翼兽为受外来影响，非中国所固有也"（见氏著《罗布淖尔考古记》，北平研究院史学研究所，1948 年）。建国后，仍有人维护此说，如李零教授一再宣称："中国的有翼神兽"，"与西亚、中亚和欧亚草原的艺术有不解之缘。""中国的有翼神兽是受外来影响"（见氏著《论中国的有翼神兽》，《中国学术》总第 5 辑，2001 年）。但以上说法似均忽视中国早期有翼神兽之翼的安排与西方之作大不相同的事实。

㉘《中国青铜器全集》卷 10《东周 4》，图 19。

㉙ 山西省考古研究所：《侯马铸铜遗址》卷上，第 135、141、226 页，文物出版社，1993 年。

㉚ 河北省文物研究所：《河北定县 40 号汉墓发掘简报》，《文物》1981 年第 8 期。安徽省文物考古研究所、天长县文物管理所：《安徽天长县三角圩战国西汉墓出土文物》，《文物》1993 年第 9 期。仪征市博物馆：《仪征出土文物集粹》第 87 页，文物出版社，2007 年。安徽省文物考古研究所、巢湖市文物管理所：《巢湖汉墓》彩版 35：3，文物出版社，2007 年。

㉛ 湖南省博物馆、中国科学院考古研究所：《长沙马王堆一号汉墓》下册，第 73 图，文物出版社，1973 年。

㉜ 洛阳博物馆：《洛阳西汉卜千秋壁画墓发掘简报》，《文物》1977 年第 6 期。

㉝ 史树青：《我国古代的金错工艺》，《文物》1973 年第 6 期。

㉞ 北京历史博物馆、河北省文物管理委员会：《望都汉墓壁画》，中国古典艺术出版社，1955 年。《中国画像石全

集》卷3《山东汉画像石》第114图，山东美术出版社、河南美术出版社，2000年。李文信：《辽阳发现的三座壁画古墓》，《文物参考资料》1955年第5期。

㉟ 缪赋见《初学记》卷三〇，郭赞见《艺术类聚》卷九六。

㊱《甘肃高台地梗坡魏晋墓》，载《2007中国重要考古发现》，文物出版社，2008年。

㊲ 南京博物院：《江苏丹阳胡桥南朝大墓及砖刻壁画》，《文物》1974年第2期。洛阳博物馆：《洛阳北魏画像石棺》，《考古》1980年第3期。

㊳ 吉林省博物馆：《吉林辑安五盔坟四号和五号墓清理略记》，《考古》1964年第2期。

㊴《华夏之路》第3册，第20~21页。

㊵ 丹徒县文教局、镇江博物馆：《江苏丹徒丁卯桥出土唐代金银器窖藏》，《文物》1982年第11期。

㊶ 韩伟：《海内外唐代金银器萃编》第182图，三秦出版社，1989年。丁卯桥银盆见注㊶所揭文。内蒙古文物考古研究所：《辽陈国公主驸马合葬发掘简报》，《文物》1987年第11期。白俊波：《内蒙古宁城出土辽代三彩壶》，《文物》1984年第3期。《中国文物精华》第98图，文物出版社，1988年。

㊷ 朝阳北塔考古勘察队：《辽宁朝阳北塔天宫地宫清理简报》，《文物》1992年第7期。

㊸《中国美术全集》绘画编《两宋绘画·下》第145图，文物出版社，1988年。

㊹《华夏之路》第4册，第124~125页。

㊺ 柴泽俊：《山西琉璃》，文物出版社，1991年。

洛阳金村出土银着衣人像族属考辨

　　19 世纪 20 年代末，著名的洛阳金村古墓群被盗掘。从地望上看，这群墓葬不应属于列国，而应属于周。李学勤先生最近指出："金村墓葬群不是秦墓、韩墓，也不是东周君墓，而是周朝的墓葬，可能包括周王及其附葬臣属"[①]。此说是正确的。由于墓群中可能埋葬着当时虽渐趋式微、但仍拥有天子名号的周王，所以出土物异常精美，在考古学以至文化史上具有重要意义。不过由于不是科学发掘，没有留下准确的记录，加以出土物大部流散国外，因而给研究工作带来不少困难。经过半个多世纪的研讨，情况不断廓清，认识逐渐深入，可是也还存在着不少疑窦。比如这里出土的一件银着衣人像的族属，就仍然是一个值得讨论的问题。

　　据说，金村出土的银人像共有两件。一件是裸体男像，已流入美国，兹不涉及。另一件着衣男像已流入日本，且被指定为"重要美术品"。这件银像高约 9 厘米，两臂下垂，两手半握，但从握姿观察，原来并未持物。银像科头露髻，身着仅抵膝部的半长衣，窄裤，跣足（图 3－1）。梅原末治在《洛阳金村古墓聚英》一书中，认为此像所表现的是一个"胡人"。容庚先生在《海外吉金图录》一书中，也认为它"令人想象为胡人之小像"。由于这两位学者在学术界的影响很大，所以这种虽未经充分论证的见解，却被不少著作视为成说援引。但循名责实，此说难以成立。

　　东汉以前，所谓胡，主要指匈奴。《考工记》："胡无弓车"，郑玄注："今匈奴。"匈奴人亦自称为胡，狐鹿姑单于遗汉书云："南有大汉，北有强胡。胡者，天之骄子也"[②]。战国时，它已是华夏各国的近邻。《史记·匈奴列传》说："冠带战国七，而三国边于匈奴。"如果在东周王室的墓葬中出现了匈奴人的银像，当然是具有特殊意义的史料。但根据此像的发式、面型、服装，以及从其跣足所反映出的礼俗等方面考察，它代表的不是胡人，而是华夏人。

　　先看发式，银像在脑后绾髻。髻的位置与形状和始皇陵侧马厩坑中出土的圉人俑及满城 1 号西汉墓出土的石俑基本相同（图 3－2）[③]。证明银像的发式属于华夏族类型。匈奴族的发式不是这样的。《汉书·李陵传》说："卫律持牛酒劳汉使，博饮，两人皆胡服椎结。……（陵）熟视而自循其发曰：'吾已胡服矣。'"可见匈奴族的发式是椎髻。椎髻一词曾被长期使用，在不同的时代中所指各异[④]。汉代的椎髻应如《汉书·西

图 3－1　洛阳金村出土银着衣人像（前、侧、背面）

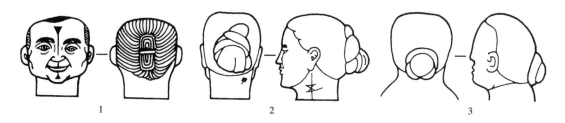

图 3－2　男式发髻

1. 甘肃宁县西周墓出土铜人首　2. 秦始皇陵马厩坑出土陶圈人俑　3. 河北满城 1 号西汉墓出土石俑

南夷传》颜师古注所说："为髻如椎之形也。"同书《陆贾传》颜注："椎髻者，一撮之髻，其形如椎。"又《后汉书·度尚传》李贤注："椎，独髻也。"椎、锤字通。汉代纬书《尚书帝命验》注："椎，读曰锤。"可见这是一种单个的，像一把锤子一样拖在脑后的小髻。汉代妇女也绾这种髻。《后汉书·梁鸿传》云："梁鸿妻为椎髻，着布衣，操作而前。"汉墓所出女俑绾这种髻的例子极多（图 3－3：1）。而匈奴发式如西安沣西客省庄 104 号墓所出角抵纹铜带鐍上的人物所绾者（图 3－3：2），亦与之相近，和文献记载也正相符合⑤。但《淮南子·齐俗》说："胡貉匈奴之国，纵体拖发，箕踞反言。"似乎与椎髻的记载相矛盾。其实，这是由于观察的角度不同之故。就髻形而言，是为椎髻；就在脑后拖垂而言，是为拖发。说的本是一回事。

银像除脑后之髻外，额前、两鬓及耳后皆有成缕的头发下垂。额前那一缕恰与眉齐，应即所谓鬖。《说文·髟部》："鬖，发至眉也。"髻旁的两缕，该是两髦。《诗·鄘风·柏舟》："髧彼两髦。"玄应《一切经音义》卷五引《说文》："髦，发也，发中豪者也。"《释名·释形体》："髦，冒也，覆冒头颈也。"左右有两缕豪发披拂，古人以为可以使相貌显得英俊。所以《尔雅·释言》、《诗·小雅·甫田》及《大雅·棫朴》毛传、《仪礼·士冠礼》郑注，皆云："髦，俊也。"这种发式在东周时已经流行。河南光山春秋早期黄君孟墓2号椁中所出玉雕人头（图3-4:1）[6]，在脑后相当秦圉人俑缩髻的位置上亦有一髻，表明他属华夏族。他的额顶又有突起物，左右两角下垂，但不像金村银像垂得那样低。证以同墓1号椁中所出人首玉饰（图3-4:2），此突起物也代表两缕豪发，所以也是两髦。至西汉，如咸阳安陵11号陪葬墓之从葬沟中出土的彩绘陶俑[7]，将额上的头发左右分开，梳掠向后，掩于弁下，还可以看出从两髦演变过来的痕迹。至东汉，这种发式乃全然过时了。所以郑玄注《礼记·内则》时，只说髦"象幼时鬋，其制未闻也"。在注《仪礼·既夕礼》时，他也说："儿生三月，鬋以为鬌。……长大犹为饰存之，谓之髦。……髦之形象未闻。"根据金村此像，可以约略窥知它的形状。但这与匈奴的发式，却并没有共同点。

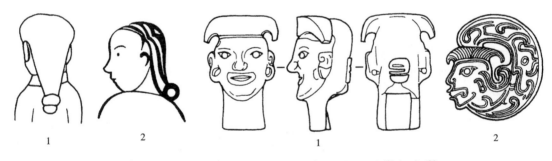

图3-3　椎髻
1. 山东菏泽豆垌堆出土西汉陶女俑
2. 陕西长安客省庄104号墓出土带镏上的匈奴人像

图3-4　两髦与发髻
1. 河南光山春秋墓出土玉人首　2. 光山春秋墓出土人首蛇身玉饰

再看面型。银像的面型属于黄种人，更具体地说，它和秦陵兵马俑中一些人物的像貌颇相似。因此，至少根据面型得不出此像并不属于华夏族的结论来。相反，匈奴族的人种归属却是一个有争议的问题，主突厥族说与主蒙古族说的两派意见聚讼纷纭，莫衷一是。在我国古文献中，匈奴族的面貌有时被描写得很像是白种人。如羯胡是南匈奴的后裔，《魏书·羯胡传》说："匈奴别部分散居于上党武乡羯室，因号羯胡。"而据《晋书·石季龙载记》："冉闵躬率赵人诛诸胡羯……高鼻多须至有滥死者。"可见他们鼻高须多，具有白种人的特征。久居塞内已与本地各族部分混血的南匈奴之后尚且如此，秦汉以前游牧于塞外的匈奴人自不应例外。可是仅据散见于古文献中之只

1

2

图 3 - 5   山东滕县西户口东汉画像石上的"胡汉交战图"
1. 胡人一侧   2. 汉人一侧（中、右部）

鳞片羽的记载，问题仍不易论定。因为如冉闵时之事，早在 20 世纪初已为夏曾佑、王国维等人作为例证举出[8]，然而却不能持以说服主张匈奴为蒙古族的学者。这恐怕主要是由于缺乏实物资料相印证，致使这些记载的准确性受到怀疑的缘故[9]。

当然，解决这个问题的最理想的途径，是根据出土的匈奴遗骨进行体质人类学的分析，从中得出应有的结论。但在国内作为先秦时的匈奴遗骨进行鉴定，且已公布结果的，迄今只有内蒙古伊克昭盟杭锦旗桃红巴拉 1 号墓出土的一具男性头骨。鉴定结果认为该遗骨接近北亚蒙古人种类型[10]。但它是个孤证，而且在部族众多、流动频繁的内蒙古草原上，仅仅一例头骨不太容易明确判定其族属。何况匈牙利人类学家托思研究了蒙古呼尼河沿岸乃门托勒盖匈奴时期墓葬的人骨后，认为"有蒙古人种和欧洲人种两个大人种共存的现象"[11]。目前，一般认为匈奴的人种构成是多元的，既有蒙古人种也有欧洲人种。但对于解决本文所讨论的银着衣人像的族属来说，重要的是必须厘清在当时的华夏族人心目中，匈奴族面相之最有代表性的特征为何。

从这个角度考察，雕塑绘画等形象材料遂为研究者所注意。但这要有两个前提：

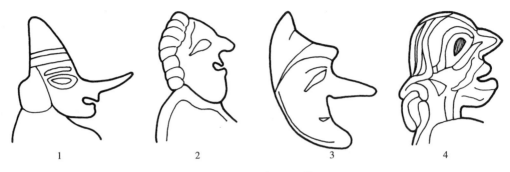

图 3-6 匈奴头像

1. 滕县西户口画像石　2. 滕县万庄画像石　3. 山东济宁南张画像石（此例为斫下的首级）　4. 西伯
利亚出土匈奴金饰，圣彼得堡爱米塔契博物馆藏

第一，所表现的对象必须能证明是匈奴人。这一点本无须指出，可是事实上被当作匈奴人像的材料，有的只在疑似之间，并不肯定。比如有人曾据本文所讨论的这件银像来研究匈奴人的族属，则南辕北辙，其难中鹄的自不待言⑫。第二，人种的特点必须表现得很鲜明。因为古代的雕塑绘画囿于技巧，对人物面部的刻画常失之简略。比如陕西兴平霍去病墓所立"马踏匈奴"像，虽然马腹下的人物可能与匈奴有关，但由于面目过于粗犷，所以也就难以为判定其族属提供明确的根据了。

山东地区出土的汉画像石，情况却有所不同。这里屡次出现"胡汉交战"的题材。画面上常在一侧刻出宫室，另一侧刻出山峦。自宫室一侧出击的战士多戴武弁大冠，应代表汉族；自山峦一侧出击的战士多戴尖顶帽，应代表胡族（图 3-5）。因为这些画像石出自汉族大墓，所以总是汉族战士得胜，且出现过上功首虏、献俘纳降的场景。但是，又怎么知道戴尖顶帽的战士是胡人呢？这是可以从榜题中得到解答的。山东肥城孝堂山画像石在他们这一侧的首领身边刻出"胡王"二字，山东微山两城山画像石则刻出"胡将军"三字⑬。因而其族属可以被确认。值得注意的是，这些匈奴战士的鼻子有时被刻画得极其高耸，和同他们对阵的汉人的面型绝不相同（图 3-6：1、2）。不但正在作战的胡族战士的鼻子如此，被斫下的首级的鼻子也是如此（图 3-6：3）。联系到上引《晋书》的记载，他们很可能就是那些高鼻多须的羯胡的先人，即东汉时的匈奴人。如果这一事实能够肯定，那么，再上溯到战国，匈奴人中的欧洲人种与外族当更少混血，白种人的特点会更为充分。圣彼得堡爱米塔契博物馆所藏彼得一世自西伯利亚搜集的古物中，有一件黄金饰牌，其年代约相当战国时期。牌上两个人物的发式、服装与马身上的杏仁状串饰，均与我国东北、内蒙古及西安客省庄等地出土的匈奴遗物的作风相同。因知这件饰牌上的人物是匈奴人，他们的面型具有显而易见的白种人的特征（图 3-6：4）。再考虑到托思的鉴定结果，遂有理由相信，战国时相当一部分匈奴人的面型，与金村银像会差得很远。纵使退一步说，这一点目前暂不作定论；那么，至少也不能以银像的面型作为断定他属于匈奴族的根据。

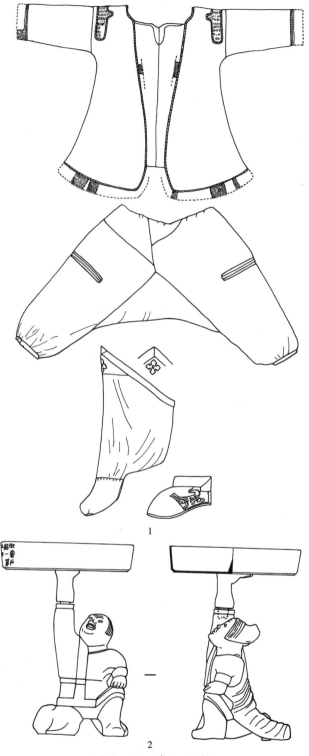

图 3-7 匈奴服式

1. 蒙古诺颜乌拉匈奴墓出土的衣、裤、袜、靴 2. 满城 1 号西汉墓出土的"当户灯"

图 3-8　洛阳金村出土金银错狩猎纹镜上的武士

　　再看服装，银像穿的是深衣，即将上衣下裳连属在一起的长衣。如《礼记·深衣篇》所说，深衣在裁制上的特点是"续衽钩边"，即在裳之一旁接以曲裾而掩于腰后。关于深衣的基本形制，拙作《深衣与楚服》一文曾试加说明[14]，此处不再赘述。不过应当指出的是，深衣是一种通乎上下的服制。《礼记·玉藻》谓诸侯"朝玄端，夕深衣"。

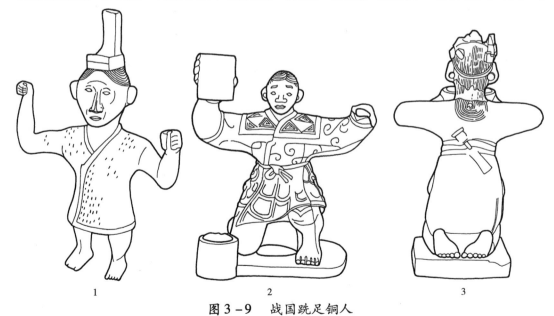

1　　　　　　　　　　　　2　　　　　　　　　　　　3
图 3-9　战国跣足铜人
1. 山西长治韩墓出土　2. 美国奈尔逊美术馆藏　3. 瑞典斯德哥尔摩远东古物馆藏

但《内则》郑玄注却说："玄端，士服也，庶人深衣。"庶人需要劳作，衣服不能太长、太肥大。并且深衣"可以为文，可以为武"，武士也穿。同样，他们的深衣也应与庶人所穿的相近。《深衣篇》说这种衣服"短毋见肤，长毋被土"，可见它本来就有长、短两种。贵族穿的深衣不仅长，而且接出的曲裾也很宽阔；有些女装，甚至可用曲裾在腰下缠绕好几层。短的深衣则不然，长度止于膝部。宁戚《饭牛歌》："短布单衣适至骭"[15]，说的就是这种情况。它的曲裾也比较窄小，掩到背后，遂所剩无几。金村银像与始皇陵兵马俑穿的都是这种短深衣。

匈奴族的上衣虽然也较短，但不带曲裾，是直襟的，无论诺颜乌拉匈奴墓出土的衣服，或满城1号墓所出"当户灯"座的匈奴当户像都是如此（图3-7：1、2）[16]，与深衣有明显的区别。关于这一点，《盐铁论·论功篇》已指出，匈奴"无文采裙袆曲襟之制，"可见匈奴人根本不穿深衣。银像上衣的袖子较窄，且下臂有臂构，则与金村所出金银错狩猎纹镜上的武士相同（图3-8）。镜上的武士头戴插两根羽毛的鹬冠，是华夏族武士的典型装束。所以银像的袖子狭窄，并不与华夏族服制相悖。虽然深衣比起上衣下裳式的玄端来，与胡服有一定程度的接近，但它却具有自己的民族特点，是华夏族通用的服装。

最后，再讨论一下银像跣足的问题。我国先秦时代，在室内不穿鞋子。《左传·宣公十四年》说楚庄王听到宋国杀了他的使臣，于室中"投袂而起，屦及于窒皇（路寝

图3-10　帕泽雷克巨冢出土挂毯纹饰中之着靴的骑马者

之前庭），剑及于寝门之外，车及于蒲胥之市。"又《庄子·列御寇篇》说，伯昏瞀人到列御寇的寓所，见"户外之屦满矣"，他不言而出，"宾者以告列子，列子提屦，跣而走，暨乎门"。可见当时在室内皆不履而坐。如果不解履就升堂践席，会被认为是极不礼貌的举动。《吕氏春秋·至忠篇》说齐王有病，请来医士文挚。"文挚至，不解履登床，履王衣"。齐王于是大怒，"将生烹文挚"。特别是对于臣下侍奉君主来说，这一礼节更必须认真遵守。《左传·哀公二十五年》："卫侯为灵台于藉圃，与诸大夫饮酒焉。褚师声子袜而登席。公怒。辞曰：'臣有疾，异于人，若见之，君将嗀（呕吐）之，是以不敢。'公愈怒，大夫辞之，不可。褚师出，公戟其手曰：'必断而足！'"杜预注："古者见君解袜。"这时不但不穿鞋，而且不穿袜，只能跣足。也就是《隋书·礼仪志》所说："极敬之所，莫不皆跣。"直到汉代，虽然平时臣僚可以穿袜登殿，但在待罪谢罪之时，仍要免冠跣足。《汉书》有不少这方面的记载，如云："免冠徒跣待罪"（《萧何传》、《匡衡传》），"诣阙免冠徒跣谢"（《董贤传》）等。而对于身分低微的小史、宫女等人说来，大约平日在宫廷的建筑物内活动时，都要跣足。满城2号汉墓出土的长信宫灯，执灯的宫女就是跣足的。这种礼俗之行使的范围，战国时会比汉代更广泛些。如山西长治战国韩墓所出及瑞典斯德哥尔摩远东古物馆与美国奈尔逊美尔馆所藏之充当器座的铜人，都是跣足的（图3-9：1~3）[17]，其性质当与长信宫灯相近。从而可知金村银像所以跣足，可能也是因为陈设于君前，故徒跣以示敬之意。匈奴人的情况则不同。北方游牧民族逐水草迁徙，习惯骑行，日常多着靴。麦高文《中亚古国史》认为，靴起源于中亚，斯基泰人和萨尔马提亚人首先着靴[18]。其说大致可信。古代阿尔泰地区居民和匈奴人皆着靴，有图像材料和诺颜乌拉匈奴墓出土的遗物为证（图3-10）。靴不便穿脱，亦不闻匈奴人有入室脱靴的礼俗[19]。所以，金村银像如果代表匈奴人，就不应作成跣足的样子了。

统上所述，金村着衣银像所代表的不应是胡人即匈奴人，而当是华夏族人。从它的制作看，亦不应是明器，而可能是以宫廷中原有的陈设品随葬。它是在秦兵马俑之前，我国雕塑中最富于写实风格的人像之一。在先秦时，具有这种水平的作品不多见。它以真实细致的表现手法，向我们显示出当时宫廷小臣的装束与风貌。特别由于银器在当时很珍罕，作为银人像，它是我国已发现的最早的两例之一，所以就更可宝贵了。

（原载《考古》1987年第6期）

注　释

① 李学勤：《东周与秦代文明》，第29页、文物出版社，1984年。

② 《汉书·匈奴传》上。

③ 秦圈人俑见秦俑坑考古队：《秦始皇陵东侧马厩坑钻探清理简报》，《考古与文物》1980年第4期。赵康民：《秦

始皇陵东侧发现五座马厩坑》，《考古与文物》1983 年第 5 期。程学华：《始皇陵东侧又发现马厩坑》，《考古与文物》1985 年第 2 期。石俑见《满城汉墓发掘报告》下册，图版 184，文物出版社，1980 年。

④ 如《续通考·礼考六》论元代服制时云："其发或打辫，或打纱练，唯庶民椎髻。"但此处所说的椎髻与汉代的式样全然不同。

⑤《沣西发掘报告》，第 138～140 页，文物出版社，1963 年。

⑥ 河南信阳地区文管会、光山县文管会：《春秋早期黄君孟夫妇墓发掘报告》，《考古》1984 年第 4 期。

⑦ 此从葬沟的发掘情况，见咸阳市博物馆：《汉安陵的勘查及其陪葬墓中的彩绘陶俑》，《考古》1981 年第 5 期。

⑧ 夏曾佑：《中国古代史》，第 427 页，三联书店，1955 年。此书约写成于 1920 年前后。王国维：《观堂集林》卷十三《西胡续考》，1923 年。

⑨ 黄文弼：《论匈奴族之起源》（《边政公论》卷 2，第 3～5 合期，1943 年）谓："《晋书·载记》又称胡羯为高鼻多须者何耶？余疑高鼻多须，非必专指匈奴人。《晋书·石季龙载记》称'闵宣示内外六夷，敢称兵仗者斩之。胡人或斩关或逾城而出者，不可胜数。'则所谓'胡'，乃泛指'六夷'之人也。"纵如其说，亦不能将羯胡排除在高鼻多须者之外。

⑩ 潘其风、韩康信：《内蒙古桃红巴拉古墓和青海大通匈奴墓人骨的研究》，《考古》1984 年第 4 期。

⑪ 同注⑩。

⑫ 同注⑨。

⑬ 孝堂山者见罗哲文：《孝堂山郭氏墓石祠》，《文物》1961 年第 4、5 期。两城山者见山东省博物馆、山东省文物考古研究所：《山东汉画像石选集》图版 7，图 13，齐鲁书社，1982 年。

⑭ 参见拙文《深衣与楚服》，《考古与文物》1982 年第 1 期。

⑮《史记·邹阳列传》裴骃集解引。

⑯ 前者见梅原末治《蒙古ノイン·ウラ发见の遗物》第 50～60 页，东京，1960 年。后者见《满城汉墓发掘报告》上册，第 69～72 页，1980 年。

⑰ 长治铜人见《新中国的考古发现与研究》图版 86：2，文物出版社，1984 年。斯德哥尔摩远东古物馆与奈尔逊美术馆所藏铜人，见林巳奈夫：《春秋战国时代の金人と玉人》插图 9；17。该文载《战国时代出土文物の研究》，京都，1985 年。

⑱ 麦高文：《中亚古国史》（章巽译本），第 57 页，中华书局，1958 年。

⑲《后汉书·南匈奴传》云："单于脱帽徒跣，对庞雄等陈道死罪，于是赦之。"这是因为他久居塞内，袭用汉礼之故，并非匈奴本俗。

有刃车軎与多戈戟

湖北随县曾侯乙墓出土文物中，有两件引人注目的有刃车軎，通长分别为 37 和 41.4 厘米。軎的内端（即连接毂的一端）与普通车軎区别不大，也有键孔用于装辖，以防止轮毂滑脱。但外端与一般车軎不同，这里延伸出一支矛状物，双刃，中脊起棱，每侧有 4~5 道连弧。制作精致，锋刃锐利，显系实用器物（图 4 -2）[①]。

有刃车軎并非初见于此墓，以前曾在陕西户县宋村春秋秦墓的陪葬坑中出过一件。但其突刃仅长 5 厘米许，且前端呈钝角，不甚锋利，似代表其早期的形制；可定为 I 型（图 4 -1）[②]。曾侯乙墓的时代属战国早期，这里出土的有刃车軎之突刃长达 20~30 厘米，杀伤力胜过前者，可定为 II 型。还有几件这类车軎流出国外，日人清野谦次氏与纽约山中商会旧藏者，突刃呈弯翘形，它随着车的行进而旋转翻搅，比与车轴平行的 II 型有刃车軎之杀伤范围扩大，可定为 III 型（图 4 -3）。其时代或相当于战国中、晚期。装备有刃车軎的战车，依驹井和爱的说法，应即《淮南子·氾论》所称"晚世之兵，隆冲以攻，渠幨以守，连弩以射，销车以斗"之"销车"[③]。按《淮南子》高诱注，销车"以刃著左右"，其所称之刃就是销。《释名·释用器》："销，削也，能有所穿销也。"可见销车是在车左右軎端出刃，使这一部分能有所穿销之车。汉代纬书《春秋感精符》说，春秋时"齐晋并争，吴楚更谋，不守诸侯之节，竞行天子之事。作衡（衝）车，厉武将，轮有刃，衡着剑，以相振惧"（《御览》卷三三六引）。描述得虽不尽准确，但与当时的形势差近。

战车装长軎，本是为了增加行车时的稳定性。但軎部延伸过长，错车时容易互相碰撞，或受到其他障碍物的羁绊，并不利于战斗或调度。《晏子春秋·内篇杂下》就提到"齐人甚好毂击，相犯以为乐"。为了避免毂击相犯时将车轴

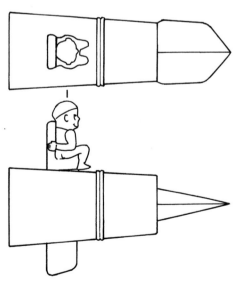

图 4 -1 I 型有刃车軎，陕西户县春秋秦墓出土

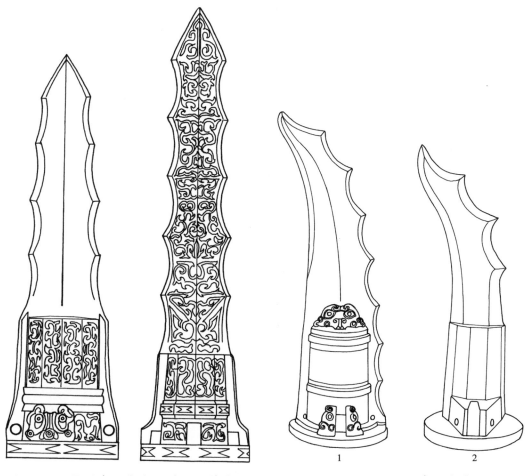

图4-2　Ⅱ型有刃车軎，曾侯乙墓出土   图4-3　Ⅲ型有刃车軎
　　　　　　　　　　　　　　　　　　　　1. 山中商会旧藏　2. 清野谦次旧藏

撞坏，所以《吴子》说战车要"缦轮笼毂"，即在毂、軎之外再安装其他保护设施。《史记·田单列传》还说，在燕国攻齐、齐军溃败之际，田单"令其宗人尽断其车轴末而傅铁笼"，才得以安全撤退。曾侯乙墓出土的有刃车軎长达40厘米左右，两侧合计就使装这种车軎的销车比一般战车宽出近1米，因而此物看来并不是从车对车的战斗要求出发而设置的。况且在軎外装刃，其高度也不能接触到敌方战车上的乘员。所以安装这类车軎的目的，似乎只是为了杀伤接近战车的敌方步兵。

　　有意思的是，当有刃车軎在我国出现的前后，它在西亚战场上也出现了。前401年，古波斯阿契米德王朝的阿塔薛西斯二世与其弟居鲁士之间，为了王位继承问题进行了色那克撒之战。当时阿塔薛西斯二世一方排成横阵，两翼是步兵，当中是六千名近卫骑兵，最前面是一字横排的销车。居鲁士一方没有这种车，他的部队多是希腊雇佣兵。这些希腊人并没有为居鲁士赢得胜利，但是其中有一位后来成为著名史学家的色诺芬（前430～前354年），为这次战争留下了相当翔实的记录。他在《远征记》中写道，战争开始以后，对方的镰车横冲过来，有刃车軎"所触之处，立被砍伐"④，因而对居鲁士的军队造成很大的惊扰，破坏了他们的战斗队形，使他们遭到了失败。居鲁士的军队主要由步兵组成，只有少量骑兵与普通战车。可见有刃车軎是对付步兵的有效武器。我国的有刃车軎，其作用也应大致相同。

战车在结构上出现对付步兵的设施，这是一种值得注意的现象。这种现象，在曾侯乙墓出土的多戈戟上也反映出来（图4-4：1）。

多戈戟有装两个戈头，也有装三个戈头的；第二、三个戈头没有内，其援之长度依次递减。完整的多戈戟虽然在曾侯乙墓才第一次发现，但无内的戈头以前已出过好几例。江苏六合程桥春秋后期墓所出戈、越王者旨于赐戈、楚王孙渔戈等都有无内的（图4-4：2～4）⑤，它们原来都应与有内的戈组装在一起，有内者居上，无内者居下。后来在江苏镇江谏壁春秋吴墓和湖北江陵荆州砖瓦厂及河南新蔡葛陵等地的战国楚墓又出了多件装两个戈头的多戈戟。其上一戈均有内，且援较长；下一戈均无内，且援较短（图4-5）⑥。它们都是吴、越、楚等国的器物，所以这是产生于我国南方的一种武器类型。其中柲顶端装刺的是多戈戟，柲端无刺的则可称为多援戈。春秋时期，南方国家在车战方面不如中原地区发达。据《吕氏春秋》记载，在前505年的吴楚之战中，吴国选"利趾者三千人以为前陈"。又据《国语·吴语》，在前478年的笠泽之战中，"越王以其私卒君子六千人为中军"。这三千人和六千人都是步兵。吴国原来不会车战，直到前584年，晋国才派巫臣到吴国去，教会吴人射法、御法和车战阵法。越国的情况应与吴国相似。楚是南方大国，春秋时期多次出动大量战车部队争霸中原，但楚人也相当重视步战。城濮之战，晋军就曾俘获过楚军的徒兵千人。湖南常德地磨山楚墓曾出土多援戈的实物。我们还看到，在曾侯乙墓的内棺彩绘上，出现了执多援戈的神怪。江苏淮阴高庄1号战国中期墓所出刻纹铜器残片上，也有执多援戈的徒兵（图4-6）⑦。我国南方地区既存在重视步兵的历史背景，遗物中又有徒兵执这类武器的形象，可见多援戈习用于步战。

不过，多戈戟比多援戈长。以曾侯乙墓所出实物为例，其戟柲长达3～3.43米。而进行车战时，两车中间的距离，各车的毂辆间距以及车毂、车軎的长度，总计约2.5米。柲愈长则勾击的范围愈大，当然柲的长度必须保持在操戟者力所胜任的限度以内。至于多戈戟下部装的戈头，还能杀伤较近的敌人。新蔡葛陵所出多戈戟，胡上铸有"平夜君成之用戟"的铭文。国君赴兵事自应乘车，可见它不仅可用于车战，而且是高等级的武备。也就是说，在战车上手执这种保留着徒兵所用多援戈的特点的长柲多戈

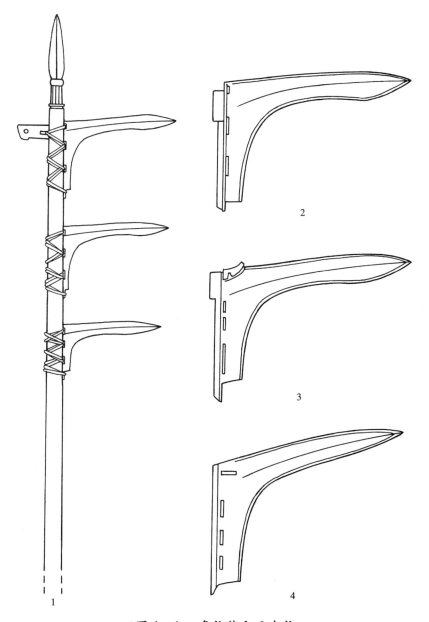

图 4 - 4　多戈戟和无内戈

1. 曾侯乙墓出土多戈戟　2. 楚王孙渔戈　3. 越王者旨于睗戈　4. 江苏六合程桥春秋墓出土戈

戟，既可以进行车与车之间的战斗，又可以对付对方迫近战车的步兵，是这时新创的利器。

从有刃车軎和多戈戟的同时出现，我们可以作出这样一个推论，即自春秋后期以来，战车与其隶属步兵的配合愈来愈紧密，这些步兵发挥的作用愈来愈大，也愈来愈成为车士攻击的对象。从一辆战车所配备的步兵人数的增加，战车遭遇到步兵

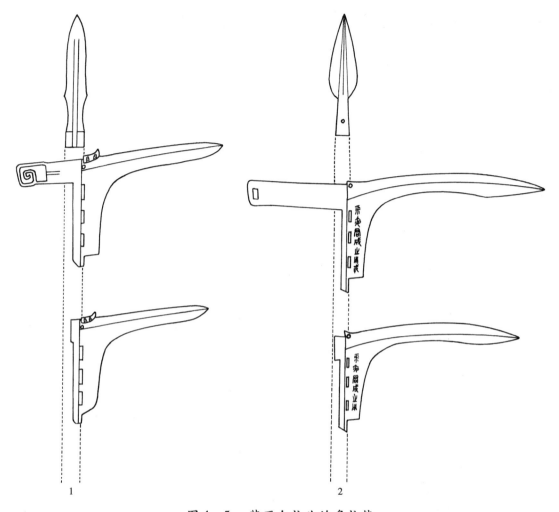

图 4 – 5 装两个戈头的多戈戟
1. 江苏镇江谏壁春秋吴墓出土　2. 河南新蔡葛陵战国楚墓出土

围攻时指挥员的反应，以及实战中战车与步兵组成的"阵"的发展等方面，都可以看出这种变化。西周时，据《禹鼎》"戎车百乘，斯驭二百，徒千"的比例推算，一辆战车大约配备十名徒兵。后来增加成"五伍共卫一车"的二十五人制。及至春秋时，如《左传·隐公元年》杜预注中所说的，"古者兵车一乘，甲士三人，步卒七十二人"，成为七十二人制了[⑧]。徒兵人数的增加，不仅意味着其作用的加强，同时也导致战术上的变化。从《左传》中记载的春秋中期以前的战争中得到的印象大抵是，双方在平坦的开阔地上排成一列横队作战。这种队形缺乏灵活性，一个回合战败了，就很难重新整顿队伍继续作战，所以胜负很快就见分晓；而战胜的一方也不敢轻易打乱队形去追赶敌人。宋襄公那一套"不鼓不成列"的刻板战法，正是这个时代的产物。

　　战国以后，战争的规模扩大，战争持续的时间延长。过去研究者往往强调这时车战已经没落，战争主要由步、骑兵进行，所以更加灵活而酷烈。然而实际上，不但战国前期，即使到了战国后期以至西汉前期，战车也并未完全退出战场。战国末年，张仪说秦国的兵力是"带甲百余万"，车千乘，骑万匹"⑨，战车仍然是重要的作战力量。秦始皇陵兵马俑坑内，也有战车排在军阵行列之中。战车既然继续投入战场，而步兵的重要性又在增加，两者的协同作战问题遂更为突出。所以情况就如随武子所主张的那样，只有"卒乘辑睦"，才能"事不奸矣"⑩。

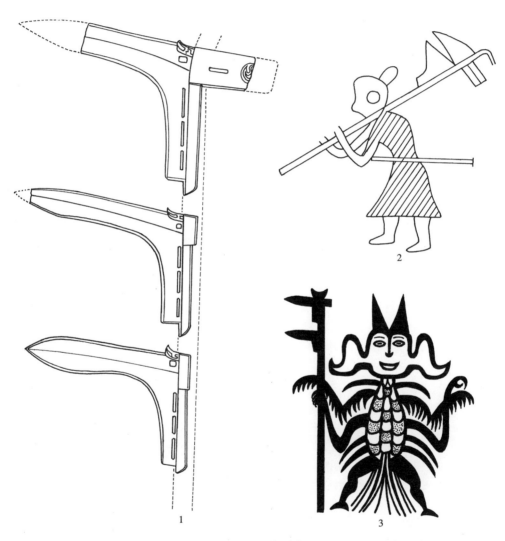

图 4–6　多援戈

1. 湖南常德地磨山 999 号战国楚墓出土　2. 执多援戈的徒兵，江苏淮阴高庄战国墓出土铜器刻纹
3. 执多援戈的神怪，湖北随州曾侯乙墓漆棺彩绘

　　另一方面应当指出的是，步兵在近距离内发动攻击，对于战车的威胁是很大的。当战车陷于步兵的重围时，就丧失了其机动性和冲击能力。在《左传》中，战车的指挥者多次发出步兵难以对付的感叹。如隐公九年郑伯与戎人作战时，就说："彼徒我车，惧其侵轶我也。"昭公二年晋国的魏舒与狄人作战时也说过"彼徒我车，所遇又阨"，因而"毁车以为行"；在战术上作出了重大的改变。但是这并不是说，战车在步兵面前已处于无能为力的地位。《六韬·均兵篇》认为："车者，军之羽翼也，所以陷坚阵，要强敌，遮走北也。"仍然很看重战车在发动攻击和掩护撤退时所起的作用。该书对战车的战斗力还有"一车当步卒八十人"的估算。不过战车的这种威力，是要在车、步的合理协同时才能发挥。所以自春秋以来，文献中出现了许多有关"阵"的记载。一般说，阵就是车、步及其他兵种协同作战时的战斗队形。自《左传》中所见，就有"鱼丽"、"荆尸"、"孟"、"角"、"五阵"等名目。在《孙膑兵法》中更出现了"十阵"的名称。

　　总之，自春秋后期以来，与战车相配合的车卒即战车的隶属步兵的比重加强了，从而引起车、步关系及车战战术上的一系列改进。这时的战车兵不仅面对着敌方战车上的甲士，而且日益受到敌方加强了的随车步卒的压力。在曾侯乙墓中所看到的销车和长秘多戈戟的组合，就是在这种形势下出现的装备。

（原载《文物》1980 年第 12 期，收入本集时作了修改补充）

注　释

① 湖北省博物馆：《曾侯乙墓》上册，第 324 页，文物出版社，1989 年。

② 陕西省文管会秦墓发掘组：《陕西户县宋村春秋秦墓发掘简报》，《文物》1975 年第 10 期。

③《玉篇·车部》也说："销，兵车。"销、蛸字通。驹井和爱文载《中国考古学研究》东京。1952 年。

④ 色诺芬：《远征记》卷 1，第 8 章（据 Rev. J. S. Watson 英译本）。参看相马隆《有刃车轴头杂考》，载《流沙海西古文化论考》，东京，1977 年。

⑤ 六合程桥出土戈见《江苏六合程桥东周墓》，《考古》1965 年第 3 期。者旨于赐戈见《安徽淮南市蔡家岗赵家孤堆战国墓》，《考古》1963 年第 4 期。楚王孙渔戈现存两个戈头，无内的一个藏湖北省博物馆。

⑥ 镇江博物馆：《江苏镇江谏壁王家山东周墓》，《文物》1987 年第 12 期。荆州地区博物馆：《荆州砖瓦厂 2 号楚墓》，《江汉考古》1984 年第 1 期。河南省文物考古研究所：《新蔡葛陵楚墓》，大象出版社，2003 年。

⑦ 地磨山所出多援戈见湖南省常德市文物局等：《沅水下游楚墓》上册，第 450 页，文物出版社，2010 年。唯书中称此器为"多戈戟"，不确。因复原后其戈秘上端弯向戈内一侧，无法装矛状的戟刺。曾侯乙墓漆棺彩绘见注①所揭书下册，彩版 2。高庄刻纹见淮阴市博物馆：《淮阴高庄战国墓》，《考古学报》1988 年第 2 期。

⑧ 参看蓝永蔚：《春秋时期的步兵》第 3 章。中华书局，1979 年。

⑨《史记·张仪列传》。

⑩《左传·宣公十二年》。

秦代的"箕敛"

秦统一后，若干措施暴戾乖张，以致速亡。汉初则是一个普遍谴责秦之苛政的时代，但有些人的说法言词过激，不尽实事求是。刘邦入咸阳，仅谓"父老苦秦苛法久矣，诽谤者族，偶语者弃市"①；全然未提及赋税等经济问题。《淮南子·兵略》中却说，二世皇帝"发闾左之戍，收太半之赋"。许慎注："赍民之三而税二。"可是征收财产税在秦代尚未形成定制。《盐铁论·未通篇》认为："往者，军阵数起，用度不足，以赍征赋，常取给见（现）民。"其所谓"军阵数起"指武帝讨伐匈奴，则西汉时才开始征收赍赋。颜师古注《汉书·食货志》时，也将太半之赋训为"三分取其二"，其意则指田租，更与沿用"什一之税"的秦制大不相同。如果仅田租就占收获量的66.6%强，农民将无以为生，所以显系夸张之词。不过陈胜起义后，派武臣略赵地时，曾向诸县的豪杰们说："秦为乱政虐刑……百姓罢敝，头会箕敛，以供军费"②。其时"秦未亡"，武臣所言乃现实情况，当可信。类似的说法又见《淮南子·氾论》："秦之时……头会箕赋，输于少府。"旧注所作的解释是："家家人头数出谷（《汉书·张耳传》颜注引服虔曰：'吏到其家，人［当作以］人头数出谷'），以箕敛之"（《史记·张耳陈余列传》集解引《汉书音义》）。"头会，随民口数，人责其税。箕赋，似箕然，敛民财多取意也"（《淮南子·氾论》高诱注）。即这是一项人口税，交纳的是谷物。由于官府用箕敛取，泛言之，也可以和多取民财相联系。

不过，不少当代学人对此却有不同的看法。黄今言《秦代租赋徭役制度初探》说："关于口赋的征敛形式，这在秦代一般为'计口出钱'。官府不收谷，原则上只收钱。……秦统一全国后，口赋纳钱，那是确凿无疑的。据《秦简·金布律》记载：'官府受钱者，千钱一畚，以丞、令印印，不盈千者，亦封印之。''畚'就是畚箕。只有钱才用畚箕装，若是谷，只能论升、斗、石，何谓'畚'乎！钱的计算单位是文、缗、故'畚'可盛钱；而谷的计算单位是升、斗，盛谷只能用箩、困，这自很明白。"又说："官府收钱不收谷，这对农民来说，是一大灾难。因为农民所生产的东西，主要是谷物。用谷折钱交赋，农民无形中多受了一层奸商的中间剥削，加重了负担"③。杨宽《从"少府"职掌看秦汉封建统治者的经济特权》说："所谓'箕敛'，服虔说是用箕敛'谷'，其实敛的是'钱'，而不是'谷'。秦的人口税同汉代的算赋一样是收'钱'

的。"下文亦引《金布律》"千钱一畚"条，然后说："秦代官府收受人民缴纳的钱，是每一千个钱装入一畚箕而加封的。所谓'箕敛'，就是形容当时少府所征收的'钱'数量众多，都是用畚箕来装的"④。高敏《秦汉赋税制度考释》说："'头会'即按人口征收之意，与'口赋'之名正合；征收的目的是'以供军费'，也与先秦时期的军赋之意符合；征收的办法是以箕敛之。"他也认为"千钱一畚"之畚"即上述'头会箕敛'或'箕赋'之箕，可见箕也是盛钱的器物"⑤。钱剑夫并据此进一步否定了旧注中关于按人头数出谷的可信性。他说："所云'出谷'，恐怕是因为'箕敛'两字而望文生训，认为钱不可以畚箕敛，只有谷才可以畚长箕敛而然。那么，用'箕'敛的到底是什么物件？"证据于是又回到《金布律》，他称这条史料是"箕敛"的"确诂"。并说："畚箕连称，或单用'箕'用'畚'，直到现在还是这样，就无待繁考"⑥。苏诚鉴《"头会箕敛"与"八月算人"》和马怡《汉代的诸赋与军费》亦肯定此说。苏文谓："'箕敛'收的是钱，不是谷，同时又含有苛重之意。"马文谓："'头会箕赋'和'头会箕敛'，即用畚箕按人头敛钱"⑦。而且它甚至作为成说写进专史。《中国封建社会经济史》卷一说："'头会箕敛'就是计口受钱，按人口交纳口赋"⑧。诸家众口一词，"箕敛"指用箕敛钱似乎已经成为定论。如果此说揭示了历史的真相，固应予以重视。但是，如果它尚有值得商榷的余地，则其亟待澄清，也就不言而喻了。

首先，从字义上讲，无法将"畚"引申为现代汉语的"畚箕"，再简化成"箕"。秦代和汉代的文献中未出现过"畚箕"一词。稍晚的《列子》中虽然同时提到箕和畚；《汤问篇》描写北山愚公率子孙移山时，曾谓："叩石垦壤，箕畚运于渤海之尾。"但这里的箕与畚是两种器物。《列子释文》："畚，笼也。"《左传·襄公九年》"陈畚挶"，杜预注："畚，箕笼。"《国语·周语中》"待而畚梮"，韦昭注："畚，器名，土笼也。"《汉书·五行志上》"陈畚輂"，颜注引应劭曰："畚，草笼也。"可见畚是笼状容器。它可以盛土、盛谷物，甚至还可以用来盛黄金。《汉书·韦贤传》："遗子黄金满籝，不如一经。"《说文》："籝，笭也。""笼，一曰笭也。"笼、籝、笭是三个音义相近的同源字⑨。笼，东部；笭，耕部；东耕旁转。籝为喻母耕部字，和笭字既是邻纽，又是叠韵。所以盛黄金的籝和《金布律》中盛钱的畚是同一类器物。特别应当指出的是，诸家所引《金布律》的上述条文，其实是对官府所掌之钱之存贮方式的规定。即以一千个钱为一单元，装入畚笼，绳缄之后，封泥钤印。使之不仅利于保管，而且当对外支付须"出计"时，亦责任分明，便于审核。此规定所表述的内容和征收人口税全不相关。

那么，对"箕敛"之箕又应当怎样理解呢？服虔虽强调用箕敛谷，但前提是按"人头数"计算，也就是说敛谷有一定的额度；否则一味"多取"，就不成其为政府行为了。因此，所用之箕必须规范化，不能混同于一般家用的簸箕。更具体地说，它应是一种量具，而存世的秦代遗物中正发现过这种箕量。

秦代的箕量已知者只有一例，山东省博物馆藏，1951 年由山东省文管会拨交，原出土地点不详。器呈箕形，铜质，长 21、宽 15.5～19、高 6 厘米，外壁一侧分四行刻出秦始皇二十六年统一度量衡的诏书（图 5-1）。因其前端开敞，装入的谷物会流淌而形成斜面，且因不知当日使用时是否在装满后临时将前端挡一下，所以准确的容量难以测出。大致估算，此器所容约 1/3 斗，即《秦律·仓律》中所称"少半斗"，《墨子·杂守篇》所称"叁"即"叁升小半"[⑩]。及至汉代，广东高州在文物普查中发现的一处汉代遗址内，与汉代陶器伴出的有一批石量器，包括石斗、石圆升、石方升、石合和石箕量（图 5-2）[⑪]。石箕量底平，两壁自后部向前斜收，器身长 15、宽 12.5、后高 7.6 厘米，接以长 6 厘米的器柄。此器的容量约 300 毫升，或属升半量。它的发现证明，箕量至汉代仍未绝迹。

而从渊源上说，箕形量器的使用就更久远了，它可以一直追溯到新石器时代。陕西扶风案板仰韶文化遗址中曾出土陶箕形器，今藏西北大学历史博物馆。此器"与平唇口尖底瓶、宽沿浅腹盆等仰韶文化晚期的代表性器物共出"，时代明确。该馆将它定名为"陶抄"，认为"可能是作为量器使用"，诚卓有见地（图 5-3：1）[⑫]。在甘肃秦安大地湾仰韶文化遗址也发现过类似的器物，说明它不是孤例。因为到了新石器时代中晚期，社会生活中对量的观念日益明晰，像《小尔雅·广量》所说"一手之盛谓之溢，两手谓之掬"，仅以盛、掬等动作来区别容量的做法已不能满足需要。案板陶抄正是在这种背景下出现的专用量器，一抄大约就是当时的一个计量单位。虽然它可能只在有限的范围内通用，但仍应视为一项重大的进步。形制与之相近的量器在后代尚断续出现。江苏仪征破山口西周墓与河南汲县山彪镇战国魏墓出土的箕形铜抄，都和案板陶抄一脉相承（图 5-3：2、3）[⑬]，甚至在秦代的铜箕量和汉代的石箕量上，还能看到它的影子。

不过箕形陶抄或铜抄的器壁弧曲，造型不太规整，不易准确复制，难以保证同类量器间的容量相等。而从商代开始，另一种器壁陡立、器口平直的箕形量器却屡屡出土。如河南安阳妇好墓、小屯 18 号、郭家庄 5 号与 26 号、大司空村 539 号、河南罗山蟒张 1 号商墓中，均曾出土这种箕形量器。解放前，安阳还出过一件此型的史箕（图 5-4）[⑭]。它们都比较厚重。《说文·箕部》："箕，簸也。"这些铜箕形器却不宜用于簸扬。先秦时家用之盛炭的簸箕，当如湖北随州曾侯乙墓及枣阳九连墩 2 号墓等处与炭炉同出的铜箕之形，扬去糠秕之箕亦应近是，与箕量判然二物（图 5-5）[⑮]。再发展一步，将直壁箕量的前端封起，遂形成如商鞅方升、始皇诏方升等量器的形制了，二者的关系一目了然（图 5-6）[⑯]。方升虽然在撮量谷物时不如箕形器便捷，但它是一个整齐的立方体，容积便于计算，后代各种方形的升、斗就是在此基础上发展起来的。作为方升之前身的箕形量器，尽管对其单位量值、进位比率等还说不清楚，但它在我国的度量衡史上无疑应占有一定的地位。而秦代的箕量就是这类量器中最明确的实例。

1

2

3　　　　　　　　　　　　　　4

图 5 - 1　秦铜箕量

1. 全形　2. 铭文　3. 侧面　4. 背面

另外，还不能不指出，就秦代的实际情况而论，箕量的确不适于装钱。更难完成像《金布律》所要求的，在装钱之后再加缄封的手续。秦代官府收钱的制度十分严格。《秦律·关市律》："为作务及官府市，受钱必辄入其钱缿中，令市者见其入。不从令者

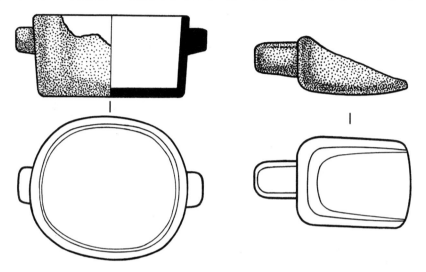

图5-2　广东高州出土的汉代石斗（左）与石箕量（右）

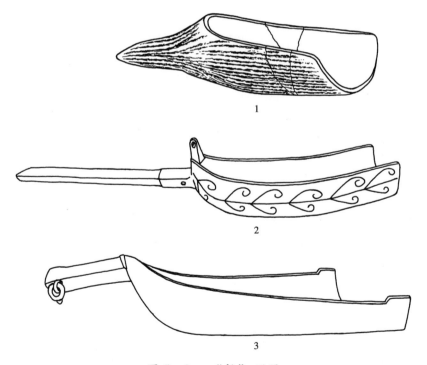

图5-3　"抄"形器
1. 陕西扶风案板仰韶文化晚期遗址出土陶抄　2. 江苏仪征破山口西周墓出土铜抄
3. 河南汲县山彪镇战国魏墓出土铜抄

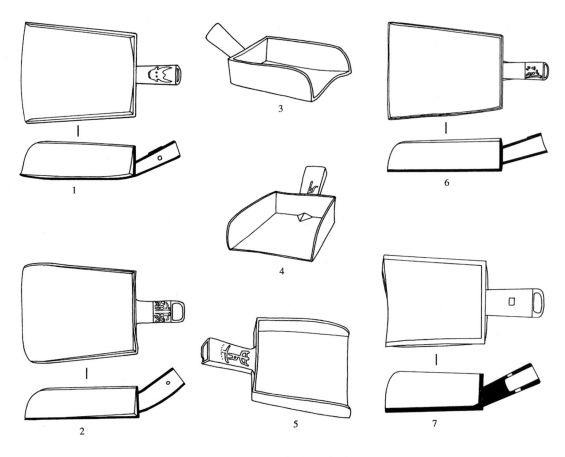

图 5 - 4　商代铜箕量

1. 河南安阳小屯 18 号商墓出土　2. 安阳郭家庄东南 5 号商墓出土　3. 安阳商代妇好墓出土　4. 河南罗山蟒张
1 号商墓出土　5. 商史箕，安阳出土　6. 郭家庄 26 号商墓出土　7. 安阳大司空村 539 号商墓出土

赀一甲。"箕量与蚰（类似扑满的陶器）、畚的器形不同，用途亦有别，它只宜作量谷物之用。上引黄今言文说，谷物"只能论升、斗、石"，高州箕量与升、斗共出，是升、半（斗，即半斗）之间的一级量器，正符合此说举出的条件。更何况如果认可西北大学历史博物馆所主案板陶抄乃用作量器的看法，则当时货币尚未出现，更无钱可装。所以这类箕形器从根源上说，就和盛钱无涉。

但诸家为何力主秦的人口税收钱？其中的原因除了对《金布律》上述条文的误解外，可能还出于据汉代的情况逆推而云然。秦、汉都征收人口税，秦代称口赋，汉代则有对成年人收的算赋和对未成年人收的口钱。算赋起于汉初，《汉书·高帝纪》五年八月"初为算赋"。颜注引如淳曰："《汉仪注》民年十五以上至五十六出赋钱，人百二十为一算。"《汉书·惠帝纪》六年条颜注引应劭曰："《汉律》人出一算，算百二十钱。"口钱则如《汉书·昭帝纪》元凤四年正月条颜注引如淳曰："《汉仪注》民年七岁至十四出口赋钱，人二十三。"汉代的这两项人口税，收的都是钱，固无疑义。但关于秦之口赋，历来的解释却颇有分歧。秦的口赋是否相当汉的口钱加算赋？李剑农认为，秦国一向是算赋、口赋并征[17]。高敏则征引《后汉书·南蛮·板楯蛮夷传》"十妻不算"，李贤注"虽有十妻，不算口、算之钱"之说，称："李贤认为秦昭王时期就是口钱、算赋并征的说法，虽未举出证据，却是可信的。"但他又指出："广义的'算'可以作动词用，如'八月算人'、'算车船'、'算六畜'、'算缗'、'算赀'等。"而"十妻不算"之"算"，他认为"亦为动词"[18]。那么，《板楯蛮夷传》中的话则与税种并无关系。从现存史料看，不仅关于秦征口钱之说全无踪迹可寻，就是对成年人征的口赋，也不是钱，而是谷物或布缕。秦之人口税征谷物，服虔在为"头会箕敛"所作的注中已经说得很清楚。征布缕之例见《后汉书·南蛮·巴郡南郡蛮传》："及秦惠王并巴中，以巴氏为蛮夷君长。……其民户（岁）出賨布八丈二尺，鸡羽三十镞。"秦向巴人以户为单位征布，是一种变相的人口税。但征的是布，而且是当地产的賨布（《说文》："賨，南蛮夷布也"），不是钱。有的学者却把它折合成钱："当时一尺布的价格为'十一钱'。八丈二尺布折钱九百零二文。若五口之家，则全家大小每人平均出口赋一百八十钱。……有可能超出汉代后来

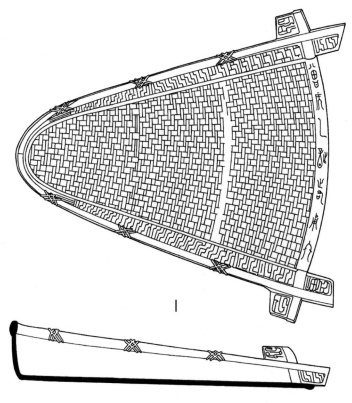

图5—5 曾侯乙墓出土铜炭箕

1

2

图 5-6　秦的量器
1. 商鞅方升　2. 始皇诏方升

通行的算赋和口钱的总额"[19]。按此说不确。因为《秦律·金布律》明确说："布袤八尺，福（幅）广二尺五寸。""钱十一当一布。"则八尺布的价格才十一钱，而且这是"如式"的布，应比嫁布贵些。即使不考虑其价格比，那么八丈二尺布也只合 112.75 钱，五口人平均，每人为 22.55 钱。前一种计算结果可谓严重失实。就像有的研究者认为秦的"口赋每人每年约一千钱"一样，均不免流入夸张一途[20]。这些并无根据的数字实际上在为秦用畚箕收口赋钱的说法营造气氛，使读者于不经意中在"秦的口赋"、"畚箕"、"钱"之间建立联想，产生误导。类似的事例古已有之。《晋书·李特载记》说，秦并天下以后，对巴賨人"薄赋敛之，口岁出钱四十"。《晋中兴书》也说："巴氏子孙布列于巴中。秦并天下，薄其税赋，人出钱四十"（《太平寰宇记》卷一三八引）。不是按户出嫁布，而是按人出钱了。其实这也是子虚乌有的。因为《后汉书·板楯蛮夷传》说："至高祖为汉王，发夷人还伐三秦。"秦地既平，为酬其功劳，复板楯七姓不输租赋，"余户乃岁入賨钱口四十。"《华阳国志·巴志》也说：巴人"从高祖定秦有功，高祖因复之"，"户岁出賨钱口四十。"明明是汉高祖时之事，却转嫁到秦的名下。所以用这条材料证明秦的口赋征钱，亦不足据。而且在正式场合中，汉代人士对这个问题发表过权威的官方见解。位居三公的御史大夫贡禹认为："古民亡赋算、口钱"（《汉书·

贡禹传》)。这话是直接向汉元帝说的,是政府高官对税制之沿革的回顾。过去或据以探讨汉以前有无人口税,未免偏离了主题。在这里,贡禹强调的是,汉代以前没有在人口税中收钱的。其所称"赋算"之"算",是和"口钱"之"钱"互相对应,指汉代以百二十钱为一算之相对固定的一笔税金。汉代文献中出现的"一算"、"倍算"、"五算"等亦是此义。其所谓"古",应指汉代以前,说那时"亡赋算",不是认为汉以前无口赋,而是说当时不征收用钱交纳的"算"。至于说汉以前无口钱,更没有任何材料可资反证。本文对秦代人口税征收情况的考察结果,也证明贡禹的说法可信。

从行政效率的角度讲,征钱比征谷物在某些方面有方便之处,但秦时却难以向农民征钱。秦的"半两"重十二铢,被汉代人评为"钱重难用"[21]。秦在短时期内完成统一事业,管辖地域急剧扩张,半两作为唯一的铜钱,必须超大规模鼓铸才能满足全国范围内的货币需求量。对此,秦政府一时尚难以做到。当时铸钱权属国家,所以睡虎地秦简《封诊式》中有关于盗铸的爰书:"某里士五(伍)甲、乙缚诣男子丙、丁及新钱百一十钱,容(镕)二合。告曰:'丙盗铸此钱,丁佐铸。甲、乙捕索其室而得此钱、容(镕),来诣之。'"由于未见到判词,不知如何量刑,但处罚想必会相当重。可是《秦律·金布律》中却又规定:"钱善不善,杂实之。""百姓市用钱,美恶杂之,勿敢异。"不善的恶钱中肯定会包括部分私铸的钱,却仍使之得以流通。在打击私铸者的同时却保护私铸的钱,正是既要维护法令的尊严,又在钱币短缺的现实面前不得不曲加变通的做法。

由于钱重、钱少,所以当时钱比较珍贵。《史记·萧相国世家》说:"高祖以吏繇咸阳,吏皆送奉钱三,何独以五。"萧何多送两个半两钱,太史公亦特予表出,其意义可见一斑。后人或以为这几个钱太少,设法加码。如集解引李奇曰:"或三百,或五百也。"索隐又引刘氏曰:"时钱有重者,一当百,故有送钱三者。"都是援后世看物价的眼光以例古。秦钱重如其文,几曾见过标"五十两"之当百的秦钱!至于解释三、五为三百、五百,不仅与《史记》的文例不合,也不近当时的情理。秦的谷价"石卅钱"[22]。三百钱相当十石谷;而当时亩产量平均 1 石,那么它就是治田百亩的农民之全年收入的 1/10。五百钱则是 1/6。斗食小吏做一次普通的人情,不应如此破费。

在这种形势下,秦的商业活动发达不起来。《商君书·去彊篇》说:"金生而粟死,粟死而金生。"把农民和商人的关系描述得形同水火。上农除末,是秦一贯奉行的政策。《吕氏春秋·士容论·上农篇》也说:"民舍本而事末,则不令,不令则不可以守,不可以战。"事态被估计得竟这般严峻。因此秦虽然有个别大商人,但并没有在全国形成活跃的商业网。农民纵使打算用谷物换钱,愿意忍受商人的"中间剥削",在某些地区中,也不容易找到买主。商鞅早就主张"使商无得籴,农无得粜"[23]。秦统一后,形势看来并没有发生根本的变化。这时要推行征钱的口赋，而且要落到全国每个成年人头上，则历史尚未给秦的统治者提供这种可能。所以像有的研究者说的，"头会箕敛"之际，"'大夫'带着不少装钱的'畚箕'，奔走于四乡之间"[21]。文字虽然很生动，却不能不被看作是一幅羌无故实之虚拟的画面。

（原载《中国历史文物》2003 年第 1 期。收入本集时作了修改补充。）

注　释

① 《史记·高祖本纪》。

② 《史记·张耳、陈余列传》。

③ 黄今言：《秦代租赋徭役制度初探》，《江西师范学院学报》1979 年第 4 期。

④ 杨宽：《从"少府"职掌看秦汉封建统治者的经济特权》，《秦汉史论丛》第 1 辑，陕西人民出版社，1981 年。

⑤ 高敏：《秦汉史论集·秦汉赋税制度考释》，中州书画社，1982 年。

⑥ 钱剑夫：《秦汉赋役制度考略》，第 56 页，湖北人民出版社，1984 年。

⑦ 苏诚鉴：《"头会箕敛"与"八月算人"》，《中国史研究》1983 年第 1 期。马怡：《汉代的诸赋与军费》，《中国史研究》2001 年第 3 期。

⑧ 田昌五主编：《中国封建社会经济史》卷 1，第 234 页，齐鲁书社、文津出版社，1996 年。

⑨ 王力：《同源字典》，第 383 页，商务印书馆，1982 年。

⑩ 岑仲勉：《墨子城守各篇简注》，第 146 页，中华书局，1958 年。

⑪ 张均绍：《高州汉代石量的量形及制作》，《中国文物报》1988 年 6 月 3 日。

⑫ 扶风出土的仰韶陶箕形器，见西北大学文博学院考古专业编：《百年学府聚珍》第 17 图，文物出版社，2002 年。

⑬ 破山口铜抄见仪征市博物馆编：《仪征出土文物集粹》第 25 页，文物出版社，2008 年。山彪镇铜抄见郭宝钧：《山彪镇与琉璃阁》第 24 页，科学出版社，1959 年。

⑭ 商代铜箕量见中国社会科学院考古研究所：《殷墟妇好墓》，文物出版社，1987 年。中国社会科学院考古研究所安阳工作队：《安阳小屯村北的两座殷代墓》，《考古学报》1981 年第 4 期。安阳市文物考古研究所：《河南安阳市殷墟郭家庄东南五号商代墓葬》，《考古》2008 年第 8 期。中国社会科学院考古研究所安阳工作队：《河南安阳市郭家庄东南 26 号墓》，《考古》1988 年第 10 期。中国社会科学院考古研究所安阳工作队：《1980 年河南安阳大司空村 M539 发掘简报》，《考古》1992 年第 6 期。信阳地区文管所等：《河南罗山县蟒张商代墓地第一次发掘简报》，《考古》1981 年第 2 期。史箕见容庚、张维持：《殷周青铜器通论》，文物出版社，1984 年；唯此书将该器定名为勺。

⑮ 湖北省博物馆：《曾侯乙墓》上册，第 245~247 页，下册彩版 11，文物出版社，1989 年。深圳博物馆、胡北省博物馆：《剑舞楚天》第 78 页，文物出版社，2010 年。

⑯ 国家计量总局、中国历史博物馆、故宫博物院：《中国古代度量衡图集》图 81、98，文物出版社，1984 年。

⑰ 李剑农：《先秦两汉经济史稿》，第 247 页，三联书店，1957 年。

⑱ 高敏：《从江陵凤凰山十号汉墓出土简牍看汉代的口钱、算赋制度》，《文史》第 20 辑，1983 年。

⑲ 黄今言：《秦汉赋役制度研究》，第 201 页，江西教育出版社，1988 年。

⑳ 肖国亮：《秦二世而亡的经济原因》，《社会科学》1980 年第 6 期。

㉑《史记·平准书》、《汉书·食货志》。

㉒《秦律·司空律》，《睡虎地秦墓竹简》，第88页，文物出版社，1978年。

㉓《商君书·垦令篇》。

㉔ 见注⑦所引苏诚鉴文。

东周、汉、晋腰带用金银扣具

　　我国古代男子腰带上起初采用的金属括结具为带钩，之后又出现了各种扣具，其形制多样，有时很容易和马具中的类似之物相混淆，但两者的用途既不同，用法亦各异。本文着重讨论腰带扣具的演变及其已为后世所不习见的括结方式。

　　现代人腰带上使用的金属带具通称带扣，大都为后装活动扣舌的那一种。在古代，还有前装固定扣舌的，以及不装扣舌的。后者当中之既无扣舌且无穿孔者，实际上并不起括结作用，只宜称作饰牌。但由于它是继起之各种扣具的先驱，所以在这里一并加以讨论。将此类饰牌归入扣具，虽有攀附之嫌，但与称谓上的习惯亦不尽相悖。比如衣服上的扣子，有的缝在袖口等部位，并不用于扣合，只起装饰作用，却仍然只能称之为扣子。这里姑援其例，将它们均视为扣具。古代的金属扣具绝大部分为铜质，金银制品数量很少。但精工细作的金银扣具，形制上发育得最为完善；而且品种齐全，铜扣具之主要的类型几乎全被包含，而金银扣具的某些特异之品在铜扣具中却比较罕见。又由于从外观看，包金或鎏金件也有金器的效果。故本文所论以金、银、包金、鎏金等扣具为主，兼及有关的铜、玉标本。

　　腰带扣具的式样虽甚繁复，但归纳起来不外三种类型：I 型，无扣舌；II 型，装固定扣舌；III 型，装活动扣舌。

　　无扣舌的 I 型扣具又可分为二式。I 型 1 式就是上文提到的那种既无扣舌且无穿孔的饰牌。在我国，它出现于春秋时。内蒙古乌兰察布盟凉城毛庆沟 5 号春秋晚期至战国早期的北狄墓，在墓主腹前出土两枚左右对称的"铜饰牌"，原应装于腰带会合处两侧。饰牌呈不规则的长方形，正面以阴线刻划出简略的虎纹，其前部和后部各有二小孔，以便缝在腰带上（图 6 - 1：1、2）[①]。它们没有括结装置，只起装饰作用，却无疑是后世之各种扣具的前身。时代和它相近的哈萨克斯坦伊塞克（Issik）塞种王墓中，墓主腰带上饰有鹰喙鹿身、头生多枝长盘角的怪兽纹金扣具及十三件小饰牌，它们的钮均穿过带鞓在背面透出，再用两条细带贯穿各钮孔。这样，既起固定作用，细带之超出带鞓的部分还可用于系结扣具，本身却仍属于饰牌一类（图 6 - 1：3、4、7）[②]。这里的怪兽形扣具与内蒙古伊克昭盟准格尔旗西沟畔 2 号战国匈奴墓出土物中所见者相类[③]。其小饰牌的缀结方式则与内蒙古敖汉旗周家地 45 号夏家店上层文化墓葬中出土的

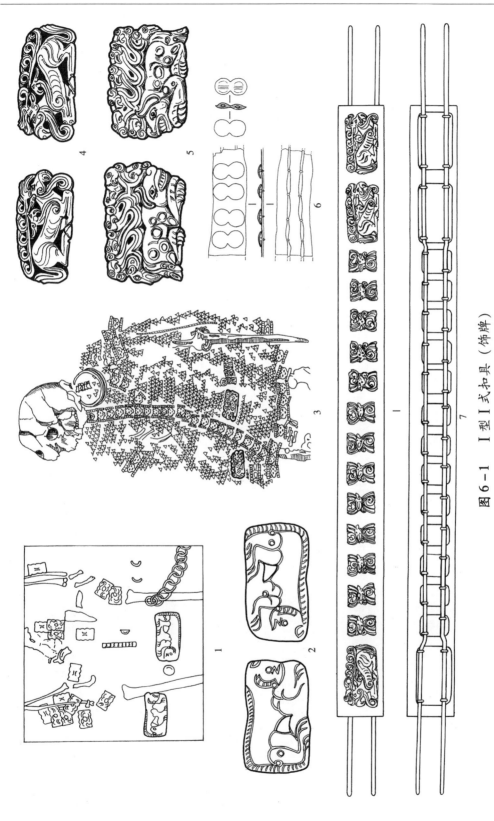

图 6-1　I 型 I 式扣具（饰牌）

1. 内蒙古凉城毛庆沟5号墓扣具出土时的位置　2. 毛庆沟5号墓出土的无穿孔扣具　3. 伊塞克塞种王墓扣具出土时的位置　4. 伊塞克塞种王墓出土的无穿孔扣具　5. 内蒙古敖汉旗周家地45号墓出土扣具的缀结方式　6. 内蒙古杭锦旗阿鲁柴登发现的匈奴无穿孔扣具　7. 伊塞克塞种王墓出土扣具的缀结方式

窄革带上所见之例相一致（图6-1:6）。而伊克昭盟杭锦旗阿鲁柴登发现的匈奴金银器
中，也有十二枚铸成头生多枝长盘角之虎状怪兽的金扣具，原来也是装在一条腰带上的，
和伊塞克塞种墓之例就更加相似了（图6-1:5）④。此类腰带于生活在东哈萨克斯坦一带
的塞种人以及生活在黑海北岸一带的斯基泰人那里都能见到。乌克兰切尔卡萨州 Beres-
tnyagi 村之前5世纪的斯基泰古墓中所出青铜带具，以八枚为一副，腰前那两枚呈侧视的
狮头形，体积较大，显得更为突出；两边则装有较小的兽面形饰牌⑤。上述伊塞克塞种墓
中也出过类似的兽面形金饰。这些情况表明，北狄、匈奴以及塞种、斯基泰等族的带具
之作风是相通的，他们的腰带之形制亦应互相接近。

　　至西汉时，Ⅰ型1式扣具出土的数量虽不多，但分布得相当广泛，北起匈奴，南抵
南越，均有它的踪迹。1716年，俄国的西伯利亚总督加加林公爵献给沙皇彼得一世一

图6-2　汉代的Ⅰ型Ⅰ式扣具

1. 南西伯利亚出土的双龙纹金扣具　2. 广州登峰路西汉墓出土的虎噬羊纹鎏金铜扣具　3. 广州象岗南越王墓
出土的蟠龙双龟纹鎏金铜扣具

对本地出土的金扣具，长方形，透雕双龙纹，边框饰叶形花纹（图6-2：1）⑥。此器现藏圣彼得堡爱米塔契博物馆，过去曾被鉴定为公元前4~3世纪的塞种制品。但其龙纹不类塞种艺术风格，而宁夏同心倒墩子1号西汉匈奴墓出土铜扣具的图案却与之全同，说明它其实是西汉时物⑦。成对的此类鎏金铜扣具在广州登峰路福建山1120号西汉墓及象岗南越王墓中均曾出土（图6-2：2、3）⑧。在西安三店村西汉墓及江苏扬州西汉"妾莫书"墓中，也发现过同类之物⑨。

I型2式扣具是从I型1式饰牌发展而来，特点是其中一枚的一侧有孔，这样就可以用一条窄带穿过此孔来系结。阿鲁柴登发现的战国匈奴遗物中有此式金扣具，铸出浮雕式的四狼噬牛纹。带穿孔的那一枚在牛鼻上硬凿一个洞，以致图案受到破坏⑩（图6-3：1）。说明它初铸出时本与I型1式相同，并不开穿孔。又如同心倒墩子19号西汉匈奴墓出土的双马纹I型2式鎏金铜扣具，所开穿孔也使马嘴部的图案受损⑪（图6-3：5）。而在北京征集到的一副铜扣具，尽管纹饰与前者几乎全同，却无穿孔，仍保持I型1式之原貌⑫，也反映出I型2式是在1式的基础上改进而成。

I型2式扣具多见于匈奴遗物，除了上文举出的例子，在伊盟西沟畔2号战国墓及同心倒墩子5号西汉墓中也曾发现（图6-3：2）⑬。但内地亦出此式之精品。江苏徐州狮子山西汉楚王陵出土两块I型2式金扣具，饰双熊噬马纹。其中一块无穿孔，另一块在偏前居中的位置上开穿孔，正位于马颔下，恰为图案所包容，校阿鲁柴登金扣具的设计更加成熟。特别值得注意的是，狮子山金扣具附有金穿针（图6-4）⑭。此物应拴在固定于一侧之窄带的末端，以利于将它引入对面那块扣具的穿孔中。这就充分证明了前面所推测的系结方式。湖南长沙咸家湖西汉曹嬛墓出土的透雕云驼纹玉扣具，两枚之内侧各开半个穿孔，估计当时在玉件底下还设有垫片，用垫片上完整的穿孔为玉扣具作补充，所以它仍属I型2式（图6-3：4）⑮。这副玉扣具琢工细致，水平很高。广州象岗南越王墓出土的十余件此式扣具，在鎏金的铜边框中镶嵌浅蓝色平板玻璃（图6-3：3）⑯。这是我国已知之最早的透明平板玻璃，在汉代是罕见的新材料，用它制作的扣具之珍异更可想而知。

I型扣具或即班固《与窦将军笺》所称"犀毗金头带"之金头⑰，因为它装在腰带两头，既加固带端也起到颇显著的装饰作用。又由于除金质者外，也有用别的材料制作的，所以也不妨称之为"带头"。至于所谓"犀毗"，颜师古在《汉书·匈奴传》的注中解释说："犀毗，胡带之钩也；亦曰鲜卑，亦谓师比，总一物也，语有轻重耳。"但此物的具体形制颜氏未予描述。据上海博物馆所藏"庚午"（当指东晋太和五年，371年）玉扣具上的"御府造白玉衮带鲜卑头"铭文，则鲜卑应指此物（图6-10：3）⑱。然而《楚辞·大招》以"小腰秀颈，若鲜卑只"的句子来形容"腰支细少，颈锐秀长"的"好女之状"，则鲜卑又似只宜解释作带钩。二说仿佛存在矛盾。实际上颜注强调的重点是"胡带"，所以凡属胡带用的括结具，无论带钩或后来的带扣，大约均

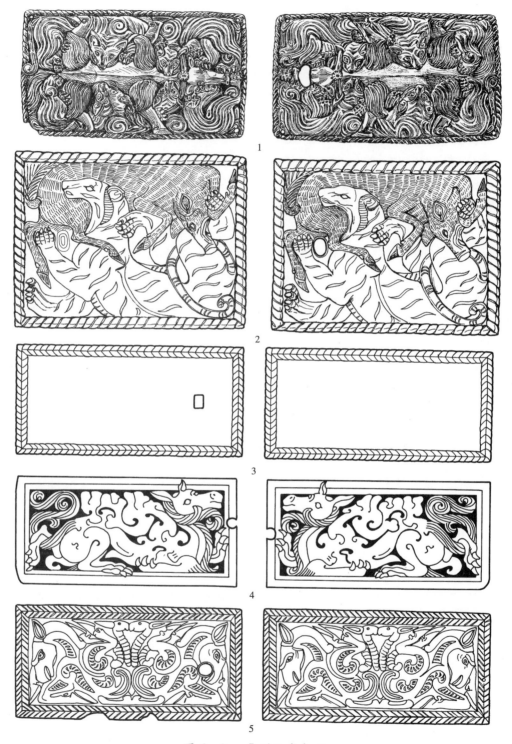

图 6-3　Ⅰ型 2 式扣具

1. 阿鲁柴登发现的四狼噬牛纹金扣具　2. 西沟畔 2 号墓出土的虎豕捕噬纹金扣具　3. 广州象岗南越王墓出土的鎏金铜框镶玻璃扣具　4. 长沙曹䃅墓出土的云驼纹玉扣具　5. 同心倒墩子 19 号墓出土的双马纹鎏金铜扣具

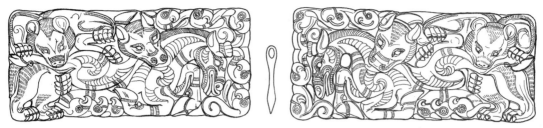

图6-4　附穿针的 I 型 2 式金扣具（徐州狮子山西汉墓出土）

可以称为鲜卑或犀毗，而不必强加区分。

再看 II 型扣具，其共同特点是既有系结用的穿孔，又有固定的扣舌。在我国，此型扣具主要流行于匈奴、鲜卑等北方草原民族中，内蒙古、宁夏等地区曾屡屡出土。匈奴人居住过的南西伯利亚地区发现的也不少。但我国内地使用者不多。从外轮廓的形状上看，II 型扣具有圆形、长方形、不规则形（含刀把形）与马蹄形诸种，不过它们常同时并存，本文依据使用情况并参照其结构将 II 型扣具分为三式：II 型 1 式是单独使用的；II 型 2 式有单独使用的，也有成对使用的；II 型 3 式则以成对使用的居多。

II 型 1 式中的圆形扣具出现得最早，在春秋晚期至战国早期的内蒙古伊克昭盟杭锦旗桃红巴拉1、2 号墓中已经发现[19]。它和 I 型 1 式扣具的外形相去较远，出现的时间却相距很近，所以不会由那种扣具演变而来，其直接的借鉴应得自内地马具中之扣具。如战国时的"方策"和"圆策"，都在前端装有向外伸出的固定扣舌（图 6-5:1）。秦始皇陵所出 2 号铜车的靳带上所设"方策"，将其括结方式反映得清楚（图 6-5:3）。其中的圆策与 II 型 1 式之圆形扣具的构造基本一致（图 6-5:2）[20]。由于采用了

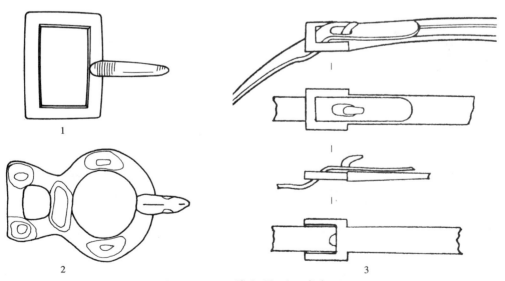

图6-5　方策与 II 型 1 式扣具

1. 洛阳中州路战国车马坑出土铜方策　2. 内蒙古博物馆藏铜扣具　3. 始皇陵 2 号铜车骖马靳带上所装方策

装扣舌的做法，其括结功能大为改进。将马用扣具上的固定括舌移植到腰带扣具上来，当为我国古代北方民族的创造。进而，它与饰牌状的 I 型扣具相结合，突破了原先单调的圆环形构图。比如一种虎噬羊纹带扣，早期的标本上不仅没有扣舌，而且外端也没有穿孔，应属 I 型 1 式（图 6－6:1）。可是后来在它前部增加了类似 II 型 1 式圆扣具那样的构造。开始两部分的结合还比较生硬，给人以拼接的感觉，如宁夏彭阳姚河、甘肃镇原吴家沟圈等地出土的战国扣具（图 6－6:2）[21]；是为 II 型 2 式。这种设计意匠初出时尽管不够成熟，却是扣具造型发展历程中重要的一步，日后各类装饰繁复之扣具的结构均以此为基础。继起之这类扣具的设计愈加完善，图案渐趋完整，虽仍设固定扣舌，但安排得自然而合理，是为 II 型 3 式（图 6－6:3）。它们往往单独使用（图 6－7）。如成对使用时，与有扣舌之扣具相对的那一枚，仍沿袭 I 型扣具的传统，只起装饰作用。

图 6－6　从 I 型 1 式扣具到 II 型 3 式扣具的演进
1. I 型 1 式，南西伯利亚出土　2. II 型 2 式，宁夏彭阳出土
3. III 型 3 式，内蒙古乌兰察布盟征集

II 型 3 式扣具未见圆形者，而长方形、不规则形、马蹄形者则不乏其例。爱米塔契博物馆所藏南西伯利亚出土的不规则形怪兽噬马纹金扣具，是著名的古代工艺品（图 6－8:1）[22]。时代约属战国。此外，值得注意的是内蒙古满洲里市扎赉诺尔与吉林榆树老河深两地之鲜卑墓所出 II 型 3 式马蹄形扣具，它们皆为铜质鎏金并饰以鲜卑神马纹（图 6－8:2）[23]。两处墓葬的年代均相当两汉之际，而比它们更早的准格尔旗西沟畔战国匈奴墓与呼伦贝尔盟陈巴尔虎旗完工西汉鲜卑墓中所出之马蹄形扣具均单独使用[24]。西亚地区亦偶能见到此类标本，当是在我国 II 型 3 式扣具的影响下产生的。然而为什么时代较晚的扎赉诺尔与老河深之例却仍然成对使用呢？这不仅须联系使用 I 型扣具时所形成的爱好与风尚，而且还应对其系结方法有所认识，才能说明个中原委；对此下文中还要谈到。

II 型扣具大约相当于古文献中所称之带镯。《说文·角部》:"镯,觿或从金、喬。""觿,环之有舌者。"段玉裁注:"环中有横者以固系。"则镯是有"固系"之舌的括结具,与此式扣具的性状大体相合。鉴于平日行文时并不标出器物的型、式,故保留带镯之名称可以把它和装活动扣舌的扣具相区别,使读者知其所指,不无便利之处。

至于装活动扣舌的 III 型扣具,也曾受到马用扣具的影响。始皇陵 2 号兵马俑坑 T12 出土的陶鞍马腹带上所见之扣具,装有活动扣舌,应是我国的创造[25]。它已经是真正的带扣了。这类扣具的轮廓多近马蹄形,河北满城与广西西林等地之西汉墓中均曾出土,它们一般较小,长度约 4 厘米左右,且朴素无华[26]。富丽的金银腰带扣具之结构与之相仿,但比它们大得多,这是汉晋时代特有的贵重工艺品。按照使用情况可分成 2 式:III 型 1 式,单独使用;III 型 2 式,成对使用。

III 型 1 式腰带扣具出现于西

图 6-7 单件使用的 II 型 3 式扣具
1. 陕西长安客省庄出土 2、3. 辽宁西丰西岔沟出土

汉时,以前尚未见过。新疆焉耆博格达沁古城黑圪垯与平壤石岩里 9 号乐浪墓所出形制相近的龙纹金扣具,均长约 10 厘米,穿孔呈弧形,位于扣体前部,扣舌较短。主要的纹饰布置在扣面后部,锤镍成型,作群龙戏水图案(图 6-9:1、2)[27]。焉耆扣具上有一条大龙和七条小龙。石岩里 9 号墓的带扣上则只有一条大龙和六条小龙。它们都出没于激流漩涡间,扬爪掉尾,身姿蜿蜒,充溢着动感。而且龙体上满缀大小金珠,在玲珑纷华之中,烘托出一派炽烈奔放的艺术气息。其上之大量细如茪子的小金珠,不能用"炸珠法"、即将金液滴在冷水中凝成;而是先将金丝断为等长的小段,再熔融聚结成粒,然后夹在两块平板间碾研,加工成滚圆的小珠。但这里的

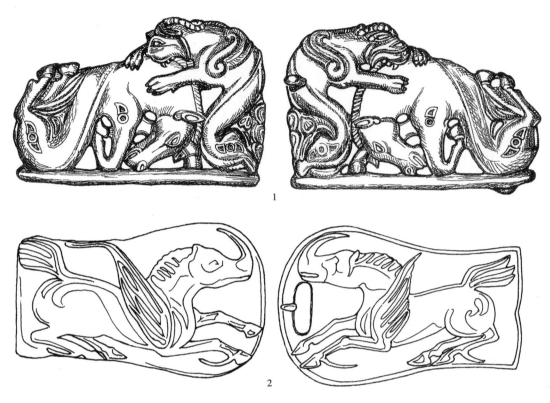

图 6 - 8　成对使用的 Ⅱ 型 3 式扣具
1. 南西伯利亚出土的怪兽噬马纹金扣具　2. 榆树老河深出土的神马纹鎏金铜扣具

金珠虽小，却排列得均匀整齐、清晰光洁，肉眼几乎观察不到焊茬，工艺极其精湛，用通常的焊接方法是不能完成的。据研究，这是以金汞齐泥膏将金珠粘合固定，然后加热使汞蒸发，金珠就牢牢地附着在器物表面上了。其原理与我国的火法鎏金技术是相通的。但也有一些标本上检查不出汞的痕迹来，似是用在炭粉中加热的方法，借助金珠表面形成的炭化物薄膜的还原作用，以所谓 "扩散接合法"（diffusion bonding）将金珠固定在金器表面的[28]。这类方法很早就出现在西亚地区，历史悠久，约在西汉时传入我国，已知之最早的例子是广州象岗南越王墓出土的小金花泡。以后在河北定县八角廊 40 号西汉墓出土的马蹄金和麟趾金上，也焊有用小金珠组成的连珠纹带饰[29]。至东汉时，此类工艺已臻成熟之境，江苏邗江甘泉 2 号、河北定县北陵头 43 号等东汉墓所出金胜、金龙头、金辟邪等物，可视为其代表作[30]。这些器物上还镶以水滴形红、绿石珠，在上述焉耆及乐浪出土的两件金扣具上也能看到。

　　金器上镶红绿石珠的做法即故宫博物院藏东汉建武二十一年鎏金铜尊的铭文中所称 "青碧、闵瑰饰"。青碧指上面镶的绿色石珠，多为绿松石。闵瑰即玫瑰。《急就篇》颜师古注："玫瑰，美玉名也。" 它可能指含钛的粉红色蔷薇水晶或其他红色宝石

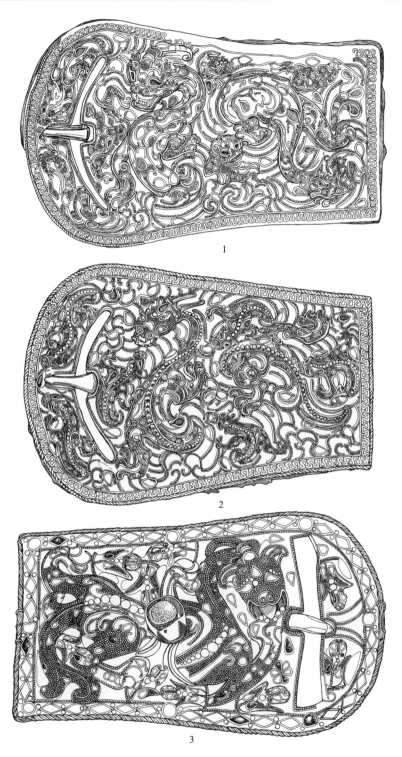

图 6-9 Ⅲ型 1 式金扣具
1. 焉耆出土的八龙金扣具 2. 平壤出土的七龙金扣具 3. 湖南安乡西晋·刘弘墓出土的龙纹金扣具

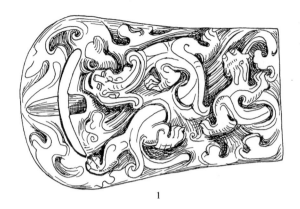

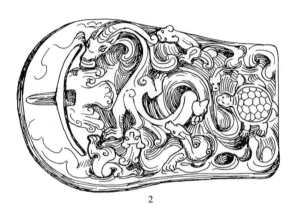

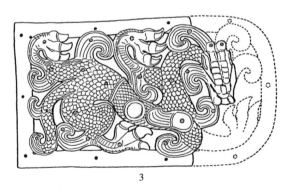

图 6 - 10　玉扣具
1. 洛阳夹马营路东汉墓出土　2. 台北故宫博物院藏品
3. 上海博物馆藏品

如红玛瑙之类。但制作饰物时，也有在无色的石珠或玻璃珠的黏合剂中调入朱砂的，镶成后亦透出红色。在金器上镶嵌"青碧、闵瑰"为汉代所习见；而西方当时或在金器的水滴形框格中填以珐琅釉，汉代尚无此种做法。焉耆扣具上的红、绿二色石珠均有存者。石岩里 9 号墓之扣具上只剩下七颗绿色的了，据统计，其上原应镶嵌石珠四十一颗。

汉代工艺品上的龙纹常穿游于山峦、云气之间，尽管修长的身躯被景物遮去一段，但首尾的呼应指顾，四爪的屈伸低昂，不仅仍保持整体感，而且使构图更加紧凑饱满。上述金扣具虽以水波纹衬地，但上面的大龙也是这样安排的。其他银或玉制的汉代龙纹扣具亦然，平壤石岩里 219 号西汉·王根墓出土的银扣具、洛阳东关夹马营路 15 号东汉墓出土的玉扣具均可为例（图 6 - 10：1）^㉛。过去只注意云南、新疆和乐浪出土的带扣，会使人产生此物仅通行于边地的错觉，当时价值更高的玉扣具在洛阳出土，则可消除这一疑窦。台北故宫博物院所藏汉代玉扣具，扣面浮雕四灵，朱雀的头部延伸成扣舌，已脱失。其大龙和小龙也自代表水波的涡纹中露出半身（图 6 - 10：2）^㉜。

根据焉耆所出之例，III 型金扣具之创制可上溯到西汉晚期，而降至西晋，其工艺技巧犹有新的进展；这是自湖南安乡黄山头西晋·刘弘墓出土的实例上看到的（图 6 - 9：3）^㉝。第一，刘弘的金扣具上的龙纹改进了穿游掩映的构图，在龙躯中部镶嵌了一枚较大的圆形宝石，和上海博物馆所藏"庚午"玉扣具的做法完全一致（图 6 - 10：3）。这样就对汉代龙纹扣具之传统格式有所突破，使扣面图案上出现了明确的重心。第二，所焊金珠的颗粒更小，安排得更密集，排列得更整齐，工艺更加繁难。

第三，镶嵌物增多。不算龙身上的大圆珠和水滴形小珠粒，仅边框里的菱形格与圆形格中所嵌者，补足时已应有四十四枚之多。所以其整体效果既辉煌夺目又稳重安详。

晋时还有不少 III 型 2 式扣具，在江苏宜兴元康七年（297 年）周处墓、辽宁朝阳袁台子东晋墓、日本奈良新山古坟等处均曾成对出土（图 6－11）[34]。周处墓与袁台子墓所出者为银质，新山古坟所出者为铜质鎏金。扣身在平面上透镂出大体对称的龙、虎等纹饰，其上再施毛雕。除出土品外，荷兰阿姆斯特丹亚洲艺术博物馆和日本东京出光美术馆也藏有完整的实例[35]。因为它们的时代集中于两晋，故可称"晋式扣具"。

III 型扣具的括结方法曾经是一个悬而未决的问题。倘若按照后世的习惯，将从扣具中穿出的腰带之末段横置，则其上之纹饰会被完全盖住，那些精彩的工艺均隐于带下，明珠暗投，无从表现其华奂了。所以当时采取的应是另一种括结方法。

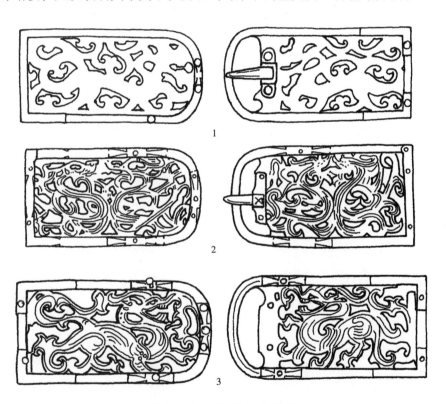

图 6－11   III 型 2 式扣具

1. 宜兴西晋·周处墓出土银扣具   2. 朝阳袁台子晋墓出土银扣具   3. 日本奈良新山古坟出土鎏金铜扣具

探讨这个问题，有必要先回顾一下带扣使用方法的发展过程。斯基泰人之遍装"饰牌"的腰带，长度大致与腰围相等，两端在腰前会合对齐，各端再接续出一段窄带，用此窄带打结扣系[36]。而装 I 型 2 式扣具者，腰带一端的窄带可以通过另一枚扣具

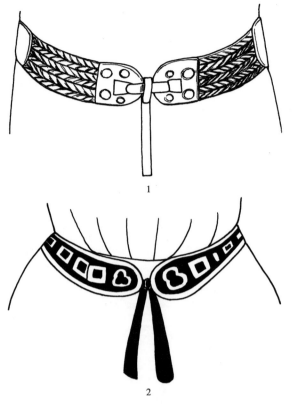

图 6－12　括结后余下的带子垂于腹前之例
1. 哈特拉出土安息石雕像　2. 楼兰汉魏墓壁画　3. 扶余
窥岩面出土画像砖

上的穿孔，绕回来再系住。在 II 型扣具中，起括结作用的是铸出固定扣舌的那一枚；其对称的另一枚，则只起装饰作用。本来一枚已敷用，所以要在对面增加一枚，则是沿袭 I 式带扣的传统。II 型扣具的括结法，在内蒙古毛庆沟 59 号匈奴墓及完工鲜卑墓中均由残存的革带反映出来。当时是将其一端的窄带自下而上通过对面的扣具之穿孔，再折返回来用扣舌勾绊，则腰带便可束紧㊲。但剩余的窄带如何处理，发掘中未观察到明确的现象，没有现成的答案。在伊拉克的哈特拉（Hatra）古城址发现的安息石雕像，年代为 1～3 世纪，其腰带的系结状况如图 6－12：1㊳。此石像上的窄带将腰带两端的"带头"括结起来以后，多余部分则在当中垂下。韩国忠清南道扶余郡窥岩面废寺出土的 5 世纪画像砖上之神怪所束腰带，多余部分也垂于腰腹中部（图 6－12：3）㊴。新疆楼兰汉魏墓壁画中之系带者，其系结后之窄带的多余部分同样是这样处理的（图 6－12：2）㊵。尽管以上诸例中使用的扣具并不相同，但余下的带子垂于腹前的做法互相一致。因此，以老河深 105 号鲜卑墓之 II 型 3 式扣具为例，其系结状况当如图 6－13：1。而以宜兴周处墓所出 III 型 2 式扣具为例，其系结状况则当如图 6－13：2。虽然这里的窄带贯穿的是装活动扣舌的带扣，却依然要折返回来将多余的部分于腰腹中部打结下垂。这不仅由于在此前用 II 型扣具时，窄带一直被

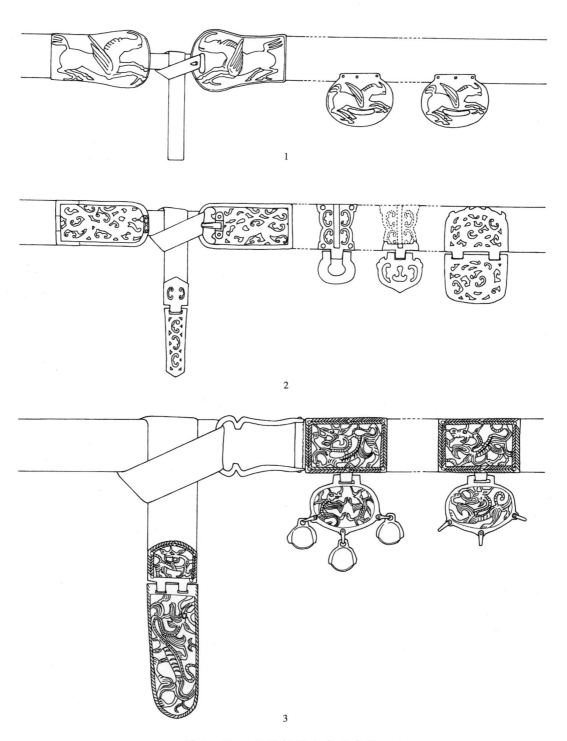

图 6-13　几种括结方式示意图

1. 据榆树老河深 105 号墓出土扣具　2. 据宜兴周处墓出土扣具　3. 据日本京都谷冢古坟出土扣具

这样处理；而且周处墓所出扣具如何配置施用，以前长期未获解决，采用图中的系结法，则使它们各得其所。又如日本京都谷冢古坟出土的扣具，也宜采用图 6 - 13：3 所示之系结法[41]。回过来再看 III 型 1 式扣具，便可知其括结方式应与图 6 - 12：2 基本一致，不过只用一枚扣具而已。更值得注意的是谷冢扣具（图 6 - 13：3），其中的铊尾竟与阿富汗北部席巴尔甘（Shibarghan）金丘 4 号大月氏墓所出者极相似。后者是一枚金铊尾，上面镌刻着纯然汉风的龙（图 6 - 14：2）[42]。不独铊尾上有这种图案，4 号墓墓主所佩短剑的剑鞘上也饰以龙纹（图 6 - 14：1）。而在位于丝绸之路北线上的阿耳马提（Almaty）附近之卡尔格里河谷出土的透雕金叶，则不仅有龙，而且是羽人骑龙（图 6 - 14：3）[43]。但它们都和中原制品的作风微异，应出自中亚匠师之手。不过仍可看出，其作者对这种造型有所理解，谙知其中的情趣 ，说明中亚工艺家对汉文化是乐于接受的。同时也应该看到，尽管汉晋扣具中包含有外来的因素，但也有不少构件的创意源自中国，并由中国传到西方。可是也就在阿拉木图附近，上文提到过的伊塞克塞种王墓中出土的剑鞘上装饰的却不是龙纹，乃是后躯翻转的马，这是典型的斯基泰式动物纹（图 6 - 15：1）[44]。而在山东章丘洛庄西汉吕国墓与河南永城芒砀山西汉梁国墓出土

1

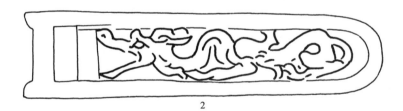

2

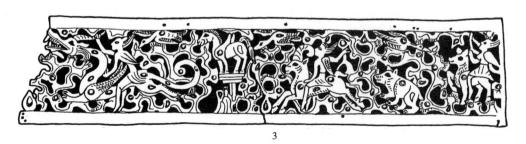

3

图 6 - 14　中亚出土器物上的龙纹

1、2. 阿富汗希巴尔甘出土　3. 哈萨克斯坦卡尔格里河谷出土

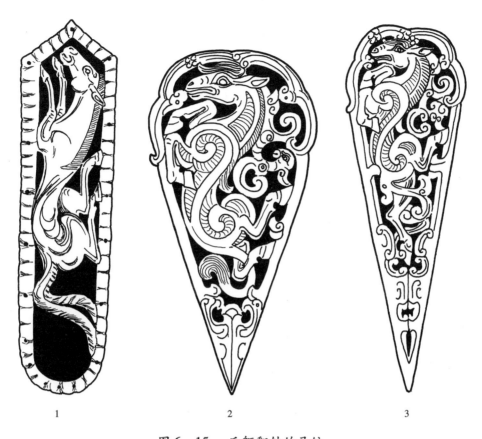

1　　　　　　　　　　　　2　　　　　　　　　　　　3

图 6 – 15　　后躯翻转的马纹

1. 伊塞克塞种王墓出土剑鞘饰片　　2. 山东章丘洛庄西汉墓出土马当卢　　3. 河南永城芒砀山西汉墓出土马当卢

的当卢上，都有构图相仿的马纹（图 6 – 15：2、3）[45]。以上情况表明，中国和中亚当时在某些方面存在着不容忽视的双向文化交流，过去对汉文化在中亚的影响阐述得不够充分。有的学者走得更远，甚至认为洛庄出土的马具（包括当卢），"很可能是同马一起由北方输入中原的"[46]。连马和马具的产地都给推到境外去了。其实洛庄与芒砀山所出外轮廓呈垂叶形的当卢，纯属中国风格，基本上不见于西方。不过这已经是另一个领域里的问题，兹不详述。

最后，还应当对内蒙古乌兰察布盟和林格尔县另皮窑与呼和浩特市土默特左旗讨合气出土的铁芯包金之猪纹与神兽纹扣具略作讨论。两地的出土物中各有两枚成对的马蹄形扣具，但既无穿孔也无明确的扣舌，应属 I 型 1 式。此处，两地各有两枚接近椭圆形的带环，形制与老河深所出者相同。讨合气还出了四枚长条形铐[47]。过去由于不熟悉扣具之成对使用的沿革，所以在报道和展出时，多将一枚扣具和一枚侧置之带环组成一套。其实，它们的配置方式当如图 6 – 16，束腰时用两扣之间的窄带相系结。再者，过去将另皮窑与讨合气所出扣具的年代定为北魏，亦嫌太晚。另皮窑

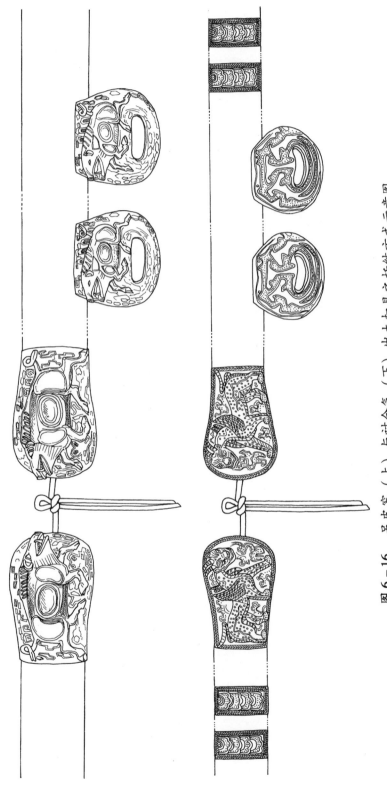

图 6 – 16 牙皮鞶（上）与讨合气（下）出土和具之拮结方式示意图

的猪纹带扣与西沟畔 4 号西汉墓所出包金卧羊纹扣具属于同一类型㊽。而与另皮窑带环形制相同的老河深带环，则是西汉末东汉初之物。故另皮窑扣具也是汉代的制品。讨合气扣具上的神兽纹之风格要晚一些，但也不能迟于晋代。因为进入南北朝以后，我国扣具的形制发生了重大变化。这时装活动扣舌的小带扣已在腰带上广泛采用，其扣身只以简单的横轴支撑扣舌。腰带也变成前后等宽的一整条，并迅速向鞢鞢带过渡。延续了近千年之久的纹饰繁缛的大扣具、成对的扣具、在带端加窄带以括结的做法等，从此都成为历史的陈迹了。

（原载《文物》1994 年第 1 期，收入本集时作了修改补充）

注　释

① 内蒙古文物工作队：《毛庆沟墓地》，载《鄂尔多斯式青铜器》，文物出版社，1986 年。

② K. Акишев，А. Акишев，Древнее золото Казахстана. c. 39 – 41，64 – 126. Алма – Ата，1983.

③ 伊克昭盟文物工作站、内蒙古文物工作队：《西沟畔匈奴墓》，《文物》1980 年第 7 期。

④ 田广金、郭素新：《内蒙古阿鲁柴登发现的匈奴遗物》，《考古》1980 年第 4 期。

⑤《スキタイ黄金美术展》图 37，日本放送协会，1992 年。

⑥ С. И. Руденко，Сибирекая колдекция Петра. Ⅰ. табл. 8，9.　Москва – Ленинград，1962.

⑦ 宁夏文物考古研究所等：《宁夏同心倒墩子匈奴墓地》，《考古学报》1988 年第 3 期。

⑧ 广州市文物管理委员会、广州市博物馆：《广州汉墓》下，图版 35；文物出版社，1981 年。广州市文物管理委员会、中国社会科学院考古研究所、广东省博物馆：《西汉南越王墓》卷上，第 165 ~ 166 页，文物出版社，1991 年。

⑨ 朱捷元、李域铮：《西安东郊三店村西汉墓》，《考古与文物》1983 年第 2 期。扬州市博物馆：《扬州西汉"姜莫书"木椁墓》，《文物》1980 年第 12 期。

⑩ 同注④。

⑪ 同注⑦。

⑫ 程长新、张先得：《历尽沧桑重放光华》，《文物》1982 年第 9 期。

⑬ 同注⑦。

⑭ 狮子山楚王陵考古发掘队：《徐州狮子山楚王陵发掘简报》；邹厚本、韦正：《徐州狮子山西汉墓的金扣腰带》。均见《文物》1998 年第 8 期。

⑮ 长沙市文化局文物组：《长沙咸家湖西汉曹㛦墓》，《文物》1979 年第 3 期。

⑯ 见《西汉南越王墓》卷上，第 212 页。

⑰《太平御览》卷六九六。

⑱《上海博物馆》图版 155，文物出版社、讲谈社，1985 年。

⑲ 田广金：《桃红巴拉的匈奴墓》，《考古学报》1976 年第 1 期。

⑳ 陕西省雍城考古队：《凤翔马家庄一号建筑群遗址发掘简报》，《文物》1985 年第 2 期。

㉑ Ⅰ型 1 式虎噬羊纹扣具见 E. C. Bunker，C. B. Chatwin，A. R. Farkas，"Animal Style" Art from East to West. pl. 49. New York，1970. Ⅱ型 2 式扣具见韩孔乐等：《宁夏固原近年发现的北方系青铜器》.《考古》1990 年第 5 期；刘得祯、许俊臣：《甘肃庆阳春秋战国墓葬的清理》，《考古》1988 年第 5 期。国外所藏此类扣具见乌恩：《我国

北方古代动物纹饰》，《考古学报》1981 年第 1 期。J. F. So, E. C. Bunker, *Traders and Raiders on China's Northern Frontier*. Seattle – London, 1995.

㉒ 同注⑥。

㉓ 郑隆：《内蒙古札赉诺尔古墓群调查记》，《文物》1961 年第 9 期。吉林省文物考古研究所：《榆树老河深》第 64～66 页，文物出版社，1987 年。

㉔ 伊克昭盟文物站、内蒙古文物工作队：《西沟畔汉代匈奴墓地调查记》，《内蒙古文物考古》1981 年创刊号。

㉕ 参见拙文：《我国古代的革带》，载《文物与考古论集》，文物出版社，1987 年。

㉖ 同注㉕。

㉗ 韩翔：《焉耆国都、焉耆都督府治所与焉耆镇城》，《文物》1982 年第 4 期。町田章：《古代东アジアの装饰墓》口绘 2，京都，1987 年。

㉘ V. Griessmaier, "Die granulierte Goldschnalle." *Wiener Beiträge zur Kunst und Kulturgeschichte Asiens*, v. 7（1933）, s. 32. J. Ogden, *Jewellery of the Ancient World*. p. 51 London, 1976.

㉙ 河北省文物研究所：《河北定县 40 号汉墓发掘简报》，《文物》1981 年第 8 期。

㉚ 南京博物院：《江苏邗江甘泉二号汉墓》，《文物》1981 年第 11 期。定县博物馆：《河北定县 43 号汉墓发掘简报》，《文物》1973 年第 11 期。

㉛ 藤田亮策、梅原末治：《朝鲜古文化综鉴》卷 3，图版 76，天理，1959 年。洛阳市文物工作《洛阳东关夹马营路东汉墓》，《中原文物》1982 年第 5 期。

㉜ 见注㉗ 2，口绘 4。

㉝ 《安乡清理西晋刘弘墓》，《中国文物报》1991 年 8 月 18 日。

㉞ 同注㉕。

㉟ 同注㉕。

㊱ 见注⑤所载 L. S. Klochko《スキタイの衣装》。

㊲ 内蒙古文物工作队：《内蒙古陈巴尔虎旗完工古墓群清理简报》，《考古》1965 年第 6 期。

㊳ 奈良县立美术馆：《ミルクロード大文明展·オアミスと草原の道》图 7，奈良，1988 年。

㊴ 见注㉗ 2，第 70 页。

㊵ 李文儒：《墓室空留七彩画》，《文物天地》2003 年第 4 期。

㊶ 梅原末治：《松尾村谷冢》，载《京都府史迹名胜天然记念物调查报告》册 2，京都，1920 年。

㊷ Afghanistan, *Hidden treasures*. p. 279. 华盛顿，2009 年。

㊸ 拙著《汉代物质文化资料图说》图 113－14，上海古籍出版社，2008 年。

㊹ 同注㊳，图 134－3。

㊺ 崔大庸：《洛庄汉墓 9 号陪葬坑出土北方草原风格马具试析》，《中国历史文物》2002 年第 4 期。河南商丘市文物管理委员会等：《芒砀山西汉梁王墓地》，第 56 页，文物出版社，2001 年。

㊻ 乔梁：《洛庄汉墓所见北方草原文化的因素》，《中国文物报》2001 年 9 月 28 日。

㊼ 内蒙古自治区博物馆等：《和林格尔县另皮窑村北魏墓出土的金器》；伊克坚、陆思贤：《土默特左旗出土北魏时期文物》；均载《内蒙古文物考古》第 3 期，1984 年。

㊽ 伊克昭盟文物工作站、内蒙古文物工作队：《西沟畔汉代匈奴墓地调查记》，《内蒙古文物考古》创刊号，1980 年。

中国历史上的秦汉时代 *

秦汉两朝既有继承又有发展，是一部史诗中之互相关联的两篇，是古代中国之最具有开创性的、改变了国家命运、塑造了民族性格的伟大时代之一。

秦汉以前，中国虽然也有名义上的"天下共主"，但诸侯国各行其是，各自为政。只有当秦始皇完成统一大业，才建立起对全国进行有效管理的中央政府。此后的两千多年间，中国一直以泱泱大国的姿态屹立于世界东方，国家的统一一直得以保持，文化的血脉一直得以延续。如果出现分裂，毫无例外，总被证明是短暂的非常时期。

但秦汉两朝的形势又大不相同。秦只有短短十五年，仿佛只是历时四百余年的汉代的序幕。虽然国家版图、行政区划、官制、爵制，以及书体、度量衡、交通网、长城线等，这时均已大致奠定规模。可是帝国的民众离心离德，未能形成统一的意志。一些措施如"偶语弃市"、"焚书坑儒"等，备受诟病；"丁男被甲，丁女转输，苦不聊生，自经于道树，死者相望"的情况也不罕见（《史记·平津侯主父列传》），均极大地破坏了社会的和谐稳定。天下苦秦，多数人生活在惴惴不安的恐惧之中。出现这种情势的原因不一而足。首先，作为一个斩一敌首即晋爵一级的"上首功之国"（《史记·鲁仲连列传》），在敉平六国的兼并战争中，从秦献公二十一年的秦、魏石门之战算起，到秦王政十三年的秦将桓齮攻赵之战止，根据司马迁所记之有案可查的数字，被秦军斩、坑、沉河的人数已达一百七十万，其中还没有将秦王政十三年以后到二十六年称皇帝之前的数字、秦破敌城"老弱妇人皆死"的数字以及秦军本身的伤亡统计进去。战国末叶，全中国总人口不过两千余万，旧史称战争中"所杀三分居一"（《通典·食货》），或应近是。在悲情尚未被冲淡的人群中，这是一道不易愈合的创口。其次，秦统治阶层在胜利后以征服者自居，更扩大了社会的裂痕。《秦律》中将原秦国的居民称为"故秦人"，入居秦地的原六国之民则被称作"臣邦人"，这两种人的法律地位不同。更由于秦长期推行军功爵制，通过连年征战，大批秦人拥有军爵，从而获得田宅及各种特权，如复除某些徭役，减免若干刑罚等。秦的军爵是秦人的禁脔，处于

---

* 为在中国和意大利举办的"秦汉—罗马展"而作。

其对立面的六国人当然无从沾被。故秦统一以后，"北筑长城"的"四十余万"、"南戍五岭"的"五十余万"（《续汉书·郡国志》引《帝王世纪》）、修骊山陵墓的"七十余万人"（《史记·秦始皇本纪》），大部分应为六国人，特别是被秦政府加以种种罪名的刑徒。以致"赭衣塞路，囹圄成市"（《汉书·刑法志》），使得民怨沸腾。"始皇帝死而地分"、"今年祖龙死"等诅咒之声不绝于耳（《秦始皇本纪》），反秦的火种布满大地。所以当陈胜、吴广起事以后，秦帝国迅速土崩瓦解。

继秦而兴的汉则呈现出另一番景象。

秦末各路农民军中最后的胜利者汉王刘邦，在其劲敌项羽死后仅数月，公元前202年二月登上皇帝位。同年五月，刘邦就发布了几项重要的法令：1. "兵皆罢归家"。即令军队悉数复员，回家务农。并按照不同的情况，在六至十二年内免除他们的徭役。2. "复故爵田宅"。这项法令实施的对象既包括秦人也包括六国人，他们在战前（秦时甚至战国时）所拥有的爵位与财产，新政府一概予以承认和保护。3. 随刘邦从征的军吏卒"皆赐爵为大夫（'大夫'为第五级爵）"。4. "自卖为奴婢者皆免为庶人"（《汉书·高帝纪》）。战火刚刚停熄，刘邦就不再拥兵自重，所制定的大政方针充满包容精神。虽然在当时的历史条件下，不可能对民众一视同仁，但已经照顾到方方面面的利益，体现出这位开国之君高瞻远瞩、"好谋能听"（《高帝纪》）的胸襟胆略。旧时代遗留下的种种歧视与隔阂，此时已在着手清除。特别是近年在湖北江陵张家山西汉墓中发现的《二年律令》简，更将西汉初年的土地占有制度——"名田宅制"记载得很清楚。这时国家向全体登记在籍的民户授田宅，按二十等爵的顺序，由低到高，数量依次递增。从第一级"公士"、第二级"上造"、第三级"簪袅"到第八级"公乘"，所获田宅为1.5顷/1.5宅、2顷/2宅、3顷/3宅到20顷/20宅。九级以上的增幅加大，至第十九级"关内侯"，已达95顷/95宅。值得注意的是，在这一分配土地的系列中，无爵的"公卒"、"士伍"、"庶人"也可以获得田1顷（100亩）/1宅（30平方步，约合9亩，用作宅基地）。这对于当时亟待解决的开发撂荒地、抚慰人心、安置复员军人等问题，无疑是一剂救急良方，但同时它还具有意义深远的固本安邦的作用，近功与长效兼而有之。尽管就具体情况而言，庶民与侯王的地位天渊悬隔，但大家却仿佛都站在国家架设起来的同一条连续的斜面上，高爵和低爵、官爵和民爵间虽然分层，却并未形成严重的对立。纵使在执行中会产生各种例外，庶人得到的田宅数量难以像条文规定的那么整齐。但所谓"五口之家，百亩之田"的小农户模式，已然在全国范围内普遍建立起来。有了100亩田（约合今市亩31亩多），就有了安身立命的保障，不夸张地说，除了灾年之外，广大庶民的生计都有可能达到当时所认可的温饱线。

与上述措施相配合，这时政治上的大气候是提倡与民休息，以使制度的优势充分发酵。自高祖刘邦、惠帝、吕后到文帝、景帝，均遵循同一国策。高、惠时田租"十五税一"，景帝更降为"三十而税一"。经过近半个世纪的恢复，"吏安其官，民乐其业，蓄积岁增，户口增殖"（《汉书·刑法志》），国力逐渐富足。不过由于天下承平，战事减少，不容易再通过军功获得爵位。于是政府改在国有大事（如皇帝登基、立皇后、立太子、改元，甚至出现祥瑞）时，向天下民户赐爵。爵制乃趋向轻滥。而且文帝开始"不为民田及奴婢为限"（《汉书·食货志》），对私有土地的数量不再加以限制，这就为土地兼并打开了闸门。更因赐爵频繁，几乎平均每五年就颁行一次，无须抛头颅洒热血就可轻易取得，制度遂产生变化。八级以下的民爵从此与授田宅脱钩，不再在赐爵的同时给予一份产业。尽管如此，爵位仍然受到重视，因为它代表身分，代表一名男性公民的社会地位。不仅在户籍中要登记上他们的"名、县、爵、里、年"，而且徭役的优惠、刑罚的减免，乃至出差时的伙食供应标准、甚至死后之茔丘的大小与棺椁的厚薄，皆依爵位而定。在社会生活中，连共同出猎时所获猎物的分配、国家救济粮的分发、聚众饮酒时费用的分摊，也要依爵位的高低按比例计算。汉代的数学著作《九章算术》中就列出了这类算题。汉代人的名片上也常标出自己的爵位，被称作"爵里刺"。爵是皇帝赏赐的，既表示皇恩浩荡，增加民众对皇权的向心力；同时也成为稳定社会秩序的一只无形而有力的手。

汉代还有一部分人游离于上述体系之外，这就是奴婢。他们依附于主人，没有名田的资格。但汉代的奴婢也有与其有限的人权相应的法律地位，不是会说话的工具。汉代不许擅杀奴婢。王莽的儿子王获，无疑是一位社会宝塔尖上的翩翩贵公子，却只因为"杀奴"，就被王莽勒令自杀。《二年律令·置后律》中还规定："死毋后而有奴婢者，免奴婢为庶人。"并以其中在主人家工作时间最久的作为主人之"田宅及余财"的继承者，径将他们看作主人的家属。汉代的奴婢中有"私奴婢"和"官奴婢"之分，但就总体而言，无论哪一种都不是农业生产的主要承担者。湖北江陵凤凰山 8 号西汉墓所出遣册中记录了墓主人之四十一名奴婢的分工，其中只有九人"操相（锄）"或"操臿"，在做农活，但到底是在大田劳动还是在园圃劳动则未明言。同地 168 号西汉墓之遣册中记下的四十六名奴婢，"田者"也只有"男女各四人"。像这样一位墓主人的田产，如仅用八名奴婢耕种，肯定是忙不过来的，而其他三十八名奴婢却并不参与其事。所以这八个人看来也并非农田上的主力，至少他们不可能包揽下全部农活。至于官奴婢大多数"分诸苑养狗马禽兽"（《汉书·食货志》），也有的从事手工业，成为"工巧奴"。对他们的管理并不十分严格，当时就有人不以为然，说："诸官奴婢十万余人戏游亡事，税良民以给之"（《汉书·贡禹传》）。还有人说："县官多畜奴婢，坐廪衣食。……黎民昏晨不释事，奴婢垂拱遨游"（《盐铁论·散不足》）。更无须举出某些"豪奴"横行市井的例子了。当然，不能认为官奴婢的生活都比平民优越；但可以肯定，汉代的奴婢不是社会中从事生产的劳动力的主体。汉代没有古代西方国家那种类型的奴隶。

为什么不允许以非人道的方式对待奴婢？汉光武帝的回答是："天地之性人为贵，

其杀奴婢不得减罪"（《后汉书·光武帝纪》）。当中蕴含的显然是儒家思想。儒家推重"仁"，仁就是尊重他人，推己及人，"己所不欲，勿施于人"（《论语·卫灵公》）。儒家善于用人人都能接受的最浅近的道理作为其立论的基础。在历史上，汉高祖刘邦是第一位用太牢祭祀孔子的皇帝，可见儒家思想早已受到汉代统治者的重视。但汉初的显学是黄老之学。这一学派标榜"以虚无为本，以因循为用"（《史记·太史公自序》），提倡无为而治，恰与当时百废待兴、需要休养生息的形势合拍。导致政府施政务求宽松，关梁开放，山泽解禁，对经济活动尽量少加干涉。同时以贾谊为代表的政论家主张重农抑商。认为，"今背本而趋末，食者甚众，是天下之大残也"（《论积贮疏》），要求大力发展农业。加之当局对土地问题的尖锐性估计不足，文帝在其后元元年（公元前163年）时仍称："以口量地，其于古犹有余"（《汉书·文帝纪》）。认为土地仍然很充裕，从而放开对名田的限制，豪家兼并之风遂一发不可收。过了不到三十年，就形成了"网疏而民富，役财骄溢"的地步（《史记·平准书》），土地资源随之紧张起来，实际上是"无为而治"之负面的后果。这就牵动了帝国的神经，使董仲舒高呼："限民名田以赡不足，塞并兼之路"（《汉书·食货志》）！本来由于赐爵的泛滥，政府已放弃了不断为民户核发、调整和补充田宅的做法。兼并的势态呈现出以后，更使原先之有等级的、保持相对均衡的土地占有的格局进一步遭到破坏。两极分化的危险给统治者敲起警钟，为避免沦入"大富则骄，大贫则忧。忧则为盗，骄则为暴"的前景（《春秋繁露·度制》），当朝的汉武帝断然改弦更张，罢黜百家，独尊儒术。

史称武帝"雄才大略"（《汉书·武帝纪》），加以这时政权巩固，财力充盈，他的政府无疑是一个强势政府，对付几个劣迹昭彰的豪强当然不在话下。但兼并的产生源于制度上的疏阔，只对个案作处理难以扭转风气，而武帝又不可能收回全部逾旧制之田宅，所以这个问题不好解决。而如何使广大小农户免于破产，又如何使困境中的小农仍然保持着对政府的向心力，则问题更大。对于前者，汉武帝似乎也无能为力。从西汉到东汉，自耕农中有不少人逐渐沦为佃农、雇农，以至于成为依附农民和部曲。但在收揽人心方面，儒家却帮了大忙。儒家学说以血亲关系为切入点，首先强调孝。孝属于人类的本能，爱父母是生而与俱的感情。儒家一方面将孝在平面上铺开，用它作为安定社会秩序的武器，称："百姓不安，则力其孝弟。孝弟者，所以安百姓也"（《春秋繁露·为人者天》）。另一方面又在立面上提升，认为："臣事君犹子事父母"（《汉书·严助传》）。实际上其价值取向已从家长制家庭移接到君主专制的国家。最后归纳成"君臣、父子、夫妇"三纲，和"诸父、兄弟、族人、诸舅、师长、朋友"六纪，提出"君为臣纲，父为子纲"等准则（《白虎通义·三纲六纪》），使之成为规范人际关系的圭臬。

由孝到忠，由事亲到事君，儒家关于伦常纲纪的逻辑一旦在群众中形成思维定势，就会转化成潜意识深处的固执的信念。虽然土地兼并在侵蚀着帝国的肌体，但毕竟有不少小农顽强地生存了下来。当时他们还会从宗族那里得到援手。虽然不尽如《仪礼·丧服传》所称，小农户财"不足"时可"资之宗"。但至少像《白虎通义·宗族》说的，大小宗之间"通于有无，所以纪理族人"的情况应该存在。从而对小农的破产起到延缓作用。演变成一套社会秩序的链条的爵制，也始终在发挥着尽管越来越小的作用。最后一次赐爵是在东汉建安二十年（215年），这时距离曹魏代汉只有五年了。江苏连云港市尹湾村出土的简牍表明，西汉末年的东海郡，下设县级单位三十八个，辖2535里，共266290户，人口接近一百四十万。而郡一级的行政主管部门"太守府"的吏员仅二十七人，郡级军事主管部门"都尉府"的吏员仅十二人。虽然郡以下的县、邑、侯国中尚各有令相掾属，但总的说来，汉代是以人数不多的官吏管理众多的百姓。所以只靠暴力强制难以奏效，社会秩序的维持和公共事务的运作，在很大程度上依靠群众共同遵循的道德信条和不成文的习惯法。因而社会生活的基本面是稳定的。还应当看到，汉朝建立起察举制度，有孝廉、茂材、贤良方正等科目，从士庶各层面广泛选拔人才，使他们进入政府。这也在一定程度上扩大了统治基础，缓和了社会矛盾。又因为东汉统治者鉴于王莽篡汉时舆论的沉默，特别提倡名节，所以出现了不少卓立特行的人物。东汉晚期，儒生集团抨击宦官的黑暗，置个人安危于不顾，被誉为清流。他们张扬儒学，以之作为立身的文化使命。范滂被关进宦官控制的黄门北寺狱受审，面临死亡的威胁，仍坚称他的作为是"闻仲尼之言，见善如不及"（《后汉书·范滂传》）。凡此种种，更为儒家学说添加光环，使之在当时人的心目中成为主流意识，成为社会良知的依归。

　　平时如此，战时也是如此。汉初西北边郡不断遭受匈奴侵扰。匈奴处在其当时的社会发展阶段上，视掠夺为正常的生产活动。这些牧民平日"人不弛弓，马不解勒"（《淮南子·原道》），无异于天天都在进行军事训练。而汉代农民习惯的是扶犁蹠耜，相对处于弱势。汉政府起初也企图用和平方式解决问题，但无论是送公主和亲或送金帛赎买，都不能换来长期和平，匈奴入塞"杀略吏民"的记载史不绝书。武帝时终于倾全国之力发动了自卫反击战，仅武帝一朝就断断续续地打了近四十一年。汉军深入戈壁沙漠，与没有固定阵地、往来倏忽且极其剽悍的匈奴骑兵浴血苦战，可歌可泣，悲壮之至。而且西汉时实行兵农合一的征兵制，成年男子每年服徭役一个月，一生中服兵役两年。徭役和兵役都是无偿的，是对国家的义务，有时尚须自备衣物。虽然由于战争规模的扩大，武帝时也出现了募兵和刑徒兵，但部队的基干还是由征调的"正卒"和"戍卒"构成，他们都是为国家服役的农民。这些人远赴边陲，致使家乡的部分农田荒芜，"老母垂泣，室妇悲恨"（《盐铁论·备胡》），付出的代价是沉重的。严酷的局势也曾引起地方上的小规模骚乱甚至暴动。但是在国家的生死存亡之秋，敌忾同仇的民族大义还是压倒一切，战争还是进行下去，并取得了节节胜利。匈奴盛时拥有"精兵四十万骑"，人数远远超过进攻南宋的蒙古兵和清初入关的满洲兵，其军事实力绝不容小觑。如果不是汉武帝及其后继者领导人民解除了这一大患，中华古文明是否会步尼罗河流域、两河流域等地古国之没落的后尘，诚难逆料。至少几百年后，阿提拉的刀锋就不是指向欧洲，而是中国腹地了。在这场战争中涌现出来的英雄人物，如卫青、张骞、苏武等，将永远彪炳史册。当苏武被匈奴扣押时，面对劝降者一再说："屈节辱命虽生，何面目以归汉！""臣事君犹子事父也，子为父死，亡所恨"（《汉书·苏武传》）。所秉持的纯然是儒家思想。汉代之儒家式的爱国主义，虽然和忠君绑在一起，有一定的局限性，却已被历史证明，是能够迸发出坚贞不屈的火花，经得起战争的考验的。

还应当指出的是，汉代没有全国性的、上下一致尊奉的宗教，没有拥有无限权威、对生灵予取予夺的人格化的大神。武帝时有"天神贵者太一，太一佐曰五帝"之说（《汉书·郊祀志》）。后来在甘泉建太一坛，五帝坛环居其下，等于是将战国时已然流行的五行学说具象化。太一也仿佛成了汉代最高的天神，但只有官方对之春秋设祭，民间很少理会，汉代遗物中也很少发现太一的踪迹。另外汉代有求不死药的传说，后来求不死药之术又与神仙相联系，其鼓吹者则是方士。他们也的确欺骗过不少轻信者乃至帝王。但帝王要求见实效，如果"靡有毫厘之验"，则"诛夷伏辜"（《郊祀志》）。这样一来，就使方士的"大言"难以上升为宗教。更由于汉代人没有往生来世的观念，故缺乏在本土生成伟大宗教的基本条件。虔诚的信仰方始萌动，就被怀疑所抵制，被核验所否决，无由掀起持续的对超现实的神灵的追求，难以形成严密的宗教学说。因此，西方那些用石材筑造的伟大的神庙，遂无缘在汉地出现。这里没有需要此种规格之庙宇的大神，而它又显然不适宜作为他用。

汉代很少用石材建造房屋，一般多为夯土与木梁架的混合结构，通称土木建筑。黄河流域有很厚的风成黄土层，黄土加压夯实，破坏了其自然结构所保持的毛细现象，就成为密度较大的夯土。这种做法就地取材，最省工料，而且其坚固程度超乎想象。在考古工作中，不时会遇到几千年前的夯土墙，依然保存相当的高度，耸立在人们面前。而且夯土不仅用于承重墙，有些高层建筑也离不开内部的夯土墩台。如陕西西安汉"明堂辟雍"遗址，复原后的外观为多层楼阁。其实其最高处本为一座单层的屋宇，是由内部的夯土台将它托举起来，四面的廊厦也附着于夯土台而联结成一个整体。依靠夯土台，它才显示出巨大的体量，才呈现出有主有从的配置效果。

夯土建筑与大型石构建筑采取的是颇不相同的两种施工模式。石材的优越性固不待言，但从开采、装运、凿治到修砌，所费人工与前者不可同日而语。开罗以西基萨地方的古埃及大金字塔，高147、底边长230米，用石材约300万块，平均每块重两吨，整座金字塔重约600万吨。基萨本地不产石材，这600万吨石头要从外边运来，据希罗多德记载，仅是为了铺设运材料的道路，就用了十万人，花了十年时间。建金字塔，又用了十万人，花了三十年时间。假若没有古埃及所拥有大规模奴隶劳动，没有极度的宗教狂热，这种建筑物是盖不起来的。而古代中国之土木建筑施工时却完全是另一种景象。周代筑灵台，《诗》称："庶民攻之，不日成之"（《大雅·灵台》）。用不了几天就建成了。汉惠帝时修长安城，虽然城墙系夯筑，但无疑是当时规模最大的工程。史称惠帝三年"发长安六百里内男女十四万六千人城长安，三十日罢"。五年"复发长安六百里内男女十四万五千人城长安，三十日罢"（《汉书·惠帝纪》）。"三十日"就是一个公民一年为国家服徭役的期限，正常状况下，使用民力只能约束在这个期限之内。同时也必须看到，修建首都城垣虽与国家安危攸关，但也不能用西方古国加在奴隶头上的劳动强度来要求服役者。民户从国家受田宅、服徭役，是正常的权利与义务之间的关系，与奴隶劳动也完全不同。古代中国不仅看重建筑物的低成本和实用性，更看重在兴建大型工程时仍须保持的社会和谐。"使民以时"在当时是社会的共识，即庶民服徭役从事建设不能耽误农时。在古代西方的石构建筑和古代中国的土木建筑的表象之下，反映出的是社会制度上的不同。

汉代中国建立在小农经济的基础上，多数人遵循儒家倡导的伦理纲常，社会运行的节奏平和而稳健，一般说来，缺乏追求怪诞之事物的热心。加以宗教意识淡漠，全国竟没有共同膜拜的大神，更不知政教合一的神权政治为何物。同时也没有可供役使的众多奴隶，连外族投降过来的俘虏兵亦不加虐待，国家兴建大工程时，劳动力还得从公民的徭役中解决。尽管在政治层面上，宫廷之内，不同的官僚派别之间，倾轧和斗争波谲云诡；在意识形态层面上，儒学的《公》、《谷》之争，经学的今、古之辩，也显得并不平静。但对基层群众的生活秩序影响不大。将这四百多年的历史总括起来加以回顾，就会发现汉代人不但战胜了外族的侵略，开发了自己的国土，创造了灿烂的文化；而且发明创造不计其数，从天文数学到农田水利，从烧砖制瓦到驾车造船，到处都闪耀着智慧的光芒。更无须提出丝织、造纸、冶金、制瓷等世人普受其惠的诸多贡献了，这些成就均有力地推动了人类文明的进程。

公元前3世纪以降，秦汉与罗马是并立在世界东、西方的两个大国。然而各自有着全然不同的历史背景、社会结构、人文情趣和发展途径，双方在许多方面具有明显的差异。尽管如此，汉代人仍对罗马充满好感，称之为"大秦"。《后汉书·西域传》说："其人民皆长大平正，有类中国，故谓之大秦。"将罗马描绘成与中国并肩而立的可尊重的伙伴，就是明证。

（原载《"秦汉—罗马文明展"图录》，2009年）

从汉代看罗马*

这次展览的规模很大。将两个古文明同时展出，在我国尚属首次。展览的"序言"中说，这叫"遥相辉映"。汉代是一个伟大的文明，罗马是一个伟大的文明，各放各的光芒，各自照亮了一大片地区。但汉文明和罗马文明又是两回事，两国在人种、语言、宗教信仰、社会制度、文化传统等方面的差异极大，是从完全不同的历史条件中诞生和发展起来的。由于两国分处欧亚，远东泰西，天各一方，所以它们的光芒彼此只能远远地观赏。不过这次既然一同展出，就产生了一个互相比较的问题。特别是前几天《中国文物报》上说，这个展览就是要对两大文明作比较。其实当初我们筹展的时候，倒没敢太强调这层意思。现在双方的文物摆在一起了，比较已成为题中应有之意，避也避不开了。

然而，汉和罗马这两大古文明很难作比较。首先不好比较的是社会制度。罗马从事生产劳动的主要是奴隶，罗马是奴隶占有制国家，后期的罗马公民基本上不参加劳动。汉代的情况不一样。关于中国古代社会分期，史学界讨论了很多年，最后大多数学者都认为汉代不是奴隶社会。制度决定社会的根本性质，渗透到社会机体的方方面面。讲细了，太繁琐；讲粗略了，又太抽象。所以在一次讲座里很难把由它引出的形形色色的表现都说清楚，只能让它作为一个大背景高悬在双方的天幕上。再如宗教信仰，也是不好比较的。在这个国家里是大神，到那个国家人家不认你了。大家知道，宗教信仰难以用科学方法证明。在这个问题上找不到评定的标准和衡量的尺度，所以无从比较。再如文化上的一些特殊成就，乃是由多项内因外因提供的适宜的温床慢慢酿成的，是长时期的历史积淀。不处在这样的环境里，不容易结出这样的果实。

比如这次展览中陈列的罗马雕像。大家能欣赏到这些艺术珍品是很不容易的，它们在意大利也是重要文物。西方注重人体美。最早的奥林匹克运动会，有些参赛者是光着身子跑的。中国古代讲究礼制，讲究冠冕衣裳，不兴这么做。风气所及，汉代没有出现以写实手法表现人体美的雕塑家，历史上没有留下汉代雕塑家的名字；而希腊、罗马就有一大批，比方说菲迪亚斯、米隆等。汉代的一些石雕，如长安昆明池畔的牵

---

* 为配合"秦汉—罗马文明展"而举办的讲座上的讲稿。

牛、织女像，表现手法相当质拙，和罗马雕像上那些涌动着活力、仿佛具有弹性的大理石肌肉相比，实在差得远。在这方面，两国的艺术传统完全不好比较。再如建筑，与汉代的夯土城不同，罗马是一座"大理石之城"。不仅城里的神庙、议事厅、凯旋门、大浴堂等雄伟壮观，即便是临街的二层或三层的公寓也并不逊色。至今走近罗马的建筑遗址，仍不能不为其磅礴的气势所震撼。它的背后有社会制度、地理环境、审美观念、施工技术等多重因素形成的合力的推动，和汉代的土木建筑是两个体系。罗马的大型石构建筑当时无法引入汉地，更不要说在这里推广了，所以也不好作比较。正像不好拿汉代的造纸或针灸去和罗马比较一样。

那么，哪些方面可以比较呢？我认为，生产、生活上的一些共同性较大事物可以比。它们仿佛是在相邻的跑道上奔跑的选手，大家都得遵守物质世界的客观规律和人类良知所制定的无形而有力的游戏规则，举手投足大同小异，仅仅是速度不一样。在一起比较一下，倒可以加深对二者的认识。但在比较之前，必须先把它们的性质理清，帽子和鞋是不好比的。例如这次展览中展出了罗马的铜阀门、铅水管和汉代的六边形陶水管（图8-1）。《中国文物报》上有一篇介绍本次展览的文章叫《丝绸之路的两端》，文中说它们是功能相同的城市公用供水设施。此说不确。六边形陶管是下水道，排积水的。罗马那个阀门是供清水的，因为罗马讲究从山上向下引水，如同自来水一样。所以，不应把下水道和上水管上的阀门相比。而且那篇文章在比完了之后还引用观众的观感说："类似的技术为什么在我们这里出现得晚呢？"好像汉代不仅在造型艺术上、而且在生产技术上也处于弱势。当然，罗马的城市供水系统是古代世界上伟大的工程，当水道经过洼地时，还建起由几层拱券承托的巨型渡槽，其中有的存留至今，成为建筑史上的重要遗迹。他们对水的分配还有一套制度，什么样的贵族可以用多少水，等而下之的又可以用多少水，挺麻烦的。此外还有西方学者说，罗马后来之所以衰落，原因之一就是喝了这种水。由于铅管里的水铅含量超标，使罗马人铅中毒，智商降低了，打不过蛮族了。可也有人说，罗马早年强盛的时候喝的不也是这种水！也有一定道理。然而喝铅超标的水总不是一件美事。如果前一种说法还有能够成立的理由的话，那还不如干脆喝汉代的井水呢。所以，性质不同的东西不好比，越比越乱。

下面试就当时双方在生产生活之基本层面上的一些事物，作点粗浅的比较。

先说农业。农事的第一道工作是耕地。耕地用犁。早期的犁仅装有犁铧，只能破土开沟，不能把耕起的土垡翻转过去。而后面这一点是很重要的。因为土垡翻转以后，接触到阳光空气，生土会变成熟土。同时杂草随之埋入土中，还能起到压绿肥的效用。耕地时土垡的翻转是由犁铧和犁壁构成的连续曲面完成的，其中关键的部件是犁壁。汉代已经发明了犁壁，在陕西、山东、河南的许多地点曾经出土。且有向一侧翻土的鞍形犁壁和向两侧翻土的菱形犁壁（图8-2：1、2）。罗马也有铁犁铧，但没有犁壁。为了使犁起的土垡有一定程度的翻转，特于犁床底下增设一条凸起的龙骨。在耕作者

1

2

3

图 8 - 1　金属水管和陶下水道

1. 罗马水管上的青铜阀门　2. 罗马的铅水管，上面有购买者的名字　3. 汉代的陶下水管道，西安阳陵遗址出土

的操控下，借助凸起部分的支撑，使犁体向一侧偏斜，以图达到掀翻土垡的目的（图8 - 2: 3）；可是效能比有犁壁的犁差得远。也有些罗马犁在犁铧后面安装木质的八字形板翼，它一般只能将土垡推开，难以使之翻转。后来欧洲农民发明了木制的泥土翻板，却远不如后来还被称作"犁镜"之明亮光滑的铁犁壁适用。而且这是 11 世纪时的事，罗马人已经来不及看到了。

说了翻土，再看粮食簸糠的情况。古代罗马人是拿着装有带糠秕的粮食的篮子站到山坡上，顺着风向来回抖动，让风把糠吹出去。直到较晚的年代欧洲农民还这么干。

图 8 - 2　汉代的犁和罗马的犁
1. 汉代装犁壁的犁，画像石，山东枣庄出土　2. 汉代鞍形犁壁（上），犁壁和犁铧组装在一起（下），
陕西长安韦兆出土　3. 罗马装龙骨的犁

而汉代却已经发明了效率很高的扇车，其明器模型多次出土。河南济源出土的陶碓和陶扇车塑造在一起，原粮经践碓脱壳后，随即可用扇车簸糠，是汉代碓房中之配套的设备（图 8 - 3），与罗马的做法不可同日而语。

汉代和罗马都吃面食。汉代管面食叫饼，什么都叫饼，连煮的撕面片也叫汤饼。蒸的发面食品则叫蒸饼，后来又叫起酵饼，它是用酵母发起来的。自魏入晋的何曾，性奢豪，"蒸饼上不坼作十字不食"。他要求蒸饼上得裂开一个"十"字，看来和北京地区说的开花馒头差不多。何曾主要活动于 3 世纪上半，这时的蒸饼已如此讲究，则发酵面食在中国的出现当不晚于 3 世纪初叶的东汉后期。罗马人吃的面食是面包。现

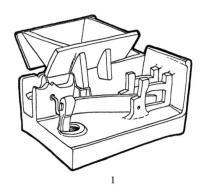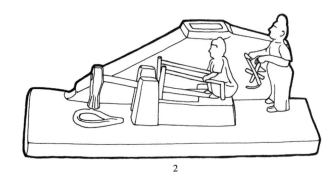

图 8 - 3 汉代的扇车
1. 陶扇车与碓, 河南洛阳东关出土 2. 陶碓房, 河南济源泗涧沟出土

代的面包挺好吃, 可是罗马时代的面包是不发酵的。《圣经》里经常提到不发酵的"无酵饼"。欧洲要到 16 世纪以后才有发面面包, 但也不是用微生物发酵, 而是用小苏打发泡, 使面包里面产生气孔, 变得松软。在这之前, 欧洲一直是烤死面的面包。这种面包烤出来放几天再吃, 可就考验你的牙口了。

由于古代中国人较熟练地掌握发酵工艺, 所以酿酒的技术也相当先进。我们知道酿酒在世界上经历了三大阶段。最早是自然发酵的果酒。浆果中的糖分经过酵母菌的分解就能生成酒精。后来用粮食作原料, 这就需要先利用酒曲的糖化作用, 使粮食中的淀粉分解成简单的糖, 再通过酵母作用产生酒精。第三阶段是用蒸馏的方法, 将低度的酒浓缩成酒精度数高的白酒。最后这个阶段汉和罗马都没有达到。但罗马人喝的葡萄酒接近自然发酵的果酒, 汉代人喝的却是对酿造技术要求更高的粮食酒。

下面说说手工工具。有些最基本的手工工具如斧头、锤子等, 古代世界各地出土物的形状都差不多, 说明人类有不少共同的想法。但也有些现在看起来很平常的工具汉代没有, 而罗马有。比如架锯, 公元前 1 世纪罗马就有了, 汉代却不知此物。三国时, 陆玑写了一部《毛诗草木鸟兽虫鱼疏》, 讲《诗经》里的动植物。此书提到树木的时候, 老强调它的木纹直不直。因为当时中国没有架锯, 开解大木时, 是沿直线将楔子一个一个打进去, 最后撑裂。北京丰台大葆台汉墓中有木方子垒的墙, 即所谓"黄肠题凑", 那些木方子都是从大木上用这种方法开出来的。所以木材纹理的直不直与施工很有关系。在我国, 架锯的图像最早见于北宋末年的《清明上河图》。图中的十字路口处有一个修车的车摊, 地上放着一把架锯, 这是我国图像资料中见到的最早的架锯 (图 8 - 5︰1)。此前用的是刀锯。本次展览中展出了安徽天长汉墓出土的工具箱里的刀锯。刀锯一般较小, 锯条夹在木背当中, 无法用来开解大木。这时中国也没有刨子, 刨子要到元代才有, 2010 年于山东菏泽元代沉船中出土了一只刨子 (图 8 - 5︰2)。而 1 世纪时, 配套使用的架锯和刨子在罗马已经相当普遍了 (图 8 - 4)。不过中国刨子和罗马刨子的式样虽然相近, 但罗马刨子的手柄是一前一后顺装的, 中国刨子的手柄则

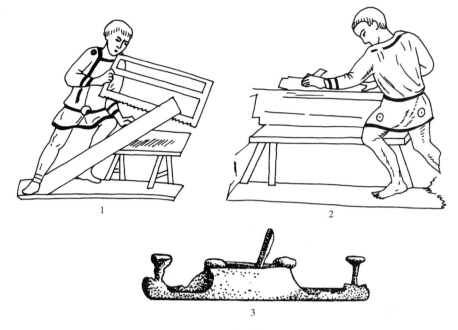

罗马的木工工具

1. 使用架锯和刨子的工匠，玻璃上的绘画，约公元 1 世纪　2. 罗马铁制刨子

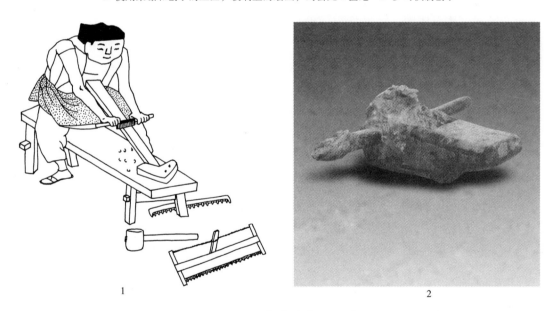

中国的木工工具

1. 《清明上河图》中所见架锯，12 世纪前期　2. 菏泽元代沉船中出土的刨子，13～14 世纪

横装于两侧。中国刨子是不是从横装手柄之固有的平木铲发展而来，目前尚难以遽断；但其中很可能包含着若干本土自创的成分。在这里还应当看到：种种迹象表明，汉和罗马并不是位于一条横贯欧亚、人员络绎不绝之大通道的两端。汉代没有开辟过这样一条

大道。即便晚些时候，穿越欧亚大陆腹地的交通也不是很顺畅。如果当年有这样的通道，罗马的架锯和刨子应该同时传到中国来。可是不但当时没传来，而且两种这么重要、使用的频率这么高、木工简直不离手的工具，出现在中国的时间却前后相差了几个世纪。所以汉和罗马之间彼此了解的程度并不够深，许多方面还只停留在"遥相辉映"的阶段。

下面说冶铁。现代国家要发展工业，钢铁冶炼的重要性自不待言。在古代的文明国家里，生产、生活中也离不开铁。人类冶铁都是从块炼铁开始。将铁矿石和木炭一同放进炉子里加热，可以通过化学上的还原作用生出金属铁。但铁矿石在熔化后的还原过程中，变成疏松的全是气孔的海绵状物，还原出来的小铁珠凝固并隐藏在渣块中。它叫块炼铁，也叫海绵铁，含碳量很低，相当软。之后，在反复加热锻打中挤出渣子，并由于与炭火接触渗碳增硬而成为块炼钢。我国在西周末已经炼出了这样的铁和钢。更由于我国在商周时已用竖炉炼铜，沿袭了这一传统，到春秋早期就用竖炉炼出铸铁。山西天马—曲村遗址出土了春秋早期和中期的条状铸铁，湖南长沙窑岭出土了春秋晚期的铸铁鼎。可是罗马人一直未能走出锻打海绵铁的门槛。那里的冶铁之神的造像手里永远拿着象征锻铁的火钳和锤子。公元初年，罗马有的炼铁炉因为过热炼出了铸铁即生铁，然而由于生铁一砸就碎，不适应锻打的要求，所以都被当成废料抛弃了。而我国古代不仅炼出铸铁，还发展出一套以铸铁为基体的热处理技术。铸铁性脆，韧性比较差。可是如果将铸铁件长时间加热，使铁中的化合碳发生变化，就可以改变其性质。汉代用这种方法生产出可锻铸铁和球墨铸铁，性能已接近铸钢。汉代冶炼钢铁的技术在世界上遥遥领先。在西方，铸铁的应用要晚到 14 世纪，可锻铸铁要到 18 世纪，而现代炼球铁的技术是英国学者莫罗于二战后的 1947 年首先公布的。所以罗马与汉在这方面的差距太大。罗马人当时对此也有所察觉，1 世纪时，罗马学者老普林尼就说："虽然铁的种类很多，但没有一种能和中国来的钢相媲美。"

前些年电视上播出了一部《汉武大帝》，导演称这是新古典主义，直接取材于正史。片中汉兵和匈奴兵作战，匈奴兵用刀一挥，汉兵的刀剑都断了。没办法只好派张骞到西域找大月氏女王，说我们汉朝的刀剑根本不成。于是女王给了一点黑面面，大概代表炼钢用的添加料。可匈奴本来用的是"素弧骨镞"。汉代将领对匈奴武器的评价是"兵刃朴钝，弓弩不利"（《汉书·陈汤传》）。那里的铁器大都得自汉地，匈奴的刀剑怎能比汉军的装备更先进呢？不仅匈奴在冶铁方面无可称道，而且这时的中亚、西亚还都只能用块炼铁。《汉书·大宛传》说："自宛以西至安息国，……不知铸铁器。"可见整个西域地区的冶铁业都比汉朝落后。何况古代的钢是碳素钢，无须添加料。合金钢要到近代才出现，而且所添加的如钨、钼、钒、钛等难熔金属，古代根本不曾利用。碳素钢中除了铁元素外主要含的是碳，难道张骞长途跋涉，就是为了要点在汉地唾手可得的木炭末吗？硬把汉代文明的优势项贬成劣势项，这样的新古典主义也胡诌得太离谱了。

这次展览里还展出了两国的钱币。罗马的金、银、铜钱都是用钢模打轧出来的，上面的人像虽然美观，但一个一个地打很费工，同时也限制了它的供应量。汉代的钱大都是用叠铸法铸出来的。据西安郭家村铸钱遗址出土物得知，采用叠铸法，一组陶范一次可铸出铜钱 184 枚。所以汉代的钱币供应充足。而且形制很规范。五铢钱自武帝以迄桓、灵，面径都在 2.5－2.6 厘米之间，四百年中铸了几亿枚，但基本一致。货币是流通手段又是价值尺度，金属钱币长期保持稳定，无疑是利国利民的好事。

下面说车。原始社会运重物时常在地上拖，进而发明了拉东西的橇。后来在橇前部加上滚动装置，经改进乃成为车。但迈出这一步并不容易。1492 年哥伦布登上新大陆之前，那里一直没有车。印第安人行军的时候，辎重是由妇女背扛。而旧大陆一进入历史时期就会使用畜力车。衡量畜力车的性能，关键是看它的系驾法，即如何将牲口绑在车上让它拉车的方法。古代世界上不同地区曾采用不同的系驾法。古印度用牛拉车，车辕绑在牛犄角上。在古埃及、古罗马，拉车的受力点落在马脖子上。马颈部的生理构造和人类差不多，都是颈椎在后，气管、食道在前。那里的古车让马用脖子拉，因而跑得越快，马越喘不上气来。这种方法叫"颈带式系驾法"（图 8－6：2）。这种系驾法在欧洲一直沿用到 8 世纪。先秦时，中国古车采用"轭靷式系驾法"，汉代改用"胸带式系驾法"。这两种方法都不勒马的气管，驾车的马可以正常呼吸。这次展出的甘肃武威所出汉代轺车模型反映了这种系驾方法，许多汉画像砖、石也把它表现得很清楚（图 8－6：1）。由于系驾法合理，马的力量能够充分发挥，所以中国古代的车战是在奔跑着的车与车之间进行。古代西方虽然也有战车，却不能进行车战。那里的战车一般只用于奔袭或追击，接近敌人时，武士还得跳下车来进行步战。罗马帝国晚期于 438 年颁布的《狄奥多西法典》中规定，最大的二轮车 carrus 载重 198 公斤，只不过相当三名战士的体重。要用这样的车进行车战自然力不从心，难以胜任。古罗马屹立在凯旋门和神庙顶上的战车雕塑，艺术水平很高，却不能不认为，车的性能相当落后。但是西方在造车技术上也有它的长项，西方在极古老的时代中已经发明了四轮车的前轮向装置，前轮可以单独拐弯，带领后轮跟着走。中国古车上没有前轮转向装置，四轮车转一个直角就得绕大半圈，在城市的路网中使用这样的车相当不便；所以在进入近代以前四轮车一直发展不起来。

再说船。大海航行靠舵手。舵控制着船的航向，自然十分重要。舵发明于中国汉代。1955 年在广州东郊先烈路东汉墓中出土的陶船，有舱室三间，舵固定在艉部正中。虽然它只能沿舵杆的轴线转动，仍然残留着由艄演变过来的痕迹，但已经可以被确认为早期的舵。广东德庆汉墓出土的陶船在舵楼后壁开舵孔，孔的两侧有托架。虽然船上的舵和舵架上的支撑件出土时均已不存，但从结构上看，这艘船上装的很可能是垂直舵。罗马的船上没有舵，是用两支舵桨掌握方向。后来欧洲人将舵桨置于艉部右舷处。直到 1200 年前后，尼德兰地区的船工才开始使用艉舵。汉代发明的舵领先世界达

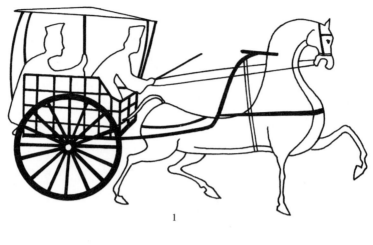

图 8-6　胸带式系驾法（上）与颈带式系驾法（下）
1. 汉代空心砖，河南禹县出土　2. 罗马帝国时代之四轮运输马车的浮雕

一千多年。

　　下面说纺织。纺织也有不好比较的地方。比如丝，虽然它已经传到罗马，但非常贵，与黄金等价。而且还不是从中国直接输入的，中间倒过许多道手。老普林尼说，中国非常平和，非常礼貌谦虚。而且中国人只等人家来买东西，从不往外卖东西。纵然这话要打点折扣，但至少重商主义在汉代不得势。后人所说的丝路上，这时既没有汉朝政府派遣的商队，也没有民间组织的商队。

　　但是麻可以比较。汉代的纤维作物主要是大麻和苎麻，罗马是亚麻。直到 18 世纪以前，亚麻在欧洲纺织原料中的地位一直非常重要，我国则到了清代才有亚麻。这几种麻都要先沤再剥麻。麻纤维剥下后，则要捻成线。不论东方、西方，起初都是用纺锤来完成这道工序。纺锤由纺轮和拈杆构成。陶纺轮在全世界的古代遗址中都是常见之物。不过用纺锤绩麻效率很低，纱线的拈度也不够均匀。进而汉代人发明了单锭纺车。本来，丝是自然界的超长纤维，长度可达1000米，只要并丝，就成为丝线。但丝线上机织造前，须先整经络纬，络纬的用具为筹车。汉代人根据纺麻线的要求，对筹车加以改造，制成了纺车，产量和线的质量都大为提高。这次展出了甘肃武威磨嘴子东汉前期墓中出土的木纺锭，它是纺织史上一件极重要的文物（图8-7:1）。它的发现证明，纺车在我国的发明当不晚于西汉末。罗马没有筹车，更没有纺车。那里将羊毛或亚麻纤维捻线，要先在腿上搓成粗纱。为了防止将腿搓伤，制作了一种扣在腿上的、有点像筒瓦那样的陶器，名纱轴。它的空腔与自大腿到膝盖处的曲线相适合，表面则有鱼鳞纹，以便搓粗纱。搓好了之后再用纺锤加拈，以取得更紧密的细线（图8-7:2）。罗马人所用的方法，使纺线成为很费时费力的劳作。纺车在欧洲的出现不早于13世纪。

　　丝也好，麻也好，纺线以后都得织成布帛。汉代通常使用的织机是斜织机，它有平置的机台和斜置的机架，二者呈50°～60°角。织工可以坐着，又可以一目了然地看到面经和底经开口后，经面的张力是否均匀，有无断头。提综的动作最初是用手提，后来发明了用脚踏蹑（即踏板），以杠杆原理带动传动件俯仰而提综。这样，可以腾出一只手来打筘，或两手轮流投梭，使速度大为提高。这是织机发展史上一个突破性的创造。欧洲到6世纪才出现这种装置，到13世纪才广泛应用。要织出带有复杂花纹的织物，汉代用的是提花机。除了用脚踏蹑控制地经外，另设一名提花工坐在花楼上，用手操纵提花综束与织工合作，共同将花纹织出来。在汉·王逸《织妇赋》中对此有很形象的描写。而罗马只有竖立的织机，和现在有些地区编地毯用的设备差不多，织工是站着操作的。在这种织机上一般只能织出平纹织物；如要加花，须另用手工编结。

　　汉代还有一些工艺上的长项，如制作玉器和漆器，因为罗马没有，不好比较。可是瓷器也是在汉代烧成的。本来商周时已有原始瓷器，但在胎质、烧成温度、吸水率等方面尚未达到真正的瓷器的标准。就胎质而言，关键是Al_2O_3和Fe_2O_3的含量。其中Al_2O_3及SiO_2的含量越高，则烧结温度也越高。而Fe_2O_3与碱土金属等含量偏高的胚胎，烧成温度则超不过1050℃。因为到了1100℃时，其表面就开始熔融，到了1200℃以上，就完全烧流了。真正的瓷器，其Al_2O_3的含量应在17%以上，Fe_2O_3在3%以下，再经过1200℃左右的温度焙烧，则坯体烧结，硬度增加，使器物具有不吸水性或弱吸水性。同时所敷之釉料也充分玻化，真正的瓷器就烧成了。浙江上虞小仙坛和大圆坪等地汉代窑址中出土的瓷片，已符合上述指标，已是真正的瓷器。中国匠师能将泥土烧成瓷器，当然是了不起的成就。但工艺的关键仍在于坯料的配比、窑型的选择、火候的掌握等项，说到底是一个经验积累的问题，没有多少神秘之可言，然而西方却长期对此不得要领。烧陶器用陶土，烧瓷器用瓷土，欧洲地下也有的是瓷土，当时却未能充分利用。

罗马虽然烧不出瓷器，却能造玻璃器。虽然这项技术是从古埃及学来的，但罗马的玻璃器更加精美。洛阳东郊东汉墓曾出土一件长颈玻璃瓶，它在深褐、橘黄、绀青、暗紫之不规则的地色中缠绕乳白色线纹。又由于表面有风化层，浮现出闪烁的金黄色光泽，斑驳陆离，非常美观（图8-8）。这是一件典型的罗马搅花玻璃，吹制成型。它在汉地出现，令人耳目一新。所以《汉书·地理志》有汉武帝时使人入海市玻璃的记载。不过洛阳出土的玻璃瓶，罗马人本用于盛香水，而汉代用熏炉燃香。香水初名"蔷薇水"，始见于五代时。则汉代人得到这种瓶子后，或改作他用，从中也可以看出两国风习的不同。

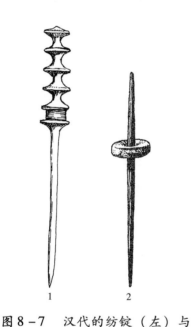

图8-7　汉代的纺锭（左）与
　　　　罗马的纺锤（右）
1. 甘肃武威磨嘴子出土　2. 发现于伦敦

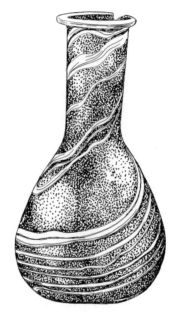

图8-8　罗马的搅花玻璃瓶，
　　　　河南洛阳出土

在生活上，汉代人和罗马人的差别就更大了。走进当时的居室，罗马人用高坐具，而汉代人于室内铺席，在席上起居。靠背椅、扶手椅、圈椅，罗马已应有尽有，或类似古希腊那种流丽潇洒的式样，或类似古波斯那种凝重端庄的造型，风格不一，蔚为大观。虽然矮背椅在埃及古王国时代已经出现，此物并不是罗马人的创造，但它在罗马得到长足发展。椅子于东汉末已辗转传到中国新疆地区，民丰尼雅遗址曾出土雕花木椅残件。然而依照华夏风俗，在席上应敛膝降腰而坐，示敬时则耸体长跽或俯地顿首，其他较随便的坐姿如箕踞、垂足，皆涉"非礼"。所以椅子长期进不了玉门关。

罗马住宅的会客室和饭厅中还要摆设带高灯檠的落地灯。因为罗马人饮宴时侧卧在比椅子还略高的靠榻上，光源矮了不行。汉代人饮宴时坐席或矮床，灯可以放在地上。汉代点灯用麻油或荏（白苏·子）油，罗马用橄榄油，都冒点油烟。但汉代人发明了在灯上装导烟管的办法，将灯烟导入灯腹，部分溶入其中所贮之水，使室内的空气较为清洁。本次展出的长信宫灯和陕西神木出土的雁鱼灯都装有导烟管。而且都把导烟管设计成整体造型的组成部分，构思巧妙之至。罗马的室内陈设也非常讲究，而且意大利半岛生产的灯具，当时行销地中海地区，是著名的产品，但这种环保灯在那里未曾出现（图8–9）。

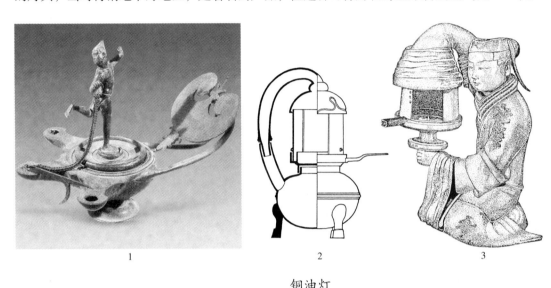

铜油灯

1. 罗马铜灯，庞贝出土　2. 装导烟管的汉代铜灯，河北满城出土　3. 汉"长信宫"铜灯，满城出土

　　无论汉代或罗马的宴会上都佐以乐舞，汉代还有说唱，罗马则有哑剧，双方都有的是杂技。罗马杂技声名远扬。东汉安帝永宁元年（120年）掸国献幻人，"能变化吐火，自肢解，易牛、马头。又善跳丸，数乃至十。自言我海西人，海西即大秦也"。跳丸即现代杂技所称抛球，须用双手同时抛接，目前世界杂技界能抛九个球的演员也不多。在古罗马的折合双连画中见过抛七个球的演员，他不仅用双手，而且前额、足尖、小腿都参加运作。汉画像石中也有类似的表演。展出的四川彭州出土的汉画像砖中有抛三个球的图像，当属小规模的游艺活动，汉画像石上抛七八个球的场面不罕见。惊险的表演则有将球和短剑一同抛接的，叫"跳丸飞剑"。山东安丘出土的画像石中，有跳八丸飞三剑的，还有跳十一丸飞三剑的。表演时丸剑起落纷繁，节奏急促，难度极大。在罗马图像中未发现同时抛接球和剑的，更不要说加起来共十四件之多了（图8–10）。就这个节目而言，汉代表演者的技巧较海西幻人似尚略胜一筹。《史记·大宛列传》说安息以"黎轩善眩人献于汉"，但汉人"加其眩者之工，而觳抵奇戏岁增变，甚盛益兴"。唐·张守节《正义》："言汉人幻人工妙，更加于黎轩。"与这里见到的情况正合。

　　汉与罗马在文化成就上各有千秋。罗马建筑的宏大坚固、富丽堂皇，雕刻的灵动逼真、栩栩如生，器物制作的工致美观、精确严整，都达到了人类历史上的高峰。而

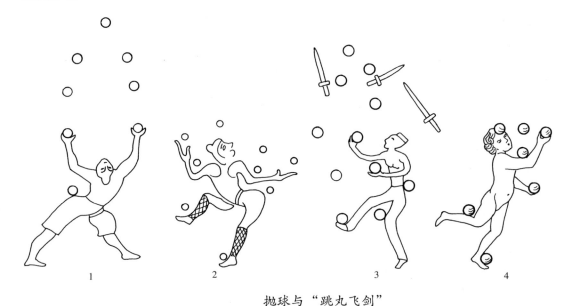

抛球与"跳丸飞剑"

1. 抛八个球，汉画像石，山东济宁出土 2. 抛九个球，汉画像石，山东出土 3. 跳十一丸飞三剑，汉画像石，山东安丘出土 4. 抛七个球，古罗马绘画

汉代在生产和生活用品的许多领域，也走在世界前列，不仅当时领先，在以后的上百年、甚至上千年中都领先。当然，罗马也有不少领先的项目。但领先的时间越长，越表明互相不了解。如果当时真有一条称得上是东西方文化交流的大动脉的"丝绸之路"，信息何至于如此滞后，反应何至于如此迟钝。当缣帛在罗马已经并不十分罕见之时，不少人仍认为丝是树上长出来的，足证隔膜之深。传入汉地的极少量贵重商品，虽然会很抢眼，会引起兴趣；技术上如有可能，还会进行模仿。但它们都是从高枝上摘下的花朵，完全脱离了原来的植株，更不要说其生长的土壤了。这和双方通过一定的接触，彼此有了大致的理解，在此基础上进行的有选择的、取长补短的文化交流，完全不是一回事。有些关乎日常生计、拿过来就能产生立竿见影的效果的技术，无疑是双方民众所需要的，可是彼此竟全然不知。所以汉与罗马在文化方面基本上是各说各话，各自都是独立发展起来的，交流借鉴的成分很少。不过就汉代而言，是否可以这么说，这里的制作有点中吃不中看，它们往往不那么花哨，但切合实用、高效率、低成本，给老百姓带来实实在在的好处。总之，诚如意大利邦迪部长为本次展览所作致辞中指出的："本次展览将提供给观众两大文明的直接对照。二者的相似性与不同之处为历史与艺术叙述增添了无穷的魅力与吸引力，将带来难以估量的价值。"以上所作比较正是希望找到它们的相似与不同之处。其中说得不足或不确的地方，请各位多多指正。

（2009 年 8 月 29 日于北京中华世纪坛）

"丝绸之路展" 感言

　　"丝绸之路"一词是 19 世纪晚期由西方学者提出来的，不见于我国古文献。此词泛指中国与欧亚大陆西部之间以贩运丝绸为主的交通路线。但由于它并非历代过客足践口传而形成的地名，所以加给这条道路的某些说法与史实未能尽合。比如一般认为，其开通的时间始于张骞赴西域。但张骞的两次出使，先是为了联合月氏、后是为了联合乌孙，目的都是在军事上夹击或钳制匈奴，与开拓商路无关。终两汉之世，就中国而言，无论政府或民间均未曾组织过外销丝绸的商队。虽然西域诸国"贵汉财物"，乐于在其"奉献"和汉廷回报的"赏赐"之间谋取丰厚的剪刀差，但这和正常的贸易毕竟不是一回事。本来，凡是互相往来的地区，互通有无是自然而然的现象。南西伯利亚戈尔诺·阿尔泰州的帕泽雷克古墓出土了不少中国丝织物，包括彩色凤纹刺绣等精品，年代相当春秋、战国时期，远较"丝绸之路"的开辟为早。而北方地区的动物纹金属带具，通常称之为"饰牌"者，也早在战国时代已传播到中原。其仿制件甚至在遥远的广州汉初南越王墓中出现，伴出之物竟尔还有安息制作的凸瓣纹银器。可见东西方点滴的文化交流诚不待张骞使团为之发轫。然而汉通西域后，这一势头的确有所强化。汉地特产的丝织物这时通过各种渠道流入西方。《魏略·西戎传》说，大秦"常利得中国丝解以为胡绫，故数与安息诸国交市于海中"。在罗马所辖之地中海东岸城市帕尔米拉的古墓中，曾出土汉代暗花绮，可视为中国丝绸西传的实物证据。罗马人喜爱丝织品，共和国末期凯撒穿丝袍看戏而引人注目一事，在中西文化交流史上是屡被提起的佳话。虽然西方这时能得到的丝织物的数量不会太大，但引起的震动却不小。前 53 年，与凯撒同任执政官的克拉苏在美索不达米亚的卡里与安息人作战，鏖战中安息人突然展开其丝质军旗，颜色灿烂夺目，为罗马军人所未见，以致他们因受惊吓而溃败。这也是一宗屡见引述的传闻。不过丝质军旗是否有这么大的威力，值得怀疑。尤有甚者，一些人还用移花接木的手法，制造出中国古代不许蚕种出口的故事。其实最初仿佛提及此事的《大唐西域记》只说："昔者此国（指于阗国）未知桑蚕，闻东国有也，命使以求。"但东国不许蚕种外传，于是一位公主将蚕子藏在帽子里，挟带出境。此"东国"在《新唐书·西域传》中作"邻国"。玄奘也好、撰写《新唐书》的史家也好，都不会这样来称呼本国。另外在拜占庭文献中，又有波斯人用空心手杖将蚕卵带到那里的记载，前提也是说中国不许蚕种出口。一千多年来西方著作对此辗转传抄，大加渲染，甚至厚诬中国人是"富有嫉妒心的民族"（吉本《罗马帝国衰亡史》）。直到现代，有人仍认为："中国古代的养蚕术和蚕茧处理术都是严格保密的，甚至禁止把蚕卵和蚕茧带到中国之外的地方，违者则要以死刑处治。"可是在中国历代的律令中，几曾见过这样的条款？还说："中国人最心惊胆战的事莫过于别人窥视他们的这一奥秘了，他们认为只有保守养蚕的秘诀，才能使他们在这一生意中居于遥遥领先的地位"（〔法〕布尔努瓦《丝绸之路》）。其实，致力农桑是古代中国平民最基本的生产活动，技术家喻户晓，无密可保。当时地方官员的职责之一就是"教民农桑"。对西域的态度也不例外。《后汉书·西域传》说："伊吾（今哈密）地宜五谷、桑麻。"《北史·西域传》说高昌"宜蚕"。《魏书·西域传》说疏勒产"锦绵"。这些地方的养蚕技术无疑皆由内地传去。而古代中国政府正是普及蚕桑的积极推动者，何曾"严格保密"？

　　汉通西域，却无意于大力开发通向罗马的交通线；汉朝没有国家办外贸的传统，更没有条件把手伸得那么长。这两个东西辉映的文明古国，虽然有互相了解的意愿，虽然对对方的文化成就均抱有兴趣，却基本上没有直接的来往。已知之汇聚双方文物的遗址均与中国边境尚有一段距离。如越南湄公河三角洲南端金欧角上的沃澳（OcEo），是古代扶南国的一处海港。这里的出土物中有汉代的规矩镜、夔凤镜，以及罗马皇帝安东尼·庇护于公元152年、马可·奥勒留161～180年间铸造的金币。出土的锡印章上刻有印度的婆罗谜文，语言是印度俗语，可见当地所出罗马文物应自印度辗转传来。再如在阿富汗北部席巴尔甘发现了六座前1世纪至1世纪的大月氏贵族墓，其中出了三件汉代的连弧纹镜和精白镜，以及罗马皇帝提比略于公元16～21年间铸造的金币。此外，这里还出土了带有希腊、罗马、安息与大夏风格的贵金属制品。但以这些文物为代表的西方文化浪潮均停留在汉朝的南疆之外或葱岭以西，未能进入内地。由于汉与罗马不曾直接接触，所以彼此之间完全没有发生战争的可能。但有人却总想把两大国拉到这类漩涡中来。美国学者德效骞（H. H. Dubs）认为，位于今甘肃永昌之汉代的骊靬城，安置过公元前36年汉将陈汤在郅支（今哈萨克斯坦的江布尔）所俘"降虏千余人"。他并以《汉书·陈汤传》所载有步兵用"鱼鳞阵"操练为由，认为这些人是罗马军人，亦即上述前53年克拉苏在卡里惨败时，下落不明的六千人中的一部分。其实作出这一判断的证据非常薄弱。又，为什么安置在骊靬城呢？因为颜师古说过："犛靬即大秦也，张掖骊靬县盖取此国为名耳"（《汉书·张骞传》颜注）。颜师古虽然是唐代的大学问家，在这里却产生误解。他还认为："靬读与轩同。"更是没有根据的。但此说一出，却把骊靬和《史记·大宛列传》中的"黎轩"混为一谈。黎轩本是亚历山大城（Alexandria）之中间几个音节的对音，所以轩字不能假作靬。从读音上说。骊靬在汉简中亦作"骊干"。《说文·革部》：靬"从革，干声"。则靬字应读 gan（溪寒开一），与读 xuan（晓元开三）的轩字实不相涉。从用意上说。近年在居延和敦煌出土的汉简之记事表明，骊靬得名是由于这里设有骊靬苑（悬泉置简IV92DXT0317.3：68）。汉代在西北地区设苑养马，多至"三十六所"，养马"三十万头"。骊靬在《说文》中作"丽靬"，表明骊、丽二字可相通假。靬是"干革"。偶物为丽。我国古代常用"丽皮"（两张鹿皮）作为聘礼。"丽靬"与"丽皮"意近，都是畜产品，而且都是好字眼，正适合用作苑名。汉简还证明，骊靬县早在神爵二年（前60年）以前已经设立（金关简73EJT4：98，73EJH2：2），那时卡里之战与郅支之战均尚未发生。哪能预知此事，而为未出现的俘虏兵抢先安排名称如此对口的住地呢？何况《陈汤传》中明确记载，破郅支后，"生虏百四十五人，降虏千余人，赋予城郭诸国所发十五王"。则陈汤已将全部战俘移交西域的十五个友邻国家，根本不曾将他们解回汉地。退一步设想，就算有这样一批人来到张掖一带，而且受到汉朝优待，也犯不上为他们修一座城，并以亚历山大的对音命名呀。果真如此，这些人就不成其为俘虏兵，简直是占领军了。可是无稽之谈有时也会有市场。现在甘肃永昌县的者来寨村一带，生活着一些有类西方人长相的村民。本来在河西走廊这样一条交通线上，出现少数带有中亚血统的居民，实属正常现象。但他们当中有人却自称是罗马人的后裔，并化妆成古罗马军人作表演。永昌县城中央还矗立起古罗马人的雕像。然而 DNA 检验的结果表明，者来寨村提供的全部血样都和罗马人没有关系。以上种种做法未免令人啼笑皆非。

古代帝国扩展版图，有的是为了稳定局势，有的则主要是谋求经济利益。目的不同，措施亦有别。孟德斯鸠说：罗马"永远是处于战争状态，而且这些战争永远是激烈的战争"（《罗马盛衰原因论》）。他们每攻破一座城市，接踵而至的就是洗劫财物和掠卖人口。据现存之有限的史料统计，前 3 世纪中罗马掠获的奴隶为十二万七千人，前 2 世纪则为二十三万八千二百六十四人。罗马军团后面总跟着大批奴隶贩子。马克思说，奴隶市场就是"靠战争、海上掠夺等才不断得到劳动力这一商品的"（《马恩全集》卷25，第371页）。汉代的情况则不然。匈奴浑邪王降汉时，得到很好的安置。汲黯为此曾对汉武帝提出批评："夫匈奴攻当路塞，绝和亲，中国举兵诛之，死伤不可胜计，而费以钜万百数。臣愚以为陛下得胡人，皆以为奴婢，赐从军死者家，卤获因与之，以谢天下，塞百姓之心。今纵不能，浑邪帅数万之众来，虚府库赏赐，发良民侍养，若奉骄子。""臣窃为陛下弗取也。"汉武帝不认可他的主张，说："吾久不闻汲黯之言，今又复妄发矣"（《汉书·汲黯传》）。对于已经放下武器的敌人，应进一步缓解矛盾，而不是促使其更加激化。在汉武帝面前，汲黯堪称目光如豆，谋国要从根本大计上着眼，岂能仅逞一时之快，汉代之通西域正浸透着这种精神。因此当时这条途经沙漠、石漠、盐漠之难以穿越、只是在地图上勉强连接起来的路线，自汉代人看来，也绝非以通过它能卖出多少丝绸、做多少生意为根本目的。他们在这条路上抛洒血汗，是为了宣扬国威，更是为了结好友邻、追求和平。其间纵然使用武力，也是在这个大前提下进行的。直到三国时，中国政治家仍然秉持此种信念。魏文帝曹丕曾问苏则："前破酒泉、张掖，西域通使，敦煌献径寸大珠，可复求市益得不？"苏则回答："若陛下化洽中国，德流沙漠，则不求自至；求而得之，不足贵也"（《三国志·魏志·苏则传》）。一席话说得曹丕无言以对。

直到魏晋时仍很少有中国商人远赴亚洲腹地，所以这条路上的队商大部分是粟特人。十六国、南北朝以降，中亚的粟特人已"多诣凉土贩货"（《魏书·西域传》）。但《周书·异域传》称："自敦煌向其国（高昌），多沙碛，道路不可准记，唯以人畜骸骨及驼马粪为记。"所以还说不上这里有一条正式的通道。虽然隋大业间，裴矩撰《西域图记》，称："发自敦煌，至于西海，凡为三道，中有襟带。"将通往"西海"的路线说得似乎很具体。然而其起因是，"矩知帝（隋炀帝）方勤远略。诸商胡至者，矩诱令言其国俗，山川险易"（《隋书·裴矩传》）。可见编书的出发点是为了投皇帝之所好，内容则多为耳拾之传闻，实际上并没有多少现成的路。唐初贞观年间，玄奘要到印度去，出了河西走廊，进入沙碛，"上无飞鸟，下无走兽，复无水草"，"惟望骨聚马粪等渐进"。玄奘本人在途中曾五天四夜滴水未沾，各种危难，"不能备叙"（《大慈恩寺三藏法师传》）。所以 8 世纪以前的"丝绸之路"只不过有一个大致的朝向，对于小规模的旅行团队来说，只能是千辛万苦、九死一生式地穿越。中央党校马小军教授说："今天我们想象古代从东方到西方非常遥远绵长的交通时，一定不可以用今人的概念来推想。东西方的联系是断续的、不定期的、偶然发生的，而不是经常性的。不要认为张骞通西域，就真的建立起了通达欧亚的丝绸大道"（《光荣与毁灭》，载《秦汉与罗马》，黄山书社，2011 年）。不过粟特人当时却往往以整部落的形式迁入，还有一些降唐的粟特部队也在华得到安置。唐太宗说："自古皆贵中华，贱夷狄，朕独爱之如一。"唐玄宗更倡言："开怀纳戎，张袖延狄。"所以唐政府对待粟特移民的政策相当宽松，边关的管控亦不甚严格，自中国向西方运销丝绸的贸易基本上操纵在他们手里。粟特人居住在中亚阿姆河和锡尔河两河之间，属于古代的东伊朗部落。但唐人对粟特人的印象不甚佳。《大唐西域记》说他们"风俗浇讹，多行诡诈，大抵贪求，父子计利"。所以唐代前期来华的粟特人，有相当一部分长期生活在自己的部落或聚落中，从而其部落首领包括身兼教职的萨宝等以之为依托，遂有条件组织起较有规模的商队。当时丝绸在中国的买入价和运到拜占庭以后的卖出价之间，相差达 200～800 倍。纵然由于几经转贩，收益无法为某一商队独享，但到手的数额也足以令人咋舌。"无数铃声遥过碛，应驮白练到安西"（张籍诗）。这些运丝绸的驼队主要是由所谓"兴胡之旅"经营的。没有材料证明有众多唐人参与其事，并从中获取大利。粟特人还以识宝著称，他们从西方各国转贩贵重物品来华。虽然这些奇货一般只供上层人士玩赏，并不为基层群众的生产生活服务，但利润毕竟是可观的。所以，安禄山就经常"潜于诸道商胡兴贩，每岁输异方珍货计百万数"。史称粟特人"利之所在，无所不到"，唐朝既然充满商机，有利可图，因此他们蜂拥而至。但能够操控国际贸易的有力者毕竟是少数。其通晓汉文化的精英分子有的也供职唐廷。而从唐俑中看到，蕃胡沦为厮役者亦不乏人。不过，应当特别注意粟特勇士、即《西域记》所称"其性勇烈，视死如归，战无前敌"的柘羯的动向。他们多半选择在唐朝当雇佣兵。唐朝向柘羯敞开了国门，到头来却为自己酿成了心腹之患。

至玄宗时，唐初颁行的均田之制已弛，建立在均田制基础上的府兵已"不堪攻战"。有些折冲府已徒具空名，"其军士、戎器、六驮、锅幕、糗粮并废"（《唐会要》卷七二）。李林甫则以"蕃人善战有勇，寒族即无党援"为由，提出任用蕃将，并得到了唐玄宗的支持。蕃将统领的军队遂成为国家主要的武装力量。在这种形势下，有人看到胡人雄于力且饶于财，佩服的不得了。如陈寅恪先生就说："李唐一族之所以崛兴，盖取塞外野蛮精悍之血，注入中原文化颓废之躯。旧染既除，新机重启，扩大恢张，遂能别创空前之世局"（《金明馆丛稿二编》第303页）。仿佛只有靠外族前来混血才能救中国。退一步说，大师的话纵然指的不是血缘上的而是文化上的，也并不符合事实。虽然随着粟特商人的脚步，除奢侈品以外，他们也带来了其他造型新颖的工艺品。然而这些远方的珍异之物，到了这里，多半变成孤独的流星，很难将其原产地的技术背景一同带来。那些冒着危险跋越沙碛的胡商是为了赚大钱，其本意绝不在于充当文化使者。他们的奇货愈使人感到不可思议，则利润空间愈大。所以，商品尤其是珍品的交易和文化交流既有联系又有区别，说到底，乃是两个层面上的事；与现今所称带土移植更不沾边。至于当时随之而来的若干非唐所习见的动植物等，不仅少得可怜，而且对唐代的国计民生没有多大影响。比如贞观十一年（637年）康国"献黄桃，大如鹅卵，其色如金，亦呼金桃"。此事近年被渲染得很火，美国学者谢弗《唐代的外来文明》一书的英文原名就叫《撒马尔罕金桃——唐代的舶来品研究》。但金桃是何种果品？迄今仍不能确指。而桃本为我国原产，陕、甘等省海拔1200～2000米的高原上曾发现野生桃树，河北藁城商代遗址中出土过桃核，在《诗经》、《尔雅》等古籍中对它均不乏记载。桃约在2世纪传入印度，梵文中称桃为cīnanī（"秦地持来"，秦地即中国），此名称到现在仍有使用的。后来桃从印度又传入波斯，再传到欧洲大陆。桃在中国是大众化果品，种类繁多，但金桃在民间的果园中却几乎从未栽培过。用这种很难讲清楚、至少是在中国不曾产生过明显作用的植物，当成"唐朝人民所渴求的所有外来物品以及他们所希冀的所有未知事物的象征"（谢弗语），也就让人听得越来越糊涂了。

在唐代的各个工艺门类中，金银器要算是受外来影响最大的一种。我国古代原先重视玉胜过重视金，魏晋南北朝以降，金银器的地位才节节攀升。这时的出土物中发现过安息、萨珊、粟特、呋哒以及东罗马的金银制品。可是到唐代，出土的外国器物的数量不像想象的那么多。有些唐代金银器的器形接受了外国的式样，但少见通体亦步亦趋的仿品。如果从不同的角度分开来看器形和纹饰，则器形更多地代表其实用功能，而纹饰却偏重于传达其文化属性。唐代金银器上的图案当然有来自西方的成分，却大都已根据中国的审美观念加以改造，而且手法日益精进，以致其中的西方元素逐渐淡化得难以察觉。当然这并不是说，唐代制造金银器的工艺不曾接受过许多外来的技巧，但其整体风格和发展趋向却未曾被西方引领。每当我们观赏唐代的金银器时，在一片华贵的色调中扑面而来的是由充满中国情趣的各种纹饰交织而成的文化气氛，这和欣赏外国器物的观感大不相同。

文化需要交流，"转益多师是汝师"，择善而从绝没有错。但文化是受传统、受民族性格制约的。长安西市胡的店铺里摆的只是商品，缺乏在表象之下启人深思的理念。粟特文化中能够从心灵深处震撼中国人的东西不多，更无从动摇中国人的价值观。中国的儒家思想，中国的伦理道德，中国的爱国情操，中国的集体主义，都没有因为受粟特影响而偏离既定的轨道。张广达先生说得好："唐朝具有一整套自成体系的典章制度，因而外来的宗教、艺术等文化因素只是起着锦上添花的作用，未能改变中国社会的深层结构。"至于有人把唐代文化的繁荣乃至国家的强盛都和外来作用挂钩，认为"唐代是中国封建社会的鼎盛时期，又是古代中国对外交往、对外开放的极盛时代。兴盛与开放，相互依存，相互作用，相互促进，在这一时期表现得十分充分"；则只能看作是一种笼统的提法。因为具体到大批胡人涌入唐朝后的实际状况，就不完全是"依存"、"促进"等辞藻所表达出的那种和谐的情调了。

如上所述，府兵衰落后唐廷起用蕃将，这一政策一发而不可收。虽然蕃将统领的军队中包括蕃汉兵卒，且蕃人亦不尽是粟特，但九姓胡毕竟是其中的主力。高适诗中甚至说："控弦尽用阴山儿，登阵常骑大宛马。"可以想见当年唐军中胡骑之众。他们对唐并无爱国主义感情之可言。虽然为了取得信任，也每每作输诚效忠的表白："忠勤奉主，操等松筠；委质称臣，心贞昆玉"（《康元敬墓志》，见《唐代墓志汇编》）。可是假若不想讲真话，那么说得越动听可能和实际情况的距离越远。以安禄山为例，他在唐玄宗面前的表演，正如《安禄山事迹》所记，可谓矫情作态，已臻极致。安禄山"腹缓及膝"，当被问起其中何物时，他就说："正是赤心耳！"最后此人成为范阳、平卢、河东三镇节度使，身兼三个大军区的司令，兵刑钱谷，生杀予夺，尽操一人之手；其麾下的镇兵人数竟相当全国兵员总额的36%。天宝十四载（755 年），"禄山表请蕃将三十二人代汉将，帝许之"（《新唐书·韦见素传》）。分明是起兵前夕在内部作最后的清洗。而这时，昏昏然的唐玄宗还在华清池为安禄山"修得一汤"，邀请他来泡温泉。正是"溺其所甚爱，忘其所可戒"（《新唐书·玄宗本纪》）。突然间竟响起了渔阳鼙鼓！这不是反抗阶级压迫或民族压迫的鼓声，只不过意味着雇佣军的掠劫性发作，无论政权、土地、财富，都想大抢一番而已。当外来的武装移民已经威胁到国家安全时，唐政府不仅未加控制，反而仍然予以倚重甚至纵容。太阿倒持，换来的是在胸口上被戳了一刀。致使杜甫痛心地悲吟："羯胡事主终无赖，""西山盗寇莫相侵！"悽怆的诗句和四野哀鸿交织在一起，汇合成告别盛唐时代的挽歌。柘羯是安史叛军中的精锐。封常清守东京时，"使骁骑与柘羯逆战"（《旧唐书·封常清传》）。叛军围睢阳城时，"有大酋被甲，引柘羯千骑，麾帜乘城招（张）巡"（《新唐书·张巡传》）。祸根乱源，正是无遮拦地循丝绸之路源源入唐的粟特柘羯。所以通过这条道路，不仅有文化交流的一面，还应看到外族雇佣军带来的巨大灾难。兵燹之余，中原残破。"东至郑汴，达于徐方。北自覃怀，经于相土。人烟断绝，千里萧条"（《旧唐书·郭子仪传》）。这和《新唐书·食货志》描述的开元承平之世，"海内富实，米斗之价钱十三，青、齐间斗才三钱"，"店有驿驴，行千里不持尺兵"比较，相去真不啻天壤。同时期，大食占领中亚，并与唐开通了海上的航线，于是丝绸之路上的交通就大幅减少了。

安史之乱后，唐人心目中的华夷之辨较前明晰。言唐时之外来文化者，常说胡乐、胡舞、胡服、胡妆在这里如何受欢迎。但在乱后之元稹、白居易的诗篇里看到的却是这样的句子："天宝之末胡欲乱，胡人献女能胡旋。旋得明王不觉迷，妖胡奄到长生殿"（元稹）。"时世妆，时世妆，出自城中传四方。""妍蚩黑白失本态，妆成尽似含悲啼"（白居易）。其中饱含谴责和检讨的情绪。可注意的是，这两位诗人分别带有鲜卑和龟兹的血统。他们的观点尚且如此，本地人的看法更可想而知。不过总的来说，中国一般从不用激烈的手段对待移民，只在长长的时间中等待他们慢慢变化，从心理上互相融合，往事也就湮灭在历史的烟尘之中了。

这次举办的"丝绸之路——大西北遗珍展"将这方面的重要文物汇集一堂，给参观者以认识它们的机会。就锦上添花的意义而言，与丝路有关的带有异域色彩的文物可以被看作是中国文化这块熠熠生辉的锦缎上的花朵。但它们和本土主流文化的关系深浅不一：有些花朵是织成的，有些是点染的，有些则像是飘落的坠红零艳。对它们如何区别和认识，则有待观众诸君的判断了。

（原载《"丝绸之路——大西北遗珍展"》图录（2010 年），收入本集时作了修改）

简论"司南"兼及"司南佩"

指南针的发明是我国人民在科技领域中的伟大创造。但此器究竟出现于何时，一直受到普遍关注。《辞海》"指南针"条说："在战国时已有用天然磁铁矿琢磨成的指南针，称为'司南'。最早的记载见于《韩非子·有度》，其著作年代约在公元前3世纪。"《辞源》"司南"条也说司南是"指南针、罗盘一类测定方向的器具"。这些权威辞书对"司南"的解释口径一致，仿佛"司南"即指南针，至少是其前身或祖型之说已成定论。但揆诸史实，却未必然。

一、何谓"司南"

就今所知，"司南"这一名称初见于《韩非子·有度篇》：

> 夫人臣之侵其主也，如地形焉，即渐以往，使人主失端，东西易面而不自知，故先王立司南以端朝夕。

韩非子以行路作比喻，渐行渐远，方向会发生偏移，甚至完全转向，而行者不自知。即清代王先慎《韩非子集解》所称："此谓人之行路，积渐不觉而已易其方。"陈奇猷先生在《韩非子新校注》中也说："此文'即渐'即'逐渐'……人臣侵夺其主之权，如地形之改变，是向前走而逐渐改变。……由于地形逐渐改变，使人主失去正确方向，以致东西方向路变仍不自知。"为此，须用"司南"来"端朝夕"。"端，正也"，"朝夕为东西"；可见它有辨别方向的功能①。文中的司南为何物？首先要看说这话的具体语言环境，即所谈论的是行路。其次，解释古代书面语言，不能忽视训诂学的方法，而最直接的途径是充分理解和尊重旧注。旧注的作者距离原书的时代相对较近，一般说来，更有条件通晓原意。当然，旧注也会出现谬误，但要肯定它是错的，则必须举出足够的证据。现存《韩非子》之最早的注解是唐人李瓒所作，他说："司南即司南车也。"《晋书·舆服志》则说："司南车一名指南车。"可见"司南"系"司南车"即"指南车"的略称。车为行路所用，与上述《有度篇》之叙事正相衔接，故李注可从。但潘吉星先生在《指南针源流考》一文（以下简称《源流》）中却认为，《有度篇》那段话说的是上朝:"以天子朝位而言,帝王坐北面南临朝,文武官员站立东西两侧,三公九卿上奏面北,君臣各就其位。""君臣之位错乱,而人主尚不自知,则危矣"②。姑不论他描写的朝仪是否符合战国末年的情况,仅就其抛开行路的背景而论,已经脱离了原文的语境,难以体会书中的用意。何况他还追随王振铎先生之说,认为司南是以天然磁石制成的磁体指南仪器。按照这种说法,在尊卑森严、仪轨分明、于正常情况下一切均有制度可循的朝堂上,君臣们却得使用指南仪器才能找到自己的位置,岂非笑谈。诚令人难以置信。

成书的年代较《韩非子》为晚的《鬼谷子》,于其《谋篇》中曾说:

> 郑人之取玉也,必载司南之车,为其不惑也。

这句话很平实,"司南之车"即司南车,"之"字是一个语助词。此种句型在《鬼谷子》中屡见不鲜,如"起秋毫之末,挥之于太山之本",见《抵巇篇》;"决安危之计,定亲疏之事",见《飞箝篇》;"量天下之权,而揣诸侯之情",见《揣篇》。在《谋篇》中也还有"察异同之分"等句,其中诸"之"字都是作语助词用的。但《源流》中却说:"'载司南之车'中的'之'是多义字,此处作'于'字解,即'载司南于车'。"亦即把他所称之磁体指南仪载于车上。可是《宋书·礼志》"指南车"条称:"《鬼谷子》云,郑人取玉,必载司南,为其不惑也。"这里的引文只言"司南",而且司南可以载物,故只能是车。何况《志》文是把它放在指南车制作的过程中叙述的,当然与磁体指南仪无关。

再晚些,如《文选》所收晋·左思《吴都赋》描写吴王出行的车骑卤簿时说:

> 俞骑骋路,指南司方。出车槛槛,被练锵锵。吴王乃巾玉辂,轫骐驎。

"俞骑"是前导之骑,"指南"即上文所说指南车。《文选》唐·刘良注:"指南,指南车也。"同书唐·吕向注:"指南,车名,上有木人,常指其南方,故曰'司方'。"指南车由于具有指方向的特殊功能,所以又被用作帝王大驾中的前导。即《隋书·礼仪志·五》所称:"指南车,大驾出为先启之乘。汉初,置俞儿骑,并为前驱。"此车在东汉、曹魏、西晋、后赵、后秦、刘宋、南齐、北魏、隋、唐、宋、金时均有制造或使用的记录③。但《源流》竟把《吴都赋》所记位于"出车槛槛"之车队中的指南车,也归入"利用磁石指极性原理制成的司南仪"之列。

对指南车说得尤为清楚,使人难以作其他解释的描述见于晋·崔豹《古今注》卷上:

> 大驾指南车,旧说周公所作也。周公治致太平,越裳氏重译来贡白雉一、黑雉二、象牙一。使大夫宴将送至国而旋,亦乘司南而背其所指,亦期年而还至。始制,车辖辖皆以铁,及还至,铁亦销尽。以属巾车氏收而载之,常为先导,示

服远人而正四方。车法具在《尚方故事》。

此书以为指南车是"周公所作",固属传说,但考虑到《韩非子》中的记载,则其创制应颇久远。鉴于书中说"軿车……皆为司南之制",又说大夫宴"乘司南"而还,则司南当然是车。这种车大概装有能自动离合的齿轮系,连接车上的木人,它的手臂平举,作指向状,车虽转向,但木人一直指南。不过当十六国时,有些北方国家所制指南车的构造不够精密。到了刘宋末年,祖冲之制造出性能优良的指南车,"圆转不穷,而司方如一"④。后来唐·张彦振在《指南车赋》中,用文学语言描写了唐代金公亮(一作金公立)制造的指南车:

> 观夫作也,扃关脉凑,衡枢星设,烟萦电转,鬼聚神灭。离朱目乱,计然思绝。公输服其心工,王尔惭其手拙。虽词给而口敏,亦难得而缕说⑤。

指南车之复杂的齿轮系给张彦振留下了深刻的印象。虽然辞藻不免华丽夸张,但总的说来,尚不算离谱。再往后,到了宋代,在《宋史·舆服志》中更用相当精密的工艺语言,记下了燕肃和吴德仁之两种不同的制作指南车的方案,兹不具引。根据这些材料,可以肯定地说,宋以前文献中所称之司南,作为实体,皆指指南车而言,并无例外。由于司南能指示方向,故尔此词还含有"标准"或"正确导向"的喻义⑥。如梁·刘勰《文心雕龙·体性篇》所称"文之司南",就是由前者派生出来的抽象化的用法。而通过以上引文还可以明显地感觉到:凡属重要的而且确已行世的发明,先贤总会形诸文字,津津乐道。反之,如果只能找出点迷离扑朔、若即若离、甚至似是而非,与对一项重大发明的记载很不相称的片言只字,则所涉及的对象的真实性,也就大可怀疑了。

二、汉代没有用磁石制作的指南仪器

我国很早就发现了磁石的吸铁性。《吕氏春秋·精通篇》云:"磁石吸铁,或引之也。"《淮南子·说山》亦云:"慈石能吸铁。"但认识磁石的吸铁性容易,而认识其指极性则比较困难,因为如果未制作出可以自由转动的轻而细长的磁体,这种性质是很难直接观察到的。宋代以前,我国古文献中完全不曾提及磁石的指极性。王振铎先生说:"按自战国以来,古人既有知磁石之吸铁性,用为普通譬喻,磁性之认识中兼知指极性固有可能。"这表明,就古人何时了解磁石的指极性而言,王先生除了想当然以外别无依据。而戴念祖先生在《亦谈司南、指南针和罗盘》一文(以下简称《亦谈》)中,却引出曾被王先生斥之为"失于怪力乱神"的《淮南万毕术》中"磁石悬入井,亡人自归"的话。称:

"亡人"是指走失的人，或离家出走而迷失方向的人。这里的"磁石"很可能是长条形磁体。将长条磁石用线绳悬吊于空中，它会自动取南北方向而静止，而将它悬吊于井中，大概是防止空气流动的影响。这条文字是中国古代人最早发现磁体有指极性的证据，虽然他们亦尚未知地球本身是一个大磁体。主人猜想，将长条形磁铁悬吊起来，就可以为"亡人"指示方向，以便"亡人"寻路回家。这一幻术隐含磁铁指极性知识，是司南或指南针得以发明的最为基础的知识⑦。

然而何以知这里的磁石是"长条形磁体"？何以知这一方术的用意是用能指南的磁体"为'亡人'指示方向"？均纯属假设。况且《亦谈》中所引《万毕术》之文，系据《太平御览》卷九八八，但该书卷七三六引《万毕术》则作："取亡人衣裹磁石悬井中，亡者自归矣。"故卷九八八的引文应有所节略。磁石既然裹在衣服里，看来不会特别琢成长条形，也难以自由旋转，无法"自动取南北方向而静止"。可是《亦谈》根据上述一连串假设，竟认为它是"最早发现磁体有指极性的证据"，将方士之臆说当成科学史上意义极其重大的事件；诚不知将何以说服读者。而同一位作者在另一处对《万毕术》中同一句话所作的评价却又截然不同："这显然是对磁石吸铁漫无边际的推广和无端猜想而已"⑧。上述论断当然不能建立在"无端猜想"的基础上。不了解磁石有指极性，缺少了这项必要的前提，就无由产生制作磁体指南仪的动机。可是王振铎先生却从东汉·王充《论衡·是应篇》中检出"司南之杓，投之于地，其柢指南"这十二个字，据以设计出那件很有影响的"司南"（图10-1）。王先生的设计是从"司南"为"磁性体"的观点出发的，但是并没有举出任何有力的证据，似乎认为可以不证自明⑨。他又认为"杓"是勺柄，亦即"司南"之柄，从而推导出"司南形如勺"。"投"字王先生训"搔动"。他说："原文不云投司南于地，或司南投之于地，而云司南之勺，投之于地，信其非持司南投入者，当为司南已居地盘之上，搔动其柄，而投转之谓也。""投之于地"的"地"，他认为："非土地之

王振铎设计的"司南"

地，乃地盘之地"，"为铜质"。"柢"字则被王先生改为"抵"，谓："司南投之于地，旋转未停。当其四方旋转之时，何能谓其指南。如易柢为抵，则全文畅通。谓其停至之时，其杓指南。柢、抵音同形似而讹也。"最后王先生认为，《是应篇》中这十二个字，"其大意为：司南之柄，投转于地盘之上，停止时则指南。如训杓为栖杓之勺，训

柢为瓠柢之柢，其意则为：如勺之司南，投转于地盘之上，勺柄指南。审此二种解释，前者较长也"。然而目前从其说者，多用其后一种解释。但不论他的哪种解释，都是难以成立的。

　　既然王振铎先生依古文献立论，那就不能不接受版本和校勘方面的考察。王先生的引文所据之《论衡》的通行本，应是自明嘉靖通津草堂本递传下来的。但此外还有更古的本子，前北平历史博物馆旧藏残宋本，存卷十四至卷十七，为1921年清理清内阁档案时拣出的，后归南京博物院，《是应篇》恰在其内。可注意者，通行本中的"司南之杓"，此本作"司南之酌"，朱宗莱校元至元本同⑩。"酌"训行、用。《国语·周语上·邵公谏厉王弭谤》："故天子听政，使公卿至于列士献诗，瞽献曲，史献书……而后，王斟酌焉，是以事行而不悖。"汉·贾逵注："酌，行也"（《玄应音义》卷十四引）。《诗·周颂·酌·序》："酌，告成大武也，言能酌先祖之道以养天下也。"汉·郑玄笺："文王之道，武王得而用之，亦是酌取之义。"《逸周书·大武篇》："酌之以仁。"清·潘振《周书解义》："取善而行曰酌。"《广韵·入声·药第十八》也说："酌，行也。"而"投之于地"则与《孙子兵法·九地篇》"投之亡地然后存"之前一部分的用语相类，这句话在《史记·淮阴侯列传》中引作"置之亡地而后存"，则"投之于地"即"置之于地"。"柢"字在《集韵·支部》引《字林》、《玉篇·木部》、《广韵·支部》都说它是"碓衡也"。碓衡是一段横木，正与司南车上木人指方向的臂部相当。《太平御览》卷七六二又卷九四四引《论衡》，此字作"柄"，亦通。司南车上的横杆并不像王先生对"司南"的设想那样，会"四方旋转"，故不必改"柢"为"抵"。所以宋本中这十二个字的意思很清楚，"司南之酌，投之于地，其柢指南"，即言在地上使用指南车时，其横杆就指向南方之意。通行本中作为王先生立论之基础的"杓"，其实是一个误字。总之，《是应篇》上述引文描述的是当时人所习知之司南车的性能；《论衡》的作者无从谈论时人尚未曾谋面的磁体指南仪。

　　王振铎先生根据他的理解制作的"司南"，是在占栻的铜地盘上放置一个有磁性的勺。此勺当以何种材料制作？他说："司南藉天然磁石琢成之可能较多。"可是天然磁石的磁距很小，制作过程中的振动和摩擦更会使它退磁，这是一宗不易克服的困难。王先生于是采用了另两种材料：一种是以钨钢为基体的"人造条形磁铁"，另一种是"天然磁石为云南所产经传磁后而赋磁性者"。汉代根本没有人工磁铁，自不待言；他用的云南产天然磁石也已被放进强磁场里磁化，使其磁距得以增强。这两种材料均非汉代人所能想见，更不要说实际应用了。而后来长期在博物馆里陈列的"司南"中的勺，就是用人工磁铁制作的。虽然《亦谈》中说："有人怀疑以古代工具和技术制造磁勺之可能。这怀疑和担心似乎多余。"但事实是："1952年钱临照院士应郭沫若要求做个司南，当作访苏礼品。他找到最好的磁石，请玉工做成精美的勺形，遗憾的是它不能指南。由于磁距太小，地磁场给它的作用不够克服摩擦力。只得用电磁铁做人工磁化"⑪。郭沫若院长、钱临照院士在20世纪中尚且做不到的事,前3世纪之《韩非子》的时代和公元1世纪之《论衡》的时代中的匠师又如何能够做到? 退一步说,王先生对《是应篇》的理解虽有所失,但还算是一种设想;可是他动用几千年后才出现的技术和材料济其复原之穷,就太出格了。因为这样做违背了进行此类工作所应遵循的基本原则。

再说,自从王国维提出二重证据法以后,随着我国考古事业的大发展,古文献与古文物互相印证,在研究者中间已经成为通行的做法。然而王先生的复原完全没有考古证据。即便是真有这样一种失传的古文物,仅靠区区十二个字所包含的信息量,也不足以支撑起一项复原工程,何况其中之关键性的字眼还存在着讹误。情况似乎有如李约瑟的判断:他对《论衡》的解释当然在一定程度上仍然是推测性的,除非从汉墓里发现真实的用磁铁矿做成的勺⑫。

三、磁勺与占栻

王振铎先生的"司南"中使用了汉代占栻的铜地盘。占栻的图式与古代天文五行等学说有关,具有"法象天地"的意义,这就使他的设计平添了一些似科学又神秘的色彩。同时,放在地盘上的磁勺,还可以挂靠到占栻天盘当中的北斗图形上。斗魁指极。《考工记·匠人》云:"考之极星,以正朝夕。"汉·董仲舒《春秋繁露·深察名号篇》:"正朝夕者视北辰。"表明古人已通过北极星测定真北。占栻和北极星本与王先生的磁勺无关,可是有些学者在对它的解释中或将磁石指极、天文测向、占栻推算等不同的活动互相牵合,使人莫测高深,这是必须厘清的。

王先生认为,古"勺"字与"斗"字互训。此说固是。《考工记·梓人》郑玄注:"勺,尊斗也。"而"瓢"字亦可训勺。《庄子·逍遥游》成玄英疏:"瓢,勺也。"但根据这种字义相近的关系,他却把唐人韦肇《瓢赋》中"挹酒浆,则仰惟北而有别,充玩好,则校司南以为可"的话,用来与他的"司南"中的勺相比附⑬。王先生说:"以瓢比德北斗与司南。前者以《诗·大东》为典,后者记瓢可充玩好以校司南。则瓢之形状必有如司南者。瓢为剖瓠之勺,瓢、勺互训,司南之形亦当近似勺也。"上引韦肇《赋》中前一句确系用《大东》"维北有斗,不可以挹酒浆"的典故;后一句却和王先生的勺毫不相干。我国古代尊崇北斗。《史记·天官书》说:"斗为帝车,运于中央,临制四乡。分阴阳,建四时,均五行,移节度,定诸纪,皆系于斗。"故司南车也以北斗的指向为标准。晋·虞喜《志林新书》称:"黄帝与蚩尤战于涿鹿之野。蚩尤作大雾。弥三日,军人皆惑。黄帝乃令风后法斗机作指南车,以别四方。遂擒蚩尤"⑭。既然制造司南车取法北斗,则校正司南车当然也要取法于北斗。将韦肇《赋》与虞喜《书》联系起来看,意思再清楚不过。接下去,韦肇《赋》中还有"有以小为贵,有以约为珍"之句。《源流》解释为："制司南时都应以磁勺小、地盘简约为形制的基本考量，这符合古代仪器制造原理。"仿佛韦肇《赋》中的这几句话都在围绕着王先生的模型转，其实这里说的是小葫芦。王世襄先生《说葫芦》一书中早已指出："葫芦之特大特小者亦难得。……特小者唐·韦肇《瓢赋》已有'有以小为贵'之句。陆放翁诗则曰：'色似栗黄形似茧，恨渠不识小葫芦'"⑮。叶金寿《曼盦壶卢铭》还说："小壶卢极难种，有极小可为耳珰者，一双直百余金"⑯。可见韦肇《赋》中说的根本不是小磁勺。"有以约为珍"者，约训少，指葫芦之稀见的品种。《源流》却以为这是指"地盘内容简约，才使仪器小而精"而言。可是人家的题目是《瓢赋》，铺陈得再博洽，也扯不到与葫芦瓢不沾边的地盘上去。

由于"司南"中的磁勺放在地盘上，勺形近斗，而占栻的地盘上置天盘，天盘中心有北斗纹。以致罗福颐先生误认为：司南是汉栻的别名，杓指占栻之刻绘有北斗的天盘⑰。所以会产生这种看法，或由于上述"司南"的设计基本上模拟汉栻，而使罗先生将二者混同之故。但占栻的天盘是要在地盘上转动的，即《史记·日者列传》所称："分策定卦，旋式正棋，然后言天地之利害，事之成败。"索隐云："栻之形上圆象天，下方法地。用之则转天纲，加地之辰。"使用时先将天地盘摆正，再旋动天盘，使求占之日所属的月将对准地盘上求占之时的辰。这样就可以算得四课与三传，进而推定占日的吉凶⑱。可是《源流》中却举出以下事例，表面上看似乎已将占栻和"司南勺"予以沟通，使"司南勺"进入正史领域，在人所熟知的历史记载中找到支持；其实其理解与实际情况全然不合。《源流》称：

> 《汉书·王莽传》更载，地皇四年刘秀率汉军攻入王莽宫中、内殿起火，时王莽佩玉玺，手持匕首，至前殿避火。天文郎在他面前旋转式盘，调至某日、某时辰，进行占卜。莽则转动其坐位，向斗柄指示方向（南）坐定，并说："天生德于予、汉兵其如予何？"看来他在临死前既用式占卜，又按司南勺所指方位面南坐定。

但《王莽传》明说："日时加某，莽旋席随斗柄而坐。"即随着天盘的转动，王莽将他的座位移到斗柄所指之方向的对面，以应天塞异，趋吉避凶⑲。而《源流》一文为了使"司南勺"在此事件中起作用，却让王莽的位置不变，始终依"司南勺""面南坐定"。果如是，落在当年的"日者"眼里，王莽简直是一个呆子了。

王振铎先生将占栻之地盘用作"司南"的刻度盘。国家博物馆所藏现存之唯一的汉代铜地盘，自内向外分三层标出八干、十二支、二十八宿，四角为四门即四维⑳。不计二十八宿，则是二十四个方位，这种记方位的方式为后代的罗盘所沿用。但其中并不需要以"司南"为中介。因为栻盘是占卜用具，而罗盘起初正用于堪舆。我国的堪舆罗盘最早见载于宋·杨维德的《茔原总录》（1041 年）㉑。航海罗盘最早见载于宋·

朱彧的《萍洲可谈》（1119 年）。而江西临川宋·朱济南墓（1198 年）出土的手持罗盘之"张仙人"瓷俑，更可视为其实物证据[22]。说明罗盘在我国的发明不晚于 11 世纪，应用于航海不晚于 12 世纪初。而磁针在欧洲文献中最早见于英人尼坎姆（A. Neckam）于 1190 年间的记载，已经是 12 世纪末叶了[23]。故罗盘无疑是我国最先发明的。这是值得中国人民骄傲、并博得世界人民钦敬的了不起的成就，全然无须平添一个并不存在的所谓"以司南勺定位"的阶段。因为在科技史研究中捕风捉影，移花接木，拼凑一出假象，虚张一番声势，只能制造一场混乱；学术上并无正面建树之可言。

四、关于"司南佩"

此外，汉代还有一种玉、水晶或琥珀制作的饰件，作两胜上下连属之形，可称为叠胜。西汉时的西安理工大学 1 号、扬州邗江胡场 14 号、邗江姚庄 101 号等墓中均出[24]（图 10 - 2：1、2）。此类玉饰之贯连两胜的中柱有的在顶部突起一钮，或代表其末端的栓销之类，如河北定县 43 号、安徽亳县凤凰台 1 号、扬州甘泉三墩等东汉墓所出者（图 10 - 2：3、4、5）。河南巩义新华小区汉墓出土的一条项链上串有这种玉饰五件，分大小两种，显然是装饰品（图 10 - 3）[25]。玉饰顶部的突起物或被称作"鸟首"、"云纹"、"小勺"、"司南勺"、"药勺"[26]。不过从发掘出土的实例看，这一部分并不代表勺。假若制作者真的要在叠胜上琢出勺形，以当时玉工的技艺而论，完全可以做得

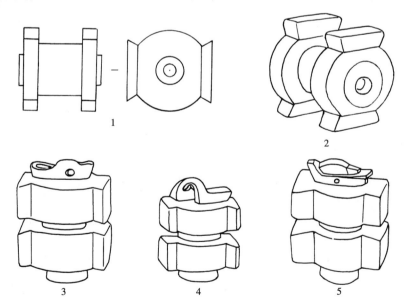

图 10 - 2　叠胜形饰件

1. 陕西西安理工大学 1 号西汉墓出土　2. 江苏邗江姚庄 101 号西汉墓出土　3、4. 河北定县 43 号东汉墓出土　5. 安徽亳县凤凰台 1 号东汉墓出土

图 10 – 3　　河南巩义新华小区汉墓出土项链

惟妙惟肖，何至于如此之难以辨识。何况这部分的下方常有穿孔。如若确是"司南
勺"，在上面打一个洞更没有道理。可是主张上述钮状物为"司南勺"的学者却进而将
此种饰件定名为"司南佩"。并称：

> 汉代人们惊异于司南始终指南的神秘功效，栻占之风弥漫于世，以至随时随
> 地携带着司南、小盘、地盘占卜，新莽时期尤盛。赴任之官挟栻以治，身后以栻
> 择莹，以司南定乾坤。同时好事者又以所谓有避邪神效的玉材制成小佩，上琢勺
> 形司南，佩挂于身。虽然失去了司南原有的指南实效，但对其始终不变的神秘的
> 指导意义却感到随形而在。因此做成小巧玲珑的、可以随身佩带的玉佩，仍将其
> 作为司南（珮）解释、称谓，倒也名副其实，可以理解了[27]。

仿佛司南无往而不在，却无法得到证实。"司南佩"这一名称的出现是建立在对
"司南"的信仰上，其"神秘的指导意义"也是从王振铎先生设计的"司南"那里移
植过来的。可是王氏的工作中包含着诸多不合理性和不可行性，存在着严重失误，良
不足据，以致上述引申和发挥均不免落空。所谓"司南佩"不过是胜类饰物。坊本

《论衡》误"酌"为"杓",一个错字竟惹出这多乱子,岂刊刻者始料所能及!

(原载《中国历史文物》2005 年第 4 期。)

注　释

① 陈奇猷:《韩非子新校注》,上海古籍出版社,2000 年。

② 潘吉星:《指南针源流考》,《黄河文化论坛》第 11 辑,山西人民出版社,2004 年。

③《宋书·礼志》叙述指南车时说"后汉张衡始复创造。汉末丧乱,其器不存。魏……明帝青龙中,令博士马钧更造之而车成。晋乱复亡。石虎使解飞,姚兴使令狐生又造焉。安帝义熙十三年,宋武帝平长安,始得此车。其制如鼓车,设木人于车上,举手指南。车虽回转,所指不移。大驾卤簿,最先启行。此车戎狄所制,机数不精,虽曰指南,多不审正。回曲步骤,犹须人功正之。范阳人祖冲之有巧思,常谓宜更构造。宋顺帝升平末,齐王为相,命造之焉。车成,使抚军丹阳尹王僧虔、御史中丞刘休试之。其制甚精,百屈千回,未尝移变。"西晋、北魏、隋、唐、宋、金时使用指南车的情况,分别见《晋书·舆服志》、《魏书·礼志》、《隋书·礼志》、《旧唐书·舆服志》、《新唐书·车服志》、《宋史·舆服志》及《金史·舆服志》。

④《南齐书·祖冲之传》。

⑤《文苑英华》卷一二一引。

⑥ 王振铎引出汉·张衡《东京赋》:"鄙哉予乎,习非而遂谜也,幸见指南于吾子。"《三国志·蜀志·许靖传》:"文体偶傥瑰玮,有当世之具,足下当以为司南。"《南史·任昉传》:"陈郡殷芸与建安太守到溉书曰:'哲人云亡,仪表长谢。元龟何寄?指南谁托!'其为士友所推如此。"以及唐·杨齐宣《晋书音义序》"足以畅先皇旨趣,为学者司南"等文句,以为:"哲人学者所盛称之'司南'或'指南'究为何物?其为抽象之名词欤?抑为一具体之器物欤?""指南亦当属具体之物,殷芸藉有形之元龟、指南、仪表,以喻任昉之学行也"(见《科技考古论丛》第 88~89 页)。其实上述文句中的"司南"或"指南",无一不是象征性的比喻。王说殊胶刻难通。

⑦ 戴念祖:《亦谈司南、指南针和罗盘》,《黄河文化论坛》第 11 辑,2004 年。

⑧ 戴念祖主编:《中国科学技术史·物理学卷》,第 407 页,科学出版社,2001 年。

⑨ 王振铎:《司南、指南针与罗经盘》,原载《中国考古学报》第 3、4、5 册,1948~1951 年。后收入所著《科技考古论丛》,文物出版社,1989 年。本文所引王说皆据此文。《亦谈司南、指南针和罗盘》一文也说:"无庸置疑,《韩非子·有度》和《论衡·是应篇》所述及的司南是一种磁性指向器。"同样,此文亦未举出任何证据。

⑩ 黄晖:《论衡校释》卷一七,中华书局,1990 年。

⑪ 陈慧余:《指南针物理学》,《黄河文化论坛》第 11 辑,2004 年。

⑫ 李约瑟:《中国对航海罗盘研制的贡献》,载潘吉星主编:《李约瑟文集》第 505 页,辽宁 科学技术出版社,1986 年。

⑬《全唐文》卷四三九引。

⑭《太平御览》卷一五引。

⑮ 王世襄:《说葫芦》,第 36 页,香港壹出版有限公司,1993 年。

⑯《美术丛书》3 集 4 辑 4 册。转引自注⑮所揭王书。

⑰ 罗福颐:《汉栻盘小考》,《古文字研究》第 11 辑,1985 年。

⑱ 严敦杰:《关于西汉初期的式盘和占盘》,《考古》1978 年第 5 期。

⑲《汉书·艺文志》兵阴阳类小序:"阴阳者,顺时而发,推刑德,随斗击,因五胜,假鬼神而助者也。"张家山

汉简《盖庐》："维斗为击，转动更始。"《淮南子·天文》则云，斗杓"不可迎也，而可背也"。故所谓"随斗击"，即田旭东所说，是"以斗柄所在者胜，所指者败"（《"兵阴阳家"几个问题的初步研究》），载《追寻中华古代文明的踪迹》第 193 页，复旦大学出版社，2002 年）。亦即李零所说："是以斗柄所指为凶，反之为吉"（《简帛古书与学术源流》，第 383 页，三联书店，2004 年）。

⑳ 中国历史博物馆编：《中国历史博物馆》图 113，文物出版社，讲谈社，1984 年。

㉑ 郭沫若主编：《中国史稿》第 5 册，第 620 页～621 页，人民出版社，1993 年。

㉒ 陈定荣、徐建昌：《江西临川县宋墓》，《考古》1988 年第 4 期。

㉓ 同注⑫，第 503 页。

㉔ 西安市文物保护考古所：《西安理工大学西汉壁画墓发掘简报》，《文物》2006 年第 5 期。邗江出土诸例均见扬州博物馆、天长市博物馆编：《汉广陵国玉器》，文物出版社，2003 年。

㉕ 定县博物馆：《河北定县 43 号汉墓发掘简报》，《文物》1973 年第 11 期。亳县博物馆：《亳县凤凰台一号汉墓发掘简报》，《考古》1974 年第 3 期。甘泉三墩所出见《汉广陵国玉器》。巩义出土者见郑州市文物考古研究所等：《河南巩义市新华小区汉墓发掘简报》，《华夏考古》2001 年第 4 期。

㉖ 称之为"鸟首"、"云纹"者，见《中国玉器全集》卷 4，图 263 的说明文字。称之为"小勺"者，见殷志强：《汉代司南佩辨识》，载杨伯达主编：《传世古玉辨伪与鉴考》，紫禁城出版社，1998 年。薛贯笙：《中国玉器赏鉴》，中华书局（香港）、上海科学技术出版社，1996 年。称之为"司南勺"者，见张明华：《司南佩考》，《故宫博物院院刊》2000 年第 1 期。称之为"药勺"者，见王正书：《"司南佩"考实》，《文物》2003 年第 10 期。

㉗ 殷志强最早提出"司南佩"的名称，见注㉖所揭殷文。此处之说见注㉖所揭张明华文。

附录：在中国科学技术史学会的报告会上关于"司南"问题的讨论记录

钟少异（主持人，中国人民解放军军事科学院战略部研究员）：

刚才孙老师就一个专门的题目发表了他深入研究的成果，这个成果对我们也有广泛的方法论意义。我们国家的科技史研究，在建国初的时候有一个普遍的现象，就是复原了一大批模型。这些模型的复原，一个是根据当时国家的需要，各地都建博物馆，以展示我们国家的历史和文化，所以必须复原这些东西；另一个就是基于当时的学术认识水平，一流专家根据当时所掌握的资料，进行研究，做出了我们现在还能看到的一大批成果。这些复原的模型，大家熟悉的有很多，司南是其中最著名的复原之一。近一二十年来，随着学术的发展，新资料的不断发现，不断地有人提出讨论这些模型。孙先生的报告就是一个很精彩的新讨论。

下面咱们就来展开讨论。我想可以有两种方式：一个是提问式的。对孙先生的报告还有什么问题理解不透，需要进一步解释的，可以提出来；另一个可以自由发表自己的看法，不一定需要孙先生来解答。在内容上，既可以就孙先生研究的问题、他的观点，还可以就他引据的材料进行讨论。另外，在方法论方面，可以讨论科技史研究应该用怎样的方法和态度，以及怎样更好地使用文献和考古资料。

华觉明（中国科学院自然科学史研究所研究员）：

我对司南和指南针没有做过专门的研究，但可以介绍一些情况。对于王振铎先生的司南考据和研究提出疑问的时间很早。大概在1974年，东北师范大学的刘秉正教授写了文章，他认为司南是北斗星。这篇文章寄给了《考古学报》，因为王先生关于司南的文章是在《考古学报》上发表的。《考古学报》的主编夏鼐先生找到王振铎先生，谈该怎么对待这件事情。有一次，我和薄树人先生到王先生家，谈起这件事。王先生说："你们两人能不能考虑一下这个问题，看究竟这个说法对不对。"后来薄先生怎么回答王先生的，我不知道。我当时查了一些资料，仔细看了刘先生的文章，最后说了两点意见：第一，对司南的研究是有意义的；第二，说司南是磁勺没有绝对的证据。后来，夏先生到底怎么考虑这件事的，我不太清楚。但是，很可能刘教授的文章没有发表的原因之一是《毛泽东选集》提到了中国的四大发明。其中有一个注释（见《中国革命与中国共产党》一文）说司南就是指南针。因此，如果和《毛泽东选集》的说法不一致，在当时的形势下就不可能发表了。这是我所知道的情况。

改革开放以后，学术环境有所改善。据我所知，后来在好几次学术会议上，刘秉正先生都谈到他那篇文章。有一些学者赞成刘先生的观点，也有不同意的。我不是专门研究这个问题的。但是，我在不同场合讲过，司南还要好好研究，原来的复原不宜作为一种定论。像中央电视台10频道把这个复原当作标志性的东西播放出来，作为一种浪漫主义的做法也未尝不可，但是作为学术研究，还是应该研讨的。在学术问题上，唯一的标准就是看它是否合乎科学，是不是符合事实。谁说的，什么时候说的，《毛选》上有没有，这些都不重要。这是我们考虑问题的一个基本点。

王振铎先生自己也说过，一个人写文章，能够站住三十年就不错了。今天说这本书是假的，过三十年从墓里把这个书挖出来了，总不能说它是假的吧。在学术领域，有些观点现在看很有道理，但过了二三十年说不定就得改了，该改就得改。孙先生这篇重要论文发表以后，可能还有争论，有的问题通过争论会搞得更清楚。今天请孙先生作这个报告，非常好。

现在好多人有一种误解，认为中国古代科技史的大问题都已经解决了，没有什么好搞的了。其实不然，比如说司南就是很重要的问题，涉及四大发明。孙先生这篇文章发表后，肯定会引起国内外学术界的注意。他的讲话说明，中国古代科技史里面并不是所有重要问题都解决了。各位有兴趣的话，对一些重大问题还可以进行探讨，以澄清一些问题。

认为古代科技史无所作为的思想在科技史界是有的。在70年代，我们自然科学史研究所有一批数学史的权威。有人就认为，数学史经过李俨先生、钱宝琮先生、严敦杰先生，以及50年代起来的这一代的持续研讨，重要问题好像都清楚了，没什么大的问题了。当时形成两种对立的看法：一种说不用搞了，要转行搞别的；也有一些人，比如郭书春先生，就认为这种看法不一定对，数学史还有一些问题可以从另外的角度来研究，也得做版本校勘。郭先生就抓住刘徽《九章算术》的注解进行研究，这些工作成为他最主要的成就之一。现在来看，中国古代数学史还有没有要做的呢？我看还有的可做，关键是怎么看和怎么做。当然，近现代科技史更有很多薄弱点，更得花大力气做。

实际上，国外搞古代科技史也一直在延续传统的做法，包括考证、实证性的研究，还有科技考古。他们在考证和分析上有不少我们没想到的。正如今天孙先生的报告，说明文献的整理、梳理、考据很重要。司南的有些重要史料没有发现，那么，复原的根据当然就不足。所以，史料的挖掘和梳理还是要做的，这当然需要基本功和科学的态度。

钟少异：

华先生刚才就非常广泛的议题发表了很好的意见，我觉得，在怎样做研究方面，对大家都有启发。我国早期的科技史，不容易采取真正科学的态度。但是，现在我们已经进入一个新的阶段，可以基本上去除那些强制，采取真正科学的态度。在学术问题上，可以无所顾忌，只要是真的，该怎么说就怎么说。这也是孙先生治学的一个基本态度。

郭世荣（内蒙古师范大学科学史与科技管理系教授）：

孙先生，您这个问题的彻底解决，还有待考古实物来定论。

游战洪（清华大学科技史暨古文献研究所副研究员）：

您说的也不能作为一个定论。现在我们根据所能见到的文献资料、出土文物，只能得出这么一个结论，还有待将来的考古把问题彻底澄清。但是什么时候出现这个文物还不知道。

孙机：

因为它无可等待。如果没有这个东西，你等什么呢？

冯立升（清华大学科技史暨古文献研究所教授）：

我想问一个题外话。关于指南车，我觉得后来看到的都是用齿轮传动的。而从我现在看到的资料来说，应该不是齿轮。孙先生一直在做考古文物方面的工作。不知道齿轮的考古发现情况怎么样，是否有新的资料？

孙机：

指南车没有什么新的资料。我们馆里面摆的那个指南车是齿轮传动的。

张柏春（中国科学院自然科学史研究所研究员）：

关于指南车的传动机构，现在大多数人认为齿轮传动是最可靠的。但是，汉代或更早是否有齿轮，并没有直接的证据。原来刘仙洲先生认为汉代文物里有"人字形齿轮"，但它们不能作为齿轮来啮合。古文献记载有的机械装置具有某种功能，后人推断它用了齿轮，比如类似于现代汽车的差动轮系。其实，不用齿轮而用其他的传动机构也可能实现这种功能。台南成功大学机械系的颜鸿森教授研究了指南车的可能的传动机构。他说自己不是历史学家，他不考证历史上什么时候有什么。他是用机械设计的方法，设计出所有能实现指南功能的齿轮传动方案，至少有十几种方案。在复原的时候，说一位古人采用了某种传动机构，实际上没有资料能证明它究竟是哪种齿轮传动，因为没发现古代有这么细致的描述。十来年前，有人制作了所谓"黄帝指南车"模型、"祖冲之指南车模型"，想请专家给做个肯定的鉴定，但是史学家、科技史家和考古学家慎重交换了意见，没法作结论。其实，古代记载比较详细的是宋代燕肃的指南车，《宋史》对它的传动齿轮有具体的描述，但技术信息仍不充分。王振铎先生主要是根据《宋史》的记载，为历史博物馆复原指南车的。当然，也有人怀疑古代指南车是不是真像书里说得那么神？有专家推测，可能在某些时期里，指南车只是一个象征性的装置，甚至有可能是人在车里操作什么机构。

木牛流马也是这样，没有足够的可靠的技术记载，可以承认古代有这种装置，很难说清它具体是什么样的。有很多步行器的设计，究竟哪个是三国时期的？这很难论证。

听了孙先生的报告，胆子就更小了。如果历史修养不够，对文献的把握不够，很容易出纰漏，甚至出大的错误。至今，有些基础工作还没有做好。比如说有的学科史出了很多论著，但对这个学科史的基本历史文献的校勘、梳理工作做得却不扎实、不系统。郭书春先生花了很多工夫汇校《九章算术》这样的经典文献。他和法国学者合作翻译注释的法文本《九章算术》刚出版不久，就销售光。我觉得，中国古代科学技术史研究仍然很有魅力，有很多基础工作和重要专题研究值得做。实际上，换个角度，换个方法，就会发现一些重要的问题。

孙机：

中国文献里的东西太多了．如果这个东西被文献偶尔记下几个字，是一个人说的，对不对就很难说。但是，如果好多人都这么说，那就很难推翻。比如说指南车恐怕一下子否定不了。众口一词，都说指南车能指南，这就很难说根本没有指南车。至于是否用齿轮传动，那是另外一个问题。就像刚才说的，也可能完全不用齿轮。

《宋书》里说，当对帝王出行的大驾，前面必须要有指南车。而十六国时，北方的一些小国就做不出来完全靠机械传动的指南车，那就用人在里面操作。《宋书》说有这事儿。后人说祖冲之另作了指南车，完全改变了这种情况。所以指南车大概是有的。如果很多文献都说有，那就有可能期待地下出土。但指南车出土的几率很小，因为它只是帝王出行大驾里的仪仗用车，一般不随葬这种东西，但可以期待。至于说磁勺，大概就无需期待了。

张柏春：

我们觉得出土指南车的希望不大。这种车很可能是木头作的，可能早就散失或烂掉了。我们主要怀疑的不是有没有指南车，而是它的复原是否合理。比如说，在没有史料依据的情况下，用现代技术去设计指南车，而且把传动机构说得很肯定，这样的"复原"就靠不住。的确，不能轻易否认古代有指南车，但我们说不清多数古代指南车具体是什么样子的。2002年，我在《哈尔滨工业大学学报》（社科版，第4卷第2期）上发表过一篇短文章——《祖冲之设计制造的几种机械及其复原问题》，讨论了指南车、千里船、木牛流马等机械装置的复原问题。

冯立升：

我仔细研究过《宋史》关于指南车的记载。从技术史的角度来讲，王振铎先生的复原基本上是站得住脚的，是成功的。那个复原基本上与文献记载是吻合的，也符合技术原理。当然，在技术细节方面还有需要讨论的地方，方案也可能不止一个。但是，再往宋朝以前推，复原的困难就大了。刚才张柏春也谈到，早期有没有齿轮？现在还没有发现这方面的记载。但是，如果指南车用杆或其他传动机构，在技术上更难。用齿轮传动，容易实现指南。总之，这里面有好多难题。

胡化凯（中国科技大学人文学院教授）：

我是教物理学史的，所以对司南这件事一直比较感兴趣，也比较关注。我读书的时候就这个事情问过钱临照先生。钱先生说，当年好像是毛泽东访苏的时候，要做这个东西，因为用天然磁石做的不能指南，后来就用锰钢做了一个，经过在强磁场里磁化，效果很好。据说，当时做了不止一个，从中选了一个带去的。另外，我记得，1996年在苏州开物理学史会议的时候，东北师大的刘秉正老先生到会，激动地发了言。他说，他的文章国内不给发，结果就投到台湾去发。我后来看到了他的文章，他做了好多实验，用天然磁石加工成勺，然后随机地拨转，看它停在那个方向上。结果，向南的、向北的、向西的、向东的，各个方向的都有。但是，物理学史界已经形成定论了，大家很难突破。

到了1999年，在天津开物理学史会的时候，有一位年轻的研究生发言。她说，《韩非子》里面的司南肯定不是指南的，而是一个立杆测影的东西。当时会上有几位老先生就说：你说的没有根据，你有没有出土证据？当时，另一位先生悄悄地对这位研究生说："你说，那你们说《韩非子》里的'司南'是指南器具又有什么出土证据？你们也没有嘛。"大家一直觉得王先生的复原挺好，以至于另外一种声音很难走到台面上来。我记得，好像是1989年，总之是90年代，《历史研究》发过浙江的两位作者写的一篇讨论司南的文章，那应该是一篇比较重要的文章。他们认为这些不是司南，但也认为唐代堪舆的风水先生有可能利用司南。这牵涉到地磁偏角发现的早晚问题。他推断，如果早期那些司南不是磁性指南器的话，那唐代应该能利用磁性来指向了。风水先生就用这个东西。这在当时是新东西。从目前知道的情况来看，我觉得孙先生的观点是最有说服力的。

另外，请问孙先生，按照王充的《是应篇》，他实际上是反对天人感应的。他后面接着说到腐肉生蛆的虫在地上会排着队向北方行走；还有一种草，如果是坏人走到它跟前，它会指着你。实际上，他指的是一些自然现象。如果把司南这个东西作为一个人工现象，这在逻辑上有问题，前后是自然现象，中间就不能加人工所为的了。研究中国古代史的人，尤其像我们这些学自然科学的，难免有时望文生义。如果前面有大人物的"坐标"在那里诱惑，那就更容易这样了。我感觉，中国古文献太多了，研究任何一个命题，都可能找到正反两方面的证据。张三的诠释和李四的诠释都能找到古代的根据，而我们无法像解自然科学问题那样，牛顿的 $F=ma$ 方程只有一个解，不管谁做都是一个解。那么，在众多的中国文献资料里，我找到的资料对我有利，他找到的资料可能对他有利。也可能这两派是相左的。往往到最后我们就觉得某一个算是比较有说服力的，但难以说它是唯一的解。

我觉得，孙先生这个工作做得很好。那么，能不能在这个基础上，把其他目前已有的对司南的文献学的诠释，都再进一步地扩大研究，最后就这个事情得出一个公认的结论。正面的观点出来之后，其他的一些观点如果要否定它，那也需要证明一些东西。孙先生已经说了一些，但我知道还有一些文章有其他方面的考虑，包括刘秉正先生说司南是北斗星。我们总是希望中国老祖宗这件辉煌的事情，能有一个统一的定论。

我们原来有个研究生，做了一个关于候风地动仪的学术报告。他的结论否定了前人的东西。这个文章能不能投出去呢？如果文章投出去了，我们科学史界在国际上的面子可能不太好。后来觉得，如果是我们自己否定了旧说，还算我们有勇气。如果让外国同行否定了，那就有点丢面子，因此，我们鼓励这个学生写成文章，《自然科学史研究》发表了他的这篇文章。我就觉得这个现象挺好，我们还是求真的。

戴吾三（清华大学科技史暨古文献研究所教授）：

听了几位先生的发言觉得很受启发。我想讲三点问题：第一是古文献的释读，第二个是关于复原，第三个是关于技术的逻辑。关于技术的逻辑，我在会上听到的比较少，我想把这个话题放在前面讲。

在科学史研究当中，逻辑就显得更有方法论的意义。我们研究科技史，要依据古文献，还要依据一些出土的实物。不同的学科领域，都有一些自己的研究方法。我想举古人类研究的例子。古人类研究凭借的是什么呢？显然没有文献依据，这只能根据发掘的资料。研究者有意识地发掘早期古人类的遗骨。在这个范围挖出来的比较多，就不会成为孤证，就会建立一些联系。比如说，你怎么能够在非洲某个地方建立一个从三百万年前到距今几万年的一个联系呢？他们是用类似拼图的一种方法。先将假定放在这里，试图在这个和那个之间建立一些联系。这个联系带有猜测的性质，可以形成一种推想。研究者主观的、先入为主的判断，可能给后续的研究提供一个靶子。在此基础上，依据一些新发现的资料，进一步证实这种联系是对的，或者在两者之间补上一块。这样，我们就看到一幅古人类的研究图景，逐步由模糊到清晰。当然现在也不能说大家都很清楚了。

现在文献研究方面，我们比较拘泥于文献字句的释读，有这个文献就说一分话，没有就不能说话。这有方法论的缺失。科学的猜测上应该被当作一种方法论。

我们来看看自己研究中的逻辑。司南是一个指向工具，利用了磁铁的指极性，作为工具的定义来说，我们可以马上想到生产工具、生活工具，比如说刀、斧等最基本的工具。工具都有目的性。那么，为什么需要一个指向工具呢？我推测，它可能是为了战争的需要。黄帝和蚩尤的时候战争就具备了一定的规模。当时为了不在大雾天气中迷失方向，就要有判定方向的工具。战争需要可能就是我们找到的逻辑起点。

需要就是技术逻辑的起点，假定在四千年前有这种需要，有人根据当时的技术，制造出指南车。这有没有可能？我们可以建立一个推测性的、有合理基础的起点，以此为论述的起点。战国时期可以立论的基础是铁矿。冶炼的需求为认识铁矿的磁性提供了一个基础。比方说，齐国就有大型的铁矿。《管子》里也有类似的记载。古希腊也有这样的故事。一个牧羊人的鞋底上的钉子被磁铁吸住了，或者他的包了铁皮头的拐杖被吸住了。这样的文献表明，当时铁矿的开采、铁的冶铸，使人们很容易发现吸铁性。但是，从磁石的吸铁性到指极性，这个联系还很弱。要有指极性，就要把磁石作成条状的，这就要作谨慎的推测。要加工成一个条状的东西，这是有可能的。在这个过程中，发现指极性也不无可能。这些都是推测。然后再用文献来验证或者是否定。

司南的技术基础是玉的加工。玉的加工可以推溯到六千年前。因此，有可能用加工玉的技术，把一块磁石琢制成一个勺形。可是这样加工出来以后，磁石很容易失去磁性。把勺形的磁石散在一个铜盘上，转动时会有阻力。即使制成磁勺，那它到底能用在哪些方面呢？如果是用于占卜，那是否一定要做成这种形状？

从司南到后来的指南车、指南针，出现了一个非常大的缺环。一下子到了宋代，就有指南鱼和指南针。如果我们肯定了指南针的话，那么它和指南鱼就产生了一个逻辑关系。制作指南针比较容易，因为有作针的需求。磨砺针的时候，容易发现指极性。我们要注意一个合理的发展，利用一些推测去发掘文献，填补缺环。

孙机：

有社会需要，但不一定就有这个技术。在18世纪以前，欧洲没有咱们中国那种烧结温度摄氏1200度以上的硬瓷。欧洲何尝没有社会需求，何尝没有瓷土矿，何尝没有烧窑的技术，那里的玻璃就烧得很好。既有需要，又有技术可能，还有原料，但就是没有硬瓷。所以，有些东西只靠逻辑推导还不行，你得拿出证据来。

刘益东（中国科学院自然科学史研究所副研究员）：

我对古代科学史是一个外行。很有兴趣听孙先生讲座，也很受启发。在方法论这一点上，我非常赞同胡化凯先生和戴吾三先生的发言。方法论问题有相当大的共性。

刚才孙先生的这个报告有两个结论：第一，司南不是司南勺，这有说服力的；第二，司南是司南车。古代能够指南的东西可以分成两种，一个是原理性的东西，另一个是皇家贵族用于指南的礼仪性的东西。实用的指南车可能做起来不那么容易，因为它的误差累积应该很小，否则走了几十或者几百里以后，就起不到这个作用了。误差的累积可能使它根本没有实用性。尽管如此，古代确实有指南车，它很好玩，有可能用于礼仪。孙先生认为司南就是司南车。我认为应给出一个全面的解释，一个是要对司南的实用性给出一个解释，一个是对它的礼仪性给出的一个解释，如果司南被理解成司南车的话，那就不好解释它的实用性来自于何处。我觉得孙先生的结论可能有一半是可以成立的。

我们面对的是很多的史料。我们应该区分哪些史料是结构性的？哪些史料是非结构性的？结构性的史料可以把研究一步一步地推下去，一步一步地积累起来。这种结构性就是有一些逻辑上的东西，然后根据这些东西，再去搜集史料。

孙机：

我答复一下。关于结构性，有这么一个情况，比如一个树状谱系的结构，它有死叉。如果就在死叉上，又怎么能往前发展？另外，中国的文献不能一概而论。有一种文献是实录性的。还有很多文献属于神话、小说故事。对实录性的文献，不会公说公有理，婆说婆有理，不是这样的。找到根据后，要实事求是地加以分析、研究。比方说，在古代文献中没有一句话说司南是磁体指南仪。不是说现在各说各的理，还都能找到文献依据。其实，如果它本身不是在生长点上，就谈不上结构性的意义。

华觉明：

是根据逻辑去找史料呢，还是在史料里发现逻辑？这是一个问题。绝对不能说根据逻辑推理、用逻辑结构去找史料。哪有这样的历史研究方法？作为研究来讲，应该尽可能搜集能够找到的所有史料，以及今人和前人的研究成果。这是研究的一个基本要求。当然，从逻辑推理，反方向地发现问题所在，也是一种重要的手段。但是，认识论和方法论相比，我想认识论是根本性的；根据认识的要求去寻找方法，最后要达到法理、事实、逻辑的一致。假如你的结论是正确的，经得起推敲，那必然是在史实上有根据，在道理上也符合科学，而且在逻辑上也说得通。反过来，你发现在逻辑上有问题，有悖论，那就应该思考法理上是不是有问题。我想，最基础的还是事实。比如一个人要研究司南，他用的方法可能是在实践中逐步建立起来的。从纯理论或纯逻辑来考虑，有一定的价值，但是，研究具体问题，应该考虑哪些是根本性的。

钟少昇：

对这个问题，我想补充一点看法。老先生经常讲这样两句话，一句是"有一分材料，说一分话"，还有一句名言是"大胆假设、小心求证"。我觉得这两句话是不矛盾的。首先一切的研究都是推理假设，如果没有推理假设就没有研究。但是，一切推理和假设都是在占有一定材料的基础上进行的。任何假设的产生，绝不是空的。必定是看到一定的东西，才产生一定的假说。只不过在特定阶段，你所做的假设和所依据的材料，受特定时期的限制。这是第一条。

第二条，任何时候，做任何研究，大胆假设，都还须小心求证，还需要有"有一分材料，说一分话"的精神，而不能说"过头话"。你只有这些材料，却把话说得很高，这恐怕不行。从这个角度来体会，这两句话是不矛盾的。首先必须有大胆假设的精神，其次，还要依据一定的材料去小心求证。我想，中国学者更注重小心求证，西文学者的大胆假设更多一点。如果把这两者结合得比较好，取得一个平衡，那就很好了。

感谢孙先生的报告，感谢各位老师的发言。

（讨论记录引自张柏春、李成智主编：《技术史研究十二讲》，北京理工大学出版社，2006 年）

百炼钢刀剑与相关问题

一、铜器的"涷"数

冶金史上说，我国古代有一种百炼钢。这个品种的名称是从文献和口头习惯用语里来的，当然也参考了对出土钢铁制品的金相鉴定以及铭文中记载的工艺规格。但是，在早期金属制品的铭文中未有用"炼"字的，只有对"涷"数的记载。而且这种铭文最先不是出现在钢铁制品上，而是在铜器上。因此在讨论之前，有必要先对铜器铭文中的涷数加以考察。

在铜器铭文中，涷数最少的为"三涷"：

> 黄龙元年（229年）太岁在丁酉，七月壬子朔，十三日甲子，陈世 严 造作三涷明竟。……久富贵（吴黄龙镜）[①]。

再多的为"四涷"：

> 建初元年（76年），工杨吴造，四涷，八石（汉建初弩机）[②]。

也有"五涷"的：

> 永安六年（263年）五月廿五日，费氏作竟，五涷青司（同、铜）竟。服镜者位至三公九 卿 十二 大 夫，长生□□宜子，家有五马千头羊，子孙昌，宜侯王光（吴永安镜）[③]。

讲究的铜器则为"十涷"：

> 上林十涷铜鼎，容一斗，并重十斤。阳朔元年（前24年）六月庚辰，工夏博造。四百合，第百一十七（汉阳朔鼎）[④]。

> 乘舆十涷铜鼎，容一斗，并重十一斤三两。元延三年（前10年），供工工彊造。护臣武，啬夫臣彭兼，掾臣丰，主守右丞臣放，守令臣赛省（汉元延鼎）[⑤]。

建武卅二年（56 年）二月，虎贲官冶十涑铜 濡 鐷鐷镜百一十枚。工李岩造。部郎丙，彤朱，掾主，右史侍郎刘伯录（汉建武弩机）⑥。

以上铭文中的"涑"字应指铜的精炼。粗铜含有杂质，影响它的铸造和机械性能，入炉重新熔化，使杂质造渣除去，可使铜的质量得以提高。但涑字的本义指丝帛的漂练，与冶金无关⑦；因此在这里它应是炼字或鍊字之假。《隶释·冀州从事郭君碑》云："服职锻涑"，可证。炼、鍊均指熔炼。《说文·火部》："炼，铄治金也。"《华严经音义》引《珠丛》："镕金使精曰鍊。"镜铭中有"涑冶铜锡去其宰（滓）"⑧，"玄涑三商，灭绝乎（浮）秽"等语⑨。《考工记·㮚氏》"改煎金锡则不耗"，郑玄注："消涑之精不复减也。"林尹注："改，更也，谓更番煎鍊。出矿金属必含有异质，故更番煎鍊以去之"⑩。都把这层意思说得很清楚。上引十涑铜鼎是御用之器，其铭文中不仅记有涑数，并标明该器之容量、重量、制造年份、制器工匠之名、监造官员之名、本批产量、本器序号等，体例谨严，内容应可信据。故所记涑数也应是可靠的。建武弩机是虎贲守卫宫廷的兵器上的部件，质量要求高，铜材须精炼，且铭文的体例与上引鼎铭相近，可见所记涑数亦非虚文。我国古代多以孔雀石等氧化铜矿作为冶铜的原料，所含金属杂质主要是铁。而根据检验得知，曾侯乙墓出土编钟的含铁量小于 0.1%，越王勾践剑刃部的含铁量为 0.39%，秦俑坑中士兵俑所持铜剑，含铁量亦仅为 0.6%。如此精纯的铜质应是多次熔炼的结果。但就汉代而言，当时生产的供冶铸用的铜锭的质量已相当高，如汉长安城宣平门附近发现的有"汝南富波宛里田戎卖"铭记的铜锭一批十块，各重 34 公斤，含铜率已达 99%⑪。因此，在浇铸之前对这类铜材再进行精炼的次数亦无须太多，上引铜器铭文中所记之三至十涑，已经是很可观的冶炼规格了。

可是至 3 世纪时，与上述三涑镜并存的一些铜镜的铭文中，涑数却猛增到百涑。如：

建安七年（202 年）九月廿六日作明竟，百涑青同（铜），世□五马□□⑫。

黄武元年（222 年）大岁在□□□□□□□□□日中，制作百涑明竟。清□且 富? □□万年，宜侯王，立至三公，及古⑬。

黄龙元年（229 年）太岁在己酉，七月壬子 朔 十 三 日甲子，师陈世 严 造作百涑明镜。其有服者，命久富贵，宜□□⑭。

黄龙元年太岁在丁巳，乾坤合化，帝道始平。五月丙午， 时 加 日中，造作明竟，百涑青铜。服者万年，位至三公。辟除不祥⑮。

镜铭中的"百涑"虽然出现于东汉末，但这种说法直至 3 世纪中叶始盛行。因为同一制镜师陈世严在黄龙元年所制之镜，有的称"百涑"，有的却仍称"三涑"，可证。不过这些标出"百湅"的镜子的质地并不比前一类有明显提高，湅数却无端增加了几十倍，因此其真实性很可疑。试想建初弩机作为八石强弩的机廓，才仅仅四湅，建武虎贲弩机亦仅十湅，铸武器不过如此，铸日用之镜又何须多达百湅呢？其实，器物铭文本身已为这个问题的解释提供了线索。如前所述，有工官列衔署名、制作规格清楚的铜器铭文，内容一般比较可靠。因为这类器物是工官所造，大部分是供皇室或官府使用的。而另一类由民间手工业者生产，主要用作商品出售的铜器，那上面如有铭文，其中就往往包含一些服务于商业目的语言。如：

> 延熹元年（158 年）造作□□□成雷□□锺，廿二斤，直钱二千四百。大吉，□□富贵，宜田家，□意□长生[⑯]。

器铭中既标明价格，还说了一些"宜田家"等吉语，说明制作此器是为了向"田家"之类顾主出售。再如：

> 永元六年（94 年）闰月一日，十湅牢尉斗，宜衣。重三斤，直四百。保二亲，大富利，宜子孙[⑰]。

此铭的体例与延熹锺大致相同，但标明是"十湅"之器。这是一件民用的熨斗，其冶炼规格不会和皇帝用的鼎相同，所谓"十湅"应属夸张之词。至于镜铭中的"百湅"，更是呕言其材质之优异的虚夸的说法。比如上引吴黄龙元年百湅镜的铭文中说："五月丙午，时加日中，造作明竟。"吴国当时用乾象历，这年五月癸丑朔，初四日丙辰，十四日丙寅，二十四日丙子，五月内无丙午日。可见"丙午"云云，"百湅"云云，都是套话，并非实录，亦与工艺规格了不相涉。

二、钢铁刀剑的"湅"数

汉代以来，钢铁制品的铭文中也有记明"湅"数的，但只见于锻制的刀剑而不见于铸造的容器。它们的数字比较大，多为几十湅。如：

> 建初二年（77 年），蜀郡西工官王愔造五十湅□□□孙剑□[⑱]。
> 永元十六年（104 年），广汉郡工官卅湅（中缺）史成，长荆，守丞熹主[⑲]。
> 永元十年，广汉郡工官卅湅书刀，工冯武（下缺）[⑳]。
> 永初六年（112 年）五月丙午，造卅湅大刀。吉羊，宜子孙[㉑]。

其中永元书刀之铭文的体例最完备，所记湅数应可信。但那是解放前出土的，目前不知收藏在何处，亦未经科学检验。建初剑和永初刀是近年出土的，作过金相鉴定。它们都是用含碳较高的炒钢锻打而成。在永初刀上看到"硅酸盐夹杂物有明显分层，如以位于同一平面的连续或间断的夹杂物作为一层的标志，由三个观察者在 100 倍显微镜下，整个断面观察到的层数分别平均为 31 层、31 层弱及 25 层"[22]。在建初剑的断面上也观察到高低碳层相间的分层现象，数目近 60 层[23]。这种现象应是将坯件折叠锻打的结果。由于湅数与刀剑的分层数基本一致，所以湅数"可能是指叠打后的层数"[24]。所以钢铁刀剑铭文与铜器铭文中湅数的含义是不同的。钢铁刀剑铭中的湅字当为"潄"字之省。《说文·支部》："潄，辟潄铁也。"辟亦作襞。王粲《刀铭》："灌襞以数，质象以呈。"《汉书·扬雄传》颜师古注："襞，叠衣也。"所以朱骏声在《说文通训定声》中就说，潄是"取精铁折叠锻之"。这与从金相分析中得出的结论是一致的。故刀剑和铜器在铭文中虽然都称经过多少"湅"，却分别指潄（折叠锻打）和炼（熔化精炼）这两种不同的工艺而言，内涵完全是两回事。不过应当注意到的是，在折叠锻打的过程中，钢件的层数是以几何级数增加的。因此产品的层数即湅数看起来很大，但折叠锻打的次数要少得多。

制造钢铁刀剑时，通过加热锻打，"会使钢的组织致密，成分均匀，夹杂物减少、细化"[25]，从而提高钢的质量。但在反复锻打的过程中，钢的含碳量也在不断变化，而这种变化又与其他多种条件相关联，须由匠师适时地作出判断，准确地加以掌握，断难用固定的锻打次数代表其质量标准。更由于钢铁刀剑必须保持一定的含碳量，所以绝不能无限制地增加折叠锻打的次数。也就是说，不能无条件地认为锻的次数愈多，刀剑的质量愈高，即如朱骏声所说的"愈锻愈善"[26]。相反，如果锻打过度，脱碳过量，刀剑还会失去应有的硬度，以致不成其为钢件。并且，我国在西汉末年已经发明炒钢，江苏出土的新莽残剑已是用炒钢锻成的。炒钢的原料是生铁，可在炒钢炉中有控制地将它的含碳量减少到较适宜的程度，然后趁热锻打成型。与以前的块炼渗碳钢相比较，既没有从块炼铁带来的大共晶夹杂物，而且也省去了渗碳的繁慢工序，使生产者能通过较简便的手续获得质量更好的成品。所以随着技术的进步，钢铁刀剑的锻打加工量不是日益繁重，而是愈来愈合理而适度。由于我国的炼钢技术是朝着这个方向发展的，故至南北朝时，就发明了工效更高、利于大批量生产的灌钢法。

但是，与这一趋势相反，在较晚的文献中有关湅数的记载反倒多起来了。东汉前期的建初剑上标出了创记录的五十湅，而东汉晚期更出现了所谓百炼钢。此词在我国出现于东汉末年。陈琳《武库赋》说："铠则东胡阙巩，百鍊精刚"[27]。赋不厌侈，这里的"百鍊"显然是文学作品中的修饰语。试看同样是铠，同时代的诸葛亮在作具体指示的军事训令《作刚铠教》中只说："敕作部皆作五折刚铠"[28]。杨泓先生认为这种钢铠"大约是迭锻五次而成的"[29]。"五折"和"百炼"在加工次数上的差距之大，正和"三湅"镜、"五湅"镜和"百湅"镜之间的差距相当，可见这两类提法存在着性质上的区别。钢铠如此，刀剑也不例外。如曹操在《内戒令》中曾言及"百錬利器"㉘。他说的百錬同样是泛指加工之精熟。当时对"錬"字和"辟"字的用法均不甚严格，如曹丕《剑铭》称："选此良金，命彼国工，精而錬之，至于百辟"（《北堂书钞》卷一二三）。这里的百辟与曹操说的百錬用意相同。而张协在《七命》中更极意形容，说铸剑要"万辟千灌"（《文选》卷三五）。《太平经》中也有"工师击治石，求其中铁？……使良工万锻，乃成莫邪"这样的话。不过实际操作中既无须百錬、百辟、更不可能万辟、万锻。《七命》在提出"万辟"时还连带说到"千灌"。"灌"本指浇铸。即《论衡·奇怪篇》所谓："烁一鼎之铜，以灌一钱之形。"但我国很早已掌握匀碳制钢法，即将生铁液注入炼炉内的熟铁中，以取得含碳量适度的钢。这种做法也叫灌。当然生铁断不能反复向炉内大量淋灌，否则就达不到匀碳的目的了。可是不仅文学作品中出现了这种美丽的辞藻，存世铁刀的铭文中也有此类随俗的用语。国家博物馆新近入藏的一口汉错金环首铁刀的铭文中有"永寿二年（156年）二月，濯龙造廿灌百辟长三尺四寸把刀"之语（图11–1）。如上所述，"百辟"并不代表冶金的工艺规格，"廿灌"的性质亦应如此。因为《论衡·率性篇》明确说："世称利剑有千金之价。……其本铤，山中之恒铁也。冶工锻炼，成为铦利。……工良师巧，炼一数至也。"王充认为，恒铁只要"炼一数至"，就能"成为铦利"。何况对于铜材说来，"百湅"虽非实录，但其精炼的次数原则上并无限制，而钢材折叠锻打的次数却必须适可而止。《册府元龟》卷一六九所记五代时各地向朝廷进奉之刀，也只是"九炼神钢刀"、"九炼纯钢手刀"或"九炼神钢陷金银刀"。可见迟至10世纪，"纯钢"和"神钢"亦仅九炼而已。因此"百炼钢"之称，应是从铜材之"百湅"那里套用来的，"五折"和"百錬"，"炼一数至"和"良工万锻"之间，不仅存在着实事求是和浮诞虚夸的区别，而且后一种说法还容易把原先指产品之层数的湅数，混同于折叠锻打的次数。于是"百炼钢"仿佛就是锻打百次的钢。由此派生出的成语"百炼成钢"进一步强化了这种印象，遂使之更加纠缠不清。

三、日本奈良出土的"中平"纪年铭"百练"钢刀

我国早期钢铁刀剑之铭文的内容虽体例不一，但与本文所论直接相关的还是其中关于湅数的记载。然而国内已出土的实物铭文中所记湅数未有超过五十湅的。可是日本奈良县天理市东大寺山一座4世纪后期的古坟中出土的铁刀之错金铭文说：

中平□年（184～189年），五月丙午，造作 支? 刀，百练清刚。上应星宿，下? 辟 不 祥? （图11–2）㉙。

这是迄今所知唯一有中国纪年的铁刀铭文中出现"百练"字样的例子。这口刀尚未发表金相鉴定报告，材质的情况不得而知。仅就铭文而论，其体例与几枚 3 世纪后期的吴镜之铭颇为相似。如：

太平元年（256 年），五月丙午，时 加? 日? 中?，道始兴，造作明竟，百湅正铜。上应星宿，不达□□[32]。

太平元年五月丙午，时茄日中，□□□□，帝道始蕁（夷）。吾作明镜，百湅正铜。上应星宿，下辟不祥。服者老寿，长乐未英。三公九卿，五马千羊。君作[33]。

永安四年（261 年）太岁己巳，五月十五日庚午，造作明竟，幽湅三商。上应列宿，下辟不祥。服者高官，位至三公。女宜夫人，子孙满堂。亦宜遮道，六畜潘伤（蕃昌）。乐未 央[34]。

天纪元年（277 年）闰月廿六日，造作明竟，百? 湅? 清? 铜?。上 应 是（星）宿，下 辟不羊。服者 富贵，位至侯王。长乐 未 央，子孙富昌 兮[35]。

其中前一例的文句与刀铭很接近，唯末句残缺，文意不明。而后三例中如将"下辟不祥"以下的句子略去，并参照当时多数镜铭之例，在"造作明镜"句后均接以"百湅正铜"，这样再与刀铭相较，则除了制作年月不同，以及其本体一为明镜，一为大刀，其质地一为正铜，一为清钢以外，竟尔是惊人地相一致。看来这不是偶然的。

铭文中湅数超过五十的刀剑在日本还有好几例。除"中平"刀外，石上神宫所藏来自百济的七支刀的铭文说："泰□四年六月十一日丙午正阳，造百练七支刀"[36]。年号中"泰"下一字多释为"和"，也有释"初"或"始"的，多数学者认为其制作年代大抵为 4 世纪后期[37]。又熊本县玉名郡江田村船山古坟出土的一柄银错马纹大刀，铭文中也说是"八十练"的"好□刀"，并说："作刀者名伊太［加］，书者张安也"[38]。此刀的时代为 5 世纪后期。其铭文中记有书者张安之名。张姓当时在中国和朝鲜半岛都是大姓，带方郡姓张的就很多，所以虽然不能肯定张安系来自中国大陆或朝鲜半岛，但他不会是日本人。这就说明日本古刀剑的制作者中有东渡的外来工匠参与其事[39]。还有一柄在埼玉县行田市稻荷山古坟出土的剑，有错金长铭，历叙"世世为杖刀人首"的器主的世系，然后说："吾左治天下，令作此百练利刀"[40]。此刀的制作年代约为 471或 531 年。值得注意的是，日本出土的"中平"刀、船山刀、稻荷山剑及传世的七支刀铭文中的"百练"、"八十练"皆用"练"字。而东汉时的文字中以"练"代"湅"者仅偶或一见[41]。通常均使用"湅"字，中平年间也是如此。东京五岛美术馆所藏中平

图 11－1　汉错金环首铁刀铭文

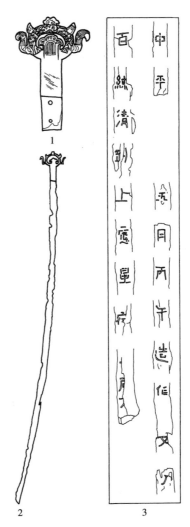

图 11－2　日本奈良东大寺山
出土的"中平"大刀
1. 刀首　2. 大刀全形　3. 铭文

六年四兽镜的主铭及副铭中都有"幽涷三羊"之语⑫。"练"字要到 3 世纪中叶才用得比较广泛。如一枚建兴二年（253 年）镜的铭文中有"五练九章"，晋·张协《手戟铭》中也有"清金练钢"之句⑬。而上述在铭文中使用练字的日本出土刀剑，除"中平"刀外，甚至都是 4 世纪以后的制品。因此，"中平"刀能否早到 2 世纪，也就值得怀疑了。

　　此外，"中平"刀的铭文还反映出一个问题，即其书体之稚拙在中国国内出土的这一时期有错金铭文的器物中几乎找不出第二例。如果它不是发掘品而是来历不明的流散文物，那么对它的真伪甚至都会有不同的看法。并且此铭文中的"刀"上一字半泐，仅余下半部之"又"，或释作"支"，然而汉语并无"支刀"一词。也就是说，仅就铭文而言，"中平"刀上就存在着不少疑点。"中平"刀是不是中国汉代的制品，看来是值得重新考虑的。

1. "百炼"一词虽出现于东汉末，但由于"中平"刀铭系模仿镜铭，所以此词不是由口语或技术规格用语中直接进入刀铭的，必须当这种说法于镜铭中已空见惯之后，才能为此刀铭所袭用，故时间理应比镜铭晚一步，不能早于3世纪20年代。何况"上应星宿，下辟不祥"之文例在铜镜上出现于3世纪50～70年代。"练"字的使用也是3世纪中叶以后才常见。因此，很难设想这些现象会在2世纪80年代的中平年间一同出现。2. 铭文的书体与其错金的豪华规格奇怪地不相称。这么高级的器物如在中国国内制作，铭文的书体不会不相称到这种地步。3. "中平"刀出土时附有日本式的三叶铜环首，底部有穿孔（图11-2：1、2），铜环首与刀身应铆接在一起。此环首为日本制品，殆无疑义。研究者或认为它是后配之物，但并无确证。和上面谈到的情况联系起来看，它会不会就是此刀原有的环首呢？对这些问题的解释，笔者的设想是：这口刀可能是3世纪后期在日本制作的。制作者中有东渡的中国吴地的工匠参加，因为"中平"刀铭有不少地方与吴镜铭文相似。所以正像王仲殊先生研究三角缘神兽镜时得出的结论，当时有自吴东渡的中国工匠在日本工作[44]。这些人中既有铸镜师，看来也有锻刀师。吴地的锻刀技艺是很著名的。据陶弘景《刀剑录》说，黄武五年（226年）孙权曾命工以南钢越炭制刀万口。但东渡的工匠虽能锻刀，却不见得工书法，也不像在中国国内之易于倩人代笔。所以他们所制的刀尽管也嵌刻错金铭文，书体却达不到应有的水平。而且还顺应当地的风习加进了如"支（？）刀"一类词语。另外，笔者还认为刀铭的"中平"或系"太平"之误书，太平是吴主孙亮的年号，相当公元256～258年，正处于刀铭中各种现象兼行并存的时期。何况"中平"刀铭与上引太平、永安、天纪诸镜铭极其肖似，使人有理由提出这一设想。东渡的工匠远在异国，音讯隔阂，改元之初，对其用字容有未谛。加以自2世纪中叶以来，中国年号用"平"字的太多了，如汉桓帝的和平，汉灵帝的熹平、中平，汉献帝的初平、兴平，曹魏的嘉平等，都出现在太平纪年之前不久。受到前后诸多讯息的牵绊，也容易促成误字的产生[45]。

总之，如果这是一口于3世纪后期由中国侨居在日本的工匠所锻之刀，则其刀铭亦不过是随俗敷衍成文而已。在国外的条件下，东渡的工匠不容易在短期内使冶金技术更加精进，因此这柄刀也难以作为冶金史上辟炼钢工艺的一个新高度的代表。退一步说，至少在上述疑问尚未解决、刀的材质尚未验明之前，不能用它作为汉代"百炼钢"的实物例证。

四、附论亶洲的地理方位

对于"中平"刀，最近王仲殊先生发表的文章中仍认为它是汉灵帝时在中国制造的[46]。王先生还认为："据《后汉书·东夷传》和《三国志·吴志》记载，在会稽郡东方的远海中有亶洲，传说秦始皇遣方士徐福率童男童女数千人至此洲不归，世代相传，到东汉后期和三国时代人口发展到数万户，其人民时有去会稽郡贸易的。我认为亶洲是日本列岛的一部分，所以推测奈良县东大寺山古坟出土的'中平'纪年铭大铁刀是东汉末年从江南的会稽郡传入日本的。"王先生并指出："大量吴镜存在于日本各地的古坟中，这正是亶洲人民西渡到吴的会稽郡进行贸易的结果"[47]。

笔者对"中平"刀的看法已论述如上，兹不赘；这里只想再谈谈有关亶洲的问题。由于隋唐以后我国文献中不再出现此洲名，故三国六朝人说的亶洲与后代地志脱节；加上徐福移民的传说纠缠于其中，遂使它变成一个不易解决的老问题。其实在有限的原始史料中，亶洲大致的地理方位还是清楚的。

关于亶洲的记载最先见于《三国志·吴志·孙权传》："（黄龙二年）遣将军卫温、诸葛直将甲士万人浮海求夷洲及亶洲。亶洲在海中。长老传言，秦始皇帝遣方士徐福将童男童女数千人入海求蓬莱神山及仙药，止此洲不还，世相承有数万家，其上人民时有至会稽货布。会稽东县人海行，亦有遭风流移至亶洲者。所在绝远，卒不可得至。但得夷洲数千人还。"这段话给人的印象是，徐福去的是亶洲，亶洲时常有人到会稽买布。可是它又"所在绝远，卒不可得至"，这就显得互相矛盾了。《后汉书·东夷传》关于夷、亶二洲的记载，系据《汉书·地理志》和《吴志·孙权传》综合整理而成，却没有《孙权传》里"亶洲在海中"一语，这种情况似非偶然。少了当中插进去的这句话，则徐福畏诛远遁之地应被理解为前面先提到的夷洲。此洲与《史记·封禅书》所记在"勃海中"的三神山之方位不同，可避开秦始皇如继续搜寻时的锋芒，比较合理。后面会稽东冶人海行遭风云云，说到的才是亶洲。《后汉书》这段文字的结构可如下表所示：

会稽海外有东鳀人，分为二十余国，又有	
夷洲	传言秦始皇遣方士徐福将童男女数千人入海，求蓬莱神仙不得。徐福畏诛不敢还，遂止此洲。世世相承，有数万家，人民时至会稽市。
及 亶洲	会稽东冶县人有入海行遭风流移至亶洲者。所在绝远，不可往来。

根据这样的理解，则徐福去的是夷洲，夷洲人有数万家，时至会稽贸易。而亶洲则是一个很遥远的地方，除遭风漂流的航海者外，很少有人去过。今本《孙权传》"亶洲在海中"一语，或系阑入之旁文，范晔所见本可能并无此语，否则，《吴志》关于夷、亶二洲的记叙之文理就欠通顺了。

吴·沈莹《临海水土志》说："夷洲在临海东南。"故夷洲即今之台湾；对此，学术界已有定论。亶洲的地望虽不能完全确定，但不会是一个小岛，否则不值得孙权大动刀兵，然而又绝不是日本。因为写《后汉书》的范晔是 5 世纪的人，这时正是倭五王与南中国交往频繁，被王先生称为日本对中国的关系的"急进期"之际[48]，所以范晔不可能仍把日本说成是"所在绝远，不可往来"的地方。

关于亶洲的记载还见于《抱朴子·金丹篇》，谓："古之道士，合作神药，必入名山。……若不得登此诸山者，海中大岛屿亦可合药。若会稽之东翁洲、亶洲、纻屿洲，及徐州之莘莒洲、秦光洲、郁洲，皆其次也。"由于这里将会稽海外和徐州海外的岛屿分别胪列，所以其地理区划比《三国志》和《后汉书》更加明确。这些海岛的具体位置虽不能尽知，但也有相当清楚的，比如郁洲就很有名，见《水经注·淮水》。这里是孙恩的根据地之一，见《晋书·孙恩传》。其地即今江苏连云港云台山，昔为岛屿，清康熙五十年后海退沙淤，已与大陆连接。故郁洲古属徐州，殆无疑义；同时也表明《抱朴子》上述记载可信。至于会稽郡，其北界在今钱塘江口，因而"会稽海外"当指北纬 30°以南海域。汉代滨海诸郡对其近海岛屿亦应行使管辖权。西汉琅琊郡与东海郡的界域刻石位于连云港市东连岛桅尖山的羊窝头峰北坡，刻石面海而立；可证[49]。所以一些大岛屿的行政隶属关系应是基本明确的。《御览》卷七八二曾说纻屿洲上有徐福童男之后，这和《后汉书》的记载亦可互相印证。此洲如《抱朴子》所记，乃位于会稽海中，则当与夷洲相去不甚远。徐福所率男女在夷洲繁衍的后代既众，那么再迁至邻岛也是完全合理的。更由于去过亶洲的人是从东冶（今福州）出海的，故亶洲甚至有可能位于北纬 26°以南。黄龙二年孙权征夷洲及亶洲之事，在《三国志·吴志·陆逊传》又《全琮传》皆作夷洲及珠崖。汉武帝平南越后，在今海南岛上置珠崖、儋耳二郡。《汉书·贾捐之传》说："儋耳、珠崖郡皆在南方海中，洲居。"可见此二郡之地亦可称洲。汉昭帝始元五年（前 82 年）罢儋耳郡，并于珠崖。但儋耳这个名称还在使用。《三国志·吴志·陆凯传》说他："赤乌中除儋耳太守，讨珠崖。"谭其骧先生认为："这说明了孙权用兵珠崖、儋耳，旨在得其土地人民，故发兵之前，先已任命了儋耳太守"[50]。则吴时或泛称海南岛为儋耳、儋耳洲。儋、亶音近，所以亶洲即指儋耳洲而言，也是有可能的[51]。而古文献中对日本的方位的提法则完全不同。《汉书·地理志》说："乐浪海中有倭人。"颜师古注引《魏略》："倭在带方东南大海中。"《后汉书·东夷传》说："倭在韩东南大海中。"都指出它的方位在朝鲜半岛东南。诸史对倭和夷、亶二洲从来都区别得很清楚，没有将它们并在一起叙述的，更不要说将亶洲指为日本列岛的一部分了。

　　徐福传说至今仍是一个热门话题。或谓徐福去的地方就是日本。此说最早见于后周时所纂《义楚六帖》卷二一，系闻自日僧弘顺。谓："日本国亦名倭国，在东海中。秦时，徐福将五百童男女止此国也，今人物一如长安。……徐福至此，谓蓬莱，至今子孙皆曰秦民。"五代去秦已远，耳拾之谈，本不足信。但自六朝以来，确有不少华人移居日本。《续日本纪》说大和国高市郡的居民几乎都是大陆移民，他们被称为秦人，多从事丝织业。唐代更有不少大陆移民落籍日本。《义楚六帖》中的说法，可能就是从他们中间散播出来的。宋时此说愈益流行。欧阳修《日本刀歌》说："传闻其国居大岛，土壤沃饶风俗好。其先徐福诈秦民，采药淹留丱童老。百工五种与之居，至今器玩皆精巧"[32]。至明代，遂将徐福所去之地、夷亶二洲与日本均混为一谈。明太祖《致日本国王书》中也将孙权征伐过的夷洲说成是日本[33]。其实夷洲即台湾本无可置疑，当时孙吴北临强魏，绝无轻易远伐日本之理。明·陈仁锡《皇明世法录·日本考》中甚至说："徐福……入海求蓬莱仙人不得，惧诛，止夷、亶二洲，称秦王，国号倭。"诸说后来竟为日本人所接受。日人之《本朝通鉴》卷一就掇拾起上述讹传，虚构出神后庚戌三十年，吴王孙权遣将浮海"侵我西鄙"等本不存在的记事。而日本各地之"徐福墓，"更纯属为迎合传说而制造的假古董了。

　　至于日本古坟中出土的中国器物到底是经由哪条路线输入的，则是一个需要另行探讨的问题。不过至少，亶洲人民西渡易镜说恐难以成立，"中平"刀与亶洲人民更不曾发生关系。

　　　　（原载《文物》1990 年第 1 期。收入本集时作了修改）

注　释

① 湖北省博物馆、鄂州市博物馆编：《鄂城汉三国六朝铜镜》图 111，文物出版社，1986 年。
② 容庚：《秦汉金文录·汉金文录》卷六，667，北平，1931 年。
③ 见注①所揭书，图 91。
④ 见注②所揭书，卷一，9、18。
⑤ 同注④。
⑥ 河北省文物局文物工作队：《河北定县北庄汉墓发掘报告》，《考古学报》1964 年第 2 期。
⑦《考工记·㡛氏》："涑丝。"孙诒让正义："凡治丝治帛通谓之涑。"
⑧ 罗振玉：《辽居杂著·汉两京以来镜铭集录》第 9 叶。
⑨ 见注①所揭书，图 112。
⑩ 林尹：《周礼今注今译》，书目文献出版社，1985 年。
⑪ 祝梓城：《西安汉城遗址附近发现汉代铜锭十块》，《文物参考资料》1956 年第 3 期。
⑫ 梅原末治：《汉三国六朝纪年镜图说》第 33、56、62 页，桑名文星堂，1942 年。
⑬ 同注⑫。

⑭ 同注⑫。

⑯ 见注②所揭书，卷二，119。

⑰ 同注⑯，卷四，364。

⑱ 徐州博物馆：《徐州发现东汉建初二年五十涑钢剑》，《文物》1979 年第 7 期。

⑲ 见注②所揭书，卷六，661、662。

⑳ 同注⑲。

㉑ 刘心健等：《山东苍山发现东汉永初纪年铁刀》，《文物》1974 年第 12 期。此刀铭中最后的"宜子孙"三字为
锈所掩，后经 X 线透视显出。

㉒ 李众：《中国封建社会前期钢铁冶炼技术发展的探讨》，《考古学报》1975 年第 2 期。

㉓ 韩汝玢等：《中国古代的百炼钢》，《自然科学史研究》1984 年第 4 期。

㉔ 同注㉓。

㉕ 同注㉓。

㉖ 朱骏声：《说文通训定声·乾部》"漱"下之说。

㉗ 《太平御览》卷三五六、三五三引。

㉘ 同注㉗。

㉙ 杨泓：《中国古兵器论丛》第 31 页，文物出版社，1985 年。

㉚ 《太平御览》卷三四五引。

㉛ 梅原末治：《奈良县栎本东大寺山古坟出土の汉中平纪年の铁刀》，《考古学杂志》48 卷 2 号，1962 年。

㉜ 见注⑫所揭书，第 75、86、98 页。

㉝ 程长新、马希桂：《吴太平元年神兽镜》，《文物》1984 年第 9 期。

㉞ 同注㉜。

㉟ 同注㉜。

㊱ 李进熙：《广开土王碑と七支刀》，学生社，1980 年。

㊲ 同注㊱。

㊳ 末永雅雄：《（增补）日本上代の武器》本文篇，第 120～123 页，图版篇 14，木耳社，1981 年。

㊴ 日本早在弥生前期的熊本县玉名郡天水町的斋藤山贝冢中已有铁器出土，冶铁技术是从中国和朝鲜传入的。中、
朝冶铁工匠且有人在日本定居。《肥前风土记》说三根郡汉部乡是由于居住着来自中国的冶铁工匠而得名。《日
本书记》中则有关于"韩锻部"的记载。

㊵ 同注㊳，本文篇第 369～379 页，图版篇 77。

㊶ 梁上椿：《岩窟藏镜》二集中，图 32 所录东汉中后期之"李言镜"铭文中有"练治"一语。而在西汉时，涑、
练两字纵使在一则文字中同时出现，亦互不混淆。如江苏连云港侍其繇墓所出遣册木方上，既记有"练神襦"，
又记有"涑黄沙复襦褕"和"涑黄丸复绔"。虽然在这里前者指素练，后者指漂洗过的黄纱、纨，与冶金无关，
但用字是区分得很清楚的。

㊷ 保坂三郎：《古代镜文化の研究》卷 1，图 171，雄山阁，1986 年。

㊸ 同注⑫所揭书，第 70 页。《御览》卷三五三引。

㊹ 王仲殊：《关于日本三角缘神兽镜的问题》，《考古》1981 的第 4 期。

㊺ 对于当时的日本使用者来说，刀上刻有中国年号，就等于加上中国标志，成为可炫耀的珍物。年号是"中平"
或"太平"，似无关紧要。至于铭文书体之工拙，更不成问题，因为 3 世纪时日本在这方面有鉴赏能力的人还
很少。

㊻ 王仲殊：《古代的日中关系——从志贺岛的金印到高松冢的海兽葡萄镜》，《考古》1989 年第 5 期。

㊼ 同注㊻。

㊽ 同注㊻。

㊾ 刘凤桂、丁义珍：《连云港市西汉界域刻石的发现》，《东南文化》1991 年第 1 期。

㊿ 谭其骧：《长水集续编·自汉至唐海南岛历史政治地理》，人民出版社，1994 年。

51 手冢隆义：《孙权の夷洲·亶洲远征について》，《史苑》29 卷 3 号，1969 年。在记载中，亶洲的情况和当时的海南岛确有某些近似之处。初元三年（前46 年）汉弃珠崖，之后长期未于其地立郡。孙权想用兵将此岛重新收入版图，引起全琮的反对，他说这里是："殊方异域，隔绝障海，水土气毒，自古有之。"《水经注·温水》引王范《交广春秋》也说这里"皆殊种异类，被发雕身……不服德教"。这时海南岛甚至被目为在"南极之外"，正与史称亶洲"所在绝远"的提法相合。

52 《欧阳永叔全集·外集》卷四。

53 《明太祖御制文集》卷一六。

汉代有豆腐吗？

汉代有没有豆腐？在中国乃至世界科技史上都是一件受到注意的事。因为关于豆腐之最早的确凿证据是北宋初年《清异录》中关于青阳丞戢"日市豆腐数个"的记载[①]。从书中叙述的口气看，豆腐在宋初已不甚贵重，发明的时间当更早些。但早到何时？没有找到证据之前尚无法断定。近年贾峨先生在《河南文物考古工作三十年》、陈文华先生在《豆腐起源于何时》中，都说汉代已知制作豆腐，把它出现的时间一下子提前了近八百年[②]。就豆腐的史料而言，这八百年是一片空白；此说与以前的认识差距太大，理应引起关心者的惊讶和重视。因此笔者在《豆腐问题》一文中提出不同看法，指出汉代尚无豆腐[③]。贾、陈二先生则在《农业考古》1998年第3期上发表了《关于〈豆腐问题〉一文中的问题》、《小葱拌豆腐——关于豆腐问题的答辩》二文，他们都坚持原来的主张，并认为问题需继续讨论。因在此一并作答。

既然要把豆腐出现的时间大幅度提前，无征不信，总得拿出证据来。而证据不外三类：文献记载、实物或者图像。

先说文献。汉代文献中未见豆腐。许多汉赋，尤其是《七》类常铺叙饮食，却不曾提到豆腐，甚至北魏时之百科全书式的农学巨著《齐民要术》以及唐代汗牛充栋的诗文中，也全无豆腐的踪影。陈先生的文章（以下简称"陈文"）谈到这点时说："就算文献根本没有记载，难道就可以不承认考古发现吗？如果什么都要有文献才承认其存在，那还要考古干什么？"虽然是用反问的口吻，但也等于承认说汉代有豆腐于文献无征。不过陈文还转引隋代谢讽《食经》中的"加乳腐"，并认为"腐"字是"可以专指豆腐的"。可是腐字的这种用法不能绝对化，所谓"加乳腐"仍宜理解为一种乳制品。因为如果它和豆腐有关，则此物在其最初出现的第一条史料中，就已经演化出经过特殊加工的品种，而且将正式名称中的"豆"字省略，仅用简称"腐"字代替，是难以讲得通的。《新唐书·穆宁传》说，穆宁有四子：赞、质、员、赏。"兄弟皆和粹，世以珍味目之。赞，少俗，然有格，为酪。质，美而多入，为酥。员，为醍醐。赏，为乳腐云。"《涅槃经·圣行品》："从牛出乳，从乳出酪，从酪出生酥，从生酥出熟酥，熟酥出醍醐。"《穆宁传》中的乳腐与酪、酥、醍醐为类，当然也只能是乳制品，而不可能是豆制品。

实物呢？也没有。豆腐不易保存，在出土物中被发现的可能性极小。虽然易朽失的有机物不见得都保存不下来，如河南罗山天湖村曾出土一卣商代的酒，山东滕州薛国故城曾出土一簋春秋时代的饺子，湖南长沙马王堆曾出土一笥汉代的梨等等，但豆腐不在其列④。因为出现这种情况需同时具备多项有利条件，带有很大的偶然性。

至于图像材料，迄今为止只有河南密县打虎亭1号东汉墓东耳室南壁的一幅石刻画像中的部分画面（以下简称"打虎亭画像石"），被贾、陈二位认为表现的是豆腐房中的情景。如上所述，在既无记载又无实物的情况下，一项旁证必须特征鲜明，才能得以确认。可是这部分图像中却并未出现制做豆腐用的主要设备：磨（图12-1）。做豆腐的工序是：先磨豆子，再煮豆浆，然后点卤凝结，最后榨掉多余水分，制出成品。而在打虎亭画像石中不仅看不到磨，也看不到煮豆浆的灶、釜等设备，陈文的解释是，它们"设在另一房间里"。画像石中也看不到做出的豆腐，陈文则称"那肯定是送到厨房里去了"，做成"豆腐菜"，"送到餐桌上"去了。如此随心所欲的解释，真不禁令人气塞。至于磨呢，陈先生这里倒有，在他前一篇文章所附打虎亭画像石的摹本上，一个曲腹盆被摹成两扇直壁的磨。以陈摹本和原画像石的拓片相较，不难看出，陈摹本是不忠实的（图12-2、12-3）。贾先生的文章（以下简称"贾文"）说，此图是陈先生于1982年画的，当时"墓内漆黑，只能用手电筒照明，在微弱的灯光下所勾勒的线图上的某些器物形象难免与原作发生一定的差异"。但陈先生自己的说法却不同。他说1982年画的图只寄到美国给人看过，当时不曾发表。《豆腐起源于何时》的附图是1990年去密县摹的，这次"得到河南省文物考古研究所的大力支持"，并允许"拍照"。他"又参考实物对一些细部勾画了草图"，回去后再"整理"而成。这次的光线是否充足呢？陈文未提及。看来在有关方面的大力支持下，照明应不成问题，否则如何勾画"细部"？何况回去整理时还有照片可资印证，按说摹本不应出现多大误差。但在《豆腐问题》一文指出其图失实后，陈先生也承认，打虎亭画像石"圆台上所置的器物与我所绘磨的下部有较大出入，这是我当时观察不细，并非是有意'改成'的"。对于陈先生的用意固不便揣测，可是他摹出的曲腹盆不仅下部与原图有较大出入，盆

图12-1　河南密县打虎亭1号东汉墓东耳室南壁画像石"酿酒备酒图"拓片（部分）

图 12-2 打虎亭 1 号墓东耳室南壁画像下部之陈文华摹本（陈氏文中将其内容分作 5 部分）

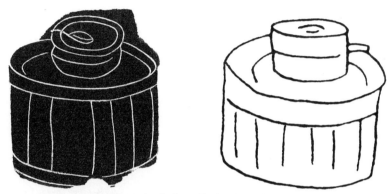

图 12-3 打虎亭画像中置于圆台上的盆

1. 在原拓片上加工而成的图像（将斑驳的地子涂匀，将能看清楚的线条连接起来） 2. 在陈摹本中，将盆画成磨

上部的口缘也不知去向。盆旁之人身上的一段衣纹，本与盆不相干，却被画成磨的手柄；甚至连放盆的圆台之上沿，也很知趣地为"磨柄"让路而降低弧度。总之，此盆面目全非，通体已根据磨的形制改造了。难道陈先生为此两度亲赴现场，会观察得"不细"到这种程度吗？难道其中未受到一些想法的支配吗？实事上当郭伯南先生于《农业考古》1987 年第 2 期发表《豆腐的起源与东传》时，陈先生就在其"编者按"中称："编者见过原图（指打虎亭画像石上之图），上面有小磨，并绘有制豆腐全过程，豆腐始于汉代已无可怀疑。"这比他画 1990 年的摹本时还早三年，他的看法已如此肯定，临摹过程中能不产生影响吗？《豆腐问题》认为"恐怕是先入为主的看法在起作用"，似乎还是恰如其分的。不过虽然承认摹本有较大出入，但陈先生仍认为此物是磨。对不对呢？大家看一看原图自会得出结论。贾文更仍断言这"是一台圆磨"，并用大段文字阐述"酿酒不可能出现以磨磨砺原料的场面"，但磨本不存，这些议论也就无所附丽了。

《豆腐问题》中判断打虎亭画像石这部分所表现的内容为酿酒。贾、陈二位都根据《齐民要术》的记载，说所解释的操作过程有与《要术》不完全一致之处。其实原因很简单，汉画像石的画面无须亦步亦趋地按照晚出之《要术》的记载安排，但酿酒工艺的基本特征俱在。由于《豆腐问题》对此已经说得很多，只得敬烦有兴趣的读者参阅那篇拙文了。这里想强调的是，上述画像整幅所表现的是酿酒和备酒的大场面，是一个整体，画像石上部刻出的大量酒器和下部的酿造过程是互相呼应的，有联系的。对此贾文说，如果上部之器物全是盛酒、贮酒器，那么"酿造那样多的酒究竟是供谁来饮用呢"？并谓此墓之饮宴图中"宾主只寥寥数人，即使宾主都是酒桶，也不可能有那样的海量"。这个问题提得真够离奇。古代的墓室不是还被称作"万年庐舍"、"寿域"等吗？随葬品以及墓内的绘画中所表现的食物，皆被认为可供墓主人在冥界的漫漫长夜里慢慢享用，与饮宴图中有几位客人不存在数学上的对应关系。比如洛阳烧沟82号汉墓出土陶仓十四件，许多件上有朱书，标出"粟万石"、"大麦万石"、"小豆万石"等，正如《论衡·薄葬篇》所说，是要"多藏食物，以歆精魂"。可是这座墓中却连壁画也没有，更谈不上饮宴的宾主了，那么这十几万石粮食又给谁吃呢⑤？此类问题似乎毋庸再作详细解释。陈文则说："汉墓画像石经常是将不同的内容组合在一幅画面里，有些场面虽然紧挨着，未必就是同一单元。"笼统地谈论汉画像石，这样说也可以，具体分析打虎亭1号墓中的画像则不然。此墓中每幅画像表现的都是全景式的大场面，情节都围绕着一个中心内容展开。上述酿酒、备酒图亦不例外。

又因为《豆腐问题》中解释打虎亭画像石的内容时曾说，其中的"大瓮上横一长方形的箅子，操作者正搦黍米饭"。陈文遂提出质问："在容器中酿酒主要用瓮，做豆腐则主要用缸。《齐民要术》的记载，无论浸曲、酘米、下曲还是搅拌，都是在瓮中进行的。""但是，打虎亭汉墓画像石中却没有瓮的形象，只有大小不同的缸，而且都是敞口大缸。缸与瓮的区别极为明显，任何从事考古工作的人都不可能看错。然而令人不解的是孙先生竟然把这些缸都称之为瓮！"引到这里真令人感慨，文物考古工作者确实需要有一点古文字学方面的功底。要知道，汉代的"缸"字通瓨，工声，读若洪，是"长颈，受十升"的中小型器。大型的缸初名"瓨"，《说文》尚无此字。《方言》卷五晋·郭璞注："今江东通名大瓮为瓨。"音义："瓨音冈。"《集韵》：瓨"或作钢"。后世亦写作缸。汉代之瓨（缸）字与后代通用之缸字，音义均有别。拙文称"大瓮"，是避免将汉代的瓨（缸）和后代的缸相混淆，以致引起误解。对于这道工序，陈文还补充说，他在1998年又"专程去打虎亭汉墓"，这次"最主要的收获是看清了第三部分（按：指陈先生对画面所作划分）大缸上的箅子表面没有任何东西"。于是他问道："凭什么说'操作者正搦黍米饭'呢？"回答是：汉画像石限于表现技法常将一些细部作了省略。比如此墓东耳室东壁的石刻画像中，几位妇女都将双手伸向空盆进行操作，当然不能真的认为它们原来都是些空盆。至于说是搦黍米饭，则既有《要术》的记载可据，同时也是酿酒过程中在这个环节上必须做的工作。

最后，贾、陈二位均特别注意榨酒的糟床，他们说这正是压豆腐的器具。但他们二位的看法彼此稍有区别。陈文只承认汉代用"毛布袋子"压酒。贾文则认为"至少应有简单的榨槽"。但《周礼·天官·酒正》郑玄注说当时有"下酒"；贾公彦疏明确指出，下酒就是"曹（糟）床下酒"。这还不够清楚吗? 对这种既有记载又有图形的器物不予承认，却执意要指之为在汉代一无根据的压豆腐器具，实在讲不通。二位的文章中并举出现代郑州、江西等地豆腐作坊之设备的图像为证。但从打虎亭汉墓至今，当中横亘着两千多年的时空间隔，在没有其他确证的情况下，怎能如此轻率地直接攀比呢。要说它们彼此有相似之处，也只能认为现代压豆腐的工具略近古代压酒的糟床。古今外形相似而用途各殊的器物太多了，比如上世纪前期仍然常见的带高圈足的铜痰盂，造型和商周圆形铜酒尊相近，但不能用它证明铜酒尊是用来吐痰的，附上多少张痰盂的照片也改变不了这个事实。

陈先生虽主张汉代有豆腐，但实际上他对发明豆腐的意义严重估计不足。他认为："豆腐是普通食品，制作技术并不复杂，只要具备相应的条件，就有可能制作出来。"这未免说得太轻松了。发明是在一定的技术和社会条件下，人类之创造能力的天才迸发，并不是一蹴可就、唾手可得之事。18 世纪以前的欧洲就一直制作不出硬质瓷器，地理大发现以前的美洲也始终不知造车。事后看似容易，当时却是些难题。也正由于陈先生将豆腐的发明看作是"不足为奇的"，所以他又说："从西汉至唐代将近八百年之间都不懂得做豆腐，直到五代时期才'忽然'出现，不是更不可思议吗?"根据陈先生的论点，是否也可以这样讲：从西汉至唐都不懂得造火器，直到五代时才忽然出现，更不可思议，故火器的发明亦应提前到汉代。假若允许这种逻辑成立，则科技史将在一片混乱中归于澌灭，所谓汉代发明豆腐之说，也就完全没有讨论的必要了。

又，最近读到山东画报社 2006 年出版的《往古的滋味》一书，作者是以研究古代饮食著称的王仁湘先生。此书谈到豆腐的时候说："1959—1960 年间，河南密县打虎亭发掘了两座汉墓，其中一号墓所见画像石有'庖厨图'，图中有做豆腐的画面。画面描绘的似为一豆腐作坊，表现的是制作豆腐的主要工艺流程。……整个画面很容易让人误解为酿酒场景，不过酿酒无须用磨磨浆，也不必滤渣和榨水，所以它与酿造活动无关，只能是制作豆腐的写实画面。"看来笃信陈说的王先生大概没有认真考察有关资料，也没有注意到陈氏已经改口，承认他画的"磨"与实际情况有"较大出入"。尽管陈氏还说了些这是自己"观察不细，并非是有意'改成'"的这类留有余地的话。然而无可辩驳的事实是，画像石的拓片清楚表明，这里没有磨，"豆腐房说"的前提根本不存在。真相已经大白，无须反复论证，但习非为是的情况，在文物研究中还少见吗! 不过学问作到这个份上，已置实事求是于不顾。有如钱大昕所云，"当时无之，吾强而名之"，终"亦非实也"[⑥]。至于滤（糟）和榨（酒）作为古代酿造粮食酒之不可或缺的工序，则属常识范围，无烦赘述。

（原载 1998 年 12 月 16 日《中国文物报》，收入本集时作了修改）

注　释

① （传）宋·陶谷：《清异录》卷上。

② 贾文载《文物考古工作三十年》，文物出版社，1979 年。陈文载《农业考古》1991 年第 1 期。

③ 文载《寻常的精致》，辽宁教育出版社，1996 年。

④ 河南省信阳地区文管会、河南省罗山县文化馆：《罗山天湖商周墓地》，《考古学报》1986 年第 2 期。山东省济宁市文物管理局：《薛国故城勘察和墓葬发掘报告》，《考古学报》1991 年第 4 期。湖南省博物馆、中国科学院考古研究所：《长沙马王堆一号汉墓》下集，第 261 图，文物出版社，1973 年。

⑤ 洛阳区考古发掘队：《洛阳烧沟汉墓》图版 24～25，科学出版社，1959 年。

⑥ 《潜研堂文集·春秋论二》。

仙凡幽明之间

——汉画像石与"大象其生"

一

画像石是刻在石材上的画，滥觞于西汉，兴盛于东汉，三国以降急剧衰落，故通称汉画像石。后代虽然也有石刻画，但刻法和体裁均出现较大差别，学术界一般认为它们"并不是汉画像石直线的、单纯的延伸和变化"①，故不宜与汉画像石一例看待。而在汉代的各类遗存中，除文字资料外，就数量之多、形式之生动、内容之丰富、包含的信息量之大等方面说来，与画像石比较均有所不及。汉画像石是当时的物质与精神生活之直观的记录，是研究汉代社会史的重要依据。其镌刻的载体有石阙、石祠堂、石墓和石棺，虽然前二者立于地表，后二者瘗于地下，但画像的性质基本上是相通的。石祠堂、石墓、石棺均用于丧葬。石阙的情况稍稍特殊，可是在全国现存的三十多座（组）汉阙中，也只有中岳三阙是祠庙阙，其他皆立于墓地，是墓园的门阙。因而从总体上说，汉画像石是一种丧葬艺术，它和汉代人的生死观、宇宙观及宗教理念密切相关。

汉代人事死如生，正如《荀子·礼论》所说："丧礼者，以生者饰死者也，大象其生以送其死也。"而生者使用的建筑物上有的绘有壁画。《汉书·成帝纪》谓成帝"生甲观画堂"。颜注引应劭曰："画堂画九子母。"师古曰："宫殿中通有彩画之堂室。"汉·蔡质《汉官典职》说，明光殿"省中皆以胡粉涂壁，紫素界之，画古烈士也"②。又杜甫《咏怀古迹·二》有句云："江山故宅空文藻。"此故宅指归州（今湖北秭归）的宋玉宅；所称文藻，应指宅中的壁画。可见汉代、甚至上溯到战国，宫殿、住宅中都有绘壁画之举。同时墓室中也有绘壁画的，实例很多。将墓室壁画进一步加工成画像石，无非是为了使之便于长久保存，它们显然都是从宫室壁画那里模仿过来的，当然其中又增加了一些与丧葬有关的成分。依王仲殊先生的分类，汉画像石的内容有天象图、宗教神话、历史人物故事、现实生活、图案花纹等五类③。由于天象与神话的画面常互相渗透，故王氏的五类可以合并成四类：1. 神异性的内容；2. 鉴戒性的内容；3. 纪实性的内容；4. 装饰性的内容。以之与描写宫室壁画的文字及画像石上的题记作比较，恰有可以对应之处（表一）：

表一

	《天问》 王逸章句	王延寿《鲁灵光殿赋》	嘉祥宋山画像石 题词	王仲殊的分类
神异性的 内容	图画天地 山川神灵， 琦玮僪佹	神仙岳岳于栋间，玉女窥窗而下 视。忽瞟眇以响像，若鬼神之仿 佛。图画天地，品类群生。杂物 奇怪，山神海灵。写载其状，讬 之丹青	上有云气与 仙人	天象图， 宗教神话
鉴戒性的 内容	古圣贤怪 物行事	鸿荒朴略，厥状睢盱。焕炳可观， 黄帝唐虞。轩冕以庸，衣裳有殊。 下及三后，淫妃乱主。忠臣孝子， 烈士贞女。贤愚成败，靡不载叙。 恶以诫世，善以示后	下有孝友贤仁， 尊者俨然，从 者肃侍	历史人物故事
纪实性的 内容			台阁参差，大 兴舆驾	现实生活
装饰性 的内容		悬栋结阿，天窗绮疏。圆渊方井， 反植荷蕖。发秀吐荣，菡萏披敷。 绿房紫菂，窋窀垂珠	琢砺磨治，规矩 施张。寨帷反 □，各有文章	图案花纹

　　表中虽列出四类，但古代的宫室壁画中多以鉴戒性的内容为主。早期的如《孔子家语·观周》所记："孔子观乎明堂，睹四门墉有尧、舜之容，桀、纣之像，各有善恶之状、兴废之诫焉。又有周公相成王，抱之负斧扆南面而朝诸侯之图焉。孔子徘徊而望之，谓从者曰：'此周之所以盛也。夫明镜所以查形，往古者所以知今。'"晚期的如晋·左思在《魏都赋》中也说，邺城宫殿内的壁画"仪形宇宙，历像贤圣。图以百瑞，绰以藻咏。茫茫终古，此焉则镜"。两处说法相当一致。而且即便是画出了神异性的内容，如屈原在楚先王之庙内"仰见图画，因书其壁，呵而问之"的《天问》中所描写的，仍不外"首问两仪未分、洪荒未辟之事，次问天地既形、阴阳变化之理，以及造化神功、八柱九天，日月星辰之位，四时开阖晦明之原。乃至河海川谷之深广，地形四方之径度"等等[④]。虽然在科学不发达的时代，他所提出的问题有的在概念上不甚清晰。但他希望得到的是合理的答案，而不追求借幻想向虚无缥缈作无谓的引申。可见我国古代宫室壁画的基调是入世而不是出世的。但宫室壁画的入世性实有一定限度，其中并不着力描绘现实生活，更几乎不出现宫室之主人公的画像。而墓室壁画和画像石则不然，在郊野的冢墓里，如果不直接或间接地表

明墓主的存在，图画漫无依归，或不知为谁刻绘。故研究者将汉画像石的这种创作意向称为"以墓主为中心的主旨"⑤。

因此，汉代人常在祠堂及墓室中刻绘墓主像，史书对此有清楚的记载。《后汉书·赵岐传》说："（岐）先自为寿藏，图季札、子产、晏婴、叔向四像居宾位，又自画其像居主位。"山东嘉祥焦城村出土的祠堂后壁画像石上刻出的一幅"楼阁拜谒图"，在接受拜谒之人身后的柱子上有四字题记（图 13 – 1）⑥，清·阮元在《山左金石志》中释作"此齐王也"。长广敏雄沿用其释文，且进一步推阐云："'齐王'可以是有一定意义、但同时又可以是来自混沌历史遗产的一个模糊的称谓，它并不一定和某一具体的历史、传说或超自然的人物有关系"⑦。这段话缭绕含混，似乎将"齐王"看成是一个象征受拜谒者的图像代码了。此说在存世的汉代文献或考古资料中均找不到依据。信立祥先生则将题记改释为"此斋主也"。他认为其中的"第三个字很清楚是'主'字而不是'王'字"，而且"'斋'、'齐'二字可以假借通用"，又"因汉代的墓上祠堂也被称作'斋祠'或'食斋祠'，'斋主'应该就是祠堂的主人公即祠主"⑧。他的说法是对的，此受拜谒者当即墓主人。嘉祥五老洼发现的另一块祠堂后壁画像石，构图与焦城村那块相近，却在受拜谒者身上径刻出"故太守"三字。山西夏县王村汉墓前室后壁中部所绘属吏拜谒图，受拜谒者头侧榜题"安定大守裴将军"⑨。以上二像无疑均代表这两位曾任太守的墓主。不仅达官贵人的墓中有实例，河南南阳东关李相公庄出土的一块画像石上，还刻出了一名五岁去世的幼童许阿瞿的像⑩。陕西米脂官庄汉代牛氏家族墓地出土的一块门楣画像石，内容为田猎，图中十八名骑者多作奔驰搏射状。当中一人缓辔而行，榜题二字："牛君"，应是墓主之像⑪。可见墓主像也可随其生

图 13 – 1 山东嘉祥焦城村画像石上的谒见"斋主"图

1

2

3

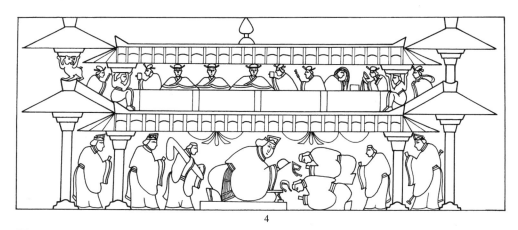

4

5

图 13－2 楼阁拜谒图

1. 武梁祠画像石（图中的主人像已残损，巫鸿认为原是汉高祖的标准像） 2. 武氏前石室画像石 3. 嘉祥南武山画像石 4. 嘉祥宋山 3 号石祠画像石 5. 武氏左石室画像石（2～5 图中的主人像均戴进贤冠）

平所好选择场景，不必尽正襟危坐。在四川郫县太平乡东汉·杨耿伯墓墓门的画像中，墓主乘轺车，而驾车之马的上方刻出"家产黑驹"四字[12]，指明此马乃本家自育，写实的意趣已经贯彻到细节当中。而其画面上的墓主像却没有加刻榜题，似乎当时的观者依据通例自可辨识。因知汉画像石中未标明身分的墓主像正不在少数。

与上述焦城村的"斋主"即墓主像相似之例，在嘉祥地区还发现了不少，画面大同小异，都是墓主坐在楼阁中接受参拜，通称"楼阁拜谒图"，构图有点程式化。但由于其中有的刻得特别精美，所以引起广泛关注。而从祠堂或墓门外向内望去，迎面先看到后壁；有些祠堂在后壁增设小龛，观者的目光也就进而投向龛的后壁。后壁是视线的焦点、画面的中心，墓主像多刻于此处。著名的武氏祠中有三块此型画像石，在嘉祥宋山和南武山的出土物中也有这样的例子（图 13－2）[13]。其他同类型者尚多，但工整的程度不尽一致。这些图中的墓主都坐在双阙夹峙之楼阁的下层，上层有一群妇女。墓主面前的参谒者或揖或拜，两旁还有侍立的人物。蒋英炬先生认为："这幅占据着祠堂后壁中心位置的画像，无疑应是象征受祭祀的祠主画像，或可称为'祠主受祭图'。"虽然他又指出"图中刻画的双层楼阁不是祠堂，而是住宅或府第中的厅堂楼阁"，"是生前的生活的图像"[14]。但称之为"祠主受祭图"，强调"受祭"，却容易引起误解。其实各图的内容并非祠主死后受祭，而是生前接受参拜。其中不但不见鼎壶笾豆等祭器，不见揖让进退等仪式，而且如本文图 13－2 所举武氏左石室、宋山 3 号石祠等处之画像石上的参谒者且免冠，一枚进贤冠上的展筩和一枚武冠上的弁均掷于受谒者座前。免冠顿首在汉代是极度谦恭甚至是谢罪的表示，在洁斋盛服、一切依礼而行的祭典上，不容有这种举动。可是在生活中，参谒者免冠叩拜，诚惶诚恐，倒更反衬出受拜谒者的高大，所以为画墓主像的场面所采用。但也有学者提出不同见解，如美国的巫鸿先生认为，它不是墓主像，而"是汉代皇帝的标准像，特别是开国皇帝高祖的像"[15]。他说：

> 武梁祠画像的中心图像——拜谒场景表现了"君权"这个概念，其图像很可能源于沛县原庙中高祖的肖像。
>
> 在三面墙壁上的完整构图中，拜谒场景位于中心，被贤明的大臣、有德行的皇后和忠诚的百姓所环绕。在整个武梁祠画像中，没有任何其他形象能够和中心楼阁的富丽堂皇，以及其中正在接见臣下的贵人的尺寸和气度相比拟。
>
> 这个贵人只可能是以原庙中高祖画像为原型创作的皇权象征[16]。

此说颇耸动听闻，巫鸿对之则满怀自信，甚至表示："这幅画面对于理解整个武梁祠画像程序具有非同一般的重要性（extraordinary importance）"[17]。在这里，巫鸿讨论的虽是武梁祠，然而由于祠中之拜谒图的关键部分已剥蚀难辨，所以他一再补充说："楼阁图像的下部已遭毁坏，但是借助另外两座武氏祠中相应的画像石，我们可以复原其本来面貌。""武梁祠中的这一形象已严重损坏，但是另外两座武氏祠堂的相似场景为复原这个形象提供了一个清晰的线索"[18]。所谓"另外两座武氏祠"指的是武氏前石室和左石室，可见在他看来，上述几幅石刻画像中的情景应无大殊。不仅这两座石祠，他甚至认为微山湖地区发现的拜谒图像"均出自一个共同的原型"，即"对皇帝肖像样本的摹制"[19]。也就是说，他将这些拜谒图当作同一母本的摹写之作看待。可是如山东平阴所出者（图13－3）[20]，接见的厅堂中仅三个人就挤得很满，整座建筑物不过是一栋一楼一底的普通户型，它和九天阊阖之宫殿的气象相去太远，很难设想汉代人会以这等小家子作派来表现他们的高祖皇帝。不过要说这是墓主像，却似乎没有障碍。虽然汉画像石的表现手法尚不能胜任高度写实的要求，但这所宅子的建筑规格却似乎在一定程度上反映出该墓主生前之居住状况的轮廓。而武氏祠中的同类图样，与之相较并没有根本性的区别。巫鸿在《武梁祠》一书中还说："楼阁里拜谒中心人物的官员们都手持笏板，而笏板是高级官员在谒见皇帝时使用的。"实际上他们持的乃是牍。《汉书·武五子传》称："持牍趋谒。"

图 13 - 3　　规模较小的楼阁拜谒图，平阴画像石

《急就篇》颜师古注明确指出，牍可"持之以见尊者"。参谒者持牍当然不能成为受谒者就是皇帝的证据。再看中心人物的着装，更和皇帝大不相同。一般说来，服饰是人物身分的符号。汉代皇帝的服装，特别是所戴冠冕，在《续汉书·舆服志》中有记载，文繁不具引。只就武氏祠画像石而论，其中的帝王不是戴旒冕就是戴通天冠。如图13 - 4所举：黄帝和舜戴冕，伏羲、夏桀戴通天冠，吴王、韩王、秦王、齐王也戴通天冠。此冠前部装有高九寸的金博山，特点很明显[21]。而一般文职官员乃至未出仕的士人皆戴进贤冠。此冠"前高七寸，后高三寸，长八寸"，侧视呈斜俎形，前部没有高起的金博山。从画像石上看，进贤冠缺少通天冠前部的突起部分，实物则比通天冠低了约4.6厘米[22]。在现实生活中，这一落差将人物的社会地位拉开了难以逾越的距离。武氏祠中之戴进贤冠者，有的身分的确不高。如图13 - 4中的"孝孙父"，是一名想将自己的老父弃之山林任其自毙的家伙；如"魏汤"，是一名杀死了曾殴其父者之报复过当的莽汉；如"县功曹"，也不过是县政府里的一名属吏。而前石室和左石室之拜谒图的中心人物，戴的也是进贤冠。他们的身分与汉高祖有天渊之别，怎么能说这类图像是源自"标准形式"的"皇帝肖像"呢！何况宗庙中供的本来不是肖像而是木主。汉·蔡邕《独断》明确指出："庙以藏主。"汉·卫宏《汉旧仪》说，汉高祖辞世后，"崩三日，小敛室中牖下，作栗木主，长八寸，前方后圆，围一尺。……已葬，收主，为木函，藏庙太室中西墙壁坎中"[23]。这段文字对高祖庙中的木主记述得更加具体。《论衡·解除篇》亦称，宗庙中"斩尺二之木，名之曰主"。东汉时，将西汉诸帝合祭于洛阳高祖庙。《独断》说："光武中兴，都洛阳。乃合高祖以下至平帝为一庙，藏十一帝主于其中。"庙中藏十一帝主，正是所谓"庙必有主，主必在庙"（《旧唐书·礼仪志》）。既然西汉诸帝的木主已经迁到洛阳，故《续汉书·祭祀

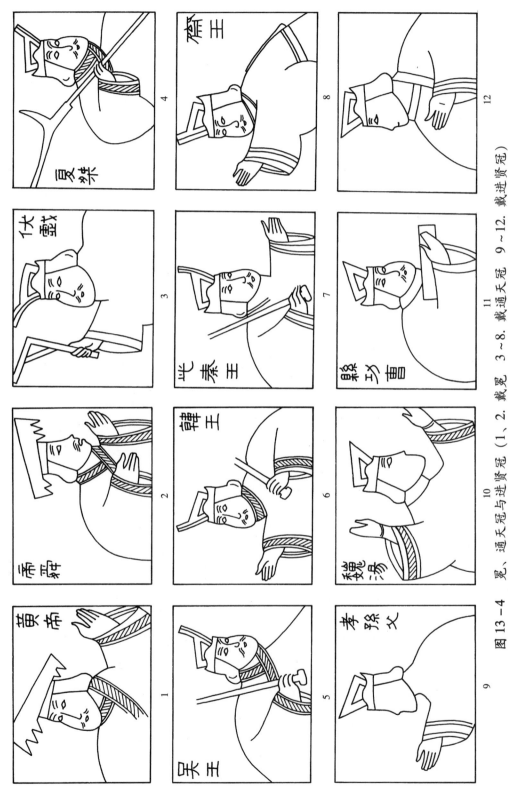

图 13-4　冕、通天冠与进贤冠（1、2. 戴冕　3～8. 戴通天冠　9～12. 戴进贤冠）

1. 黄帝　2. 舜　3. 伏戏（羲）　4. 夏桀　5. 吴王　6. 韩王　7. 秦王　8. 齐王　9. 孝孙父　10. 魏汤　11. 旦功曹　12. 武氏前石室画像（以上均据武梁祠画像）中的受拜者

志》中只有关于"洛阳高庙"和"长安故高庙"的记事，无一语言及"沛高原庙"。此庙纵使未沦到"亲尽则毁"的地步，但也不可能经常在这里举办大型祭祀活动。巫鸿将上述墓主人像都说成是"沛县原庙中高祖的肖像"的摹本，然而《论衡·解除篇》明确指出，宗庙之中"不为人像"。则宗庙与祠堂或墓室不同，其中只有主，没有像。所以"肖像说"是全无根据的。

　　由于巫鸿对中国古代服饰制度相当生疏，以致他在这方面的若干论断失实。比如湖南长沙陈家大山楚墓出土的帛画"龙凤人物图"中的女子，所着深衣之曲裾褒博拖垂，后部的下摆向左右分开，位于底部者在图中未着色，只以墨线绘出几段曲折的绮纹（图13-5）。但巫鸿置衣上的绮纹于不顾，竟将下摆当成新月，说这是"站在新月上的一个女性"，并以此作为东周晚期已出现"死后成仙的美术表现"的证据[24]。再如武梁祠画像石中之"无盐丑女钟离春"一图，本事是说由于她的切谏，使"齐国大安"，齐王乃"拜无盐君为后"[25]。画面中的齐宣王将印绶授给她，钟离春伛身恭受，正是册拜王后的情形。不过印太小，不易表现；绶则刻得很清楚，其上之织纹与齐王身所自佩之绶基本一致（图13-6）。但巫鸿对这幅画像的解释却是："（钟离春）的上身略微前倾，似乎正在向宣王提出建议。齐宣王则面向钟离春张开手臂，表达对她的感激之情"[26]。说明他对图中的内容一片茫然。汉画像石之基本层面中的若干频频出现的场景，研究者应有所理解，否则在解说时难免会发生诸多失误。

图13-5　长沙陈家大山楚墓出土帛画

图13-6　武梁祠画像中的齐王与钟离春

二

　　巫鸿先生将武梁祠中的拜谒图视作表现"宫廷中朝见"，从而认为带阙的楼阁代表皇帝的宫殿。德国学者克劳森也主张："两侧带阙的楼阁是皇宫的特征。"虽然她又有所保留，但巫鸿仍支持此说[27]。刘增贵先生也认为"有阙的只有皇室宫殿，此外诸侯王也有"，"宅第前有阙的可能性很小"[28]。但有些带阙的房舍较图12-3所举之例更加逼仄，如徐州地区出土的画像石上所见者，规模与皇宫过分悬殊，屋内二人对坐交谈，亦绝非"朝见"君主（图13-7：1、2）[29]。安徽宿县墓山孜所出汉·胡元壬祠后壁石，刻出带阙的楼阁图，楼下两侧室里有妇女在调丝和络纬，女主人于中室怀抱婴儿坐在织机后部，上层为男主人宴宾客（图13-7：3）[30]。宿县宝光寺出土之汉·邓季皇祠后

图 13-7　设阙的宅第

1. 徐州铜山利国乡画像石　2. 徐州十里铺画像石　3. 安徽宿县胡元壬石祠画像石

壁画像石的构图与上述胡元壬祠之例极近㉚。这些画像石上的景物均毫无宫廷气象，进而证明设阙的建筑物实不限于皇宫，宅第亦可设阙。画像砖、石上还出现过此类庭院的全景，大门两侧均起高阙。山东曲阜旧县所出画像石和河南郑州南关所出画像砖上的带阙庭院，院内都有几进屋宇和几重院落（图13-8：1~3）。江苏徐州茅村汉墓出土的庭院画像石上，因建筑物横向排列，难以反映其纵深，但在大门旁的双阙上，可以看出刻有龙、虎纹（图13-8：5）。晋·袁宏《后汉纪》卷二〇说梁冀起甲第，"梁柱门户，铜沓绲漆，青琐丹墀，刻镂为青龙白虎"。门户处之青龙白虎，正宜刻镂在阙上，其状或与此图相合；而茅村画像石上的庭院与梁冀府第之简略的轮廓，亦应庶几近之。又如山东诸城前凉台汉·孙琮墓画像石中之带阙庭院，二道门内水潦流溢，一执帚者正在清扫，画风颇有写生的味道，故图中的阙亦无由视为子虚（图13-8：4）㉜。这些情况进一步证明，武氏祠等处之拜谒图中的带阙楼阁，正代表墓主生前的宅第，与皇宫了不相涉。

汉画像石中还有些阙未与庭院相连接，它所从属的主体建筑物已退于画面之外。唐长寿先生称之为"独立门阙"㉝。巫鸿先生则称之为"简单的双阙形象"。他认为这类阙门"象征着死者去往神灵的世界的大门"㉞。不过有时他所指认之物根本不是阙。比如他曾以山东沂南北寨汉墓中的一幅画像为例（图13-9：1），称：

> 在中室北壁的画像中，骏马奔腾，车轮滚滚，一队马车由右向左疾驰，其目的地是一对阙，阙前两位官员恭立迎候。唐琪正确地指出这对阙标志着墓地的入口。另有一个细节可以支持这一看法，在每座阙的顶部树立着一个交叉的"表"，这正是墓地的标志㉟。

与这对所谓阙之造型完全相同的例子，见于陕西绥德郝家沟汉墓出土的门楣画像石（图13-9：3）。《清理简报》说："画面正中是一处宽敞的庭院，方正的围墙内有一座面阔较大的厅堂建筑"。"厅堂内两人施礼对拜"，"厅堂外的院子里，仆役各司其职"。"围墙外又有四栋房子，屋顶有四叶形风车状的不明物"㊱。其围墙内的建筑和人物的活动表明，这里绝非墓地。至于《简报》说的"风车状的不明物"，即巫鸿所称"交叉的表"；它在汉代名"四柱木"或"交午柱"。《史记·文帝纪》索隐："《尸子》：'尧立诽谤之木。'韦昭曰：'虑政有缺失，使书于木。后代遂用以为饰，今宫墙桥梁头四柱木是也。'"晋·崔豹《古今注》卷下："程雅问曰：'尧设诽谤之木，何也？'答曰：'今之华表木也。以横木交柱头，状若花也，形似桔槔，大路交衢悉施焉。或谓之表木，以表王者纳谏也；亦以表识衢路也。秦乃除之，汉始复修焉。今西京谓之交午柱也。'"一纵一横互相交叉谓之交午，上述沂南与绥德画像石中之风车状物的结构正作此形㊲。《汉书·尹赏传》颜注引如淳曰："旧亭传于四角面百步筑土四方，上有屋，屋上有柱出，高丈余，有大板贯柱四出，名曰桓表。县所治夹两边各一桓。陈、宋之

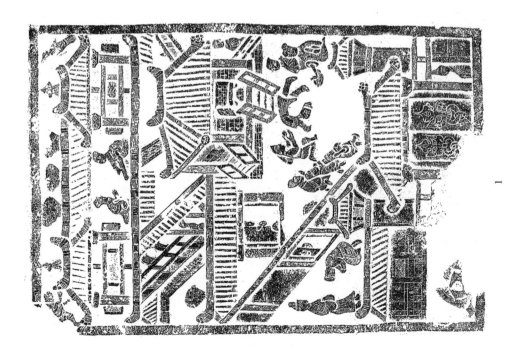

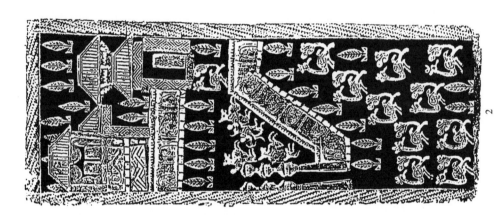

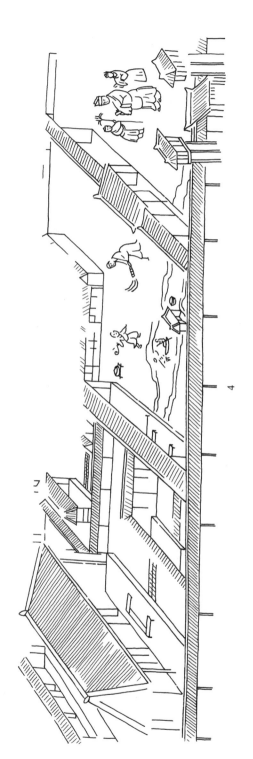

图 13 - 8 设双阙之庭院的全景

1. 曲阜旧县画像石 2、3. 郑州南关画像砖 4. 诸城前凉台画像石 5. 徐州茅村画像石

俗，言桓声如和，今犹谓之和表。"师古曰："即华表也。"唐琪等所称之"阙"、绥德汉墓《清理简报》所称之"房子"，其实就是"筑土四方，上有屋，屋上有柱出"之"屋"，也就是桓表的基座。所以就整体而言，它不是阙，而是桓表即华表。不过装交叉横木的柱子既可立在基座上，也可不用基座，径直植于地面；特别是桥头的华表，更经常采用后一种形式。宋人所绘《清明上河图》中的虹桥两端还立着这种华表。但也有只以大板贯柱者，板上并镂出匙形孔（图 13 - 10）。山东临淄出土画像石上的华表，基座呈圆墩形，贯柱之板则与桥头所见者大致相同。在华表外侧，有亭长执盾迎候，三辆马车正向前驰来，亭长背后的门庑下有门卒击鼓，表现的应是官员到达衙署时的情景（图13 - 9：2）[38]。图 13 - 9：1 的画像所刻绘的内容应与之基本一致。

除华表外，汉画像石中确有车马临阙者，执盾的亭长也多到阙前迎候（图13 - 11：1）[39]。巫鸿认为：

> 这种大幅构图常描绘车马行列向一门或阙行进，一位官员在门前恭立迎候。以往有的学者把这类画面解释为表现死者生前出行的场面。但画面中的"阙门"应是墓地的标志，朝向阙门行进因此是送死而非养生[40]。

他还认为执盾者是"地下的阴官"，可能就是东汉镇墓文中提到的"魂门亭长"[41]。刘增贵也认为，说"画像之阙仿自墓阙"，"实有理据"[42]。然而如果将图 12 - 11：1 所表现的场面扩大范围，使门内的建筑和人物的活动更多地显露出来，其场景则绝非墓地所能有。如河南新野出土的两块画像砖，上面也有车马临阙、亭长出迎。但阙内均有楼，楼中二人对坐，有的且摆设酒尊。江苏沛县栖山汉墓石椁画像之阙内的楼上为二人对博，扬手掷箸者兴致勃勃，另一人则俯身思索（图 13 - 11：2～4）[43]。这些画面清楚地表明，以上诸阙均是大宅第之阙，阙内的楼、楼中的置酒纵博，反映的乃是主人的生活。既然表现的是生活场景，所以图中的亭长也不会是阴官。汉代的冥界虽有阴官，但目前在画像石中对之尚难以确指，无法举出阴官像的实例来。河南鄢陵所出画像砖于阙前印有"亭长讨贼"四字[44]。《续汉书·百官志》说："亭长主求捕盗贼。"此亦是世间亭长之所司，到了地下，就无贼可捕了。

虽然巫鸿不同意将车马出行视作墓主人生前之经历的反映，但这种看法是有根据的。南北朝以前，盛大的车马出行是尊贵者炫耀其权势的重要场合。《史记·高祖本纪》说："高祖常徭咸阳。纵观，观秦皇帝。喟然太息曰：'嗟乎，大丈夫当如此也。'"泷川考证引杨慎曰："当时车驾出则禁观者，此时则纵民观。"《后汉书·光烈阴皇后纪》说："（光武）后至长安，见执金吾车骑甚盛，因叹曰：'仕宦当作执金吾！'"可见两汉的开国之君都对出行的车马行列特别感兴趣。流风所及，汉代的祠堂和墓葬中也常刻绘这一题材。《隶续》卷一七所记李刚石室的出行图上刻有"君为荆州刺史时"；鲁峻石室的出行图上刻有"祀南郊从大驾出时"，"为九江太守时"。嘉祥武

图 13 - 9　设立华表处

1. 沂南画像石　2. 临淄画像石　3. 绥德郝家沟画像石

图 13 – 10　华表的形制（1 ~ 3. 装交午柱者　4 ~ 6. 贯板者）

1. 山东沂南画像石　2. 陕西绥德郝家沟画像石　3. 宋·张择端《清明上河图》　4. 山东临
淄画像石　5. 江苏徐州九女墩画像石　6. 山东苍山城前村画像石

氏祠前石室的出行图中有"此君车马"、"君为市掾时"、"君为郎中时"等榜题。内蒙古和林格尔汉墓壁画的出行图中，更将墓主人从"举孝廉"到任"郎"、任"西河长史"、任"行上郡属国都尉"、任"繁阳县令"、直到任"护乌桓校尉"等历官，都随着出行行列在车旁标出，犹如为墓主人的生平描绘了一部简要的画传[65]。也有些出行图中不加题识，队伍也不以阙或其他建筑物为目的地。如四川成都羊子山、山东安丘董家庄等汉墓中，都有规模很大的这类画像[66]。特别是河北安平汉墓中室充盈四壁的出行图，气派更大：斧车导引，缇骑夹道；联镳接轸，车辚马萧；仿佛波涛汹涌而来（图13 – 12、13 – 13）[67]。它要表现的自然是墓主当年之显赫的官威，全然无意于反映一支送葬队伍的哀容。

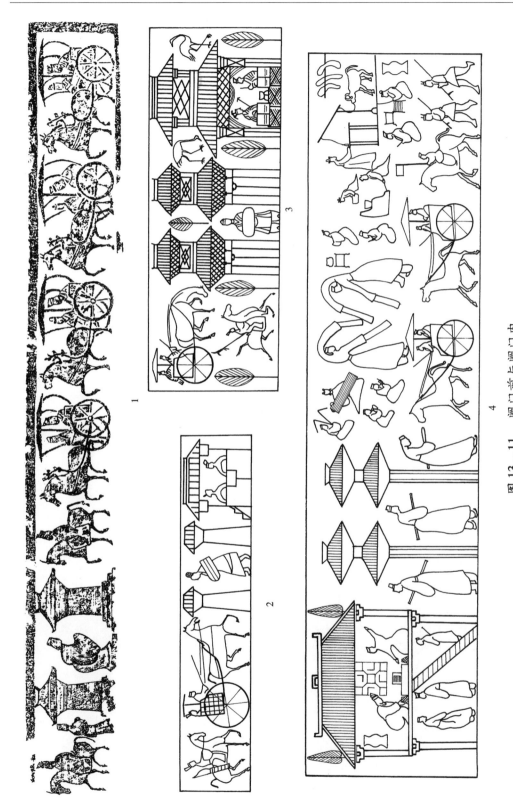

图 13 – 11　阙门前与阙门内

1. 徐州铜山洪楼画像石　2、3. 新野画像砖　4. 沛县栖山画像石

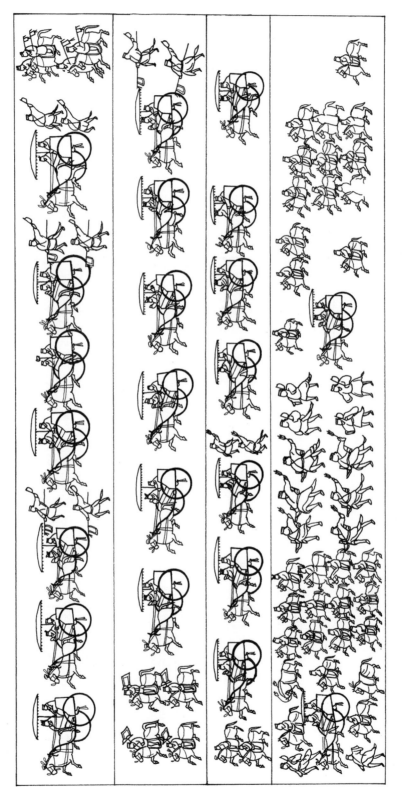

图 13 – 12　安平汉墓壁画出行图（中室北壁）

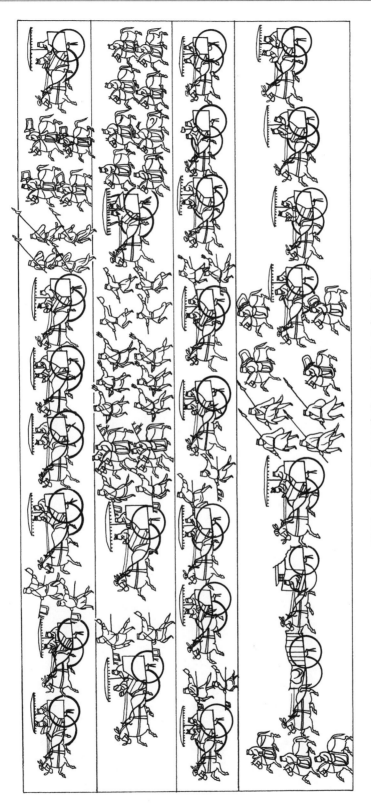

图 13－13　安平汉墓壁画出行图（中室南壁）

巫鸿虽然不认得图 13 - 9：1 中刻的华表，但对于其中的三辆车却别有见解。他说：

> 这一车队中有三种不同类型的马车，一种是带有伞盖的"导车"，其后是四阿顶无窗的轿车，最后是一种长而窄带卷篷的车。在讨论苍山墓的画像时我曾提出第二种车为辂车，第三种车为枢车。这幅沂南画像进而说明后两种车均是为死者所用的，其区别在于后者运载死者的躯体，前者输送死者的灵魂⑭。

图 13 - 14　山东苍山城前村
画像石题记（局部）

车队中的第三辆车分明是一辆"大车"。巫鸿承认："按照以往的观点，本文所说的带有卷篷的枢车是运载重物的货车或'大车'"⑭。但巫鸿通过一系列奇妙的转换，却使大车成为枢车。

1973 年在山东苍山城前村发掘了一座晋墓，是利用东汉旧画像石墓的墓室重新葬人，石材已经过挪动，但尚保存着原石上不少画像和一篇长达三百二十八字的题记，其中杂用三、四、七言，带有汉代通俗歌行的格调，并充斥着俚语、套话和别字。巫鸿也说："说明其作者文化水平不高"⑩。题记中有一句话，《发掘简报》释作："后有羊车橡（象）其趯"（图 13 - 14）⑤。李发林认为："'趯'借作槽，棺具也"⑫。此字笔道不甚清晰，颇疑是"懇"字，读作貌。前引《荀子·礼论》："故圹垄，其貌象室屋也。"杨倞注："貌，犹意也，言其意以象生时也。"读貌虽一时仍难完全确定，但读槽则良有可商。巫鸿却接受了李说，并以之与苍山墓葬前室东壁的一幅画像相比照，认为其中的羊车就是槽车即枢车，即运送棺木的车（图 13 - 15）⑤。他对这幅画像的解释是：

> 当丧葬车马行进到东壁时，死者的导从人员减少到家庭中的近亲。此时他的妻妾已渡过象征生死界限的河流，正乘坐专供妇女乘坐的车—辂车—将丈夫的灵柩运至郊外⑭。

但图中的辂车里乘坐着戴冠的男子，其后之驾羊的"枢车"里也坐着人，并无余地容棺。何况汉代权贵多以樟、梓、梗、楠制棺，大而且重。汉·王符《潜夫

图 13－15　苍山汉墓画像石

论·浮侈篇》说："计一棺之成，功将千万夫。既其终用，重且万斤。"驾车的羊根本拉不动。山东微山沟南村所出画像石上刻有一辆罕见的运柩的四轮辒车，相当大，车前系绋，即引棺的绳索（图13－16）⑤。《礼记·曲礼》说："助葬必执绋。"这块画像石上的执绋者凡十人，人数已不算少。《汉书·孔光传》说："光薨，羽林孤儿、诸生合四百人挽送。"规模就更可观了。而且倘依巫说，则苍山画像石上将"柩车"排在后面，送葬者反倒坐在前面的辂车里，亦与制度不合。《仪礼·既夕礼》说死者之柩朝祖庙时，"重（木主）先，奠从，烛从，柩从，烛从，主人从"。贾疏并特地指出："从柩向圹之序，一如迁于祖之序。"杨树达也说汉代"丧家婚友随柩行至丧所为送葬"⑤。上述微山沟南村画像石上之鬃头散发的送葬者，就随行于辒车即柩车之后。他们在行列中的位置显然不能超越柩车，否则即是失礼，更不要说已临墓地时尚乘车而不徒行了。面对这些矛盾，巫鸿遂一面说"'羊'、'祥'同音，所以'羊车'即'祥车'"⑤。但《礼记·曲礼》虽然提到"葬之乘车"曰"祥车"，却从未说过祥车驾羊。我国古代曾将犊车、人挽之小车、人舁之辇、驾果下马（一种体型特小的马）之车均称作羊车，然而都不驾羊⑤。晋武帝与宋文帝曾乘驾羊之车，可是那是在后宫中游乐时用的，不能出现在隆重的葬礼上⑤。至于画像石上偶尔见到的驾羊之车，无非是取其谐音，以邀吉祥，并非实录。于是巫鸿又说："苍山画像中的羊车只是'象征'柩车而已。""既然在苍山墓可以用魂车象征柩车，那么这里（指武氏祠左右室顶部画像）柩车亦可代表魂车"⑥。可见其说支离摇摆，充满任意性。然而就在如此脆弱的基础上，他却提出了一条概括性很强、覆盖面很广的"规律"，即认为汉画像石中辂车、辒车、大车（或辇车）的组合实为送葬行列中的导车、魂车和柩车⑥。并称：

　　刻画这三种车的车马出行图在汉代画像石中很多。……作为丧葬礼仪的中心部分，这一行列的功能是将死者的躯体和灵魂从祖庙送至墓地⑥。

　　既然以上三种车的组合在汉代很常见，那么认为它们和丧礼的关系密切，则应有确凿的根据予以证实。然而巫鸿除了用沂南画像石中官员抵达植双桓的署门

图 13 – 16　山东微山沟南村画像石上的送葬图

前之图，及苍山画像石中之两辆同型的车和一座毫无墓地特点的大门为例之外，只举出山东临沂白庄和福山东留公村画像石中的车队作为参照。但此二处的行列之前空无一物，不能说明它们的去向（图 13 – 17）。相反，在武氏祠前石室画像石上，这样的三辆车的目的地是一处酒宴（图 13 – 18：1）⑥³。在绥德苏家岩画像石上，三辆车正前往猎场（图13 – 18：2）⑥⁴。在和林格尔汉墓中室甬道上方，有一幅表现墓主升迁"护乌桓校尉"时，从繁阳（今河南内黄）赴宁城（今河北张家口附近）就任之旅途的壁画。画中的车各有榜题，前面是"使君 辒 车 从骑"，居中是"夫人轩车从骑"，末尾有两辆"辇车"，大约装载的是箱笼⑥⁵。在这样一队反映新官上任之喜气洋洋的行列中，绝无拉上两具棺木之理（图 13 – 18：3）。实际上汉代上层人士平日出行时，大抵通用这样的三辆车。前面的辒车供男主人用，当中的轩车一般供妇女用，后面的大车（驾牛）或辇车（驾马）多数供搭载从者或物品之用。这一组合本不是专用于送葬的车队，更无法将它们说成是"丧葬礼仪的中心"。

苍山题记中还有"上卫桥"一语。巫鸿读"卫桥"为"渭桥"。认为：

汉代两位著名的皇帝景帝与武帝，先后都曾在渭河上修桥，以连接都城长安与城北的帝陵。皇帝死后，其灵车在皇家殡葬卫兵和数以百计官员的护送下通过该桥去往陵区，渭河因此成为人们心目中死亡的象征⑥⁶。

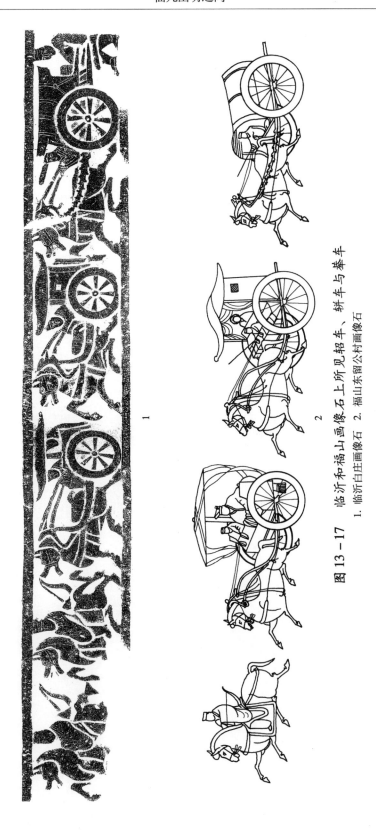

图 13 −17 临沂和福山画像石上所见轺车、辂车与辇车
1. 临沂白庄画像石 2. 福山东留公村画像石

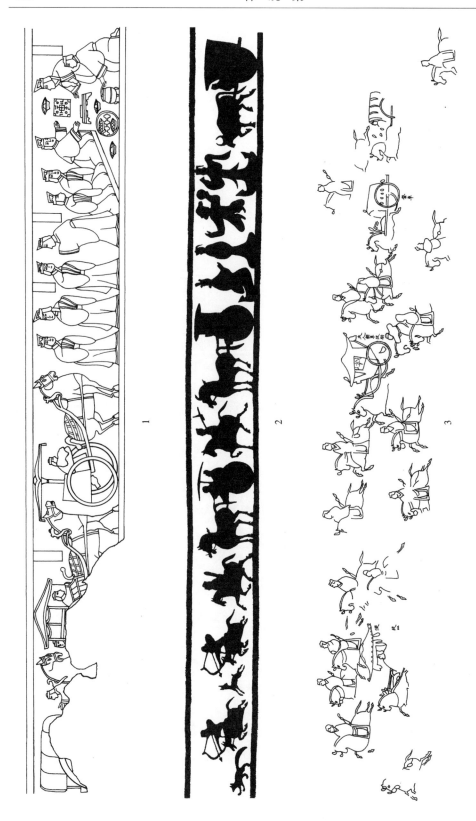

图 13－18　轺车、辂车、辇车（或大车）的去向
1. 武氏前石室画像石　2. 绥德苏家岩画像石　3. 和林格尔汉墓壁画

他甚至说，渭水就是"死亡的代名词"，"'渭水桥'因此起到将现世与来世既分开又连接的作用"[67]。不过汉代人提到渭水时，从未流露出把它和死亡相联系的情感。从人文地理的角度讲，三辅之左冯翊及右扶风的大部分均位于渭北。特别是"跨渭水，通茂陵"之西渭桥即便门桥，更是"汉、唐以至宋代通往西北和西南的主要道路"[68]。如此繁忙的交通要冲，何以能成为象征隔绝幽明的界河？况且这一带还是富饶的农业丰产区。汉代民歌称："田于何所？池阳谷口。郑国在前，白渠起后。举臿为云，决渠为雨。……衣食京师，亿万之口"[69]。池阳、谷口、郑国渠、白渠皆在渭北。即便是这里的几道原上的帝陵，其旁也还建有陵邑，它是令当时人艳羡的首都近畿之豪民聚居的卫星城，绝非阴森的死亡谷。就西汉十一陵而论，也只有九座在渭北；文帝霸陵和宣帝杜陵在今西安市东郊凤凰嘴和东南郊三兆村，均位于渭南。巫鸿既然将渭水定为"象征生死界限的河流"[70]，又怎能把两座帝陵划到界限之外？何况在和林格尔汉墓中室甬道上方的壁画中，分明画出了带有榜题的"渭水桥"，桥上有大队车马通过，其间写有"长安令"三字，桥下且有人泛舟。又怎能是划分幽明之界河的景象？其实循其文义，苍山题记中的"卫桥"之"卫"似可读"危"。卫、微部，危、歌部，微歌旁转；二字的声母为溪疑旁纽；从读音上说可相通假。"危，高也"[71]。意思也很通顺。所以无须将"卫桥"读作"渭桥"，更不必如此迂回地曲为之说。

河和桥在汉画像砖石中出现的频率很高，而有些桥下的河绝非渭水。比如常见的捞鼎图，多表现为两排人在桥上提升一鼎，忽有龙将绳索咬断。它在山东肥城孝堂山、嘉祥五老洼、江苏徐州贾汪等地的画像石上都出现过，河南南阳空心砖上的图像尤其生动（图13-19）[72]。《史记·秦本纪》说："周赧王十九年，秦昭王取九鼎，其一飞入泗水。"秦始皇过彭城时，"欲出周鼎泗水，使千人没水求之，弗得"[73]。《水经注·泗水》则说，当时"系而行之，未出，龙齿啮断其系"。文献记载与图像中所见者正合，

图13-19　泗水捞鼎图，河南南阳出土画像砖

所以捞鼎图里桥下的河是泗水。而泗水与汉代帝陵以及由此派生出来的"生死界限说",诚风马牛不相及。抑或将这些河流抽象化,认为它们皆代表幽明之间的奈河。但这是佛教传入后才有的神话,汉代并无此说。奈河"源出于地府……其水皆血,而腥秽不可近"[74]。汉画像石中的河流却别是一番风光,不仅如上所述,桥下有人泛舟,还有人捕鱼,有男女在桥下相会,绝非"腥秽不可近"之处[75]。更何况,死亡只不过意味着个体生命的终结,而图中过桥的车辆浩浩荡荡,如果彼岸即冥界,那么这些人马岂不等于集体奔向死亡!其实无论在桥上或阙前,各处的出行车队无一不是墓主生前活动的艺术折射;这也正是"大象其生"通过"大兴舆驾"在画像石上的体现。

三

汉画像石作为一种丧葬艺术,其根荄深深植入当时之关于生死、幽明等观念的土壤中。反过来说,汉代一般人的上述观念中未曾出现的想法,画像石里也无从表现。所以对画像石的内容进行分析时,有必要先对其思想底蕴稍事梳理。

死亡是生命现象中最后的环节,汉代人往往能以平常心处之。汉·扬雄《法言》卷一二说:"有生者必有死,有始者必有终,自然之道也。"而且汉代人认为死后不能复生。《史记·太史公自序》说:"神形离则死,死不可复生。"《太平经》卷九〇说:"人死者乃尽灭,尽成灰土,将不复见。""人人各一生,不得再生也。"从西汉的知识界精英到东汉的早期道众,看法都是一致的。死后入殓下葬,埋进坟墓,则如山西临猗、陕西咸阳等地出土的朱书魂瓶上所说"生人自有宅舍,死人自有棺椁"。"生人有乡,死人有墓"[76]。由于不存在复生的可能,所以死者"长就幽冥则决绝,闭旷(圹)之后不复发";"潜寐黄泉下,千载永不寤"[77]。画像石墓的刻铭中也称自己是"万岁室"、"万岁堂"、"万岁吉宅"、"千万岁室宅"等,全无复发复出之意[78]。

但古人认为,人除骨肉外还有魂。春秋时的延陵季子说:"骨肉归复于土,命也。若魂气则无不之也,无不之也"[79]。这时魂尚无一定去处,有如孔颖达对这句话的解释:"言无所不之适,上或适于天,旁适四方"[80]。至战国时,则认为魂应去地下的幽都[81]。汉代认为魂归泰山,即《刘伯平墓券》中所称:"生属长安,死属泰山"[82]。这里的最高执掌者为泰山君,下设丘丞、墓伯等官吏。死者之魂的聚居处为蒿里。蒿里原系泰山下的高里山[83]。汉代或将某些用作专名的字上加草头,如"长富里"作"苌富里","新世所作"瓦当之"新"字添作"薪"[84]。高字加草头则为蒿。《汉书·广陵厉王传》颜注:"蒿里,死人里。"《蒿里曲》云:"蒿里谁家地,聚敛魂魄无贤愚"[85]。直到西晋时,陆机的诗中仍说:"梁甫亦有馆,蒿里亦有亭。幽途延万鬼,神房集百灵"[86]。还是纬书《遁甲开山图》说的"泰山在左,亢父在右。亢父知生,梁父知死"那一套。汉代人甚至造出一个"薨"字,《说文·死部》:"薨,死人里也。从死,蒿省声。"将

"蒿里"简化为一字，可见此名称为经常使用的熟语。

但是汉代的冥界也不是平静的，汉代人认为死者的鬼魂会干扰生人。《论衡·论鬼篇》说："世谓人死为鬼，有知，能害人。"所以在镇墓券或魂瓶上常看到"死生异路，毋复相干"、"千秋万岁，莫来相索"，要求他们"无妄行"、"无妄飞扬"等告诫的话⑧。死亡可畏而鬼魂可憎，所以世人乐生恶死，进而向慕长生。长生者即仙。《释名·释长幼》提到"仙"时，给出了一个简明的定义："老而不死曰仙。"而要成仙，要老而不死，则须修仙道。其途径，一是属于心理方面的。如《老子》讲的清静无为，《文子·道原》讲的去喜怒、忧悲、好憎、嗜欲；进而如《淮南子·齐俗》讲的："遗形去智，抱素反真，以游玄眇，上通云天。"二是属于生理方面的。如呼吸导引、饮露辟谷，以进行身体机能的调节。等而下之，还有房中、合气之类。三是属于药理方面的。吃各种长生药。起初大概是从吃营养保健药开始。如汉乐府《长歌行》所说："来到主人门，奉药一玉箱。主人服此药，身体日康强。发白复更黑，延年寿命长。"由于对药物作用之一再夸张，进而变成吃仙药，即所谓"服食求神仙"，所谓"若夫仙人，以药物养身，以术数延命"⑧。可是因为服食者虚妄的设想，仙药中被加上了一些有毒的矿物成分，效果或适得其反。但当时却认为这是"求仙"之最易行的方法。而前两种则有如汉·陆贾《新书》所说，"乃苦身劳形：入深山，求神仙；弃二亲，捐骨肉；绝五谷，废《诗》《书》；背天地之宝，求不死之道"，已经接近苦行了。司马相如也说："列仙之传，居山泽间，形容甚臞，此非帝王之仙意也。"他甚至讽刺入山苦行的得道者："必长生若此而不死兮，虽济万世不足以喜"⑧。所以帝王求仙，都在寻找长生不死药。推动和操持其事的则是方士。方士即方术之士，这不是一个神职人员的头衔，用现代汉语迻译此词，或可勉强称之为"掌握方剂和法术的专家"。由于未能托庇于宗教的保护，他们经营的求仙之术基本上是个人行为，所以必须拿出点实效来。虽然为了宣传，这些人也"敢为大言"，但正如专家的工作还要通过验收一样，方士无论说得如何神乎其神，最终仍须接受检验。特别是在帝王面前，不仅秦时"不验辄死"，汉时也是"上使人随验"；如果"其方尽，多不售"，那么等待着他们的仍然是灭顶之灾。西汉时的大方士新垣平、齐人少翁、公孙卿、栾大等，皆因"靡有毫厘之验"而"诛夷伏辜"⑩。一个验字的制约，就使求仙的方术难以上升为宗教。因为宗教上许多美丽的诺言，都把其应验期预约在遥远的未来甚至来生。汉代却没有来生观念，而且所施之术的成效又必须在立竿见影或指日可待的时限内验证落实。这就使宗教的翅膀腾飞不起来，方士的活动始终在幻想和现实的夹缝中挣扎。

成仙既不能被证实，论理应无以取信于大众。然而久讹成真，尽管是无稽之谈，也会在轻信者那里形成惯性思维，人云亦云，随声附和。晋·嵇康《养生论》中的话可以作为代表："夫神仙虽不目见，然记籍所载，前史所传，较而论之，其有必矣。"他对仙人的存在，实际上是先验地加以肯定。不过由于未形成一套成系统的宗教学说，方士们只为求仙者设置了一个极功利的目标：长生，而且长生就是一切。所以即便果如嵇康所言，真的有人成仙，当他们成仙之后，也就会变得无所事事，失去了理想和追求。同时，方士未曾为众仙安排一个栖身的场所。他们得了道，成了仙，下一步到哪里去？文献中显示的答案颇令人意外，那就是：遨游。

仙人的去向是上天遨游，早在《庄子》中已透露出这样的信息。《庄子》称仙人为神人，说他们"不食五谷，吸风饮露。乘云气，御飞龙，而游于四海之外"[91]。《汉书·郊祀志》说："有仙人服食不终之药，遥兴轻举，登遐倒景，览观玄圃，浮游蓬莱。"汉·桓谭《仙赋》说："仙道既成，神灵攸迎。"乃"出宇宙，与云浮。洒轻雾，济倾崖。""氾氾乎，滥滥乎，随天旋转。容容无为，寿极乾坤"[92]。汉·蔡邕《王子乔碑》说："（王子乔）弃世俗，飞神仙。翔云霄，浮太清"[93]。即便在具有俗文学倾向的汉代镜铭中，也经常出现"上有仙人不知老"，"浮游天下遨四海"之句[94]。直到魏晋时，遨游仍是仙人们的出路。曹丕《折杨柳行》说："与我一丸药，光辉生五色。服药四五天，身体生羽翼。轻举乘浮云，倏乎行万亿。流览观四海，芒芒非所识"[95]。郭璞《游仙诗》也寄意于那些"高蹈风尘外，长揖谢夷齐"，"升降随长烟，飘摇戏九垓"的仙人[96]。诸家说起他们的行止，众口一词均称道其遨游四海。这些获长生、登仙箓者，虽然摆脱了尘世的羁绊，但来到天上却无一定的去处。郭璞所处的4世纪前期，南朝四百八十寺中的某些寺院可能已开始动工兴建，可是中土学道之人的观念尚未能尽与西天接轨，成仙后仍然只不过是一名会飞行的浪迹天空的遨游者，即所谓游仙。

在这里也许会被问起，不是有西王母和她的昆仑山吗，众仙为什么不到她那里去呢？诚然，西王母的传说极为悠古，但像《山海经》、《穆天子传》等书中之有关记载，一来离汉代较远，二来里面还有一些难以通贯之处，兹不讨论。就汉代而言，西王母虽被誉为"仙灵之最"，但只是"仙灵"，而不是天上的主神[97]。汉代最高的天神为太一。《史记·封禅书》说："天神贵者太一。"然而太一又被认为是一团无所不包的元气。《礼记·礼运》称，太一"分而为天地，转而为阴阳，变而为四时"。《庄子·天下篇》："至大无外，谓之太一。"则太一似乎游移于哲学概念和宗教理想之间，缺乏作为宇宙主宰的人格神的霸气。太一之佐为五帝，是五德的代表，其相生相胜，反而被认为关系到国运之隆替，地位极尊。西汉时的太一神坛在甘泉（今陕西淳化）。《汉书·郊祀志》说："太一坛三垓，五帝坛环居其下，各如其方，黄帝西南。除八通鬼道……其下四方地，为腏食群神从者及北斗云。"同《志》所载匡衡奏亦称："甘泉太畤，紫坛八觚，宣通象八方。五帝坛周环其下，又有群神之坛。"东汉的太一神坛在洛阳。《续汉书·祭祀志》说这里"为圆坛八陛，中又为重坛，天地位其上，皆南向西上。其外坛上为五帝位：青帝位在甲寅之地，赤帝位在丙巳之地，黄帝位在丁未之地（即西南），白帝位在庚申之地，黑帝位在壬亥之地"。圆坛周围的从祀者，"凡千五百一十四神"。但《志》中只说里面包括"雷公、先农、风伯、雨师、四海、四渎、名山、大川之属",是否也包括西王母,史无明文,但看来是有可能的。汉规矩五灵镜镜背的纹饰,相当典型地反映出汉代人在五行学说主导下的宇宙观。五帝、五方、五灵等之互相配合的关系,于其上有清楚的表现(表二)。

表二

五德	木	火	土	金	水
五色	青	赤	黄	白	黑
五帝	青帝	赤帝	黄帝	白帝	黑帝
五灵	青龙	朱雀	麒麟	白虎	玄武
五方	东	南	中	西	北
五帝坛位	甲寅	丙巳	丁未	庚申	壬亥

这种镜子的纹饰中虽未铸出五帝的形象,但作为五帝之瑞的五灵,却排列在与镜铭之十二支中的寅、巳、未、申、亥相对应、即按照五帝坛"各如其方"而设定的位置上(图13-20:1)[98]。其中的规矩纹即 TLV 纹,则是从占栻那里借过来的。栻盘之四角为四维,子午、卯酉二绳的四端为四仲,这八个符号应代表维系天宇的八纮[99]。四维、四仲之所以被抽象成 TLV 形,或与《鹖冠子·道端篇》所称之"钩绳相布,衔橛相制";《史记·龟策列传》所称之"规矩为辅,副以权衡";《汉书·律历志》所称之"准绳连体,规矩合德"等理解有关。总之,四维四仲上的 TLV 形符号和它们所攀附的以大圆形套小方形的框架,是代表从大地上以钩绳衔橛等物将天宇维系起来的宇宙构造之图案化的表象[100]。五灵既然位于此圆框中,就说明五帝在天上。而此镜之另一条铭文称:"尚方作镜真大巧,上有仙人不知老。渴饮玉泉饥食枣,寿而金石天之保兮。"其所谓仙人应指纹饰中位于丑方的羽人。但这类仙人大约只能归入《汉书·郊祀志》所说"为五部兆天地之别神"的别神之列。而镜上的西王母与羽人同出,地位亦应相若(图13-20:2)[101]。在《庄子·大宗师》中,将豨韦、伏戏、堪坏、冯夷、肩吾、黄帝、颛顼、禺强、彭祖等与西王母并举,虽然其中有的是古帝王,有的是平民,但均被视为成仙者。比如冯夷,据《大宗师》晋·司马彪注:"《清泠传》曰:'冯夷,华阴潼乡堤首人也。服八石,得水仙,是为河伯。'"可见他本是一介平民,通过服食而成仙。成了仙就"得道而上天"[102]。所以尽管他是水仙,在一面"天公行出镜"上,榜题"何(河)伯"之驾鱼车的冯夷却跟在榜题"天公"的龙车后面,从一对阙中随云气而出(图13-21)[103];显然正在充任天公的扈从。西王母的地位应与之相近。

仙人除了在天空遨游,或在天上追随天公外,有的也有自己的领地。如《大宗师》中提到的肩吾据东岳,禺强领北海,都成为一方之主。西方母的情况稍特殊些,

1

2

图 13 − 20　规矩镜

1. 规矩五灵镜（五灵用双钩图形表示），河南洛阳烧沟出土　2. 规矩西王母镜，江苏扬州出土

图 13 - 21　天公行出镜，河南新野沙堰乡出土

因为西汉的著作还认为西王母实有其人，曾生活于尘世。如《史记·赵世家》说："缪王使造父御，西巡狩猎见西王母，乐而忘归。"并由于《尔雅·释地》径将"西王母"当作西方"昏荒之国"的国名看待，所以西汉时大多笼统地认为她居住在西方。《淮南子·墬形》就说："西王母在流沙之濒。"东汉人则明确指出："西王母居昆仑之山"[104]。起先认为其地在临羌。《汉书·地理志》："临羌西北至塞外，有西王母石室。"即在今青海湟源一带。后来认为在酒泉附近。《史记·秦本纪》正义引《括地志》："昆仑山在肃州酒泉县南八十里。"又引《十六国春秋》："前凉张骏酒泉守马岌上言：酒泉南山即'昆仑之丘'也（见《山海经·大荒西经》），周穆王见西王母乐而忘归，即谓此山。山有石室、玉堂。"《晋书·张骏传》记此事时，还说马岌建议在此山"立西王母祠"。则西王母石室与西王母祠应在同一地点。《括地志》等文献虽时代较晚，但谒石室奉祀西王母之举的出现却不会晚于东汉。卫宏《汉旧仪》说："祭西王母于石室，皆在所二千石令长奉祠"[105]。此石室极有可能主要是指酒泉南山中的那一座。西王母这时虽已属仙灵，却被要求验证的思维方式坐实得如此具体，致使神话的编造者不得不瞻前顾后，一些过分虚夸的说法也不便任意发挥了。

但汉代人碍难发挥之处，今人却乐于为之补充。日本的曾布川宽将长沙马王堆 1 号墓所出朱地彩绘漆棺上之有三峰的山形图案指为昆仑山（图 13 - 22：1）[106]。根据是魏·

1

2

3

图 13 − 22　　"昆仑山"与树木纹

1. 长沙马王堆 1 号汉墓出土朱地彩绘漆棺画　2. 临沂金雀山 9 号墓出土帛画　3. 郑州出土汉画像砖

张揖《广雅·释山》所说："昆仑虚有三山：阆风、板桐、玄圃。"其实这几座山的名字早已见于《楚辞》。《离骚》云："朝发轫于苍梧兮，夕余至乎县圃。""朝吾将济于白水兮，登阆风而绁马。"《哀时命》云："揽瑶木之橝枝兮，望阆风之板桐。"然而

《楚辞》并未指出它们同属昆仑山，张揖之说实涉牵合。而且马王堆1号墓的时代为西汉早期，其棺画如何能以三国时始出的新说为据？与此墓之时代相近的《淮南子·墬形》则认为"昆仑之丘，或上倍之，是谓凉风之山"；"或上倍之，是谓悬圃"；"或上倍之"，"是谓太帝之居"。《水经注·河水》也说："昆仑山三级，下曰樊桐，二曰玄圃，三曰增城，是为大帝之居。"山名虽小异，但都认为昆仑山有高下三级之别，与马王堆1号墓棺画上的山形不同。何况汉字之"山"，从来均象三峰并立，甲骨文山字作 ∭（《合集》6571），已是此形。倘依曾布川宽之说，岂不在商代已经有了昆仑山的神话。巫鸿也认为在马王堆1号墓的棺画上，"我们可以看到有三个尖峰的昆仑山和两侧的吉祥动物，这些图像将此棺转化为一个超脱凡俗的天堂"[108]。但仅举出一座空山，尚不足以将所谓"理想的乐园"、"不死无忧的乐园"充实起来[108]。于是曾布川宽以山东临沂金雀山9号墓出土帛画中所绘背后有三个突起物的屋宇为例，指之为昆仑三山与属于昆仑山的宫殿；而屋中的人物与其前之乐舞场面，则是墓主升仙进入昆仑山后的优游之状（图13-22：2）[109]。巫鸿也说，在这幅帛画中，"死者被表现坐于一间大屋内，其上有日、月及三峰耸立的大山"[110]。但拿它和郑州所出汉画像砖上的图案相比校，便不难一目了然地看出，屋后不是昆仑三山，而是三棵树（图13-22：3）[111]。连用短弧线连接起来表示树叶的手法，也和汉代陶屋壁上刻画的树木基本相同（图13-28）[112]。从而曾布川、巫二氏的上述见解，就完全没有认真考虑的必要了。

西王母既然是众仙中的一员，为何竟受到广泛崇拜。主要原因是世人认为她那里有不死之药。湖北江陵王家台出土的秦简云："《归妹》曰：昔者恒我窃毋死之药（307）。""恒我"即"姮娥"。《玉篇》："常，恒也。"今本《老子》中之"常"字，在郭店简本与马王堆帛书本《老子》中悉作"恒"。故姮娥亦作常娥。此记事在战国时的《归藏》中已经说得很清楚，"昔常娥以西王母不死之药服之，遂奔月，为月精"（《文选·祭颜光禄文》李善注引）。西王母有不死药之说在汉代被普遍接受，服食成仙被看作是西王母专擅的方术。在社会上层人士热衷长生的风气下，她于是成为主流时尚的带领者，自应为信徒所尊奉。其次是因为西王母具有引人注目的形象。汉代人不善塑造神像，最高神太一只在南阳麒麟冈画像石上露过一面[113]。五帝像从未见过。司命神像存世者也只有一例[114]。风神、河伯、雷公、电母的形象出现的次数稍多，但它们并不太适合充当吉祥画的题材。画像石上的西王母则或绾髻、或戴冠，更多见的是戴胜。早在《山海经·西山经》、《海内北经》、《大荒西经》等处就说西王母"蓬发戴胜"或"梯几而戴胜"。到了汉代，西王母戴胜的形象渐趋固定。这时，虽男（包括男性神祇和世俗男子）、女皆可戴胜，但主要供女用[115]。可是在画像石上，一般妇女戴胜的形象并不太多；而在西王母那里，各种短杖之胜、长杖之胜、三连之胜、华胜等蔚为大观（图13-23：1～5）。在滕州西户口画像石上，一位露虎齿而啸的西王母还在耳部戴着别处从未见过的垂长珥之珰（图13-23：6）[116]。不

故难以将众仙罗致到一个哪怕是松散乃至虚拟的体系之中。正如扬雄《法言》所说："神怪茫茫，若存若亡。"官样的祭祀不足以全面整饬汉代的鬼神世界，这里基本上仍是无序的和不可知的，未曾以完备的宗教理论加以规范。神祇们既无系列，何谈"至高"？对于被认为是各自单独活动的仙人来说，如何分得出高下？试看在接下来的王莽篡汉的事变中，这个对炮制舆论极其在行的野心家所炫弄的，仍不外五行相胜、天人感应等旧货色。如果这时天空中升起了一位威力无比的至高神，王莽是不会不加以利用的。

说到这里则不能不对巫鸿的一个基本论点提出质疑。他在《武梁祠》一书的《导言》中说：

> 武梁祠石刻展示了一个统一连贯、不同凡响的画像程序。这些图像乃是根据东汉的宇宙观而设计，其所表现的宇宙由天、仙界和人间这三个相辅相成的部分组成[123]。

天、仙界、人间加上他的书中多次提到的地下冥界，共四界，这和《太平经》所称天上、地上、地下等三界的观念不同[124]。所增加的"仙界"在其英文原书中用的是paradise一词，本义指基督教的天堂。将西方的天堂搬到普遍认为死后魂归泰山的汉代，未免令人错愕。他并且强调，这个"神仙世界"是"以西王母为中心"。对此，上文已有说明。作为仙人，西王母只能依附于天界，规矩镜上的图案证明了这一点。而在汉代的天界中，正统的主神是太一，辅佐的大神是五帝，还有日月星辰等天神，五岳四渎等地方神，名目至繁，不胜列举。大部分仙人并无所司，在天上相当闲散，所以终日遨游。西王母虽因能提供不死药，在众仙中比较活跃，然而仍属散仙，称不上是"西方仙界的主神"[125]。同时必须指出，汉代的图像材料中绝未发现过分布着琼楼玉宇的"乐园"式的昆仑山，汉代人也不曾认为那里是一个足以让灵魂适意地栖息的地方。

巧合的是，近年发现了若干有关"天门"的文物。四川巫山出土了一批原先装在木棺前挡（棺题）处的鎏金铜牌，牌上多饰以双阙，其中有的榜题"天门"二字（图13 – 25：10、11）[126]。最先介绍这批材料的赵殿增和袁曙光认为，它们代表通往天国仙境之门[127]。此说一出，引起广泛注意。巫鸿则将"天门"和他说的天堂及昆仑山联系在一起。认为：

> 可以想象，一旦"天堂"在人们心中从一个抽象的概念逐渐变成一个诱人的奇妙世界，这种原始的仙山形象也就自然开始变化，而一个重要的变化标志是"天门"的出现[128]。

可见他对此极其重视。他认为"天门"是"进入'天堂'的入口"，是"灵魂进入来世的入口"；甚至说，只要"跨过天门"就"成为永恒乐土的一分子"。

但是在棺、椁两端，尤其是前端的挡板上刻绘双阙的实例并不少见。山东临沂金雀

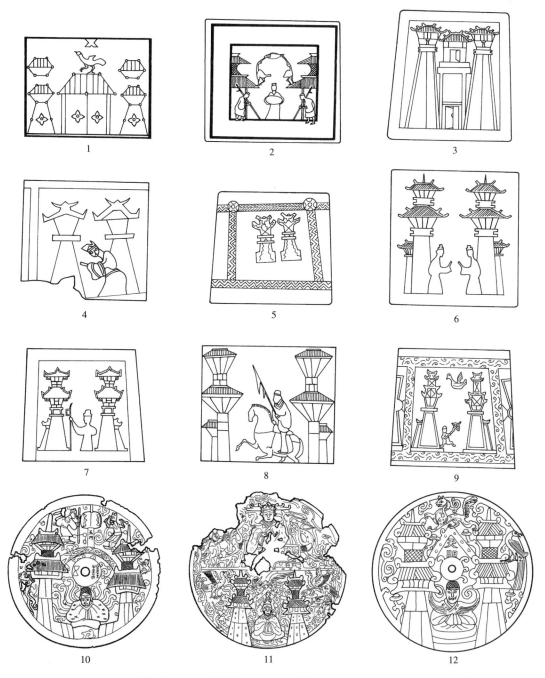

图 13－25　汉代棺椁前挡上的装饰（1. 西汉中期　2. 西汉晚期　3～5. 东汉中期
6～8. 东汉中晚期　9. 蜀汉　10～12. 东汉晚期）

1. 山东临沂金雀山 14 号墓漆棺　2. 山东滕州马王村石椁　3. 重庆沙坪坝 1 号石棺　4. 四川长宁七个洞 6 号崖墓左棺　5. 四川宜宾翠屏村 7 号墓石棺　6. 四川东山九峰乡石棺　7. 四川合江草山 2 号石棺　8. 四川新津宝子山石棺　9. 四川江安桂花村 1 号墓 1 号石棺　10. 四川巫山淀粉厂出土铜牌　11. 四川巫山东井坎出土铜牌　12. 甘肃成县出土铜牌

图 13 - 26 石椁前后两端挡板上的图像（左：前端 右：后端）
1. 山东济宁师专 10 号西汉墓出土 2. 山东微山两城出土

山 14 号西汉中期墓出土漆棺的前挡绘双阙，且饰以鎏金铜钉（图 13 - 25：1）[⑫]。类似的图像在山东滕州马王村所出西汉晚期石椁挡板，以及重庆沙坪坝、四川长宁、内江、合江、乐山、新津等地出土的东汉石棺上都能看到（图 13 - 25：2 ~ 8）[⑬]。四川江安桂花村出土的蜀汉石棺前挡之画像仍沿袭此式（图 13 - 25：9）[⑭]。上述巫山铜牌虽其材质、形式有所变化，构图的意匠实一脉相承。而且这种鎏金铜饰牌不仅巫山有，甘肃成县也出过相同之物（图 13 - 25：12）[⑫]，特别像山东微山两城所出石椁两端均刻有大门，前端的大门且设阙（图 13 - 26：2）。而山东济宁师专所出石椁，两端皆刻双阙，一端的阙下有两名执棨戟者守卫，另一端有骑马者自双阙间走出（图 13 - 26：1）[⑬]。假若将两端的阙均视为"天门"，则这座狭小的"天堂"在跬步之内就设有前后两个门，并且可以进进出出，道理上亦难讲通。故此类棺椁的性质大约仍如《荀子·礼论》所说："圹垅，其貌（貌）象室屋也。"《风俗通义》所说："梓宫者，礼：天子敛以梓器；宫者，存时所居，缘生事死，因以为名。凡人呼棺亦为宫也"[133]。故棺、椁乃"存时所居"之宫室的象征，这从石棺侧壁的图像中也可以得到证明。如四川乐山沱沟嘴"张君"墓出土的石棺，前挡刻出三重檐的双阙，高处有一仙人。后挡刻仓房，其下有人在装运粮食。棺身左侧刻宴饮和车马出行。这幅画像中的人物动作自然，比例协调，风格写实，生活气息很浓。棺身右侧无画像（图 13 – 27：3）[133]。四川郫县新胜 1 号墓出土石棺的前挡刻阙门，门下立躬身捧盾者。后挡刻伏羲、女娲。棺身右侧刻高楼，楼下数人宴饮，楼外在表演歌舞。棺身左侧刻泛舟和百戏（图 13 – 27：2）[139]。四川成都新都区永建三年（128 年）段仲孟墓出土石棺，前挡刻双阙，后挡刻灵山芝草。棺身右侧刻两座屋宇，屋内有双鹤，有兵阑，另有一人独坐。棺身左侧刻西王母及持节杖之仙人等（图 13 – 27：1）[133]。这些石棺多呈房屋形，棺盖有的微向上起弧如囤顶，有的还刻成庑殿式的瓦顶，认为它们模拟墓主生前的住宅，应当可信。因此，前挡上的阙代表的是住宅的正门；后挡上如果也有门或阙，则代表住宅的后门。棺身所刻房屋、宴饮、歌舞、兵阑等，代表的就是宅院内的活动与设施。至于上面也刻一些神仙题材的图像，应视为吉祥符号。画像石作为丧葬艺术，有这样的安排也是合理的。尽管它们有时发育得相当繁复，甚至演化出若干故事情节，附庸而蔚为大国，但本身的性质不变。巫山铜牌亦为棺档上的装饰，所以其上无论增益西王母或玉璧、芝草等，均可作如是观。因此漆棺、石棺、石椁以及巫山铜牌上的双阙，皆象征墓主生前之住宅的大门。过去曾认为阙在汉代建筑中等级极高，仅用于"标表宫门"，"列侯以下没有宫室，自然无阙"[133]。其实不然。汉代的大宅院设阙者并不罕见，甚至连仓楼之小前院的大门口也设阙，《河南出土汉代建筑明器》一书所收焦作一带出土的此型仓楼已达十例（图 13 – 28）[139]。汉代墓园的进口处也常设阙，不仅高官的墓园有阙，连任"县功曹"的斗食小吏之墓园也有阙[140]。但是在画像石中却几乎从未见过代表墓阙的图像，甚至连大墓墓门处雕刻的阙也并非代表墓阙。如四川三台郪江松林嘴 1 号墓是一座全长 18.7 米，由墓道、甬道、前室、中室、后室和侧室、耳室构成的多室崖墓，许多墓室顶部都雕出藻井、椽桷之形，墓壁上也雕出壁柱、壁带和斗栱，使此墓像是一所三进木结构宅院建筑的缩影。其甬道两侧雕刻的双阙，自应是整座建筑的组成部分，即代表宅院的大门，它既不是墓阙，更和"天堂的入口"之天门无关（图 13 – 29）[141]。

"天门"这个名称容易引起太多联想，其实它本是古天文学上的名词。《周礼·大司徒》贾疏引《河图括地象》："天不足西北，是为天门。"进而此词被引入神话中，《九歌·大司命》："广开兮天门。"桓谭《仙赋》说成仙之人"观沧川而升天门，驰白鹿而从麒麟"。这些天门大约都像《淮南子·原道》高注所说："天门，上帝所居紫微宫门也。"再往后，我国东、西方都出现了天门。曹操《气出倡》说："东到蓬莱山，

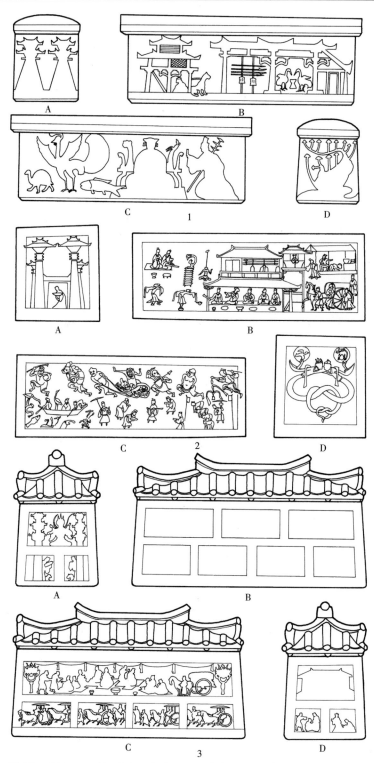

图 13 - 27　石棺（A. 前端　B. 右侧　C. 左侧　D. 后端）
1. 成都市新都区互助村 3 号汉墓出土　2. 四川郫县新胜 1 号汉墓出土　3. 四川乐山沱沟嘴汉·张君墓出土

图 13 - 28　河南焦作墙南村出土汉代陶仓楼

上至天之门"[142]。《论衡·道虚篇》则称："天之门在西北，升天之人宜从昆仑上。"所指不专。而巫山铜牌双阙纹饰中所标"天门"，则是修辞上借用过来的雅称，如同墓园内的大路叫"神道"，地下的墓室叫"神舍"或"灵第"一样；称墓门为天门亦循此例[143]。指的就是以棺、椁或墓室为代表的阴宅之门。四川长宁保民村七个洞 4 号墓墓门处刻有一阙，阙旁有"赵是（氏）天门"题刻[144]。"是"为"氏"的代字，镜铭中习见。故此"天门"为赵氏私有，从而为这类阙门的性质提供了无可辩驳的证据：它们是私家的阴宅之门，不是登天的通衢之门。七个洞 4 号墓门上虽只寥寥四个字，但意思表达得极明确，没有产生误解的余地。

巫鸿等学者先设定了一个仙界，然后说仙界就是天堂，进而为天堂构筑了一个入口——天门。但怎样才能够进去呢？在一般抱有肉体飞升观念的求仙者看来，只能望门兴叹了。于是巫鸿说：

现在人们开始希望在死亡后灵魂仍可以升仙，而不是将升仙与长寿简单地等同起来，仅仅追求在生时升仙[145]。

可是不仅早期的求仙者如秦始皇，"恶言死，群臣莫敢言死事"[146]；如果向他宣传死后灵魂升仙，岂不正撄其逆鳞。而且汉代的求仙者也不甘接受这种"希望"。如果仿佛企足可致的美好愿景忽然在生前悉数落空，尽管据说死后有望实现。但幽明阻隔，渺乎难期，这个弯子很不容易转过来。1991 年在河南偃师南蔡庄建宁二年（169 年）肥致墓中出土一座石碑，碑文中说"土仙者大伍公，见西王母昆仑之虚，受仙道。大伍公从弟子五人：田伛、全雨中、宋直忌公、毕先风、许先生，皆食石脂，仙而去"[147]。所记乃是实际发生的情况，求仙者仍远赴西王母石室寻找不死药，五个人服下成分不明的"石脂"后，"仙而去"。去到哪里，碑文中没有答案。可能如《楚辞·远游》所说："终不返其故乡，世莫知其所如。"即下落不明了，这大概是很多入山求仙者的遭际。但也说明，传统的求仙方式在东汉末年仍被固执而痴迷地信奉着。不仅东汉如此，

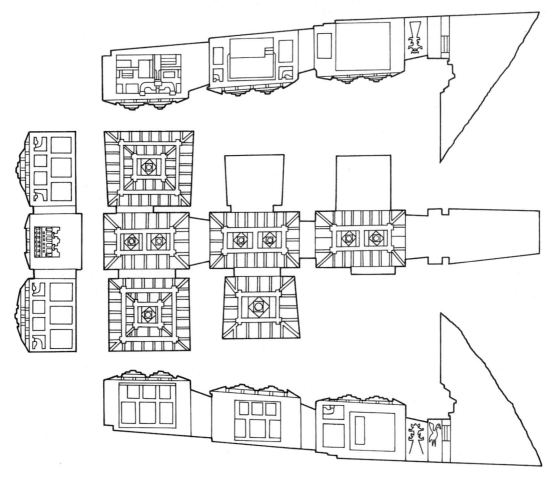

图 13-29 四川三台郪江松林嘴 1 号崖墓，甬道两侧雕刻双阙

十六国时的道安说："佛法以有生为空幻，故忘身以济物；道法以存身为真实，故服饵以养生"[148]。再往后至南北朝时，明征君仍然认为："今之道家所教，唯以长生为宗，不死为主"[149]。可见直到这时学道之人服食求仙的信念仍未动摇。所以在佛法未盛之前的汉代，人们无从产生灵魂升仙的要求。这时在昆仑山之"天门"前，如果到来的不是求仙者的肉身而是其亡灵，纵使他们不是来索赔的，至少也证明玉兔捣的是假药，这对靠不死药起家的西王母来说，岂不是一个莫大的嘲讽。因为直到佛教传入后，往生净土、六道轮回等过去难以想象的奇说才散播开来。特别是佛教称，有一处无比凶残而凄怖的地狱在等待着死者。它和只作为群鬼聚居之地的蒿里大不相同。通过反复宣传、反复愚弄、反复恐吓，它的阴影沉重地压在人们心上。使原本宗教感情相对淡薄的中土人士的观念发生变化，开始为死后灵魂的去向担忧，从而出现了一系列新的想法和做法。所以佛教传开之前和之后是思想史上的一道鸿沟，绝不容混淆二者的界线。

但巫鸿等的论点近年却造成相当大的影响，一提到"汉画像中的阙"，不是说"（它）在最普遍的意义上，是表示天门即天界或仙界的入口"[150]，就是说"阙代表天门，车马临阙代表升仙队伍，似乎已成共识"[151]。所谓"升仙队伍"在巫鸿那里安排得更为具体，他以苍山画像石中一幅由左向右行进的车队为例，称：

> 这幅车马出行图与主室中的两幅出行图在内容上有着根本的差别，它所描写的不再是葬礼，而是葬礼之后死者灵魂出行的场面。它的行进方向也变为由左向右，与葬礼中车马自右而左的方向相反。这个方向的转变并非偶然，一旦向右行进，这一行列就正对着右门柱上所刻画的神话中长生不老的西王母，因此明确反映出其死后升仙的主题思想[152]。

但汉画像石中车马的行进方向并无特定含意。巫鸿先生强调升仙时右行；孙作云先生则说："不管画幡或者壁画墓中，死者升天时皆面左，即西方。……人要上天成神仙，都要向西行"[153]。二说莫衷一是。而陕西米脂和绥德所出画像石上，车马却自左右两侧相向而来，不知它们是算送葬还是算升仙（图 13-30：1、2）[154]？还有人认为，画像中的车马行列之表现世间情景者，以持笏（案：其实是牍）的文官奉迎收尾；而表现墓主人入居地下的车马行列，则以持盾的亭长奉迎收尾[155]。但山东平阳孟庄所出画像石中，车马行列之前的两名奉迎者一持牍、一持盾，则又不知它们究竟属阳抑属阴（图 13-30：3）[156]？可见驰骋想象、向壁虚构的规律并无意义，因为无论死者上天堂或下地府，都是自身之事，不能以组成车队的形式率众前往。

四

巫鸿之所以对汉画像石提出许多令人匪夷所思的解释，还有一个重要的原因是，他

图 13 – 30　相向而来的车与门前的奉迎者

1. 米脂官庄画像石　2. 绥德画像石　3. 平阴孟庄画像石

把汉代人关于生死幽明的观念提前予以佛教化。比如他在解释河北满城西汉·刘胜墓中之排水沟的来源时，竟认为是仿效印度窣堵坡之右绕礼拜的通道而设。他说：

> 刘胜墓后室周围有一环形隧道。……我们在印度的早期石窟寺中见到相似的建筑设计，其中象征着佛舍利的石雕窣堵坡蠹立在礼拜堂的后部，周围环绕供绕塔礼拜所用的通道。在另外的论述中，我曾提出印度艺术的思想，包括石窟寺的概念，在大约公元前2世纪时已传到中国，刘胜墓中"隧道"的开凿或许基于此类信息。……满城墓的建造者或许将窣堵坡误解为一种埋葬方式，并以刘胜的棺室来替换它。这样，一种佛教的神圣符号就被"移植"到了中国墓葬艺术的体系之中[157]。

将排水沟说成是遥远的国度里为中土所不解的宗教仪轨中的礼佛通道，有确凿的证据吗？没有。如果早在前2世纪时，印度之独特的建筑形式和思想观念就能冲决种种礼制的约束，"移植"到西汉诸侯王一级的墓葬中，那么早期的中印关系史恐怕就要全部改写了。事实上，直到1世纪中叶才看到佛教在中国局部地区真正（尽管仍是闪烁不定的）投下了一片影子。光武帝之子楚王英"喜黄老学，为浮屠斋戒祭祀"。由于信仰浮屠在当时的诸侯王中并无先例，而且其中可能还有一些使他感到紧张的隐情，所以特向朝廷"奉送缣帛，以赎愆罪"。明帝诏报："楚王诵黄老之微言，尚浮屠之仁祠，洁斋三月，与神为誓，何嫌何疑，当有悔吝。其还赎以助伊蒲塞（Upasaka［居士］）、桑门（Sramana［出家人］）之盛馔"[158]。此过程被巫鸿表述为"有人向明帝告发楚王英的邪教倾向时，明帝特别下诏为佛教辩护，保护楚王研习宗教的权利"[159]。似乎这时的大环境对佛教的传播有利，但事态的进一步发展他却没有提及。也就是这位楚王英，随即却因"招聚奸猾，造作图谶"，被控"大逆不道"，以致废徙丹阳，旋即自杀。在他招聚的"奸猾"中，"必然包括优蒲塞、桑门等外来的佛教徒在内"[160]。明帝先前的《还赎诏》中所云，不过是清算的时机尚未成熟之前的安抚之词而已。"大逆不道"非寻常案件之可比，它不仅断送了楚王英本人，而且"楚狱遂至累年（案：前后八年），其词语相连，自京师亲戚诸侯、州郡豪杰及考案吏，阿附相陷，坐死徙者以千数"[161]。《后汉书·袁安传》则称："显宗怒甚（这句话在同书《寒朗传》中又重复了一遍。可见由于案情复杂，性质严重，致使明帝盛怒，楚狱已不完全走正常的司法程序，变成粗暴的政治打击了），吏案之急，迫痛自诬，死者甚众。"经过这场大狱，佛教在中国的传播遂急速刹车。如汤用彤先生指出的，随后的近百年中，"佛教寂然无所闻见"，民间仅视佛教为"道术之支流"[162]。至2世纪中叶，虽因桓帝曾"数祀浮图、老子"，故"百姓稍有奉者"[163]。但《后汉书·祭祀志》只强调桓帝"好神仙事"，说他"亲祠老子于濯龙"。同书《王涣传》也说："桓帝事黄老道。"可见桓帝敬奉的仍以黄老为主，这时佛、道两家的力量尚极不平衡，远未达到所谓"佛道杂糅"的程度。直到 3 世纪中叶，在东吴在地区，"人们将佛教造像饰于马具中用于鞧带的饰件，以及用作酒樽的附饰，甚至以佛像作为支承香熏的足，或贴饰承痰的唾壶"⑭。尤不堪者，如《法苑珠林·敬佛篇·观佛部》说："吴时于建业后园平地，获金像一躯。……孙皓得之。素未有信，不甚尊重，置于厕处，令执厕筹。"直视若厮役，毫无敬意。说明当时的佛教仍远未能对世道人心产生像日后那样巨大的影响。上溯至佛教初传之时，更难以对原先的神仙信仰造成根本性的冲击，无以改变传统的有关生死幽明的观念。

如果从源头上把水搅浑，容易使泥沙杂下。如果把汉代人的思想已经过早地准佛教化作为前提，则印度事物更似乎无往而不在。比如在武梁祠中，巫鸿发现：

> 值得注意的是其中的一幅祥瑞图是一朵正为两个仙人所膜拜的大莲花，莲花题材早在汉代以前就已经在青铜器的装饰中出现，但从未作为礼拜的对象，武梁祠画像所含概念无疑来源于印度佛教艺术，但是这里的莲花不再是作为佛教的象征物，而是作为一种祥瑞。

> 武氏祠前石室中还有另外一个引人注目的画面：两个羽人正在礼拜一座外形颇似一宽底酒瓶的建筑物（可能是一个坟丘），上面的两条垂直阴线似乎是想勾画一根树立于建筑物底部的箭杆状物，一个羽人和一只鸟在建筑物上方盘旋。这个画面的两旁是两幅分别描绘仙人拜祥草和祥云的画像，这两种题材均频繁地出现于汉代有关祥瑞的文献。由此可以推知，中间的一幅表现的也应该是祥瑞崇拜。但这一题材源于哪里呢？我认为它可能来自印度佛教艺术中的拜塔画面。比较武梁祠的这一画面与桑奇大塔和巴尔胡特大塔的浮雕，可以发现在画面构图、塔的外形、两侧的礼拜者和天上的飞翔物几方面有很多相似。然而武梁祠画面要简单得多，印度作品里的那些世俗礼拜者也已变成了汉代祥瑞艺术中流行的羽人⑯。

又说：

> 我们的确在现存的汉代墓葬画像中见到佛塔图像⑯。

进一步肯定了这一见解。其实所谓"大莲花"也好，"佛塔"也好，表现的都是祥瑞图中的"浪井"。前一图原石虽然已经渺蚀难辨，但在《金石索》中有摹刻本（图 13 – 31：1），巫鸿亦是据此本立论。其上之榜题分明标出"浪井"二字，但不知巫氏为何竟视而不见。《典略》云："浪井者，不凿自成之井"⑯。"莲花"正是地下水喷涌而上之状，其喷水处被视为井。但这种类似现代喷泉的景观汉代尚不习见，如何描绘亦无定式。第二幅中的浪井虽然没有榜题，但井旁的羽人手持一勺准备舀水，且井中波光粼粼。所谓"箭杆状物"就是喷出的水柱（图 13 – 31：2）⑯。尽管它对形象的把握仍不甚得法，但用意是清楚的。和林格尔汉墓中室北壁祥瑞图中的浪井，画得更为简略，更像一根箭杆，但榜题却告诉我们，它是："浪井"（图13-31：3）⑩。

图13-31　浪井

1. 武梁祠祥瑞图中的"浪井"，据《金石索》　2. 武氏前石室画像　3. 和林格尔汉墓祥瑞图中的"浪井"

再如三国六朝时墓葬中常见的魂瓶，本自汉代的解谪瓶、五管瓶等物演嬗而来，一脉相承，无可置疑。出土时其中常有粮食残迹，应即《颜氏家训·终制篇》所说："粮罂明器，故不得营"之粮罂。上海博物馆所藏此类器物上有"造此廪"铭文。廪即粮仓，更足以为证。巫鸿却说：

> 但我怀疑它还另有一个祖型，即印度和中亚佛教徒所使用的舍利函。大约制于3世纪的著名的迦尼色迦王舍利函，可能就代表了中国魂瓶的一种原型模式⑩。

所盛之物不同，造型大异，用意各殊，怎么可以乱认祖型呢！墓室是死者的归宿，是其地下的"万岁堂"；生前之舒适的享受、煊赫的排场、历官的荣耀，都希望在这里得到延续。阴宅不是死者的灵魂"升天"前之走过场的地方，否则也不必如此殚精竭虑地鸠工雕造了。画像石中除了起装饰作用的、包含吉祥寓意的图形之外，绝大部分内容都是为死者所作的长期安排，因而相当具体，相当写实。唯其写实，唯其"事死如事生"⑪，才有可能满足墓主在冥间的需求，才符合"幽墓既美，鬼神既宁。降之以福，于之以平"的希望⑫。虽然其中免不了有夸张过头之处，有含糊不清之处，有理想化、程式化之处，甚至在某些墓葬画像中，神怪占了上风；但从总体上说，终不失为"大象其生"。研究古代文物，如能从未开发的层面上揭示其渊奥，阐释其内涵，进而提出令人耳目一新的理论概括，当然是可贵的学术成就。但话又说回来，要做到这一步，必须以史实为依归，且断不能以牺牲常识为代价。

最后，谨援引北京大学汉画研究所研讨班上的一段评论以结束本文：

> 人们在理解汉代艺术时常常加入一些当时并不存在，后来却被人们普遍接受

的观念。这种以后来的眼光来审视汉代艺术的做法必然会影响我们对汉代艺术品的理解。具体到"升天"观念，它主要受到两方面的影响，一方面是东汉末年传入中国的佛教。佛教为人死后提供了种种归宿。它和汉代神仙思想的重要区别在于，佛教不看重人现世生命的长久，而是宣扬通过现世的努力求得死后或来世的幸福，而汉代神仙思想所讲的升天更多的是一种对长生不死的追求。佛教中的升天观念和佛教对死亡的看法密不可分，它改变了汉代之后中国固有的升天观念。另一方面是基督教的影响。基督教的"升天"即指"天堂"而言。基督教的升天观念影响了西方学者对汉代升天观念的理解，而西方学者的理解又影响到一部分中国学者。所以说，佛教的升天观念、基督教的升天观念和汉代的升天观念是不能混为一谈的[22]。

注　释

① 俞伟超：《汉画像石概论》，载《古史的考古学探索》，文物出版社，2002 年。

②《初学记》卷二四引。

③ 见《中国大百科全书·考古卷·秦汉考古条》。

④ 游国恩：《天问纂义》，第 9 页，中华书局，1982 年。

⑤ 杨爱国：《幽明两界——纪年汉画像石研究》，第 208～215 页，陕西人民美术出版社，2006 年。

⑥《中央研究院历史语言研究所藏汉代石刻画像拓本精选集》图版 50～53，台北，2004 年。

⑦ 长广敏雄：《汉代冢祠堂について》，《塚本博士颂寿纪念佛教史学论文集》，京都，1961 年。

⑧ 信立祥：《汉代画像石综合研究》，第 91 页，文物出版社，2000 年。

⑨ 朱锡禄：《嘉祥五老洼发现一批汉画像石》，《文物》1982 年第 5 期。山西省考古研究所等：《山西夏县王村东汉壁画墓》，《文物》1994 年第 8 期。

⑩ 南阳博物馆：《南阳发现东汉许阿瞿墓志画像石》，《文物》1974 年第 8 期。

⑪《中国画像石全集》卷 5，图版 40，山东美术出版社、河南美术出版社，2000 年。

⑫《中国画像石全集》卷 7，图版 56，河南美术出版社、山东美术出版社，2000 年。

⑬ 武氏祠与宋山 1 号石祠的墓主画像石，见《中国画像石全集》卷 1，图版 51、66、89、92，山东美术出版社、河南美术出版社，2000 年。宋山 2、3、4 号石祠与南武山的墓主画像石见《中国画像石全集》卷 2，图版 103、104、105、132，山东美术出版社、河南美术出版社，2000 年。

⑭ 蒋英炬：《汉代画像"楼阁拜谒图"中的大树方位与诸图像意义》，《艺术史研究》第 6 辑，2004 年。

⑮ 巫鸿：《武梁祠》（柳扬、岑河中译本），第 212 页，三联书店，2006 年。

⑯《武梁祠》第 226～227 页。

⑰ Wu Hung, *The Wu Liang Shrine*, *The Ideology of Early Chinese Pictorial Art*, p. 194, Stanford, 1989.

⑱《武梁祠》第 164、209 页。

⑲《武梁祠》第 219、222 页。

⑳《中国画像石全集》卷 3，图版 205，山东美术出版社、河南美术出版社。2000 年。

㉑ 通天冠以冠前的金博山为特点。另有一种高山冠，乃谒者、仆射所服。《续汉书·舆服志》说它"制如通天"，但"无山"。"无山"岂不失掉了与通天冠的相似之处？因知所谓"无山"者，指无金博山，但可以有用别的

材料做的"山"。《晋书·舆服志》说:"胡广曰:'高山,齐王冠也。'传曰:'桓公好高冠、大带。'秦灭齐,以其君冠谒者近臣。"又说:"傅子曰:'魏明帝以其制似通天、远游,故改令卑下。'"可见未改之前的高山冠也比较高。由于在画像石上难以辨别各种冠之部件的质地,故通天、高山不易遽分。但高山冠出现的几率很小。

㉒ 通天冠前高九汉寸,进贤冠前高七汉寸,较前者低二寸,合4.6厘米。

㉓ 孙星衍辑,周天游点校:《汉官六种》第105页,中华书局,1990年。《白虎通义·宗庙篇》说:"祭所以有主者,神无所依据,孝子以主继心焉。"可见宗庙里没有受祭者的肖像。如果有,神就可以肖像为依据了。

㉔ 巫鸿:《礼仪中的美术》(郑岩等中译本),第479页,三联书店,2005年。

㉕ 刘向:《列女传》。《太平御览》卷三八二引。

㉖ 《武梁祠》第286页。

㉗ 转引自《武梁祠》第213页。但克劳森又认为,东汉时阙也可建在地方政府的建筑物前,甚至建在官阶较低的人的墓地里。但巫鸿坚持说"拜谒场景表现宫廷中朝见"。并以孝堂山石祠画像为例,认为该图之并列的三座带阙的楼阁中的"贵人"的身分都是"君王"(在这里他指的是皇帝)。甚至认为盖上系四维的车"专供皇帝使用"。汉代盛大的出行仪仗中用象、驼(参看《后汉书·和熹邓皇后纪》)。他却将该图中出行队伍里的象、驼说成是"蛮夷向汉朝纳贡","他们骑着大象和骆驼来朝拜中国的皇帝"。殊不经。

㉘ 刘增贵:《汉代画像阙的象征意义》,《中国史学》第10卷,2000年。

㉙ 《中国画像石全集》卷4,图版23、35,山东美术出版社、河南美术出版社,2000年。

㉚ 《中国画像石全集》卷4,图版155。

㉛ 《中国画像石全集》卷4,图版172。

㉜ 《山东汉画像石选集》图165,齐鲁书社,1982年。《河南汉代画像砖》图190、191,上海人民美术出版社,1985年。《徐州汉画像石》图62,江苏美术出版社,1985年。任日新:《山东诸城汉墓画像石》,《文物》1981年第10期。

㉝ 唐长寿:《汉代墓葬门阙考辨》,《中原文物》1991年第3期。

㉞ 《礼仪中的美术》第171页。

㉟ 《礼仪中的美术》第264页。

㊱ 榆林市文管会、绥德县博物馆:《绥德县辛店乡郝家村汉画像石墓清理简报》,《中国汉画研究》第2卷,2006年。

㊲ 《仪礼·大射》:"若丹若墨,度尺而午。"郑注:"一从一横曰午。"

㊳ 《中国画像石全集》卷3,图版153。县令署门有鼓。《汉书·何并传》颜注:"县有此鼓者,所以召集号令,为开闭之时。"

㊴ 《徐州汉画像石》图75。

㊵ 《礼仪中的美术》第172页。

㊶ 《礼仪中的美术》第481页。

㊷ 见注㉘所揭刘增贵文。

㊸ 《河南汉代画像砖》图243、249,《中国画像石全集》卷4,图版5。

㊹ 《河南汉代画像砖》图114。

㊺ 盖山林:《和林格尔汉墓壁画》第15~28页,内蒙古人民出版社,1978年。

㊻ 《中国画像石全集》卷7,图版63。安丘县文化局、安丘县博物馆:《安丘董家庄汉画像石墓》图版18、19,济南出版社,1992年。

㊼ 河北省文物研究所:《安平东汉壁画墓》图版4~7,文物出版社,1990年。

㊽ 《礼仪中的美术》第264~265页。

(49)《礼仪中的美术》第266页。
(50)《礼仪中的美术》第214页。
(51) 山东省博物馆、苍山县文化馆:《山东苍山县元嘉元年画像石墓》,《考古》1975年。第2期。
(52) 李发林:《苍山元嘉元年画像石墓题记的简释》,载《山东汉画像石研究》,齐鲁书社,1982年。
(53) 同注(51)。
(54)《礼仪中的美术》第218页。
(55)《中国画像石全集》卷2,图版55。《吕氏春秋·节丧》高注:"绋,引棺索也。"
(56) 杨树达:《汉代婚丧礼俗考》,第72页,上海古籍出版社,2000年。
(57)《礼仪中的美术》第262页。
(58) 参见拙著《中国古舆服论丛》第359页,文物出版社,2001年。
(59)《太平御览》卷七五五引《晋书》:"武帝平吴之后,掖庭殆将万人。常乘羊车,恣其所之。"《南史·文元袁皇后附潘淑妃传》:"潘淑妃者,本以貌进,始未见赏。帝好乘羊车经诸房,淑妃每装饰褰帷以候,并密令左右以咸水洒地。帝每至户,羊辄舐地不去。帝曰:'羊乃为汝徘徊,况于人乎!'"
(60)《礼仪中的美术》第262、271页。
(61)《礼仪中的美术》第265~266页。
(62)《礼仪中的美术》第266页。
(63)《中央研究院历史语言研究所藏汉代石刻画像拓本精选集》图版20。
(64)《中国画像石全集》卷5,图版92。
(65)《和林格尔汉墓壁画》第16页,文物出版社,2007年。
(66)《礼仪中的美术》第217页。
(67)《礼仪中的美术》第261页。
(68) 何清谷:《三辅黄图校注》第345页,三秦出版社,1995年。
(69)《汉书·沟洫志》。
(70)《礼仪中的美术》第218页。
(71) 张协:《七命》李善注引郑玄说。
(72) 张道一:《汉画故事》,第109页,重庆大学出版社,2006年。
(73)《史记·秦始皇本纪》。
(74)《宣室志·董观》,《太平广记》卷三四六引。
(75)《山东汉画像石选集》图407、408、420。
(76) 山西临猗街西村出土延熹九年朱书魂瓶,见《中国文物报》1993年11月7日。陕西咸阳窑店出土朱书魂瓶,见《文物》2004年第2期。
(77) 见注(51)所揭文。又《文选》卷二九所收《古诗十九首》。
(78) 张俐:《论陕北东汉铭文刻石》,《中国汉画研究》第2卷,2006年。
(79)《礼记·檀弓》。
(80) 见注(79)所揭书。
(81)《楚辞·招魂》王逸注:"幽都,地下后土所治也。地下幽冥,故称幽都。"
(82) 罗振玉:《贞松堂集古遗文》卷一五。
(83) 吴荣曾:《镇墓文中所见到的东汉道巫关系》,载《先秦两汉史研究》,中华书局,1995年。蒿里山在今山东泰安市,原有酆都大帝庙,已毁。
(84)"苌富里"见《钟仲游妻镇墓券》,此券现存日本中村书道博物馆。"薪世所作"瓦当见华非《中国古代瓦当·

秦汉文字瓦当》276，人民美术出版社，1983 年。

㉟《古诗源》卷三。

㊱《陆士衡文集》卷七。

㊲ 见注㊆2、㊆8、㊇2的引文。又许玉林：《辽宁盖县东汉墓》，《文物》1993 年第 4 期。

㊳ 见注㊆7 2 所引诗，及《抱朴子·内篇·论仙》。汉代人求仙首重服食。《论衡·道虚篇》说："闻为道者，服金玉之精，食紫芝之英。食精身轻，故能神仙。"如果"与庸民同食，无精轻之验，安能纵体而升天？"

㊴《史记·司马相如列传》。

㊵《史记·秦始皇本纪》、《封禅书》，又《汉书·郊祀志》。我国古代有重视验证的传统。长沙马王堆 3 号墓出土的帛书《五十二病方》，有些方后加注"尝试"或"已验"，表明是有效的良方。《论衡·须颂篇》说，有些医方，"见者忽然，不御服也"。"若言'已验'、'尝试'，人争刻写，以为珍秘"。连《太平经》也认为凡事皆须验证，才能辨是非。卷四一说："吾之为书，不效言也，乃效征验也。"卷三九说："凡天下事何者是也？何者非也？试而即应。"

㊶《庄子·逍遥游》。

㊷《艺文类聚》卷七八引。

㊸《全后汉文》卷七五引。

㊹ 孔祥星：《中国铜镜图典》第 267、275、276、300、345 页，文物出版社，1992 年。

㊺《宋书·乐志》引。

㊻《文选》卷二一。

㊼《汉书·司马相如传》颜注。

㊽ 参见拙文《几种汉代的图案纹饰》，《文物》1982 年第 3 期。

㊾《淮南子·墬形》高注："纮，维也。维络天地而为之表，故曰纮也。"

⑩⓪ 参见拙著《汉代物质文化资料图说（增订本）》，第 69 篇，上海古籍出版社，2008 年。

⑩①《中国铜镜图典》第 303 页。

⑩② 《庄子·大宗师》晋·崔譔注。又《淮南子·原道》称："昔者冯夷、大丙之御也，乘云（雷）车，入云蜺。"认为他是古之善御者。但在多数情况下，他是以水仙的身分出现的。

⑩③ 刘绍明：《"天公行出"镜》，《中国文物报》1996 年 5 月 26 日。

⑩④《山海经》晋·郭璞注引《河图玉版》："西王母居昆仑之山。"

⑩⑤《太平御览》卷五二六引。

⑩⑥ 曾布川宽：《昆仑山への升仙》，第 33 ~ 36 页，东京，1981 年。

⑩⑦《礼仪中的美术》第 210 页。

⑩⑧《武梁祠》第 146、148 ~ 149 页。

⑩⑨ 同注⑩⑦，第 132 ~ 136 页。

⑩⑩《武梁祠》第 131 页。

⑪⑪《河南汉代画像砖》图 48。

⑪⑫ 河南博物院：《河南出土汉代建筑明器》图版 10，大象出版社，2002 年。又河南焦作店后村 1 号汉墓及焦作白庄 121 号汉墓出土陶仓楼的山墙上均画有树纹。见《华夏考古》2014 年第 2 期，《中国国家博物馆馆刊》2014 年第 4 期。

⑪⑬《中国画像石全集》卷 6，图版 128。

⑪⑭ 孙作云：《汉代司命神像的发现》。《光明日报》1963 年 12 月 4 日。

⑪⑮ 在沂南画像石中，东王公、西王母皆戴胜。《山东汉画像石选集》图 84 所载邹县独山出土的画像石上，一冠进

贤之男子也戴着胜。

⑯《山东汉画像石选集》图181、194、281。《中国画像石全集》卷2,图版96、144、221。

⑰《河南出土汉代建筑明器》图版33。

⑱《中国汉画研究》卷2,图版1,图3、4。《中国画像石全集》卷2,图版176。又同书卷5,图版66、67、90、91。

⑲ 翦伯赞:《秦汉史》第306页,北京大学出版社,1983年。

⑳《武梁祠》第146页。

㉑《礼仪中的美术》第459页。

㉒《武梁祠》第146、157页。

㉓《武梁祠》第5页。

㉔《太平经钞》辛部。

㉕《武梁祠》第135、142页。

㉖ 重庆巫山县文物管理所、中国社会科学院考古研究所三峡工作队:《重庆巫山县东汉鎏金铜牌饰的发现与研究》,《考古》1998年第12期。

㉗ 赵殿增、袁曙光:《“天门”考——兼论四川汉画像砖(石)的组合与主题》,《四川文物》1990年第6期。同作者:《“天门”续考》,《中国汉画研究》卷1,2004年。

㉘《礼仪中的美术》第257页。

㉙ 临沂市博物馆:《山东临沂金雀山周氏墓群发掘简报》,《文物》1984年第11期。

㉚《中国画像石全集》卷2,图版195。同书卷7,图版163。罗二虎:《汉代画像石棺》第39、75、107、133、145页,巴蜀书社,2002年。

㉛ 见注㉚所揭罗二虎书第96页。

㉜ 甘肃省文物局:《甘肃文物菁华》图319,文物出版社,2006年。

㉝《山东汉画像石选集》图17、18。济宁市博物馆:《山东济宁师专西汉墓群清理简报》,《文物》1992年第9期。

㉞《太平御览》卷五五〇引。

㉟ 乐山市崖墓博物馆:《四川乐山市沱沟嘴东汉崖墓清理简报》,《文物》1993年第1期。

㊱《中国画像石全集》卷7,图版122~128。

㊲ 成都文物考古研究所、新都区文物管理所:《成都市新都区东汉崖墓的发掘》,《考古》2007年第9期。

㊳ 同注㉘。

㊴《河南出土汉代建筑明器》图版3、6、8~10、12~15、87。

㊵《中国画像石全集》卷1,图版12~15。

㊶ 四川省文物考古研究院、绵阳市博物馆、三台县文物管理所:《三台郪江崖墓》第148~149页,文物出版社,2007年。

㊷《宋书·乐志》引。

㊸ 称“神道”者如北京石景山上庄村出土的“秦君石柱”(《文物》1964年第11期)。又四川乐山沱沟嘴崖墓墓门处刻有“张君神舍”四字(《文物》1993第1期)。傅惜华:《汉代画像全集·初编》图224所载墓门画像石,刻有“汉廿八将佐命功苗东藩琴亭国李夫人灵第之门”等字。

㊹ 见注㉚所揭罗二虎书第102页。但有人认为汉代“人死后的理想家园显然是在天门之后的天界”。并引《淮南子·精神》高诱注:“精神无形,故能入天门。骨骸有形,故反其根,归土也。”进而判定:“这里的‘精神’与‘骨骸’相对而言,自然指灵魂,即言灵魂入天门”(《中国社会科学报》2014年5月14日)。但《淮南子》原是这样说的:“古未有天地之时,惟像无形,窈窈冥冥,芒芠漠闵,澒濛鸿洞,莫知其门。”又说:“有二神混

生，经天营地。……刚柔相成，万物乃形。烦气为虫，精气为人。是故精神天之有也，而骨骸者地之有也。精神入其门，而骨骸反其根。"入其门"之门，即上文"莫知其门"之门，指颍濛鸿洞的无形之门。《淮南子》从未说天门之后的天界是人死后的理想家园。相反，《精神》中强调："吾生也有七尺之形，吾死也有一棺之土。吾生之比于有形之类，犹吾死之沦于无形之中也。"也就是书中说的"生寄也，死归也"之意。何曾言及死后人天门去过"天堂生活"。

⑭《礼仪中的美术》第 210 页。

⑭《史记·秦始皇本纪》。

⑭ 河南省偃师县文物管理委员会：《偃师县南蔡庄乡汉肥致墓发掘简报》，《文物》1992 年第 9 期。求仙者或服石脂。晋·张华《博物志》卷一："名山大川，孔穴相内，和气所出，则生石脂、玉膏，食之不死。"所谓石脂一般指溶洞中的碳酸钙淀积物，但由于地质条件的差别，有时也包含其他成分。

⑭ 前秦·道安：《二教论》，载《广弘明集》卷八。

⑭ 南齐·明征君：《正二教》，载《弘明集》卷六。

⑮ 顾森：《渴望生命的图式》，载《中国汉画学会第十届年会论文集》，湖北人民出版社，2006 年。

⑮ 盛磊：《四川汉代画像题材类型问题研究》，《中国汉画研究》第 1 卷，2004 年。

⑮《礼仪中的美术》第 263 页。

⑮ 孙作云：《长沙马王堆一号汉墓出土画幡考释》，《考古》1973 年第 1 期。

⑮《中国画像石全集》卷 5，图版 33、68。

⑮ 佐竹靖彦：《汉代坟墓祭祀画像中的亭门、亭阙和车马行列》，《中国汉画研究》第 1 卷，2004 年。

⑮《中国画像石全集》卷 3，图版 199。

⑮《礼仪中的美术》第 135～136 页。

⑮《后汉书·楚王英传》。

⑮《礼仪中的美术》第 582 页。

⑯ 吴焯：《汉明帝与佛教初传》，《传统文化与现代化》1995 年第 5 期。

⑯ 同注⑮。

⑯ 汤用彤：《汉魏两晋南北朝佛教史》第 41 页，中华书局，1983 年。

⑯《后汉书·西域传》。

⑯ 杨泓：《跋鄂州孙吴墓出土陶佛像》，《考古》1996 年第 11 期。

⑯《礼仪中的美术》第 299～300 页。但"佛塔"之外的祥瑞应为连理木、嘉禾和蓂荚。且均在右侧，不在"两旁"。

⑯《武梁祠》第 151 页。

⑯《太平御览》卷八七三引。

⑯《中国画像石全集》卷 1，图版 65。

⑯ 内蒙古自治区文物考古研究所：《和林格尔汉墓壁画》第 139 页，文物出版社，2007 年。

⑰《礼仪中的美术》第 329 页。

⑰《左传·哀公十五年》。

⑰ 张衡：《冢赋》，《全后汉文》卷五四引。

⑰《中国汉画研究》第 2 卷，第 431 页，广西师范大学出版社，2006 年。

滇文物小记*

　　中国国家博物馆这次展出的滇国文物，异彩纷呈。滇文物如今已蜚声海内外，而解放前却几乎无人知晓，是新中国的考古工作者使它重见天日的。1955 年云南省博物馆第一次对石寨山进行考古发掘时，就出土了赫赫有名的铸有纺织和祭祀场面的铜贮贝器。既是文化、文物事业的领导人又是大学问家的郭沫若和郑振铎，在昆明一见之下当即认定为具有国际意义的重大发现。高瞻卓识，慧眼如炬，至今令人钦叹。第二年也就是1956 年，在石寨山 6 号墓中又出土了金质"滇王之印"，结合《史记·西南夷列传》的记载，墓葬的年代和族属遂毫无疑义地得以确定。滇族没有自己的文字，要在西汉滇国墓里找到文字材料，诚戛戛乎其难。可是这件最具关键性的金印，一下子就出现在人们面前。比起历时近五十年的夏代考古迄未发现文字材料的窘况来，真是幸运多了。

　　滇文物工艺精、气魄大，在西南诸多古民族遗物中出类拔萃、独树一帜。那些无名的滇族匠师堪称天才的造型艺术家，他们的作品非常贴近生活，对滇国社会中的重大活动，如祭祀、战争、播种、入仓、纺织、放牧、狩猎、剽牛、饮宴、歌舞等，无不有所反映。云南地区所能见到的动物家畜如马、牛，羊、鸡、犬等，野兽如虎、豹、熊、狼、野猪，以及鹿、狐、猴、水獭、穿山甲等，禽鸟如孔雀、雉鸡、鸳鸯、鹦鹉、鸬鹚、犀鸟、燕子、乌鸦等，乃至若干小动物如兔、蛇、鼠、蛙、虾、蜈蚣、甲虫等，均奔凑活跃于其制品中。而这里说的制品，主要指青铜器物。他们不拘一格，什么都敢拿铜铸，通过浇出立体或浮雕式的铸件来表现这一切。陶范铜液等于是他们手里的素笺霜毫，用以传移模写，纵情挥洒。其中最著名的制品是贮贝器。贝是滇国的货币，满贮海贝之华贵的铜器是财富和权力的集中体现，非他物所可企及。贮贝器的器身多为提筒形、束腰圆筒形、铜鼓或叠鼓形，外加附耳或刻纹。盖顶是装饰的重点，其繁缛的程度往往足以与器身分庭抗礼。即以造型较疏朗的制品而论，如五牛贮贝器，八牛贮贝器等，盖顶上屹立着一圈封牛，犄角权丫，高低错落，也显得典重而威严。再如江川李家山出土的三骑士铜鼓，鼓面沿边处的三名骑士，虽信马由缰而控纵自如，其狞武矫健之风，英爽逼人；如若放大，差可与纪念性雕塑相媲美（图 14 - 1）。有的

＊　为中国国家博物馆举办的"云南文明之光展"作。

图 14-1　三骑士铜鼓与鼓上的骑士，云南江川李家山出土

则很生动，如展出的动物格斗贮贝器，两牛与一虎搏噬正酣，虎腿已被牛角刺穿，犹自咆哮嘶吼。旁观的两只猴子惊恐地窜上树梢，二鸟也振翅欲飞（图 14-2）。这类制品还有若干例应属滇文化中的重器，如展出的杀人祭记贮贝器，器盖上共铸出五十二人（男 22 人，女 29 人，幼童 1 人）。其中最令人瞩目的是乘舆的贵妇、蟠蛇的圆柱和一群受刑的人牲。审其用意，似乎是在表现某种祭仪。与之相类的另一件贮贝器出土于石寨山 12 号墓，较前者更为高大，盖上铸出一百二十九人（男 55 人，女 73 人，不明者 1 人）。其中也有主持祭仪的贵妇及一群人牲。与上一件不同的是，蟠绕在柱上的大蛇已将一人的半身吞下，仅余露在蛇口外的头部和两只手。滇族匠师具有驾驭大场面的能力，人物虽多，但繁而不乱，各就其位，各司其事。细加观察，还能够体味到其中有连贯的情

图 14-2　动物格斗贮贝器，
云南晋宁石寨山出土

节，虽然看不出人物的表情，但肢体的动作都有明确的目的性。铜器上铸出如此大规模的群雕，在中原地区同时期的工艺品中尚未曾发现。

有学者征引先秦典籍如《周礼》，《仪礼》中的记载，认为上述两件贮贝器盖上所表现的仪式与先秦时之聘享和射牲享神、献俘等古礼相同[1]。但滇国的统治者极度闭塞，直到元狩元年（前122年），其时汉已"略定西夷"，邛、筰、冉駹等皆请内附，滇王还询问汉使："汉孰与我大"[2]？连现实的国力对比的大形势亦如此茫然，对中原古礼制的无知更不待言。所以用《周礼》去解释贮贝器上的图像，未免方枘圆凿，难中肯綮。在这里看到的，乃是由原始的巫鬼信仰制造出的悲剧，这时的滇国仍然充斥着颇为浓重的早期奴隶制的色彩。

解决闭塞的前提是交通的开辟。秦时为通"南中"已修筑"五尺道"，"其道险厄，故道才广五尺"，即宽约1.15米左右。汉武帝时修"僰道"、自今四川宜宾通往云南昭通，据《水经注·江水》说："山道广丈余。"宽度已达2.3米以上，人骑可通行无阻。之后，于元封二年（前109年）"以兵临滇"，而于滇王降汉后仍允许他"复长其民"[3]。本次展出的滇国文物，大部是这一阶段前后的产品。此时汉文化已

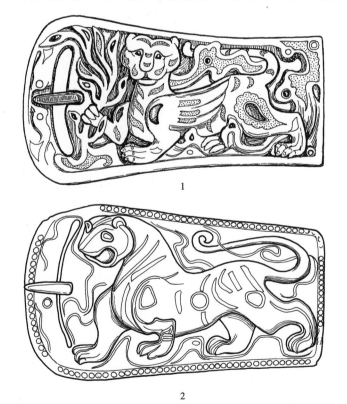

1

2

图 14 - 3　虎纹带扣
1. 晋宁石寨山7号墓出土银带扣　　2. 平壤贞柏洞37号乐浪墓出土银带扣

开始源源流入，但滇国的社会结构尚未发生变化。

因此，若干由内地传来、或本地仿汉制而生产的物品，在现实生活中所起的作用与中原地区不尽相同。如石寨山6号墓出土的玉柙片、磨制钻孔的仅69片，另有半成品玉坯料97片，不足以组成一具玉柙，所以滇王不见得真的用它作为殓具。展出的一枚孔雀镇和一枚鸳鸯镇，后者是不是镇，尚可疑。前者腹内灌铅锡，很重，确乎可供镇压坐席之用。但一套镇是四枚，今二者仅各有一枚；况且必须在室内铺席，主人并经常保持跪坐，镇才用得上。从滇国的房屋模型看，滇人在室内的生活习惯与汉地不同，这件孔雀镇当时如何使用，亦难确知。展出的一件有翼虎纹银带扣，曾被视为"古希腊的所谓'亚述式翼兽'"，经波斯、大夏而输入西南夷的外来之物，但此虎纹以一前肢握持"三珠树"之类卉木，背后衬以缭绕的云气，其形制与平壤贞柏洞37号乐浪墓出土的虎纹银带扣极肖似，纯属汉地工艺作风（图14-3）④。至于为兽类添加羽翼的做法，本来在我国出现得很早，春秋时的《齐铺》钮上就铸出有翼龙。战国时，如《枎氏壶》、琉璃阁出土的铜鉴、山彪镇出土的编钟、侯马出土的陶范等物，纹饰中都出现了有翼兽。平山中山王墓所出错金银翼兽更是名闻遐迩。到了汉代，有翼兽比比皆是，规矩四神镜和多乳禽兽带纹镜上的青龙和白虎，几乎无例外地均傅以羽翼。

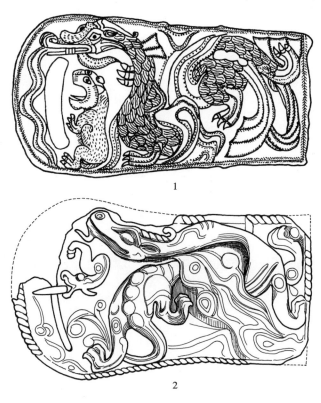

图14-4 龙纹带扣
1. 昆明羊甫头出土金带扣　2. 平壤石岩里219号王根墓出土银带扣

所以，不能因为此虎纹有翼就把它视为外来之物。展出的龙纹金带扣与平壤石岩里219
号王根墓出土的龙纹银带扣、洛阳夹马营路汉墓出土的龙纹玉带扣均相似，这种龙纹
为我国所特有，当然更没有来自中亚、西亚的可能（图14－4）[⑤]，但从此金带扣前端
之小兽的造型看，似可推测它是滇国仿制之物。不过滇国的人物形象资料中尚未见系
此式带扣者。

　　汉地传入的物品中最实用的应推武器，尤其是射远的利器——弩。石寨山墓地共

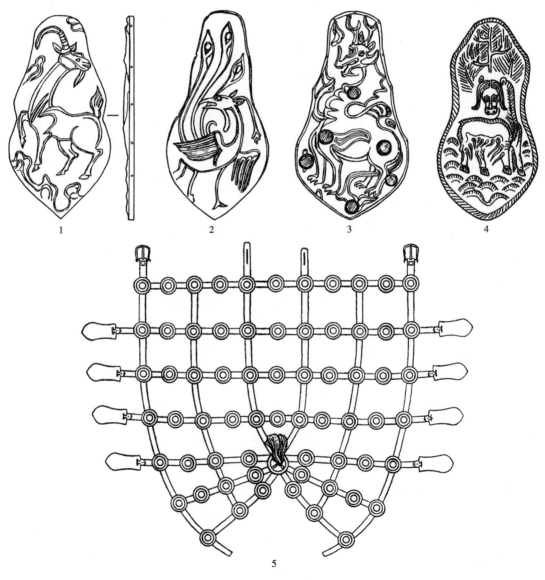

图 14 － 5　马珂

1. 广西西林普驮铜鼓墓出土　2. 晋宁石寨山 7 号墓出土　3. 乐浪王根墓出土　4. 蒙古诺颜乌拉 6 号墓出土
5. 马具后鞦上的饰件，据安阳孝民屯 154 号西晋墓出土物复原

出铜弩机十八件，据研究，其中有的明显来自中原地区，有的则为滇国匠师所仿制。展出的叠鼓形贮贝器的盖上铸出战争场面，一滇族士兵正举弩欲射。不过在战场上，弩手要分成发弩、进弩、上弩等组，轮番放箭，才能发挥较大威力。如只有一张弩，射出一支箭后，因重新装箭费时，就陷于被动了。至于马具，通常多与武器相提并论。展出的马面形当卢与河北满城汉墓出土者相似。而展出的鎏金孔雀纹水滴形铜片则为马珂，它是装在马鞍后面之鞦带上的饰件（图 14 – 5）。但滇人有自己的一套马具。如展出的战争场面贮贝器盖，中央有一员骑马的战将，通体鎏金，但他的马未在额上装当卢，马尻处空无一物，亦未装马珂。可是，此人双足之拇趾均伸入自鞍前垂下的绳圈中，此物所起的作用与马镫相近，可视为马镫的渊源之一（图 14 – 6）。中原地区于 4 世纪时出现的马镫，其发明的起因是为了上马时克服由于使用高桥鞍所带来的不便，而套在一个脚趾上的绳套对上马却不起作用。而且此物只适用于日常皆跣足的民族，也使它难以推广。但无论如何，它对于马具的改进具有相当大的启发性，其意义不能低估。

图 14 – 6　贮贝器盖上所见骑马的滇国战士

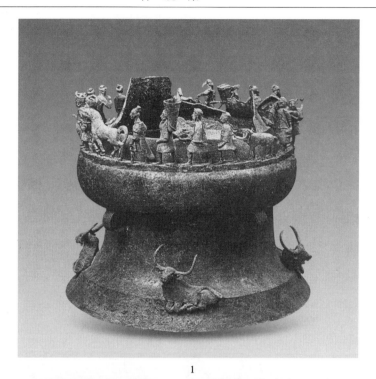

1

2

3

图 14 − 7　纳贡贮贝器上的人物与其他滇俑的比较

1. 纳贡贮贝器，云南晋宁石寨山出土　2. 贮贝器上的长须人物　3. 持伞铜俑，云南江川李家山出土

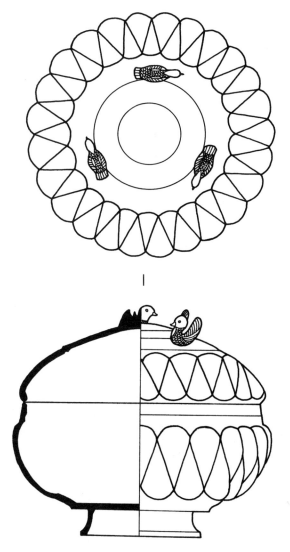

图 14 - 8　　晋宁石寨山 11 号墓出土铜盒

　　滇文物中经常出现马和骑马者的形象，此次展出的还有一件驯马贮贝器。但滇是"椎结，耕田，有邑聚"的农业民族，和生活在大草原上的所谓骑马民族不同。这里指的是斯基泰人，他们和滇人都铸造了大量动物金属饰件，所以常有学者对双方进行比较。甚至或将石寨山 13 号墓出土的贡纳贮贝器上之贡纳人物中的长须者指为斯基泰人，进而为斯基泰艺术传入云南说作张本[6]。但此人的相貌与被认为是滇人的李家山 51 号墓所出持伞男俑几乎一模一样，也应是这一带的居民。如将他说成是印欧族的斯基泰人，脸型实在差得太远（图 14 -7）。滇人的这类作品是其饮誉世界艺术史的成就之一，出自他们手下的动物大都非常逼真。有些表现动物搏斗题材的作品，线条紧张，气氛热烈，充满了动感。但和斯基泰人的同类制品放在一起，不难看出，二者的风格差别极大。在斯基泰的动物搏斗纹中，骏马、雄狮、格里芬、花角鹿、后躯翻转过来的困兽犹斗之身姿，是其最突出的特点。如果说滇人接受了斯基泰艺术的影响，却不曾发现这些主要成分的踪影，又如何能令人信服。同样，在滇人的作品中出现的老虎背牛、蛇蟠孔雀等题材，也极少见于他处。大体上说，滇人的工艺是一种乡土艺术，外来的影响很浅淡。萧明华先生研究了滇人与北方草原民族青铜扣饰的关系后认为："这些饰件是各有其自己的源头和分布范围，各有特定的创造和使用的民族，各有其特定的用途、独特的风格和各自产生、发展和消失的过程"⑦。他的看法很有见地。

不过影响虽浅淡但并不等于完全没有。前些年童恩正先生提出了我国从东北到西南的边地半月形文化传播带之说⑧。现在已有越来越多的事实可以作为旁证，如曲刃剑，如三叉格剑柄，如祖柄勺，在两地均曾出现。不过在动物纹牌饰方面，只能说彼此各擅其胜，双方之主流的创意都不是模仿别人的。至于两地间的沟通者，则羌人南下应作为首先加以考虑的史实。

这次展出的滇文物中还有一件凸瓣纹镀锡铜盒，其祖型为安息的银盒。安息制品以锤鍱出光滑的尖圆形凸瓣反射出的亮影取胜，与我国古代青铜器之传统的装饰技法有别。安息银盒传入我国后常被加上盖钮和圈足，而滇国铜盒的盖钮、圈足却非后装，而是一体成型的。石寨山 11 号墓所出者，盖钮为三凫形，其状与滇国艺术中所见者一致。此铜盒为铸件，和安息银盒的工艺亦大不相同。所以，它不仅不是舶来之物，而且是根据传入我国以后之业已加工添改过的式样仿制的（图 14－8）⑨。凸瓣纹盒与上述龙纹带扣当时都极其奇特珍罕，而在滇文物中已出现其仿品，说明滇人对所能接触到的新鲜事物颇具敏感，择善而从，脚步还相当快。

（原载《"云南文明之光展"图录》2003 年，收入本集时作了修改）

注 释

① 易学钟：《晋宁石寨山 12 号墓贮贝器上人物雕像考释》，《考古学报》1987 年第 4 期。同作者：《晋宁石寨山 1 号墓贮贝器上人物雕像考释》，《考古学报》1988 年第 1 期。

②《史记·西南夷列传》

③ 同注②。

④ 朝鲜民主主义人民共和国社会科学院考古研究所田野工作队：《考古学资料集》5，平壤，1978 年。

⑤ 藤田亮策、梅原末治：《朝鲜古文化综鉴》卷 3，图版 76，天理，1959 年。洛阳市文物工作队：《洛阳东关夹马营路东汉墓》，《中原文物》1982 年第 5 期。

⑥ 张增祺：《关于晋宁石寨山青铜器上一组人物形象的族属问题》，《考古与文物》1984 年第 4 期。

⑦ 萧明华：《青铜时代滇人的青铜扣饰》，《考古学报》1999 年第 4 期。

⑧ 童恩正：《试论我国从东北至西南的边地半月形文化传播带》，载《中国西南民族考古论文集》，文物出版社，1990 年。

⑨ 参见本书《凸瓣纹银器与水波纹银器》一文。

大通银壶考

20 世纪 70 年代在青海大通上孙家寨发掘了一批汉晋墓，其中的乙 1 号墓出土"汉匈奴归义亲汉长"驼钮铜印，表明墓主是东汉时据有湟中之匈奴别部卢水胡的首领[①]。与此墓相距不过 60 余米的乙 3 号卢水胡墓中则出土了一件罕见的银壶，今藏中国国家博物馆（图 15－1、15－2：1、15－6：3）。

大通乙 3 号墓是一座有前、后室和二侧室的砖室墓，根据出土物分析，年代为东汉末至三国时期。所出银壶形制独特，在出土银器中迄今尚未发现过相同或肖似之实例。考虑到银器往往奕世流传，它的制做时间比墓中出土物的下限虽然会早些，但大体上亦不出东汉。此壶口部微侈，口径 7 厘米。短颈，溜肩。腹径虽增至 12 厘米，却并不显得十分膨鼓。底部平，底径收缩为 5.4 厘米。就整器而言，它的轮廓线很柔和。在壶口、上腹与近底处各有一道花纹带，皆鎏金。壶中部于一侧装单环耳。大通乙 3 号墓之出土物的形制多与中原地区相仿，这一件却是例外，它显然并非中原制品，也和典型的匈奴器物不同。发掘报告说它"是公元 3 世纪时期的安息制品"[②]。《华夏之路》说它"是公元 3 世纪时期，今叙利亚一带的罗马时期的制品"[③]。齐东方先生《唐代金银器研究》一书中则认为："这件银壶应是中亚地区输入的器物"[④]。在讨论其产地时，都把目光投向遥远的西方。可是在安息、叙利亚、中亚等地的出土物中并未看到这种式样的壶，而在与青海毗邻的新疆地区却发现当地制做的陶器中有和大通银壶之造型颇相近似者。

这类以口部微侈、短颈、溜肩、单耳，且腹部不甚膨鼓为特点的陶壶，在新疆地区先汉至汉代的遗物中屡屡出现。新疆东部吐鲁番盆地一带这一时期的古墓群，多被考定为"西域三十六国"之姑师的遗存。以托克逊县喀格恰克 83TOHM1 号姑师墓出土的素面陶单耳壶为例，它的年代约为春秋、战国时，可以被视为大通银壶的先型，惟壶颈稍长了一些（图 15－2：2）[⑤]。同类型的陶壶亦见于鄯善县洋海及苏巴什、吐鲁番市艾丁湖等地的姑师墓出土物中，其年代有的已进入西汉[⑥]。再往西，在新疆中部和静县发现了规模庞大的察吾呼沟墓地，年代相当于中原地区的西周至两汉之交。这处墓地墓葬密集，出土物丰富，以彩陶带流罐与带流杯最具特色，其主体文化被定名为"察吾呼文化"，唯其族属目前尚未能确认。察吾呼沟口内外共发掘了五片墓地，其中 2 号墓地中的石堆石室墓年代较晚，这里的出土物中除带流罐外也包含相当数量的单耳

壶，以215号墓所出标本为例，器形和年代均与上述喀格恰克姑师墓出土者接近，但
颈部较短（图15–2：3）⑦。自和静往西，轮台县群巴克墓地的出土物中也有这种类型
的单耳壶，这处墓地亦属察吾呼文化⑧。由此北逾天山至石河子市，这里的南山汉代古
墓群所出陶器则以单耳壶为主，虽壶颈长短不一，但显然属于上述类型（图15–2：
4）⑨。其西则为新疆西陲的巩乃斯河—伊犁河流域，在新源县巩乃斯种羊场1号、昭苏
县夏台7号等汉代乌孙墓中仍出这类单耳壶，不过器形稍圆浑些（图15–2：5）⑩。我国

图15–1　大通银壶的外形（上）及上腹部纹饰展开图（下）

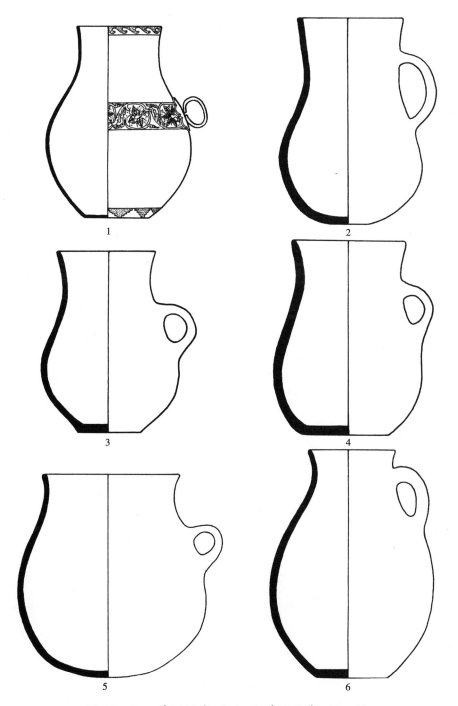

图 15-2 单耳银壶（1）与单耳陶壶（2~6）

1. 青海大通上孙家寨出土 2. 新疆托克逊县喀格恰克出土 3. 新疆和静县察吾呼沟出土 4. 新疆石河子市南山出土 5. 新疆新源县巩乃斯种羊场出土 6. 新疆洛普县山普拉出土

国境以外，在哈萨克斯坦之伊犁河流域的古墓出土物中还能看到类似制品，更往西之中亚地区所出者，就是另外的类型了。值得注意的是，单耳壶不仅于天山南北麓出现，甚至在塔里木盆地以南，南疆和田地区洛浦县山普拉墓地出土的陶器中也有它的踪迹（图15－2：6）[⑪]。说明它是新疆古代陶器中一种主要的类型。据查吾呼沟出土物所见，这类陶壶无论平底或圜底，与壶耳相对的壶外壁及底部多有烟炱，应是炊器。当烹饪方式未产生变化前，与盛器相较，炊器的形制通常更为稳定。故此类单耳壶在新疆的使用历时久远，分布地区广袤，从而为大通银壶的造型所取法。

认为大通银壶的形制取法这类陶器，还可以从纹饰上找到佐证。虽然陶器的拉坯绘彩与银器的锤鍱錾刻之工艺不同，但图案的布局和题材是可以互相影响的。大通银壶上的三道花纹带，一道经过器耳围绕于器腹上部，这种布置法在察吾呼沟出土的单耳彩陶杯上常见（图15－3）[⑫]。大通银壶的口沿处有一道波浪纹，而哈密市焉不拉克及上述喀格恰克和洋海出土的彩陶器，也正于口沿内外绘这种花纹（图15－4）[⑬]。此外，大通银壶在腹下部近底处还有一道纹饰，这样的安排在陶器上罕见，但所饰之倒三角纹则是新疆彩陶最流行的图案之一。哈密市的白山与焉不拉克，以及洋海，苏巴什和察吾呼沟等地出土的彩陶上，倒三角纹比比皆是（图15－5：1、2）[⑭]。察吾呼之倒三角纹有的并在边缘上增添小突起（图15－5：3）[⑮]。大通银壶上的折线阶梯式倒三角纹，或即由此种图形演变而来。除绘出的这类花纹外，民丰县尼雅遗址出土的黑陶壶上还有刻划的倒三角纹[⑯]。这件陶器为公元1世纪下半叶之物，和大通银壶的时代就更加接近了。当然，大通银壶之最显著的纹饰还是器腹上那圈卷草纹。在中原地区，卷草纹于西汉时开始出现，它是从流云纹演变出来的，此种意匠中无疑应包含有我国自创的成分。在河南洛阳周公庙出土的空心砖上，已能看到很规范的卷草纹（图15－6：1）[⑰]。东汉时，我国的卷草纹还演进出较繁复的构图。古乐浪与陕西勉县虽相距遥远，但两地之东汉墓中却出土了极相似的铜盘，内底皆饰以这类卷草，其奔旋流利的线条缭绕而遒劲，与汉代金银错、漆绘的风格正一脉相承，而和当时西方之卷草纹的构图有别（图15－6：2）[⑱]。不过卷草纹在东汉并不多见，实例颇罕。而它在西方出现得很早，上古时代之埃及、亚述以及后来的希腊、罗马、波斯、印度的建筑装饰和工艺制品中，卷草纹均普遍流行。西方式样的卷草纹到十六国、南北朝时，通过佛教艺术影响到我国内地。可是在新疆地区，却于不晚于2世纪时已经接受了这种图案。

大通银壶上的卷草纹为波状茎蔓以二方连续的形式卷绕而成。每一单元中或实以由三至五枚叶片托起的石榴花苞，或者在花苞之下衬托三个小石榴，花叶间缀饰圆点，多以三个为一簇，而在茎蔓的分权处包附一片莨苕叶（acanthus）。从末一项手法看，它和在伊朗法尔斯省比沙普尔镇萨珊国王沙普尔一世（241～272年）之宫殿建筑所饰卷草纹相近，但后者为3世纪下半叶之物，比大通银壶略晚，叶片也更复杂而细致（图15－6：4）[⑲]。并且，其中未饰以石榴。石榴原产于伊朗高原，古波斯人认为葡萄

图 15 – 3　　察吾呼沟出土的施花纹带的陶器
1. M158∶2　2. M295∶1　3. M131∶2

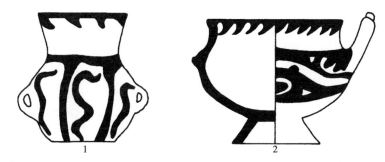

图 15 – 4　　新疆出土陶器所见波浪纹
1. 哈密市焉不拉克出土　2. 鄯善县洋海出土

图 15 – 5　　新疆出土陶器所见倒三角纹
1. 鄯善县洋海出土　2、3. 和静县察吾呼沟出土

是代表月亮的圣树，石榴是代表太阳的圣树㉑。石榴多子，还是丰饶的象征。所以在西亚，石榴自古就是重要的装饰题材。伊拉克巴格达西南、古巴比伦城附近的阿尔塔尔（Al－Tar）洞穴所出相当安息时代的缂毛织物，其中有的织出以对称之卷草络合成的束带状图案，内部并填充石榴等花卉，而且石榴花苞之外还饰有若干圆点子，令人立即联想到大通银壶上那道卷草纹中之引人瞩目的圆点（图 15 – 7∶1）㉑。类似的织物也曾在新疆发现，若羌县楼兰古城址东北的孤台墓地之 82 号东汉墓中出土的一块织出石榴花束带纹的缂毛，其图案与阿尔塔尔所出者有相近之处，不仅石榴苞外也饰以圆点，而且图案带两侧也有波浪纹和晕绚彩条（图 15 – 7∶2）㉒。特别是那些圆点多以三个为

图 15 - 6　卷草纹

1. 洛阳出土西汉空心砖　2. 古乐浪出土东汉铜盘　3. 大通银壶　4. 萨珊国王波普尔一世宫殿装饰

一簇，更与大通银壶的装饰手法如出一辙。无独有偶，民丰县尼雅遗址 5 号墓出的一个小口袋，是用缂毛织物缝制的，花纹带的主题也是石榴花，不过有些变形，但其上之三个一簇的圆点子却十分明显，清楚地表明了其装饰意匠与大通银壶有所关联（图 15 - 7：3）[23]。此墓的年代为东汉末魏晋初，与银壶正是同一时期之物。

　　新疆气候干燥，是保存古代纺织品的宝库，丝、毛、棉、麻等各类标本均曾发现。其中的毛织品是古代新疆居民基本的衣着材料。考古工作者考察了鄯善县苏贝希战国至汉代墓葬出土的毛织品后认为，"由历年在新疆的考古发现说明，西域土著人群利用自产的羊毛，织造、缝制自身必需的衣着，具有悠久的历史"[24]。洛浦县山普拉墓地是新疆出土古代纺织品的重要地点，"其中丝织物约占 10%，棉织物约占 5%，余皆为毛织物"。"从整个墓地死者穿着衣物看，其质地 80% 以上都是毛织品，当时居民也应是以毛料为主要服装料。这些毛织物有的虽可能产自外地，但大多数应是本地制品。不仅从出土的纺轮可以肯定这里在捻毛线，而且从一些线轴可以推知已存在纺织技术"[25]。虽然目前尚难以将新疆出土的古毛织品中之本地的和外来的产品准确地区别开。但若干特精之品，如山普拉 1 号墓出土的暗红地缂毛残片，"其精纺程度之高几令人难以置信，单股毛纱与今机纺 56 公支毛纱相当"。"在与其共出的同类精纺毛织品中．有的纬密达 130～140 根/厘米，其致密精细可与现代机制贡呢相媲美"[26]。这样的毛织品极有可能为西方传入者。然而像上述尼雅 5 号墓所出缝成口袋的缂毛材料，经密为 14 根/厘米，起花部分的纬密亦仅为 69 根/厘米，这就很难把它说成一定是外来的了。尽管如此，但只要其上出现了带有西方色彩的图案纹饰，则仍应被认为是西方织物的模仿品，可是仿品并不等于输入之物，若干这类标本的花纹虽渊源于西方，但到 2 世纪时，已经是新疆本地工艺品中习用的图样了。

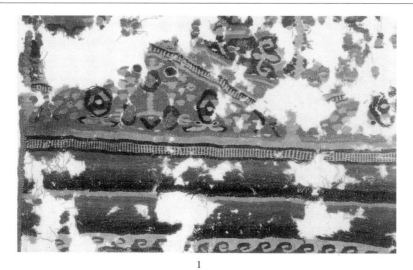

1

2

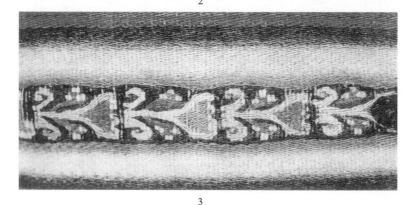

3

图 15-7　缂毛织物上的花卉纹

1. 伊拉克阿尔塔尔洞穴出土　2. 新疆若羌县楼兰遗址孤台墓地出土　3. 新疆民丰县尼雅遗址 5 号墓出土

不过说到西方色彩的纹饰,却又不能一概而论。除了特点极其鲜明的例子,如楼兰出土缂毛上的赫尔密士(Hermes),山普拉出土缂毛上的人头马(centaur)等之外,一般装饰性花纹的产生有些可能是多元的,须加以具体分析。比如波浪纹在阿尔塔尔洞穴遗物中曾多次出现,而且此处和孤台82号墓出土的缂毛织物都有在主纹两侧夹饰两道波浪纹的构图。由于阿尔塔尔遗物的时代居前,故后者应受到它的影响。但如上文所述,波浪纹在新疆实有悠久的历史。除了已举出的彩陶花纹外,且末县扎滚鲁克墓地出土的一片土黄色毛织品,花纹不是织出的,而是画上去的,不仅画有朱红色单线的波浪纹,还在波谷间涂出黑色的三角形[27]。它的年代约为前9世纪,远较阿尔塔尔出土物的时代早,所以又不能把这种花纹的起源全都归结到西方。只是因为波浪纹随着西方织物重新被引入,其流行的势头遂更加强化而已。对于大通银壶上的波浪纹,也正可作如是观。

大通银壶从器形到纹饰中的诸因素都能在新疆产品中找到根据,有些是新疆的乡土工艺;有些花纹虽源于西方,但这时早已在新疆落地生根,本地匠师对之已稔熟于胸,所以它很可能制作于新疆。虽然上文所举各类旁证或为陶器,或为纺织品,均与银壶的质地不同。但西域各国素有"贵黄金采缯"的传统,新疆古墓中出土的金银饰件、马具等为数不少,时代至迟可以上溯到前5世纪。锤鍱技法的出现,新疆比中原还要早[28]。而大通银壶就是锤鍱成型的。从工艺水平上说,2世纪时的新疆匠师已经完全有能力制做这样的银壶。不过由于这一地区的绿洲国家众多,加之匈奴、月氏、塞种等族活跃于其间,所以现在尚难以考定大通银壶到底是哪个民族在哪一个具体地点制做的。不过无论如何,卢水胡作为匈奴的一支,而湟中又毗邻西域,他们获得这件银壶的渠道是畅通的。

综上所述,如果本文的论点能够成立,则大通银壶可以被视为迄今为止所知之新疆制做的年代最早的银容器。过去似乎有一种成见,即我国出土之唐以前的金银容器,特别是与中原的艺术风格不尽相同者,往往都被认为是从西方传入的,新疆地区只是丝绸之路上的一个为人作嫁的中转站。现在看来,这种论点不无可以重新考虑的余地。

(原载《中国历史文物》2002年第3期)

注 释

① 青海省文物管理考古队:《青海大通上孙家寨的匈奴墓》,《文物》1979年第4期。

② 青海省文物考古研究所:《上孙家寨汉晋墓》,第220页,文物出版社,1993年。

③ 中国历史博物馆编:《华夏之路》第2册,第283页,朝华出版社,1997年。

④ 齐东方:《唐代金银器研究》,第253页,中国社会科学出版社,1999年。

⑤ 吐鲁番地区文管所:《托克逊县喀格恰克古墓群清理简报》,《考古》1987年第7期。

⑥ 新疆考古研究所:《鄯善县洋海、达浪坎儿古墓群清理简报》,《新疆文物》1989年第4期。吐鲁番地区文管所:

《鄯善苏巴什古墓葬发掘简报》，《考古》1984 年第 1 期。新疆维吾尔自治区博物馆、吐鲁番地区文管所：《吐鲁番艾丁湖古墓葬》，《考古》1982 年第 4 期。

⑦ 新疆文物考古研究所：《新疆察吾呼》第 246 页，东方出版社，1999 年。

⑧ 中国社会科学院考古所新疆队、新疆巴音郭楞蒙古自治州文管所：《轮台群巴克古墓葬第一次发掘简报》，《考古》1987 年第 11 期。

⑨ 新疆文物考古研究所、石河子市军垦博物馆、新疆大学历史系：《新疆石河子南山古墓葬》，《文物》1999 年第 8 期。

⑩ 新疆社会科学院考古研究所：《新源巩乃斯种羊场发现石棺墓》，《考古与文物》1985 年第 2 期。王明哲、王炳华：《乌孙研究》图版 11，新疆人民出版社，1983 年。

⑪ 新疆维吾尔自治区博物馆：《洛浦县山普拉古墓发掘报告》，《新疆文物》1989 年第 2 期。

⑫ 同注⑦所揭书第 65，105、195 页。

⑬ 新疆维吾尔自治区文化厅文物处、新疆大学历史系文博干部专修班：《哈密焉不拉克墓地发掘报告》，《考古学报》1989 年第 3 期。又注⑤、⑥所揭文。

⑭ 哈密地区文管所：《哈密沁城白山遗址调查》，《新疆文物》1988 年第 1 期。又注⑤、⑥、⑬所揭文。

⑮ 同注⑦所揭书第 103 页。

⑯ 日中国交正常化 20 周年纪念展《楼兰王国と悠久の美女》第 93 页，朝日新闻社，1992 年。

⑰ 周到、吕品、汤文兴：《河南汉代画像砖》图 33，上海人民美术出版社，1985 年。

⑱ 帝室博物馆编：《周汉遗宝》图版 49，东京，1981 年。唐金裕、郭清华：《陕西勉县红庙东汉墓清理简报》，《考古与文物》1983 年第 4 期。

⑲ R Ghirshman, *Persian Art*, fig. 178, New York, 1962.

⑳ 林良一：《东洋美术の装饰纹样——植物文篇》，第 297 页，同朋舍，1992 年。

㉑ シルクロード大文明展《オアシスと草原の道》第 60 页，奈良县立美术馆，1988 年。

㉒ 同注⑯，第 55 页。

㉓ 赵丰、丁志勇：《沙漠王子遗宝》第 89 页，香港艺纱堂，2000 年。

㉔ 新疆考古研究所：《鄯善县苏贝希考古调查》，《考古与文物》1983 年第 2 期。

㉕ 同注⑪。

㉖ 武敏：《新疆近年出土毛织品研究》，《西域研究》1994 年第 1 期。

㉗ 同注⑯，第 87 页。

㉘ 同注④，第 229 页。

步摇·步摇冠·摇叶饰片

《续汉书·舆服志》说东汉皇后盛装谒庙时的首饰有"假结、步摇、簪、珥"。其中步摇的形制是："以黄金为山题，贯白珠为桂枝相缪，八爵九华，熊、虎、赤罴、天鹿、辟邪、南山丰大特①六兽，《诗》所谓'副笄六珈'者。诸爵、兽皆以翡翠为毛羽，金题，白珠珰，绕以翡翠为华云。"从这里的描写看，步摇应是在金博山状的基座上安装缭绕的桂枝，枝上串有白珠，并饰以鸟雀和花朵。至于熊、虎等六兽如何安排，《志》文未说清楚。但枝上既然缀有花朵，则还应配上叶子，花或叶子大概能够摇动，即《释名·释首饰》所说，步摇"步则动摇也"。不过《释名》将此可摇动之物说成是上面的垂珠，恐怕不代表它本来的形制，因为《续汉书·舆服志》中没有提到这层意思。至于后世多以为步摇即顶端带垂珠的花钗，更是晚出的另一种饰物了，它和汉代的步摇是不同的。

汉代遗物中虽未见到如《续汉志》所描写的皇后盛装中之步摇，但曾发现过等级低一些的标本。甘肃凉州红花村出土的"金头花"，时代约为东汉晚期②。它在主梗上探出四片大叶，叶子前部附有小圆环，所悬之物已失。四叶间有八条细枝，其中七条枝上挑起四朵花和三个花苞。当中的细枝立一鸟，鸟嘴端的圆环系有薄金片制成的小叶。这类小叶在花朵下还保存着两片。将缺失的补齐后，此"金头花"上共应悬小叶九片，"步则动摇"，实即金步摇（图16-1）。虽然它仅有一只鸟、四朵花，比起皇后的"八爵九华"，即八只鸟、九朵花来，还差一大截，但差可仿佛其状。甘肃高台地埂坡4号魏晋墓所出"金花饰"，结构与凉州之例接近，却仅在五片大叶中的细枝上挑起四朵小花，未见鸟亦未悬小叶，等级就更低了③。魏晋时此物在贵族妇女中相当流行。魏·曹植《七启》说："戴金摇之熠烁，扬翠羽之双翘"（《艺文类聚》卷五七）。晋·傅玄《艳歌行》说："头安金步摇，耳系明月珰"（《玉台新咏》卷二）。均可为证。晋·顾恺之《女史箴图》中还画出了它的形象。图中的步摇皆以两件为一套，垂直地插在发前。其底部从主梗上出叶片，当中有缪曲的细枝，枝上立小鸟（图16-2）。这些小鸟未衔小叶，但它们立在细金枝上，必然也会动摇。从基本结构上说，它和凉州所出汉代的步摇正一脉相承。这种步摇一直使用到十六国、南北朝时期。辽宁北票房身村2号前燕墓出土金步摇两件，一小一大，似乎并非一套。其基座均为透雕的金博

山，小的从基座上伸出十二根枝条，大的为十六根。枝上系金叶，已脱失不全；小的
存金叶二十七片，大的尚有三十余片（图 16-3：2）④。又内蒙古乌兰察布盟达茂旗西
河子出土金步摇两套共四件，其中一套的基座为马面形，另一套为牛面形，均镶嵌料
珠。它们都从基座上伸出分叉的枝条，看起来像是鹿角，与底部的动物面形颇协调。
枝上也系有金叶；牛面的各十四片，马面的各九片（图 16-4）⑤。房身与西河子所出
步摇的枝上均无小鸟，但叶子都能动摇。这些两件一套的步摇大约可以像《女史箴图》
所表现的那样，直接插在发前。

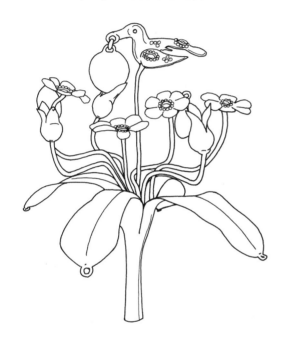

图 16-1　凉州红花村出土的金步摇　　图 16-2　《女史箴图》中戴步摇的女子

　　另外，北票西官营子北燕·冯素弗墓中还出金冠饰一件。它是在两条弯成弧形的
窄金片之十字相交处，安装扁球形叠加仰钵形的基座，座上伸出六根枝条，每根枝条
上以金环系金叶三片。冠饰通高约 26、枝形步摇高约 9 厘米（图 16-5：3）⑥。参照韩
国庆州瑞凤冢及大丘飞山洞 37 号伽耶墓等处出土的金冠和鎏金铜冠，可知上述冠饰是
装在冠内层用以构成冠顶的框架（图 16-5：1、2）⑦。不过冯素弗墓的年代为 5 世纪前
期，比 5 世纪中期的瑞凤冢和 6 世纪的飞山洞 37 号墓都要早，所以尽管这些冠上的内
层框架相似，但冯素弗墓之冠的整体造型仍然不明，因为无法确知它和韩国出土的那
些冠的外层结构存在着哪些相同或相异之处。然而可以肯定的一点是：在这座北燕墓
中已经发现了步摇冠的踪迹，步摇已由女性首饰进入到北族男子冠服的领域。

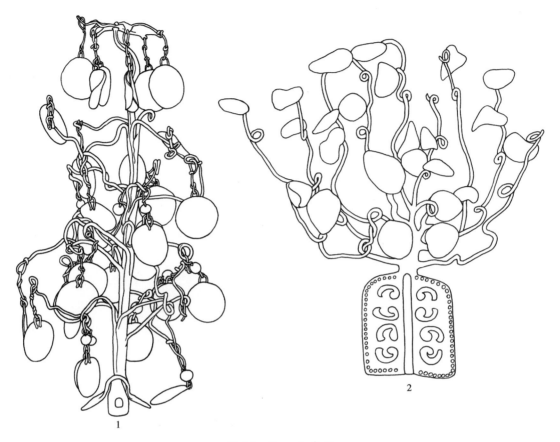

图 16-3　金步摇
1. 席巴尔甘 4 号大月氏墓出土　2. 北票房身村 2 号前燕墓出土

步摇冠在《续汉志》中没有提到。可是其所记皇后戴的以三至五簇桂枝形步摇构成的整套首饰，看来应固定在巾帼上。《后汉书·乌桓传》说，乌桓妇女"髻着句决，饰以金碧，犹中国有帼、步摇"。将巾帼与步摇并提，似乎意味着二者是配合起来使用的。虽然，步摇冠这个名称在《汉书·江充传》中出现过，但如颜师古注所说，那是一种用方目纱制的冠，与本题无涉。这里讨论的步摇冠是我国西晋、十六国时期常见的那一种。《晋书·慕容廆载记》说："莫护跋魏初率其诸部入居辽西，从宣帝伐公孙氏有功，拜率义王，始建国于棘城之北。时燕、代多冠步摇冠，莫护跋见而好之，乃敛发袭冠，诸部因呼之为'步摇'；其后音讹，遂为'慕容'焉。"然而此说不足信，因为《三国志·魏志·鲜卑传》裴松之注谓东汉桓帝时檀石槐分其地为中、东、西三部，"从右北平以西至上谷为中部，十余邑，其大人曰柯最、阙居、慕容等，为大帅"。则慕容本是汉时鲜卑中部大人的一部，此名号无须至晋时才因"音讹"而形成。虽然如此，但《晋书》称"时燕、代多冠步摇冠"的记载却可能实有其事，因为确有一种装多簇树木形步摇的冠。

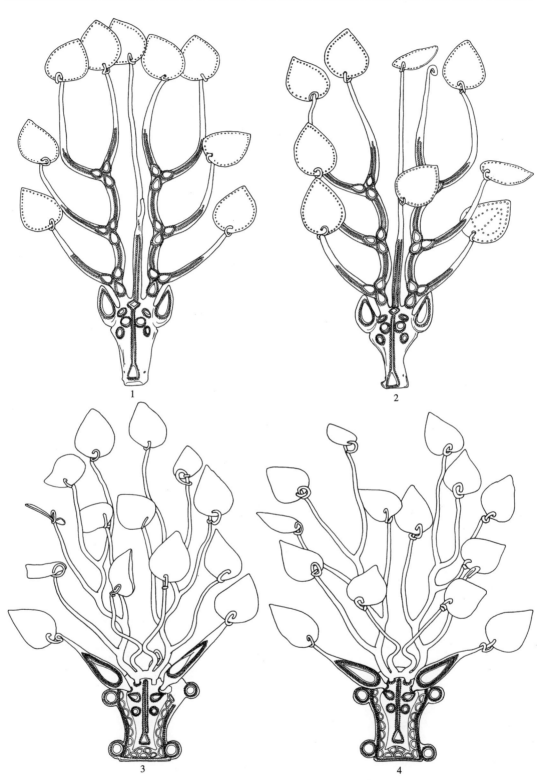

图 16-4　达茂旗西河子出土的金步摇

图 16 - 5　步摇冠与其内层框架

1. 韩国庆州瑞凤冢出土　2. 韩国大丘飞山洞 37 号伽耶墓出土　3. 辽宁北票北燕·冯素弗墓出土

　　不过，这种冠目前在我国境内尚来发现；冯素弗墓所出金质框架虽是步摇冠上的部件，但其整体造型难以复原。国外最早报道的与之相关的实例是 1864 年在顿河下游新切尔卡斯克（Новочеркасск）的萨尔马泰女王墓中出土的金冠，年代为前 2 世纪。此冠由数段连接而成，已残失一部分，但冠的上缘仍存有两簇枝柯扶疏的金树，所缀金叶均能摇动。冠正面的金树两旁对立二鹿，侧面的金树两旁各有一只面向前方的盘角羊，后面还跟着两只禽鸟，这部分带有浓厚的萨尔马泰艺术作风。但此冠冠体横带上的装饰则全异其趣，那里镶嵌有紫水晶、珍珠及以柘榴石雕琢的女神像，呈现出一派希腊艺术特色。故其上下两部分在艺术上的风格不尽相同（图 16－6∶1）⑧。然而其上部的金树却无疑是步摇，所以此冠可以被视为早期之杂有其他特征的不够典型的步摇冠。到了 1 世纪前期，造型较成熟的步摇冠出现了。1979 年在阿富汗希巴尔甘 6 号大月氏墓中出土了一顶华丽的金冠。此冠的横带长 47、宽 4 厘米，两端有环。横带上装有五簇图案化的树木形步摇，每簇高约 12.5 厘米，除当中的一簇外，其余四簇在树梢上各对栖二鸟，且每簇树木都装有六枚六瓣形花朵，还缀满可摇动的椭圆形叶子（图 16－6∶2）⑨。这顶金冠不仅以步摇作为装饰的主体，并清楚地表现出六只鸟和许多花朵，与《续汉书》所称步摇上有"八爵九华"之制接近。另外在金丘墓地 4 号墓墓主头部出土了单独的一件步摇，高 9 厘米，呈枝条盘曲的树木形，它除了系有可摇动的叶子外，还在细枝上串有圆珠（图 16－3∶1）⑩，这和《续汉书》所说步摇在桂枝间"贯白珠"的做法更相符了。

　　席巴尔甘的大月氏步摇冠较新切尔卡斯克之萨尔马泰金冠的时代晚，似应接受过那里的影响。1 世纪前期，当丘就却统一其他四翕侯以前，阿富汗一带还处于大月氏各部、大夏、巴克特里亚的希腊王国、安息、塞种等各种势力互相角逐的局面之下，同时各种文化潮流也纷至沓来。在席巴尔甘的六座墓中，既出土本地的工艺品，也有安息银币、罗马金币、西汉铜镜、饰以雅典娜像并有希腊文铭记的金指环、斯基泰式金剑鞘等，反映出这里是各种文化汇注之地。而萨尔马泰即我国史书所称奄蔡。《史记·大宛列传》说："奄蔡在康居西北可二千里，行国，与康居大同俗。"又说：康居"与月氏大同俗"。那么月氏亦应与奄蔡"大同俗"，这样，吸收对方的文化自然较为顺利。根据出土状况复原，席巴尔甘 6 号墓墓主所戴之冠的两侧还悬有牌饰（图 16－7∶2）。该墓地 2 号墓墓主头戴斯基泰式样的圆锥形女帽，面颊两旁也有这种牌饰（图 16－7∶1）。此物不是戴在耳朵上的耳环（6 号墓墓主另戴有饰以爱神头像的圆形耳环），而是从帽子上垂挂下来的。牌饰呈方形或马蹄形，底部系有许多小坠，牌上则饰以立人对兽纹（图 16－7∶5、6）。在席巴尔甘以外，饰有这种图案的金牌在库耳欧巴（Куль Оба，位于克里米亚半岛上的刻赤附近）出土的萨尔马泰遗物中也曾发现（图 16－7∶4）⑪。证明以上两顶金冠的制作地之间存在着文化上的联系。而东汉之成套的步摇则可能接受过大月氏的影响，因为只有席巴尔甘金冠上的步摇才称得上是这种饰物之典型的式样。

图 16-6　萨尔马泰与大月氏的步摇冠

1. 新切尔卡斯克萨尔马泰墓出土　2. 席巴尔甘6号大月氏墓出土

不仅其栖八雀、贯白珠等做法与《续汉书》的记载相当一致，而且从汉代的匈奴文物中还能看到一些大月氏首饰东传的迹象。1980 年在内蒙古准格尔旗布尔陶亥西沟畔 4 号匈奴贵妇墓中发现了一套首饰，由包金贝壳饰片六件、长条形金饰片六十二件，卷云纹金饰片十五件及大量金属珠组成，这些饰片上留有针孔，原应缝缀在巾帼或帽子上（图 16－7：3）[12]。它们虽然不是步摇冠上的部件，但复原后的形制当与席巴尔甘 2 号及 3 号墓墓主所戴缝有许多饰片的女帽相去不远。值得注意的是，西沟畔 4 号墓墓主戴着一对很大的耳饰，通高约 11 厘米，上部为接近马蹄形的金牌饰，牌背面焊有挂钩，牌下系有包金大玉坠和方形小金珠。这套耳饰上的花纹虽属汉式杂以匈奴式，但其渊源在我国却找不到实例。它和汉代中原地区的腰鼓形耳珰、南越和西南夷等地区的环形耳鑐、东北地区的扭丝耳坠等完全不同，而与上述大月氏牌饰却有近似之处。西沟畔 4 号匈奴墓的年代为前 1 世纪，虽然比席巴尔甘之墓略早，但大体上属于同一时期。辽宁义县刘龙沟保安寺出土的匈奴金耳饰亦呈牌形，年代已晚到东汉，它是素面的，式

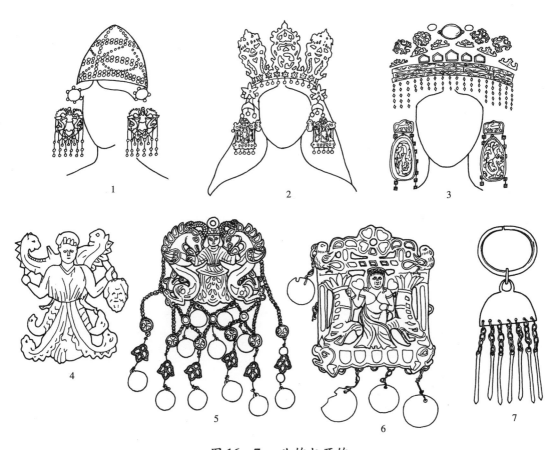

图 16－7　头饰与耳饰

1、5. 席巴尔甘 2 号大月氏墓出土　　2、6. 席巴尔甘 6 号大月氏墓出土　　3. 西沟畔 4 号匈奴墓出土　　4. 库耳欧巴出土的萨尔马泰耳饰　　7. 辽宁义县出土的匈奴耳饰

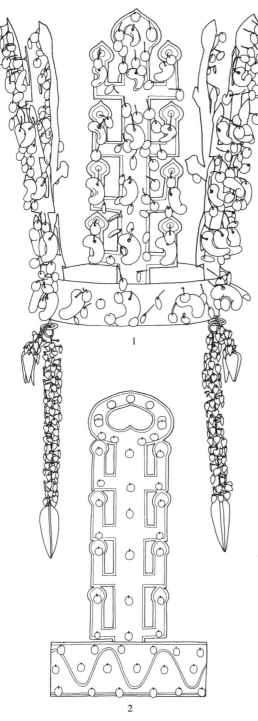

图 16－8　"出"字形步摇冠
1. 韩国庆州天马冢出土
2. 日本群马县山王金冠冢出土

样较上述各例大为简化，可是从轮廓上仍能看出大月氏牌饰的影响（图16－7：7）[13]。不过大月氏牌饰仅挂在耳旁，匈奴耳饰却戴在耳朵上，或缘地域有别，故习俗亦各殊。但耐人寻味的是，东汉时在冕上出现了旁悬黈纩之制。《文选·东京赋》薛琮注："黈纩言以黄绵大如丸，悬冠两边，当耳。"孙诒让在《周礼正义》卷一六中说，此制"求之《诗》、《礼》，绝无征验"。那么，它的突如其来是否有可能也受到在耳旁挂牌饰的影响呢？似可作进一步地探索。

尽管《续汉书》中描述步摇时提及的树枝、花朵、鸟雀、白珠与兽，在上述各地出土物中已分别见到，但我国境内始终未曾出土过一顶完整的步摇冠。可是在朝鲜半岛和日本却为数不少。朝鲜三国时代中，此类冠在新罗地区屡次发现，如5世纪的皇南大冢北坟、瑞凤冢、金冠冢，6世纪的天马冢等大墓均出金质步摇冠[14]。这些冠上正面居中的树木，枝柯多呈直角对称状，很刻板，被称为"出"字形金冠。其上除系有可摇动的叶片外，还往往饰有带本地特色的勾玉，并在冠两侧挂有垂饰（图16－8：1）。此外，由于朝鲜原来有民族形式的鸟羽冠；有些金冠遂将传统式样的鸟羽形加在步摇冠内，使之形成内（饰鸟羽）、外（饰步摇）两层（图16－9）。这样，内层就无须再装如冯素弗墓出土的那类框架了。也有些新罗冠将其"出"字形冠饰与鸟羽形冠饰结合成一体，如庆州皇南大冢南坟等处所出之例[15]，但这是另外的一个问题，兹不详述。而朝鲜三国时代百济地区之步摇冠上的树木形却多以曲线构成，如5世纪后期罗州新村里9号墓与6世纪前期公州武宁王陵所出者，仍然和席巴尔甘步摇冠上之树木形的轮廓相近（图16-10：1）[⑯]。6世纪时，步摇冠也常在日本各地的古坟中出土。其中有的与新罗"出"字形冠相似，如群马县山王金冠冢所出鎏金铜冠（图16-8：2）。也有的与百济式步摇冠相似，如茨城县三昧冢所出鎏金铜冠。其上的树木形饰比例虽小，轮廓却与新村里9号墓出土冠上所见者基本一致；而且树侧有对称的八匹马，更与《续汉书》所记将步摇和"六兽"安排在一起的做法有着共同点（图16-10：2）。特别是近年在奈良县藤之木古坟出土的鎏金铜冠，其冠体横带与三昧冢之例一样，均呈日本特有的二山形，但其以涡卷的

图16-9　内层饰鸟羽形的步摇冠，韩国庆州金冠冢出土

曲线构成的树木形却极为丰满，上面还栖有小鸟，看起来又与席巴尔甘所出者有一脉相承之感（图16-10：3）[⑰]。很难设想，假若当时的工艺师对这种造型没有比较成熟的概念和相当统一的认识，如何能在天各一方制出式样大体类似的步摇冠来？同时，这种起源于西方的特殊装饰意匠，假若不通过中国，又如何能从顿河流域或中亚直接传播到朝鲜半岛和日本列岛？所以今后在我国的考古工作中，完全有可能发现那种曾在《晋书》中提到过的、作为席巴尔甘与藤之木之中介的十六国或其前后的步摇冠。

　　无论是单件的步摇，还是联结多件步摇组装成的步摇冠，其装饰工艺的基元都是可摇动的小叶，即摇叶。摇叶的用途本是多方面的。比如将摇叶缝在衣服上的做法，在1~3世纪的安息雕刻中已经见到，底格里斯河上游哈特拉古城址发现的王者石像是明确的例证（图16-11：1、2）[⑱]。在伊朗，塔克伊布斯坦（Ṭāq-i-Būstān）石窟大洞中的国王像（一说为457~483年在位的卑路斯，另一说则认为是590~628年在位的库思老二世）的衣服上亦满缀摇叶（图16-11：3）[⑲]。这种做法传到我国后，在山西太原王郭村北齐武平元年（570年）娄睿墓出土的陶俑身上留下痕迹（图16-11：4）[⑳]。至于将摇叶装在耳坠和带铐上，则是自我国兴起的。吉林榆树老河深中层1号汉

1

2

3

图 16 - 10　百济与日本的步摇冠
1. 韩国罗州新村里 9 号墓出土　2. 日本茨城县三昧冢出土　3. 日本奈良藤之木古坟出土

图 16 – 11　缀摇叶的服装

1、2. 哈特拉发现的安息王者像　3. 塔克伊布斯坦石窟中的萨珊国王像　4. 太原北齐·娄睿墓出土陶骑俑

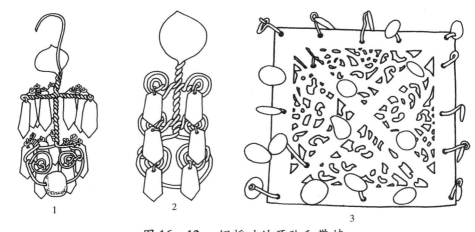

图 16－12　缀摇叶的耳坠和带铃

1、2. 榆树老河深中层 1 号墓出土　　3. 北票房身村 2 号墓出土

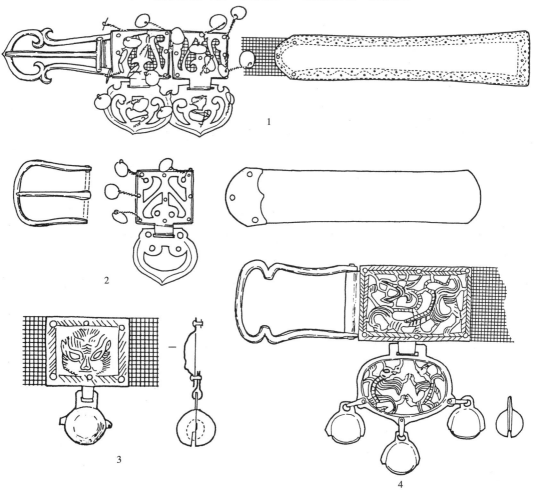

图 16－13　新罗和日本的带具

1. 韩国庆州金冠冢出土　　2. 韩国庆州金铃冢出土　　3. 日本冈山县牛文茶臼山古坟出土　　4. 日本京都府谷冢古坟出土

代鲜卑墓中出土金扭丝耳坠二枚，各系摇叶十八片。同地征集的一件金扭丝耳坠系有摇叶六片（图16－12：1、2）[21]。而前述北票房身村2号前燕墓中，除树枝形步摇外，还出土大小不等的金带銙两件。小銙长7.8、宽7.6厘米，镂饰双龙双凤纹，在其四周的边缘和当中的交叉形格子上有钻孔，系摇叶二十五片（图16－12：3）。大銙长宽各9厘米，系摇叶六十二片。同出的还有两种金铃。小铃八件，腹径1.1～1.6、通高1.5～1.7厘米；大铃十三件，腹径2、通高2.1厘米。这种在带銙上装摇叶的做法还传到朝鲜，庆州金冠冢和金铃冢均出此类带銙（图16－13：1、2）。至于銙下系铃的做法，在日本古坟时代的出土物中较为常见（图16－13：3、4）。其中冈山县牛文茶臼山古坟出土带具上的小铃腹径1.5厘米，埼玉县稻荷山古坟带具上的小铃腹径1.47厘米，均与房身村2号墓金铃的尺寸相近[22]，说明后者原来可能也是腰带上的饰件。

除服饰外，我国还将摇叶装在马具上。河南安阳孝民154号前燕墓所出马当卢上缀有摇叶十四片（图16－14：1）[23]。当时居住在辽东地区的高句丽族还将这种作法应用于马辔饰，他们创造了一种独具特色的响片辔铃，用它取代了鲜卑式的圆帽展檐辔铃。在辽宁本溪小市和吉林集安麻线沟1号，禹山下41号、万宝汀78号、长川2号等高句

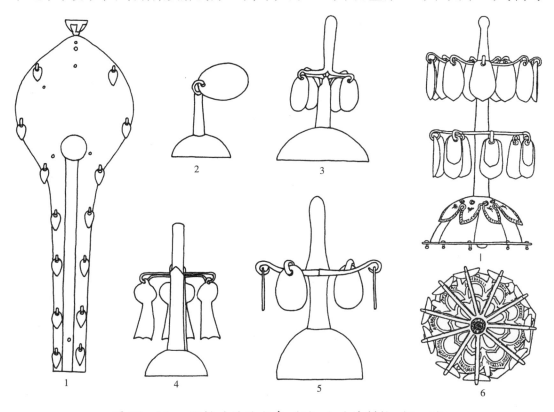

图16－14　缀摇叶的马当卢（1）和响片辔铃（2～6）

1. 安阳孝民屯154号前燕墓出土　2. 集安长川2号高句丽墓出土　3. 集安万宝汀78号高句丽墓出土　4. 韩国庆州天马冢出土　5. 日本冲之岛出土　6. 日本贱机山古坟出土

丽墓中均有出土[24]。起初其上只装一片摇叶，后来发展成装多片摇叶（图16 - 14：2、3）。高句丽南迁后，将此物传到新罗地区。庆州皇南大冢北坟所出响片辔铃与集安麻线沟1号墓所出者颇为肖似，前者或亦高句丽制品[25]。此外在庆州天马冢、金冠冢、金铃冢等大墓中也都出这种辔铃（图16 - 14：4）。在朝鲜半岛南部庆尚南道发现的校洞11号墓是一座伽耶古墓，这里出土的响片辔铃之摇叶分上下两层悬挂，每层各五片[26]。此物还东传到日本，日本各地的古坟中出土了不少件，其摇叶有一层的，也有两层的（图16 - 14：5、6）。当时在马尻上施多条辔带，纵横交错若网状，而于每个交叉点上都安装响片辔铃，马行时铮铮锵锵，鸣和相应，很壮声势。

由于习用摇叶装饰，古朝鲜各国甚至还将它缀于敛服中的铜饰履上。起初摇叶仅饰于履面。传到日本后，如滋贺县鸭稻荷山古坟及藤之木古坟所出者，连履底也饰以摇叶，可见此风之盛[27]。但这时已近6世纪末期。7世纪初，圣德太子于603年颁行"冠位制"，强调礼治，步摇冠的使用可能受到限制。唐朝建立后，日本朝野景慕唐风，而唐人不尚步摇冠，于是连同其他方面的摇叶装饰，在海东遂急剧衰落了。

步摇装饰起源于西方，步摇冠约在公元前后正式形成，然后向东传播，横跨欧亚大陆经我国进入日本，流行时间长达600余年，是一个值得注意的文化现象。不过在西方和我国汉族地区，步摇和步摇冠一般只作为妇女的首饰；而在魏、晋，北朝时的北方少数民族统治地区以及朝鲜、日本，戴步摇冠的还包括男性的国王和高级贵族。这种使用上的差异当与其礼俗、服制等传统有关，就不仅仅是一个装饰品的问题了。

（原载《文物》1991年第11期，收入本集时作了修改）

注　释

① 《史记·秦本纪》说，文公二十七年"伐南山大梓、丰大特"。集解引徐广曰："今武都故道有怒特祠，图大牛，上生树本。有牛自木中出，后见于丰水之中。"则丰大特是在雍之南山出现的、后来转移到丰水一带的大牛。

② 甘肃省文物局编：《甘肃文物菁华》，图157，文物出版社，2006年。

③ 国家文物局主编：《2007中国重要考古发现》，第91页，文物出版社，2008年。

④ 陈大为：《辽宁北票房身村晋墓发掘简报》，《考古》1960年第1期。

⑤ 陆思贤、陈棠栋：《达茂旗出土的古代北方民族金饰件》，《文物》1984年第1期。其中两件基座呈马面形的步摇上原均有金叶十片，今各缺失一片。

⑥ 黎瑶渤：《辽宁北票县西官营子北燕冯素弗墓》，《文物》1973年第3期。冯素弗墓中还出土了一片金蝉珰。《三燕文物精粹》一书称："此件应为钉缀在金步摇冠上的额饰。"并刊出了将二者拼附在一起的照片（第34、126页，辽宁人民出版社，2002年）。但金蝉珰实为汉族礼服中饰貂蝉的武弁大冠上所用之物，此种冠与步摇分属不同的服装体系。认为金蝉珰是步摇冠上的额饰，实误。

⑦ 金元龙：《韩国美术1·古代美术》图355、364，东京，1986年。韩国文化财保护协会：《韩国文化财大观》卷7，图4。

⑧ M. I. Rostovtzeff, *Iranians and Greeks in South Russia*. pl. 26, p. 131. Oxford, 1922.

⑨ В. И. Сарианиди，Афганистан：сокровища безымянных царей. фиг. 19. Москва，1983.

⑩ Там же，рис. 44.

⑪ 同注⑧。

⑫ 伊克昭盟文物工作站等：《西沟畔汉代匈奴墓地调查记》，《内蒙古文物考古》创刊号，1980 年。

⑬ 刘谦：《辽宁义县保安寺发现的古代墓葬》，《考古》1963 年第 1 期。

⑭ 金正基：《皇南大冢 I · 北坟发掘调查报告书》，汉城，1985 年。浜田耕作、梅原末治：《庆州金冠冢とその遗宝》，汉城，1922 ~ 1924 年。金正基：《天马冢 · 庆州市皇南洞第一五五号古坟发掘调查报告》，汉城，1975 年。小泉显夫：《瑞凤冢の发掘》，《史学杂志》38 卷 1 号，1927 年。

⑮ 东潮、田中俊明：《韩国の古代遗迹 · 新罗篇》，第 288 页，东京，1988 年。

⑯ 全荣来：《韩国湖南地方の古坟文化》，《九州考古学》61 号，1987 年。金元龙、有光教一：《武宁王陵》，东京，1974 年。

⑰ 东潮：《藤ノ木古坟 · 副葬遗物の系谱关系》，藤ノ木古坟国际シンポジウム资料，奈良，1988 年。又关于席巴尔甘金冠可能是朝鲜三国时代金冠之渊源的看法，日本江上波夫教授、樋口隆康教授均曾提到过，对笔者有所启发。

⑱ 奈良县立美术馆：《シルクロード大文明展 · シルクロードオアシスと草原の道》，图 7、11，奈良，1988 年。

⑲ A. Upham Pope（editor），*A Survey of Persian Art*. vol. 7，pl. 160. London – New York，1938.

⑳ 山西省考古研究所等：《太原市北齐娄睿墓发掘简报》，《文物》1983 年第 10 期。

㉑ 吉林省文物考古研究所：《榆树老河深》，第 59 页，图版 40，文物出版社，1987 年。

㉒ 町田章：《古代东アジアの装饰墓》，第 50 ~ 75 页，京都，1987 年。

㉓ 中国社会科学院考古研究所安阳工作队：《安阳孝民屯晋墓发掘报告》，《考古》1983 年第 6 期。

㉔ 辽宁省博物馆：《辽宁本溪晋墓》，《考古》1984 年第 8 期。吉林省博物馆辑安考古队：《吉林辑安麻线沟一号壁画墓》，《考古》1964 年第 10 期。吉林省博物馆文物工作队：《吉林集安的两座高句丽墓》，《考古》1977 年第 2 期。吉林省文物工作队：《吉林集安长川二号封土墓发掘纪要》，《考古与文物》1983 年第 1 期。

㉕ 东潮：《冠 · 履 · 马具の系谱と制作地》，载《藤ノ木古坟の谜》，东京，1989 年。

㉖ 同注⑦。

㉗ 同注㉕。

五兵佩

　　1981 年在内蒙古乌兰察布盟达尔罕茂明安联合旗西南西河子的一处窖藏中出土金饰五件，其中包括颇为罕见的金步摇两组共四件，以及一件两端装龙头、并缀有五枚小兵器模型和两枚小梳子模型的金链（图 17 - 1）[①]。关于金步摇，笔者在本书《步摇·步摇冠·摇叶饰片》一文中已作过讨论。而这里出土的金链，性质也很复杂，在中外文化交流史上占有独特的位置，而且时代相同的标本国内迄今尚未发现第二例，亦弥足珍贵。

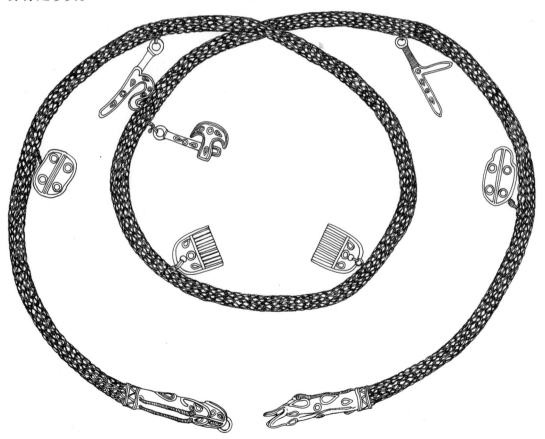

图 17 - 1　内蒙古达茂旗西河子出土的西晋五兵佩

这条金链长 128 厘米，以金丝编结而成，应是作为项链使用的；由于比较长，佩戴时拖垂在胸前，所以又和通常说的璎珞等佩饰相近。其两端的龙头以金片卷制，龙的耳、目、口、鼻等处都用一道金丝加一道联珠纹勾出轮廓，有些部位原先曾镶嵌小块彩色玻璃片，今多已脱失，残留的很少。龙角用金丝密密缠绕，手法简练，却很醒目。龙头前部附金环，以便两端互相衔接；后部饰有一圈花纹带。链身所缀各种模型虽小，但造型准确，比例恰当，堪称具体而微，显然是仿自现实生活中的器物，不像后世的拟古之作往往存在疏略之处。概括地说，这条金链在形制上的特点有三：1. 两端装龙头；2. 链身以金丝编结，3. 缀有兵器模型等坠饰。

在绕成环形的金饰如项圈、臂钏之两端装兽头的做法，于古波斯阿契米德王朝的制品中已经常见，古希腊也有用金丝编结的链。可是将二者结合起来，链身为金丝编结、两端又装兽头的实例，在黑海沿岸斯基泰人的遗物中才见到。如 1990 年乌克兰赫尔松州鄂尔基诺地方前 5 世纪的斯基泰墓所出金项链，链身用金丝编结，两端装有马

图 17－2　乌克兰鄂尔基诺出土的斯基泰金项链

图 17 - 3 金银链

1. 乌鲁木齐阿拉沟出土的战国金链 2. 咸阳窑店出土的唐鎏金银链

头，马口外各附金环，马颈后部也有一圈花纹带。其所缀之五枚坠饰虽保存状况不佳，但安装它们的钮座与个别钮座脱落后留下的孔洞都很清楚（图 17 - 2）②。与西河子这一件相较，除了装的不是龙头而是马头外，上述三项特点可谓齐备。通过北方草原之路进行的文化交流，使此类工艺意匠很早就传入我国。新疆乌鲁木齐南山矿区阿拉沟出土的战国金链也是编结成的，两端已残，不知道原来是否装有龙头或兽头，但链上还保存着六枚以松石珠或白玉珠与金珠组成的坠饰，表明它和鄂尔基诺金链的形制相近（图 17 - 3：1）③。但当时这种工艺似乎并未继续向东传播。内地所出战国、秦汉金器中均不曾发现它的踪迹。就编结技术而言，它不同于我国当时编缘带所采用的以两条斜纬往返穿迭的方法，而和西方套扣式的毛线编结工艺相近。值得注意的是，1951~1952 年在湖南长沙的考古发掘工作中，于五里牌 406 号战国木椁墓中出土了一片编织物，也是用后一种工艺编成的，其质地为蚕丝，所以不存在由域外传来的可能（图 17 - 4）④。但在以后的长时期中很少发现过类似的丝编织物。可是采用这种技法编结成的金、银或鎏金之链，几千年来却不时出现，不绝如缕，不断向文物工作者提出其来源与演变过程等引人深思的问题。

　　不见于汉代的这类项链，至西晋、十六国时期却随着佛教造像活动的勃兴而重新出现。在我国南北朝以前之为数不多的鎏金铜造像中，有一件传陕西三原出土的菩萨像，现藏日本京都藤井有邻馆。此像立于莲座上，上身大部袒露，肩部和臂部有天衣缠绕，下身着裙，足蹑在中国金铜造像中颇为罕见的带襻凉鞋。其右手施无畏印，左手执水瓶。颈部戴项圈，胸前另垂下一条编结的项链，链之两末端为二龙头，共衔一珠（图 17 – 5：2）⑤。此像约制作于十六国晚期，它的面相与服饰均具有极浓厚的犍陀罗作风。所佩之项链在犍陀罗雕像中常见，实例很多。譬如德国柏林印度艺术馆所藏半跏思维菩萨石像，是犍陀罗雕刻中的精品，年代为 2~3 世纪（图 17 – 5：1）⑥。它戴的项链就和三原菩萨像上见到的几乎完全一样。这种项链或即《悲华经》（北凉·昙无谶译）所称"龙头璎"。它在唐代遗物中也发现过，陕西咸阳窑店出土的鎏金龙头银项链的形制与之极其相似（图 17 – 3：2）⑦。该银链长 102、龙头最大径 3、链径 1.9 厘米，与造像上所戴项链的比例亦大致相合。拿它们和西河子所出者相比，不难发现不少共同点，但两者也还存在着很大的区别。佩戴西河子金链时，龙头应位于颈后；而佩戴窑店出土的银链时，却与上述造像一样，龙头是垂在胸前的。所以不能简单地把它们划作同一类型，尽管彼此间存在着密切的关系。

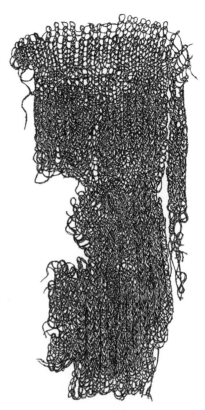

图 17 – 4　丝编织物，长沙五里牌战国墓出土

　　在犍陀罗雕刻中，菩萨像上佩戴的饰物相当繁复，除了圣纽、护符等物外，项饰也常为两重。在龙首项链之内，多半还有一件直径较小的扁片状项圈，其两端相连接的部分位于颈后。这类项圈在西亚以至地中海地区广泛流行，贵霜工艺家把它们装饰在菩萨像上也是顺乎时尚之举。在这类项圈中有一种和本文讨论的问题相关，乌克兰第聂伯罗彼得罗夫斯克州奥尔忠尼启则市前 4 世纪的斯基泰古墓所出者可以为例。这件金项圈下部为扁宽的月牙形，分成三条花纹带，其中有透雕的动物斗争和斯基泰人生活的图像，十分精美。但其两末端也装有狮头，狮口外附环，狮颈饰花纹带，连着一段金丝编结的短链，然后才用合页将两末端接到项圈的本体上⑧。它告诉我们，无论项链或项圈都有在末端装兽头的，而且佩戴时均可将兽头置于颈后。

　　除龙头外，西河子金链上的坠饰也是其重要的组成部分。鄂尔基诺金链上的坠饰不知原来是什么样子。阿拉沟金链上的坠饰之形制则与兵器模型相去甚远。古代世界各地的装饰品中，与西河子金链之坠饰近似者，在早于犍陀罗造像的印度小乘佛教艺术中出现过。

　　小乘佛教艺术不直接表现佛像，而以金刚座、伞盖、菩提树、三宝标、佛足迹、

窣堵波等象征物为代表。同时，礼佛的装饰物（即华严）如宝幢、宝瓶、双鱼、法螺、
卍字、果盘，璎珞、华鬘等，及护法之物如剑、斧、战轮等则散缀其间。它们有些也
被当成首饰的素材，出现在项链等物上。如印度北方邦阿拉哈巴德附近的巴尔胡特大
塔之栏楯上的雕像所佩项链，就缀有三宝标形和戟形坠饰，年代为公元前 2 世纪末至
前 1 世纪初（图 17－6：1）[9]。印度中央邦博帕尔附近的桑奇大塔北门浮雕中的项链上，
缀有莲花、剑、斧，楯、双鱼、三宝标等形的坠饰，年代为 1 世纪初（图 17－6：3）[10]。
这些纪元前后的印度坠饰和西河子金链之坠饰如此接近，使人有理由把它们联系起来
加以讨论。

　　西河子金链坠有斧、戟、盾、梳诸形，印度链坠中也有斧、戟和盾，这种情况自
非巧合。不过图 17－6：1 中的盾有点像树叶形。《四分律·房舍犍度》中所称"一片
姜之像"，即指此类图形而言[11]。在图 17－6：3 和西河子金链上，则都表现为清楚的盾
形了。一条项链缀上这些含有护法的意义之物，使佩戴者觉得会得到佛法的庇佑，所
以应是与宗教信仰有关的首饰。可是西河子金链上所缀之梳形坠饰却使人难以理解，

1　　　　　　　　　　　　　　　　　　　　　　　2

图 17－5　菩萨像
1. 柏林印度艺术馆藏犍陀罗石雕像　2. 传陕西三原出土鎏金铜造像

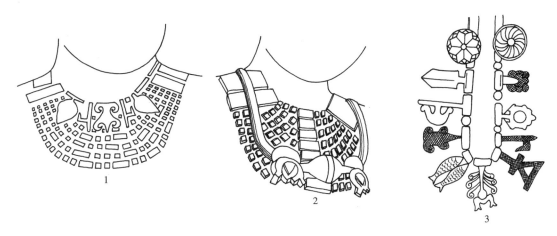

图 17 – 6　古印度项饰
1、2. 巴尔胡特大塔栏楯雕刻　3. 桑奇大塔北门雕刻

它和礼佛护法的用意无关，安排在这里有点不伦不类。但考虑到在古印度的佛教雕刻中，三宝标是经常出现的形象，其基本构图为圆盘形叠加 W 形，此 W 形代表三钴金刚杵或三叉戟，原是南亚次大陆古代的一种武器。由于佛教徒把上述图形视作三宝的象征，认为它是由轮宝和圣树组合而成的，所以往往在上面增益枝蔓，使之变成式样不甚固定的一种图案。像图 17 – 6：1、2 所举项链上的三宝标，其轮廓乍看起来甚至有点像梳子。西河子金链的制作者接触到的样品上或者也缀有类似的三宝标，如果这位匠师对此并不明其究竟的话，就很可能用他所熟悉的梳子取而代之了。

西河子金链这类首饰大约就是我国古文献中所说的"五兵佩"。《宋书·五行志》说："晋惠帝元康（291～299 年）中，妇人之饰有五兵佩，又以金银玳瑁之属为斧、钺、戈、戟以当笄。"此记事出自干宝《搜神记》（《太平御览》卷三三九、六九二引），亦见《晋书·五行志》，当可信据。南京象山晋·王丹虎墓所出金笄的顶部正作斧钺状，可见干宝之说不虚[12]。西河子金链上出现了五件兵器形坠饰，又进一步证实其说。而根据此链之各种坠饰的形制推测出的年代，也正和文献所记五兵佩的流行时期相符。

西河子金链坠中的戟都是不装长柄的手戟。这种武器出现于东汉中期，盛行于东汉晚期，董卓、曹操、孙策、太史慈等活跃于这一时期的人物，都留下了使用手戟的记事[13]。西晋时，张协还写了一篇颇富文采的《手戟铭》[14]，可见晋代尚沿用此物。再往后到南北朝时就不多见了。汉末刘熙在《释名·释兵》中有记载手戟的专条，说它是"手所持撾之戟也"，以与"长丈六尺，车上所持"的车戟相区别；表明手戟的柄较短，可以投掷以击敌。清·成蓉镜《释名补证》曾征引文献以证其制。杨泓先生《中国古代的戟》一文则结合考古资料对手戟作出论述[15]。西河子金链坠中的手戟分两种形式：Ⅰ式为戟刺、戟枝互相垂直的卜字形戟，与两汉通用的长戟的戟头之状相一致。此式手戟在广州先烈路 5080 号东汉晚期墓中出过陶制的明器[16]。在武氏祠、沂南等汉画像石中都能看到它的形象[17]。Ⅱ式戟的刺之顶部微向后偃，其戟枝的根部弧曲上翘，末端又向下弯成钩状，正视呈 S 形。和它的形制完全相同的实例在出土物中未发现过。但东汉时已有带上翘之枝的戟，不仅长戟如此，手戟也有制成此式的（图 17 - 7：1）。魏晋时代的戟仍沿着这种趋势继续发展。到了南北朝时，由于马镫的普及，骑术得到很大改进，使具装甲骑涌上战场。对付这种人马皆着重铠的骑兵，必须使用攻击力强、能刺穿铠甲的武器。从而稍（这时的稍是一种宽体的双刃大矛）遂崭露优势，成为长兵中首选的利器。受到这种潮流的影响，此时少量出现的戟，也在体侧附以弧翘状的弯枝，如在敦煌莫高窟 285 窟西魏壁画中所见者（图 17 - 7：4）。西河子链坠中Ⅱ式手戟的刺部还保持着传统的式样，从发展序列上说，应位于上述西魏戟之前，这意味着它的年代应较南北朝为早。

图 17 - 7　汉、晋、南北朝时期的戟和盾

1. 山东沂南东汉画像石中的蚩尤，左手执带弯枝的手戟　2. 河南洛阳出土西晋持盾陶甲士俑　3. 湖南长沙出土西晋持盾陶武士俑　4. 敦煌莫高窟 285 窟西魏壁画中所见带弧翘状弯枝的戟

西河子链坠中还有斧。汉代称战斧为长斧，河南方城与山东沂南画像石中出现过执长斧的武士和神怪[18]。但造型与西河子链坠更为接近的是四川成都青杠坡所出东汉斧车画像砖上之例，这件大斧的弧刃之上下两尖角极度向后弯曲，与链坠之斧形如出一辙（图 17 - 8）。魏晋时，战斧却不多见。此外，链坠中还有两件盾。其中一件的轮廓好像拉长了的凸字形，盾面自脊部中分，两侧各镶嵌两排圆形盾锡。战国、西汉的盾多呈对称的双弧形，仿佛一件坎肩的后背，盾顶当中相当坎肩领子的部位明显地向上凸起[19]。东汉时，盾形较前简化，曲线趋于缓和。西晋陶俑所执之盾，如河南洛阳所出者，虽然顶上仍有凸起的部分，但整体轮廓已近椭圆，和链坠之盾形基本相同了（图 17 - 7：2）[20]。西河子金链上另一件盾形坠的腰部微向内敛，有些西晋陶俑也执有同样的盾（图 17 - 7：3）[21]。

从以上几种武器的式样看，它们虽有因袭汉制之处，但已不为汉制所囿。更由于

图 17-8 成都出土东汉斧车画像砖

其中的盾是西晋式的，其中的曲枝手戟也应出现于西晋，因而西河子金链给人以制作于西晋时的印象。再看链坠中的梳子，其形制的时代特点也与上述初步判断相合。我国的梳子自战国至三国时，始终为竖长的箕形；自西晋至隋唐，逐渐演变为横宽的箕形；到了宋代，又演变为半月形。所谓竖长的箕形，指梳体的高大于宽；而横宽的箕形之宽度却大于高。广州西郊西晋墓出过横宽的箕形梳[22]。西河子链坠中之箕形梳的高度与其底边相等，表明此梳正处于梳制由竖长箕形向横宽箕形演变的过渡阶段。

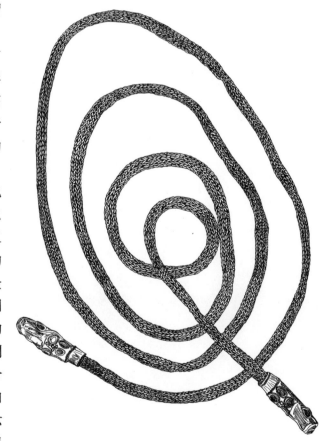

至于金链两端的龙头，造型也和东汉的同类器物有相近之处。以之与河北定县北陵头村 43 号东汉墓出土的金龙头相比，虽然后者的装饰更为华丽，但它们都以圆形金筒为基体，龙头的造型亦不乏共同点，而且龙角均采用以金丝缠绕的手法；只是西河子龙头上的角特别长，表现出时代较晚的迹象。综合起来看，西河子链坠的造型中倾向于东汉的成分较多，倾向于十六国、南北朝的成分较少，所以似应把它放在西晋时期之偏前的位置

图 17-9 切尔尼戈夫出土的鎏金银链

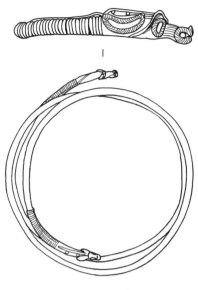

图 17 – 10　　萨尔马泰金项圈

上，其制做年代大约不出 3 世纪。

　　3 世纪时，佛教在我国的传布之势虽已相当强劲，但尚未臻大盛。许多重要的佛经尚未翻译过来。即所谓"晋武之世，寺庙图像，虽崇京邑，而《方等》深经，蕴在葱外"[23]。国人对佛教义学的认识仍然是浅层的，若明若晦。这时译经事业尚处于自发状态，译经的高僧中既有月氏人，也有中天竺、康居以及于阗、罽宾等地之人。在佛法东流的浪潮中，西域僧人纷至沓来，各种佛具的传入也必然是渠道众多、不拘一格的。而我国信徒对这些西方的新奇之物，还谈不上有多深的理解。像这件混合了斯基泰、犍陀罗及中印度诸种工艺手法，并带有佛教艺术色彩的首饰，却被我国称为五兵佩，变得与宗教和世俗均若即若离，既不成为佛具，也难以看作是一般意义上的装饰品。无怪

图 17 – 11　　内蒙古博物馆藏龙头银链

乎干宝对它作出这样的评论："男女之别。国之大节，故服物异等，赘币不同；今妇人而以兵器为饰，又妖之大也"[24]。显得很不理解。其实这正是佛教入我国的初期，若干与之俱来的西方事物尚未能与我国传统文化相接轨之所致。

西河子五兵佩的发现，为中外文化交流史上实物不丰的西晋时期提供出一件珍贵的史料，它与文献记载是如此契合无间，所包含的文化信息又如此丰富多样，宜应受到重视。五兵佩的原型产生于中印度小乘佛教的艺术氛围之中，而随着我国般若研究的发达和大乘佛学的兴盛，至隋唐时它已经失去了所依托的土壤，所以咸阳窑店出土的唐代龙首项链，遂不再缀以兵器形的坠饰，它的宗教气息也就更加浅淡了。

时代再晚些，在乌克兰切尔尼戈夫市还出过一条鎏金龙首银链（图17-9）[25]。其上之龙头的式样与南俄奥伦堡地区之萨尔马泰墓出土的金项圈上所饰者近似（图17-10）。罗斯托夫采夫早已指出，奥伦堡金项圈上的龙头是纯粹的东方式样[26]。萨尔马泰通过欧亚大陆北方的草原之路，有条件接触和吸收中国文化；从他们那里又进一步西传，从而对切尔尼戈夫银链产生影响。这就是此银链上的龙头既与西方之造型不侔，也不全像中国式样的原因。但它的时代似不早于宋、元。内蒙古博物馆的征集品中还有几条龙头银链，也应是这一时期之物，上面也缀有坠饰，不过像是后来添加上去的（图17-11）。它们大约只作为饰物使用。但撇开用途不谈，仅就金银丝编结的龙首项链之造型而论，在我国自晋至元，千余年中矩矱未失，流风不堕，也称得上是一种值得重视的特殊文物了。

（原载《华学》第1集，1995年）

注　释

① 陆思贤、陈棠栋：《达茂旗出土的古代北方民族金饰件》，《文物》1984年第1期。

②《スキタイ黄金美术展图录》，图52、67，日本放送协会，1992年。

③《楼兰王国と悠久の美女》，图305，朝日新闻社，1992年。

④ 中国科学院考古研究所：《长沙发掘报告》，第64页，图版32，科学出版社，1957年。

⑤ 水野清一：《中国の雕刻》，图版6，日本经济新闻社，1960年。

⑥ 宫治昭：《涅槃と弥勒の图像学》，第341页，图184，吉川弘文馆，1992年。

⑦ 王长启等：《介绍西安藏珍贵文物》，《考古与文物》1989年第5期。

⑧ 同注②。

⑨ 林良一：《东洋美术の装饰文样》，第14、17页，同朋舍，1992年。

⑩ 同注⑨。

⑪《大正藏》卷22，第937页。

⑫ 南京市博物馆：《南京象山5号、6号、7号墓清理简报》，《文物》1972年第11期。该笄又见周汛等：《中国历代妇女妆饰》，插图2·29，学林出版社，1988年。

⑬《三国志·魏志·吕布传》又《武帝纪》，《吴志·孙破虏讨逆传》又《太史慈传》。

⑭《太平御览》卷三五三。

⑮ 见《中国古兵器论丛（增订本）》，文物出版社，1986 年。

⑯ 广州市文物管理委员会等：《广州汉墓》，上册，第 415 页，下册，图版 143；文物出版社，1981 年。

⑰ 曾昭燏等：《沂南古画像石墓发掘报告》，图版 80，文化部文物管理局，1956 年。

⑱ 参见拙著《汉代物质文化资料图说（增订本）》第 34、36 篇，上海古籍出版社，2008 年。

⑲ 同注⑱。

⑳ 成东等：《中国古代兵器图集》，第 171 页，解放军出版社，1990 年。

㉑ 同注⑳。

㉒ 麦英豪等：《广州西郊晋墓清理报导》，《文物参考资料》1955 年第 3 期。

㉓ 梁·慧皎：《高僧传·晋长安竺昙摩罗刹》，中华书局，1992 年。

㉔《宋书·五行志》。

㉕ И. В. Бонадрь，сост. Древнее Золого. из соърания Музея исторических Дра Гоценностей УССР. М. "Искусство"，1975.

㉖ M. I. Rostovtzeff, *Iranians and Greeks in South Russia*, p. 124. Oxford, 1922.

凸瓣纹银器与水波纹银器

　　1979 年在山东临淄窝托村西汉齐王墓的陪葬坑中出土了一件银器，从轮廓看有些像当时的矮足有盖豆，但器身与器盖上均用锤鲽技法打压出一圈交错的尖瓣形凸泡，每圈两排各十七枚，颠倒相向，上下对置。虽不尚变化，然而显得很丰满；在我国的出土文物中，以前从未见过此类制品。它的器身、器盖为银质，盖面上的三枚兽形钮与其喇叭形圈足却是后配的铜铸件（图 18－1：1）[①]。据考证，墓主为西汉第二代齐王刘襄（卒于文帝元年，前 179 年）。无独有偶，1983 年在广州象岗西汉第二代南越王赵眜（约卒于武帝元朔至元狩间，前 128～前 117 年）墓中，也发现了一件同类型的银器，器身与器盖上也饰有交错的凸瓣，每圈各两排，每排二十六枚。凸瓣的数目比临淄那件多，排列得更紧凑，看起来也更精致。这件银器在盖上也有后配的三枚盖钮，唯均已脱失，只留下三个供装钮用的凸榫了。它的圈足也是后配的，铜质鎏金，较低矮，故亦称银盒（图 18－1：2）[②]。至 1997 年，在安徽巢湖北山头 1 号汉墓中又发现了一件此类银器，其凸瓣每排十八枚，配铁圈足，但盖上未装钮[③]。接下来在 2004 年，山东青州西辛战国墓中再度发现此类银器两件，配铁圈足和铁盖钮[④]。以上四批共五件，出土的地点不同，但构造惊人地一致：器体均为饰交错凸瓣纹的银盒；盖钮与圈足均后配，多为铜质或铁质；南越王墓出土的那一件之盖钮已失，从所存装钮的凸榫看，用的是与器身成分不同的银，无疑乃后配之物。这几件器物之盖钮和圈足的形制系我国本土的工艺作风，盒体却非常特殊；因为以锤鲽法在金属器上打压凸瓣，与公元以前古代中国之用陶范乃至用蜡模铸花纹的传统是完全不同的[⑤]。

　　金属器加工中之锤鲽凸瓣的技法是在古波斯阿契米德王朝时兴盛起来的，其渊源虽可追溯到亚述时，但亚述人未曾留下以金银制作的此类标本，而阿契米德时的凸瓣纹金银器却有多件精品存世。如美国纽约大都会艺术博物馆所藏大流士（Darius Ⅰ，前 521～前 486 年）金筐罍（图 18－2：1）[⑥]，华盛顿弗里尔美术馆所藏阿塔薛西斯（Artaxerxes Ⅰ［Longimanus］，前 465～前 424 年）银筐罍（图 18－2：3）[⑦]；伊朗哈马丹还出土了一件薛西斯（Xerxes Ⅰ［Ahasuerus］，前 485～前 465 年）的金筐罍（图 18－2：2）[⑧]。这些器物上都有用楔形文字镌刻的铭文，明确记出制器之国王的名

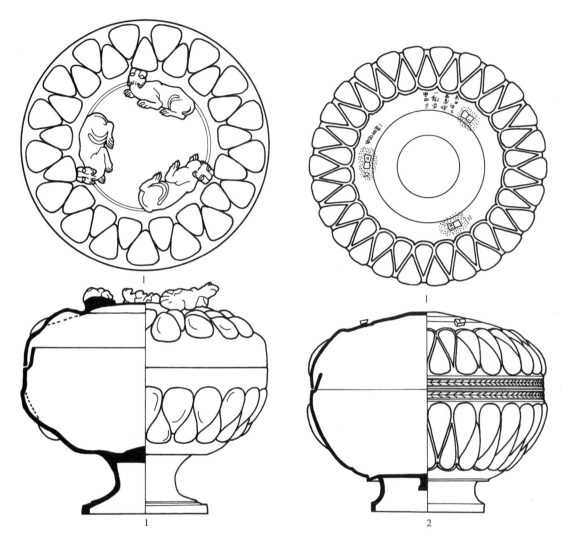

图 18－1　汉墓出土的凸瓣纹银器
1. 山东临淄西汉齐王墓出土银豆　2. 广州西汉南越王墓出土银盒

字。所谓筐罍（phialae），器形略近矮颈圜底钵，是西方人自古希腊语中借用的词汇。现已成为这种容器的通称。阿契米德朝诸王所制金银筐罍，以其尖瓣形凸泡反射出的亮影取胜，器物上一般不再增饰花纹，只通过排列有序、交相辉映的明暗对比，闪现出贵金属器皿的璀璨豪华之美。但阿契米德朝早期之作，如在大流士一世金筐罍上所见者，仅于肩部突起一圈凸瓣。帝国中期的阿塔薛西斯银筐罍上的凸瓣纹，布局虽已有上下错综的趋向，但凸瓣大小悬殊，仍与我国出土物中所见者风格有别。也就是说，早期的单排凸瓣纹与组合得不够对称的凸瓣纹和成熟的交错凸瓣纹是不同的。及至经过亚历山大东征和塞琉古王朝的短期统治，前 3 世纪，阿萨息斯（Arsaces）家族在伊朗建立起安息王朝。而在华盛顿赛克勒美术馆收藏的一件安息银筐罍上，出现了与战国、西汉墓发现的那类银器的纹饰如出一辙的交错凸瓣纹（图18-2：4）⑨。遂使人不能不认为上述五件器物的本体应是来自伊朗安息王朝之物。

图18-2　阿契米德时代（1~3）与安息时代（4）的凸瓣纹金银器
1. 大流士金筐罍　2. 薛西斯金筐罍　3. 阿塔薛西斯银筐罍　4. 安息银筐罍

安息立国接近五个世纪，是当时西亚最强大的国家。《史记·大宛列传》说，安息"其属小大数百城，地方数千里，最为大国"。虽然在张骞凿空、汉使抵达安息的元鼎二年（前115年）以前，我国与安息间尚未建立起正式的官方联系，但民间的间接接触、物资的辗转交流应是存在的。否则当汉使到安息时，就不会出现那么盛大的欢迎场面了。《大宛列传》说："初，汉使至安息，安息王令将二万骑迎于东界。东界去王都千里，行比至，过数十城，人民相属甚多。"这种情况表明，中国在安息人心目中原本有一定的印象。而从出土文物看，我国与安息的来往应不晚于前3世纪后期。这时不仅有青州西辛出土的上述安息银器，还有山东临淄商王村1号战国晚期墓出土的铜蒜头壶可以作为旁证。此壶于器口处铸出一圈交错凸瓣纹，与通常所见仅饰以一圈"蒜瓣"的做法颇不相同（图18－3）⑩。蒜头壶本不稀见，但饰交错凸瓣纹者目前所知仅此一例。临淄与青州毗邻，这里的两座大墓均出安息银盒。当时本地之铸铜工师甚至能将其上之新颖的纹饰移植到铜壶上，说明他们对这一外来事物已有所了解。西辛墓亦属战国晚期，这是根据随葬品中之出檐颇长的玉剑璏推知的⑪。

从战国晚期到西汉，安息银盒陆续在我国出土。它们是作什么用的？南越王墓中的若干现象提供了解决问题的线索。那里的银盒"器内尚存药丸半盒"⑫，它不应是一般药品。此盒出于墓主之棺椁的足端，而与之相对的棺椁头端放置着一件承盘高足玉杯（图18－4）。看来这两件随葬品似是墓主人的亲身之物。《三辅黄图》说，汉武帝筑通天台，"上有承露盘，仙人掌擎玉杯，以承云表之露"⑬。《三辅故事》说："武帝作铜露盘，承天露，和玉屑饮之，欲以求仙"⑭。南越王墓中的承盘高足玉杯上虽无仙人，但盘和杯俱在，杯子是由三龙共衔花形玉托板支承的。其构造绝不类一般饮器，应即简化了的（或者说是更适合日常使用的）承露盘。饮露的目的是"求仙"，即求长生；银盒里的药丸与之相对应，大概也是"长生药"之类。第一代南越王赵佗享高龄，寿逾百岁；可是二代南越王赵眜"生前多病"，死时也不过四十岁左右⑮。从墓中所出承露盘和银盒里的药丸推测，此人曾使用中西两法冀求延年。巢湖银盒中的残留物已成粉末，经化验得知，其成分非常复杂，很可能也是一种配方奇特的药物⑯。但长生药何以须由安息输入？这就和西王母的传说相关了。西王母有不死药的神话先秦时已广为人知，但西王母居

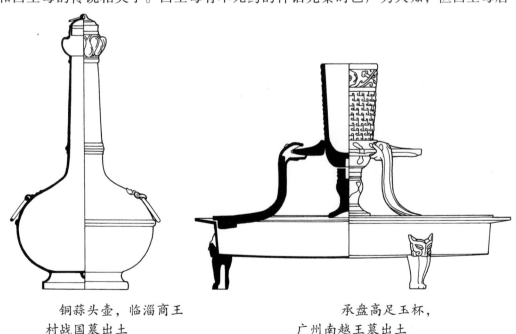

铜蒜头壶，临淄商王
村战国墓出土

承盘高足玉杯，
广州南越王墓出土

于何处则说法不一。许地山先生说："求神仙的最初步骤是先找到神仙所住的地方"[⑰]。求仙者起初认定西王母的住处在临羌，又认为在酒泉[⑱]。后来愈找地方愈远，《大宛列传》称："安息长老传闻条支有弱水、西王母。"《传》中的条支主要指今叙利亚一带，当时这里为安息所控制，《大宛列传》就说此国被"安息役属之"。依托这种说法，所谓西王母的长生药由某些故弄玄虚的"安息长老"与甘冒风险的商人自安息装盒外运，亦在情理之中。世上本无长生药，经营者故神其事，遂乞灵于过度包装，因此这些安息银盒倒应货真价实。但它们是为特定的目的制作的，所以在伊朗本地的出土物中反而少见。南越王墓出大象牙五支，单支长 120 厘米，粗大而弯曲，经鉴定为非洲象牙。它们似是由海路运到南越的；安息银盒亦有附海舶运来的可能。唯海上常遭遇惊涛骇浪，所以也不排除途中曾走过一段陆路。但当时中朝权贵，热衷的是入海求仙药；北土荒寒，要说这些仙药是经北方草原之路得来的，对求仙者的吸引力就会缩水了[⑲]。

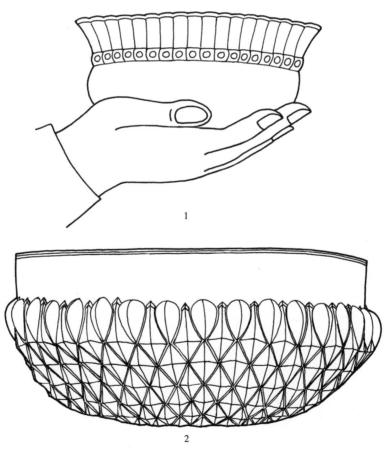

1

2

图 18－5　伊朗周边地区的筐罍

1. 帕塞波里斯王宫浮雕　2. 库班出土

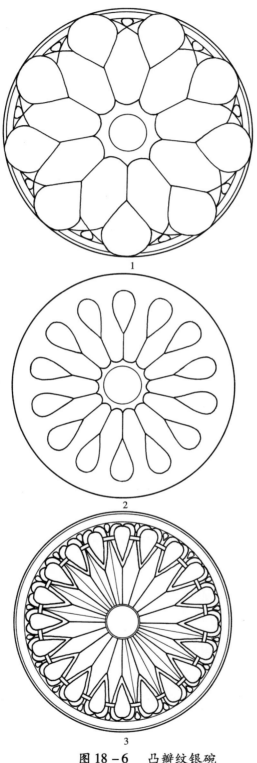

图 18－6　凸瓣纹银碗

1. 高加索出土　2. T. J. Jacks 氏藏　3. 奥伦堡草原出土

当阿契米德王朝之盛世，波斯帝国声威显赫，它的工艺成就也为邻近地区所取法。帕塞波里斯古波斯王宫阶陛边墙上浮雕的进贡者，有的手里就捧着饰以凸瓣纹的筐罍，器形与库班出土的实物相近，显然均仿自伊朗（图 18－5：1、2）。降至后世，这类实例在欧亚接壤的高加索以及南俄、中亚、西北印等地仍不时出现，它们都和伊朗本土制品的工艺相关联，标本虽为数不多，但千余年中先后相继。比如高加索等地出土的凸瓣纹银碗，就和伊朗器物的风格非常近似（图 18－6：1、2）[20]。南俄乌拉尔河与伏尔加河之间的奥伦堡草原上发掘的萨尔马泰墓葬之出土物中也有凸瓣纹银碗，唯构图稍嫌拘谨（图 18－6：3）。但这里出土的银碗还有在凸瓣纹之内再增加一圈水波纹的，而器物的底心、即所谓脐部（omphalos）并饰以花朵纹（图 18－7：1、2）[21]。奥伦堡地区之萨尔马泰墓葬有早有晚，上述银碗的年代约为公元 1～2 世纪，不能太早。随后，在东格鲁吉亚出土的 3 世纪制作的银碗上，器壁饰两圈水波纹，底心饰马纹；其马纹是装饰的主题，可见此时已重视底心处的纹饰（图 18－7：3）[22]。这类装饰意匠在伊朗本土的器物上也能看到。萨珊王朝（226～642 年）的银器之底心上便饰有禽鸟纹和花朵纹（图 18－8）[23]。同时也出现了水波纹，一件萨珊椭圆形长杯在口沿处饰小联珠纹和葡萄藤蔓，器腹上饰水波纹（图 18－9：1）[24]。纹饰的题材与之相近的另一件浅腹银碗出土于旁遮普，其底心饰葡萄纹与饮酒的人物，碗壁上亦饰水波纹（图 18－9：2）[25]。这两件银器大约均制作于 5 世纪前后。

图 18-7　水波纹银碗
1、2. 奥伦堡出土　3. 东格鲁吉亚出土

图 18-8　萨珊银杯

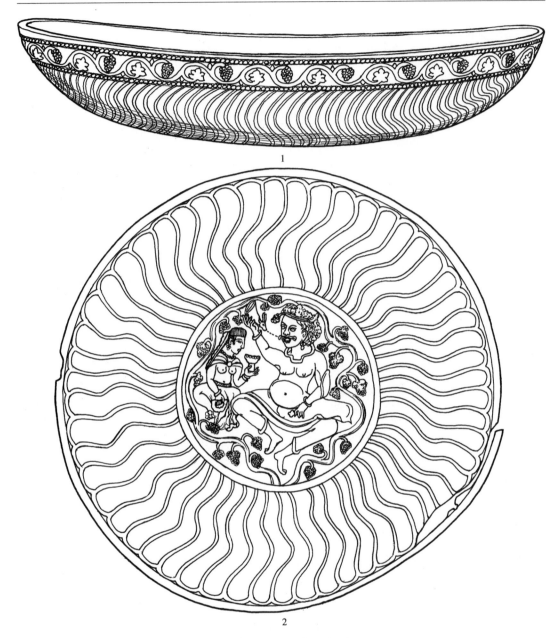

图 18 - 9　水波纹银器
1. 萨珊长杯　2. 旁遮普出土银碗

　　5~6 世纪时，萨珊与我国北朝交往频繁，可是在我国的出土文物中，除萨珊银币外，只有山西大同北魏·封和突墓中的一件银盘可以确认为萨珊制品（见本书图 31 - 3)[26]。他如大同出土的八曲银长杯、高足鎏金铜杯、圜底银碗等，虽然也有学者推测为萨珊器物，但疑问尚多[27]。杯、盘不能作为包装药物的容器，它们的东传与求仙的背景没有关系。不过并不是说这类萨珊银器对我国不曾产生影响，比如河北赞皇东魏武定二年至武平六年（544～575年）李希宗夫妇合葬墓出土的银碗就是这方面的一个例证。此碗浅腹，圈足，高3.8厘米。底心锤鍱出一朵浮雕式的六瓣宝装莲花，绕以小联珠纹两周。碗壁上排列着三十二道凸起的棱线，弧曲有致（图18－10：1）[28]。从它的构图上可以明显看出来自萨珊的影响；然而碗体的造型与碗底之宝装莲图案却都是中国式的，非西亚所能有。湖北老河口市李楼西晋墓出土的铜盆，底心处也有一朵类似的莲花[29]。所以此碗应为中国制品。与图18－7、图18－9所举西方银器相比较，它的设计颇有独到之处，从其碗壁的纹路上仿佛泛起一泓潋滟的波光，潀溁摇漾，视觉效果极佳。这是对西方之同类作品充分理解、消化并有所发展的结果。与之相近的银碗见于辽宁建昌龟山1号辽墓，共出两件，形制相同，均高5、口径7.4厘米。碗壁锤鍱出二十二道水波，但底心无花纹（图18－10：2）[30]。另一件银碗出土于内蒙古巴林右旗辽代窖藏，呈五曲荷叶形，器口的叶缘内卷，圈足稍向外撇。高3.8、口径10厘米。底心锤鍱出一朵凸起的宝相花，碗壁则錾刻出弧曲的叶脉纹，显然是由李希宗墓之银碗那类器物演变而来（图18－10：3）[31]。唐代银器中原有荷叶形的器盖、器足，西安市文管会还藏有一件唐代的荷叶形椭圆长杯[32]。这件五曲银碗在荷叶造型的基础上，巧妙地将水波纹与荷叶的叶脉融为一体，使外来的图案进一步中国化，足以见其匠心。

在这里还应当注意到我国的近邻，6～7世纪前后的粟特，其贵金属工艺实为

图18－10　中国出土的带水波纹与
近似水波纹的银器

1. 东魏·李希宗墓出土　2. 辽宁建昌1号辽墓
出土　3. 内蒙古巴林右旗辽代窖藏出土

西亚和东亚的中介。萨珊以及南俄等地之金银细工的若干设计意匠，多是先进入粟特，并在那里经过加工改造，才进一步东传至我国的。饰以凸瓣纹和水波纹的器物也是如此。起先粟特银碗上的凸瓣图案，还有和图18－2：4所举安息银筐叠一致的，仍停留在伊朗的模式当中（图18－11：1）㉝。再晚些时候，粟特银器上的凸瓣变得较肥大，有尖端颠倒对置的，也有尖端都朝向器物口沿的，底心则多饰以动物纹。这类粟特银器还有曾带来过中国的，圈足内镌刻着结体不很工整的汉字（图18－11：2～5）㉞。唐代金银器上凸瓣的安排接近其后一种，尖端皆朝上，看起来就像是一层层仰面开放的莲瓣，其中的粟特因素固不言而自明（图18－12：2～4）㉟。粟特银器中虽发现过饰水波纹的，但例子不多㊱。唐代也有个别在器壁上饰水波纹的银碗（图18－12：1）㊲。

不过从整体上看，唐代凸瓣纹金银器的风格与国外之作并不相同。伊朗金银器上的凸瓣是光滑的，膨起较高。粟特器物上的凸瓣膨起得没有那么高，有素面的，也有在凸瓣上再饰以小花朵的。唐代的凸瓣相对说来更较低平，有时仅作为纹饰间起区划作用的分割线。并且由于它们无颠倒相向者，构图基本一致，不妨被视为几层莲瓣。所以顺理成章地就和从南北朝以来随着佛教艺术的传播而兴盛起来的莲瓣纹相合流，本不十分浓烈的西亚、中亚色彩遂愈益不明显。如陕西耀县柳林背阴村出土的"宣徽酒坊"莲瓣鸿雁纹银碗，器壁饰三层莲瓣，底心饰鸿雁纹，基本构图与图18－11：2～5所举粟特银器并无大殊，但乍看起来却很难联想到这层关系（图18－13：1）㊳。又如陕西咸阳西北医疗器械厂工地出土的刻花金壶，腹下部也饰有三层同样的莲瓣；却更像是从河北景县、湖北武昌等地出土的南北朝青瓷仰覆莲花尊那里演变来的，和西方之凸瓣纹金银器的距离就似乎隔得更远了（图18－13：2）㊴。

不仅如此，由于唐代金银器上并没有打压出膨起的凸泡，以形成恍兮忽兮之斑斓光影的传统，故转而注重镌刻纹饰，有时将凸瓣内外都填得很满。如图18－12：2所举西安何家村出土的莲瓣纹金碗，原物在器壁上饰两层莲瓣，上层莲瓣内分别刻出狐、兔、獐、鹿、鹦鹉、鸳鸯等禽兽，周围散缀花卉；下层莲瓣内则刻出卷草图案。口沿下之花瓣的空隙处也饰以飞鸟、流云。地子上通体遍布鱼子纹。给人的印象异常富丽，代表着一种东方的审美情趣。

萨尔马泰与萨珊的那类水波纹经粟特传入我国后，虽然也在相当广泛的范围内产生影响；直到元代，如江苏无锡元代钱裕墓出土之带托盘的高足银杯（图18－14）㊵，其奇特的造型仍可通过图18－10：3所举辽水波纹银碗、图18－12：1所举唐海兽纹银碗，则可一直追溯到中亚和西亚。但我国更欣赏自己的民族形式的水波纹。何家村海兽纹银碗底心所衬波纹，就着力刻画其汹涌的水势，不像上述西方银器上的水波纹那么整齐地涨落。萨珊之饰水波纹的器物除图18－9：1所举长杯外，还有一件金碗（图18－15：1）㊶。其波纹很密集，互相平行。转折处对齐成直线，将碗壁等分成十部分。靠近底心处的弧度小，接近口沿处的弧度大，呈山字形。通过反光产生

图 18—11　粟特银器

1.6 世纪　2、3.7 世纪　4、5.8 世纪

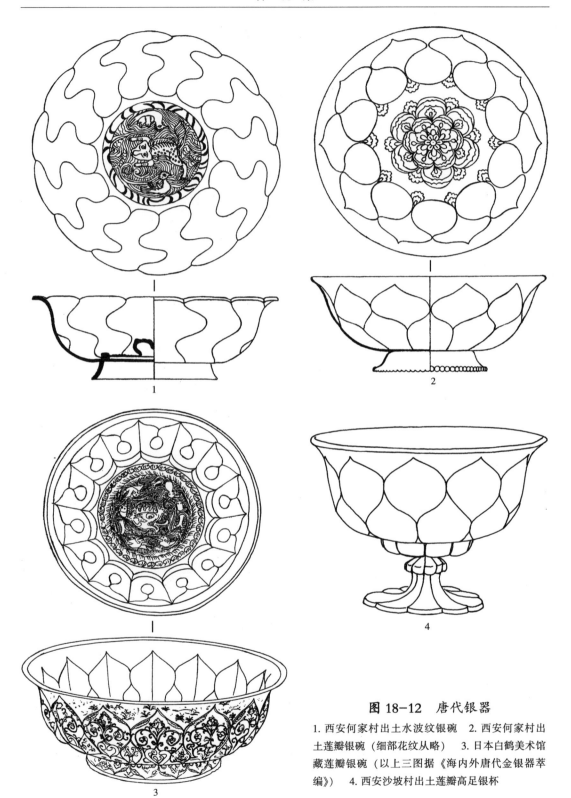

图 18-12　唐代银器

1. 西安何家村出土水波纹银碗　2. 西安何家村出土莲瓣银碗（细部花纹从略）　3. 日本白鹤美术馆藏莲瓣银碗（以上三图据《海内外唐代金银器萃编》）　4. 西安沙坡村出土莲瓣高足银杯

图 18－13 唐代饰莲瓣纹的金银器

1. "宣徽酒坊"银碗，陕西耀县出土 2. 刻花金壶，陕西咸阳出土

图 18－14 带托盘的高足银杯，江苏无锡元·钱裕墓出土

图 18－15 饰水波纹的金银器

1. 金碗，黑海北岸出土 2. 银碗盖，陕西耀县出土 3. 银盘，四川遂宁出土

出涟漪浮动的感觉。这种水波纹在我国也留下了痕迹，耀县柳林背阴村出土的一件银碗盖上的图案就与之相近，其水波纹亦呈山字形，但比萨珊的式样简化，构图亦不尽同。有意思的是此碗盖顶心上还刻出一只于波浪中戏弄宝珠之中国化的塞穆鲁（senmurv）[42]。它的头部变得似狮似龙，已经不像犬头，但身后还拖着那条伊朗式的孔雀尾巴（图 18 – 15：2）[43]。在伊斯兰化以前的伊朗工艺品中，塞穆鲁纹有崇高的地位；但在我国似乎仅此一例，它好像只是作为普通海兽出现的，未受到特殊对待。后来我国工艺美术多致力于表现波涛中鱼龙出没状，如四川遂宁出土的宋代海兽纹银盘上所见者（图 18 – 15：3）[44]。则我国看重的仍是线条刻画之美，而不以由干涉波形成的明暗效果为追求的目标了。

（原载《中国圣火》，1996 年。收入本集时作了修改）

注 释

① 山东省淄博市博物馆：《西汉齐王墓随葬器物坑》，《考古学报》1985 年第 2 期。

② 广州市文物管理委员会等：《西汉南越王墓》卷上，第 209 页，文物出版社，1991 年。

③ 安徽省文物考古研究所、巢湖市文物管理所：《巢湖汉墓》，第 105 ~ 107 页，文物出版社，2007 年。

④ 国家文物局主编：《2004 中国重要考古发现》，第 77 页，文物出版社，2005 年。

⑤ 此外，云南晋宁古滇国 11 号与 12 号墓各出一件镀锡铜盒，见云南省博物馆：《云南晋宁石寨山古墓群发掘报告》第 69 页（文物出版社，1959 年）。这两件铜盒的器形与南越王墓所出者十分肖似，连尺寸也非常接近：南越王银盒通高 12.1、口径 13 厘米，滇国铜盒通高 12.5、口径 13.4 厘米。只不过铜盒上的凸瓣每排二十五枚，比银盒所饰者少了一枚而已。滇国铜盒的盖子上各装三枚盖钮，其中 M11：6 为凫形钮，M12：13 为豹形钮。盖钮与圈足均系原有之物，并非后配。盖钮上之动物的造型亦是本地风格，与安息工艺品颇异其趣。它们似为滇人依照南越王银盒之同类器物制作的仿品，并非由安息输入。器上的凸泡应是铸出的，并非锤镍成型。另据张增祺：《晋宁石寨山》（云南美术出版社，1998 年）一书称，这种铜盒在晋宁还出了两件，器形与上述者类似。

⑥ A. C. Gunter, "The Art of Eating and Drinking in Ancient Iran." *Asian Art*, Spring 1988.

⑦ 同注⑥。

⑧ J. Hicks, *The Persians*, p. 89. Amsterdam, 1975.

⑨ 同注⑥。

⑩ 淄博市博物馆：《山东临淄商王村一号战国墓发掘简报》，《文物》1997 年第 6 期。

⑪ 参见拙文《玉具剑与璲式佩剑法》，《考古》1985 年第 1 期。

⑫ 同注②，第 209 ~ 210 页。

⑬ 陈直：《三辅黄图校证》，第 109 页，陕西人民出版社，1980 年。

⑭《文选·西京赋》六臣注引。

⑮ 同注②所揭书，第 324、456 页。

⑯ 巢湖西汉墓出土银盒中的粉末之检测的结果是"经 X 射线荧光定性分析，主要含有 Cu、Ag、Si、Al、Fe，还有一些 S、Pb、Hg、P、Mn 等元素。从 X 射线衍射分析得知，成分有 Cu、Cu_2O、Ag、Ag_2O、Fe_2SO_4 和大量的非晶态。从红外光谱分析表明，仅含有极少量的有机物。根据拉曼光谱分析，其中还含有部分碳。"见注③所揭

书，第 175 页。

⑰ 许地山：《道教史》，第 116 页，江苏文艺出版社，2008 年。

⑱ 参见本书《仙凡幽明之间》一文。

⑲ 赵德云：《凸瓣纹银、铜盒三题》，《文物》2007 年第 7 期。

⑳ A. Upham Pope（editor），*A Survey of Persian Art.* vol. 7，pl. 119，120. London – New York，1938.

㉑ M. I. Rostovtzeff，*Iranians and Greeks in South Russia.* pl. 24. Oxford，1922.

㉒ 东京国立博物馆：《シルクロードの遗宝》，图版 69，东京，1985 年。

㉓ V. Lukonin，*Persia* Ⅱ，fig. 198，214. London，1970. 又注⑱所揭书，pl. 120：B.

㉔ P. O. Harper，*The Royal Hunter.* fig. 11. New York，1987.

㉕ F. H. Minns，*Scythians and Greeks*，pl. 33. Cambridge，1913.

㉖ 大同市博物馆：《大同市小站村花疙瘩台北魏墓清理简报》，《文物》1983 年第 8 期。

㉗ 《文化大革命期间出土文物》第 1 辑，第 149～152 页，文物出版社，1973 年。

㉘ 石家庄地区文化局文物发掘组：《坷北赞皇东魏李希宗墓》，《考古》1977 年第 6 期。

㉙ 老河口市博物馆：《湖北老河口市李楼西晋纪年墓》，《考古》1998 年第 2 期。

㉚ 靳枫毅、徐基：《辽宁建昌龟山一号辽墓》，《文物》1985 年第 3 期。

㉛ 《中国美术全集·工艺美术编 10·金银玻璃珐琅器》，图版 116、117，文物出版社，1987 年。

㉜ 陆九皋、韩伟：《唐代金银器》，图版 170，文物出版社，1985 年。

㉝ В. И. Маршак，Согдийское серебро. Т1，Т9，Т10，Т21，Т40А. Москва，1971.

㉞ 同注㉝。

㉟ 同注㉜所揭书，图版 17、18，50，51。韩伟：《海内外唐代金银器萃编》图版 116，三秦出版社，1989 年。

㊱ 同注㉝所揭书，Т25。

㊲ 同注㉜所揭书，图版 48、49。

㊳ 陕西省博物馆：《陕西省耀县柳林背阴村出土一批唐代银器》，《文物》1966 年第 1 期。

㊴ 中国硅酸盐学会：《中国陶瓷史》，第 164 页，彩版 11，文物出版社，1982 年。

㊵ 无锡市博物馆：《江苏无锡市元墓中出土一批文物》，《文物》1964 年第 12 期。

㊶ 同注㉒，图版 151。

㊷ 同注㉛，图版 174、175。

㊸ 参看赵超：《略论唐代金银器研究中的分期问题》，载《汉唐与边疆考古研究》，第 1 辑，1994 年。文中举出的萨珊纹样皆为塞穆鲁纹。

㊹ 同注㉛，图版 105。

内蒙古出土的突厥与突厥式金银器

　　自 6 世纪中叶至 8 世纪中叶，突厥汗国曾作为强大的部落联合体出现在中国历史上。当其盛时，版图东抵兴安岭、西达铁门关①，"东西万余里，控弦四十万"②，被史家称为"震动了整个干燥亚洲大地的突厥"③。不过，尽管汗国面积广袤，在漠北领有大片高原和林区，但漠南的内蒙古一带却是其重要的根据地之一。贞观二年（628 年），东突厥的颉利可汗在漠北失利于薛延陀，漠南更成为他的栖身之所。颉利败亡以后，唐于漠南置定襄、云中两都督府（辖区包括今内蒙古中、西部），下属六州，任用归服的突厥贵族为各州都督，大量突厥降户被以"全其部落"、"不革其俗"的形式安置在这里④。调露元年（679 年），突厥诸部复叛。其后颉跌利施可汗重建突厥汗国（史称后东突厥），他以黑沙城（在今呼和浩特北）为南牙，可见对内蒙古地区的重视。继立的默啜可汗于神功元年（697 年）向东发展，破契丹及奚。次年又南犯唐境，妫、檀、蔚、定、赵等州均遭寇掠，兵锋及于相州（今河南安阳）。则不仅内蒙古，连今东北的西南部、河北的北部，也是突厥铁骑经常出没之处。但在内蒙古地区，除了锡林郭勒盟发现过突厥石人像外，很少看到其他突厥遗物出土的报道。直到 1987 年，研究者仍认为："有关突厥民族的文物，至今还未认识清楚"⑤。所以从出土物中分析辨别突厥文物，并进而探讨突厥文化影响，就成为一个有待解决的问题了。

　　根据当时的习尚，突厥等族之贵胄喜用金银器。这类器物价值高昂，造型和纹饰优美华丽，可被视为有代表性的工艺精品。而且有些金银器上刻有铭记，可资推断制器者的族属。所以研究突厥文物从金银器入手，良有其便利之处。

　　提到有铭记的突厥金银器，首先应举出前苏联考古学家发掘的阿尔泰地区库赖草原和乌尔苏尔河沿岸突厥大墓的出土物。在图雅赫塔 3 号墓中出土的一件银罐（图 19 – 1：1），底部刻有突厥文铭记 ΥΧＩƷ›ＳＳ𐰼ＹＴh，可转写为 türq ša qumüš aүy är，意思是"突厥设献银"⑥。设（或译作察、杀、失）是突厥官秩中统制一方的领兵官，因而此器应为突厥某设所制。其器形为侈口鼓腹，腹上侧装单环状把手，在器肩处有一圈明显的折棱。根据肩上起折棱的特点，此种罐可名折肩罐。同型银罐在同地区的库赖第 4 地点 1 号墓中也曾出土（图 19 – 1：2）。这件银罐底部也有突厥文铭记

ᛋᚺᛖᛡᛡᚷᚨᚾᚵ⋯ᛏ，可转写为 ār⋯k（？）šadyn ārligin āš，意思是"英勇的旅伴××人……与设"[7]。则它和前一件相同，似均与突厥某设有关。此外，同型银罐在俄罗斯图瓦共和国蒙根塔杰地方的突厥墓中亦发现一例（图 19 – 1：3）[8]。此器虽无铭记，但伴出物中有唐代的开元通宝，其年代当不晚于唐。

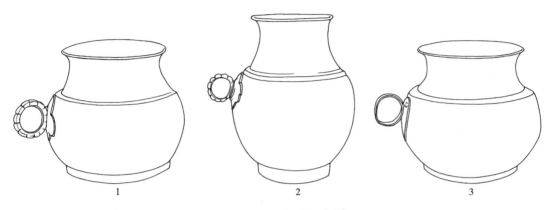

图 19 – 1　Ⅰ型折肩罐

1. 图雅赫塔 3 号墓出土　2. 库赖第 4 地点 1 号墓出土　3. 蒙根塔杰突厥墓出土

以上三件突厥银罐都是素面的，单环状把手上无垫指板，本文把它们标定为Ⅰ型折肩罐。在米努辛斯克盆地西部、濒临叶尼塞河上游的科比内 2 号墓中，还出土了两件錾花的折肩金罐，其中一件器身满布缠枝卷草，在颈部和腹部以枝蔓簇结成两排类似"开光"的莲瓣形，莲瓣之内填以凤衔绶带，带有中原地区装饰艺术的气息。不过上面的凤鸟形象未免呆板，头大腿短，不类唐风，绶带也缺乏飘逸之致，竟被苏联考古学家误认为"怪枭啄鱼纹"[9]，可见并非出自唐人之手；其器形也仍然保持着突厥的传统式样。和上述素面银罐不同的是，它的环状把手顶部装有錾花的垫指板，本文将这种罐标定为Ⅱ型折肩罐（图 19 – 2：1）[10]。这些金银罐的体积不大，乃是一种饮器。它是突厥人所创之独具民族特色的器型。对比粟特银罐，后者肩部的曲线很柔和，不设折棱；造型与突厥折肩罐颇异其趣[11]。

值得注意的是，折肩罐在内蒙古地区也有。赤峰市敖汉旗李家营子 1 号墓出土的折肩小银罐，装有带垫指板的环状把手，肩部的折棱很明显，应为突厥银器（图19 – 2：3）[12]。而在哲里木盟奈林稿东南的木头营子 2 号墓中出土的鎏金折肩单环状把手錾花银罐残器（图 19 – 2：2）[13]，复原后当与科比内 2 号墓所出的金罐极为肖似，也有可能是一件突厥银器。

突厥金银器中不仅有带环状把手的折肩罐，还有不带把手的折肩杯。上述科比内 2 号墓的出土物中就有一件折肩金杯（图 19 – 3：1）。除了没有把手外，它和折肩罐的造型基本相同，体型也比较小，所以也是饮器；以前多称之为壶，今从功能上考虑，宜

图 19 - 2　Ⅱ型折肩罐

1. 科比内 2 号墓出土　2. 奈林稿木头营子 2 号墓出土　3. 赤峰李家营子 1 号墓出土

称为杯。此杯底部也刻有突厥文铭记 ᚤᚨᛁ᚛ᛕᚨ᚛ᛕᚤᚨᛁ，可转写为 altunš(?) aⅤy ačin，意思是"黄金，饿支的礼物"。韩儒林先生认为此饿支即木马三突厥之一部[14]。《新唐书·黠戛斯传》："东至木马突厥三部落，曰都播（Tuba）、弥列哥（Belig?）、饿支（Ach）"[15]。这件折肩金杯既来自饿支部，自应被视为突厥器物。图瓦之恰纳尕世风景区所存石人像正捧持此型折肩杯（图 19 – 4）⑯。而在内蒙古赤峰市克什克腾旗二八地 1 号墓及阿鲁科尔沁旗耶律羽之墓等辽墓中，也出土过折肩银杯（图 19 – 3：2）⑰。则应是契丹人仿造的突厥式器物。

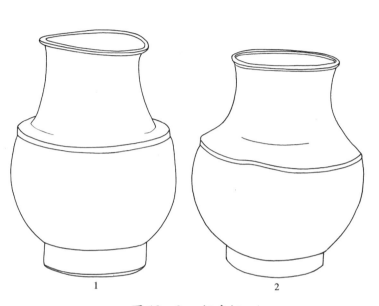

图 19 – 3　折肩杯
1. 科比内 2 号墓出土金杯　2. 耶律羽之墓出土银杯

图 19 – 4　南西伯利亚图瓦地区所见捧折肩杯的突厥石人

科比内 2 号墓的出土物与本文所讨论的问题密切相关，但前苏联考古学家将其年代定为 7 ~ 8 世纪，跨度稍大，似可作进一步探讨。

循其地望，科比内大墓应属黠戛斯，对此学术界没有不同的看法。但墓中的珍物并非尽为黠戛斯人所制。黠戛斯位于远北高寒之地，若干物资不足自给，须由外部输入。《新唐书·黠戛斯传》说这里的妇女"衣毿氄、锦、罽、绫，盖安西、北庭、大食所贸售也"，可见一斑。纺织品犹如此，珍货宝物更不待言。所以不仅因为黠戛斯的疆土与木马三突厥犬牙相错，交往频繁，与突厥汗国的关系也很紧密，故墓中有突厥器物。而且科比内 2 号墓出土的一银盘、一金盘，还是唐代内地的产品。银盘光素，呈六角菱花形（图 19 – 5：1）。菱花这种式样是唐人所创，陕西礼泉麟德元年（664 年）郑仁泰墓中已出菱花铜盘⑱。菱花形的铜镜在 8 世纪前期也相当盛行。金盘为圆形，平底厚唇，盘心在圆形轮廓中錾四出卷草纹，周围为六朵桃形花结，其中填以对立在莲花上共衔一绶的双凤，颇精致（图 19 – 5：2）。在中心的圆框外环绕一圈桃形花结的图案，通常称为宝相花，早在韩国庆州仁旺洞雁鸭池遗址出土的调露二年（680 年）花纹方砖上已经见到（图 19 – 6：1）⑲，以后在西安何家村唐代窖藏出土的银盒上更一再

图 19-5 科比内 2 号墓出土的银盘（1）和金盘（2）

出现（图19－6：2、3）[20]。这种图案于纺织品
和建筑装饰（如石窟藻井彩画）中延续的时
间较长，但在金银器中则和菱花形盘一样，
中唐以后就很少见了。所以这两件金银器制
作的时间约为8世纪上半叶，也就是说，大
致和后东突厥立国的时期相当。同时，鉴于
使用突厥文字的黠戛斯之出土物的特征与突
厥相近，黠戛斯文化可以包括在广义的突厥
文化之内，故突厥器物造型演变的考古学序
列也是科比内大墓断代的重要依据。综合其
本身与相关方面的情况进行考虑，则科比内2
号墓年代的上限不能早于7世纪后期，下限
纵使比8世纪中期稍晚一些，但也不会相去
太久。

　　科比内2号墓中还发现了带"古眼"的
素面铜方铐（图19－7：1）。式样相同的方
铐曾在辽宁朝阳贞观九年（635年）张秀墓
中出过[21]，但在山西平鲁屯军沟窖藏中，此
式金铐与乾元元年（758年）金铤同出（图
19－7：2）[22]，可见其流行的时间涵盖了7世
纪中后期与8世纪前期，这和上文所考察的
唐金银盘之年代正可互相印证。此外在科比
内2号墓的盗洞中还出土了一枚錾花金铐
（图19－7：3）。这枚金铐的古眼作扁狭的壶
门形，孔眼上缘的曲线在中部抱合出尖，复
由尖角向上延伸出对称的卷草。在阿尔泰地
区卡通河畔的施罗斯特基第1地点2号墓出
土的拱形铐上的图案，虽与前者有繁简之
别，但构图基本一致（图19－7：5）[23]。后
者同出之物中有一枚大历元宝，则该墓的年
代属8世纪中期后段。可是在8世纪的唐代，
虽然装金属铐的鞢䩞带很流行，卷草纹亦习
见，但在带铐上施卷草纹之例颇罕。然而赤
峰李家营子2号墓中却出过这样的拱形金铐

1

2

3

图19－6　宝相花纹
1. 韩国庆州雁鸭池出土方砖
2、3. 西安何家村出土银盒

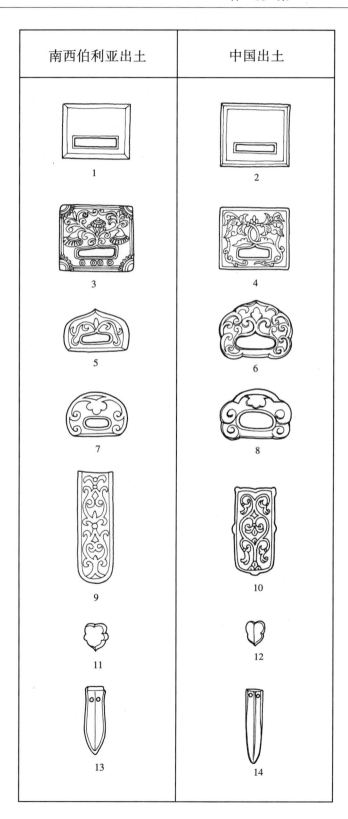

图 19 - 7　带具

1、3. 科比内出土　2. 山西平鲁出土　4. 库伦旗木头营子出土　5、9. 施罗斯特基出土　6、8、12、14. 赤峰李家营子 2 号墓出土　7、11. 库赖出土　10. 耶律羽之墓出土　13. 库德尔格出土

（图 19 – 7：6）。此墓中另一种花纹稍异的拱形金铐（图 19 – 7：8），又和库赖第 4 地点 3 号墓所出者相似（图 19 – 7：7）。辽代耶律羽之墓所出金铊尾上的图案，也和上述施罗斯特基突厥墓所出者有异曲同工之妙（图 19 – 7：9、10）。更使人惊奇的是，李家营子 2 号墓所出装在垂系于古眼之下的窄带上的叶形与匕形饰件（图 19 – 7：12、14），竟亦与库赖第 4 地点 1 号墓及库德尔格 4 号墓中所出者几乎一般无二（图 19 – 7：11、13）[24]。因此，如果说李家营子 2 号墓出土的金带具带有浓厚的突厥色彩，恐怕是不过分的。

李家营子 1、2 号墓位于同一地点，相距不远，离地表的深度亦一致，应是同一时代的墓葬。1 号墓共出银器五件，除上文介绍过的折肩小银罐外，还有胡瓶、圆盘、椭圆形浅杯（图 19 – 8：1）及勺各一。其中的银勺简报中未加描述，情况不详。其余三件在齐东方《李家营子出土的粟特银器与草原丝绸之路》一文中做过分析研究[25]。齐文认为这三件为粟特制品，笔者同意这种看法。但齐文又认为椭圆形杯"中国至今未发现同类器物"，则不尽然。我国虽尚未发现同型的唐代银杯，但椭圆形的玛瑙杯和玉杯均有实例（图 19 – 8：2、3）[26]，前者还是在著名的西安何家村唐代窖藏中出土的。不过唐人之所以用这种杯，乃是受胡俗即粟特风俗影响的结果。粟特银杯之垫指板上锤雕出的酒神手中常执椭圆形杯，故齐文认为粟特地区"十分流行椭圆形杯"的说法是对的。那么，李家营子 1 号墓的五件银器中既然有三件可以定为粟特之物，是不是就能认为这是一座粟特墓呢？这倒未必。因为粟特地区长期受突厥统治，即使在后东突厥时代也是如此，故突厥人拥有粟特制品是当时的正常现象。而该墓中出土的突厥特有的折肩银罐，反倒更值得注意，结合突厥人活跃在这一带的历史背景来考虑，则这座墓中埋葬的岂不很有可能是突厥人吗？加以在李家营子 2 号墓出土的一百多件器物中，九十九件金带具均呈突厥风格。如将这两座墓均视为粟特墓，更难讲得通。过去曾将它们定为辽墓，亦苦证据不足。现在看来，此二墓似为突厥墓。参照上述阿尔泰突厥墓的情况推断，它们的年代似不应超出公元 8 世纪，也就是说，这里可能是两座唐代的突厥墓。

李家营子 2 号墓出土的金带具中，有的在背面刻有"匠郭俱造"字样，其制造者应是汉族工匠。我国北方少数民族历来重视内地工匠的技艺。内蒙古伊克昭盟西沟畔战国匈奴墓出土的银节约及金带镶的背面就刻有篆书铭记，表明是赵国与秦国的工匠所制，但这些器物都采用了草原上流行的式样[27]，上述带具的制作情况和它们有近似之处。在 8 世纪中叶，突厥人经过从内属到复国的曲折过程，与汉族不断直接接触，对汉地的情况已应相当熟悉，其上层人士中通晓汉文化者亦不乏人[28]。圣历元年（678 年），默啜指责武后给他的"金银器皆行滥，非真物"[29]。反映出他们对金银器也有较高的鉴赏能力。但此后唐延仍屡屡以"锦袍、钿带、银盘、胡瓶"等物赐突厥[30]。史籍中虽未说明这些器物的形制，可是它们既然为突厥接受并喜爱，则不仅应属"真物"，

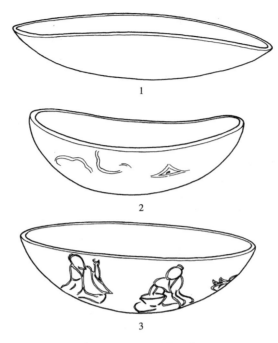

图 19－8　　椭圆形杯

1. 银杯，敖汉旗李家营子 1 号墓出土　2. 玛瑙杯，西安何家村出土　3. 玉杯，北京故宫博物院藏

而且款式亦必投其所好。风气所扇，趋时的突厥官员也会觅汉匠制器。所以李家营子 2
号墓出土了汉匠制作的突厥带具，正了不足怪。

　　虽然，李家营子这两座墓的时代较早，不晚于 8 世纪。但由于在内蒙古草原上继
突厥而兴的契丹曾长期臣服于前者，而且彼此风俗相通[30]，所以在 9 世纪的契丹墓乃至
10 世纪以降的辽墓中，仍出土突厥器或虽非突厥制品却仍旧沿用突厥款式的器物。上
文所举奈林稿木头营子 2 号墓与克什克腾旗二八地 1 号墓均可为例。在这些墓葬中不
仅出土了折肩罐、折肩杯等银器，而且在木头营子 2 号墓中出土的饰卷草纹的金方铸
（图 19－7：4），构图与科比内 2 号墓所出者亦颇相近。其中应有突厥器物，但也有仿
照突厥式样制作的物品。

　　除常见的带铸、铊尾等物外，突厥带具中还有若干特异的部件。比如上述出有突
厥文铭文之折肩银罐的库赖第 4 地点 1 号墓中，发现了一套较完整的带具，可大致复
原如图 19－9：1。引人注目的是，它的两件方形带铸下各用窄带系着一枚葫芦形吊扣，
它们的长短与宽狭虽有所不同，但造型基本一致，当中均有大孔，贯孔可以佩物。吊
扣下部延伸出一段直铤，其底端翻卷成花叶状，此铤可用于缠缚所佩之物上的带子。
原始的骨制吊扣早在阿尔泰地区卡拉科尔之帕泽雷克时期的墓葬中已出土[32]。在 6～7
世纪的库德尔格突厥墓地的出土物中，骨吊扣的式样逐渐定型，与 8 世纪的金属吊扣
已经没有多大区别（图 19－10：1～5）[33]。此种吊扣在唐代的出土文物和图像材料中均

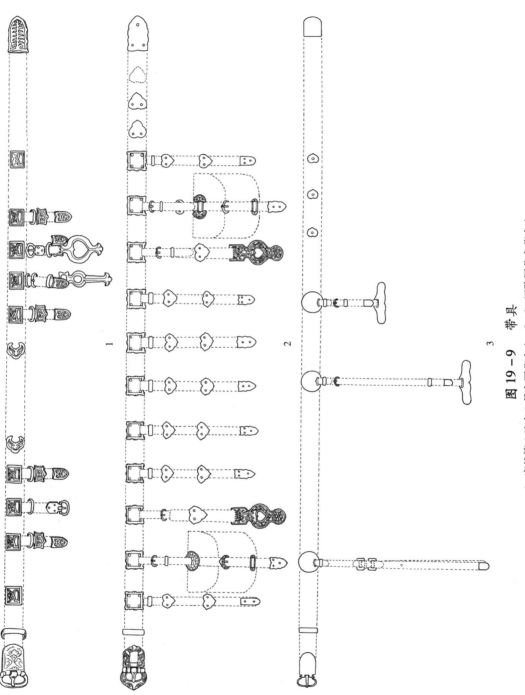

图19－9　带具

1. 库頴第4地点1号突厥墓出土　2、3. 辽陈国公主墓出土

未发现，但在契丹墓和辽墓中却屡见不鲜。内蒙古兴安盟科尔沁右翼中旗巴扎拉嘎1
号契丹墓出土的鎏金铜吊扣和突厥吊扣的形制相近（图19－10：8）[34]。奈林稿木头营子
2号墓所出金吊扣的造型虽亦相仿，但下部的花叶形扩大，在上面缠带子已有所不便；
而且它是用金叶和铜底托嵌合而成的，中含空膛，装饰的功能显然已超过了实用的
目的（图19－10：9）。哲里木盟通辽县余粮堡辽墓出土之铜吊扣的外轮廓亦呈此式

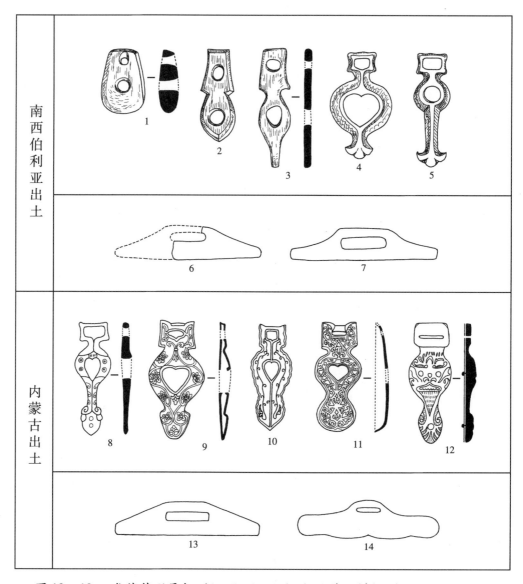

图19－10　类葫芦形吊扣（1～5、8～12）与豆荚形横栓（6、7、13、14）

1～3、6. 库德尔格突厥墓地出土　4、5. 库赖第4地点1号突厥墓出土　7. 库赖墓地出土　8、13. 科右
中旗巴扎拉嘎契丹墓出土　9. 奈林稿木头营子2号墓出土　10. 通辽余粮堡辽墓出土　11、12、14. 辽陈
国公主墓出土

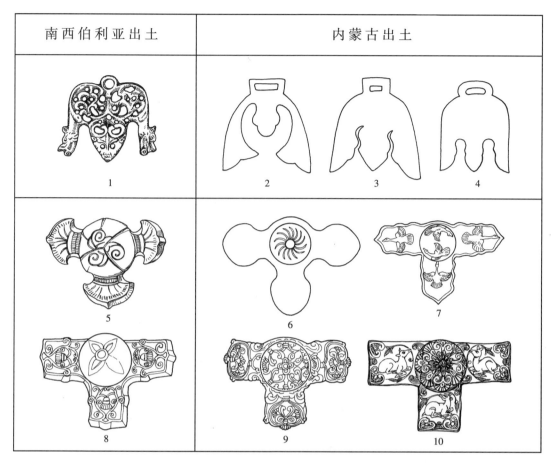

图 19 – 11　异形杏叶（上）与"丁"字形节约（下）

1. 科比内 6 号墓出土　2、6. 赤峰二八地 1 号墓出土　3、9. 奈林稿木头营子 2 号墓出土　4、10. 赤峰大营子
辽驸马墓出土　5. 库赖第 4 地点 3 号墓出土　7. 巴扎拉嘎契丹墓出土　8. 科赫加塔窖藏出土

（图 19 – 10：10）[35]。在哲盟奈曼旗青龙山辽开泰七年（1018 年）陈国公主墓中发现的鎏金铜吊扣，只用单层铜叶锤鲽成凸起的弧面，更不切实用（图 19 – 9：2，图 19 – 10：11）。而该墓出土的兽面纹金吊扣，则根本不设佩物的穿孔，完全成为一种不实用的饰件了（图 19 – 10：12）[36]。

突厥腰带上另外还系有一类豆荚形横栓，也是用于佩物的，可将所佩之物上的绳套或扣眼以此横栓绊结。此物在库德尔格突厥墓地中常见（图 19 – 10：6、7），在巴扎拉嘎契丹墓中亦出（图 19 – 10：13）。然而过去不知其使用时的具体位置，且多半把它当成马具，直到陈国公主墓中的银鞧鞦鞴带出土，才明白它也是系在自带铸古眼中垂下的窄带上（图 19 – 9：3，19 – 10：14）。豆荚形横栓在唐宋带具中绝不经见，这是契丹带具从突厥文化中接受过来的一个部件。

突厥马具也很有特色，对唐代的影响很大[37]。但有些突厥马具唐人很少用，而在契丹和辽代的马具中却广泛流行。比如一种装在鞦带之交叉点上的丁字形节约，曾在库赖第4地点3号墓中出过，银质，中部为凸起的半球形，三个顶端都作成带束腰的尖瓣形（图19-11：5）。和它的造型基本一致的鎏金铜节约见于二八地1号墓（图19-11：6）。巴扎拉嘎出土的这类鎏金铜节约，三个顶端虽仍呈尖瓣形，但与半球形凸起部连接处的束腰却不明显（图19-11：7）。而在米努辛斯克盆地东北部克孜尔河畔秋赫加塔窖藏中发现的9~10世纪前期的马具，其丁字形节约的顶端改变了以前之接近尖瓣状的造型，成为略带突棱的方角形（图19-11：8）[38]。节约式样的这种变更，在木头营子2号墓的出土物中也有所反映（图19-11：9）。而赤峰大营子辽应历九年（959年）驸马肖屈列墓中出土的此型金节约，三个顶端都变成平直的方角形了，显示出时代更晚些的迹象（图19-11：10）[39]。在吉林双辽骆驼岭辽墓中，顶端呈方角的鎏金丁字形铜节约与不开穿孔的鎏金铜吊扣同出[40]，说明二者的时代均较晚。丁字形节约在辽代始终未曾绝迹。直到金代前期，在黑龙江阿城市双城村墓地中仍出此种节约[41]。

突厥马具中还有一种异型杏叶，在科比内6、7号墓中均出。其顶部有一个供悬挂用的环，下分三瓣：当中一瓣的底端饰兽面，两侧的底端为兽头（图19-11：1）。而这种杏叶竟尔也在契丹墓和辽墓的马具中出现，虽然式样已作了相当大的改动，但基本构图的一致性却不难一目了然（图19-11：2~4）。

活跃在内蒙古草原上历时约二百年的突厥汗国，遗物虽为数不多，但如果把材料集中起来，想必也会很可观。在6~8世纪中，突厥族是我国的少数民族，所以从这些遗物上反映出，在融汇了各族人民的成就而形成的中华文明中，突厥族也作出了自己的贡献。同时，由于突厥当时处在东西文化交流的居中地位，所以突厥金银器上双方的影响都很明显。像木头营子2号墓出土的鎏金银罐，在东西文化交流史上无疑是重要的实物史料。近年来，虽然我国出土过安息、萨珊、拜占庭、嚈哒以及印度的金属容器，但这些带着强烈的异国情调的域外来客，总不像若干突厥制品，能巧妙地将西方和中国的装饰意匠结合起来。所以值此突厥器物陆续面世的今天，在我国之突厥族曾居留过的省区中，文物考古工作者对此给予更多的注意就很有必要了。至于突厥式的带具和马具，在契丹墓和辽、金墓中出土的数量较大，不仅表明突厥影响的深远，而且对服饰史、马政史乃至骑兵战术的研究，都能提供重要线索。

（原载《文物》1993年第8期）

注　释

①《阙特勤碑》东面第2行："他们率军作战，取得了所有四方的人民，全部征服了［他们］。使有头的顿首臣服，有膝的屈膝投降，并使他们住在东方直到兴安岭，西方直到铁门［关］的地方"（据耿世民译文）。铁门关为自撒马尔罕赴巴里黑的必经之关隘，其地在阿姆河以北，是西突厥与波斯的界关。

② 《旧唐书·突厥传》。

③ 松田寿男：《古代天山の历史地理学的研究》，第 17 页，东京，早稻田大学出版部，1974 年。

④ 《新唐书·突厥传》。

⑤ 内蒙古自治区博物馆：《瑰丽多彩的北方民族文化》，载《内蒙古历史文物——内蒙古博物馆建馆三十周年纪念》，1987 午。

⑥ С. В. Киселев, Древняя история Южной Сибири, гл. 8、9, стр. 487~638, табл. 52、55、56、62. Москва 1951.

⑦ 同注⑥。

⑧ А. Д. Грач, Археологические исследования в Кара－Холе и Монгун－Тайге. рис. 88. Москва 1960.

⑨ А. Л. Монгайт, Археология в СССР. стр. 304. Москва 1955.

⑩ 同注⑥。

⑪ Б. И. Маршак, Согдийское серебро. OS109, OS110. Москва 1971.

⑫ 敖汉旗文化馆：《敖汉旗李家营子出土的金银器》，《考古》1978 年第 2 期。

⑬ 内蒙古文物工作队，《内蒙古哲里木盟奈林稿辽代壁画墓》，《考古学集刊》第 1 集，1981 年。

⑭ 韩儒林：《穹庐集·唐代都波新探》，上海人民出版社，1982 年。

⑮ 此对音据《穹庐集》第 315 页之说。"饿支"族名在唐努乌梁海地区发现的多处突厥文墓碑与摩崖刻石中均曾见到。韩儒林先生指出："Ach 为木马三突厥中的饿支是可信的"（同书第 333 页）。岑仲勉《突厥集史》卷一四《新唐书·黠戛斯传校注》中将木马突厥三部之名称点断为"都播、弥列、哥饿支"，中华标点本《新唐书》从之。不确。

⑯ 王博、祁小山：《丝绸之路草原石人研究》图版 040－B－17、047－B－24，新疆人民出版社，1996 年。

⑰ 项春松：《克什克腾旗二八地辽墓》，《内蒙古文物考古》第 3 期，1984 年。内蒙古文物考古研究所等：《辽耶律羽之墓发掘简报》，《文物》1996 年第 1 期。

⑱ 陕西省博物馆等：《唐郑仁泰墓发掘简报》，《文物》1972 年第 7 期。

⑲ 东潮、田中俊明：《韩国の古代遗迹》卷 1，第 248~253 页，东京，1988 年。

⑳ 镇江市博物馆、陕西省博物馆：《唐代金银器》图 72~75，文物出版社，1985 年。这种图案在唐代盛极一时，西安何家村所出环以宝相花的麟凤纹银盒尤为典型。陈凌认为，"盒上所錾衔绶带的鸟当称为'神乌（Raven）'；不论是翼鹿还是神乌形象，其图像代表祆神军神 Verethraghna，具有特殊的宗教含义，似非简单的装饰纹样"（《欧亚学刊》第 7 辑，第 81 页）。但唐政府禁止国人崇祀祆寺，此种纯然华风的器物上不可能出现祆神。盒底所饰是凤凰，绝非祆教的神乌，盒盖上的主纹亦非翼鹿，而是麒麟。参见拙文《麒麟与长颈鹿》（载《文物丛谈》，文物出版社，1991 年）。

㉑ "古眼"即带銙下部的穿，用以系鞢鞢。此名称见宋·王得臣《麈史》卷上。张秀墓所出带銙，见辽宁省博物馆文物队：《辽宁朝阳隋唐墓发掘简报》，《文物资料丛刊》第 6 辑，1982 年。

㉒ 陶正刚：《山西平鲁出土一批唐代金铤》，《文物》1981 年第 4 期。

㉓ А. А. Гавриэлова, Могильник Кудыргэ. рис. 11, табл. 10、14、18. Москва 1965. 及注⑥所揭书 табл. 50.

㉔ 同注㉓。

㉕ 此文载《北京大学学报》（哲社版）1992 年第 2 期。

㉖ 椭圆玛瑙杯见陕西省博物馆《汉唐丝绸之路文物精华》，图版 166，香港，1990 年。椭圆形玉杯为传世品，见故宫博物院《古玉精萃》图 51，上海人民出版社，1987 年。

㉗ 伊克昭盟文物工作站等：《西沟畔匈奴墓》，《文物》1980 年第 7 期。

㉘ 《册府元龟》卷五四四载万岁通天二年（697 年）薛谦光疏中说，突厥侍子"或执戟丹墀，策名戎秩；或曳裾庠序，高步黄门。服改毡裘，语兼中夏。明习汉法，睹衣冠之仪；目击朝章，知经国之要。窥成败于国史，察

安危于古今"。其著名人物如阿史德元珍，《太平寰宇记》卷一九六就说他"习中国风俗"。后东突厥的智囊暾
欲谷虽非侍子，但也受过汉族的教育。他在自撰的碑文中说："予足智暾欲谷，本生于唐。"

㉙《资治通鉴》卷二○六。

㉚ 见《册府元龟》九七五、九七九各卷的记载。

㉛《旧唐书·契丹传》说契丹"本臣突厥"，又说除葬俗外，契丹的"其余风俗与突厥同"。特别当神功元年契丹
首领孙万荣败亡后，"其余众遂降突厥"。所以《通典·突厥传》说："契丹及奚，自神功之后，常受其（突
厥）征役。"这种情况一直继续到后东突厥晚期。开元年间，契丹仍"与突厥连和，屡为边患"（《旧唐书·薛
讷传》）。

㉜ С. В. Киселев, Из работ Алтайской экследиции ГИМ в 1934г. "Советская Этнография", 1935, No. 1, стр.
97 ~ 106.

㉝ 见注㉔所揭 А. А. Гаврилова 书，табл. 17, 22, 23.

㉞ 苏日泰：《科右中旗巴扎拉嘎辽墓》，《内蒙古文物考古》第 2 期，1982 年。

㉟ 哲里木盟博物馆：《内蒙古通辽县余粮堡辽墓》，《北方文物》1988 年第 1 期。

㊱ 内蒙古文物考古研究所：《辽陈国公主驸马合葬墓发掘简报》，《文物》1981 年第 11 期。

㊲ 参见拙文《唐代的马具与马饰》，《文物》1981 年第 10 期。

㊳ 同注⑥。

㊴ 方角的丁字形银节约曾在陕西蓝田杨家沟晚唐窖藏中出土过（《考古与文物》1982 年第 1 期），在唐代此物很少
见。赤峰出土者，见郑绍宗：《赤峰县大营子辽墓发掘报告》，《考古学报》1956 年第 3 期。

㊵ 段一平：《吉林双辽骆驼岭辽墓清理简报》，《考古与文物》1983 年第 6 期。

㊶ 阎景全：《黑龙江省阿城市双城村金墓群出土文物整理报告》，《北方文物》1990 年第 2 期。

玛瑙兽首杯

1970年在西安市南郊何家村唐代窖藏中出土的玛瑙兽首杯，为国内仅见之孤品[①]。此杯长15.5、高6.5厘米，用酱红地缠橙黄夹乳白色缟带的玛瑙制作。上口近圆形，直径约5.9厘米。下部为兽首形，兽头上有两只弯曲的羚羊角，而面部却像牛，所以不能认为其造型完全出自写实的手法，但看上去安详典雅，并不给人以造作之感。兽首的口鼻部装有类似笼头状的金帽，能够卸下，内部有流，杯里的酒可自流中泄出。由于琢工精细，此杯通体呈玻璃光泽，晶莹瑰丽，熠熠生辉，是一件极其珍罕的古文物（图20-1）。

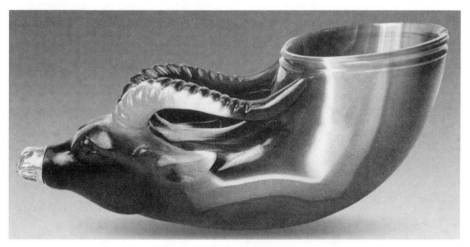

图20-1　西安何家村出土的唐代玛瑙兽首杯

从轮廓上看，这种弧形的酒杯颇似兽角，故亦称角杯。我国远在新石器时代已有陶制角杯，河南禹县谷水河遗址所出者可以为例（图20-2：1）。在战国、西汉时的铜器刻纹与壁画中，也能看到持角杯的人物形象（图20-2：2、3）[②]。但这些角杯的底端都没有短流或泄水孔，下部亦无兽首，与何家村玛瑙杯不属同一器类。后者起源于西方，克里特岛在公元前1500年已出现此种器物，但当时其下部尚无兽首，传入希腊后才被加上这种装饰。希腊人称之为"来通"（rhyton），此词是自希腊语rhéō（流出）派生出来的。因为它像一只漏斗，可用于注神酒。当时相信来通角杯是圣物，用它注酒能防止中毒，如果举起来通将酒一饮而尽，则是向酒神致敬的表示。传到亚洲以后，来通广泛流行于自美索不达米亚至外阿姆河地带的广大区域中，甚至进入中国。在西亚，来通的出现不晚于前1000年。西亚的早期来通多呈短而直的圆锥状，巴格达伊拉克博物馆所藏亚述帝国山赫里布朝（前7世纪早期）的羊首陶来通可以作为代表（图20-3：1）。

图 20-2　纪元前中国考古资料中所见角杯

1. 河南禹县谷水河新石器时代遗址出土的陶角杯　2. 山西潞城战国墓出土铜器刻纹中的持角杯者
3. 洛阳老城西北西汉墓壁画中的持角杯者

图 20-3　Ⅰ型来通

1. 巴格达伊拉克博物馆藏亚述陶来通　2. 圣彼得堡爱米塔契博物馆藏古波斯阿契米德时代银来通　3. 旁遮普
银盘纹饰中的持来通饮酒者

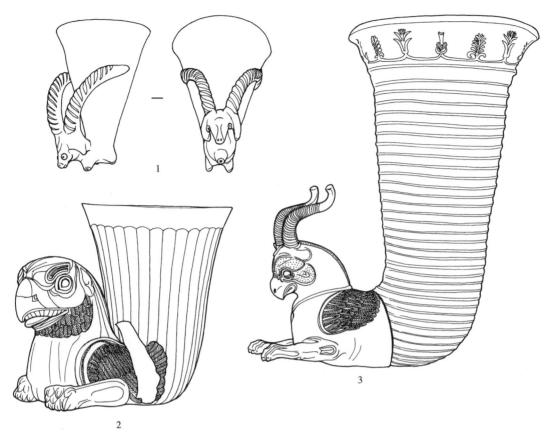

图 20 - 4   Ⅱ型来通

1. 阿塞拜疆出土陶来通   2. 银来通，私家收藏   3. 银来通，大英博物馆藏

　　在古波斯，阿契米德王朝制造的银来通仍以这种式样为主（图 20 - 3：2）。其兽首除羊首外，还有马首、牛首、狮首及作其他怪兽首形的。用来通饮酒时，酒从其下端的孔中泄出，注入饮者口中，与用杯类饮酒的姿势完全不同（图 20 - 3：3），是为Ⅰ型来通。但也有个别标本的底端无孔，或非实用之器。由于它们的口大底小，难以直置，所以阿契米德时又创造出一种底部折而向前平伸的来通。起初，其造型略嫌生硬（图 20 - 4：1）。至前 5 世纪时，一些饰有亚述式花边的金银来通将其平伸的那一部分作成带前肢的兽形，造型雍容华贵，有不少出色的工艺品（图 20 - 4：2、3）是为Ⅱ型来通。而这种式样反馈到希腊人那里，他们也将来通下部的兽加上前肢。1982 年在黑海北岸克拉斯诺达尔出土的下部为天马形的银来通就是这样的③。这是古希腊人在这一带建立的博斯波尔王国的制品，年代为前 5 ~ 4 世纪。与上述Ⅱ型阿契米德来通不同的是，它的底部呈圆弧形，不是平直的。这种设计意匠为古波斯安息王朝的工艺师所接受。1949 年，前苏联考古学家在土库曼发掘旧尼萨古城时，于安息王宫的库房中发现了一批前 2 世纪制作的象牙来通，复原六十余件④。它们的长度一般为 50 厘米左右，上部的饰带中雕出神话人物，边

缘镶有彩色玻璃、宝石或黄金，下部则雕出马、格里芬（鹫头飞狮）或半人半马怪等，外轮廓均为带弧度的长角形（图 20 - 5∶2），是为Ⅲ型来通。这倒不完全是为了适应象牙本身的曲势之故，因为这时制作的银来通亦呈此式（图 20 - 5∶1）。然而到了 3 世纪，继安息而兴的萨珊王朝在这方面留下的资料却不多。萨珊金银器存世者不过百余件，其中大部分是银盘，来通寥寥无几。它们多为零星发现，有些"重器"还是 18、19 世纪的蒐集品，出土情况很不清楚。只是由于银盘纹饰里常出现国王像，而这些国王无论在举行典礼、骑马狩猎或与宫眷燕游等场合，都戴着他们各自形制不同的王冠，研究者可根据盘上出现的冠式推定其所属的王，并考证盘的年代。但由于着萨珊装的人物和萨珊帝王活动等题材在内涵相当宽泛的所谓"后萨珊时期"（Post - Sassanian period）的制品中仍然出现，所以粟特、嚈哒等中亚地区的金银器遂不时与萨珊器相混。而要解决这个问题，关键是必须掌握一批科学发掘出土的标本作为辨识的依据。比如我国山西大同花疙瘩台北魏·封和突墓出土的萨珊银盘，纹饰的构图和其中人物的装束均较简率，与公认的典型萨珊皇家银盘不尽相同⑤。假若该盘不是出自时代明确的北魏墓葬，就有

图 20 - 5　Ⅲ型来通

1. 银来通，华盛顿塞克勒美术馆藏　2. 象牙来通，土库曼斯坦国立历史博物馆藏

被怀疑为后萨珊时期制品的可能了。即以来通而论，虽然我国发现的材料不多，也并不都是发掘品，但出现的时间较早，且长期绵延不绝。将它们纳入我国通过大量考古工作建立起来的古器物发展谱系的框架中，其相对年代大体上都能作出判断。所以研究中国发现的此类器物，不仅是探讨中西文化交流的需要，而且在一定程度上对于西亚、中亚文物的鉴定也提供了重要的参考或者依据。

上面已介绍过阿契米德与安息时代三种类型的来通，至萨珊朝初期又出现了第四种类型，其特点是在器身上模塑人像。本世纪初凯勒希安发表了一件他收藏的古波斯釉陶器，其底端残缺，原来可能是一件安弗拉式来通（Amphora style rhyton）。此器器身上部饰一骑马人像，下部饰一妇女像（图20－6：1）[6]。虽然人物的形象较模糊，但骑马者颇似纳克什依雷札布（Nāqsh－i－Rājāb）摩崖石雕中的萨珊王沙普尔一世（241~272年）。伦敦大英博物馆收藏的一件釉陶器也在器身上模塑出王者像与妇女像，其下部且有兽首和泄水孔（图20－6：2），确系来通。本文将此类列为Ⅳ型来通[7]。据哈帕考证，此器上的王者像也是沙普尔一世，而妇女像则是女神娜娜（Nana）[8]。这是拿它和美国费城大学博物馆所藏萨珊西陲城市尼普尔（Nippur）出土的印有娜娜神像的残陶来通相比较而推定的[9]。娜娜本是两河流域的女神，但这时已经与波斯女神阿尔美蒂（Armaiti）合而为一，对她的信仰已远及贵霜和粟特[10]。鉴于器身上同时出现女神像和国王像的情况，可知此型来通不仅在宗教仪式中用于灌奠，使用它还应包含崇拜君主的用意。更值得注意的是，此型来通在我国新疆地区也曾发现。圣彼得堡爱米塔契博物馆于1896年入藏的一件陶来通，出土于和田北部的约特干遗址，两端微残，器身雕塑出长须人像（图20－6：5）。此器于1985年在日本东京国立博物馆举办的《古代·中世纪东西文化交流展览》中展出过，展品说明中没有将它定为来通，而称之为"陶器装饰（印度人头部）"[11]。1976年在约特干遗址又出土了两件此型陶来通。其中一件亦残去两端，人像与前者基本相同（图20－6：4）。另一件的保存状况良好，下部的牛首和底端的泄水孔均完整无损（图20－6：3）[12]，除了没有女神像以外，形制与上述大英博物馆收藏的Ⅳ型来通非常肖似，造型的意匠显然是由萨珊经中亚传来的，因而其年代的上限不能早于3世纪前期。古于阗地区原来"信巫"[13]。对居住于此的塞种血统的居民说来，其所信之巫应与中亚、西亚的宗教信仰有相通之处；这是此类来通得以进入本地区的社会思想基础。但未闻和田信娜娜女神，故这里的来通上不塑造该神像。如准萨珊之例，则其长须人像或即表示当时的于阗国王，而非印度人像或丝路上过往的客商之像[14]。又由于自2世纪后期佛教已传入这一地区，并逐渐受到尊崇，其势日隆。3世纪后期朱士行至于阗求正品梵书胡本，说明这时佛教在于阗已相当流行。4世纪末，法显经过和田时，谓此处"人民殷盛，尽皆奉（佛）法"[15]，说明当时这里已完全成为信奉佛教的地区了。鉴于约特干遗址出土文物的复杂性，此陶来通的年代不能太早，但它又不是佛教的法器，不会太迟；故其年代的下限或不晚于4世纪中期。

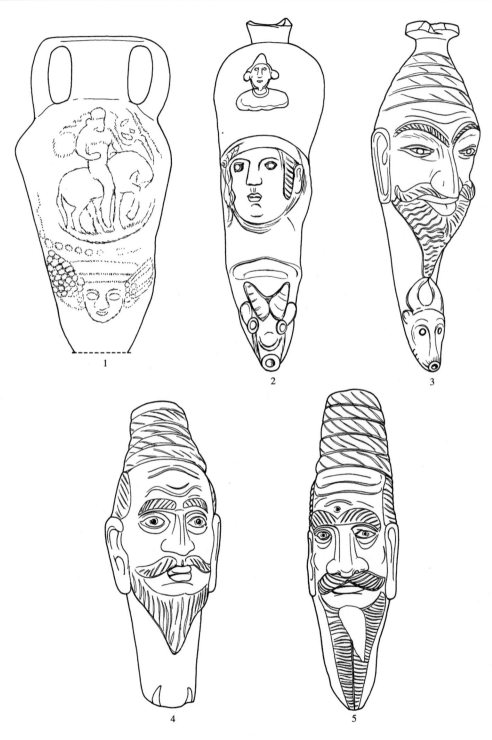

图 20 - 6　Ⅳ型来通

1. 萨珊釉陶器　2. 萨珊陶来通，大英博物馆藏　3、4. 和田出土陶来通，新疆维吾尔自治区博物
馆藏　5. 和田出土陶来通，圣彼得堡爱米塔契博物馆藏

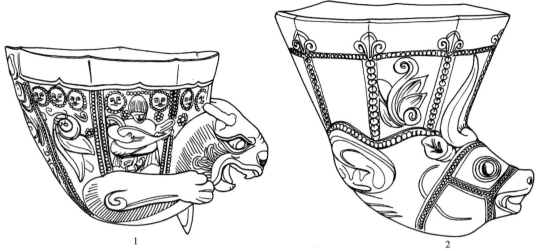

图 20 - 7　白瓷兽首杯
1. 狮首杯，大英博物馆藏　2. 牛首杯，安大略博物馆藏

Ⅳ型来通在内地没有见过，大约它未曾自和田更向东传播。然而式样不同的另一种来通在内地出现的时间却不晚于6世纪。伦敦大英博物馆藏有一件中国的白瓷狮首杯（图20 - 7：1）[⑯]，过去将它定为唐代之物，似不确。因为其上所贴卷瓣忍冬纹与大同北齐·娄睿墓出土的釉陶螭柄鸡首壶上的贴花相似，小珠窠人像纹与陕西三原隋代李和墓石棺线刻纹相似[⑰]。此杯的狮首下且带有前肢，这种造型可以一直追溯到本文所列的Ⅱ型来通，接近早期的式样，故其年代的下限不应晚于隋代。当然，从阿契米德时代的Ⅱ型来通到此器之间，在漫长辽阔的时空索链中还应存在着一系列中介传播体，它们均尚有待发现。另外，在加拿大多伦多安大略博物馆收藏的白瓷牛首杯上，也有与上述狮首杯相同的忍冬纹，此杯的牛

图 20 - 8　北齐画像石上的持牛首杯者

首虽不带前肢，但时代应与前者相去不远（图20－7：2）[18]。而美国波士顿艺术博物馆所藏传安阳出土的北齐画像石上，刻出了一群人在葡萄荫下饮酒的场面，为首者手擎与安大略博物馆藏品类似的牛首杯，可以作为上述断代的有力佐证（图20－8）[19]。他戴的帽子的式样与大同北魏·司马金龙墓出土俑所戴鲜卑帽全同[20]，故此石上的主要人物应为鲜卑人。他们的装束正反映出北齐高氏政权反对汉化，重新提倡胡服的情景。斯卡哥利亚认为此画像石上表现的是中亚人[21]，当属误解。这种来通的杯身挺直，从擎杯的姿势看，饮酒的方式应与图20－3：3所示之状类似。而且此画像石上的牛首杯之形制与《宣和博古图》中所著录者大体相同（图20－9：2）。另外《金石索》中也收有一件（图20－9：1）。旧金山亚洲文化艺术中心保管的布伦戴奇藏品中的褐玉牛首杯之式样亦与之相近（图20－9：3）[22]。它们如果不是后代的仿制品，则亦应归入这一类

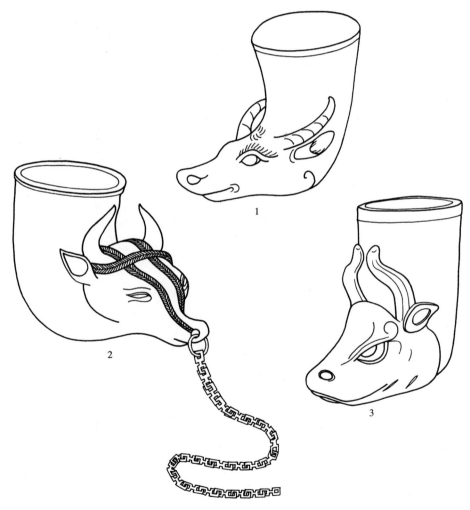

图20－9 牛首杯

1. 据《金石索》　2. 据《宣和博古图》　3. 褐玉杯，旧金山亚洲文化艺术中心保管

型之中。但用来通饮酒，饮者须仰承自上方下注之酒，这种方式与中国传统用杯饮酒的习惯迥异。所以在唐代，此类来通遂逐渐向杯形器转化。陕西博物馆所藏西安南郊唐墓出土的三彩象首杯未留泄水孔，象鼻上卷形成把手，实际上已成为杯，但外轮廓仍与来通相仿（图20-10：1）[23]。洛阳苗湾和湖北郧县唐·李徽墓出土的同型三彩龙首杯，杯身更加端正，龙口衔一花枝搭于杯沿以充把手，与来通的距离就更远了（图20-10：2）[24]。李徽葬于嗣圣元年（684年），则来通向中国式杯形器的转化在7世纪后期已经完成。8世纪后期以降，随着三彩陶器的衰落，此类器物渐不多见。后世偶尔作为特殊工艺品少量仿制，如故宫所藏青玉龙形觥（图20-11），虽然其造型与上述诸器一脉相承，但乾隆的题刻中却把它往商周彝器上拉，它和来通的亲缘关系已不为人知了[25]。

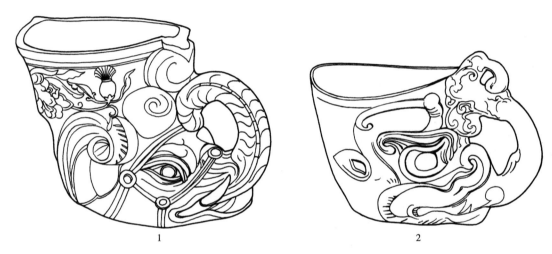

图20-10　三彩兽首杯
1. 象首杯，陕西博物馆藏　2. 龙首杯，洛阳博物馆藏

通过上述对来通的造型和传播情况的介绍，不难看出何家村玛瑙兽首杯的形制与以上诸例均有所不同。它的轮廓呈浅圆弧形，根据本文叙述的顺序，可列为来通的第V型。美国克利夫兰艺术博物馆藏有一件此型银来通，长14.2厘米，尺寸与何家村杯很接近（图20-12：1）[26]。其下部的兽首为瞪羚，器身中部的饰带中有狮子、瘤牛、羚羊等动物在一株三枝树两侧相向而立的图案（图20-13：1）。V型来通存世之实例不多，但在其他器物的刻纹中出现过它的形象。华盛顿赛克勒美术馆所藏银钵与克利夫兰艺术博物馆所藏多曲银杯的纹

图20-11　青玉龙形觥，
故宫博物院藏

图 20 – 12　Ⅴ型来通

1. 银来通，克利夫兰艺术博物馆藏　2. 片治肯特出土粟特壁画中的来通　3. 何家村出土玛瑙兽首杯　4. 克利夫兰艺术博物馆藏多曲银杯纹饰中的持来通者

饰中均有其例（图 20 – 12：4）。我国陕西三原唐·李寿墓石椁线画中也有手持此型牛首杯的侍女。分析这些材料，有助于探讨何家村玛瑙杯的造型之渊源、产地和制作时间等问题。

在克利夫兰博物馆收藏的瞪羚首银来通上，饰带中的三枝树于两侧动物纹的衬托下，地位显得很突出。哈帕曾提到，南俄彼尔姆地方出土的一件 4 或 5 世纪制作的"大夏"银器上有与此相同的树纹[27]。所谓大夏银器实际上就是中亚银器，在中亚银器上出现三枝树纹不是偶然的，因为它本是摩尼教艺术中的象征物。它和祆教以及小乘佛教艺术中之圣树的形象均不相同（图 20 – 13：2 ~ 3）。摩尼虽然是 3 世纪的萨珊人，他所建立的摩尼教在萨珊也曾一度流行，但到了瓦拉伦一世（273 ~ 276 年）时便受到迫害，摩尼被处死，有些摩尼教徒惨遭屠杀，于是他们大批逃离萨珊，越过阿姆河遁入粟特人居住的河中地区，从而使摩尼教在这一地区广为传播。摩尼教义从善恶二元论出发，以明、暗二宗作为世界的本质，在其经典中常以光明活树代表明宗，此树又称生命树、甘树、善树、常荣树等[28]，它的艺术形象就是一株三枝树[29]。其三枝象征上古洪水传说中诺亚方舟中带出来的三个童子。克利夫兰博物馆的来通既然饰以如此显著的三枝树纹，则只能认为这是中亚的而不是萨珊的制品了[30]。特别是在撒马尔罕附近的片治肯特古城28号房址东壁壁画中出现的来通（图20－12：2）[31]，其轮廓与克利夫兰博物馆所藏者极为相似，且二者都在杯的口沿处饰联珠纹。更足以证明上述银来通确系粟特之物。

这样，回过来再看何家村的玛瑙兽首杯，则可知此器的造型仿自粟特式来通（Ⅴ型来通），制作的年代为8世纪前期、即与片治肯特28号房址的年代约略相当。从风格上看，它应出自在工艺品中不习用羚羊形象的唐人之手。因为对于萨珊、粟特工艺师说来，羚羊是他们十分熟悉的形象。一件私家收藏的银来通整体为一赛加羚羊（高鼻羚羊）首之形，虽然有艺术上的夸张成分，却显得极为逼真而传神（图20－14：2）[32]。这件来通到底是萨珊的还是粟特的产品，目前尚难以确指。不过在能够肯定为粟特制的银器中，也多有以羚羊纹为饰的，马尔沙克的《粟特银器》一书中不乏其例（图20－14：3）[33]。何家村兽首杯制作之初，大约也想模拟西方的时尚采用羚羊首之形，可是由于对这一题材的生疏，所以最后就制成现在的模样了。

像何家村玛瑙杯这样罕见的、在东西方古文明相碰撞的火花中诞生的重要文物，研究者中对其源流、年代、产地等问题一时容有不同的看法。而以专文论述者，笔者只

1

2

3

图20－13　三枝树与其他圣树
1. 克利夫兰博物馆藏银来通纹饰中的三枝树　2. 苏萨出土印章上的圣树对羊纹　3. 印度巴尔胡特大塔栏楯雕刻中的圣树

图 20－14　饰羊与羚羊之器

1. 开罗博物馆藏玛瑙羊首来通　2. 羚羊首银来通，私家藏　3. 爱米塔契博物馆藏粟特羚羊纹银盘

读过帕拉斯加教授撰写的一篇[34]。他认为与此杯最接近之例是开罗博物馆所藏上埃及出土的托勒密王朝时的玛瑙羊首来通（图20－14：1），他将该来通的年代定为前2世纪，并认为何家村杯的原产地和年代亦与之相近。他还说，当此杯埋入地下时，已经是一件传世达900年之久的古物。但上埃及出土的那件来通除了质地与何家村杯同为玛瑙外，在造型方面全异其趣，它是一件特殊的变体，根本不属于V型来通，在中国此类器物的发展谱系中找不到它的位置。因此，笔者认为帕氏之说恐难以成立。

不过何家村玛瑙兽首杯这类器物后来在中国的演变途径，却与上文提到的白瓷狮首杯、白瓷牛首杯等物不同，它没有变成通常的杯形器，始终保持着角形器的外貌，唯不再从底端泄水而已。在郿县李徽墓中，与三彩龙首杯同出的有一件三彩龙首角杯（图20－15：1）。此器的造型除继承何家村杯的成分外，可能还受了当时举世称赏的鹦鹉杯（螺杯）

图20－15　从器口就饮的角杯
1. 李徽墓出土三彩龙首杯　2. 日本皇室藏唐玻璃龙首角杯　3. 正仓院藏金银平文琴纹饰中的持角杯饮酒者

的影响[35]。但在以后的发展中，其首部向上翻卷的程度逐渐缓和，例如日本皇室收藏的一件唐代玻璃角杯，下部的龙首仅微微上翘（图20－15：2）[36]。使用这种角杯，已不必总保持来通那种兽首朝下、器口朝上的样子，倾杯畅饮时甚至可以将角杯翻转，使兽首朝上、器口朝下。正仓院所藏金银平文琴上画的饮酒胡人所持之角杯，虽然其上之兽首不甚明显，但从持杯的姿势看，应属日本皇室收藏的那一类（图20－15：3）。这种形象要比李寿墓石椁线刻画及何家村玛瑙杯晚一个发展阶段才能出现。前几年郑珉

中先生在《论日本正仓院金银平文琴》一文中，认为该琴非我国所制，乃是时代较晚
的日本产品[37]，倘本文对其上胡人饮酒图像的分析得以成立，似又可为郑先生之说增添
一项旁证。而兽首杯演变到这种程度，则与其西方的原型已经拉开很大的距离了。

（原载《中国圣火》，1996 年）

注 释

① 陕西省博物馆：《西安南郊何家村发现唐代窖藏文物》，《文物》1972 年第 1 期。出土文物展览工作组编：《文化
    大革命期间出土文物》第 1 辑，第 69 页，文物出版社，1973 年。

② 谷水河角杯为河南省博物馆藏品。战国铜器刻纹中的角杯见山西省考古研究所等：《山西省潞城县潞河战国
    墓》，《文物》1986 年第 6 期。西汉壁画中的角杯见河南省文化局文物工作队，《洛阳西汉壁画墓发掘报告》，
    《考古学报》1964 年第 2 期。

③ 此器曾参加 1988 年在日本奈良举办的《丝绸之路大文明展》，见《シルクロード・オアシスと草原の道》图
    版 140。

④ G. Frumkin, *Archaeology in Soviet Central Asia*. p. 150. Leiden – Köln, 1970.

⑤ 马玉基：《大同市小站村花疙瘩台北魏墓清理简报》，《文物》1983 年第 8 期。

⑥ *The Kelekian Collection of Persian and Analogous Potteries*, p1. 1. Paris, 1910.

⑦ K. Erdmann, "Partho – Sassanian Ceramics." *The Burlington Magazine*, 67 (1935).

⑧ P. O. Harper, *The Royal Hunter*, pp. 162 ~ 164. New York, 1978.

⑨ A. Upham Pope (editor), *A Survey of Persian Art*. vol. Ⅳ, pl. 185c. London – New York, 1938.

⑩ G. Azarpay, "Nanâ, the Sumero – Akkadian Goddess of Transoxiana." *Journal of the American Oriental Society. 96*
    (1976).

⑪ 东京国立博物馆：《シルクロードの遗宝》，图版 67，东京，1985 年。

⑫ 新疆ウイグル自治区博物馆编：《新疆ウイグル自治区博物馆》，图版 19、20，讲谈社，1987 年。

⑬ 《后汉书·班超传》。

⑭ 以此器上的人像为丝绸之路上的商人像之说，见注⑫所揭书第 165 页。

⑮ 晋·法显《法显传》。

⑯ B. Gyllensvärd, "T'ang Gold and Silver." fig. 26a. BMFEA 29 (1957).

⑰ 山西省考古研究所等：《太原市北齐娄睿墓发掘简报》，《文物》1983 年第 10 期。陕西省文物管理委员会：《陕
    西省三原县双盛村隋李和墓清理简报》，《文物》1966 年第 1 期。

⑱ *Silk Roads：China Ships*. Toroto, Royal Ontario Museum, 1983.

⑲ O. Siren, *Chinese Sculpture from the Fifth to the fourteenth Century*. vol. Ⅲ, p1. 449. London, 1925.

⑳ 山西省大同市博物馆等：《山西大同石家寨北魏司马金龙墓》，《文物》1972 年第 3 期。

㉑ G. Scaglia, "Central Asians on a Northern Ch'i Gate Shrine." *Artibus Asiae* (1958 – 1959)。

㉒ J. Fontein, T. Wu, *Unearthing China's Past*. p1. 94. New York. 1973.

㉓ 陕西省博物馆编：《陕西省博物馆》，图版 87，文物出版社，1983 年。

㉔ 洛阳苗湾出土的三彩龙首杯见洛阳博物馆《洛阳唐三彩》，图版 114，文物出版社，1980 年。李徽墓出土的同型
    之器见湖北省博物馆等：《湖北郧县唐李徽、阎婉墓发掘简报》，《文物》1987 年第 8 期。

㉕《中国美术全集·工艺美术编 9·玉器》，图版 318，文物出版社，1986 年。

㉖ A. C. Gunter, "The Art of Eating and Drinking in Ancient Iran." *Asian Art*, Spring 1988.

㉗ 见注⑧，第 36 页。

㉘ 林悟殊：《摩尼的二宗三际论及其起源初探》，载《摩尼教及其东渐》，中华书局，1987 年。

㉙ H. J, Klirnkeit, *Maniehaean Art and Calligraphy*. Leiden, 1982.

㉚ 三枝矮树和在古波斯祆教艺术中出现的生命树的树型不同，后者一般表现为高大的乔木。虽然从渊源上说，前者曾受到后者的影响。

㉛ B. l. Marshak, V. l. Raspopova, "Wall Paintings from a House with a Granary. Panjikent, 1st Quarter of the Eighth CenturyA. D." *Silk – Road Art and Archaeology*, 1, 1990.

㉜ 索尔比（A. de C. Sowerby）：《中国艺术的性质》（*Nature in Chinese Art*. New York, 1940）第 67 页说："奇怪的是，像羱羚和羚羊这种在山区相当普遍的动物，竟然没有在中国的艺术品中出现过。"萨珊、粟特艺术品中之羚羊的造型，见 R. Ghirshman, "Le Rhyton en Iran." p. 78, fig. 28. *Artibus Asiae*, 25（1962）. Ghirshman, *Persian Art*, *The Parthian and Sassanian Dynasties*. p. 221, fig. 263a. New York, 1962.

㉝ Б. И. Маршак, Согдийское Серебро, стр. 156, рис. 6, 7. Москва, 1971.

㉞ K. Parlasca, "Ein Hellenistisches Achat – Rhyton in China." *Artibus Asiae*, 37（1975）.

㉟ 参见拙文《鹦鹉杯与力士铛》，《文物天地》1987 年第 1 期。

㊱ 见注⑯所揭文, fig. 26b.

㊲ 该文载《故宫博物院院刊》1987 年第 4 期。

唐·李寿墓石椁线刻《侍女图》、
《乐舞图》散记

　　1973 年在陕西三原焦村发掘了贞观五年（631 年）唐淮安靖王李寿墓。此墓总长
44.4 米，有长斜坡墓道，五个天井，装石门的甬道，和长 3.8、宽 3.95、深 10.5 米的
墓室。室内西侧出土石椁一具，外观呈面阔三间的歇山顶殿堂形，通高 2.2、底长
3.55、宽 1.85 米。西安地区的唐代大墓中常置石椁，如懿德太子、永泰公主、韦顼、
韦泂、杨思勖等墓中的石椁还饰以精美的雕刻。但李寿墓石椁不仅时代早，而且刻的
内容特别丰富，并带有写实意味，不像其他石椁之刻纹往往偏重装饰性。此石椁外壁
施浅浮雕，除四神等辟邪祈福的图案外，还雕出侍臣和在四周拱卫的甲士，表明石椁
象征墓主人生前的寝殿（图 21 – 1）[①]。其内壁满布线刻画，椁顶为星相图，椁底周围
为十二生肖图，四壁则是众多的人物，有盛装的宫官、成群的宦者。最引人注目的，
为捧持各种器物的侍女和奏乐、起舞的伎乐人。刊载于《文物》1974 年第 9 期的《发
掘简报》，只发表了《乐舞图》的拓片，对其他线刻画未作详细介绍。不过二十多年
来，《侍女图》的拓片在书刊和展览中也曾陆续公之于世（图 21 – 2，图 21 – 3）[②]。虽
然此石椁的全部资料尚待日后正式刊布，但就目前看到的《侍女图》与《乐舞图》而
言，已仿佛将笼罩着初唐贵族生活的帷幕揭开一角，显露出当时王公寝殿中的若干情
景。因在此谈点观感，并略作分析，以求正于发掘者及同志们。

　　两幅《侍女图》皆为立像，排成上下三列。第一幅每列六人，共十八人。第
二幅每列六至七人，共二十人。皆着窄袖短襦、过胸长裙，肩上搭帔帛。两幅中
除七人拢手外，其余的人各持器物。南北朝时，侍女持物之风始盛。《世说新语·
汰侈篇》说："（晋）武帝尝降王武子（王济）家，武子供馔，并用琉璃器。婢子百余
人皆绫罗绮袴，以手擎饮食。"《南史·羊侃传》说，羊侃设宴，"至夕，侍婢百余人
俱执金花烛"。唐代大墓壁画之侍女亦常见持物者，但均不如李寿石椁线刻画中出现的
器物种类之繁多。

　　今将两幅《侍女图》中的人物统一编号。在第一幅中，侍女拿的十七种器物可以
分为三类：第一类为乐舞用具，第二类为游艺用具，第三类为燕息用具。

　　乐舞用具包括第 1 人所持麈，第 11 人所持竹竿和第 12 人所持拂子。

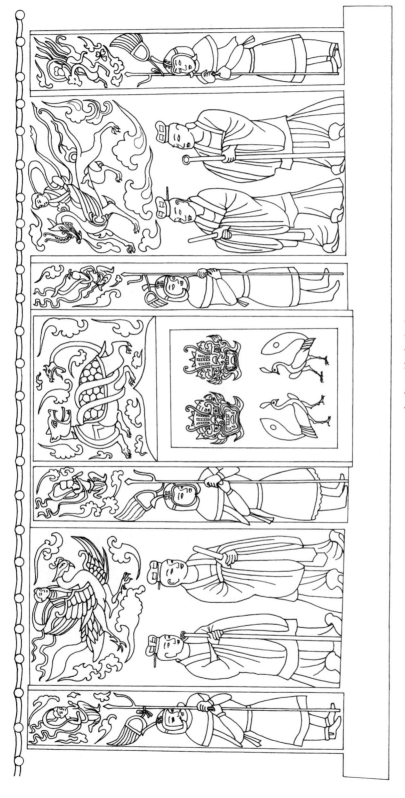

图 21 - 1　李寿石椁外壁雕刻

6　　5　　4　　3　　2　　1

12　　11　　10　　9　　8　　7

18　　17　　16　　15　　14　　13

图 21－2　李寿石椁内壁线刻《侍女图》（一）

图 21-3　李寿石椁内壁线刻《侍女图》（二）

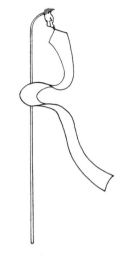

图21-4　　《洛神赋图》
中的"桂旗"

第1人所持麾，其圆杆顶部系有条形帛。案麾本有两种形制；一种像幢。《汉书·韩延寿传》颜师古注："幢，麾也"③。与此图中所见之状不同。另一种像旌旗。《谷梁传·庄公二十五年》范宁注："麾，旌幡也。"《文选·齐故安陆昭王碑文》李善注："麾，旌旗之名。"旌本为长条形④。旗也有作长条形的，如《洛神赋》中说："左倚采旄，右荫桂旗。"在顾恺之的《洛神赋图》中，就把桂旗画得狭而且长（图21-4），可作为麾制之旁证。唐代用麾指挥军队进退，也用麾指挥乐队演奏。《唐六典·协律郎条》说："若大祭祀、飨燕，奏乐于庭，则升堂执麾以为之节制：举麾，鼓柷，而后乐作；偃麾，戛敔，而后止。"以麾节乐在唐代是通行的做法，新疆库车出土的龟兹舍利盒上的乐舞图中，乐队前方有两名持麾者，其麾之形制与《侍女图》第1人所持者正相类似（图21-28）。由于持麾者常位于乐舞队列之首，故此处也循例将它排在最前面。

第11人持多节的竹竿，此物用于引舞。南宋·史浩《鄮峰真隐漫录》中收录了好几齣整套的大曲脚本，记下了演出时的若干细节，为他处所罕见。此书卷四五所记表演柘枝舞大曲的情况为：

（竹竿子勾念：）"……请翻妙舞，来奉多欢，鼓吹连催，柘枝入队。"（念了，后行吹引子半段，入场，连吹《柘枝令》，分作五方舞。）……（竹竿子问，念：）"既有清歌妙舞，何不献呈？"（花心［即领舞者］答，念：）"旧乐何在？"（竹竿子问，念：）"一部俨然。"（花心答，念：）"再韵前来。"（念了。后行吹《三台》一遍。五人舞拜，起舞。后行再吹《射雕遍》连《歌头》。舞了。）

竹竿子角色在此书所记之采莲舞、太清舞、剑舞中均曾出现。朝鲜郑麟趾《高丽史·乐志》所载《莲花台》舞仪中也说：

竹竿子口号曰："绮席光华卜昼开，千般乐事一时来。莲房化出英英态，妙舞妍歌不世才。"讫，对立。乐官奏《众仙会·引子》。童女入舞。

从中可以看出竹竿子一色在乐舞演出中的作用。向达先生说："高丽打毬乐中实有一人手持竹竿，得筹与否，由竹竿以为指挥。大约竹竿子即因其持竹竿而得名也。""起舞遣队之责，则由竹竿子任之，如今日乐队之指挥然也。起舞之前或念诗一首，或骈语数联，继由竹竿子与花心设为问答之词，然后正式起舞，'舞者入场，投节制容'，是为入

破。入破以后，由竹竿子念七言诗一首或骈语数联遣队，于是乐止舞停"⑤。唐代文献中
尚未发现"竹竿子"这一名称，只在敦煌石室所出 S.2440 号卷子背面记录的"歌舞乐神
祇"之吟唱词中出现过"队仗"一色，其地位约与"竹竿子"相当。库车所出舍利盒上
的乐舞图中也有持竿者，或缘新疆地区竹材难得，所以此人所持之竿像是木杖。而在陕
西彬县二桥村五代后周·冯晖墓壁画中所绘竹竿子，竿上的竹节则很明显，可与《侍女
图》中者相印证（图 21-5：1）⑥。至宋、金时，乐舞杂剧中的参军色亦可持竹竿调度。
山西高平西李门二仙庙露台金代石刻乐舞图中，队列之前有一人持竹竿，竹节清晰可见，
但竿顶上还饰有一丛篾丝；后世踵事增华，形制遂有所改易（图 21-5：2）⑦。

图 21-5　乐舞队列中的"竹竿子"
1. 陕西彬县后周·冯晖墓壁画　2. 山西高平二仙庙金代石刻

　　竹竿子身侧的第 12 人持拂子。持拂子的侍女在唐代大墓壁画中常见。此物有多种
用途，但在这里它和竹竿相伴，遂有理由推测为乐舞中所用者。唐·段安节《乐府杂
录》说，舞狮子的狮子郎"执红拂子"。宋·孟元老《东京梦华录·宰执亲王宗室百
官入内上寿条》说："舞毕，发诨子。参军色执竹竿、拂子。念致语口号，诸杂剧色打
和。再作语，勾合大曲舞。"南宋犹存此制。吴自牧《梦粱录·宰执亲王南班百官入内
上寿赐宴条》说："参军色执竹竿、拂子，奏俳语口号，祝君寿。杂剧色打和毕，且
谓：'奏罢今年新口号，乐声惊裂一天云。'参军色再致语，勾合大曲舞。"可见乐舞活
动的指挥者可兼持竹竿和拂子。《侍女图》中有些现象相当超前，甚至与宋代的情况接
近，故此拂子的用途或亦与《梦华录》等书所言者相类。

　　再看游艺用具，包括第 2 人所持弹弓、第 5 人所捧棋子、第 6 人端的棋局和第 7 人端的双陆局。第 3 人捧箧，其中盛的可能也是与之有关之物。

　　《侍女图》中的弹弓未装弦。在李寿墓第四天井和前甬道的壁画中也有未装弦的弓。但侍女行列中不应出现战具，此物应为弹弓。懿德太子墓第二过洞的壁画中，在架鹰者之旁有持弹弓者。故宫博物院所藏唐画《游骑图卷》中也有持弹弓的人物[⑧]。它一般用于弹鸟，即《管子·轻重丁》所称："挟弹怀丸，游水上，弹翡燕小鸟。"所以这是一种游艺活动。

　　第 3 人所捧箧，其形与阿斯塔那 105 号唐墓出土的藤箧相似，但比后者大些[⑨]。箧用于盛衣物，此箧中所盛者或系供出游弹鸟时更衣之用。

　　第 5 人与第 6 人拿的是互相配套的棋子和棋局。棋子盛在小盂中；棋局正方，其曲尺形足间辟壶门洞。下装托泥，与五代·周文矩《重屏会棋图》中所见盛子之盂及棋局的形制极相近。《侍女图》中的棋局上未刻线道以划出罫目。新疆吐鲁番阿斯塔那 187 号唐墓出土之绢本《弈棋图》上的棋局为十七道。与邯郸淳《艺经》所称"棋局纵横各十七道"之说相合[⑩]。柳宗元《柳州山水记》所记之棋局为十八道。但河南安阳隋·张盛墓已出十九道的瓷棋局，正仓院所藏木画紫檀棋局与《重屏会棋图》中的棋局则均为十九道[⑪]。可见，唐代的棋局处于自十七道向十九道之定制过渡的阶段（图 21 – 6）。

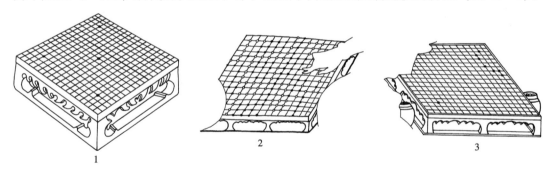

图 21 – 6　棋局

1. 河南安阳隋代张盛墓出土瓷棋局　2. 新疆吐鲁番阿斯塔那出土绢画《弈棋图》　3.《重屏会棋图》

图 21 – 7　粟特银钵纹饰中的弈双陆者

　　第 7 人端的双陆局呈长方形，局面上两边的"门"，和双方门左右的十二个圆形花眼即"梁"都刻得很清楚。双陆是西方传来的游艺，它和古罗马的十五子棋（Backgammon）玩法略相近，十五子棋传到西亚、北印度和中亚后，演变为双陆。宋·洪遵《谱双·序》说：此戏"始于西竺，流于曹魏，盛于梁、陈、魏、齐、隋、唐间。"华盛顿赛克勒美术馆所藏粟特银钵上有打双陆的（图 21 – 7）。突厥人也喜欢玩双陆。作为异姓突厥政权之突骑施汗国的车鼻施苏禄，就因为与莫贺达干玩双陆气恼，殴打其玩伴而被杀。我国已知最早的双陆图像则见于甘肃嘉峪关魏晋墓画砖（图21－8：1）。凡此皆可印证洪遵之说。双陆子也叫"马"，分黑白两色，各十五枚。马一般为捣衣杵形，也有粗矮如"截柿"形，或扁平如棋子形者。另外还有骰子两枚，打马时用以掷采。此戏直到清代中叶还在流行，20世纪初博法遽尔失传[12]。实用的唐代木制双陆局曾在吐鲁番阿斯塔那唐墓出土，正仓院也藏有两件，均嵌螺钿或嵌木画，甚为精工（图21－8：2）。有些唐墓中还出明器双陆局，如湖南长沙牛角塘及咸嘉湖、四川万县驸马坟等处所出者，但在它们的《发掘简报》中，却分别被称为棋盘、榻或案形器了（图21－8：3）[13]。

图 21－8　双陆

1. 甘肃嘉峪关魏晋墓出土画砖上的弈双陆者　2. 新疆吐鲁番阿斯塔那唐墓出土木双陆局　3. 湖南长沙咸嘉湖唐墓出土明器陶双陆局

　　燕息用具包括第 8 人所持凭几，第 9 人所持卷轴，第 10 人所持羽扇，第 13 人所持烛台，第 14 人与第 15 人所挟筌蹄与隐囊，第 16 人所抱茵褥，第 17、18 人所持胡床与挟轼。

　　在燕息用具中，凭几、卷轴（或代表书画）、羽扇等三件可自成一组。凭几又名隐几，供人坐时凭倚之用。这里的凭几之几面环曲抱腰，下装三足，是自三国、六朝时开始流行的新式样。先秦、两汉之旧式凭几的几面平直，两端装曲足或栅状足，虽然其作用与三足凭几并无大殊，但外观颇不相同。关于三足凭几，杨泓先生曾撰文详加阐析，请读者参看⑭。

　　凭几和羽扇在使用时可互相配合，古文献中提到它们时，二者或连类而及。梁·萧子显《南齐书·孔稚珪传》说：齐高帝萧道成曾"饷（孔）灵产白羽扇、素隐几，曰：'君性好古，故遗君古物。'"与萧子显同时的吴均所著《齐春秋》较《南齐书》先出，《太平御览》卷七一〇引《齐春秋》记此事作："孔灵产为光禄大夫。……太祖以白麈、毛扇、素几遗之。曰：'以君有古人风，故赐卿古人之物也。'"毛扇即麈尾，与羽扇本是二物⑮。不过此时二者都处在流行时期，且两位作者与孔氏均为南人，时代相接；其说虽不同，但无由去取，可以两存。朝鲜安岳东晋冬寿墓壁画中出现过墓主人执麈尾倚凭几的图像，如果将麈尾换成羽扇，大约使用的情况也差不多。唯独应当说明的是，在北宋以前，大部分羽扇尚未突破如晋·傅咸《羽扇赋·序》所称"昔吴人直截鸟羽而摇之"，及晋·嵇含《羽扇赋·序》所称"吴楚之士，多执鹤翼以为扇"的状况，它的式样还像鸟的一只翅膀⑯。南宋·周去非《岭外代答》卷六说："静江（今广西桂林）人善捕飞禽，即以其羽为扇。凡扇必左羽。取羽张之，以线索系住，俟肉干筋定乃可用。"这里说的"羽"指翅膀。既然只用左边的翅膀制扇，可见它不是两侧对称之形。《侍女图》中羽扇的形制正是如此。在宋摹旧题顾恺之作《斵琴图》、元·赵孟頫《陶弘景像》中看到的羽扇也是如此（图 21－9）。而当石椁主人隐三足凭几、摇羽扇、闲坐寝殿之际，第 9 人正可展开卷轴中的书画（？）供其观赏。

　　接下来转到第一幅最下面的一排，为首之人即第 13 人手持烛台。持烛台者在唐墓壁画中常见，永泰公主墓、懿德太子墓中都有。但此烛台在插烛处之外还有一圈心形框架，似可张设纱罩，它和山西大同云中大学金墓壁画中盖食物用的饭罩近似，为唐代所仅见⑰。

　　第 14 人挟筌蹄，乃墩形坐具。供人坐之处的圆面小，接地之处的圆面大，两圆面间以纵线条连接，中部微有束腰。此物本属藤制品。唐·段公路《北户录》卷三说："琼州出五色藤盒子、书囊之类．花多织走兽飞禽，细于锦绮，亦藤工之妙手也。……新州（今广东新兴）作五色藤筌台，皆一时之精绝。昔梁·刘孝仪《谢太子饷五色藤筌蹄一枚》云：'炎州采藤，丽穷绮缛。'"细审图中之筌蹄，似亦用藤条扎制。"筌蹄"是从《庄子·外物篇》"筌者所以在鱼，得鱼而忘筌；蹄者所以在兔，得兔而忘蹄；言者所以在意，得意而忘言"这段话中摘出来的。庄子言筌与蹄，是设比喻来讲他的哲学道理，筌、蹄原非一专名词。成玄英疏："筌，鱼笱也，以竹为之。"蹄则是"兔蹄也，以繋系

图21-9　翼形羽扇

1.《斲琴图》　2.《陶弘景像》

兔脚，故谓之蹄。"筌作为捕鱼之笼，外形尚与坐具接近，虽然它不是藤制品而是竹制品；而蹄是捕兔的夹绊，和坐具毫无关系。筌蹄又作筌提（《全梁文》卷六一注）、迁提、先提（均见《玄应音义》卷一六），词无定字，令人怀疑它本是一个外来语的对音。《玄应音义》说它："非此方物，出昆仑中。"这里的"昆仑"当指南海昆仑，正说明它是从东南亚之"炎州"传入我国的。自南北朝至唐，它在我国相当流行。垂足坐筌蹄起先是讲佛经的姿势。《南史·侯景传》："上（梁武帝）索筌蹄，曰：'我为公讲。'命景离席，使其唱经。景问（索）超世：'何经最小？'超世曰：'唯《观世音》小。'景即唱：'尔时无尽意菩萨。'"所以在克孜尔、炳灵寺等石窟的佛画中有坐筌蹄的。至唐代此物已成为常见的家具，唐俑之坐筌蹄者不乏其例（图21-10）。

　　第15人挟隐囊，此物为圆形靠枕。《颜氏家训·勉学篇》说：南朝萧梁盛时，贵游子弟无不"坐棋子方褥，凭斑丝隐囊。"《南史·张贵妃传》说："时（陈）后主怠于政事，百司启奏。并因宦者蔡临儿、李善度进请。后主倚隐囊，置张贵妃于膝上共决之。"《资治通鉴》卷一六七胡三省注："隐囊者，为囊实以细软，置诸坐侧，坐倦则侧身曲肱以隐之。"它的形象在龙门宾阳洞之维摩颉像、《北齐校书图》、唐·孙位《高逸图》等处都能看到（图21-11）。宋以后此物始不多见。明·杨慎《杨升庵文集》卷六七说："晋以后士大夫尚清谈，喜晏佚，始作麈尾、隐囊之制。今不可见，而其名后学亦罕知。"

图 21 – 10　坐筌蹄者

1. 新疆克孜尔石窟壁画　　2. 河南洛阳唐墓出土陶俑

第 16 人抱茵褥，作对折状，此物可垫于坐处。于《洛神赋图》、邓县彩色画像砖以及陶俑、壁画中屡见（图 21 – 12）。

图 21 – 11　倚隐囊者

（洛阳龙门宾阳洞雕像）

图 21 – 12　挟茵褥者

1.《洛神赋图》　　2. 唐·李凤墓壁画

第17人捧胡床即现代所称马扎。关于它的使用和流传情况，请参看杨泓先生的《胡床》一文[18]。

第一幅《侍女图》中最末一人即第18人持挟轼，它有些像汉代的两足凭几，但用途微有不同。挟轼之名是根据正仓院的献物账定的。唐·段成式《酉阳杂俎·前集·冥迹篇》提到放在床上用的"夹膝"，与夹轼或是同物之异名[19]。根据在《北齐校书图》、《步辇图》、《琉璃堂人物图》、《槐荫消夏图》等处所见之情况：挟轼既可凭靠，有时又放在桌上犹如臂搁，甚至可以放在床上用于搭足。它和三足凭几的用途有相似之处，在安阳隋·张盛墓中此二物曾同时出土（图21-13）。

第二幅《侍女图》中诸人所持之物多为饮食器，除第22人肩负者不知为何物外，其他十二件（组）大致可分为三类：第一类为食案、炭炉、胡床等饮宴所用的设备，第二类饮食器大约是陶瓷制品，第三类则可能是金银制品。

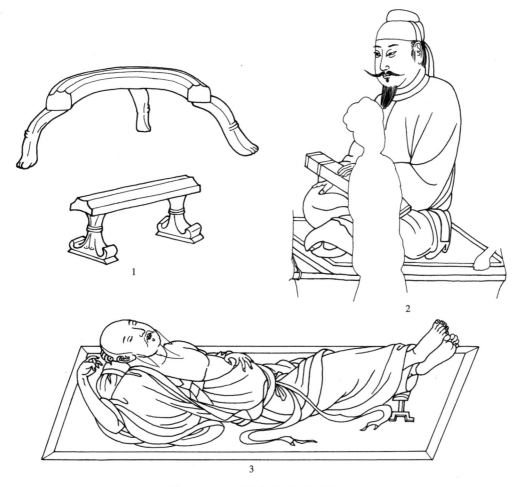

图21-13　挟轼与其使用状况
1.安阳隋·张盛墓中挟轼与三足凭几同出　2.《步辇图》　3.《槐荫消夏图》

　　第 23 人所持胡床已在第一幅中见过。第 26、27 人合异之五足炭炉也曾在懿德太子墓第六过洞的壁画中出现，其形制与陕西扶风法门寺唐塔地宫出土的双凤衔花五足朵带炉基本相同。河北宣化下八里辽金墓的壁画中还常见这种炭炉，其上多置茶瓶，用于煎汤点茶。但初唐尚不流行点茶，此炉当作别用。第 32、34 人合异之食案与传世宋摹唐画《宫乐图》中的大食案近似，唯较轻小，因为后者是与月牙杌子等高坐具相搭配之物，而前者是在席上跪坐就食时使用的。

　　可以推测为陶瓷制品的有第 20 人所捧覆荷叶盖的大钵，第 21 人所捧长瓶及第 35 人在盘中端的杯子。前两种出现于初唐石刻，真使人有突如其来之感。虽然，其荷叶盖可能用其他材料作成，不见得是陶瓷制品。但这种造型的器盖要到江苏丹徒丁卯桥晚唐窖藏与浙江临安唐天复元年（901 年）水邱氏墓等处出土的银器上才看到，至宋元时，它在瓷器中才广泛流行；不料初唐时此物已进入贵族府第。长瓶更是宋元时习用的盛酒之具，即清人与近人讹称为梅瓶者[20]，在唐代陶瓷遗物中似乎没有见过。石椁上的图像表明，长瓶的出现比以前的认识要早得多。第 35 人端的盘中置三杯，这倒是行之已久的习惯。北魏·宁懋石室画像与陕西长安南里王村唐墓壁画中的侍者所端之盘内皆置三杯[21]。

　　第二幅《侍女图》中那些可能代表金银制作的器物中，既有我国传统的式样，有的又带有浓厚的外来色彩，很引人注目。其中第 28 人右手所持兽首杯，只在西安何家村唐代窖藏中出过一件，系玛瑙琢成，不过其西方的原型多为金属制品。关于这种器物在中国的传播和演变，本书《玛瑙兽首杯》一文曾试加探讨，兹不赘[22]。此外，第 25 人所持高足杯，第 28 人左手所携提梁罐，第 29 人所持细颈瓶和第 36 人所持八曲长杯，大约表现的也是金银器。

　　这里的高足杯之足部为侍女衣袖所掩，但杯身却看得很清楚：杯腹较深，杯口外侈，杯底呈圆弧形。在线刻中未表现出此杯有透明的迹象，故不应是玻璃杯。而在唐代图像中，凡侍女双手捧持一杯者，杯子的质地一般比较贵重，如永泰公主墓壁画中有侍女双手捧一玻璃杯，吐鲁番阿斯塔那 187 号唐墓出土的绢画中有侍女双手端一金杯；故此杯的质地或亦是贵金属。我国的高足杯是随着东晋—南朝时饮食器向瘦长型发展的趋势产生的。南方青瓷中的高足杯有的并承以高足盘，造型颇秀气（图 21 - 14：1）[23]。北朝也有这类杯子，但与带盖的豆形器有渊源关系，山西寿阳贾家庄北齐·厍狄迴洛墓出土的高足带盖铜杯可以为例（图 21 - 14：2）[24]。这种杯曾流行一时，甚至传播到海东的日本。如日本高崎市八幡观音冢古坟的年代为 6 世纪晚期，所出之附承盘的带盖高足铜杯如果不是从中国输入的，便是日本的仿制品。这类杯子的高圈足呈喇叭形，线条流利，中部无凸棱，而且杯壁较直，杯口不外侈（图 21 - 14：3）[25]。可是就在南北朝晚期，如河北临城西镇北齐武平五年（574 年）李君颖墓出土的青瓷高足杯，杯口已外侈，高足中部且出现凸棱。时代再晚些，如西安梁家庄隋·李静训墓

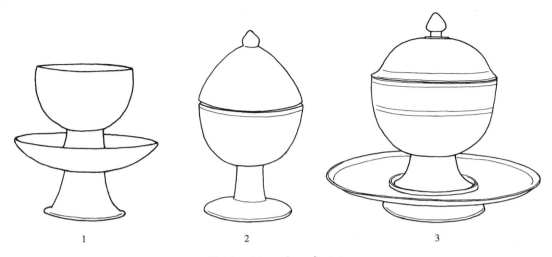

图 21－14　直口高足杯

1. 江西南朝墓出土青瓷高足杯、盘　2. 厍狄迴洛墓出土带盖高足杯　3. 日本高崎市观音冢出土带盖高足杯、盘

（大业四年，608 年）所出高足银杯及广西钦州久隆 1 号隋唐墓所出高足玻璃杯，器口都向外侈，高足中部也都增加凸棱。这些细部的变化起初虽不十分惹眼，却意味着设计意匠有所更新。广西桂林柘木镇桂州窑 1 号窑址出土的初唐高足瓷杯，还在腹下部增饰莲瓣纹一周。它和黑海北岸波尔塔瓦（Poltava）市郊出土的器腹饰以绹纹和花瓣纹的高足金杯，就器形的主要特征而言，彼此正互相对应，基本一致，表明这时我国高足杯的造型曾在南北朝时形成的基础上纳入外来的因素（图 21－15：1、2）[26]。但西方的这类金、银杯，其高足中部的凸棱往往演变成一个算盘珠状的结节。我国见到的

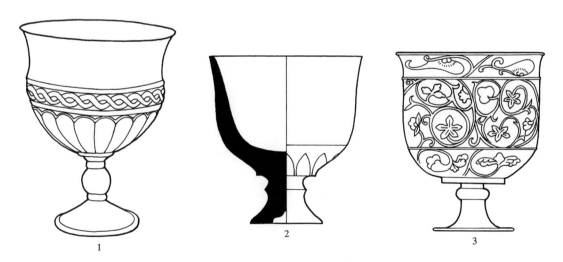

图 21－15　侈口高足杯

1. 波尔塔瓦出土金杯　2. 桂州窑址出土瓷杯　3. 临潼庆山寺塔地宫出土银杯

带这类结节的高足杯，如陕西临潼庆山寺塔地宫（开元二十九年，741 年）所出者，已是 8 世纪中期之物（图 21 - 15：3）。它是否还能再向前推呢？李寿石椁上刻的这件却恰将足部掩去，未能提供出解决问题的新线索。至于它所受外来影响，齐东方先生认为可能间接来自拜占庭[27]。唐代一般称拜占庭为拂林，但这个名称有时可以涵盖叙利亚等地，甚至若干伊朗以西乃至东欧的产品亦泛称为拂林物。像波尔塔瓦那件高足金杯虽非拜占庭所制，但不排除其渊源来自罗马和拜占庭。所以如敦煌石室之 P. 2613 号文书所称"弗临银盏"，或者就是指波尔塔瓦出土的那类器物而言。而如 P. 3432 号文书所称"拂临样"的"银盏"，或者可以将石椁上刻的这类高足杯也包括在内了[28]。

第 28 人所携提梁罐，与西安何家村出土的鎏金鹦鹉提梁银罐极相近，连它们将提梁两端辖于焊在罐肩上的葫芦形附耳内的做法亦相同，只不过《侍女图》中者颈部不明显且圈足稍高而已（图 21 - 16）[29]。

图 21 - 16　西安何家村出土的鹦鹉纹提梁银罐

第29人所持细颈瓶，则是沿袭南北朝时的传统式样，造型优雅。厍狄迴洛墓出土的鎏金细颈铜瓶应为此式瓶之前身。时代再早一些，河北赞皇南邢郭村东魏·李希宗墓也出过此型铜瓶，但器颈较短，且无盖③。看来，这种瓶子的颈部至南北朝晚期有加长的趋势。临潼庆山寺塔地宫出土的鎏金铜瓶，颈部细长，与此瓶肖似，唯器表无纹饰。而敦煌莫高窟130窟北壁盛唐壁画晋昌郡太守乐庭瓌供养像及同窟南壁乐氏的夫人太原王氏供养像，其侍从中均有端圆盘、盘中置此式带花纹的细颈瓶者（图21-17）。后来宋元时的玉壶春瓶即由此式瓶演变而来，唯颈短口侈、器肩下溜，一般也没有盖子了。

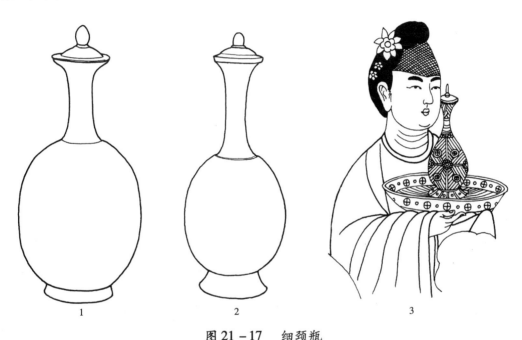

图 21-17　细颈瓶
1. 厍狄迴洛墓出土　2. 庆山寺塔地宫出土　3. 莫高窟130窟盛唐壁画

第36人所持八曲长杯与懿德太子墓甬道壁画中所见者相同③。多曲长杯在我国的出现不晚于十六国时期，新疆库车克孜尔第38窟主室窟顶之4世纪的壁画中，有供养人持一多曲长杯，可以为证。塔吉克斯坦片治肯特（Penjikent）1号建筑遗址的壁画中，也有持多曲长杯的人物③（图21-18）。而在西亚还没有发现过此类图像。虽然如此，这种器物仍可能是在萨珊创制的。伊朗马赞德兰州（Mazanderan）出土的五曲银杯是3世纪的制品，恰为八曲长杯之半爿，可视作后者的前身（图21-19）③。而且在存世的多曲长杯中，有些只根据纹饰也能判断为萨珊制品。比如日本奈良天理参考馆所藏银鎏金八曲长杯，其上之女神像与在多数萨珊器物上见到的一样，都脱不开几种较固定的姿势，具有相同的程式化的特点，纯属萨珊作风（图21-20：1，图21-21）。据说此杯出土于伊朗北部的吉兰州（Guilan），似乎可信。而早在18世纪末于俄罗斯彼

图 21－18　　多曲长杯

1. 克孜尔 38 窟十六国壁画　2. 片治肯特 1 号建筑遗址中的粟特壁画　3. 唐懿德太子墓壁画

图 21－19　　五曲杯

尔姆州（Perm）发现的另一件著名的银质八曲长杯，虽然纹饰的布局与前者有共同之处，但其上之舞女的形象却与萨珊风格有别（图 21－20：2）[34]。1970 年 6~7 月在伦敦大学举行的亚洲艺术考古讨论会上，索连（A. Souren）和麦立坚—齐尔万尼（Melikian－Chirvani）提交的《伊朗银器及其对唐代的影响》一文，曾引起广泛注意，我国已故著名学者夏鼐先生和孙培良先生均引用过他们的论点[35]。在那篇文章中，两位作者特别提到彼尔姆州出土的这件八曲长杯。他们不仅认为此长杯两侧所雕卧鹿给人以东方斯基泰式的印象。并说：

　　更重要的是两名舞女，她们的容貌并非萨珊类型这一点早已被承认。其前倾的头部，露出八分脸的面庞，外眼角带褶襞的大眼睛，高高挑起的弓形眉毛，向上斜视的眼神，以及从制作该杯的画家和银匠双方的脸上承袭来的厚嘴唇，都使其面型与瓦拉赫沙（Varakhsha）的壁画十分接近。尽管尺寸和材质不同，但彼此的关系是显而易见的。与阿富汗的房杜基斯坦（Fondukistan）和塔帕撒答尔（Tapa Sardar）之灰泥雕像的关系也是如此。不用说其体态和服饰之细部的处理更是西部伊朗所不知道的[36]。

瓦拉赫沙在乌兹别克斯坦的布哈拉附近，是昭武九姓国中安国的都城。所以两位作者进一步指出，此长杯很可能是粟特地区的制品。这些话虽是二十多年前说的，但至今仍未失去意义。现在所能补充的是，在上述片治肯特古城出土的壁画中，有一名饮酒者手中所持环耳杯上也饰有舞女纹，其体态与彼尔姆长杯所饰者约略相似；这一现象可以被看作是彼尔姆长杯制于粟特的一项旁证（图21－22）[37]。我国迄今未发现过萨珊制作的多曲长杯。山西大同南郊出土的一件银质八曲长杯曾被指为萨珊物，但证据不足。因为大同长杯的造型很奇特，萨珊制品中根本没有和它相近的标本（图21－23）[38]。这件长杯的每一曲都从器口直通器底，是竖向的"分瓣"式的，而不像萨

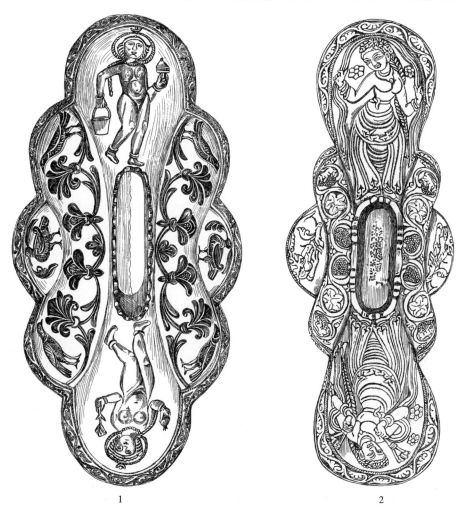

　　　　1　　　　　　　　　　　　　　　　　　2

图21－20　多曲长杯（从底部仰视）

1. 日本奈良天理参考馆藏　2. 俄罗斯彼尔姆州出土

图 21 - 21　萨珊银胡瓶上的女神像

珊长杯那样，有几曲不通器底，是横向的"分层"式的。大同杯之每曲在口沿处又各拐一小弯，旋绕成云朵形，在别处从未见过。此杯为素面，不像萨珊长杯的纹饰主要分布在外壁。而且大同杯于器内在底心饰有两只相搏斗的怪兽，造型和萨珊艺术的作风全然不同，反倒与中亚及迤北之草原地带的野兽纹近似。所以大同杯并非萨珊所制。这些情况表明，我国之多曲长杯的渊源不止来自萨珊，中亚之粟特等地的影响也是不可忽视的。

　　从李寿墓和懿德墓的石刻与壁画中均出现多曲长杯的情况看，此物在初唐时已为权贵所珍爱。在唐代文物中，多曲长杯并不罕见，不仅在早期有八曲和十二曲的，晚期还有四曲的；不仅有圜底的，还有带矮圈足、高圈足及荷叶形足的；不仅有金银制品，还有铜、玉、水晶、玻璃与瓷制品。讨论这样一种在唐代备受重视的器物，看来应对它在当时的名称予以考察。由于此器略近船形，现代有称之为船形杯的。唐、五代的文献中也有"持酒船唱令"，"连饮三银船"（《唐语林》卷四），"金船满捧"（孙光宪《上行杯》）等提法，但这显然不是正式的定名，所指亦不明确。唐代有一种酒器名叵罗。李白诗："葡萄酒，金叵罗，吴姬十五细马驮。"岑参诗："浑炙犁牛烹野驼，交河美酒金叵罗"[39]。据里夫什茨（B. A. Лившиц）为薛爱华（E. H. Shafer）的《康国金桃》俄译本加的注释说："叵罗"源出伊朗语 padrōd. 似指"碗"[40]。波士顿美术馆

图 21-22　片治肯特出土粟特壁画

图 21-23　大同出土八曲长杯

所存 C. B. Hoyt 氏藏品中有一件唐代白瓷碗，器形很一般，但碗底刻"溌啰盆一合"五字[41]。因知此词确系指碗。碗为日常用器，无烦以外来语呼之。既然叵罗（溌啰）的语源来自伊朗，那么用它作为一种西方式样的碗的名称应更合理。叵罗又作颇罗、破罗、不落或凿落，应为同一词的异译。宋·陶谷《清异录·器具》谓："不落，酒器也；乃屈卮、凿落之类。开运宰相冯王家有滑样水晶不落一双。白乐天《送春诗》云：'银花不落从君饮，金屑琵琶为我弹。'"如上所述，多曲长杯后来常简化为四曲，而内蒙古哲里木盟奈曼旗辽陈国公主墓出土的四曲水晶长杯，正可视为"水晶不落"[42]（图21-24：4）。唐代多曲长杯的实例很多；而李白、岑参、韩愈、白居易等人的诗中，《唐语林》（卷五）、《太平广记》（卷一四四）等处的记事中，提到叵罗、不落或凿落的地方也不少[43]。在唐代常见的酒器中只有多曲长杯不知其本名，而在常见的酒器名称中，又只有叵罗不知为何物，两相比较，则多曲长杯或即叵罗。它在我国古文献中最先见于《北齐书·祖珽传》："神武（高欢）宴僚属，于坐失金叵罗。窦泰令饮酒者皆脱帽，于祖珽髻上得之。"这一记载与我国最早见到多曲长杯之形象的克孜尔38窟的时代亦相去不远。盛唐时，多曲长杯颇盛行，日本奈良正仓院的铜鎏金八曲长杯、神户白鹤美术馆的银鎏金花鸟卷草纹八曲长杯等精品皆盛唐时物（图21-24：1~3）。目前尚未能在唐代长杯与其所模仿的原型之间排列出连续的发展谱系，但它们无疑曾自萨珊、粟特等地取得多方面的借鉴。在李寿石椁雕造时，萨珊帝国距离其崩溃还有最后之动荡的十余年，还来得及发挥一些影响。到了显庆三年（658年）吐蕃献金颇罗，上元二年（675年）龟兹献银颇罗的时候，萨珊已亡，其所献之物如非当地制作，就有可能是粟特一带的产品了[44]。

　　至南宋时，我国学人已不辨叵罗为何物。邵博《邵氏闻见后录》卷八说：北齐时"尝因宴失金叵罗，于（祖）珽髻上得之。近世以洗为叵罗，若果为洗，岂可置之髻上？未识叵罗果为何物也。"至明代，周祈《名义考》卷一一说：京师人谓"柳斗曰颇罗。……颇罗为叵罗。李白诗'蒲萄美酒金叵罗'，谓金酒斝也。叵罗本柳斗，斝刻文似柳斗，故名叵罗。"他说的叵罗实指"筐筥"；故柳斗形的银器亦与叵罗了不相关。近人朱起凤在《辞通》卷二三中又认为不落与"杯落"相通。案杯落是盛成套耳杯的盒子，更与指多曲长杯而言的不落无涉[45]。

　　总之，从这两幅《侍女图》中看到的器物，其种类之繁，造型之新，文化内涵之丰富，不仅在初唐时无与伦比。在整个唐代的石刻线画中亦罕有出其右者。它反映出墓主生活之豪奢，歌舞、弋射、博弈、饮宴，略无虚日。其用具多数为得风气之先的时尚之物，且不乏受西方影响而制作的奇货。由于它们刻画得非常具体，轮廓准确，细节逼真，又是成组地出现在这样一座有纪年的大墓里，遂为文物研究工作提供了多方位考察初唐贵族生活面貌之难得的实例。

　　再看《乐舞图》。石椁东壁这一幅刻出站着演奏的乐伎十二人，自上而下排成三

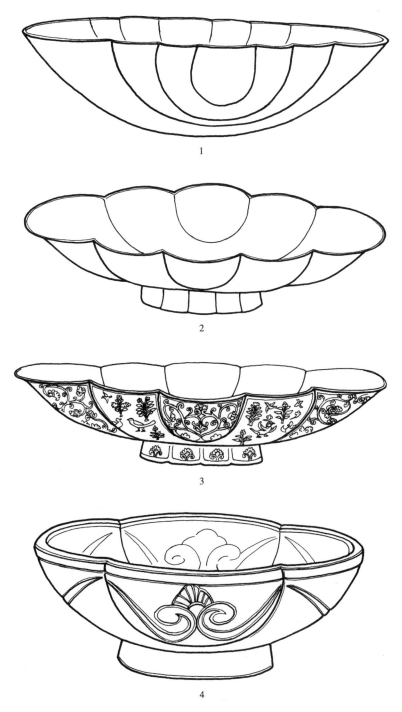

图 21 - 24　匜罗

1. 陕西耀县背阴村出土十二曲银匜罗　2. 日本奈良正仓院藏铜鎏金八曲匜罗　3. 日本神户白鹤美术馆
藏银鎏金八曲匜罗　4. 辽陈国公主墓出土四曲"水晶不落"

列。上列左起第1人所用乐器为笙，以下依次为排箫、大筚篥、铜钹、横笛、小筚篥、云和（2件）、琵琶（2件）、五弦、竖箜篌（图21－25）。北壁那幅刻出坐着演奏的乐伎十二人，所用乐器依次为竖箜篌、五弦、琵琶、筝、笙、横笛、排箫、筚篥、铜钹、槃鞞、腰鼓和贝（图21－26）。转到西壁上，则刻出舞伎六人，也排成三列，双双相向而舞（图21－27）。其装束为中夏传统式样，皆着裙襦，袖极宽大，从中露出内衣的一长段窄袖，招展摇曳，以助舞姿。关于这里的乐舞之性质，《简报》说："李寿墓中的三幅伎乐图均为龟兹乐。"并认为坐着演奏的乐队即坐部伎，站着演奏的乐队即立部伎，从而推导出"李寿石椁之坐、立二部乐图的发现，证明贞观四年已有坐、立二部乐"的结论。但此说似有可商榷的余地。

椁内所刻奏乐女伎即唐人所谓女乐。《唐会要》卷三四载："（神龙二年）敕三品已上，听有女乐一部；五品已上，女乐不过三人。皆不得有钟、磬、乐师。"我国中世纪时，皇帝对贵臣的赏赐中或有女乐，如梁武帝曾赐昭明太子"太乐女伎一部"，赐徐勉"吴声、西声女伎各一部"，在唐代，李孝恭、李林甫等亦曾受赐"女乐二部"，这大概是很高的规格了[46]。因为五品以上、三品以下的官员之女乐不过三人，当不足一部之数。不过"部"的数量概念并不很固定。《隋书·音乐志》所记炀帝时九部乐的人数，最多的西凉乐一部为二十七人，最少的康国乐一部仅七人。又《旧唐书·李晟传》说他击破朱泚军收复长安迎还德宗时，受赐"女乐八人"，也应是一部。《新唐书·李晟传》则称之为"女乐一列"。则一部大约相当一列或一队，人数应在三人以上。李寿墓石椁刻出的两队各十二名乐伎，应即女乐二部。

但这些乐伎演奏的并非龟兹乐，这从她们使用的乐器上可以看出来。以《隋书·音乐志》、《唐六典》卷一四等处所记龟兹乐之乐器与之相较，异同如表一。在这里，为前者所有而后者所无的，主要是多种鼓类。唐代中期形成的"四部乐"之龟兹部的乐器配置的一种方式是："有羯鼓、揩鼓、腰鼓、鸡娄鼓、短笛、大小筚篥、拍板，皆八；长短箫、横笛、方响、大铜钹、贝，皆四"[47]。其中居第一位的羯鼓，被称为"八音之领袖"[48]。据唐·南卓《羯鼓录》说：其形"如漆桶，下以小牙床承之，击用两杖。其声焦杀鸣烈，尤宜促曲急破，战杖连碎之声。又宜高楼晚景，明月清风，破空透远，特异众乐。"可见羯鼓之声高亢激越，不为丝竹所掩，在合奏时能起到显著的作用。他如答腊鼓，鼓型接近羯鼓，唯稍宽短，用手拍击，故又称揩鼓。侯提鼓亦属羯鼓类型[49]。毛员鼓和都昙鼓都是细腰鼓。鸡娄鼓一般较小，形圆如瓮，它有时和鼗（鞉牢）由一人兼奏。鼓类在龟兹乐之乐器的配置中占的比例这么大，演奏时其效果或如惊飙疾雨，会使乐曲表现出节奏感极强的特色，因而习龟兹乐者很重视用鼓。《酉阳杂俎》前集卷一二说："玄宗常伺察诸王。宁王尝夏中挥汗鞭鼓，所读书乃龟兹乐谱也。"正是这种情况的反映。

图 21-25　李寿石椁内壁线刻立式奏乐图

图 21－26　　李寿石椁内壁线刻坐式奏乐图

图 21－27 李寿石椁内壁线刻舞蹈图

表一

乐器	龟兹乐	李寿石椁	乐器	龟兹乐	李寿石椁
竖箜篌	√	√	腰鼓	√	√
琵琶	√	√	羯鼓	√	
五絃	√	√	鸡娄鼓	√	
笙	√	√	侯提鼓	√	
笛	√	√	铜钹	√	√
箫	√	√	贝	√	√
筚篥	√	√	槃鞞		√
毛员鼓	√		筝		√
都昙鼓	√		云和		√
答腊鼓	√				

除上述中小型鼓类外，龟兹乐中还常用大鼓。上文提到过 1903 年在新疆库车东北苏巴什地方铜厂河岸雀离大寺遗址出土的一件 7 世纪的木胎大舍利盒，高 31、径 37.7 厘米。盒身周壁饰乐舞图像，描绘的是龟兹假面舞"苏幕遮"演出的一个场面，手法相当写实[50]。图中只出现了六件乐器：大鼓、竖箜篌、阮咸、排箫、鸡娄鼓和簺逻迴[51]，其中鼓就占了两件。特别是那面大鼓，由二童子舁之而行，乐人操双杖擂击，形象十分生动（图 21－28）。在以后被定为"立部伎"的具有较浓厚的龟兹乐成分的乐舞中，大鼓均是不应缺少的乐器。唐·刘贶《太乐令壁记》说："自破阵舞以下皆雷太鼓，杂以龟兹之乐，声振百里，动荡山谷"[52]。这种大鼓在《旧唐书·音乐志》中被描写为："太常大鼓，藻绘如锦，乐工齐击，声震城阙。"除破阵舞外，狮子舞也是龟兹乐中著名的节目。《乐府杂录·龟兹部》说；"戏有五方狮子，高丈余，各衣五色。每一狮子有十二人……舞太平乐曲。破阵乐曲亦属此部。"狮子舞演出的场面见日本《信西古乐图》[53]。图中在狮子身后有十一名乐工，除二人抃手外，其余九人所用的乐器是：腰鼓二、钲二、大鼓二、横笛一、筚篥一、鸡娄鼓一。大鼓在图中被描绘得异常雄硕，演奏时所起的作用不难想见（图 21－29）。

李寿石椁之《乐舞图》里的乐器却不同，在二十四名乐伎中只有一人打腰鼓。其左侧之乐伎所用单面鼓则是槃鞞。隋代九部乐中"礼毕乐"的乐器"有笛、笙、箫、篪、铃、槃鞞、腰鼓等七种"[54]。槃鞞指盘状的鞞鼓，与《乐舞图》中的单面鼓之形正合。在礼毕乐中它和腰鼓相邻，在《乐舞图》中的次序也是如此。槃鞞虽属鼓类，却是清乐的乐器。所以李寿石椁的《乐舞图》中缺少龟兹乐多鼓的这项主要特征。此外，《乐舞图》中还有为龟兹乐所无的筝和云和，它们也是清乐的乐器。《乐府杂录·清乐部》说："乐即有琴、瑟、云和筝（其头像云）、笙、竽、筝、箫、方响、篪、跋膝（一种

图 21-28　新疆库车出土舍利盒上的乐舞图

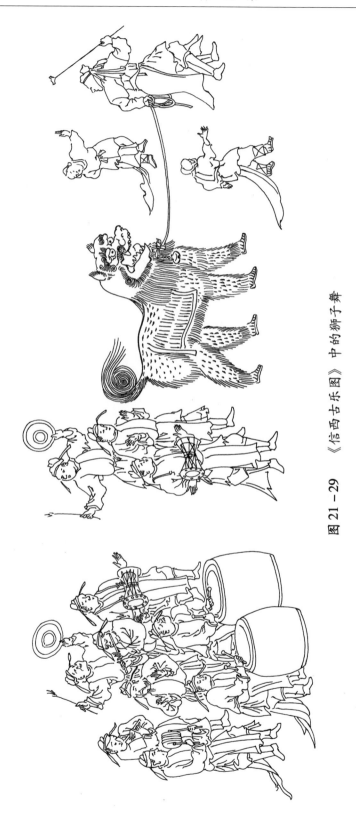

图 21－29 　《信西古乐图》中的狮子舞

短管）、拍板。"筝固为研究者所熟知。云和筝则又名云和瑟。唐·钱起诗云："善鼓
云和瑟，常闻帝子灵。"唐·郑仁表诗云："自知不是流霞酌，愿听云和瑟一声"[55]。
宋·陈旸《乐书》说："唐清乐部有云和筝，盖其首像云，与云和琵琶之制类焉。于
頔尝令客弹琴（当作'弹云和'），其嫂听而叹曰：'三分之中，一分筝声，二分琵
琶声。'亦可谓知音。"不过此乐器之外形的轮廓确实像筝。《乐书》说："云和琵琶
如筝，用十三弦，施柱弹之。"但它的音色却与筝不同。白居易《云和》诗云："非
琴非瑟亦非筝，拨柱推弦调未成。欲散白头千万恨，只消红袖两三声"[56]。《发掘简
报》将石椁《乐舞图》中这两件云和定名为琴和筝，不确。因为琴、筝都不能站着
斜抱起来弹，只有云和才是这样的[57]。正如王昌龄《西宫春怨》所云："斜抱云和深
见月，朦胧树色隐昭阳"[58]。所以林谦三说："唐代的云和一名云和筝的这一种乐器，
形似小筝，具十三弦，头部有云形的装饰，槽面有若干固定柱的装置，而斜抱如琵
琶来弹奏的"[59]。根据这些特点进行考察，不仅《乐舞图》中上述两件乐器是云和，
而且阿斯塔那 230 号初唐·张礼臣墓出土乐舞屏风绢画中的胡服女子，与乌兹别克
斯坦阿弗拉西阿卜（Afrasiab，即康国都城悉万斤）7～8 世纪建筑遗址出土壁画"凤
舟图"中的唐装女子斜抱的乐器亦是云和（图 21－30）[60]。它大约出现于东汉晚期，
应劭《风俗通义》对之已有记载，谓："如筝稍小曰云和"[61]。唐、五代时，云和相
当流行，诗人对之津津乐道，除上文所引诗句外，如李白《寄远》："遥知玉窗里，
纤手弄云和"[62]。王涯《宫词》："迎风殿里罢云和，起听新蝉步浅莎"[63]。和凝《宫
词》："金簧如语莺声滑，可使云和独得名"[64]。均可为例。宋以后，云和在实际演奏
中始隐没不彰。

图 21－30　绘画中所见云和
1. 阿斯塔那 230 号唐墓出土绢画　2. 阿弗拉西阿卜出土壁画

　　《乐舞图》中虽然由于鼓少，并且出现了清乐系统即内地传统俗乐的若干乐器，不能称为龟兹乐，却仍然带有一层龟兹音乐文化的色彩。比如，这里的曲颈琵琶又名屈茨琵琶。屈茨、丘兹、屈支皆龟兹之异译，所以这种琵琶被认为和龟兹有密切的关系，尽管龟兹并非琵琶的发源地。再如筚篥，也写作觱篥，乃是公认的龟兹乐器。唐·李颀《听安万善吹觱篥歌》称："南山截竹为觱篥，此乐本是龟兹出"⑥。《乐府杂录》也说："觱篥本龟兹国乐也。"至于印度系统的五弦琵琶和贝（法螺贝）等，也是经由龟兹东传的。五弦虽是远古西亚琵琶传入印度后，在那里发育完成的，但印度五弦概用手弹，用拨子弹五弦是受了龟兹曲颈琵琶的影响之所致。在我国，南北朝时的五弦有用手弹的，也有用拨弹的。《乐舞图》中的五弦用拨子弹，仍因袭龟兹旧制。因此，《乐舞图》所表现的伎乐，具有龟兹乐和清乐两种成分，而将此二者结合起来的乐队，演奏的当是南北朝晚期至隋唐时盛行的西凉乐。

　　《隋书·音乐志》说："西凉者起苻氏之末，吕光、沮渠蒙逊等据有凉州，变龟兹声为之，号为秦汉伎。魏太武既平河西得之，谓之西凉乐。至魏、周之际，遂谓之国伎。"《旧唐书·音乐志》说："西凉者，后魏平沮渠氏所得也。晋、宋末，中原丧乱，张轨据有河西，苻秦通凉州，旋复隔绝。其乐具有钟、磬，盖凉人所传中国旧乐，而杂以羌胡之声也。"《通典》卷一四六也说："自周、隋以来，管弦杂曲将数百首，多用西凉乐。"这种情况完全符合当时内地音乐和西域胡乐相融合的大趋势。西凉乐所用乐器，据《隋书·音乐志》所载，有钟、磬、弹筝、搊筝、卧箜篌、竖箜篌、琵琶、五弦、笙、箫、大筚篥、长笛、小筚篥、横笛、腰鼓、齐鼓、担鼓、铜钹、贝等十九种。其中钟、磬、笙、箫是雅乐的乐器，筝类、卧箜篌、齐鼓、担鼓是中原俗乐，其余均为西域胡乐，正是"中国旧乐而杂以羌胡之声"的体现。石椁《乐舞图》的乐器中没有钟、磬，则与《唐会要》卷三四所载官员之女乐"皆不得有钟、磬"的规定相合。虽然作为制度在神龙二年才正式颁行，但此前大约久已作为习惯上的准则而被遵循。此外，《乐舞图》中的乐器与隋代西凉乐所用者出入不大，可谓基本一致。而且《隋书》所载，是宫廷中正式演出的标准配置，官员府邸中的女乐不必如此完备。何况研究者曾认为，"弹性自由的乐队组成"是中国传统音乐的特色之一，故此处之配器更容有伸缩余地⑥。

　　认为《乐舞图》中奏的是西凉乐，还可以从舞伎的服饰与舞姿上得到证明。乐与舞本应互为表里，舞蹈是通过优美的形象和动作以表达音乐的内涵。《通典》卷一四五说："夫乐之在耳曰声，在目者曰容。"《乐府杂录》也说："舞者，乐之容也。"《乐舞图》中的舞姿与"举止轻飚，或踊或跃，乍动乍息，跷脚弹指，撼头弄目"的西域胡舞显然不同，以之与宁夏盐池唐墓石墓门及碑林所藏唐兴福寺碑碑侧所刻胡舞相较，区别更加清楚（图21-31）⑥。相反，《旧唐书·音乐志》说，采用西凉乐的庆善舞之舞者"衣紫大袖裙襦，漆髻皮履，舞蹈安徐"。又说此舞"最为闲雅"。这些描写移之于《乐舞图》的舞姿也正相符合。

1

2

图 21－31　胡舞
1. 唐兴福寺碑碑侧纹饰　2. 宁夏盐池唐墓墓门石刻

西凉乐是华化的西域音乐，但从舞容考察，汉族传统风格在表演中占有主导地位。与石椁《乐舞图》相近的舞伎形象，在唐代文物中还有不少例子。如陕西礼泉咸亨三年（672 年）太宗妃燕氏墓壁画中的舞伎，服装虽比《乐舞图》华丽些，但式样基本相同。她们梳的"双鬟望仙髻"将两绺头发自鬓角向上绕成大发圈，恐须以某种黏性化妆品加以固定方不致松散；其发饰也颇为繁复。与着"碧轻纱衣，裙襦大袖，画云凤之状"，梳"漆鬟髻，饰以金铜杂花，状如雀钗"，"舞容闲婉，曲有姿态"的清乐之舞容很接近，而清乐正是中原旧乐⑱（图 21 - 32：1）。再如礼泉总章二年（669 年）李勣墓壁画中也有类似的一对舞伎，她们的双鬟望仙髻在发圈中填充饰件（图 21 - 32：2）。又和河南洛阳孟津西山头大足元年（701 年）岑平等墓出土的舞俑相同，而这对舞俑的舞姿却又与石椁上所见者如出一辙（图 21 - 33）⑲。这些舞蹈均应属西凉乐，其伴奏的乐器之配置可以为证。如岑平等墓中有六件乐俑，虽所用之木（？）制乐器模型已不存，但从持器的姿势看，其中弹筝、弹琵琶与吹排箫的当各有一人，其余二人在吹奏某种乐器，或系竽篪、尺八之类，难以判断，另一人似在抃手。其中弹筝与弹琵琶的动作比较明确，可以肯定，这两件乐器分别来自清乐和龟兹乐，故此小乐队亦属西凉乐系统。看来西凉乐的舞蹈和"从容雅缓，犹有古士君子之遗风"的清乐是相当接近的。郑万钧《代国公主（玄宗之妹）碑》中说：武后宴于明堂，"公主年四岁，与寿昌公主对舞《西凉》"⑳。说明西凉舞的动作不甚轻狂激烈，适合稚龄贵主一试身手。西凉系统的乐舞在唐代久行不衰，晚唐时杜牧《河湟》诗仍有"惟有凉州歌舞曲，流传天下乐闲人"之句㉑。降至五代，四川成都前蜀·王建墓石棺床上雕刻的两部共二十二名乐伎和二名舞伎，仍应被看作是西凉乐。冯汉骥先生说：这是"中国化了的龟兹乐系统，但其中羼杂有清乐系统的乐器。乐器中的琵琶、竖箜篌、觱篥、正鼓、和鼓、毛员鼓、齐鼓、答腊鼓、鸡娄鼓、羯鼓、铜钹等，都是和唐代龟兹乐部的乐器相同的。笛、箫、笙等是与唐代龟兹和清乐部的乐器相共同的。……筝、簇、叶当然是清乐系统的乐器"㉒。既然认为它是由汉族俗乐与西域胡乐混编而成，则应属西凉乐。何况经过唐代的长期融合，原属胡乐的乐器，这时也可用来演奏汉族音乐的曲调。结合其纯属传统装束的舞伎形象看，这一点就更加清楚（图 21 - 32：3）。

最后再谈谈二部伎的问题。"坐部伎"、"立部伎"与其总称"二部伎"，是音乐史上的专门名称，是从十部伎演变而来的。不能认为凡是坐着演奏的乐伎均为坐部伎，站着演奏的均为立部伎，因为即便是同一乐部，也可根据不同的演出场合或坐或立㉓。《乐府杂录》说：奉圣乐曲"遇内宴即于殿前立奏乐，更番替换；若宫中宴即坐奏乐。"这和《通典》、《唐书》所载，元、白诗篇所咏之二部伎的意义显然不同。

二部伎是在一定的历史条件下形成的。在汉代，我国有雅、俗两种音乐。雅乐是郊祀庙祭、宫廷典礼等场合演奏的礼仪性音乐，以堂上登歌、堂下乐悬及文、武八佾舞等为其基本形式。所用之乐器有金、石、土、革、丝、木、匏、竹等八音，而以编

图 21-32　杂以清乐之西凉乐的舞容

1. 燕妃墓壁画　2. 李勣墓壁画　3. 王建墓石刻

图 21－33　洛阳孟津唐墓出土乐舞俑

钟、编磬等乐悬为其主要标志，它和《礼记·乐记》所称"古乐"、《孟子·梁惠王篇》所称"先王之乐"是一脉相承的。对于这种音乐，《汉书·礼仪志》一再说，太乐官"但能纪其铿锵鼓舞，而不能言其义"。"自公卿大夫，观听者但闻铿锵，不晓其意"。所以雅乐长期以来被认为是一种缺乏生命力的音乐。但近年由于曾侯乙编钟、编磬的出土，人们才了解到雅乐乐悬的音域之宽广、音色之优美、音律之准确，无不达到很高的水平。在中国音乐史上，雅乐的演出曾发展到惊人的规模，比如唐高宗建成蓬莱宫时，"充庭七十二架"，所用乐器几达千件。这么大的乐队演奏时，其悠扬起伏、澎訇浩瀚的气势诚难低估。但这种音乐远离群众，不可能像俗乐那么生动活泼。汉代俗乐以清商三调为代表，包括铙歌、鼓吹及鞞、铎、拂、巾等民间乐舞。西晋末中原战乱，永嘉渡江，这些音乐随之而南，又吸收了当地的江南吴歌、荆楚西声等，内容更加丰富。到了隋代，隋文帝对之极为赞赏，称之为："此华夏正声也。"由于这种音乐自曹魏以来先由清商令、后由清商署管理，故又被称为清乐。但西域胡乐这时正在扩大其影响，而雅乐只在举行典礼的范围内维持其存在；所以当时乐坛的形势主要的不是雅、俗乐相对立，而是清乐系统的旧俗乐与胡乐对立的问题。然而所谓对立，仅表明彼此的特点原先差异较大；在现实的音乐生活中，它们却是从一开始就沿着互相融合的趋势共同发展演进的。无论在隋代或唐代，俗乐和胡乐都被编在先是七部、以后增至十部的宫廷燕乐中。过去研究者对燕乐这个名称的理解曾"存在着极大歧异"[74]。但据《唐六典》卷一四说："凡大燕会，则设十部之伎于庭，以备华夷。"《通典》卷一六四说："武德初未暇改作，每谶享，因隋旧制，奏九部乐。至贞观十六年十一月宴百寮，奏十部。"《新唐书·礼乐志》也把九部乐和十部乐放在"燕乐"条中叙述。故燕乐即燕飨时用的音乐，殆无可置疑。虽然在这时的文献中，除燕乐外，还有关于雅乐、清乐、胡乐、散乐、鼓吹乐等的记事，可是这些名称并不是按照同一标准作出的分类，所以不是平行的关系。就基本属性而言，这时只有雅、俗、胡三种音乐。那些按照用途而定的名称，如燕乐为宴飨时所用，散乐为杂技百戏演出时所用，鼓吹乐为军旅所用；从逻辑上说，更不应与雅、俗、胡乐并列了。

不过如前所述，在融合的趋势推动下，各乐种之要素可以互相渗透。就燕乐而论，依《唐六典》的记载，其十部乐为燕乐（指狭义的燕乐，即张文收所制者）、清乐、西凉、天竺、高丽、龟兹、安国、疏勒、高昌、康国等。在这里，问题首先是如何看待张文收的燕乐。他的燕乐包括景云、庆善、破阵、承天等四个乐舞。在《旧唐书·音乐志》中，既指出庆善乐是西凉乐，又说："破阵、上元、庆善三舞，皆易其衣冠，合之钟磬，以享郊庙。"那么它又成为雅乐了[75]。实际上从乐器的组成看，张文收的燕乐中所用者，既有雅乐的玉磬、方响等，又有俗乐的掐筝、卧箜篌等，还有胡乐的大小琵琶、大小五弦、大小筚篥等，说它属于西凉乐类型，应大致不差。《六典》所记清乐部和西凉部所用乐器的情况也与之相仿。可见十部乐中领头的三部都是旧俗乐和胡乐程度不同地互相融合的产物，尽管清乐部中旧俗乐的成分可能更浓些，西凉部中胡乐的成分可能更浓些，但十部乐的基调却是由它们共同奠定的。所以在《通典》卷一四四中，一方面说："凡有大燕会，设十部之伎于庭。"另一方面又说："燕享（指规模小些的宫廷宴会）陈清乐、西凉乐，架对列于左右箱，设舞筵于其间。"只以清乐和西凉乐作为代表。至于天竺等六部胡乐和海东的高丽乐之所以列入十部之中，既是为了给新传入中原的音乐以一定的地位，同时又是"以备华夷"、渲染殊方来朝的气氛的需要。但十部乐是一整套宫廷音乐，演出时要从头到尾连续奏完[76]。因而尽管在九部或十部乐中胡乐占相当大的数量，但它们仍是整体一部分，脱离不开上述基本情调。何况在唐代，它们均由太常寺的太乐署掌管，而太乐署的乐人是"供邦国之祭祀、飨燕"的，所谓"太常九部乐"或"太乐"又具有礼仪上用的雅乐的性质。故岸边成雄认为九部或十部乐均是"燕飨雅乐"，亦不无道理[77]。

至唐玄宗时，对宫廷乐舞的组织作了调整。《新唐书·礼乐志》说：玄宗"又分乐为二部：堂下立奏，谓之立部伎；堂上坐奏，谓之坐部伎。"二部伎取消了民族的专名，改以表演形式划分，胡乐的色彩就更淡了。二部伎各有专用的曲目：立部伎有安乐、太平乐等八部，坐部伎有谦乐、长寿乐等六部。它们大都是唐代新创作的，胡、汉乐舞在这些作品中进一步相融合。立部伎中有不少节目是以大鼓伴奏的武舞，"发扬蹈厉，声韵慨慷"[78]，但也有像圣寿乐那种"众女咸文绣炳焕"的群舞[79]。这些乐舞的规模很大，如破阵乐的舞者为一百二十人，圣寿乐的舞者为一百四十人。坐部伎用的人数少些，但如龙池乐的舞者也有七十二人，均非李寿石椁《乐舞图》所能望其项背。十部乐约形成于贞观十六年（642 年），晚于李寿墓十余年；十部乐改组成坐、立二部更远在其后。所以《乐舞图》无论从规格和时代上说，都不可能表现晚出的宫廷宴飨所用的二部伎乐。

从李寿墓石椁线刻画到王建墓石棺床浮雕等一系列乐舞图像，反映出中原传统的乐舞文化在唐代乐舞史上一直处于主流的位置。宫廷里的二部伎因为始终由太常寺掌管，更有明显的雅乐倾向[80]。至于纯粹的胡乐、胡舞，如康国传来的胡旋舞、石国传来的胡腾、柘枝等舞，虽亦曾风靡一时，倾城空巷，但最后出现在王建墓里的并不是它们。王建墓所刻伎乐固然可以归之为广义的西凉乐，然而这个名称此时已不常用，故不妨称作新俗乐，它是雅、俗、胡乐融合而成的产物。也就是说，这时胡乐已为新俗乐所吸收，雅乐的大部分功能已为新俗乐所取代。至宋代，如《续资治通鉴长编》卷二所说，建隆二年（961 年）元正大朝会时，"上常服御广德殿，群臣上寿用教坊乐"。可见，这时就连如此隆重的场合用的也是教坊俗乐。因此，不管文献中再出现多少其他乐种的名目，实际上只有新俗乐一枝独秀，后来它并和戏曲音乐相结合，翻起无穷波澜，而这种发展趋势在李寿墓石椁《乐舞图》中已见端倪了。

（原载《文物》1996 年第 5～6 期）

注 释

① 傅熹年:《唐代隧道墓的形制构造和所反映的地上宫室》（载《文物与考古论集》，文物出版社，1986 年）中说:"墓室即玄宫:分前后二室。后室停放棺椁，象生前的寝殿。"李寿墓之殿堂形的石椁更是寝殿的具体象征。

② 《侍女图》之第一幅的拓片见《西安》（中国历史名城丛书），建筑工业出版社，1986 年;《西安碑林书法艺术》，陕西人民艺术出版社，1983 年。第二幅见汎亚细亚文化交流センター编《中国历代女性像展》，东京，1987 年。

③ 幢形的麾见拙著《汉代物质文化资料图说（增订本）》第 176～177 页，上海古籍出版社，2008 年。

④ 旍的形制见拙著《中国古舆服论丛》第 358～359 页，文物出版社，1993 年。

⑤ 向达:《柘枝舞小考》，载《唐代长安与西域文明》，三联书店，1957 年。阴法鲁:《明清时代中外音乐文化的交流》，载《郑天挺纪念论文集》，中华书局，1990 年。

⑥ 杨忠敏、阎可行:《陕西彬县五代冯晖墓彩绘砖雕》，《文物》1994 年第 11 期。

⑦ 景李虎、王福才、延保全:《金代乐舞杂剧石刻的新发现》，《文物》1991 年第 12 期。

⑧ 懿德太子墓壁画中之弹弓见王仁波:《唐懿德太子墓壁画题材的分析》，《考古》1973 年第 6 期。《游骑图卷》见《中国历代绘画——故宫博物院藏画集》一，人民美术出版社，1978 年。

⑨ 王仁波主编:《汉唐丝绸之路文物精华》图 175，香港，1990 年。

⑩ 《文选·博弈论》李善注引。

⑪ 唐绢本《弈棋图》见《新疆维吾尔自治区博物馆》图 147，文物出版社、讲谈社，1991 年。张盛墓出土棋局见《安阳隋张盛墓发掘记》，《考古》1959 年第 10 期。正仓院藏棋局见 Ryoichi Hayashi, *The Silk Road and the Shoso - in.* P. 36, New York, 1975.《重屏会棋图》见注⑧2。

⑫ 赛克勒美术馆所藏银钵见 "The art of catiag and drinkino in ancient Iran". *Asian Art*, vol. 1, No. 2. 1988. 嘉峪关画砖见《嘉峪关魏晋墓室壁画》图 51，人民美术出版社，1985 年。捣衣杵形即棒槌形的双陆子，曾在辽宁法库叶茂台辽墓（《文物》1975 年第 12 期）、江苏江阴明墓（《文物》1977 年第 2 期）等处出土;"截柿"形的双陆子，曾在西安东郊隋舍利塔地宫（《考古与文物》1988 年第 1 期）出土;棋子形的双陆子，为正仓院藏品。至清代中叶，打双陆还是常见之戏。《红楼梦》第八十八回说:"贾母与李纨打双陆，鸳鸯旁边瞧着。李纨的骰子好，掷下去，把老太太的锤打下了好几个。"可证。叶子流行后，双陆渐少。本世纪初，日本京都宝镜寺某尼尚解其法，钱稻孙曾往访求。但此艺今已失传。

⑬ 何介钧、文道义:《湖南长沙牛角塘唐墓》，《考古》1964 年第 12 期。湖南省博物馆:《湖南长沙咸嘉湖唐墓发掘简报》，《考古》1980 年第 6 期。四川省博物馆:《四川万县唐墓》，《考古学报》1980 年第 4 期。

⑭ 杨泓:《隐几》，载《文物丛谈》，文物出版社，1991 年。

⑮ 参见拙文《诸葛亮拿的是"羽扇"吗?》，载注⑭所揭书。

⑯ 同注⑮。

⑰ 大同市博物馆:《大同市南郊金代壁画墓》，《考古学报》1992 年第 4 期。

⑱ 杨泓:《胡床》，载注⑭所揭书。

⑲ 《酉阳杂俎·冥迹篇》说:"什（崔罗什）遂前，人就床坐。其女在户东立，与什叙温凉。室内二婢秉烛，呼一婢以玉夹膝置什前。"

⑳ 参见拙文《唐宋时代的茶具与酒具》，载注⑭所揭书。

㉑ 宁懋石室画像见沈从文:《中国古代服饰研究》148 页，香港，1981 年。南里王村壁画见《长安县南里王村唐

壁画墓》,《文博》1989 年第 4 期。

㉒ 载《文物》1991 年第 6 期。

㉓ 范凤妹、吴志红:《江西南朝墓出土青瓷综述》,《考古与文物》1985 年第 4 期。

㉔ 王克林:《北齐库狄迴洛墓》,《考古学报》1979 年第 3 期。

㉕ 高崎市教育委员会编:《古代东国と东アジア——观音冢考古资料馆开馆记念国际シンポジウム记录》,东京,1990 年。

㉖ 李君颖墓的高足青瓷杯见《临城李氏墓志考》,《文物》1991 年第 8 期。李静训墓的高足银杯见《唐长安城郊隋唐墓》图版 11,文物出版社,1980 年。广西钦州出土的高足玻璃杯见《正仓院の故乡——中围の金・银・ガラス展》图 71,NHK 大阪放送局,1992 年。桂州窑高足瓷杯见《广西桂州窑址》,《考古学报》1994 年第 4 期。波尔塔瓦出土的高足金杯见《シルクロードの遗宝》图 146,日本经济新闻社,1985 年。

㉗ 齐东方、张静:《唐代金银器皿与西方文化的关系》,《考古学报》1994 年第 2 期。

㉘ 转引自姜伯勤:《敦煌吐鲁番文书与丝绸之路》第 16 页,文物出版社,1994 年。

㉙ 陆九皋、韩伟:《唐代金银器》图版 7,文物出版社,1985 年。

㉚ 石家庄地区革委会文化局文物发掘组:《河北赞皇东魏李希宗墓》,《考古》1977 年第 6 期。

㉛ 见注⑧所引王仁波文。

㉜ 克孜尔石窟壁画中的持多曲长杯者,见《中国石窟・キジル石窟》卷 1,图版 119,平凡社、文物出版社,1983 年。关于片治肯特的地理沿革,季羡林等《大唐西域记校注》(中华书局,1985 年)卷一认为,它是东曹国的大城。马小鹤:《米国钵息德城考》(《中亚学刊》第二辑,1987 年)认为,它就是米国都城钵息德。按马说可从。此城壁画中之持多曲长杯者,见深井晋司,田边胜美,《ペルシア:美术史》第 148 页,东京,1988 年。

㉝ 林良一:《シルクロード》,第 131 页,时事通信社,1988 年。

㉞ A. U. Pope(editor),*A Survey of Persian Art.* Ashiyn,1981. Vol. Ⅶ p1. 221B.

㉟ 夏鼐:《近年中国出土的萨珊朝文物》,《考古》1978 年第 2 期。孙培良:《略论大同市南郊出土的几件银器和铜器》,《文物》1977 年第 9 期。

㊱ W. Watson(editor),*Pottery and Metalwork in T'ang China*,P. 14;London,1977.

㊲《シルクロードの遗宝》图 89。

㊳《文化大革命期间出土文物》第一辑,第 152 页,文物出版社,1973 年。其后,进一步研究证明大同八曲长杯为大夏制品。见本书第 437 页。

㊴《全唐诗》卷一八四、一九九。

㊵ 转引自蔡鸿生:《〈隋书〉康国传探微》,《文史》26 辑,1986 年。

㊶ *The Charles B. Hoyt Collection in the Museum of Five Arts*:Boston,V. 1:70,1964. 这条材料蒙关善明先生见示,谨致谢忱。

㊷ 内蒙古自治区文物考古研究所等:《辽陈国公主墓》彩版 15,文物出版社,1993 年。

㊸ 李白、岑参、白居易诗已见前文所引。韩愈:《韩昌黎集・晚秋郾城夜会联句》中有"酡颜倾凿落"之句。《唐语林》卷五:"开元中,上与内臣作历日令。……(黄)幡绰遽取上前叵罗内靴中,走下,曰:'内财吉。'上欢甚,即赐之。"《太平广记》卷一四四"王涯条":"宅南有一井,每夜常沸涌有声。昼窥之,或见铜叵罗。"

㊹《新唐书・吐蕃传》。《册府元龟》卷九六四。本世纪初,法国学者沙畹(E. Chavannes)在《西突厥史料》一书中将上元二年龟兹所献"银颇罗"与南诏武将所披"波罗皮"(又名"大虫皮",即虎皮)联系起来解释,认为其状如旗播(*Documents sur les Tou - kiue occidentaux.* p. 119. Paris,1941)。殊不确。

㊺ 关于"杯簺",见注③所引拙著第 355 页、357 页,又,"凿落"在明、清时亦用以泛称各种酒杯,如汪士慎《十三银凿落歌》说这些凿落"或为敦卣形,或作云雷象"(《文物》1979 年第 6 期),所指与多曲长杯无关。

㊻ 梁时赐女乐之记载，见《南史·昭明太子传》又《徐勉传》。唐时有关之记载，见《旧唐书·河间王孝恭传》又《李林甫传》。

㊼《新唐书·南蛮·骠国传》。

㊽《新唐书·礼乐志》说：“帝（玄宗）常称：‘羯鼓，八音之领袖，诸乐不可方也。’”

㊾《和名类聚钞·羯鼓条》说：“《律书乐图》云：‘答腊鼓者，今之羯侯提鼓，即羯鼓也。’”则侯提鼓亦属羯鼓类型。

㊿ 熊谷宜夫：《クチャ将来の彩画舍利容器》，《美术研究》191 期，1957 年。霍旭初：《龟兹舍利盒乐舞图》，载《丝绸之路造型艺术》，新疆人民出版社，1985 年。

(51)《新唐书·礼乐志》：“金吾所掌有大角，即魏之簸逻迴。”

(52)《玉海》卷一〇五引。唐代百司诸厅常在墙壁上书写“壁记”，用以“叙官秩创置及迁授始末”（唐·封演《封氏闻见记》卷五）。刘贶为史学家刘知几之子，事迹附见《旧唐书·刘子玄传》。《通典》及《旧唐书·音乐志》皆曾袭用《太乐令壁记》之说。

(53)《信西古乐图》为日本所存关于唐乐舞的古图，原本一部分为平安初期之物。现存本为日本宝德元年（1449 年）摹绘。

(54)《隋书·音乐志》。

(55)《钱考功集》卷六。《全唐诗》卷六〇七。

(56)《全唐诗》卷四四六。

(57) 秦序：《唐李寿墓石刻壁画与坐、立部伎的出现年代》（《中国音乐学》1991 年第 2 期）一文，也认为这两件乐器是琴和筝。他考虑到它们不能立奏，因谓：“图中所示，或应为一抱持乐器行进的行列。”但图中其他乐器都表现为演奏的状态，故此说亦不确。

(58)《全唐诗》卷一四三。

(59) 林谦三：《东亚乐器考》（中译本），第 212 页，音乐出版社，1962 年。

(60) 金维诺、卫边：《唐代西州墓中的绢画》，《文物》1975 年第 10 期。宿白：《西安地区唐墓壁画的布局和内容》，《考古学报》1982 年第 2 期。铃木靖民：《古代对外关系の的研究》（东京，1985 年）第 422 页。均以为凤舟上的女子所用乐器为新罗琴。但古新罗琴有羊角状的流苏钩，造型与壁画中的云和不同。

(61)《太平御览》卷五七六引。

(62)《李太白诗》卷二五。

(63)《全唐诗》卷三四七。

(64)《全唐诗》卷七三五。

(65)《全唐诗》卷一三三。

(66) 林谷芳：《从传统音乐的特质看“国乐交响化”所面临的美学困境》，载《中华文化的过去现在和未来——中华书局成立八十周年纪念论文集》，北京中华书局，1992 年。

(67) 宁夏盐池唐墓门石刻见注⑨所揭书，图 187，兴福寺碑碑侧花纹据原石拓片。

(68)《旧唐书·音乐志》。

(69) 310 国道孟津考古队：《洛阳孟津西山头唐墓》，《文物》1992 年第 3 期。

(70)《全唐文》卷二七九。

(71)《全唐诗》卷五二一。

(72) 冯汉骥：《前蜀王建墓内石刻伎乐考》，《四川大学学报》1957 年第 1 期。

(73)《乐府杂录·雅乐部》说：雅乐的乐工“戴平帻，衣绯衣大袖，每色十二，在乐悬内，以上谓之坐部伎。”“其钟师及磬师、登歌、八佾舞并诸色舞，通谓之立部伎。”则雅乐也可分二部。该书并说；“俗乐亦有坐部、立部也。"但这都是指坐着演奏或站着演奏而言，与由十部伎演变成的二部伎不是一回事。

⑭ 杨荫浏：《中国古代音乐史搞》上册，第 222 页，音乐出版社，1964 年。

⑮ 《通典》卷一四七载韦万石奏："其雅乐内破阵乐、庆善乐、上元舞三曲并请修改通融，令长短与礼相称，翼于事为便。"也把它们称为雅乐。

⑯ 《玉海》卷一〇五所引《唐实录》中，有不少于大宴会时奏九部乐或十部乐的例子。如："武德元年突厥使来朝，帝宴太极殿，奏九部乐。""贞观十七年闰六月庚申，于相思殿大飨百僚，盛陈宝器，奏庆善、破阵乐并十部之乐。"在《旧唐书·德宗纪》中还说："贞元十四年二月戊午，上御麟德殿，宴文武百寮，初奏破阵乐，遍奏九部乐。"

⑰ 岸边成雄：《唐代音乐の历史的研究·乐制篇》，东京大学出版社，1961 年。

⑱ 《通典》卷一四六。

⑲ 唐·崔令钦：《教坊记》说："开元十一年初制圣寿乐，令诸女衣五方色衣，……衣襟皆各绣一大窠，皆随其衣本色。制纯缦衫下才及带，若短衫者以笼之，所以藏绣窠也。舞人初出乐次，皆是缦衣。舞至第二叠，相聚场中，即众中从领上抽去笼衫，各纳怀中，观者忽见众女咸文绣炳焕，莫不惊异。"

⑳ 《资治通鉴》卷二一一"开元二年"条说："旧制：雅俗之乐皆隶太常。上精晓音律，以太常掌礼乐之司，不应典倡优杂技。乃更置左右教坊，以教俗乐。"可见二部伎仍由太常寺管，不算教坊音乐。

唐代的雕版印刷 *

雕版印刷是我国的伟大发明。探讨它的起源，往往会追溯到印章。虽然二者的关系极为密切，可是印章系捺印，雕版则多为刷印，技术上存在差别。而且捺印章主要用作标记；雕版却多用于刊印书籍，在传播文化、普及教育方面的功能为印章所无法企及。由于印章出现得早，完全可以把它视作雕版印刷的前身。不过在发展过程中，二者的界限有时也变得游移而模糊。比如在汉代，有的印文可长达二十字："黄昌之印。宜身至前，迫事毋间。唯君自发，印信封完"（图 22 - 1）。内容宛若短柬。东晋·葛洪《抱朴子·登涉篇》中还说，道士入山时佩带的用于辟邪的木印，刻有一百二十字，其印文更与小幅印品相似。

南北朝时期，佛教流行。国家图书馆所藏敦煌卷子中的东晋写本《杂阿毗昙心论》卷十，纸背捺有方形佛印，为环绕梵文经咒之西方三圣像，比《抱朴子》中说的大木印更接近雕版印刷（图 22 - 2）。同一面上还钤有"永兴郡印"①。此郡为北周时置，辖区相当于今甘肃玉门市，隋开皇初废，见《元和郡县图志·瓜州》。上述佛印约与之同时，亦应不晚于隋。供养捺佛印的印纸是信士的一宗功德。敦煌研究院所藏唐代印纸上也捺有形制与前者相近的方形佛印（图 22 - 3）②。旧题唐·冯贽撰《云仙散录》一书中，有引自《僧园逸录》的记事，谓："玄奘以回锋纸印普贤像施于四众，每岁五驮无余。"但宋人或以为《云仙散录》是一部伪托的著作。洪迈《容斋随笔》卷一说："孔传《续六帖》采摭唐事殊有功，而悉载《云仙录》中事，自秽其书。"简直认为这部书要不得。陈振孙《直斋书录解题》卷一一说："冯贽者，不知何人，自言取家世所蓄异书，撮其异说。而所引书名，皆古今所不闻，且其记事造语，如出一手。……然则所谓冯贽者及其所蓄书，皆子虚乌有也。"赵与时《宾退录》卷一甚至说此书"浅妄绝可笑，而颇能疑误后生"。张邦基《墨庄漫录》卷二则认为此书是王性之（王铚）伪作。然而八千卷楼藏有此书的开禧元年（1205年）印本，自序中记成书的年代为天成元年（926 年），可推知为唐人的著作。而如上所述，既然隋代（或稍前）已有捺佛印之实物可考，则玄奘在显庆年间"印普贤像

---

* 为配合中国历史博物馆举办的"中国古代印刷术发明展"而作。

图 22 - 1　汉代黄昌封书印

施于四众"也是合理的③。故《僧园逸录》的记载不容轻易否定。特别是高宗、武后朝在长安弘法的僧人法藏（643～712 年），于所撰《华严经探玄记》中讨论悟道有无前后时说："如印文，读时先后，印纸同时。"在另一处他又说："如世间印法，读之则句义前后，印之则同时显现"④。他说的印文、印纸、印法都是指印刷而言。用一块印版印出的文字，读起来虽有前后，却是同时印上去的。法藏的这些话含义十分明确，没有产生误解的余地。而且他既然用印刷术打比喻，说明佛教信士们对这件事也不陌生。法藏与玄奘生活的时代相接续，他的这些话更证明了初唐时已存在印刷活动。

　　然而国内却未曾出土此时期之书籍类的印品。目前已知之最早的雕版印刷的实物，是韩国庆州佛国寺释迦塔中出土的《无垢净光大陀罗尼经》。它是用十二张印纸粘接成的长卷，长 610 厘米，高 5.7 厘米，卷首末有木轴，轴端涂朱漆，经文字体端正，墨色亦清晰（图 22 - 4）。据《开元释教录》记载，此经由唐代两位高僧弥陀山、法藏于"天后末年"译出，而佛国寺建于 751 年。故美国学者善富（L. C. Goodrich）认为此经卷是 704～751 年间刊印的⑤。但在庆州狼山皇福寺塔出土之舍利函上的铭文称，今主大王（圣德王）将"《无垢净光大陀罗尼经》一卷，安置石塔第二层"，其时为神龙二

图 22 - 2　《杂阿毗昙心论》纸背所捺佛印，国家图书馆藏

年（706 年）⑥。年代与出土地如此接近，名称又完全相同的两卷经，有理由认为它们
是相同的印本。故此经之年代的下限不能晚于 706 年。不过从文字上看，此经应是在
"天后末年"译出后旋即在中国刊印的。武后于载初元年（689 年）新造制字十八个，
当时普遍推行。此经中有四个制字（整［证］、坖［地］、稤［授］、甌［初］），先后
共出现八次。却也有一些最常见的制字如⟨乙⟩［日］、⟨卍⟩［月］、而［天］ 等，竟未
被采用。经文中的"地"字与"授"字则有时用制字，有时不用。这种现象应是
武后朝的制度已渐松弛，然而其习惯尚未尽废之时才能出现的。更进一步说，这
卷《陀罗尼经》并不是印刷史上之最早期的印本，不仅从刻印技法上可以看出，
而且其译者之一就是撰写《华严经探玄记》的法藏，译此经时法藏已年逾花甲，
而《探玄记》中的比喻则应以其平时的见闻为据，那里所指的印品无疑要比此经
为早。

图 22 - 3　捺有佛印的唐代印纸，敦煌研究院藏

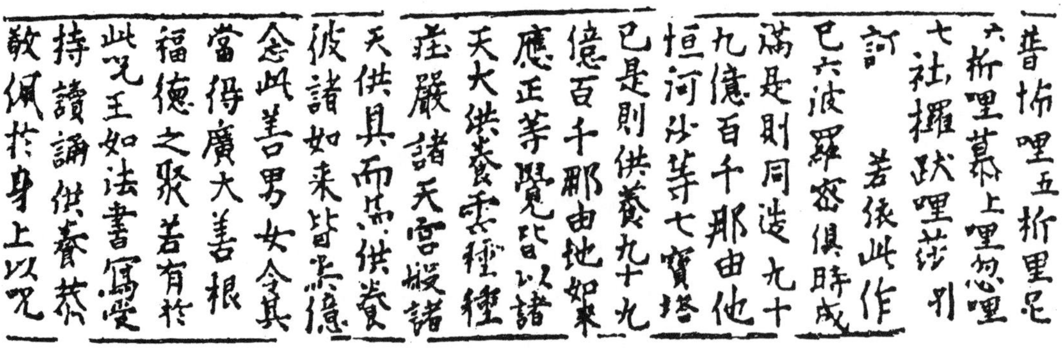

善怖哩五枳里尼
六枳哩慕上哩忽噎七社攞趺哩莎引
訶　　若依此作時
巳六波羅密俱成
滿是則同造九十
九億百千那由他
恒河沙等七寶塔
巳是則供養九十
億百千那由地獄果
應正等覺是皆以諸
天大供養塞種種
莊嚴諸天宮殿諸
天供具而點供養
彼諸如來皆悉億
念此善男女令其
當得廣大善根
福德之聚若有於
此咒王如法書寫愛
持讀誦供養恭
敬佩於身上以咒

图 22－4　韩国庆州佛国寺发现的唐代印本

但有韩国学者认为：佛国寺释迦塔出土的《无垢净光大陀罗尼经》不仅是世界上最早的印刷品，而且还是新罗刻印的[⑦]。对于前者，上面已作分析，现在再就此经是新罗印本还是唐印本作出说明。

韩国学者认定释迦塔所出之经为新罗印本主要有两点理由：一是此经用楮纸印刷，朝鲜半岛的楮纸生产很有名，所以它是新罗刻印的。二是此经既用制字又不完全用制字，与唐土的作法有一定距离，故应为新罗印本。实际情况是，楮纸即毂纸，从蔡伦开始造树皮纸的时代起就是中国纸的重要品种，只根据这一点不能作为此经是新罗印本的证明。而谈到制字，则当时的新罗并无遵守武后此项规定的必要，制字古怪，有类符咒，如果是新罗印本，就可以根本不用制字了。

从历史背景看，在朝鲜半岛的三国时代，北部的高句丽与辽东联系紧密，经济文化较发达，佛教早于小兽林王二年（372 年）便已传入。其次为半岛西南部的百济，由于海路通东晋、南朝，也比较容易接受大陆文化的影响，佛教亦于枕流王元年（384年）传入。而半岛东南部的新罗则相对较闭塞，文化较滞后，佛教于讷祇王（417～457 年）时才传入，真兴王时始盛。真兴王十年（549 年）初自梁朝迎来佛舍利。然而再经过近一百年，其佛教文化的发展水平仍逊于百济。善德女王三年（634 年）建芬蔇寺时，十四年（645 年）建皇龙寺九重塔时，均延请百济工匠主持其事。但自 553 年新罗攻占了百济的汉江下游地区后，在军事上逐渐形成百济—高句丽和唐—新罗两大阵营。显庆五年（660 年，新罗武烈王七年）唐将苏定方与新罗联兵破百济，百济义慈王出降。此后唐与新罗的关系更为密切，唐文化对新罗的影响也更为强烈。8 世纪中叶建造的这座佛国寺，就是在唐朝工匠指导下完成的。据朝鲜古文献《庆尚道江左大都护府庆州东岭吐含山大华严宗佛国寺古今历代诸贤继创记》说："传创寺时，匠工自唐来人。"本来新罗就有自唐输入佛经的传统，贞观十七年（643 年）新罗僧慈藏从唐带回《三藏》四百余函，是当时的一件大事。这时在请唐匠建寺的情况下，于释迦塔中奉纳自唐传来的佛经，更属情理中事。

另外，在朝鲜古文献中并无于 8 世纪时进行印刷活动的记载，朝鲜半岛最早的印刷品是 1007 年由高丽总持寺刊印的《宝箧印陀罗尼经》。如果说新罗在不晚于 760 年时已能印出像《无垢净光大陀罗尼经》这种水平的印刷品，而在其后的近三百年中却保持一片空白，诚难以解释。

到了 8 世纪下半叶，我国的雕版印刷事业更趋活跃，使用范围更加扩大，不仅用于宗教宣传，而且政府所制用于商人纳税的凭单也是印的。《旧唐书·食货志下》说，建中四年（783 年）行除陌法，"市、牙各给印纸，人有买卖，随自署记，翌日合算之"。此事又记载于《册府元龟》卷五一〇，《旧唐书·卢杞传》等处，文字基本相同，故情况清楚，年代明确。说明一部分印刷品这时已进入政府文书的领域。所以虽然这半个世纪中之有关的遗物不多，但作为一种新生事物的印刷术此时仍在蓬勃发展。

及至 9 世纪，雕版印刷的史料剧增。在这里，首先遇到的是元稹于长庆四年（824 年）所写《白氏长庆集序》。其中说，当时扬州和越州一带将白居易的诗和他的诗"缮写模勒，炫卖于市井"。自注："扬、越之间多以乐天及予之杂诗模勒作书，卖于市肆之中也。"研究者常把文中的"模勒"释为刊刻。但向达先生说："顾模可释为摹写，勒亦可诠为勾勒，从原迹摹写勾勒若今之影写本然，似亦可通"[8]。其后傅增湘先生发现宋版《元微之集》所收元氏此文的自注中之"模勒"二字本作"模写"[9]；证明向先生所见极是。唐·宋敏求《春明退朝录》卷下称："唐白文公自勒文集，成五十卷，后集二十卷，皆写本。寄藏庐山东林寺。"又说："《香山集》经乱，亦不复存。后唐明宗子秦王从荣，又写本，置院之经藏；今本是也。"明明说其书是写本，故唐时元、白之诗已有印本之说了不足据。从印刷品的发展历程上看，这时还不到文人学士刊印文集的时候。这时一些重要的书，如皇帝和达官贵人的作品，仍多采用写本的形式。因为早期的印刷品，总的说来质量还不够高，且常有漫染之弊，所以不为大雅所重。特别是由于这时的高级写本非常精致，纸张优良，砑光染潢；划分丝栏，端正醒目；字迹工整，书体秀逸。装裱更加考究，卷子之轴或用漆轴、紫檀轴，或用琉璃轴、玳瑁轴：卷口之签多用象牙，染成红、青、绿各色；还有用五色花笺缀合成卷的，更加美观。印本则相形见绌。所以《旧唐书·经籍志》说，开元时，"凡四部库书，两京各一本，共一十二万五千九百六十卷，皆以益州麻纸写"。强调的仍是写本。明·邵经邦《弘简录》卷四六称，唐太宗于长孙皇后逝世后，览其所撰《女则》，"令梓行之"。此说因史源不明，常为论者所诟病[10]。有人却认为："唐太宗令梓行《女则》，就很有可能由宫人找这种京中书铺子完成。盖因如此，所以正史回避而不书"[11]。更纯属想象。提出上说者根本不了解，长孙氏贵为皇后，她的著作在这时是只能精抄不能刻印的。天宝十四载（755 年）唐玄宗撰《韵英》，下诏令集贤院抄写，将写本传布天下。同年他又将所注《道德经》令各地"传写"，再分发到各道教宫、观中去。

盛唐时尚且如此；初唐时，如把皇后的著作随便找一家书铺子来"梓行"，简直是贬低她了。

　　但随着印刷水平的提高，传统的抄写方式终于不能不在新技术的优越性面前让步。盛唐以后印刷的实物和有关记载前后相继，可以排列成绵延不断的序列。用文献能证实的材料，宿白老师在《唐五代时期雕版手工业的发展》一文中已加以清理[12]。包括：1. 太和九年（835 年），东川节度使冯宿奏准禁私印历版（见《旧唐书·文宗纪》）。2. 会昌五年（845 年）灭佛前，洛阳寺院中有印本《律疏》（从司空图《一鸣集》卷九《为东都敬爱寺讲律僧惠確化募雕刻律疏印本》一文中推知）。3. 大中元年（847 年），日本留学僧惠运归国时，携回《降三世十八会》印子一卷（见《大正藏》卷五五）。4. 大中元年至三年（847～849 年），江南西道观察使纥干泉"大延方术之士，乃作《刘宏传》，雕印数千本"（见唐·范摅《云溪友议》卷下）。5. 敦煌石室所出唐写本《新集备急灸经》卷末题："京中李家于东市印。"可知此写本是从印本过录的。其背面有咸通二年（861 年）写的阴阳书，则《灸经》所据之印本应早于此年。6. 咸通九年（868 年），日本留学僧宗睿归国时，携回经籍一百三十四部，编有《新书写请来法门等目录》，其中有"四川印子"《唐韵》五卷，"印子"《玉篇》三〇卷。7. 中和三年（883 年），柳玭《〈家训〉序》说，他在成都看到的阴阳杂说、占梦相宅、九宫五纬、字书小学等书，"率雕版印纸，浸染不可尽晓"（柳玭之书已佚，引文见《旧五代史》卷四三、宋人《爱日斋丛钞》卷一、宋·叶梦得《石林燕语》卷八）。

　　此外，可据实物稍作补充的，还有 1906 年在新疆吐鲁番发现的《妙法莲华经》中《如来寿佛品》和《分别功德品》两部分的印本，今藏日本书道博物馆。经启功先生鉴定，时代应晚于初唐[13]。似为中晚唐时刻印。敦煌莫高窟藏经洞出土的《妙法莲华经》中之《观世音普门品》印本，英国国家图书馆藏，亦为中晚唐物。

　　盛唐以降，密宗大行于世，开元三大士之一的高僧不空，在肃宗、代宗二朝深得帝王宠遇，封肃国公，赠司空，成为权势煊赫的宗教领袖。他极力提倡佩带经咒，认为能消灾祛邪，无往不利。为满足佩带的需要，遂有印售经咒者。1944 年成都四川大学在校园内修路时，发现唐墓一座，于其中出土之银镯的夹心内剔出一张印本《陀罗尼经咒》，所用的纸薄而富有韧性。此印本当中有一六臂各执法器的菩萨坐在莲台上，周围绕以方栏，栏外刻梵文经咒。根据题记，它是成都府成都县龙池坊卞家印卖的[14]（图 22 - 5）。成都称府在至德二年（757 年），经咒的刊刻不能早于此年。但此墓中还出土了六枚幂上铸出"益"字（代表铸钱的益州监）的开元通宝钱。这种钱是在武宗会昌年间用销毁佛像与法器的铜铸造的。宣宗即位后，尽黜会昌之政，又将这类钱"复铸为像"，以致所余益字钱成为佛教徒的一种纪念品。此墓出了清一色的六枚益字钱，显然带有这种用意，故其年代又不能早于大中时（847～860 年）。《陀罗尼经咒》

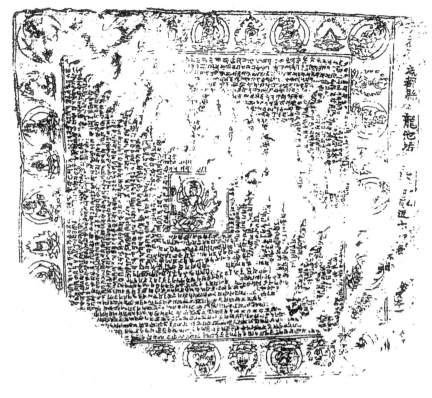

图 22－5　成都唐墓出土印本经咒，国家博物馆藏

的印刷时间则应与墓葬的年代相近。出土物中所见印本经咒还有 1967 年、1974 年和 1975 年在西安沣西造纸网厂、西安西郊柴油机械厂和冶金机械厂出土的三件[⑮]。三者虽均出自唐墓，但既无发掘报告，同出之物又已基本散失，遂使墓葬年代的进一步准确判定产生困难。但沣西造纸网厂出土经咒在中心方框内绘有戴幞头的男子，其幞头脚末端呈整齐的匙头形，表明裹的是硬脚幞头（图 22－6）。而硬脚幞头的普遍流行，则要到中、晚唐时。柴油机械厂出土经咒的那座墓中还出过一面隋至初唐的四神镜；但个别金属制品可以长期沿用，晚期墓葬中出土时代较早的铜器之例并不罕见。所以这面镜子不能作为断代的充分依据。研究者曾指出，此梵本经咒的边框中有"联珠、纽丝等图案"，"是初唐金银器皿上所常见的，颇具波斯风格"[⑯]。但这里的纽丝纹并不典型，看不出带有波斯风格。而其上之"联珠"实为小联珠圈型的团窠，它流行的时间相当长，莫高窟 156 窟晚唐壁画之乐工的袍上仍饰以这种图案。至于根据纸张的致密程度和刻工的规整程度来分期，就更难准确掌握了。此类经咒属于佛教密宗系统，而广泛佩带经咒要到中、晚唐时才形成风气。上述成都出土的印本经咒和 1983 年在西安沣镐路自来水一厂出土的绢写本经咒都是中、晚唐时期的[⑰]。1967～1975 年西安出土的这三件印本经咒的年代或亦相仿。

至于敦煌石室所出咸通九年（868年）王玠刊印的《金刚般若波罗蜜经》，就更加重要了。此经卷长488、宽30.5厘米，由七个印张粘接而成。已流入英国，现存伦敦大英博物馆。印本首尾完整，卷首有释迦牟尼佛在祇树给孤独园说法的扉画，释迦跌坐于莲台之上，菩萨比丘、帝王宰臣及护法天王列侍左右，其上则幡盖高悬，飞天翔舞，其前则有长老须菩提咏呗礼佛。其经文为后秦·鸠摩罗什所译，与后代之真谛、玄奘、义净等译本不同。这卷佛经刻工颇精，版画的线条细密爽利，字体也富有欧、虞神味（图22－7）。正如向达先生所说："这都可以见出当时刻书的艺术已渐达圆熟的境界，不是草茅初辟的景象"⑱。它是我国也是世界印刷史上的瑰宝。

图22－6　沣西出土印本经咒
中心方框内的绘画

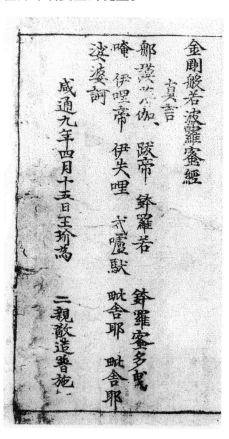

图22－7　唐咸通九年
印本《金刚经》

又《唐语林》卷七称："僖宗入蜀。太史历本不及江东，而市有印货者，每差互朔晦。"黄巢起义军于广明元年（880年）攻克长安，中和元年（881年）唐僖宗流亡成都，本条说的是此时之事。私家印历由来已久，敦煌石室曾出乾符四年（877年）与中和二年（882年）历书两种，已流入法国，现存巴黎国家图书馆；后者恰可与本条相印证。但其上有"成都樊赏家历"题记，说明尽管在流亡政府所在地成都，用的也多是私家印本历书（图 22 – 8）。

综上所述，可知雕版印刷的出现不晚于隋末唐初，起先大约只捺印单张的佛像、经咒、纳税凭单等件。这类印版的面积小，如《杂阿毗昙心论》上的佛印为 14.5×11.8 厘米，成都出土的《陀罗尼经咒》也不过 31×34 厘米。如版面过大，则捺压之力不均，墨色不匀，成品效果不佳。甚至如柳玼所说的，"浸染不可尽晓"了。及至 9 世纪中后期，出现了长达三十卷的《玉篇》之类宏编巨帙和王玠的《金刚经》之类图文并茂的精印本时，印制方法显然已非捺印法所能胜任，而应在雕版上施墨，然后覆纸刷拓，是为刷印法。虽然雕版印刷之技术改进的步伐在地区间、作坊间必然参差不齐。但总的说来，当刷印法通行后，印刷品的质量就总体而言已大为提高，以致达官宿儒也不得不刮目相看。《册府元龟》卷六〇八载，后唐宰相冯道、李愚曰："尝见吴、蜀之人鬻印板文字，色类绝多，终不及经典。如经典校定雕摹流行，深益于文教矣。"此议旋被采纳，后唐长兴三年（932 年）国子监开始校刻儒家经典，后周广顺三年（953 年）刊毕，即宋人所说的旧监本。这批书虽已亡佚，但宋、明时所刊经注八行本，均直接或间接出自五代监本，其书至今仍有存世者。五代监本刊印于 10 世纪上半叶，它的技术基础正是唐代在 8 至 9 世纪中奠定的。而五代监本的刊印，不仅表示印本地位的提高，说明于唐代开始兴起的雕版印刷已成为刊布书籍之最重要的方式，而且也是印本最终战胜写本的标志。

图 22 – 8　唐中和二年印本历书

（原载《文物天地》1991 年第 6 期，收入本集时作了修改）

注　释

① 中国国家图书馆善本特藏部、上海龙华古寺、《藏外佛教文献》编辑部合编：《中国国家图书馆藏敦煌遗书精品选》第 6~7 页，2000 年。

② 国家文物局、中国科学技术协会主编：《奇迹天工》第 197 页，文物出版社，2008 年。

③ 唐·慧立、彦悰：《大慈恩寺三藏法师传》卷一〇称，显庆三年"发愿造十俱胝像"，"并造成矣"。印普贤像之

举似亦在此时。

④《大正藏》第 35 册，第 127 页、又第 45 册，第 482 页。

⑤ L. C. Goodrich，"Printing：Preliminary Report on A New Discovery，"载 *Technology and Culture*，8：3（1967）．

⑥ 梅原末治：《庆州皇福寺塔发现的舍利容器》，《美术研究》第 156 号，1944 年。

⑦ 李弘植：《庆州佛国寺释迦塔发现的无垢净光大陀罗尼经》，《白山学报》1968 年第 4 期。

⑧ 向达：《唐代刊书考》、《中央大学国学图书馆第一年刊》1928 年。

⑨ 傅增湘：《宋椠〈元微之集〉跋》，《国立北平图书馆馆刊》第 4 卷第 4 号，1930 年。

⑩ 如罗继祖《印刷术创始年代》（《社会科学战线》创刊号，1978 年）一文谓，《弘简录》中"令梓行之"一语，乃"羌无故实之浮言"。又陈石铭对此问题曾发表专文《〈弘简录〉不足为据》（《四川图书馆学报·专刊之三·古籍》1981 年），分析较详。

⑪ 李致忠：《古代版印通论》第 27 页，紫禁城出版社，2000 年。

⑫《文物》1981 年第 5 期。

⑬ 启功先生为 1906 年发现的《妙法莲花经》所撰跋语中，举出多重证据证明日本中村不折氏将其定为隋刻之说不确。并谓："六朝隋唐写佛经多作每行十七字，而儒学之书每行常少于十七字。至晚唐写经如《大乘稻竿经》、《无量寿宗要经》等皆已突破每行十七字之常规，而为行二十余字。此经每行已非十七字，其有异于隋及初唐，已甚昭著。"

⑭ 冯汉骥：《记唐印本陀罗尼经咒的发现》，《文物参考资料》1957 年第 5 期。

⑮ 安家瑶、冯孝堂：《西安沣西出土的唐印本梵文陀罗尼经咒》，《考古》1998 年第 5 期。保全：《世界最早的印刷品》，载《中国考古学研究论集》，三秦出版社，1987 年。

⑯ 同注⑮。

⑰ 李域铮、关双喜：《西安西郊出土唐代手写经咒绢画》，《文物》1984 年第 7 期。

⑱ 觉明：《中国印刷术的起源》，《中学生》第 5 号，1930 年。

唐代的俑[*]

　　用俑源于残酷的杀殉。孔子认为："为俑者不仁，殆于用人乎哉"[①]！甚至还激愤地说："始作俑者，其无后乎"[②]！孟子对此的解释是："为其象人而用之也"[③]。"用"本指杀牲以祭。《周礼·庖人》郑玄注："杀牲谓之用。"但古代以人作牺牲时，也称"用人"。此风盛于商代，甲骨文所见用人之例，一次达到过数百名。殷墟曾出人头骨，上有刻辞，谓"方伯用"（《京津》5281），是将俘获的方伯用于杀殉。春秋时仍有这种做法，如《左传·昭公十一年》云："用隐太子于冈山。"杜预注："用之，杀以祭山。"对此种陋俗，孔子表示极端反对，他不仅反对殉人，而且一并反对使用代表殉人的俑。和孔子的时代相接近的山东临淄郎家庄 1 号墓，主室的填土中有殉人，陪葬坑中的死者则以陶俑随葬，用意显然是相同的[④]。正是受到孔子谴责的那类现象的实例。

　　战国以降，殉人之风稍戢，但各种质地的俑仍被大量使用，唯其用意已有所不同。以著名的秦始皇陵的情况为例，总数约八千件的兵马俑，或以为是象征守陵的部队，或以为是象征守卫京师的宿卫军，或以为展现的是秦兵的"军阵"，是一个完成了布阵程序的队列。总之，无论持哪种观点，都不能把它们理解为一大批待杀殉的秦国军人的替身。称之为俑，只是由于约定俗成，文物考古工作者不拟另起名字之故。

　　走出杀殉的阴影，汉代陶俑逐渐表现出新的性格，它们虽然从属于墓主人，但在地下却仍然要和墓主人一同快乐地生活。四川地区东汉墓中的说唱俑堪称个中翘楚。这些陶俑都比较高大，一般在 50 厘米以上，成都天回山崖墓发现的击鼓说唱俑尤其引人注目（图 23-1）。此俑着帻头，袒半身，敛胸鼓腹。其左足抬起，执鼓桴的右臂随之上扬，似欲趁势敲击夹在腋下的鼙鼓。人物的造型在稚拙中显出灵巧，在诙谐中露出憨厚。面部表情则幽默风趣，夸张而不失分寸。当欣赏这件艺术品时，很少有人会联想到杀殉。因为愉悦的情绪永远和它在一起，纵使瘗之于墓室，这种气氛也将充溢在黑暗的洞穴中。

　　唐代人似乎更了解这一点，如其说唐俑是随葬品，不如认为它们是墓中人对尘世之眷恋的寄托。也可以说，这是对亡灵献上的一份哀荣，对其曾拥有的权势与财富之

---

* 　为中国国家博物馆在日本举办的"隋唐美术展"及乾陵博物馆举办的"丝路胡人外来风展"而作。

图 23－1　击鼓说唱俑，
东汉，四川成都出土

既微缩又夸张的再现。这时，此类制品中除了反映墓主生前的奴婢伎乐外，还有若干实在难以称之为"俑"的镇墓兽之类，它们共同将墓主的地下世界装点得神秘而热烈。从而陶俑的制作被推向高潮，形成"王公百官，竞为厚葬，偶人象马，雕饰如生"，"更相扇慕，破产倾资，风俗流行，遂下兼士庶"的社会风气⑤。并且这种态势是得到制度保证的，唐朝不仅对流内官员丧葬所用明器的品种、数量、尺寸都作出规定，政府还在将作监下设甄官署，"掌供琢石、陶土之事"，"凡丧葬，则供其明器之属"。不过只供给"敕葬者"，"余并私备"⑥。故可推知有些大墓中之品相优异的陶俑应是隶属甄官署的作坊所生产。但陶俑不便长途运输，加之长安以外、包括东都洛阳所出者，与长安相较，除共同的时代特征外，在胎土、釉色以及装饰手法

等方面，均不无细微的差别。总的说来，洛阳的制作水平稍逊于长安，故多数应为当地产品。而长安之卑品官员乃至平民墓中的陶俑，乃是市买之物。唐长安城西市西大街中部的窖穴中曾出陶俑，表明其地为西市之"凶肆"的遗址。西市迤西，靠近延平门的丰邑坊"多假赁方相、送丧之具"，是长安城中另一处凶肆集中之地⑦。又据唐传奇《李娃传》中的描述，东市也有规模不小的凶肆。可见在唐代长安，这种器物并不难得。出土的陶俑里面应有一大批是经凶肆发售的。

尽管长安的陶俑有官方烧造和民间烧造之分，约略类似后世瓷业的官窑和民窑，但工艺大致相仿。而且受到制度的制约，品种亦大致相同，不外四神十二时、卤簿驼马、音声僮仆等。像有时在外州县唐俑中出现的诸般神煞，如蒿里老人、仪鱼墓龙、千秋万岁、仰视俯听之类，于京畿反而少见。这一带出土的陶俑，早期多在素烧成型后敷上化妆土再施彩绘，还有在部分花纹上贴金的。显庆二年（657 年）的辅国大将军荆州都督张士贵墓、麟德元年（664 年）的右武卫大将军凉州都督郑仁泰墓出土的所谓"文官俑"、"武官俑"，皆眉宇英爽，气度昂藏，为此类陶俑中的精品（图 23－2）⑧。但在唐代大墓中，它们本应以六件构成一个完整的组合。以长安铜人原上发掘的神功二年（698 年）"丧葬专家"乾陵令独孤思贞墓的情况为例，其甬道南端置墓志一合，它的北面，在甬道东侧"排列着一个镇墓兽和两个武士俑"；在甬道西侧"是两件文官俑，面均向东，与二武士俑相对而立。被移动过的一件镇墓兽原来当是在文官俑

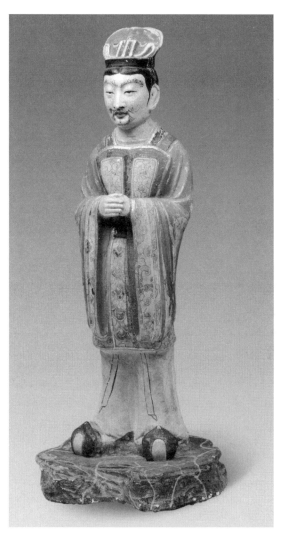

图 23-2　唐·郑仁泰墓出土的所谓文官俑（左）、武官俑（右）

的南边，与东边的镇墓兽相对之处"⑨。根据发掘报告中提供的情况，兹将其下葬时的位
置复原如图 23-3。景龙年间的甘肃秦安杨家沟 1 号墓出土"镇墓兽"、"武官俑"、"文
官俑"各两件，也是六件一套的组合⑩。不过更准确地说，应该是两件"镇墓兽"、两件
"甲士"、两件"着朝服的人像"，而且它们是一文一武，并不都是"文官俑"。依《大汉
原陵秘葬经》所记，两件镇墓兽乃是"祖明"、"地轴"，两件甲士乃是"当圹"、"当
野"，合称"四神"。唐长安城醴泉坊三彩作坊出土陶片上刻有"天宝四载……祖明"
字样。河南巩义市康店镇砖厂唐墓出土的一件镇墓兽，背部书"祖明"二字。证明
《秘葬经》的记载可信⑪。另外两件穿朝服的为"大夫"与"太保"⑫。独孤思贞墓与
秦安唐墓所出穿朝服者，其中戴平巾帻那一件，应即"大夫"；另一件戴鹖冠，应即

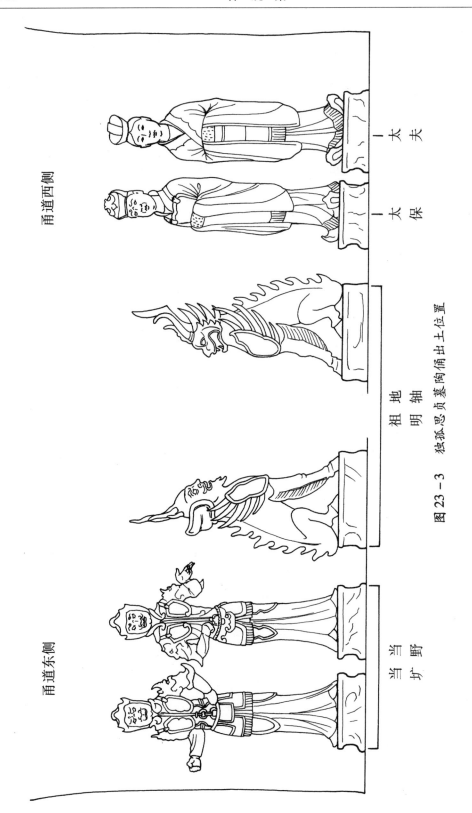

图 23 - 3　独孤思贞墓陶俑出土位置

"太保"。郑仁泰墓早年经盗掘，出土物已不成组，其中的"文官俑"应是"大夫"，而"甲士"则是"当圹"或"当野"中的一件。以上六件均属墓仪神煞，与社会生活中的实际情况无关。因为"四神"之类神煞，在不同等级的墓葬中均曾出土；但总不能在一座小官、比如县令的墓葬中，拿一位三公来陪葬吧。所以上述"文官俑"、"武官俑"等称谓，似不宜继续沿用；否则鬼神世界和世间职官的名分混合在一起，彼此的关系就说不清楚了。不过为了避免标新立异，仍只能笼统地称之为镇墓俑。

正当彩绘俑盛行之际，三彩器开始出现。郑仁泰墓中已经发现过一件蓝彩盖钮。上元二年（675年）的虢王李凤墓中发现三彩双陆局[13]。以后更常见。三彩器有陶胎和瓷土胎两种，而以瓷土胎为多。器表施低温铅釉，添加铁、铜、钴、锰等元素为呈色剂，烧成后釉面光亮，色彩绚烂。而且由于铅釉容易流动，所以形成了斑驳淋漓的艺术效果。7至8世纪之交并将这种工艺应用于俑的制作，光宅元年（684年）的安元寿墓、神龙二年（706年）的永泰公主墓、章怀太子墓、懿德太子墓均出三彩俑[14]。它的出现是唐代窑业的一大成就，细腻的胎质和明快的釉色，对提高陶俑的艺术表现力也是有力的促进。以马俑为例，张士贵墓与郑仁泰墓所出者，马头嫌大，腿嫌短，比例不够协调。可是永泰公主墓出土的三彩马，则骨肉匀停，体型矫健，称得上是些骏马了。各地唐墓所出三彩马也各有妙趣，它们或行、或立、或长嘶、或啮膝，很少看到程式化的僵硬与刻板；但和长安甄官署的制品相较，仍不免瞠乎其后。如开元十一年（723年）的鲜于庭海墓所出三彩马，玉蹄银面，姿雄态逸，允称出类拔萃之作（图23-4）[15]。此马的辔头、攀胸和后鞧上饰以小金扣、金铃和花纹优美的杏叶。马鞍上盖着绿色的、名为"鞍袱"的覆鞍毡[16]。其浓绿的釉色和带有写实意味的褶皱，将这片毛织物表现得颇富质感。特别是马鬃剪出了官样的"三花"，这在一般陶马上是看不到的。唐太宗昭陵的"六陵"上刻出三花。韩幹的《贵戚阅马图》、张萱的《虢国夫人游春图》中也有三花马[17]。而洛阳出土的众多马俑中就很少见到三花马。鲜于庭海的墓志中说，在"曩生宫掖，动感风雷"的重大事变中，他"毕心御寇，锡莫重焉"。即曾于平定韦后之乱时建立功勋，从而受到信任，"入仗内供奉，迁北军使，亲掌兵符"，成为皇帝身边掌管禁军的股肱爪牙。他死后，玄宗所下制书称："鲜于庭海……久在禁卫，颇著勤劳。不幸雕落，良用追悼。宜加宠赠，永以饰终。"所以这正是一座敕葬墓，有理由认为其中的陶俑乃是甄官署提供的上佳之选。

这时还出现了大量胡俑。胡俑是古俑中特殊的一群，只见于隋唐时期，宋代已不再出现。唐俑中之"胡"，大抵指粟特人。至于胡俑中的所谓昆仑俑，因数量少，当另文讨论。粟特人是居住在中亚泽拉夫善河流域的半农半商民族。当时的大商队都以武力自保，所以粟特人也尚武。然而与十六国时期以武装入侵的方式进入中原的北方各族不同，叩关的粟特人多以通商的面貌出现。尽管贞观年间康国大首领康艳典充任蒲昌海（今罗布泊）石城镇之镇使时，"胡人随之，因成聚落"。其后，在石城镇外又筑

图 23-4　三彩马，西安唐·鲜于庭诲墓出土

起胡人聚居的蒲桃城和萨毗城，仿佛是一些殖民的据点[18]，但唐政府以宽容的态度处之。早期入华的粟特人大都生活在此类聚落中。

粟特人信仰火祆教，然而并不外传，不曾有过译成汉文的祆教经典，各地之祆祠唐政府也"禁民祈祭"[19]。在宗教上他们与信仰佛、道的唐人几乎完全隔绝。在婚姻上粟特人实行血亲通婚。《隋书·西域传》说粟特人"妻其姊妹，及母子递相禽兽"。唐·慧超《往五天竺国传》说粟特人"极恶风俗，婚姻交杂，纳母及姊妹为妻"。唐·杜环《经行记》也说："寻寻（指祆教徒）蒸报于诸夷狄中最甚。"西安出土的《唐苏谅妻马氏墓志》中，就记下了祆教徒血亲通婚（祆教徒称之为 Xvedōdas）的事例[20]。这种风俗实有类《礼记》所云"禽兽无礼，父子聚麀"。《汉律》规定："立子奸母，见乃得杀之"（《公羊传·桓公六年》何休注引）。秉承中土的伦理道德观念，唐人对此深感不齿。在丧葬制度上，祆教经典《阿维斯陀经》规定，要将死者置于山间，让狗噬鸟啄。萨珊波斯也实行天葬，尸体虽任鸟啄，却不令野兽吞食。粟特人则又不然。唐·韦节《西蕃记》说，康国于城外"别筑一院，院内养狗。每有人死，即往取尸，置此院内，令狗食人肉尽，收骸骨埋殡"。《旧唐书·李暠传》所记太原"黄坑"，也是狗食死人之处，亦应为流寓的粟特人治丧之所。为哀悼死者，其亲属或劓面截耳。这些葬俗也使唐人不胜惊诧骇怪。很难设想，唐人会乐于模拟这些风习迥异的外来移民，做成陶俑，与之长相伴于地下。

而唐墓中却的确出现了胡俑，这是一个信号，表明在现实生活中他们有不少人已经汉化。且不说其精英分子有的俨然成为唐代士人，不但担任译语、将作、监牧等方面的职务，还有成进士，做文官的。可是这些人、包括未解体以前的粟特聚落成员，都不会出现在胡俑中。只有贫困的粟特移民，居留已久，已完全融入唐代社会者，才能为本地的大户所收容，甚至也只有其中的"家生子"，才能受到充分信任。所以随葬的胡俑代表的大抵是后者。通过考察胡俑，只能为唐代社会中的粟特人这幅大画卷揭开一角，还不可避免地被涂上一层墓主人所属意的色彩。由于粟特人"十岁骑羊逐沙鼠"[21]，懂得畜牧，所以牵驼驭马的胡俑相当多。可是无论俑或驼、马，以及所驮之物，无疑悉数代表墓主人的财产。研究者不宜离开这一基本事实而过度引申。比如常有人把他们看成是丝路上的商队的一部分。甚至驼囊上的兽面装饰也被认为即《酉阳杂俎》所称"刻毡为形，盛于皮袋"的祆神[22]。而如陕西乾县唐章怀太子墓出土的三彩骆驼，造型虽如所述，但章怀太子既不经商又不信祆教，与丝路贸易及祆神均不相干（图23－5）。陕西礼泉唐长乐公主墓所出骆驼之驼囊上仅饰以宝相花图案，位置正与章怀

图23－5 三彩骆驼，陕西乾县唐章怀太子墓出土

1　　　　　　　　　　　　　　　　2

图 23－6　负橐的陶驼和陶马
1. 陕西礼泉唐长乐公主墓出土　2. 西安南郊元·王世英墓出土

太子墓所见驼橐上的兽面相当，皆属装饰性质（图 23－6：1）。骑驼时，驼橐位于胯下，此处岂是供神像的地方？何况《酉阳杂俎》里的说法是将像盛于袋内，而上述驼橐上的兽面皆饰于袋表，显然与《杂俎》所指有别。又辽宁省博物馆藏朝阳唐·鲁善都墓出土的彩绘骑驼俑，骑者既是汉人面相，朝阳又僻在北方，也说明此驼和丝路上的商队没有直接关系。再如西安南郊元·王世英墓所出驮物马，其驮橐上覆虎皮一张，虎头正位于驼橐上饰兽面之处（图 23－6：2）。西安夏殿元·刘元振墓出土陶马之驮橐上也饰有兽面[23]。可见这是一种流传有绪的装饰手法。

粟特人长于音乐歌舞，唐代的胡人乐俑颇不罕见，上述鲜于庭诲墓出土的乘驼奏乐俑尤为著名。这是一头高大的白色骆驼，背上架设平台，铺着带有蓝、黄、绿、白、赭五色条纹和联珠形花饰的"五色覆鞍毡"[24]。两名胡人和两名汉人组成的乐队在演奏。中立穿绿色缺胯袍的讴者，为一多须胡人，身躯微倾而双臂轻挥，正在引吭高歌（图 23－7）。四名乐手所用乐器仅存一琵琶，其他三件应是一件筚篥和两件拍鼓。可见乐队虽小，但管乐、弦乐、打击乐俱全。讴者吟唱的想必是当时的颂歌，也正是对"开元全盛日"的礼赞。再过两年，开元十三年玄宗赴泰山封禅，为四海升平报谢天地。唐玄宗踌躇满志，唐帝国也登上了其光荣的顶峰。

但令人奇怪的是，胡俑及相关之美术作品中出现的舞者多为舞胡腾的胡人男子，而舞胡旋、柘枝之胡人女子则不经见。其实胡人女子中之酒家胡姬，此际风头正健。李白诗"胡姬貌如花，当垆笑春风"；"胡姬招素手，延客醉金樽"。施肩吾诗"年少郑郎那解愁，春来闲卧酒家楼。胡姬若拟邀他宿，挂却金鞭系紫骝"。而杨巨源《胡姬词》在"当垆知妾惯，送酒为郎羞"句后，还直接点出"数钱怜皓腕，非是不能留"[25]。红粉浮浪，诗句轻薄。邀宿敛财，无殊娼寮。再考虑到袄教之"恶俗"的背景，则胡姬在当时人眼中一般不被视作良家妇女。元曲中涉及男女私情时仍常常扯上袄教，如《货郎旦》第三折："袄庙火，宿世缘，牵牛织女长生愿"[26]。甚至明清时妓院中供奉的行业神白眉神，据刘铭恕先生考证，亦由袄神转化而来[27]。因此在唐代上层人士的葬礼中没有她们的位置。随葬一批胡姬俑，反而会成为这些大人先生们的令誉之玷，所以出土物中迄今尚未发现可以被确认的胡姬俑[28]。唐代男胡俑的面目剽悍，有的且接近狰狞；胡女的面型大约也不尽符合唐人的审美习惯。这时如对人说："子貌类胡。"绝不是一句恭维的话。"如花"云云，不过是吟咏时即兴遣词而已。试看李白在

图 23-7 西安唐·鲜于庭诲墓出土三彩乘驼奏乐俑

图 23 - 8　唐鎏金铜四神俑，陕西宝鸡出土

《于阗采花》一诗中的用语就又不一样："于阗采花人，自言花相似。明妃一朝西入胡，胡中美女多羞死。乃知汉地多明妹，胡中无花可方比。"唐·陆岩梦《桂州筵上赠胡女子》则云："自道风流不可攀，那堪蹙额更颦颜。眼睛深却湘江水，鼻孔高于华岳山"㉙。或可代表一般人对胡姬容貌的具体印象。更由于在社会心理上把她们定格为风尘冶艳之尤，遂使之难以在正式场合抛头露面。有鉴于此，唐代之带粟特血统的贵妇，常刻意攀附汉族烈女贞妇的节操以自我标榜。如洛阳出土的仪凤二年《曹氏墓志》，其父名毗沙，显然是胡人。但志文中说她"贞顺闲雅，令范端详"；"四德周备，六行齐驱"；"孝同梁妇，节比义姑"㉚。贞风亮节堪称冰莹玉洁，无与伦比。不过这些谀墓之词可能不尽是实录。因为同出于洛阳的《安师墓志》（龙朔三年）与《康达墓志》（总章二年），文字竟几乎全同㉛。炮制者依样葫芦，照猫画虎，其中的假大空，自不待言。

真正大量吸纳粟特移民从事的职业是当雇佣兵，但粟特雇佣兵的形象在唐俑中亦难确指。他们后来成为安史叛军的主力。而经过这场战乱，唐朝的国势由盛而衰，开始走向下坡路，陶俑的制作随之落入低谷，常为木俑所取代。唐代原曾使用过金属俑，如河南偃师开元二十六年李景由墓曾出铁生肖俑十二个[32]。开元二十九年敕要求节葬，对铸金属俑之举明令禁止[33]。中晚唐时却又在另一种背景下复出。唐懿宗女文懿公主于咸通十年（869 年）下葬时，"冶金为俑，怪宝千计实墓中"[34]，适足说明大贵族在乱后仍保留着炫耀精工制作之俑的好尚。中国国家博物馆所藏唐代后期的鎏金铜俑，陕西宝鸡出土（图 23-8）。唐俑之四神中的当圹、当野，唐初尚作武士状；高宗以降，造型多如脚踏卧兽的"天王"。不过纵然从武士变成天王，身分仍是四神之一，与佛教造像无关。如果认为它是从一铺造像中游离出来的天王，就不好解释了。此铜俑正属其类。虽然尚不易确定它到底是当圹还是当野，但那富丽而狞猛的造型，差可被视作唐俑中的后劲了。

（原系二文，分别刊载于"隋唐の美术"展图录（2005 年），"丝路胡人外来风"展图录（2008 年）。收入本集时合并改写）

注　释

① 《礼记·檀弓》。

② 《孟子·梁惠王篇》。

③ 同注②。

④ 山东省博物馆：《临淄郎家庄一号东周殉人墓》，《考古学报》1977 年第 1 期。

⑤ 《通典》卷八六。

⑥ 《唐六典》卷二三。

⑦ 唐·韦述：《两京新记》卷三。

⑧ 陕西省文管会、昭陵文管会：《陕西礼泉唐张士贵墓》，《考古》1978 年第 3 期。陕西省博物馆、礼泉县文教局唐墓发掘组：《唐郑仁泰墓发掘简报》，《文物》1972 年第 7 期。

⑨ 中国社会科学院考古研究所：《唐长安城郊隋唐墓》，文物出版社，1980 年。

⑩ 甘肃省博物馆文物队：《甘肃秦安县唐墓清理简报》，《文物》1975 年第 4 期。

⑪ 郑州市文物考古研究所：《中国古代镇墓神物》，文物出版社，2004 年。程义：《再论唐宋墓葬里的"四神"和"天关、地轴"》，《中国文物报》2009 年 12 月 11 日。

⑫ 王去非：《四神、巾子、高髻》，《考古通讯》1956 年第 5 期。

⑬ 富平县文化馆、陕西省博物馆等：《唐李凤墓发掘简报》，《考古》1977 年第 5 期。

⑭ 昭陵博物馆：《唐安元寿夫妇墓发掘简报》，《文物》1988 年第 12 期。陕西省文物管理委员会：《唐永泰公主墓发掘简报》，《文物》1964 年第 1 期。陕西省博物馆、乾县文教局唐墓发掘组：《唐章怀太子墓发掘简报》；同作者：《唐懿德太子墓发掘简报》；均载《文物》1972 年第 7 期。

⑮ 中国社会科学院考古研究所：《唐长安城郊隋唐墓》，《文物出版社》，1980 年。

⑯ 经过精纺的"细色罽"唐人亦称为毡。见尚刚:《唐代工艺美术史》第 106 页，浙江文艺出版社，1998 年。

⑰《贵戚阅马图》见宋·郭若虚《图画见闻志》卷五。《虢国夫人游春图》之宋摹本今藏辽宁省博物馆。

⑱ 敦煌写本 S. 367 号《沙州伊州地志》。

⑲《新唐书·百官志》。

⑳ 陕西省文物管理委员会:《西安发现晚唐祆教徒的汉、婆罗钵文合璧墓志——唐苏谅妻马氏墓志》，《考古》
　 1964 年第 9 期。刘迎胜:《唐苏谅妻马氏汉、巴列维文墓志再研究》，《考古学报》1990 年第 3 期。张广达:
　 《再读晚唐苏谅妻马氏双语墓志》，《国学研究》第 10 卷，2002 年。

㉑ 李益诗，见《全唐诗》卷二八二。

㉒ 姜伯勤:《唐安菩墓所出三彩骆驼所见"盛于皮袋"的祆神》，《唐研究》第 7 卷，2001 年。

㉓ 西安市文物保护考古所:《西安南郊元代王世英墓清理简报》，《文物》2008 年第 6 期。李举纲等:《西安长安夏
　 殿元代刘黑马家族墓地》，《2009 中国重要考古发现》，文物出版社，2010 年。

㉔ 此名称见《新唐书·地理志·宁州》。

㉕ 李诗见《全唐诗》卷一六二、一七六。施诗见同书卷四九四。杨诗见同书卷三三三。

㉖ 王季思主编:《全元戏曲》第 6 卷，人民文学出版社，1999 年。

㉗ 刘铭恕:《元人杂剧中所见之火祆教》，《金陵学报》11 卷 1 期，1941 年。

㉘ 杨瑾:《从出土文物看唐代的胡人女性形象》(《乾陵文化研究》5，2010 年)，是近年发表的讨论此问题的一篇
　 专文。但文中举出的彩绘胡人女俑(陕西省考古所藏，见该文第 129 页)、胡女俑(江苏吴县姚桥头唐墓出土，
　 见《文物》1987 年第 8 期，第 50 页，图 5)、石女俑(辽宁朝阳黄河路唐墓出土，见《考古》2001 年第 8 期，
　 第 69 页，图 12∶1)，其实均代表胡人男子。称之为胡女俑，当属误解。所举其他女俑，也全然没有明显的印欧
　 人种的特征，很难确认为"胡人女性"。

㉙《太平广记》卷二五六。

㉚ 周绍良、赵超:《唐代墓志汇编》，第 633 页，上海古籍出版社，1992 年。

㉛ 同注㉚，第 384～385、503 页。

㉜ 中国社会科学院考古研究所河南第二工作队:《河南偃师杏园村的六座纪年唐墓》，《考古》1986 年第 5 期。

㉝《唐会要》卷三八。

㉞《新唐书·文懿公主传》。

唐代的昆仑与僧祇

　　唐代的胡人俑久已引起广泛注意，出土的"黑人"俑虽不常见，但愈来愈为研究者所重视。不过严格说，其中大多数并不属于人类学上的黑种人，而是唐代所称昆仑。《旧唐书·林邑国传》说："自林邑以南，皆拳发黑身，通号为'昆仑'。"昆仑这个名称起源很早，三国时吴·万震《南州异物志》对之已有记载。它并非专指一国一族。宋·赞宁《宋高僧传·唐洛阳冈极寺慧日传》说他："始者，泛舶渡海，自经三载。东南海中诸国：昆仑、佛誓（今苏门答腊东部）、师子洲（今斯里兰卡）等，经过略遍，乃达天竺。"可见今大巽他群岛以北、印巴次大陆以东的东南亚一带，及印度洋中若干岛屿的居民均被泛称为昆仑。其中柬埔寨一带的扶南—真腊应属昆仑。唐·慧琳《一切经音义·阁蔑条》说："于诸昆仑国中，此国最大，亦敬信三宝。"阁蔑即《旧唐书》中的吉蔑（Khmer）；扶南与继起的真腊均为吉蔑人建立的国家。又，中南半岛东南沿海地带的占婆（Champa）即林邑，也属昆仑。唐·道宣《续高僧传·彦琮传》说："（隋）新平林邑，所获佛经合五百十四夹，一千三百五十余部，并昆仑书多梨树叶。"既然其经用昆仑书写在贝叶上，可见它也是一个昆仑国家。马来亚一带亦属昆仑。唐·义净《南海寄归内法传》卷一说："南海诸洲，有十余国。……掘伦（初）至交、广，遂使总唤昆仑国焉。"此掘伦指越南东南部海中、湄公河口以外、北纬8°多的昆仑岛（Poulo - Condore），即《新唐书·地理志》引贾耽"广州通海夷道"所记军突弄山。元·汪大渊《岛夷志略·昆仑条》所说"古者昆仑山又名军屯山"者，亦即此岛。其本地的俗名为 Kon - non，故可译为昆仑①。这里已接近越南的南端，故昆仑所包括的范围还要向南延伸。义净《大唐西域求法高僧传·运期传》说："运期师者，交州人也。……旋迴南海，十有余年。善昆仑音，颇知梵语。"同书《大津传》又说：法师"以永淳二年振锡南海。……泛舶月余，达尸利佛逝洲。停斯多载，解昆仑语。"运期是今河内一带的人，他所旋迴的南海自应比中南半岛北部更往南。大津则长期住在尸利佛逝（以今苏门答腊东南部的巨港为中心）。8世纪时，此国扩张至马来半岛，控制马六甲海峡。故运期和大津通晓的昆仑语，应指古马来语而言，可见这一带无疑是昆仑的一部分。在今缅甸境内的骠国（Pyu）也有不少昆仑人，唐·樊绰《云南志》卷六说："量水川西南至龙河，又南与青木香山路直，南至昆仑国矣。"赵吕甫校释认为，龙河即镇康县之乌龙河，青木香山即镇康县之乌木龙山。他说："以方位言，乌龙河在量水川之西南，永昌之正南，青木香山之北，为南诏入骠必经之地"②。则《云南志》中提到的昆仑国应为骠国所领。《新唐书·骠国传》说其国中有小昆仑部和大昆仑王国，又说骠国乐的"乐工皆昆仑"，均足为证。但在上述广大区域中，除了安达曼群岛等个别地方有黑种人外，居民大多为黄种人，不过有些人肤色较深。《南齐书·林邑传》说："人色以黑为美，南方诸国皆然。"然而所谓黑，其实只是深浅不一的棕色或褐色。当时我国之深肤色的人也常被戏称为昆仑，如《晋书·孝武李太后传》说："时后为宫人，在织坊中，形长而色黑，宫人皆谓之昆仑。"《太平广记·墨君和条》谓此人："眉目棱岸，肌肤若铁。年十五六，赵王镕初即位，曾见之，悦而问曰：'此中何得昆仑儿也？'问其姓，与形质相应，即呼为'墨昆仑'，因以皂衣赐之。"《新五代史·慕容彦超传》说："彦超黑色胡髯，号阎昆仑。"这些人都不是黑种人，南海昆仑之大多数人的情况也是如此。

在唐代，南海各昆仑国多信奉佛教，其文化受到印度的强烈影响。扶南王㤭陈如（Kaundinya）"本天竺婆罗门也"③。林邑国"皆奉佛。文字同于天竺"④。因此其服饰也与印度相近。《册府元龟》卷九五九说真腊国："王头戴金宝花冠，被其珠缨珞。……耳悬金珰，身服白叠。……臣人服制，大抵相类。"同卷又说占城国："其王者着法服，加缨珞，如佛像之饰。"《新唐书·骠国传》说骠国乐工："衣绛氎，朝霞为蔽膝，谓之祓襂。两肩加朝霞络腋，足臂有金宝环钏。冠金冠，左右珥珰，绦贯花鬘，珥双簪，散以毲。"唐代诗人张籍的《昆仑儿》一诗也说：

> 昆仑家住海中州，蛮客将来汉地游。
> 言语解教秦吉了，波涛初过郁林洲。
> 金环欲落曾穿耳，螺髻长卷不裹头。
> 自爱肌肤黑如漆，行时半脱木绵裘⑤。

这些描写将昆仑人的服饰特征勾画得很鲜明，有些唐俑的造型正与之相合。如河南郑州上街区唐墓出土的一件三彩陶俑，着横巾络腋式的印度式服装，被缨珞，垂耳环，手足戴钏，卷发赤脚，作起舞状（图24-1:1）。美国奈尔逊博物馆和加拿大安大略博物馆的藏品中，也有造型相同的陶俑，唯无釉，身体涂以深赭色⑥。它们应是昆仑乐舞俑。还有若干昆仑俑的装束要简单些，仅在股际缠裈，上身斜披一巾，但都有项圈。芝加哥美术馆所藏者，身体裸露处施褐色釉，卷发施黄釉。美国西雅图博物馆所藏同式陶俑，无釉，涂赭色⑦。陕西礼泉马寨唐·郑仁泰墓也出土了一件此式俑。虽两臂残断，然而服饰体态皆与上两例相同，可是它的肌肤呈肉红色，卷发为黑色，裈与披巾为红色（图24-1:2）⑧。而英国维多利亚阿伯特博物馆所藏同式俑，皮肤却被涂成黑色⑨。这些昆仑俑的肌肤所施之颜色不同，正反映出昆仑人本来并不特别黑。昆仑之所以成为黑肤色之人的代词，应是在传说中被夸张强化所致。而且东南亚的马来人种为直发而非卷发，将昆仑俑都作成卷发状，乃是用个别概括一般，将这里的少数卷发黑人的特征推广于全体昆仑人之故。昆仑人善潜水。《太平广记·陶岘条》说："海舶昆仑奴名摩诃，善泅水而勇捷。"同书卷四六四又说李德裕贬官潮州时，因船坏，所携之物沉于水，"遂召舶上昆仑取之"。北宋·朱彧《萍洲可谈》卷二说昆仑人"入水眼不眨"。都反映出昆仑人长于水性。所以如郑仁泰墓出土的那些昆仑俑，就穿着便于泅水的"敢曼"（裤），表示它们有这方面的特长。

图 24 – 1　唐代的昆仑俑（1、2）与僧祇俑（3）
1. 郑州上街区唐墓出土　2. 礼泉唐·郑仁泰墓出土　3. 西安嘉里村唐·裴氏墓出土

　　唐俑中还有另一类黑人俑，造型与昆仑俑有别。如西安南郊嘉里村裴氏墓所出者，只穿一条短裤，通体无其他装饰品，肌肤呈墨色，头发呈细涡旋状，与上述昆仑俑之概念化的螺发有别⑩。它的眼睛很大，眼白特别明显，与《马可波罗游记》中认为桑给巴尔人"眼睛大得可怕"的说法有点接近（图 24 – 1：3）⑪。新疆吐鲁番阿斯塔那336号唐墓所出者，也只穿一条短裤，其体型包括眼睛和头发的特点均与裴氏墓出土者相同⑫。这类俑所代表的应非狭义的昆仑，而是所谓僧祇。我国史书中屡次提到外国向唐廷献僧祇之事。如：

> 咸亨至开元间（670～741 年），室利佛逝献"僧祇女二人"[13]。
> 元和八年（813 年），诃陵国献"僧祇僮"[14]。
> 元和十年（815 年），诃陵国献"僧祇僮五人"[15]。
> 元和十三年（818 年），诃陵国献"僧祇女二人"[16]。

僧祇又作层期。南宋·周去非《岭外代答·昆仑层期国条》说："又海岛多野人，身如黑漆，拳发。诱以食而擒之，动以千万，卖为蕃奴。"南宋·赵如适《诸蕃志·昆仑层期国条》袭用其说，但特地指出层期人被"转卖于大食国为奴"。因知此层期人即大食自东非掠买的黑人。费琅认为，"'层期'似即指东非洲之 Zanqi"[17]。阿拉伯语称黑人为 Zanqi。冯承钧说："昔大食人名非洲东岸之地曰僧祇拔儿（Zanquibar），今尚有一部分地存其旧名，即今地图名 Zangibar（桑给巴尔）者是已。""僧祇拔儿犹言黑人之地。诸史中之僧祇奴，殆皆此地土人"[18]。这些说法是可信的。至于为什么在层期前面加上前缀语"昆仑"？张星烺的解释是："似为阿拉伯文或波斯文'黑'字之译音"[19]。冯承钧认为，"此处昆仑疑对 Komr，是为 Madagascar（马达加斯加）岛之土名，则昆仑层期似言 Madagascar 岛之僧祇"[20]。沈福伟又提出，"Qumr 这个字或者和 Qamar（月）有联系，希腊地理学家托雷美称为月山，照曼苏地的叙述，月山遍及非洲东部大陆。用 Qumr（昆仑）来概括尼罗河上游直到莫桑比克海峡的大陆和岛屿并无不可"[21]。但更可能是由于我国古代习惯上将黑肤之人都称作昆仑，所以将东非黑人也视为昆仑的一支。《慧琳音义》卷八一说"昆仑"是"南海洲岛中夷人也，甚黑，裸形，能驯伏猛兽犀象等。种类数般，有僧祇、突弥、骨堂、阁蔑等。"说明僧祇也可以归于广义的昆仑之属。夏德和柔克义说，昆仑奴虽以南海黑人为主，然当唐宋时，非洲之尼革罗，似亦为回教徒输入中土[22]；也是这个意思。甚至到了明代，王士性《广志绎》中仍将葡萄牙船上的非洲黑人泛称为昆仑。僧祇除译作层期外，还有译作"僧耆"、"青儿"或"桑给"的，但以作僧祇者为多。因为用这两个汉字构成的名称，晋时已见于我国，如法显曾由印度带回《僧祇律》，北魏时沙门统昙曜曾奏请设置"僧祇户"，征收"僧祇粟"等。但作为佛教用语的僧祇是梵文 Sāṃghika 的对音，其意为"众"，指僧尼大众[23]，与东非的 Zanqi 无关。正如南海之昆仑的名称应与扶南国王与贵族的称号有关[24]，可能是吉蔑语 Kuruṅ（相当梵文的 gurn，意为伟大、高贵）的对音，而与我国西北的昆仑山无关。唐代文物中的僧祇俑由于数量少，并且容易和昆仑俑相混，鉴定时有一定困难。但西安裴氏墓所出者不仅造型具有典型性，而且裴氏的家世还有其特殊性。裴氏是一位十七岁的未婚少女，她是裴均的孙女。裴均是裴行俭的后人，曾任将相十余年，累封郇国公，《新唐书》有传。裴行俭更是声誉卓著的高官，从事过唐朝的外交活动，于仪凤二年（677 年）"诏俭册送波斯王"，"且为安抚大食使"，"将吏为刻石碎叶城以纪功"㉕。在这样一位参与过与大食有关的外交事务的高官之后人的宅第中，有若干僧祇僮似并不足怪；墓中之俑反映了这样的现实。唐代达官常货买"南口"供其驱使。《旧唐书·孔巢父列传附孔戡传》："先是帅南海者，京师权要多托买南人以为奴婢。"后来直到元朝，如明初叶子奇在《草木子》卷三下还说，那时北人"家僮必得黑厮，不如此，谓之不成仕宦"；仍残存着这种恶习的余风。其中虽以昆仑居多，却也会偶有僧祇。不过僧祇虽然可以算作广义上的昆仑之一支；但东非黑人与东南亚的马来人或吉蔑人等，无论从人种上说或习俗上说都不相同。出土的以上两类唐俑则为这个问题提出了例证。可是有的学者根据居延简中的一枚过所："骊靬万岁里公乘儿仓，年卅，长七尺二寸，黑色。剑一，已入，牛车一辆"（334.33）。认为既然说此人"黑色"，那么他就是"来自埃及亚历山大里亚城的非洲人"㉖。但儿仓纯属汉人姓名。汉高祖时有儿汤，汉武帝时有儿宽。汉人名仓的也不罕见。马王堆 2 号墓墓主即《史记·惠景间侯者年表》中的轪侯利仓。出土的墓主私印印文作"利苍"；则仓通苍。名苍的就更多了，西汉的张丞相张苍、东汉的东平王刘苍，都是倾动一时的大名人。过所上的儿仓且受爵为公乘，已经是民爵的最高级别，再上一级就成为官爵了。在这些方面完全找不到他被判定为外来移民的理由。汉代出入关津的过所上要书明持有者的县、里、年、长、物色等情况。物色指肤色。古代从事劳作时常曝体田野，虽属华人而肤色较黑的并不罕见。也就是《韩诗外传》卷九引子路所说，那些"树艺五谷，以事其亲"的人，"手足胼胝，而面目黧黑"。哪能只凭这一点就把他们当成非洲人呢？骊靬之得名更与非洲无关。本书《"丝绸之路展"感言》一文中谈了这个问题，此处不再重复。

（原载《中国圣火》，1996 年。收入本集时作了修改）

注　释

① 谭其骧：《七洲洋考》，载《南海诸岛史地考证论集》，中华书局，1981 年。桑田六郎：《南洋昆仑考》，载《南海东西交通史论考》，东京，1993 年。

② 赵吕甫：《云南志校释》，第 229 页，中国社会科学出版社，1985 年。

③《梁书·扶南国传》。

④《隋书·林邑国传》。

⑤《全唐诗》卷三八五。

⑥ J. G. Mahler, *The Westerners among the Figurines of the T'ang Dynasty of China.* pl. XXIV. XXV. Roma, 1959.

⑦ Mahler. Op. cit. , pl. XXIII.

⑧ 陕西省博物馆等：《唐郑仁泰墓发掘简报》，《文物》1972 年第 7 期。

⑨ 刘明倩：《从丝绸到瓷器——英国收藏家和博物馆的故事》，第 88 页，上海辞书出版社，2008 年。

⑩ 杜葆仁：《从西安唐墓出土的非洲黑人俑谈起》，《文物》1979 年第 6 期。

⑪ 陈开俊等译：《马可波罗游记》，第 240 页，福建科学技术出版社，1981 年。

⑫ 王致中：《阿斯塔那 336 号墓出土的几件泥俑》，《文物》1962 年第 7 ~ 8 期。

⑬《新唐书·室利弗逝国传》。

⑭《唐会要》卷一〇〇。

⑮《旧唐书·诃陵国传》。

⑯ 同注⑭。

⑰ 费琅：《昆仑及南海古代航行考》，冯承钧译，商务印书馆，1933 年。

⑱ 冯承钧：《诸蕃志校注》，中华书局，1956 年。

⑲ 张星烺：《唐时非洲黑奴输入中国考》，《辅仁学志》1 卷 1 期，1928 年。

⑳ 同注⑱。

㉑ 沈福伟：《中国与非洲》，第 281 页，中华书局，1990 年。

㉒ Hirth and Rockhill, "Chao Ju – Kua." 1896. 译文转引自桑原骘戴《蒲寿庚考》（陈裕菁译本），第 85 页，中华书局，1957 年。

㉓ 冢本善隆：《支那佛教史研究·北魏篇》，弘文堂，1942 年。

㉔《南州异物志》说，扶南国"官长及王之左右大臣皆号昆仑"（《御览》卷七八四引）。《通典·扶南条》："隋时其国王姓古龙，诸国多姓古龙。讯耆老，言昆仑无姓氏，（古龙）乃昆仑之讹。"

㉕《新唐书·裴行俭传》。

㉖ 林梅村：《丝绸之路考古十五讲》，第 121 页，北京大学出版社，2006 年。

中秋节・千秋镜・月宫镜

　　农历八月十五夜，正值秋高气爽，最宜赏月，人家常于此夜欢聚月下，这就是一年一度的中秋节。但唐以前并无这个节日，它的起源迄无定说。"中秋"之名虽早在《周礼・夏官・大司马》中已出现，但那里只是用这个词代表八月，与中秋节无关。唐以前记述节令的著作如梁・宗懔《荆楚岁时记》等书中，仅说八月十四日做"眼明囊"，对八月十五只字未提。唐初武德年间编纂的《艺文类聚》，于"时令部"中举出的节日为元正、人日、正月十五、月晦、寒食、三月三、五月五、七月七、七月十五、九月九等。仍不见八月十五的踪迹。那么，这个节日是怎么来的呢？试加考察，似乎与唐代的千秋节不无关系。千秋节为八月五日，本是唐玄宗的生日。自开元十七年起，将皇帝"降诞"的这一天定为大节，"著之甲令，布于天下，咸令休假"①。假期共三天，其间群臣向皇帝献万寿酒，王公贵戚进金镜绶带，村社做寿酒宴乐，长安城里更是热闹非凡。唐玄宗并在兴庆宫临街的花萼相辉楼下宴群臣，楼前设百戏，其中包括著名的舞马和高竿表演，任百姓纵观。因为演出的规模大，看的人太多，至开元二十四年还拆去长安东市东北角、道政坊西北角，以扩大楼前广场的面积。张祜《千秋乐》一诗描写当日的盛况说："八月平时花萼楼，万方同乐奏千秋。倾城人看长竿出，一伎初成赵解愁"②。可是这些盛大的欢歌乐舞已随时光之流逝而消散，现在所能见到的为千秋节制做的遗物，只有当年铸造的镜子了。

　　与千秋节相关的镜子有两大类。一类是皇帝赐群臣之镜，即《旧唐书・玄宗纪》所说："以千秋节百官献贺，赐四品以上金镜。"根据唐玄宗《千秋节赐群臣镜》"铸得千秋镜，光生百炼金"；张说《奉和圣制赐王公千秋镜》"千秋题作字，长寿带为名"；席豫《奉和敕赐公主镜》"令节颁龙镜，仙辉下凤台"等诗句看来，这类镜子应为带"千秋"铭的盘龙镜③。唐代盘龙镜的铸造一般均较精致，外轮廓多为葵花形，也有少数作菱花形的。其背面铸出的龙腾踔于云气间，头角昂扬，鳞甲峥嵘，很有气势；有些大约就是白居易《新乐府・百炼镜》所称"背有九五飞天龙，人人呼为天子镜"的那一种（图25-1）。这类镜子主要流行于盛唐时期，河南偃师开元二十六年唐墓、广东韶关开元二十九年张九龄墓均出。其中有的在上面铸出"千秋"二字，应即所谓"千秋题作字"的千秋镜（图25-2：1）。也有的将镜铭增至四字，如西安东郊出土的

"千秋万岁"镜、安徽六安出土的"千秋万春"镜等，可视为其繁体④。还有一类对凤镜上也曾铸出"千秋"铭文，如河南林州出土之例（图25－2：2）⑤。盘龙与对凤连类而及，这类镜子或许也是当年朝廷颁赐的千秋镜。另一大类则是臣僚于千秋节时进奉之镜，即上引《玄宗纪》中所说："每年八月五日为千秋节，王公以下献镜及承露囊。"其中也应有民间自铸作为节令的礼品者。推情度理，这些镜子的形制不会与前一类雷同，而且群臣献镜也不见得式样完全一致。但从张说《奉和圣制千秋节宴》"珠囊含瑞露，金镜抱仙轮"等诗句看，有的上面可能有月轮之形⑥。

图 25－1　盘龙镜，陕西西安出土

　　月球表面多山，受日光照射而生成暗影。我国先秦时将这些暗影目为月中的兔或蛤蚌⑦。汉代人则说月中有蟾蜍、姮娥⑧。六朝人又说其中有桂树⑨。以桂树、兔、蟾蜍等组成的月宫图案，早在上海博物馆所藏开元十年镜上已经出现，它后来在唐镜中常见（图25－3：1）。镜上的盘龙、鸾鹊等纹样虽非新创。但此时却将这些元素整合在一起，兼收并蓄（图25－3：2）。唐·张汇《千秋镜赋》就说，千秋镜上"刻以为龙，铸以成鹊"，"鹊飞如向月，龙盘似映池"⑩。他的描述和唐代"双鹊盘龙月宫镜"的图纹颇相符。这种镜子于镜钮左右各有一只口衔绶带展翅凌空的长尾鹊朝上方的月轮飞去，下端则有盘龙和海水。其龙之身姿和上面提到的"盘龙千秋镜"上所饰者

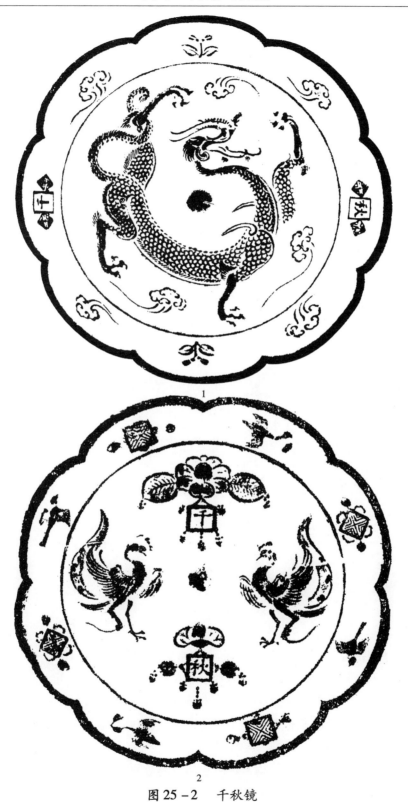

图 25-2　千秋镜

1. 盘龙千秋镜，旅顺博物馆藏　2. 对凤千秋镜，河南林州上陶村出土

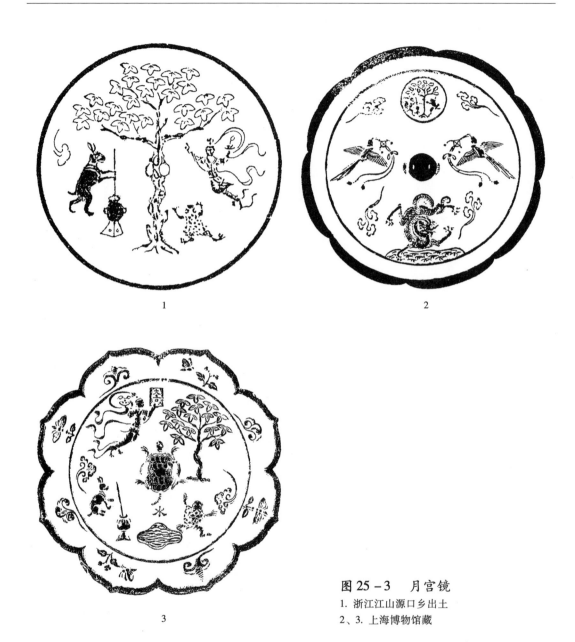

图 25 – 3　月宫镜
1. 浙江江山源口乡出土
2、3. 上海博物馆藏

基本一致。也就是说，它是从典型的千秋镜那里演变出来的（图 25 – 3∶2）。虽然上面并未铸出"千秋"铭文，而且其中有些镜子的铸造年份远迟于开元时，但张汇明确说，它们是千秋镜，表明千秋镜这个大概念下的覆盖面相当宽。特别是上海博物馆和台北故宫博物院所藏形制相似的菱花月宫镜，其上之姮娥一手托起内盛桂子的果盘，一手擎起有"大吉"字样的方牌，更洋溢着祝寿的气氛。镜背下方虽无盘龙，却铸出波浪纹，并标出一个"水"字，均显示出它和双鹊盘龙月宫镜的亲缘关系（图 25 – 3∶3），故同样也应当被看成是广义上的千秋镜。当然它不会是上述朝廷颁赐之物。而且张汇主要活动于中唐时期，千秋节这时已经停废。可是由千秋节带动起来的铸镜热，已将月宫镜推上时尚的潮头，人们对它的喜爱历久不衰。因此可以认为，由于对千秋节的怀念，八月望夜赏月之举渐成风习，以及月宫镜等与节令相关之物的流行，相互推波助澜，遂共同促成了中秋节的诞生。

但千秋节是八月五日，与八月十五还差十天，人们的注意力是怎样越过这十天，聚焦到八月十五夜之月亮上的呢？看来这同当时流行的一则传说有关。《太平广记》卷二二"罗公远"条说："开元中，中秋望夜，时玄宗于宫中玩月。公远奏曰：'陛下莫要至月中看否？'乃取拄杖向空掷之，化为大桥，其色如银。请玄宗同登，约行数十里，精光夺目，寒色侵人，遂至大城阙。公远曰；'此月宫也。'见仙女数百，皆素练霓衣，舞于广庭。"原注："出《神仙感遇传》及《仙传拾遗》、《逸史》等书。"宋·乐史《杨太真外传》卷上、宋·王灼《碧鸡漫志》卷三等处所记，词句大致相近，则皆引自《逸史》。据方诗铭先生考证，《逸史》的作者为卢肇，书成于大中元年（847 年）[11]。又《太平广记》卷二六"叶法善"条说："尝因八月望夜，师与玄宗游月宫，聆月中天乐。"叶法善是唐代著名的术士，"当时尊宠，莫与为比"，见《旧唐书·方伎传》。他殁于开元八年，则故事的背景亦在开元时。《广记》此条出自《集异记》。按《新唐书·艺文志·子部·小说家》谓："薛用弱《集异记》三卷，字中胜，长庆光州刺史"。可见这个故事在中唐时仍广泛流传，它的情节相当引人入胜，于是双鹊盘龙月宫镜也好，单一的月宫镜也好，都与这个故事互为表里，成为其形象的体现。而中秋赏月为这种形势所引导也就不胫而走。明皇游月宫的故事，在《岁时广记》卷三二"登银桥"条、《群书类编故事》卷一"银桥升月宫"条中，甚至被当作信史看待。于后人的印象里，中秋与唐玄宗的关系似乎比其降诞日更为密切，引人入胜的传说使此夜的月轮分外生辉。元代白朴的《幸月宫》杂剧，亦当铺叙此事，惜已失传；或缘其中缺少点生离死别的悬念，所以就不如白氏的另一名作《唐明皇秋夜梧桐雨》之行世了。

安史乱后，千秋节虽自节令中消失，但是"稻米流脂粟米白"、"九州道路无豺虎"的开元全盛日，总使人难以忘却。杜甫对此感喟良深："自罢千秋节，频伤八月来。"这种情愫在八月十五的中天好月之前更容易被触发，于此夜赋诗者遂不乏人。但如唐·王良会《和武元衡中秋夜锦楼望月》中的"共赏千年圣，长歌四海清"之句，显然还是早先千秋节应制诗的老套子[12]。不过情随时迁，这种痕迹后来亦渐次泯没。有意思的是，中唐以降在这天晚上对月赋诗的人多得不胜列举。白居易诗甚至说："月好共传唯此夜"[13]。徐凝诗："一年无似如今夜。"殷文圭诗："万里无云镜九州，最团圆夜是中秋。"僧栖白诗："寻常三五夜，不是不婵娟。及至中秋满，还胜别夜圆"[14]。仿佛此夜的月亮很特别，与其他月望之夕不同，中秋因此成了一个自发的民间节日。但开元以前的人们对此却仿佛无动于衷，八月十五夜赏月的诗极少见，说明当时中秋这天还没有引起充分注意。

经过中、晚唐对八月十五之月夜的讴歌揄扬，至北宋，这一天遂正式定为中秋节，出现了如《东京梦华录》所说"中秋夜，贵家结饰台榭，民间争占酒楼玩月，丝簧鼎沸"的盛况。流衍至今，中秋成了我国重要的传统节日之一，被称为"团圆节"[15]。而唐代的千秋镜和各种月宫镜，则是这个节日滥觞时期所留下的最有纪念意义的文物了。

（原载 1992 年 9 月 13 日《中国文物报》，收入本集时作了修改）

注 释

① 《唐会要》卷二九。

② 《全唐诗》卷二八。

③ 《全唐诗》卷三、卷八七、卷一一二。

④ 西安东郊出土镜今藏陕西历史博物馆。六安出土镜见胡仁宜：《皖西博物馆收藏的部分古代铜镜》，《考古》1996 年第 12 期。

⑤ 张增午：《河南林州市出土古代铜镜》，《考古》1997 年第 7 期。

⑥ 《全唐诗》卷八八。

⑦ 《楚辞·天问》，《吕氏春秋·精通篇》。

⑧ 《淮南子·精神》又《说林》。张衡《灵宪》，《御览》卷四引。

⑨ 旧题郭宪撰《洞冥记》。

⑩ 《文苑英华》卷一〇五。

⑪ 方诗铭：《〈霓裳羽衣〉传自月宫的神话新解》，《中华文史论丛》，第 48 辑，1991 年。

⑫ 《唐诗纪事》卷四五。

⑬ 《白香山集》卷六五。

⑭ 《全唐诗》卷四七四、七〇七、八二三。

⑮ 于唐代出现中秋节以前，朝鲜半岛上的新罗国已有此节。《旧唐书·东夷·新罗传》称，其国"重八月十五日，设乐饮宴，赍群臣射其庭"。但那里设此节是为了纪念 668 年伐高句丽之役的胜利，与赏月的关系不大。而在唐代出现中秋节以后，北方的契丹人却将七月十五日定为"赛离捨节"。《契丹国志》卷二七说，汉人译云："'赛离'是'月'，'捨'是'好'。谓'月好'也。"他们的"月好共传唯此夜"之夜，比唐人早了整一个月，过节的一些作法也与汉地不同。《契丹国志》同卷说："八月八日，国主杀白犬于寝帐前七步，埋其头，露其嘴。后七日，移寝帐于埋狗头地上。北（人）呼此节为'揸褐妳'，汉人译云'揸褐'是'狗'，'妳'是'头'。"其中秋节竟成了狗头节。

从米芾《蜀素帖》中的一首诗说起

今藏台北故宫博物院的宋·米芾《蜀素帖》为法书剧迹，用笔爽劲而潇洒，雄肆而灵动，世所共珍，至堪宝爱。其中在《拟古》题下有一诗云：

龟鹤年寿齐，羽介所托殊。种种是灵物，相得忘形躯。鹤有冲霄心，龟厌曳尾居。以竹两附一，相将上云衢。报汝慎无语，一语堕泥涂（图26-1）。

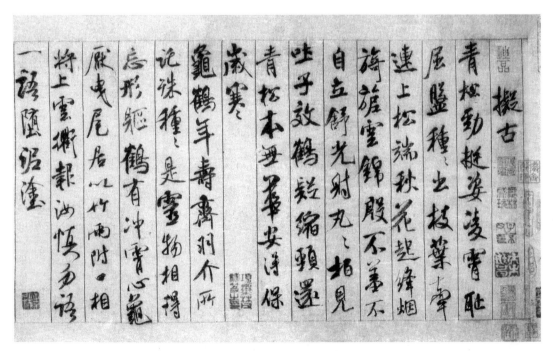

图26-1 宋·米芾《蜀素帖》（局部）

诗中讲了一个小故事：两只鹤衔起一根竹竿，让乌龟叼住，一同飞上"云衢"。并告诫龟不要开口说话，否则就会"堕泥涂"，掉到地面上了。诗的内容既具奇思妙想，又有警世之意，但叙述得太简单，情节似乎缺头少尾。其实它原本出自印度寓言。吴·康僧会译《旧杂譬喻经》云：

昔有鳖，遭遇枯旱，湖泽干竭，不能自致有食之地。时有大鹄，集住其边，鳖从求哀，乞相济度。鹄啄衔之，飞过都邑上。鳖不默声，问此何等。如是不止，鹄便应之。应之开口，鳖乃堕地。人得屠裂食之。

夫人愚顽无虑，不谨口舌，其譬如是也。

在这里，主角是鳖和鹄（天鹅）；并且不是两鹄衔竹竿，而是一鹄直接衔鳖起飞，开口的也是鹄。到了唐代，在释道世编的《法苑珠林》卷八二中，故事变成双雁衔龟。云：

水边有二雁与一龟，共结亲友。后时池水涸竭，二雁作是议言："今此池水涸竭，亲友必受大苦。"议已，语龟言："此池水涸竭，汝无济理。可衔一木，我等各衔一头，将汝着大水处。衔木之时，慎不可语。"即便衔之，经过聚落。诸小儿见，皆言："雁衔龟去！雁衔龟去！"龟即嗔言："何预汝事。"即便失木，堕地而死。

鳖虽与龟为类，唯国人重龟轻鳖，故《珠林》易鳖为龟，而且开口的主角换成龟。但故事中的龟与雁搭配，仍不尽符合唐代的习惯。这时龟被视作长寿的象征，多与鹤相提并论。如白居易诗云："松柏与龟鹤，其寿皆千年"；"几见沧海变，莫知龟鹤年"（《全唐诗》卷四二八、四五九）。可以为例。唐镜上也常饰以龟鹤。扬州出土的"真子飞霜镜"，图案下部为池水，挺生莲叶，叶上伏一龟，恰充镜钮，寓意与"龟千岁乃游莲叶之上"（《史记·龟策列传》）的说法相合。龟钮上部则铸出了一只飞翔的鹤

图 26-2　铜镜纹饰中的龟鹤

1. 唐真子飞霜镜，扬州出土　2. 宋龟鹤齐寿镜，湖南出土

（图26-2：1）①。宋代的"龟鹤齐寿镜"，也着意刻画出龟鹤（图26-2：2）②。最令人感兴趣的是1964年吉林市东团山出土的柄镜。这面镜子的图案上部饰桐叶，下部为偃松，当中的龟钮头郡仰起，与两只鹤衔在一起（图26-3）③。双鹤衔龟，共上云天，仿佛正是米芾诗意之形象化的表现。在《吉林出土铜镜》一书中将它定为金镜。宋、金时代相邻，使上说显得顺理成章。然而它其实并非金代镜，而是相当典型的一面日本桃山时代的镜子。要把它和米芾诗联系起来，不能不注意到其间的一段曲折的过程。

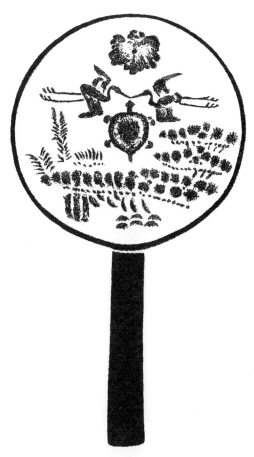

图26-3　桃山双鹤衔龟镜，吉林市东团山出土

　　日本制镜业的起步远比中国晚，奈良时代（710～794年）用的铜镜大多数为输入的中国镜或其仿品"唐式镜"。平安时代（794～1185年）常见的"瑞花双鸟镜"，也还在亦步亦趋地模仿唐镜。平安后期出现了带有宋镜风格的所谓"宋镜式"样式的和镜，虽说受了宋镜的影响，但图案以"和风"为特色，与宋镜已有明显区别。尽管如此，直到镰仓时代（1185～1333年），模仿唐镜的作品仍不乏其例。比如唐镜中有"六团花镜"一品，洛阳伊川出土者在钮座外环绕六朵团花，每朵团花中填以六枚

石榴花蕾，图案繁缛严整④。还有些镜子的基本构图与之相类，唯将团花改为成簇的花枝，并在镜钮周围增加飞翔的小鸟，湖南华容与浙江淳安的出土物中都有这种镜子（图26－4：1）⑤。京都国立博物馆所藏镰仓镜则吸收二者之长，六朵团花的格式不变，正上方却添出一对小鸟，且将上述唐镜的圆钮换成龟钮；而龟的头部正朝向小鸟，二者有呼应之势（图26－4：2）。龟、鸟间的这种呼应关系应是有意安排的。京都国立博物馆收藏的另一面"菊花双鸟镜"，也是镰仓时代的。龟钮的头部同样朝向一对小鸟。在室町时代（1336～1573 年）的镜子上，与龟相对的鸟又变成鹤，而且二者的距离越靠越近。爱知热田神宫所藏同类镜，菱花形，柄上有"奉寄进，施主三郎敬白"刻辞。据镜匣上的题记，此镜是在大永五年（1525 年）进纳的，铸造的时间应与之相近（图26－5：1）。继而室町镜上的双鹤与龟钮衔接在一起，构成了"双鹤衔龟镜"。京都国立博物馆收藏的室町镜，龟鹤之外以扇形与缭乱的云气为地纹（图26－5：2）。双鹤衔龟的构图出现以后，在日本长期流行。直到江户时代（1603～1868 年）仍然沿用。德川美术馆所藏宽永十六年（1639 年）镜为当时京都著名的铸镜作坊"中岛和泉守"所制。此镜通常被称作"蓬莱镜"，因为其上有鳌负神山之形，但镜背图案的中心部位仍为双鹤衔龟。它的花纹呈高浮雕状，细致流畅，是和镜中的精品。不过一些普通的江户镜上也多有饰以双鹤衔龟纹的（图26－5：3）。

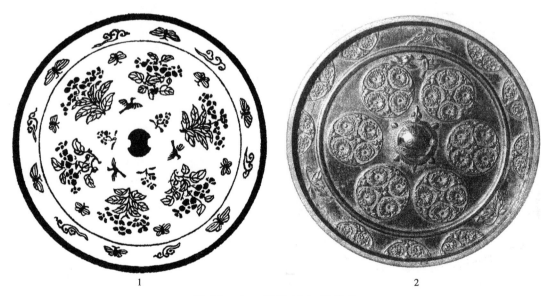

图 26－4　花枝镜与团花镜
1. 唐六花枝镜，湖南华容出土　2. 镰仓六团花双鸟镜，京都国立博物馆藏

应当说明的是，中古以降，工艺品式样繁多，争奇斗妍。各种图案纹饰之创作的空间扩大，在能工巧匠腕下往往摆脱窠臼，自出新意，其发展演变当然不见得是直线进行的。上文对双鹤衔龟纹之形成过程的推测，只是依据现存实物提出的一种有可能

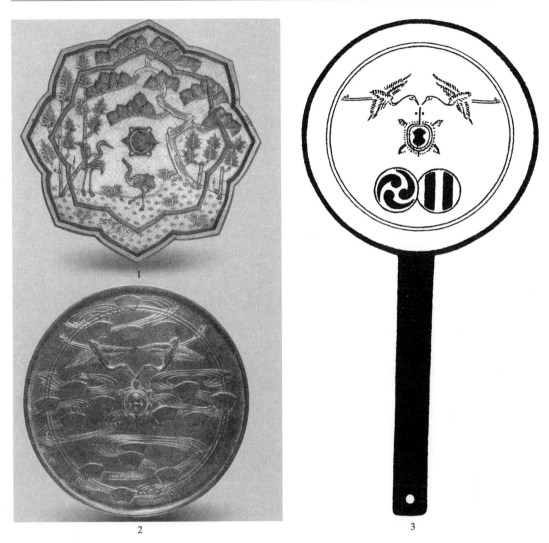

图 26 – 5　从双鹤龟钮镜到双鹤衔龟镜
1. 室町松竹双鹤镜，爱知热田神宫藏　　2. 室町双鹤衔龟镜，京都国立博物馆藏　　3. 江户双鹤衔龟镜

的途径。但是换个角度看，不排除此说会带给人另外的印象：和镜上的双鹤衔龟纹是由于构图之对称美的需要，将龟、鹤等镜背花纹中之本来互不相干的元素拼凑而成。何况其上之龟即镜之钮，掉不下来，不存在"一语堕泥涂"的危险。并且这是一组形式相当固定的图案，三个动物从不分离，未对龟会因开口而跌落在构图上留有任何余地。那么是否可以认为：和镜自和镜，米诗自米诗，日本根本不曾接受由米诗传达过来的印度佛经中的劝诫之意呢？然而再换一个角度看，如果双鹤衔龟图案背后并无上述寓言故事的支持，那么它不仅变得没有底蕴，没有内涵，而且双鹤平白无故衔起一只龟，更未免不合情理，不好解释，很难作为一个有生命力的题材长期流行了。加以它和米诗中的描写的一致之处如此明显，因而认为此图案演绎自米诗，从主要方面讲，

应该是说得通的。只不过和镜对这一主题的处理中，浪漫的情趣稍欠发挥，对"谨口舌"的命意有所淡化而已。

纵使还存在着不够明确之处，但双鹤衔龟毕竟是一幅很成功的构图，既安详又饱含动感，且易于引起遐思。所以它又反馈回来，在中国的出土物中留下踪迹。吉林东团山出土之镜是最重要的例证。河北保定小汲店也出土了一枚以菊花为地纹的"双鹤

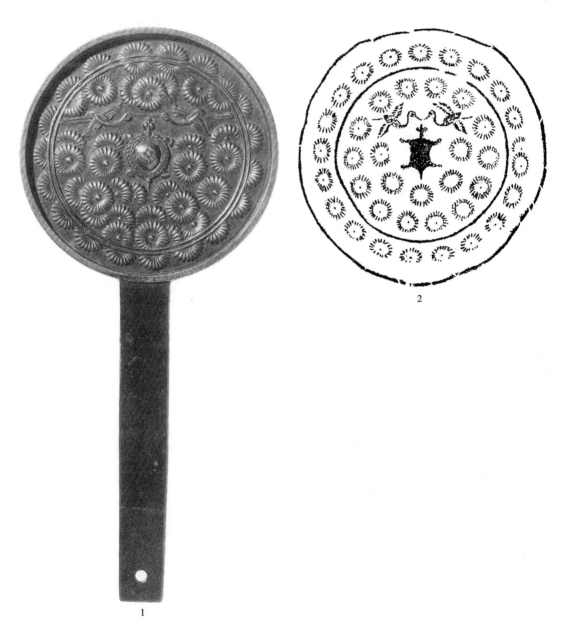

图 26 -6　江户时代的双鹤衔龟镜
1. 京都国立博物馆藏　2. 河北保定出土

衔龟镜"（图 26 - 6：2）⑥。它和京都国立博物馆所藏江户时代之"菊花纹双鹤衔龟镜"的图案颇肖似（图 26 - 6：1）。此外，在福建漳州云霄县还发现了一面"芦苇纹双鹤衔龟镜"（图 26 - 7）。据研究，这是中国的仿制品⑦。

图 26 - 7　中国仿制的双鹤衔龟镜，福建云霄征集

一则印度寓言，经中国改写后，在日本镜上被转化为广泛流行的图案纹饰，未始不是文化交流史上一桩饶有兴味的事。

（原载《中国历史文物》2008 年第 5 期）

注　释

① 孔祥星：《中国铜镜图典》第 630 页，文物出版社，1992 年。

② 同注①，第 742 页。

③ 张英：《吉林出土铜镜》图 114，文物出版社，1990 年。

④ 洛阳博物馆：《洛阳出土铜镜》图 94，文物出版社，1988 年。

⑤ 同注①，第 601、602 页。

⑥ 河北省文物研究所：《历代铜镜纹饰》，第 100 页，河北美术出版社，1969 年。

⑦ 薛翘、郑东：《中国で发现された一五——一八世纪日本镜》，载久保智康《中世·近世の镜》，至文堂，1999 年。

附记：

本文发表后，获读周一良师《跋敦煌写本〈海中有神龟〉》一文（载《周一良集》第 3 卷，辽宁教育出版社，1998 年），始知先生已注意到这个问题，并已对水禽衔龟故事在印度的流传作了研究。老师的宏论在前，学生的臆说固应删弃。但考虑到二文的着眼点实不相同，故仍保留此稿，就让它作为周文的一条脚注吧。

辽代绘画*

　　了解古代的社会面貌，当时如留有绘画，则无疑是最直接的窗口，纵使所表现的并非重要的现实题材，仍然可以透露出有关其生活情趣与艺术好尚的诸多信息。但以前在画史上辽代曾受到冷落、遗作太少是主要原因。20 世纪 30 年代，研究者甚至认为，"辽建国凡二百余年，然文物则绝鲜可称者"①。只是由解放后发掘了大批辽墓，若干幽霾之剧迹重新面世，才使人们对辽代绘画的成就有了进一步的认识。

　　辽甫开国，内蒙古赤峰宝山 1、2 号墓中就出现了色彩绚烂、场面宏丽的通景壁画②。自唐懿德、章怀墓之后，因为按照屏风式样作分割处理的构图流行、这类整幅大画已久不经见。其中 2 号墓石房内壁的《寄锦图》与《颂经图》尤为论者所称道（图27－1）。根据吴玉贵先生考证，二图的内容实为"苏若兰织寄迴文锦"和"杨贵妃教鹦鹉颂经"，都是在唐代已为人熟知的题材③。更可注意者，《寄锦图》上的题诗云："一? 自? 征辽岁月深，苏娘憔 悴? 意? 难任。丁宁织寄迴文锦，表妾生平缱绻心。"诗情与画意虽相切合，但辽墓内出现"征辽"字样，却未免直忤其名。固然，耶律阿保机建国时号"契丹"，耶律德光于公元938年始改称"大辽"，而2号墓中有契丹小字题记，其年代应晚于耶律迭剌创制小字之公元926年，但也不会太迟，大约这座墓略早于"大辽"国号之出现。不过尽管如此，考虑到辽实得名于辽水④，所以即使"征辽"之辽尚不代表国号，其锋芒仍指向契丹本土。但隋、唐两度征辽，大动干戈，给人们留下的印象太深了。沈佺期写闺情，也张口就是"九月寒砧催木叶，十年征戍忆辽阳"。因此这里的诗和画，似乎原来并不是专为2号墓创作的。从画中人物的服饰看，《寄锦图》上的侍女着窄袖衫、长裙，虽束围腰，但还有搭帔子的，仍与唐代服饰为近。她们梳的双鬟望仙髻，则是唐代前期流行的髻式。《颂经图》上的仕女一律穿大袖宽衣，髻前上下对插扁梳，与莫高窟第9窟晚唐壁画中的女供养人像接近，都和当时辽境内汉女的装束有一定距离。再从二图之服饰彼此判然有别的情况看，它们可能分别摹自不同的旧稿。人物背后所点缀的丛竹、芭蕉、棕榈等，亦非辽土景物。其所绘竹叶呈放射状聚簇而生，与敦煌石室所出后晋天福八年（943年）《千手千眼观音菩

＊　为中国国家博物馆举办的"契丹王朝展"作。

萨图》（巴黎吉美博物馆藏）中所见者类似。特别是 923 年下葬的宝山 1 号墓石房内顶之《云鹤图》，又和仅比它晚一年的河北曲阳后梁·王处直墓中之同类绘画绝肖。故宝山辽墓中的这类壁画或是当时所掠汉地俘户中的画工画的。即如胡峤《陷虏记》所说，上京地区之绫锦诸工、翰林伎术等"皆中国人，而并、汾、幽、蓟之人尤多"。也就是说，它们带有五代时的作风。但 1 号墓距唐亡不过十六年，而唐代文化影响深远，近年在英国出现的辽文忠王府金银器，不仅多规抚唐制，其中一件作于太平四年（公元1024 年）的鎏金银方盒上之四鹿图案⑤，竟与唐绫织出的团窠四鹿几无二致（图 27 -2）。所以也难以排除宝山壁画系杂用唐代旧样之可能。

图 27 - 1   内蒙古赤峰宝山 2 号辽墓壁画《寄锦图》

不过宝山壁画中除上述《寄锦图》、《颂经图》及 1 号墓中的《高逸图》、《降真图》等人物故事画之外，还出现了另一种类型的人像。这里画的侍从仆婢多数是契丹人，其发型、服饰、面相以至衣纹的处理、人体的轮廓均与前一类不同。甚至画中的一些细节，也只有对契丹风俗习以为常的画手才能掌握得恰到分寸。比如 1 号墓石房内北壁所绘居室陈设，在花毯上置壸门矮几，几后有一把矮椅（图 27 - 3：1）。这种矮椅的木制实物在内蒙古赤峰翁牛特旗解放营子辽墓、河北宣化辽代张文藻墓中均曾出土，椅面距足底仅 22～32.5 厘米，显然与汉地通用的高坐具，如《寄锦图》中的月牙杌子及《颂经图》中的灯挂椅不同（图 27 - 3：2）⑥。它的出现是和契丹人之坐姿有关的。在敖汉旗康营子辽墓壁画中可以看到契丹人在室内的矮几前一般并不跪坐或趺坐，而多采取一种类似"跂坐"的姿势（图 27 -4）。这种矮椅或可叠加在床榻上。早在南北朝

1

2

图 27-2　四鹿团窠纹

1. 辽文忠王府银盒　2. 唐绫图案

1

2

图 27－3　矮椅

1. 宝山 1 号辽墓壁画中的《居室陈设图》　　2. 内蒙古翁牛特旗解放营子辽墓出土

时，同属北方草原民族的候景就在"床上常设胡床及筌蹄，着靴垂脚坐"。胡床即交床，内蒙古哲里木盟库伦旗 6 号辽墓甬道的壁画中，曾绘出在搭脑两端饰螭首垂朵带的矮交床。它和候景放在床上的坐具大概差不多，此矮椅显亦其俦。如果依现代口语将上述矮几称作炕桌的话，那么就只能将这种矮椅叫炕椅了。此物为辽代以前所无，辽以后也很罕见，可以被视作辽代特有的家具。它的出现，更增加了壁画中的契丹特色，也使人有理由推测，宝山壁画绘制时或有汉族画工与契丹画工共同参与其事。

图 27－4　敖汉旗康营子辽墓壁画中之跂坐的契丹人

　　更值得注意的是 1 号墓中的牵马图。这里画出的一位契丹驭手引马三匹，头一匹枣红马的马具最华奂，鞍桥、后鞦和鞘带上的金属饰件部分多贴以金箔，手法很不寻常。在辽代，契丹人始终没有完全从畜牧渔猎经济中走出，所以《辽史·食货志》中说："契丹旧俗，其富以马。……马逐水草，人仰湩酪。挽强射生，以给日用。"他们是活跃在我国北方草原上之能干的牧马人，其鞍具制作精良。宋·太平老人《袖中锦》认为，契丹马鞍"天下第一"。《宣和画谱》也说，辽之"鞍勒率皆瑰奇"。在宋朝皇帝生日时，契丹送的贺礼中就有"涂金银龙凤鞍勒"。而赤峰大营子辽驸马墓所出整套龙凤纹鎏金铜马具，计一百六十四件，花纹皆为突起的浮雕，极豪奢，正可以和契丹送给宋朝皇帝的礼物作类比[⑦]。因此，在契丹人中出现画马高手自不足怪。画史所记辽代首屈一指的鞍马画家是耶律倍，他是耶律阿保机的长子，因故入后唐，被赐名李赞华。《辽史》说他"善画本国人物，如《骑射》、《猎雪骑》、《千鹿图》皆入宋秘府"[⑧]。《骑射图》今在台北故宫，用笔犀利准确，图中的马只有一匹，然而神骏之姿，耀人眼目。再如胡瓌、胡虔父子画马亦享盛誉。胡瓌的《卓歇图》（藏北京故宫）、《出猎图》与《回猎图》（皆藏台北故宫）（图 27－5：1），均充满了草原风俗画的气息，描绘得非常细致。宋·董逌

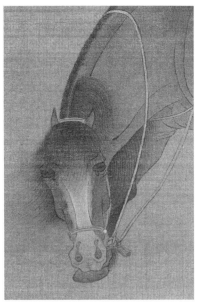

图 27－5　蕃马

1. 五代·胡瓌《回猎图》　　2. 元·刘贯道《世祖出猎图》中之劈鼻的马　　3. 宣化下八里 1 号辽墓壁画

《广川画跋》说："胡瓌番马，其分状取类须异，然耳鼻皆残毁之。余尝问虏人，谓鼻不破裂则气盛冲肺，耳不缺则风捕而不闻音声。"在胡瓌的画中对此正有所表现。甘肃敦煌悬泉置出土的西汉建始二年（公元前 31 年）《传马名籍》中所记之马，有几匹均标明"决两鼻"，或亦缘上述原因⑨。但汉以后的中原马不循此制。《广川画跋》对北宋画家张戡与胡瓌所作之马进行比较时称，张戡画的蕃马，"盖以中国之马劈鼻裂耳为之"，可见劈鼻这时已成为辽地蕃马的特点。而且在我国北方，这种作法曾被长期沿袭，元·刘贯道《世祖出猎图》中之马尚有其例（图27－5∶2）。许多辽代壁画中的马都画得相当好，直到12世纪初在河北宣化下八里1号和5号墓的壁画中，仍能看到丰臆细毛的翩翩白马（图27－5∶3）⑩，自唐以来，画马就有画肉、画骨之说。杜甫诗"（韩）干唯画肉不画骨"，自是带有贬义的评价。《五代名画补遗》则说："王（东丹王耶律倍）得马骨，瓌得马肉。"其实在胡瓌的画中，草原苍茫，胡天凛冽，人马和环境相融合，十分传神。说他只得马肉，不过是为了陪衬烘托耶律倍的画艺而已。倒是宋人画的马或有此失，李公麟是北宋画马的大家，其《五马图》画的是皇家天驷监中的五匹马，尤被推重。画中第五匹或谓即名马满川花，据说李公麟为它写生后，马即毙命，因精魂已为画笔摄走云。但将满川花和辽人之作相较，其头大腿短、肥腴失度之状，却不难一目了然。

在辽代，帝王权贵中有不少人善画，耶律倍之外，世宗耶律阮"工画"，圣宗耶律隆绪"好绘画"，兴宗耶律隆真"善丹青"，贵胄耶律题子亦"工画"。既然上有好者，则不难形成风气。而从耶律倍起就着意画"本国人物"，所以契丹人重视画肖像正有自己的传统，辽代帝后陵园中多建有"影堂"、"御容殿"、陈列影像。直臣如萧岩寿，耶律撒刺、萧速撒、耶律挞不也、萧挞不也等死后皆"绘像宜福殿"⑪。辽兴宗且自绘其像遗宋⑫。这位皇帝乃圣宗之子，赤峰市巴林右旗辽庆陵之东陵则为圣宗陵墓，其前室及耳室壁画中的功臣像应是按照兴宗的旨意绘制的。其中之契丹人像，面阔鼻直，眼外角稍上挑，与现代解剖学家根据赤峰市宁城县山嘴子辽墓出土的契丹男性颅骨所作复原像颇神似，应该是相当忠实的人物写真⑬。惟陵内壁画剥蚀之处较多，而哲里木盟库伦旗辽代萧孝忠家族墓群中的壁画，有的保存较好⑭。特别是7号墓中的等身大像，线条遒劲，敷色明快，人物表情沉着刚毅，从中不难看出契丹画家画人像的功力。

圣宗陵内最广为人知的画是中室的《四季山水图》，其中隐含皇帝四时捺钵之地的景色，当日春水秋山，捕鹅射鹿之盛，都可以用这几幅图寄托想象。只是表现夏景那一幅，画面当中突出三株大牡丹花，却有点不太写实（图27－6∶3）。虽然宋·姜夔《契丹风土歌》曾云："契丹家住云沙中，耆车如水马如龙。春来草色一万里，芍药牡丹相间红。"然而这时已成为名贵观赏花卉的牡丹，纵使尚有野生者，也难以如此茂盛。看来此图中或有中原画家所画牡丹的影子。就墓室壁画而言，北京海淀八里庄唐代王公淑墓与上述后晋·王处直墓中都有大幅牡丹图⑮。宝山2号辽墓中也画出一丛牡丹。而牡丹与湖石掩映成趣的构图尤其流行。不过这类"丛艳叠石"、"杂以禽鸟"的作品，有时装饰意味太浓，不免落入俗套，曾被《图画见闻志》讥为"铺殿花"或"装堂花"，库伦旗6号辽墓中所绘者或可为例（图27－6∶1）。除花石以外，辽墓中还多见《竹鹤图》，自薛稷、黄筌以来，竹鹤成为屏风和壁画中流行的题材，但竹叶纷披，不

1

2

3

图 27-6　辽墓壁画

1. 库伦旗 6 号辽墓壁画《湖石牡丹图》　2. 库伦旗 1 号辽墓壁画《竹鹤图》　3. 辽庆陵壁画《夏景图》

易安排，像宝山壁画中画的竹叶，显然尚不得要领。然而从五代到北宋，画竹的技巧日趋成熟，点节叠叶渐有章法，虽然尚未出现后世之"重人"、"一川"的结组单位，画家对竹叶的反正向背、转侧低昂亦未尽都得心应手，但已经有能力表现丛竹的摇曳萧疏之致。库伦旗1号墓壁画中所绘者，也已到达这个阶段（图27-6：2）。它告诉我们，辽画对中原画风实紧相追随，有些方面甚至是同步的。

宣化下八里辽墓壁画可以作为辽代晚期绘画成就的代表[16]。这是些汉族士绅之墓，在这里看不到威风凛凛的契丹人像，也没有车马侍从、旗鼓拽刺的大队伍，但其中却画出许多生活小景，宴饮、奏乐、挑灯、烹茶、理财、童戏，都表现得很生动，使死者的地下冥府也变成一个活泼热闹的去处。特别是在这些画面中契丹与汉人杂处，关系融洽，看不到隔生的样子。契丹人是辽国的统治民族，起初视汉人为"十里鼻"即奴婢[17]。统治者不但不提倡说汉语，还限制契丹人应进士试，且"百官择人，必先宗姓"[18]，所以在民族关系上形成"宽契丹，虐燕人"的态势[19]。后来辽主接受韩绍芳的建议，允许汉契通婚，形势渐趋缓和。《轩渠录》中载有一首辽国士兵南下时其妻寄来之诗："垂杨传语山丹，你到江南艰难。你那里讨个南婆，我这里嫁个契丹。"下八里张世卿墓的墓志中也说，其孙张伸"妻耶律氏"。契丹只有耶律、萧两姓，但从张世卿的门第看，张伸之妻不见得与皇家有多么亲近的血缘关系，她家或即所谓"庶耶律"[20]。这类婚嫁，只能看作是当时一般的社会现象。尽管直到辽末，汉契间的畛域并未完全消除，但民族融合的大门已经敞开，下八里壁画中所反映的，就是这一趋势的一个侧面了。

（原载《"契丹王朝展"图录》，2002年）

注 释

① 郑振铎：《插图本中国文学史》，第655页，上海人民出版社，2005年。

② 内蒙古文物考古研究所、阿鲁科尔沁旗文物管理所：《内蒙古赤峰宝山辽壁画墓发掘简报》，《文物》1998年第1期。

③ 吴玉贵：《内蒙古赤峰宝山辽壁画墓"颂经图"略考》，《文物》1999年第2期。同作者：《内蒙古赤峰宝山辽墓壁画"寄锦图"考》，《文物》2001年第3期。

④《辽史·地理志》说："辽国其先曰契丹，本鲜卑之地，居辽泽中。"故辽之国号因辽水而得名。

⑤ 'Imperial glod from Ancient China', part II, Christian deydier/Oriental bronzes Ltd. London 1991, catalogue no. 10.

⑥ 项春松：《辽宁昭乌达地区发现的辽墓绘画资料》，《文物》1979年第6期。河北省文物研究所、张家口市文物管理处、宣化区文物管理所：《河北宣化辽张文藻壁画墓发掘简报》，《文物》1996年第9期。

⑦ 前热河省博物馆筹备组：《赤峰县大营子辽墓发掘报告》，《考古学报》1956年第3期。

⑧《辽史·耶律倍传》。

⑨《传马名籍》载："传马一匹，骃，牡，左剽，决两鼻，两耳数，齿十九岁，高五尺九寸"。"传马一匹，骝，乘，左剽，决两鼻，白背，齿九岁，高五尺八寸，中，名曰佳□，柱，驾"（V1610②：10，16）。见胡平生、

张德芳：《敦煌悬泉汉简释粹》第 81 页，上海古籍出版社，2001 年。

⑩ 河北省文物研究所：《宣化辽墓》，文物出版社，2001 年。

⑪《辽史·萧岩寿传》，又《耶律撒剌传》、《萧速撒传》、《耶律挞不也传》、《萧挞不也传》。

⑫《契丹国志》卷八。

⑬ 林雪川：《宁城县山嘴子辽墓契丹族头像的复原》，《内蒙古文物考古》1992 年第 1、2 期。

⑭ 王健群、陈相伟：《库伦辽代壁画墓》，文物出版社，1989 年。

⑮ 北京市海淀区文物管理所：《北京市海淀区八里庄唐墓》，《文物》1995 年第 11 期。河北省文物研究所、保定市文物管理处、曲阳县文物管理所：《河北曲阳五代壁画墓发掘简报》，《文物》1996 年第 9 期。

⑯ 宣化下八里村 1 区发掘的辽代张世卿墓（M1）、张恭诱墓（M2）、张世本墓（M3）、韩师训墓（M4）、张世古墓（M5）、6 号墓（M6）、张文藻墓（M7）、9 号墓（M9）、张匡正墓（M10）中均绘有壁画，见注⑩所揭书。

⑰ 宋·武珪：《燕北杂记》。

⑱《辽史·百官志·大于越条》。

⑲ 宋·苏辙：《栾城集》卷四一。

⑳《辽史·耶律庶成传》。

宣化辽金墓壁画拾零

　　河北宣化下八里村有一片辽末金初的墓葬群，1974 年、1989～1990 年、1993 年曾先后几度进行发掘，出土的九座墓中均绘有壁画，其年代自辽大安九年（1093 年）到金皇统四年（1144 年），跨度凡五十一年①。壁画的题材各墓相近，不外门卫、出行、进茶、进酒、乐舞、弈棋、贮财、奉佛及星象等，可是由于其中人物众多，器用纷繁，构图在统一中又有变化，且画风写实，笔意舒畅，轮廓准确，细节分明，所以相当精彩，为后世留下了一大批生趣盎然的生活小景。这里有些事物在别处不太常见，兹略作介绍如下。

一、少女髡发与主妇包髻

　　契丹男子髡发。沈括在《熙宁使虏图钞》中已指出："其人剪发，妥其两髦。"在内蒙古巴林右旗辽庆陵的壁画中最早看到契丹男子髡发的形象。建国以来，考古工作者又发掘了不少辽墓，其壁画中的契丹男子无不髡发（图 28－1）②。故学术界对此已形成统一的认识。但契丹女子是否也髡发呢？据宋·庄绰《鸡肋篇》说，燕山地区"其良家仕族女子皆髡首，许嫁方留发"。可是这种说法和《三国志·魏志·乌丸传》裴松之注引王沈《魏书》说的，乌丸"悉髡发以为轻便，妇人至嫁时乃养发"的语例相近。乌丸妇女的发式不明，此说难以证实。从而所谓契丹少女髡发，也令人怀疑是不是一句套话。1981 年发掘了内蒙古察右前旗豪欠营 6 号墓，其中的女尸保留着完整的发型，"额头上部剃去宽 5.5 厘米的一片头发，有 0.8 厘米长的发根。头顶长发集为一束，用纱带捆扎，带结在头顶中央"③。李逸友先生认为，"这样的女式发型，是考古工作中的

图 28－1　　契丹髡发男子，
库伦旗 6 号辽墓壁画

首次发现，显示了契丹族妇女所特有的一种髡发习俗，不同于其他民族和契丹族男子的髡发习俗"④。不过仅修剃额际是否就是庄绰所说的髡首，仍不无可疑之处。林沄先生说："豪欠营女尸的发式应归入蓄发之例，至于其前额剃去一部分头发，应作为契丹蓄发女子的一种装饰手法或蓄发过程中的特殊处理来理解，不能说契丹女子髡首就是只剃去少许额发"⑤。笔者同意这种说法。何况豪欠营女尸的年龄据估计为二十五至三十岁，应属已婚妇人，而非髡发待字的少女，似不宜根据她的发型讨论只存在于契丹少女中的髡发式样。但林沄先生接下去又说："真正是髡发的契丹女子，以 1989 年发现的河北宣化下八里二号墓墓室西南壁上所绘侍女表现得最清楚。这个侍女穿褐色的契丹式左衽袍，叉手而立。颅顶及颅后髡发，保留额发和颅前两侧的头发，这种髡发式样在男子中有相同的例子"（图 28－2：1）。他还说："最近发表的大同市南郊云中大学 1 号、2 号壁画墓是金初的墓，又有四例髡发契丹女子图像"（图 28－2：2）⑥。然而对这些图像进行考察后，发现林氏指出的人物皆为男童而非女子。比如下八里 2 号墓西南壁壁画中的叉手者，身穿圆领长袍，腰间束带，袍下露出肥大的靴子，与壁画中妇女的装束完全不同。此人通体未着任何妇女衣饰，如何能确认为"真正是髡发的契丹女子"呢？大同云中大学金墓壁画的情况相类，画的也是髡发男童。故林说未能解决这一令人困惑的问题。直到 1993 年下八里 5 号墓的壁画出土后，才有一位无可争议的契丹髡发女童的形象出现在人们面前。此像画在该墓后室西南壁上，她手捧唾盂，身穿绿色交领衫，两侧开长衩口，衬紫色内衣，腰垂长带，足穿头部尖翘的鞋，纯属女子打扮。她在脑顶束起一撮头发，周围剃光，额上及双鬓留长发，垂于耳前（图 28－3）。由于此像的发现，遂使人对过去北京市昌平陈庄辽墓出土的陶俑有了更明确的认识⑦。此墓出土陶俑两件，对立于墓主的骨灰龛前，从比例看身材都比较矮，且皆髡发。一件着圆领袍，穿靴子，应是男童；另一件外着对襟衫子，内衬长衣，穿圆头鞋，应是女童。她在脑顶挽一髻，髻周围与颅后的头发均剃光，额上与双鬓的头发留起来，分成两绺垂于耳后。陈庄辽墓的发掘报告中虽然指出这是"契丹女性髡发"的证明，但由于此俑身躯短硕，在当时且是孤例，容有作其他考虑的余地。下八里 5 号墓的女童像出土后，二者互相对照，发现其发型基本一致，于是疑窦遂雪释冰消，契丹少女髡发之姿容遂得以大白于世。不过这和契丹男童髡发的式样也差不多，在绘画和雕塑等形象材料中，他们的性别则只能通过服装来判断了。

　　契丹少女髡发，成年妇女则蓄发，主妇且多用巾帼包头，下八里 4 号墓后室西南壁壁画中端坐饮酒之主妇像就是如此（图 28－4）。这种作法应称为包髻。包髻团衫是辽金时妇女的盛装。《金史·舆服志》说："妇人服襜裙，多以黑紫，上遍绣全枝花，周身六襞积，上衣谓之团衫。……年老者以皂纱笼髻如巾状。……此皆辽服也，金亦袭之。"明·朱有燉《元宫词》："包髻团衫别样妆，东朝谒罢出

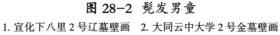

图 28-2 髡发男童   图 28-3 髡发女童,宣化下
1. 宣化下八里 2 号辽墓壁画   2. 大同云中大学 2 号金墓壁画   八里 5 号辽墓壁画

宫墙。"傅乐淑笺注:"团衫为命妇之礼服,可与凤冠霞帔相当,元曲中每言及之,如关汉卿《诈妮子调风月》中云:'许下我包髻团衫纴手巾,专等你世袭千户小夫人。'"笺注又引关汉卿《望江亭·中秋切鲙》:"衙内云:'李稍,我央及你,你替我做个落花媒人。你和张二嫂说:大夫人不许也,许他做个第二夫人,包髻团衫绣手巾都是他受用的'"⑧。下八里壁画中因为画的是家居情景,故未见团衫,却有好多人包髻。只不过 4 号墓壁画中之主妇年纪不老,所以未用皂纱。

二、诨裹簪花与鼓心图案

下八里 10 号墓前室西壁绘散乐图,乐人皆诨裹簪花(图 28-5)。宋代人有簪花的风习,连皇帝、高官也不例外。宋·吴曾《能改斋漫录》卷一三说:一次后苑赐宴,"真宗与二公(枢密使陈尧叟、大内都巡检使马知节)皆戴牡丹而行。"又说:"寇莱公为参政。侍宴,上赐异花。上曰:'寇准年少,正是戴花饮酒时。'众皆荣之。"杨万里诗云:"春色何须羯鼓催,君王元旦领春回。牡丹胜春蔷薇朵,都向千官帽上开。"

可见官员簪花之胜况。至于乐工伶人簪花，则更不在话下。宋·孟元老《东京梦华录》卷九"宰执亲王宗室百官入内上寿"条说："杖子头四人，皆裹曲脚向后指天幞头，簪花，红、黄宽袖衫，义襕，执银裹头杖子，皆都城角者。当时乃陈奴哥、姐姐哥、李伴奴、双奴，余不足数。"正可与10号墓壁画相印证。但壁画里的乐工不仅簪花，其幞头的形状也特别奇怪，和常见的展脚、交脚、朝天等式幞头不同，而与《梦华录》中提到的"双卷脚幞头"（卷六）、"一脚指天、一脚圈曲幞头"（卷六）、"角子向后拳曲花幞头"（卷七）等异型幞头差近。它们都是"诸杂剧色皆诨裹"之诨裹（即戏装）的打扮。河南禹县白沙北宋元符二年（1099年），赵大翁墓壁画中的散乐图，乐工的幞头虽不类常制，但尚不甚诡奇（图28-6）[⑨]。下八里1号墓壁画中散乐乐工的装束则更为拘谨，皆戴通行的长脚幞头（图28-7）。以致沈从文先生认为，这里的"乐人多着宋代红绿正规官服'宽衫'。除幞头卷曲，此外纱帽式样及脚下穿的唐式乌皮六缝靴，也不是差吏所能穿，也非伶官所能备。应是有意用宋代被俘虏或投降宋官充当。正如《大宋宣和遗事》记载，汴梁失陷后，金人掳掠赵宋宗室男女亲属三千余人。到燕京后，住在一个庙宇中，平时这些后妃宫女多围坐地下向火，刺绣缝纫，到金军饮酒作乐时，就叫她们唱曲子侑酒。宋王室宗亲家属的遭遇，还这样受虐待，因此，在辽墓中发现用宋代陷敌官员奏乐图像，也就不足为奇了"[⑩]。其实宋代宫廷大宴时，"教

图28-4　宣化下八里4号辽墓后室壁画

图 28 - 5　　簪花的乐工，宣化下八里 10 号辽墓壁画

坊乐部列于山楼下彩棚中，皆裹长脚幞头，随逐部服紫、绯、绿三色宽衫，黄义襕，镀金凹面腰带"（《梦华录》卷九）。与下八里 1 号墓壁画中乐工的装束基本相同。而且 1 号墓墓主张世卿被墓志称为"慕道崇儒，敬佛睦族"的所谓"一代君子"，也就是一名乡愿财主。只不过因为"大安中，民谷不登，饿死者众"，他"进粟二千五百斛"，"天祚皇帝喜其忠赤"，给了个"右班殿直"的官衔。他一生主要的事业是，在本乡郡北的三顷地上营造大花园，建道场、砖塔和雕印佛经。其人最后累迁至"银青崇禄大夫、检校国子祭酒兼监察御史、云骑尉"，尽是虚衔。他并非掌实权的要员，纵使当时有投降辽国的宋官，也轮不上到他家来奏乐。何况张世卿殁于天庆六年（1116年），相当于政和六年，这时北宋还是一派豫大丰亨、文恬武嬉的太平景象，靖康后的惨状他们还想象不到呢！故沈说未允。大贤之议，亦容偶有所失。

在 1 号墓所绘散乐图的乐器中，有一面大鼓放在矮矮的鼓架上，鼓胴呈朱红色，饰云气对凤，左右四方装铺首铜环，而在顶上的鼓面中心处绘有花瓣呈放射状的一朵大花。这种鼓心图案很耐人寻味。我国商代的铜鼓，无论是流入日本的那一件还是湖北崇阳出土的那一件，鼓心处均无特别设计的花纹。以后在长时期中没有保留下这方

图 28 - 6　禹县白沙 1 号宋墓前室壁画

面的材料。到了汉代，在沂南画像石和彭县画像砖上看到的建鼓，都在鼓心刻出一个多角星图案，和我国西南地区铜鼓鼓心之"多芒光体"的构图相同（图 28 - 8：1、2）[11]。时代再迟一些，洛阳出土北魏石棺上所刻建鼓的鼓心仍有这一图案（图 28 - 8：3）[12]。下八里 1 号墓中所绘大鼓之鼓心的花朵，显然是由多角星发展而来。因为河北固安金代宝严寺塔地宫出土的鎏金银舍利柜，为天会十二年（1133 年）所制，仅比 1 号墓晚了十多年[13]。此柜右侧花纹中的伎乐天所奏扁鼓，仍在鼓心处刻出一个多角星，可证（图 28 - 8：4）。而在西南地区，无论云南的万家坝型、石寨山型，还是广西的北流型、灵山型等类型的铜鼓，都在鼓心铸出多芒光体，以后遂成为铜鼓铸造者奕世相承的装饰手法（图 28 - 9）[14]。内地鼓面上的纹饰过去注意不够，现在看来，于鼓心饰多角星的传统也是悠久而牢固的。双方如何互相影响，现在虽尚不清楚；但以多角星和多芒光体为纽带，对内地和西南在鼓乐方面的联系作进一步的探索，看来不失为一个饶有兴味的课题。

图 28－7　宣化下八里 1 号辽墓前室壁画

图 28 - 8　鼓心上的花纹

1. 沂南汉画像石　2. 彭县汉画像砖　3. 洛阳北魏石棺画像　4. 固安金代舍利柜纹饰

三、茶碾与风炉

下八里 1 号、4 号和 5 号墓中都有进酒图,所用贮酒的长瓶、盛酒的盆形樽、温酒和斟酒的带注碗之注子、饮酒的盘盏等,和进茶图中的茶器判然有别。关于酒器和茶

图 28-9 铜鼓鼓心的"多芒光体"
1. 万家坝型 2. 石寨山型 3. 北流型 4. 灵山型

图 28-10 碾茶图，
洛宁北宋石棺画像

器的区分，拙文《唐宋时代的茶具与酒具》中曾试加梳理，认为"成套的茶器和酒、器各成体系，互不混淆"[15]。在宣化壁画中，这一事实又进一步得到证明。这里有多幅进茶图。就茶具而言，过去虽然发现过不少实物和图像，但烹点过程中有些环节的材料仍不充分。下八里壁画中所绘用茶碾子碾茶和用风炉煎汤的场面，乃是一个很有意义的补充。茶饼碾末本来用茶磨、茶碾和茶臼均可，但在唐宋及辽金时以用碾者为多。唐代文物中，如西安出土的西明寺大茶碾、河北晋县出土的带盖石茶碾、扶风法门寺出土的银茶碾等，虽皆可确认为茶碾而非药碾，但缺乏其使用情况的图像[16]。过去只在河南洛宁北宋政和七年（1117年）乐重进石棺画像中见过一例：一女童在用大碾子碾茶（图28-10）。可是其背景太简略，女童身后那张桌上只摆着一只托子、两只碗和一盘果品，并且那两只碗的圈足还画得偏大，简报中竟称之为"高足杯"[17]。而高足杯原是酒具，这时没有用它喝茶的，所以此图遂嫌不够典型，甚至还会引起误解。这次在下八里6号和10号墓中同时出现两幅碾茶的图像，它们大约是根据同样的底本描绘的，仅细部的处理略有不同（图28-11）。图中的男童手执碾轮之碾框在认真地碾茶，表情专注。茶碾的形制与南宋咸淳五年（1269年）成书的《茶具图赞》所绘"金法曹"基本一致，可见这种式样相当典型（图28-12）。10号墓壁画中碾茶男童的裤子上，连臀部和双膝处的补丁都画了出来，堪称细致入微。两幅图中于茶碾之后都画出摆放各

图 28 - 11　碾茶与煎汤，宣化下八里 10 号墓壁画

图 28 - 12　《茶具图赞》中的"金法曹"，即茶碾

种茶具的长桌，于茶碾之前都画出一平盘，中置扁筒状容器。《茶经》说碾罗之后的茶末"以合盖贮之"，此筒状器或即盛茶末之合。南宋·苏汉臣《罗汉图》中于磨茶末者之前也有一枚带盖的筒状合子，可为旁证⑱。两幅图中于茶碾对面画的都是煎汤的童子，所用风炉下承莲座，上置汤瓶。过去根据河南偃师出土的北宋"煎汤"画像砖及四川广汉雒城镇北宋墓出土的明器茶瓶茶炉模型，已知宋人曾用方炉煎汤（图 28 - 13：1）⑲。而在下八里 1 号和 5 号墓的壁画中，汤瓶是放进大火盆中烧煮的（图 28 - 13：2）。可是依《茶经》的说法，烹茶要用风炉，而早期风炉的实例不多，与汤瓶配套的更少。洛阳邙山 235 号北宋墓的壁画中出现过一例，那座圆炉在画面上只见两足，实际应有三足，从形制看似是铁制的⑳。下八里 6 号与 10 号墓壁画里的风炉却像是陶制品。造型与之相同的风炉见于元·刘贯道《消夏图》，证明此式风炉至少

流行了一个多世纪，也算是比较典型的器物，而以前却对它相当陌生（图 28 - 13：3）。其中两名烧火的童子，6 号墓壁画里的那一个在用小扇煽风，10 号墓壁画里的那一个却在用嘴吹火，表情尤其生动。

图 28 - 13　煎汤之炉

1. 明器陶茶瓶和方炉，四川广汉雒城镇宋墓出土　2. 下八里 5 号辽墓壁画中所绘煎汤之火盆
3. 元·刘贯道《消夏图》中所见风炉

四、莲花鹊尾香炉与荷叶反光灯

下八里 2 号墓东南壁壁画中的长桌上放有一枚盏顶盒子、一只花瓶和一件莲花形长柄鹊尾香炉（图 28 - 14）。《法苑珠林》说："香炉有柄者曰鹊尾炉。"南朝齐·王琰《冥祥记》说："费崇先少信佛法，常以鹊尾炉置膝前"（《初学记》卷二五引）。可见这个名称起源很早。唐·皮日休诗："鹊尾金炉一世焚。"宋·苏轼诗："夹道青烟鹊尾炉。"又说明唐宋时还这样称呼这种香炉。它是佛事中行香所用。宋·程大昌《演繁露》卷七"行香"条说：行香"即释教之谓行道烧香也。行道者，主斋之人亲自周行道场之中；烧香者，爇之于炉也。东魏静帝尝设法会，乘辇行香。高欢执香炉步从，鞠躬屏气。按凡云行香者，步进前而周匝道场，仍自爇香为礼也。静帝人君也，故以辇代步，不自执炉而使高欢代执也。"高欢执的香炉应即鹊尾炉。陕西扶风法门寺塔地宫

图 28 – 14　下八里 2 号辽墓壁画中的莲花鹊尾香炉

出土的银鹊尾香炉，铭文中自名为"手炉"。但这个名称容易和冬日暖手的手炉相混，故不太通用。此物于公元 2、3 世纪时的印度犍陀罗雕刻中已经见到。在我国，它最早出现在甘肃永靖炳灵寺 169 窟西秦壁画中。以后在南北朝造像中常见，莫高窟唐代壁画中礼佛的供养人执之者更多。1983 年在洛阳龙门唐代名僧神会塔基的石室中出土的鎏金铜鹊尾香炉，炉身与法门寺银手炉相似，均作宽沿高足杯形；不同的是前者从炉身接出的长柄末端装蹲狮，名镇子，是为了使炉的重量前后均衡而设（图 28 – 15：1）[21]。日本奈良正仓院所藏紫檀金钿柄鹊尾香炉的柄端也装有蹲狮镇子。在出土和传世的唐代鹊尾香炉柄上，还有装塔形镇和瓶形镇的。不过这样一来，炉柄就不太像鹊尾了。

至于炉身作莲花形的，则滥觞于中唐时。例如新罗圣德大王神钟（新罗惠恭王七年，771 年，相当唐代宗大历六年）上所铸飞天已执莲花形鹊尾香炉。下八里 2 号墓所绘者，就更复杂精巧了，炉身是一整朵莲花，底座是一片偃覆的荷叶，当中还有一苞莲蕾，三者的莲茎纠结在一起，延伸而成炉柄，末端亦下折。它在壁画中涂作白色，表示原物系银制。此炉与内蒙古宁城埋王沟辽墓所出者绝肖。而在美国奈尔逊美术馆的藏品中，有一件银莲花鹊尾香炉也与壁画中的器型一致（图 28 – 15：2）[22]。它也由莲花、荷叶、莲蕾三部分组合而成，只是在炉身上加了一个带火焰宝珠钮的镂孔之盖，使它显得更加庄重。此炉与其他一件银器同出于一座元代元统元年（1333 年）的窖藏内，但其中不乏宋代器物，比如那里的一件葵花银盘就和洛阳邙山北宋墓所出有"行宫公用"铭文的葵花银盘之风格极相近[㉓]。所以这件莲花鹊尾炉应为宋代物。同类型的香炉在《南诏图传》卷后所绘大理国主段思平手中亦执有一件，只是花朵更大些（图 28 – 16）[㉔]。《南诏图传》之末一部分是大理国时的作品，绘制的年代当与下八里 2 号墓相去不远。其后如山西朔州金代崇福寺陀陀殿壁画中的胁侍菩萨以及山西右玉宝宁寺明代水陆画中的大梵天，均持此种香炉[㉕]。可见从 8 世纪起，直到 15 世纪时，这种香炉始终为世所珍。

此外在下八里 4 号墓后室东南壁壁画中还绘有一架引人注目的高灯（图 28 – 17）。按画中人体的比例推算，其灯檠的高度达 1 米以上。灯檠下部有带五足的圆形底座，檠柱立于底座中央，两侧斜出两枚叶形饰片。柱顶以托盘承灯盏，盏中立炷，炷端的灯火已经点燃。有意思的是，此灯在檠柱上部还分出一枝弯杈，撑起一枚圆形的荷叶，叶面向下倾斜，叶心正映着灯火。此种灯型为前所未见。明·文震亨在《长物志》中提到一种书灯："有青绿铜荷一片檠，架花朵于上，古人取金莲之意，今用以为灯，最雅。"似乎与壁画中的灯相近，但文氏书中未说清楚这片铜荷叶的装置方式，故难以作具体比较。而在《红楼梦》第五十三回"荣国府元宵开夜宴"中，却描写过一种特

图 28 – 15　鹊尾香炉

1. 洛阳唐代神会塔基出土　2. 美国奈尔逊美术馆藏

图 28-16　《南诏图传》中的
执鹊尾香炉者

图 28-17　荷叶反光灯，宣化
下八里 4 号辽墓壁画

殊的灯："每席前竖着倒垂荷叶一柄，柄上有彩烛插着。这荷叶乃是洋錾珐琅活计，可以扭转向外，将灯影逼住。照着看戏，分外真切。"原来，这种灯上的荷叶是用于反光的，可使灯光集中在需要照亮的部位。4 号墓壁画中之灯除了其光源是油灯而非"彩烛"，其用于反光的叶片大约也是"铜荷"而非"洋錾珐琅"外，其余与《红楼梦》中的描写基本相合。前些年邓云乡先生在《红楼风俗谭》一书中曾谈起这种灯，因当时未发掘下八里 4 号墓，上述壁画尚未出土，无由取证。故邓先生认为这种灯"早在明代就有"。现在根据下八里壁画，其渊源可一直追溯到辽代，流传至乾隆年间，已经有六七百年的历史了。

　　我国早在汉代的钉灯上，已装有能转动、可开合的"翳板"，用以调整照射的方向。但这种装置遮蔽起一部分光线。辽代的荷叶反光灯则不然，它不但不减弱反而能增强照射部位上的亮度，在这种灯下看东西"分外真切"，所以堪称是极具巧思的古代灯型之一。

（原载《寻常的精致》，1996 年）

注　释

① 河北省文物管理处等：《河北宣化辽壁画墓发掘简报》，《文物》，1975 年第 8 期。张家口市文物事业管理所等：

《河北宣化下八里辽金壁画墓》，《文物》1990年第10期。张家口市宣化区文物保管所：《河北宣化下八里辽韩师训墓》，《文物》1992年第6期。郑绍宗：《宣化辽墓》，香港《文汇报》1993年9月15日，"中国文物专版"第61期。张家口市宣化区文物保管所：《河北宣化辽代壁画墓》，《文物》1995年第2期。

② 辽墓壁画中契丹男子像保存得较清晰的有内蒙古库伦旗1号、2号、6号墓，翁牛特旗解放营子和山嘴子墓，克什克腾旗二八地墓和敖汉旗北三家墓等。除在《内蒙古文物考古》总2期、《文物》1973年第8期及1979年第6期、《社会科学战线》1978年第1期等刊物上发表的图片外，其余多见于项春松编：《辽代壁画选》，上海人民美术出版社，1984年。

③ 乌兰察布盟文物工作站：《察右前旗豪欠营第六号辽墓清理简报》，《文物》1983年第9期。

④ 李逸友：《契丹的髡发习俗》，《文物》1983年第9期。

⑤ 林沄：《辽墓壁画研究两则》，载《青果集》，知识出版社，1993年。

⑥ 大同市博物馆：《大同市南郊金代壁画墓》，《考古学报》1992年第4期。

⑦ 昌平县文物管理所：《北京昌平陈庄辽墓清理简报》，《文物》1993年第3期。

⑧ 傅乐淑：《元宫词百章笺注》，第68~69页，书目文献出版社，1995年。

⑨ 宿白：《白沙宋墓》，文物出版社，1957年。

⑩ 沈从文：《中国古代服饰研究》第322页，香港商务印书馆，1981年。

⑪ 曾昭燏等：《沂南古画像石墓发掘报告》图版88，文化部文物管理局，1956年。刘志远等：《四川汉代画像砖与汉代社会》，第4页，文物出版社，1983年。

⑫ 洛阳博物馆：《洛阳北魏画像石棺》，《考古》1980年第3期。

⑬ 河北省文物研究所等：《河北固安于沿村金宝严寺塔基地宫出土文物》，《文物》1993年第4期。

⑭ 云南省文物工作队：《楚雄万家坝古墓群发掘报告》，《考古学报》，1983年第3期。参看李伟卿：《铜鼓的光体》，《云南文物》总22期，1987年。

⑮ 该文载《中国历史博物馆馆刊》总4期，1982年。并收入《文物丛谈》，文物出版社，1991年。

⑯ 马得志：《唐长安城发掘新收获》，《考古》1987年第4期。石家庄地区文物研究所：《河北晋县唐墓》，《考古》1985年第2期。文中称此墓所出石碾为"研磨中药实用器具"。但其形制尺寸均与法门寺塔地宫之茶碾极相近，伴出之物中且有汤瓶，故应为茶碾。法门寺塔地宫所出者，碾底有錾刻铭文："咸通十年文思院造银金花茶碾子一枚，共重廿九两。"见韩伟：《从饮茶风尚看法门寺等地出土的唐代金银茶具》，《文物》1988年第10期。

⑰ 李献奇、王丽玲：《河南洛宁北宋乐重进画像石棺》，《文物》1993年第5期。

⑱ 见讲谈社刊《宋元の美术》图281。

⑲ 石志廉：《北宋妇女画像砖》，《文物》1979年第3期。四川省文物考古研究所等：《四川广汉县雒城镇宋墓清理简报》，《考古》1990年第2期。文中以为这套瓶和炉是"温酒器"，不确。

⑳ 洛阳市第二文物工作队：《洛阳邙山宋代壁画墓》，《文物》1992年第12期。

㉑ 洛阳市文物工作队：《洛阳唐神会和尚身塔塔基清理》，《文物》1992年第3期。

㉒ *Handbook of the Collections in the William Rockhill Nelson Gallery of Art and Mary Atkins Museum of Fine Arts*, Vol. II, p. 93. Kansas City, Missouri. 1973.

㉓ 洛阳市第二文物工作队：《洛阳邙山宋代壁画墓》，《文物》1992年第12期。

㉔ 云南省文物管理委员会编：《南诏大理文物》图114，文物出版社，1992年。

㉕ 柴泽俊：《山西寺观壁画》图88，文物出版社，1997年。山西省博物馆：《宝宁寺明代水陆画》图51，文物出版社，1995年。

玉屏花与玉逍遥

1988年在黑龙江阿城巨源乡发掘的金代齐国王完颜晏墓，不仅未经盗扰，而且保存情况绝佳，出土衣衾几近完整，从而为金代服饰研究提供了许多前所不知的重要信息，十分可贵[①]。墓中棺内葬有齐国王与王妃二人。国王头戴以皂罗折叠缝制的圆顶头巾，在其背面的底部边缘，于左右侧各固定着一枚透雕的鹅衔荷叶形玉饰件，并用一条罗带通过两枚玉饰件上的穿孔，在脑后缠绕结扎。剩余部分从两边垂下，犹如幞头的软脚（图29－1、29－6：1）[②]。王妃戴的圆顶头巾虽然装饰更加华奂，但就基本形制而言，与前者并无大殊。本文拟对这两件头巾、特别是其上之玉饰件作一考察。

完颜晏殁于金大定二年（1162年）[③]。此前三十七年，即宣和七年（1125年，金天会三年），宋廷派遣许亢宗作为“贺大金皇帝登宝位国信使”出使金国，祝贺金太宗完颜晟即位。宋人出使，还朝者多有记录。许氏所撰《奉使金国行程录》中，记有他在金上京乾元殿里见到的情况：“虏主（完颜晟）……头裹皂头巾，带后垂，若今之僧伽帽者”[④]。僧伽系中亚何国人，7世纪中叶来华，是一位高僧。后来被附会上种种奇异的传说，宋时遂被神化，号泗洲大圣，在民间受到广泛尊崇。各地供奉的僧伽像“头戴有两条垂带的僧帽，几乎成了僧伽特有的帽式”（图29－2）[⑤]。阿城出土的齐国王头巾、记载中之金太宗的头巾与造像中所见僧伽帽，三者的式样一致，因此可知，这就是金人常服中习用的头巾。

金人的这种头巾名叫“蹋鸱”。宋·周煇《北辕录》说：“（金人）无贵贱，皆着尖头靴，所顶巾谓之蹋鸱。”蹋鸱巾与宋巾（即幞头，亦称“幞头帽子”）的最大区别在于它是圆顶，不像宋代的幞头那样，具有“前为一折，平施两脚”的造型[⑥]。从有实例可考时算起，幞头在中原地区出现于隋代，其结构在唐代已渐定型。起初，幞头只是一幅缝有四脚（四条带子）的薄巾，蒙在头上，两脚系在脑后，两脚反系在髻前。由于向前系结的两脚将发髻拥起，故幞头顶部高隆，引人注目。这一部分进而成为加工的重点，在“幞头之下别施巾”（唐·封演《封氏闻见记》）。施于幞头之下的巾又叫“巾子”，像一枚发兜，套在髻上，实际上是幞头内的一个起支撑作用的壳体。唐·王梵志有一首咏“贫穷田舍汉”的诗，说他们“幞头巾子露，衫破肚皮开”[⑦]。宋·郭

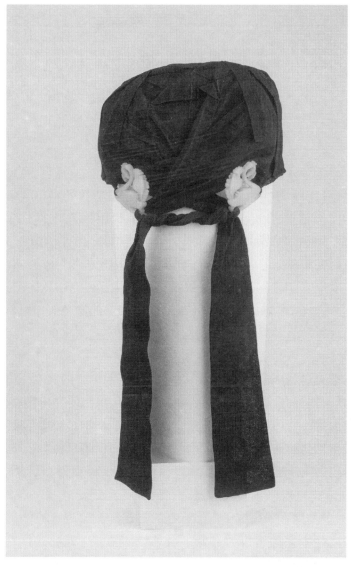

图 29－1　　金齐国王头巾的背面（据赵评春等《金代服饰》）

若虚《图画见闻志》卷一亦云："巾子裹于幞头之内。"均明确指出巾子衬在幞头底下。但它却直接影响幞头的外观，唐代幞头之所以出现尖头、圆头、前踣等式样，都是由内部的巾子的形状决定的。不过幞头当时也称为巾，在文献中与巾子容易混淆，读者须根据文义作区分。唐代后期又在幞头内加"木山子"，并将"幞头罗"易为漆纱。到了宋代，已设计出供不同身分的人使用的有脚或无脚的各种幞头，官员的幞头已经变成一顶很体面的帽子了。明代的乌纱帽即由此演变而来。然而金人的发型与汉地不同，女真男子梳一条发辫，垂在背后（图 29－3）。他们不束髻，无法戴巾子，故头巾的顶部无由隆起，只能像祝发的僧人之帽一样，呈圆顶状。契丹男子亦髡发，仅自额前到两鬓处留起两绺头发，所以上自《卓歇图》中的契丹贵人，下至辽墓壁画中的各色人物，多戴圆顶头巾（图29-4）。辽金的圆顶头巾长期保持着朴素的外貌，与自视为上国衣冠的宋之巾幞存在差距，金人有时也感到自己的头巾未免寒伧。《宋史·范成大传》说，南宋初范成大使金时，"金迓使者慕成大名，至求巾帻效之"。其实此人之求巾样，并非完全出于慕成大之名。范氏《石湖集》卷一二《蹋鸱巾·序》对此说得比较清楚："接送伴使田彦皋爱予巾裹，求其样。指所戴蹋鸱，有愧色。"诗中则谓："重译知书自贵珍，一生心愧蹋鸱巾。"在这种态度背后，恐怕仍然是故国之思在起作用。

图29-2　浙江宁波天封塔地宫出土的石雕僧伽像

图29-3　女真男子之单辫

1. 山西平定西关村金墓壁画　2. 金·杨微《二骏图》　3. 山西侯马金·董海墓出土砖雕

图29-4　契丹头巾

1. 河北宣化下八里4号辽墓壁画　2. 五代·胡瓌《卓歇图》

宋人头巾上的巾环

1.《中兴四将图》　2.《杂剧人物图》　3. 河南偃师酒流沟出土砖刻《丁都赛图》

可是幞头上有些单独的部件，功能专一，与其整体造型的关系不大，无论宋人的幞头或金人的蹋鸥都可以装配。比如巾环，此物拴在头巾后部，两枚为一副，束巾之带穿过它们互相系结。也有些头巾已缝制成形，全靠巾带穿过巾环将它扎紧。使用巾环在宋代已形成风气，宋人的《杂剧人物图》、《大傩图》、《中兴四将图》等绘画中，都在头巾上画出巾环（图 29 – 5）。再往后，在元代的永乐宫壁画、明代的宝宁寺水陆画中也有这样的例子。巾环有铁质掐金银丝的。例如元曲《黑旋风》中描写白衙内的装扮是："那厮绿罗衫，绦是玉结；皂头巾，环是减铁。"减铁即錽铁。明·李实《蜀语》："铁上镂金银文曰錽"⑧。环也有铜质的。《水浒全传》第三十四回说石勇"裹一顶猪嘴头巾，脑后两个太原府金不换纽丝铜环"。巾环还有银质包金的。同上书第六一回说石秀的头巾上"脑后两个金裹银环"。更经常被提到的是金质巾环。同上书第二回说鲁达的芝麻罗万字顶头巾上装的是"太原府纽丝金环"。巾环亦称帽环。宋话本《杨温拦路虎传》说李贵"青纱巾四结带垂，金帽环两边耀日"；此环亦为金质。《金瓶梅》第六五、八八、九〇回中描写戴万字巾的人物时，还说其"脑后扑匾金环"。这种巾环可能和元曲《还牢末》中所称"这一对匾金环与哥哥权为谢礼"者相类。南京明代徐俌墓出土的金巾环虽然正视是一个圆圈，但其断面扁平，与辽宁鞍山明·崔源墓出土的金巾环之断面呈圆形者有别。前者或即匾金环，亦即扑匾金环⑨。而吉林扶余一座辽金墓出土的金巾环呈竹节形，则与齐王妃头巾上那一副恰相一致⑩。巾环既然用金银精工制作，说明对此物的重视，所以式样也不断翻新。《水浒全传》第六十回说燕青"脑后一对挨兽金环"，《醒世恒言》第三十一卷说张员外"带一双扑兽匾金环"。这两种巾环的具体形制虽不知其详，但从名称中含"兽"字的情况来看，或与动物形有关。比金银巾环更贵重的是玉巾环。《水浒全传》第六回说林冲"头戴一顶青纱抓角儿头巾，脑后两个白玉圈连珠鬓环"。鬓环也是巾环，是因为它位于双鬓上；而这两枚玉巾环大约是连珠形。更值得注意的是同上书第七十六回描写的燕青的头巾："青包巾遍体金销……鸂鶒玉环光耀。"可见燕青的玉巾环为鸂鶒形。诚如书中所说，它装在销金罗縠的头巾上，无疑是一个亮点。齐国王头巾上的鹅衔荷叶形玉饰件与此物相当，正是一副珍罕的玉巾环。他的蹋鸱巾虽不起眼，但巾环十分精美。不过巾环发展到这一步，其构图已经完全突破了圆环形的轮廓，应另有称谓。考虑到明·范濂《云间据目抄》卷二曾云："丙戌（万历十四年，1586 年）以来，皆用不唐不晋之巾，两边玉屏花一对。"那么，这种造型别致、不拘一格的玉巾环当即玉屏花。范濂的记述中虽标出万历十四年的时间断限，但只表明"用不唐不晋之巾"，和将这种头巾与玉屏花组合在一起始于此时，并不意味着"玉屏花"之名也是万历年间才出现的。

齐国王墓出土的鹅衔荷叶玉屏花之形制的特点是两枚为一副，如若呈禽鸟形，则鸟头向外、鸟尾相对。后部有较大的穿孔以贯巾带；前部有较小的穿孔，用以将玉屏花固定在头巾上。参照这几项标准衡量，则若干出土和传世的此类玉饰件似可定为玉屏花；尽管有的只剩下一枚，不足整副了。以下先介绍初步鉴别出来的四例。

鹅衔花朵玉屏花　一副二枚，哈尔滨新香坊金墓出土。造型与上述齐国王墓出土者极相近，唯工艺稍粗拙，尺寸也略小一些（图 29 – 6：2）⑪。

鹘捕鹅玉屏花　仅余一枚，故宫博物院藏。鹅尾下方琢出椭圆形穿孔，与以上两例之大穿孔的位置相当，功用亦应相同。这件玉屏花背面还有横穿之孔，可以用它将玉件在头巾上系结（图 29 – 6：3）⑫。

竹枝形玉屏花　仅余一枚，北京房山长沟峪金代石椁墓出土。将竹梢朝外，则后部盘卷的竹枝所形成的大孔可穿入巾带，竹叶、竹枝和竹梢间的小孔用于向头巾上系结（图 29 – 6：4）⑬。以上三例中有两例出自金墓，应是金代物。另一例是金代常见的"春水"玉，时代亦应与前者相近。

折枝樱桃玉屏花　仅余一枚，故宫博物院藏。其一端之椭圆形大孔与折枝图案不甚协调，给人以突兀之感，似是为穿巾带而特意琢出的。另一端有数个小孔，结在头巾上不成问题（图 29 – 6：5）⑭。惟此件不像前三者之具有较明确的断代依据，似宋人、金人均可用之。

可是有的研究者却将齐国王墓所出的鹅衔荷叶玉屏花称作"纳言"⑮。此说不确。按纳言之名初见于《续汉书·舆服志》，谓："尚书帻，收方三寸，名曰纳言。"这里所说的"帻"指承进贤冠之展筩的帻，"纳言"指帻后部合缝处的一个部件。至宋代，进贤冠成为隆重的朝服。《宋史·舆服志》："朝服，一曰进贤冠。""进贤冠以漆布为之，上镂纸为额花，金涂银铜饰，后有纳言。以梁数为差，凡七等，以罗为缨结之。第一等七梁，加貂蝉笼巾、貂鼠尾立笔。"而在《金史·舆服志》中，最高等级的"七梁进贤冠"被改称"七梁额花冠"。谓："正一品，貂蝉笼巾，七梁额花冠，貂鼠立笔，银立笔，犀簪导。"其中并未提到装纳言。即便退一步说，未提纳言是史官的疏漏。但纵使如此，金代的七梁额花冠之装饰也够繁复的了；而齐国王戴的圆顶头巾

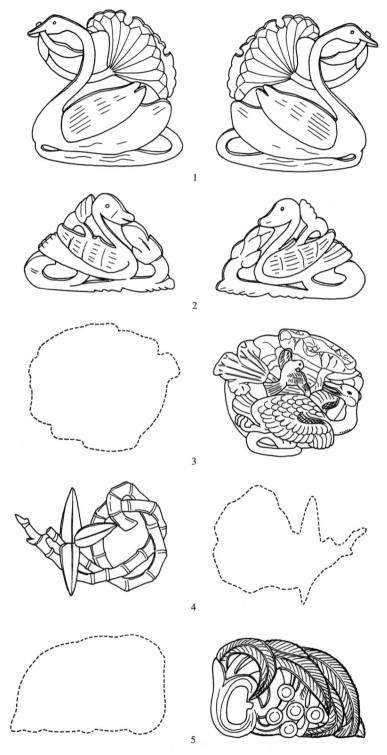

图 29－6 玉屏花

1. 黑龙江阿城金墓出土 2. 黑龙江哈尔滨金墓出土 3、5. 北京故宫博物院藏 4. 北京房山金墓出土

上却全然不见冠梁、貂尾等物的踪影，说明二者大不相同，无法牵合在一起。圆顶头巾既然不是朝服之冠，也就谈不上装纳言，而且古文献中从未说过有在蹋鸱上装纳言的。更有甚者，主此说者不仅将齐国王头巾上的玉屏花当成纳言，而且认为王妃的头巾上也装纳言[16]。然而出土物中所见到的情况是：王妃之头巾的外轮廓与齐国王的一样，亦是圆顶，后部用巾带穿过一对竹节形金巾环加以结扎，余下的长带垂于两侧。不同的是，在王妃的圆顶头巾背面还缀有一片对练鹊形玉饰件（图 29－7）。这片玉饰件被定作纳言，其原因首先是研究者将王妃的头巾当成“花珠冠”看待。有些版本的《金史》在《舆服志》中载有“花珠冠”之名；但“珠”实是一个误字。中华书局标

图 29－7　金齐国王王妃头巾的背面（据赵评春等《金代服饰》）

图 29 - 8　玉逍遥

1. 北京故宫博物院藏　2、4. 北京房山金墓出土　3. 黑龙江阿城金墓出土　5. 四川蓬安宋墓出土

点本《金史·舆服志》的《校勘记》中说："《大唐开元礼》卷三《衣服》'皇后服首饰花十二树'，《太常因革礼》卷二五《舆服·后妃之制》'首饰花十二株'，《政和五礼新仪》卷一二《皇后冠服》同。今据改。"所以金代本无所谓"花珠冠"。《金史》之文应作："皇后冠服，花株冠，用盛子一，青罗表，青绢衬金红岁托里，用九龙、四凤，前面火龙衔穗球一朵，前后有花株各十有二，及鸂鶒、孔雀、云鹤、王母仙人队、浮动插瓣等。后有纳言。上有金蝉攀金两博鬓。以上并用铺翠、滴粉、缕金、装珍珠结制。下有金圈口，上用七宝钿窠，后有金钿窠二，穿红罗铺金款幔带一。"金代皇后盛装的画像虽未能传到今天，但清官南薰殿旧藏宋人所绘宋代皇后像尚保存在台北故宫博物院。画像中的冠特别高大，其上虽然看不清楚有多少条龙，但冠顶正面往往有跨凤的西王母，其下还有许多排仙人，站在高低错落的山岭间[17]。这种冠或即《太常因革礼》所记"龙凤珠翠冠"、《宋史·舆服志》所记"龙凤花钗冠"。金代的"花株冠"既然装饰有九龙、四凤、王母仙人队等，则应与南薰殿画像所见者大同小异，而与齐王妃的圆顶头巾相去甚远，所以后者不可能在上面装纳言。从实际情况看，齐国王夫妇下葬时并未穿法服、朝服之类，他们穿的是常服，套用古书上一句现成的说法，即"敛以时服"。所以王妃戴的就是《金史·舆服志》中所说，"妇人……年老者以皂纱笼髻如巾状"之巾。这种巾"散缀玉钿于上，谓之玉逍遥"。王妃巾上的对练鹊形玉饰件正是玉逍遥。

这件对练鹊玉逍遥上有两鸟弓身相向，口衔花蕾，两尾相接，左右对称，构图平衡稳定，是金代玉器中的精品（图29-8:3）。其他金墓中也发现过这类玉饰，如北京房山长沟峪金代一老年妇女墓出土的对鹤玉逍遥，除去两只鹤的长腿并在一起、互相交叉之外，与齐国王墓所出者特点完全一致[18]（图29-8:2）。再如故宫博物院所藏对鹤玉逍遥，构图与以上二例之肖似，亦不难一目了然[19]（图29-8:1）。也有不以禽鸟为题材者，如上述房山金墓出土的折枝八瓣花玉逍遥（图29-8:4）。四川蓬安西拱桥宋墓也出土一件牡丹纹玉逍遥，花样虽有新意，但图案的架构未变（图29-8:5）[20]。

就目前所知，玉逍遥只在金人的女式头巾上见过，似是金地特有的一种首饰。房山金墓与阿城金墓相距遥远，但所出玉逍遥却如此接近，更使人加深了这种印象。但《中国玉器全集》等书中著录此类器物时，多将它们定为佩饰。若干玉屏花也被定为佩。房山出土的折枝八瓣花玉逍遥的图片且被倒置，定名为锁。时代则大都定为宋。这些说法看起来均不无可商。金墓出土的金代首饰，自以名从主人为宜。《管子·九守》所说："循名而督实，按实而定名。"仍应是从事名物研究的准则。至于四川蓬安的玉逍遥虽出自宋墓，但不能排除它是自金地流入的。

（原载《文物》2006年第10期）

注 释

① 黑龙江省文物考古研究所：《黑龙江阿城巨源金代齐国王墓发掘简报》，《文物》1989 年第 10 期。

② 赵评春、迟本毅：《金代服饰——金齐国王墓出土服饰研究》，文物出版社，1998 年。

③《金史·完颜晏传》。

④ 徐梦莘：《三朝北盟会编》甲集，宣政上帙二〇引。

⑤ 徐苹芳：《僧伽造像的发现和僧伽崇拜》，《文物》1996 年第 5 期。

⑥《宋史·舆服志·五》。

⑦《王梵志诗校辑》（张锡厚校辑）第 165 页，中华书局，1983 年。

⑧ "减铁"之"减"，本字作"錽"，写成"减"系同音假借。《醒世姻缘传》第一回说珍哥要去打围，晁大舍为他"买了一把不长不短的錽银顺刀"。此錽银即减银，指铁上嵌银。

⑨ 南京市文物保管委员会等：《明徐达五世孙徐俌夫妇墓》，《文物》1982 年第 2 期。辽宁省博物馆文物队等：《鞍山倪家台明崔源族墓的发掘》，《文物》1978 年第 11 期。

⑩ 吉林省博物馆：《吉林省扶余县的一座辽金墓》，《考古》1963 年第 11 期。

⑪ 田华、刘滨祥：《黑龙江地区金代玉器研究》，载《中国隋唐至清代玉器学术研讨会论文集》，上海古籍出版社，2002 年。

⑫《中国玉器全集》卷 5，图 157，河北美术出版社，1993 年。

⑬ 张先得、黄秀纯：《北京市房山县发现石椁墓》，《文物》1977 年第 6 期。

⑭ 同注⑫，图 90。

⑮ 同注②。

⑯ 同注②。

⑰ 沈从文：《中国古代服饰研究》，第 115 篇，商务印书馆香港分馆，1981 年。

⑱ 同注⑬。

⑲ 同注⑫，图 86。

⑳ 同注⑪，图版 15。

合气砖与一团和气

一、合气砖

在汉代，今四川地区的画像砖曾大放异彩，其表现手法相当写实，题材则极为广泛。然而在汹涌的艺术浪涛中，亦不免泥沙杂下。如新都、彭县出土的合气画像砖，近年虽不乏专文介绍，又曾赴国外展览，但它所反映出的却是一段触目惊心的史实。

以新都出土一砖为例，据研究者的描述，砖面上"正中画一大树，树下一男一女正在性交。……在男子身后有一人用手推其臀部。大树的左侧有一男子赤身，显露其生殖器。大树上挂有衣服，树的右上方有两只猿猴，正在打秋千，其左有两只凤凰，树干上还有一雀"[①]。此砖的时代属于东汉晚期，这时川西平原正是五斗米道盛行的地区。五斗米道创始人张陵于顺帝时"学道鹤鸣山中，造作符书，以惑百姓"[②]。鹤鸣山也叫鹄鸣山，在今四川大邑，位于川西平原西部。经天师张陵、嗣师张衡、系师张鲁以及张衡之"有姿色"的妻子即张鲁母华阳夫人卢氏三世的经营，五斗米道发展成割据一方的宗教政权，并拓土至汉中。其辖区设二十四治，规模如《道民科略》所说："置二十四治，三十六靖庐，内外道士二千四百人，下千二百官"[③]。各治的"男官女官主者，受法箓治职之号，譬如王位"[④]。他们"领化民户"，"奉道者皆编户著籍，各有所属"，"不得辄自移版"。在其统治区内，通过"恐动威逼"，征收"租米钱税"，并推行"男女合气之术"[⑤]。二十四治又分成上八治、中八治、下八治。其上治祭酒驻彭县，下治祭酒驻新都。二县处于五斗米道的枢要之地，在这里出土合气砖，洵非偶然。

为维持政权而征收租米钱税，尚可理解。然而将"男女合气之术"也当作施政要务，却是咄咄怪事。本来我国西汉时已有房中书之类性学读本，但这种书一般不在大庭广众中宣传张扬，最早的房中书被称作《接阴阳禁书》，便透露出个中消息[⑥]。五斗米道则不然，他们虽托名老君即老子为教主，却把《老子》中的哲学理念用房中术偷换。比如《老子》认为人的丹田元气"绵绵若存，用之不勤"。"不勤"即不尽。而到了五斗米道的经典《老子想尔注》那里，就成了"男女之事，不可不勤也"。《老子》认为柔弱胜刚强，故云："国之利器不可示人。"《想尔注》却解释为："宝精勿费，令行缺也。"对《老子》横加歪曲，极荒诞之能事。更严重的是，这一套不仅被他们奉为教义，而且当作教规加以实践。传张陵自撰之《黄书》，就大讲男女和合之法。书中所述仪轨虽然也有繁复的步骤，但并非如柏夷（S. R. Bokenkamp）的理解："施行者身体的纯化，主要是通过气的相交而达到的，而不是赖于任何肉体因素的交换"⑦。实际情况呢？大约仍如亲身经验过此道的北周·甄鸾所说："臣年二十之时，好道术，就观学。先教臣《黄书》合气，三五七九，男女交接之道。四目两鼻，两口两舌，两手两心，正对阴阳，法二十四气之数行道。……教夫易妇，唯色为务。父兄立前，不知羞耻。""不得任意排丑近好，抄截越次。""阴阳并进，日夜六时。此诸猥杂，不可闻说"⑧。五斗米道组织的此类令人震骇的性法会，"士女溷漫，不异禽兽"，无疑是对人性的莫大摧残⑨。黄书合气又称"黄赤之道"，又称"过度仪"，是五斗米教道众必修的仪式。过度之后还发给黄书契令等凭券。东汉末，左慈是此道的大师，他来到洛阳，许多人竞受其补导之术，以至宦者严峻也想来试试。使得曹丕在《典论》中嘲讽道："阉竖真无事于斯术也。"可见它的蛊惑力之一般。上述合气砖虽然表现的只是这类场面的一个角落，但也充塞着那种邪恶的气氛。

南北朝时，道教内部也认识到其危害。北魏·寇谦之发动了道教清整运动，指斥"三张伪法"。明确宣称："大道清虚，岂有斯事！"南朝刘宋时的陆修静更提出："神不饮食，师不受钱。使民内修慈孝，外行敬让，佐时顺化，助国扶命。"道教遂渐次摆脱了其原始阶段的妖妄色彩，得以与正常的社会生活互相容纳，从而开辟了日后的发展空间。不过要将这块生而与俱的胎记完全抹掉，亦属不易。即便在老子戴着"玄元皇帝"的冠冕的唐代，豪家饵丹药，如其说是为了求仙，不如说是为了纵欲。"钟乳三千两，金钗十二行"⑩。白居易写给牛僧孺的这句诗，一把就撕开了二者的连裆裤。有的研究者没有看到产生合气砖之特殊的历史背景，反将它与先秦时《诗·郑风·溱洧》中的诗句以及叔梁纥和颜氏女野合生孔子的传说联系起来，甚至称之为高禖图，则未免失之远矣。

二、一团和气

"团"是个好字眼，用它构成的词汇，比如团栾、团聚等等，无不透露出欣悦之情。苏州桃花坞传统年画中有件著名的作品：画面上是一个胖男孩，梳着抓髻，披着云肩，挂着长命锁，身躯抱成团儿，双手展开一卷横幅，大书"一团和气"四字（图30-1）。看着它，不禁令人想起宋代马伯升《水调歌头》中"庆兆三阳开泰，散作一团和气，无地不春风"之句。但从发展过程看，这幅画在形成今天这种充满喜气的形象之前，却走了一大段颇为曲折的弯路。

"一团和气"这个主题来头不小，明朝第九位皇帝成化帝朱见深就画过一幅《一团和气图》。画里有三个人聚拢在一起，其五官相互借用，初看是一张脸，细看则是三张脸（图30-2）。成化帝说这是根据"虎溪三笑"画的。相传高僧惠远居庐山，他的地位尊崇，人很矜持，送客从不走过门前的虎溪。可是有一次诗人陶渊明和道士陆修静来访，

图 30-1　苏州桃花坞年画《一团和气图》

彼此谈论得相当融洽，惠远送客时遂不知不觉过了虎溪，因相与大笑。北宋大作家欧阳修书房的墙壁上就画有《三笑图》。苏东坡也曾给石恪所作《三笑图》写过跋语，谓图中"三人皆大笑，至衣服冠履皆有笑态，其后之童子亦罔知而大笑"⑪。台北故宫博物院藏有宋人所绘《虎溪三笑图》。但这些图画中并未将三人组成合体。所以《一团和气图》之构图，纵使并非成化帝独创，至少也是这时才出现的新样。当然，有些传说不耐深究。元·陶宗仪《南村辍耕录》卷三〇指出："有赵彦通者，作《庐缶独笑》一篇，谓远公不与修静同时。楼攻媿（楼钥）亦言，修静元嘉末始来庐山，时远公亡已三十余年，渊明亡亦二十余年。其不同时，信哉。"但成化帝对此似未予理会，将他笔下的人物分解开来看，当中一人髡发，应是惠远；另外一人戴头巾，一人戴道冠，则是陶渊明和陆修静。不过成化帝并未强调儒、道、佛三教之异同，只在题识中说："伟哉达人，遐观高视。谈笑有仪，俯仰不愧。合三人以为一，达一心之无二。忘彼此之是非，蔼一团之和气。噫！和以召和，明良其类。以此同事事必成，以此建功功必备。"大约经历过"土木之变"和英宗复辟等动荡之局的成化帝，已深感举朝团结，共同"辅予盛治"的必要。此图绘于成化元年（1465 年），时方十八周岁的青年皇帝之画笔颇娴熟，也显得有一定见地。可是到了成化十九年（1483 年），由他主持增订的《全真群仙集》一书，却将此图以《三教混一图》之名，命工重绘，编入集中。重绘之图画得很细致，构图未作多大改动，但已不再提源于《三笑图》之缘由，且在三人共持之横幅上添加了一个红色圆球（图30-3）。同样的红色圆球于该书《三宝会于中宫则成丹矣》一图中也能见到，不过里面还写有"精气神"三字，表示其"内丹"已经炼成。书中的说明文字谓："夫学神仙法，不必多为，但炼精气神三宝为丹头，三宝会于中宫，金丹成矣。""精气神之用有二，其体则一。以外药言之，交合之精，先要不漏；呼吸之气，更要细细。至于无息思虑之神，贵在安静。以内药言之，炼精炼元精，抽坎中之元阳也。元精固则交合之精自不泄。炼气炼元气，补离中之九阴也。元气住则呼吸之气自不出入。炼神炼元神也，坎离合体成乾也。元神凝则思虑神泰定"[12]。这套理论在讲修、齐、治、平的儒学中没有，在讲戒、定、慧的佛学中更没有，所以画题虽标明"三教混一"，目的却在于突出道教。道教的炼丹术分内丹、外丹，概略地说，外丹主要是黄白术，讲究烧汞炼丹；明以后则以制造春药为能事。内丹视人体为丹鼎，讲究呼吸吐纳、胎息辟谷，但也讲玄素房中。《抱朴子·微旨》甚至说："凡服药千种，三牲之养，而不知房中之术，亦无所益也。"及其末流，妖人方士把这些活动完全变成一套鬼蜮伎俩。而明代皇帝所崇之道，几乎概属此类。成化时，方士李孜省官至通政使、礼部左侍郎。可见成化之受挟制于万氏，受蒙蔽于汪直，洵非偶然。正德、嘉靖时，方士们的金丹更等同于春药。明·沈德符在《万历野获编》中慨乎言之："嘉靖间，诸佞倖进行最多……世宗中年始饵此及他热剂，以发阳气，名曰长生，不过供秘戏耳。至穆宗以壮龄御宇，亦为内官所蛊，循用此等药物，致损圣体，阳物昼夜不仆，遂不能视朝。"这是当时人的实录，是信史，不是野史。

图30-2　明成化帝绘《一团和气图》　　　图30-3　《全真群仙集》中的
《三教混一图》

另一位与此图有关系的是明宗室中著名的乐律学家朱载堉，他是郑恭王朱厚烷的长子。朱厚烷为人很严肃，"自少至老，布衣蔬食"。他不满嘉靖帝的荒唐行径，"嘉靖二十七年（1548 年）七月上书，请帝修德讲学，进《居敬》、《穷理》、《克己》、《存诚》四箴，演《连珠》十章，以神仙土木为规谏，语切直。帝怒，下其使者于狱。"后又借故治其罪，谓"厚烷讪朕躬，在国骄傲无礼，大不道。削爵，锢之凤阳"[13]。朱载堉对乃父的无罪见系，十分痛心，故"筑土室宫门外，席藁独处者十九年"。可是在此期间，于嘉靖四十四年（1565 年），他却画了一幅《混元三教九流图》，且刻成石碑，至今仍立在嵩山少林寺庭院中（图 30-4）。朱载堉之作完全蹈袭成化旧稿，唯线条更洗练。他在此图的赞语中说："曲士偏执，党同排异。毋患多歧，各有所施。要在圆融，一以贯之。"联系到朱厚烷的获罪，则载堉此举不免有点输诚就范甚至表示悔过的味道。果然，过了两年，1567 年新君隆庆帝也就是那位穆宗登基，他与嘉靖帝在作风上本属一丘之貉，可是他却恢复了朱厚烷的王爵，并增禄四百石。这两件事情虽不便直线连接，但作为一宗背景材料，还是大可玩味的。

　　将三人组合成一个圆形的构图，既新巧又有趣。尽管有点图案化，有点漫画化；但如果主题在于强调圆融和谐，则其思想内涵与表现形式契合无间，显然是一个引人注目的造型。所以它不仅长期流行，且远播海外。著名的《伊斯坦布尔画集》中就有类似的例子（图 30-5）。至崇祯年间，皇帝也摈弃了那类谬说，从噩梦中清醒过来。但大明王朝已是九州鱼烂、四野狼烟，国势岌岌可危，这时呼吁团结和睦确有其现实意义。一件晚明的圆形玉牌饰，刻出一位头戴纱帽、手持"一团和气"横幅的天官，画面清楚，主题一目了然（图 30-6）。不过并不是皇帝登高一呼，天下立即靡然从风。一部崇祯年间刊刻的《道元一气》，仍在"独畅祖真秘旨，合阐性命微言"。其内篇

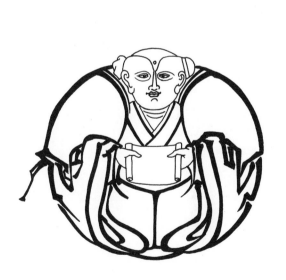

图 30-4　明・朱载堉绘
《混元三教九流图》

图 30-5　《伊斯坦布尔画集》
中的细密画

"金液还丹次第"中有"无上真鼎"一图（图30-7）。图中的题词是："眉目无瑕性欲良，皮骨相宜音韵长。再推八字无冲克，始称佳期作药王。"评论家称此图："不管作者的主观企图怎样，表现在画面上的却是一个善良、优美的女性。那一绺飘拂的头发，飘动的衣衫襟带，眉、目、口部，线条都是简单却明确有力的。……特别是那眼睛，

图30-6　晚明玉饰"一团和气"

图30-7　明崇祯刊本《道元一气》中的《无上真鼎图》

虽然只是两抹，但却孕储着神采，使人物生动起来了"[14]。可是画中的人物分明是供采补者用的"药"，供老爷糟践的猪羊。毫无人格尊严，何谈"善良"、"优美"？论者的高唱入云，不禁令人想起鲁迅先生所称"屎中觅道"了。甲申鼎革，社会情势已与前不同。又经过民间艺人的长期加工，上述构图终于汰去糟粕，最后才形成如今日所见之桃花坞"一团和气"年画以及无锡惠山泥人"大阿福"等脍炙人口的作品。

（《合气砖》原载 2001 年 2 月 25 日《中国文物报》。《一团和气》原载《文物天地》2005 年第 2 期。收入本集时合并改写）

注　释

① 《四川文物》1995 年第 1 期。

② 《后汉书·刘焉传》。

③ 《道藏·太平部仪下》。

④ 《道藏·洞真部两下·玄都律文》。

⑤ 《道藏·洞神部力上·老君音诵戒经》，《魏书·释老志》。

⑥ 《史记·扁鹊仓公列传》。

⑦ 柏夷：《天师道婚姻仪式"合气"在上清、灵宝学派的演变》，载《道家文化研究》第 16 辑，1999 年。

⑧ 《广弘明集》卷一九《笑道论》。

⑨ 东晋·道安：《二教论》。

⑩ 《白居易集》卷三四。

⑪ 元·陶宗仪：《南村辍耕录》卷三〇。

⑫ 王育成：《明代彩绘全真宗祖图研究》，第 42、44 页，中国社会科学出版社，2003 年。

⑬ 《明史·诸王·仁宗诸子·郑王瞻埈传》。

⑭ 黄裳：《插图的故事》，第 106 页，上海书店，2006 年。该书的《小序》中称："札记的用意，是想对插图的内容加以说明。"这里却表示"不管作者的主观企图"，则已将图的内容抛开。

建国以来西方古器物在我国的发现与研究[*]

  建国以来，中国大陆发现的西方古器物为数众多，其中相当大的一部分是经过科学发掘出土、并作过认真地研究的，它们是古代中西文化交流的实物见证，因而备受学术界重视。当然，文化交流是双向的；但本文所谈只是西方古器物在中国的流传这一面，并且仅限于纺织品、金银器、玻璃器、陶瓷器、铜器诸项；文书、钱币、造像、碑铭、宝石工艺等均不在讨论的范围之内。

  古代中国和西方的交往主要是通过所谓丝绸之路进行的，丝绸是古代中国的特产，所以在一般印象中常认为丝路即中国丝织品源源不断地运向西方之路。其实，即使就纺织技术甚至丝织技术而言，我国在这个过程中亦曾受益。20世纪50年代后期和60年代前期发掘了新疆维吾尔自治区民丰县的尼雅遗址和吐鲁番附近的阿斯塔那墓地，出土物中有东汉至唐代的丝织品。夏鼐先生对这批资料作了研究，并刊布了著名论文《新疆发现的古代丝织品——绮、锦和刺绣》^①。他指出："隋代和初唐，中国丝织品的图样有些便采用波斯的风格。在织锦技术方面，有时也受到波斯锦的影响。"具体说，就是唐锦改变了汉锦的经线显花和平纹组织而采用西方的纬线显花和斜纹组织。由于纬线无须固定在织机上，可以根据需要改换不同颜色的线，抛梭后又可随即用筘打紧，故织出的成品色彩更繁复，组织更紧密，图案的轮廓更清晰。而且，织斜纹时呈现的长浮线又能够更充分地显示丝的光泽。这是我国纺织史上的一次重要改进。1983年，夏先生在日本福冈所作《汉唐丝绸和丝绸之路》的演讲中，提到上述情况时，就以"由于西方影响而发展起来的唐代丝织物"为段落的小标题^②，而此前在纺织史的研究中却未曾鲜明地指出这一点。

  既然隋和初唐的织锦工艺受到波斯锦如此重大的影响，而且在吐鲁番文书中也出现过关于"钵斯锦"（哈拉和卓90号墓出，阚氏高昌时期，482年前后）、"波斯锦"（阿斯塔那170号墓出，麹氏高昌时期，543年）、"婆斯锦面衣"（阿斯塔那15号墓出，初唐）等记载，那么在我国理应发现一些这种锦的实例。夏先生的文章中曾引用阿克曼（P. Ackerman）的说法，他认为斯坦因在阿斯塔那发掘出土的Ast·i·6·01号

---

 * 为《文物》月刊"庆祝中华人民共和国成立五十周年专辑"作。

猪头纹锦即属此类。这件标本与 Ast·i·5·03 号锦相似，仅略小。斯坦因也认为纯粹萨珊风格的图案设计，以这一件为最明显，它将一个设计完善的、高度程式化的猪头造型置于典型的联珠圆饰之中③。夏先生则说："我们这次在阿斯塔那的发掘中，在325 号墓（661 年）的出土物中也有猪头纹锦"，"这些织锦的花纹图案自成一组，不仅与汉锦不同，便和隋唐对一般中国织锦也大不相同，但是和中亚和西亚的图案花纹几乎完全相同。"不过 325 号墓所出猪头纹锦到底出自中亚还是西亚，是否即波斯锦，尚难确定。薄小莹在《吐鲁番地区发现的联珠纹织物》一文中，则将上述标本归入她划分的第二类，认为这类织物尽管与萨珊锦有一些共同点，"但彼此的差异也很明显"。它"有别于波斯本土织造的锦"，"是一个独立的系统"，"很可能产自中亚地区，可称为'中亚锦'"。然而作者又说："粟特地区的联珠纹锦纹样主要依据壁画来认识，壁画与实物之间是存在差距的，尤其细部，不易对比"④。其实这一难点已在 1959 年由舍菲尔德（D. G. Shepherd）和亨宁（W. B. Henning）解决了。姜伯勤教授在《敦煌吐鲁番文书与丝绸之路》一书中介绍了这一成果。亨宁等的主要突破是他们在比利时于伊（Huy）圣母大礼拜堂收藏的一块联珠对羊纹锦背面发现了一行粟特文题记，释读为："长六十一拃，Zandaniji"。据波斯史家术外尼（Juvaini）《世界征服者史》之波伊勒（J. A. Boyle）英译本的注释中说："在不花剌以北约 14 哩有一村名 Zandana，出产一种衣料名 Zandanichi，是村以此著名织物而显"⑤。以后粟特地区生产的这类锦遂均以撒答剌欺为名。元时在工部属下为织造撒答剌欺锦还专设了一个提举司，可见这类织物至元代仍是一个有特色的品种⑥。薄小莹划分的第二类锦，大抵亦为撒答剌欺锦。

粟特所产撒答剌欺锦不仅曾在吐鲁番发现，1982 年至 1985 年间在青海都兰县热水乡吐蕃墓地的发掘中也曾出土。许新国、赵丰根据这批资料归纳出区别粟特锦与中国锦的几个要点。在织法方面，粟特锦的夹经加拈时多用 Z 拈，中国纬锦的夹经却多用 S 拈，这是一个相当普遍的现象。在色彩方面，粟特锦的配色对比强烈，中国锦的配色则较明快、协调。粟特锦多用紫红色为地，中国锦多用橙红、普蓝、草绿、褐黄，尤以黄地为多。粟特锦的图案稍生硬，中国锦纹则接近写实风格⑦。

五十年来对粟特锦的认识逐步深化，已为今后更进一步的比较研究奠定了基础。可是波斯锦却很少发现，在已发表的出土物中能举出的实例寥寥无几。都兰出土的一件标本，已缝成套状，一面为连续的桃形图案，另一面在红地上织出萨珊朝使用的婆罗钵（Pahlavi）文字，译意为"王中之王，伟大的，光荣的"⑧，可以判断为波斯产品。但这片锦太小，图案花纹太简单，通过它尚难以充分看清传入中国的波斯锦的面貌。如前所述，既然波斯锦在南北朝至初唐间曾对中国织锦工艺的改进起过相当的推动作用，则应找到与其历史地位相称的更多实例来说明问题。

从另一方面看，西方的纺织技巧在毛织品上的表现更加出色。1995 年在新疆尉犁县营盘墓地发掘的 15 号汉晋墓，随葬的毛织品中有红地对人兽树纹双面罽袍、毛绣长裤、狮纹栽绒毯等。那件罽袍尤其罕见，用作袍面的毛罽为双层两面纹织物，表面以红色为地黄色显花，背面花纹相同，颜色互异。其图案颇规整，每区上下六组，横向布置对人纹或对牛、对羊纹，当中用横排的无花果树或石榴树隔开。其中的人物皆为裸体男性，卷发高鼻，肌肉发达，健壮有力，肩搭披风，手执兵器，两两相对作演武状，整件袍面上洋溢着希腊罗马艺术色彩（图 31 - 1）⑨。今天面对出土物犹为它的新颖奇特而发出赞叹，在当时的汉晋人眼里，这种异域织物的艺术魅力更将不同寻常。同出的狮纹栽绒毯以白、棕两色合股毛线平织成地子，以大红、深黄、中黄、橘黄、绿、草绿、藏青、湖蓝、浅蓝、粉红等色绒线织出花纹，一头大狮子雄踞幅面，耸臀缩腰，颇具动感⑩。此种毛毯即古文献所称氍毹、毾𣰯之类。汉·班固《与弟超书》："月支毾𣰯，大小相杂，但细好而已"⑪。这些出土物虽一时不能确知其产地，但显然是西方制作的精品。

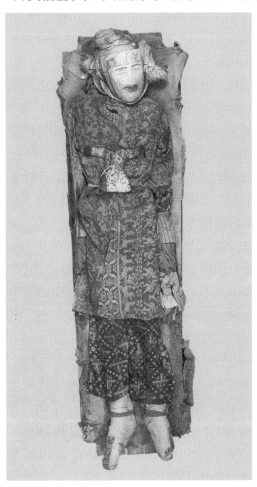

图 31 - 1　　新疆尉犁营盘
15 号墓墓主的着装

更引人瞩目的毛罽可以 1984 年新疆洛浦县山普拉墓地 1 号汉墓所出壁挂为例，出土时已剪裁为四块，缝成裤子。复原后被连接起来，则上部为希腊神话中吹奏竖笛的半人半马怪（Centaur），下部为执矛的武士像。它以二十余种颜色的细毛线用通经断纬的方法织成，而且武士的面部以层层退晕表示明暗，很有立体感，很逼真⑫。王炳华学长认为，我国唐宋时代产生过许多惊人作品的缂丝工艺，其通经断纬的织造技术，肯定是借鉴了公元前后首先传到新疆的缂毛织品而发展起来的⑬。不仅如此，唐代晕绚锦的出现，大约也曾受到这类缂毛上的退晕织法的影响。

棉织品也在汉代出现于新疆。1959 年在新疆民丰尼雅遗址发掘了东汉晚期的 1 号墓，墓中出土的一块蓝地白色显花的棉布在纺织史上颇有名气，它是我国出土的最早的棉布之一⑭。这块棉布织得很好，"在放大镜下可见纱纺得很均匀，经纱较细，纬纱较粗，织造缜密。经纬密度约为 18 × 13 根/厘米。比目前一般的漂白布或色布稍为厚实一点"⑮。它采取防染的方法加花⑯。惜其图案已残缺不全，中心部分所剩无几，只能看出一只赤足的前端，半只狮爪和一段狮尾。但更重要的是，这块棉布的左下角有一个方框，框内有一女神，上身赤裸，手捧丰饶角，其中画满小圆圈，代表果实或谷物（图 31 − 2：1）。女神颈佩璎珞，头后有项光，身后有背光，所以最初被认为是佛教的菩萨像。但丰饶角源出希腊神话，代表天神宙斯的乳母牝山羊阿玛尔泰亚（Amalthea），象征丰饶，并非佛教的法器。所以后来研究者就认为她是希腊的丰收女神⑰，或波斯女神伊什塔尔⑱，或希腊神话中大地的化身该亚与丰产和农业女神得忒耳的混合体⑲。但这些说法均缺乏直接证据。从图案风格上看，它和希腊及波斯的艺术品并不相同，棉布上表现的应是一位中亚的女神，对照钱币资料，贵霜王朝胡毗色伽王（Huvishka，迦腻色伽王之孙，约于 167 ～ 179 年在位）之金币，有的背面有丰收女神阿尔多克洒（Ardochsho）的像，她也有项光，也手捧丰饶角，而且其左手捉住角底部，右手扶住角上部的姿势，更与棉布上的形象完全一致（图 31 − 2：2）⑳。贵霜的国土与新疆相邻，胡毗色伽王的时代又和尼雅 1 号东汉墓相当，故棉布上的女神无疑正是阿尔多克洒。而从织物的质量上看，这块棉布又非当时新疆地区所能生产。因此，从这里似可以推导出一个很有意思的结论，即我国之加花的棉织品最早应是东汉时自贵霜传入的。

图 31 −2　贵霜女神阿尔多克洒
1. 新疆民丰尼雅 1 号墓出土染花棉布　2. 贵霜胡毗色伽王金币

再说金银器，五十年来出土的西方金银容器约在二十件以上，数量不算很多，但制作地点相当分散，许多与中国有交往的西方古国都在这方面留下了自己的制品。汉以前我国上层社会很少使用金银容器，至南北朝时受了西方的影响，使用这类器物才渐成风尚。所以西方制品的传入对我国金银器工艺具有启迪作用，唐代前期我国有些金银器曾模仿西方的器形，在纹饰方面也有取法西方的痕迹。

西方金银器传入我国的时间不晚于西汉初，1983 年在广州象岗南越王墓出土的金银器中既有小件饰品也有容器，均应自海路舶来㉑。一般说，小件饰品的传入似应更早些。南越王墓出土的小件金花泡饰共三十二枚，上面焊有极小的金粟粒，它和东汉时在江苏邗江甘泉广陵王墓、广州郊区 4013 号墓、长沙五里牌 9 号墓等处出土的多面金珠的制法基本相同，采用的都是一种焊珠工艺（Granulation）[22]。马贡（H. Margon）称，这种工艺在两河流域乌尔第一王朝（公元前 4 千年纪）已出现，流行于古埃及、克里特、波斯等地，亚历山大东征以后传至印度[23]。我国对焊珠工艺的掌握不晚于前 1 世纪末，河北定县八角廊 40 号西汉墓（约前 54 年）出土的镶有琉璃面的马蹄金和麟趾金，器壁上部已焊有用金粟粒组成的连珠纹带[24]。但南越王墓比八角廊墓早了半个多世纪，那时还没有迹象证明国内已能生产此类器物，所以上述金花泡饰应是西方的工艺品。至于多面金珠，岑蕊指出，在越南南部的沃澳遗址和巴基斯坦的呾叉始罗遗址中均发现过，广州汉墓所出者应是从南亚输入的[25]。多面金珠是将小金环组焊成多面体，再在各环交接处用金粟粒堆焊出尖角。西方的这类金珠皆为十二面体，外国学者甚至将它定名为"十二面珠（dodecahedron）"。但邗江广陵王墓出土的金珠却以十四枚金环焊成，西方未见其例。鉴于我国古代有一种多面体状的博茕，而 1976 年在陕西临潼秦始皇陵园中发现的博茕正是十四面体。所以虽然诚如岑蕊所言，我国出土的多面金珠大部分来自海外，但也不排除有些是对西方原型作了改进的本土制品。南越王墓出土的银盒更为珍罕。它在器盖和器身上均用锤鍱法打压出一圈膨起的凸瓣，每瓣一端出尖，另一端圆钝，颠倒相向，排列得整齐有序。它的表面光滑，在光线的照耀下，明暗变化交互辉映，显示出贵金属器物的灿烂华美，与中国古代青铜器的装饰意匠迥异其趣。1978 年在山东临淄窝托村西汉齐王墓 1 号陪葬坑中也出土了一件同类型的银盒[26]。关于其来源，南越王墓的发掘报告中注明，古波斯阿契米德王朝的薛西斯王与阿塔薛西斯王所制金银器已用凸瓣纹为饰。但那时排列凸瓣的格式与我国出土的两例尚有区别，而安息时代此类银器上的凸瓣纹却有和这两件几乎完全相同的。所以笔者认为南越王墓和齐王墓陪葬坑出土的银盒均来自安息[27]。

继安息之后，自 3 世纪前期至 7 世纪中期在波斯为萨珊王朝。而中国金银容器的制作至 5、6 世纪时仍不甚发达，要到 7 世纪时才逐步走向繁荣。在这个时期中放眼西方世界，头一个看到的就是萨珊——新波斯帝国。所以过去讨论中国、尤其唐代金银器所受外部影响时，往往特别强调与萨珊的关系。瑞典学者俞博 1957 年发表的那篇具有开创性意义的长文《唐代金银器》，也把萨珊的影响看得很重，而且在对资料的鉴别方面受当时之认识的局限，甚至把一些并非出自萨珊的器物也归到萨珊名下了[28]。加之上世纪五六十年代，萨珊银币在我国大量出土，建国前仅发现过六枚，到 1970 年已达一千一百八十九枚[29]；如果把它们集中陈列在一起，真有点铺天盖地之势，这也使得研究者将目光更多地投向萨珊。但我国发现的萨珊金银器相当少。1981 年出自山西大同小站村北魏·封和突墓（504 年）的银盘是最重要的一件。盘内壁锤鍱出一贵人在生长着芦苇的沼泽地里猎野猪，部分花纹鎏金（图 31 - 3）[30]。从形制上看它是萨珊皇室制做的皇家银盘（Royalplates）。这是萨珊银容器中数量最多的一种，其装饰花纹题材多表现皇家的活动：坐朝、狩猎、饮宴等[31]。据马雍先生考证，盘上的人物是萨珊朝第四代君主巴赫拉姆一世（Bahram I）[32]。萨珊皇家银盘工艺精细，纹饰端庄遒劲，但程式化倾向很严重。比如常见的帝王狩猎银盘，盘上之人和马的姿势前后经历几个世纪均无多大变动；在中国金银器中看不到模仿这类银盘的例子。另一件萨珊器为 1990 年在新疆焉耆七个星乡老城村出土的直棱纹银碗，其圈足上錾有铭文，经西姆斯—威廉姆斯（N. Sims—Williams）判定为中古波斯文，意为"125 德拉克麦"[33]。我国金银器中的碗虽器壁有分曲者，但未见饰直棱纹的，所以这件萨珊银器传入我国后，亦可谓寂无反响。

图 31 – 3　山西大同小站北魏封和突墓出土萨珊银盘

当然，这并不是说我国金银器不曾受到萨珊的影响，最明显的例子莫若多曲长杯，这是萨珊创出的器型，在唐代金银器中屡见不鲜，诗文所称"叵罗"，应即此物[34]。1970 年在山西大同南郊北魏遗址中出过一件银八曲长杯（见本书图 21 – 23）[35]。孙培良先生认为是 5 世纪后期萨珊北部地区陀拔斯单（Tabarestart）的产品[36]。夏鼐先生也说它"似可确定为萨珊朝制品"[37]。这一点如能肯定，则不妨将它视为我国后来那些多曲长杯的祖型了。但笔者认为，"大同长杯的造型很奇特，萨珊制品中根本没有和它相近的标本"，并指出"此杯为素面，不像萨珊长杯的纹饰主要分布在外壁；而且大同长杯于器内在底心饰有两只相搏斗的怪兽，其造型和萨珊艺术的作风全不相侔，反倒与中亚以及迤北之草原地带的野兽纹近似。所以大同长杯当非萨珊所制"[38]。而美国学者肯特（A. C. Gunter）和杰特（P. Jett）则认为此杯内底的纹饰是印度神话中的一个古老的形象——摩羯鱼（Makara）[39]。可是杯底图案中的怪兽分明有粗壮的前肢，与摩羯鱼纹实相径庭。如果没有其他证据，仅依形制立论，"试图确定大同多曲长杯的产地和

族属，必将导致无休止的争论"⑩。在
这种情况下，器物上倘有铭文，对于问
题的解决将大有帮助。大同长杯恰恰具
备这个条件。1993 年林梅村先生访问
美国时，在熊存瑞处得到此长杯之铭文
的摹本，经松德曼（W. Sundermann）
释读，乃是一行大夏文，意为"xošo
（也可能是 xašo，大概是器主之名）拥
有"。于是疑点豁然开朗，正如林梅村
所说："这件文物的重要价值在于首次
向我们披露了公元 5 ～ 6 世纪大夏银器
的形制"⑪。

图 31 - 4　甘肃靖远北滩出土大夏银盘

无独有偶，1988年在甘肃靖远北滩乡出土的一件银盘，也在其产地问题上聚讼纷纭。这件银盘内底錾酒神巴卡斯，周围为宙斯十二神，外圈为十六组缠枝葡萄纹图案（图31-4）。初仕宾先生认为是4~6世纪意大利、希腊或土耳其的产品[42]。法国史蒂文森（M. P. T'serstevens）认为是3~4世纪东罗马产品，制作地在意大利或希腊[43]。石渡美江认为是2~3世纪罗马东方行省北非或西亚的产品[44]。1997年林梅村释读出盘上的一行大夏文铭文，意为"价值490金币"，并认定它是一件大夏银器[45]。大夏立国于中亚希腊人长期居住的巴克特里亚，这里的工艺风格之主流是希腊罗马式的，但也杂有波斯的乃至斯基泰的影响。与大同银八曲长杯同时出土的三件鎏金高足铜杯，也"带有强烈的希腊化的风格，但不是萨珊式的"[46]。很有可能，它们也制作于大夏。

5世纪以降，大夏故地为嚈哒所据，所以嚈哒银器也具有与大夏制品近似的风格。1983年在宁夏固原北周·李贤墓（569年）出土的银胡瓶，器腹呈小头向上的卵形，高足修颈，鸭嘴状短流，自肩部至腹部有一弧形把手，在高圈足的底座下缘有一周突起的大粒联珠纹，器腹上锤鍱出男女相向的三组人物（图31-5）[47]。1987年吴焯先生认为，此银胡瓶的作者"是嚈哒占领区内的土著工匠或者客籍于这一地区的罗马手艺人"[48]。1992年齐东方先生认为，此胡瓶"是中国发现的一件极为精美的萨珊银器"[49]。1999年他又认为"李贤墓银壶的制作地点也可能在中亚"[50]。但将此胡瓶定为萨珊器是困难的。因为据考证，其腹部的人物图像表现的是希腊神话中帕里斯的审判、掠夺海伦及回归的故事（图31-6）[51]。由于宗教信仰的隔阂，这类题材绝无出现在萨珊银器上的可能。何况此胡瓶底座上饰大联珠纹凸粒的做法亦见于巴拉雷克嚈哒壁画，以后在粟特银器上更经常出现。而萨珊银器之高圈足的底座却多是平素无纹的。加之其上锤鍱出的人物和程式化的萨珊式样不同，而与俄罗斯圣彼得堡爱米塔契

图31-5　宁夏固原北周·李贤墓出土嚈哒银胡瓶

图31-6　李贤墓出土银胡瓶腹部人物纹展开图

博物馆及乌兹别克斯坦撒马尔罕历史·建筑·艺术博物馆等处所藏哌哒银器上之人物造型的风格相一致。再考虑到李贤生平的历史背景和当时的国际形势，则此银胡瓶应是世所罕觏之哌哒文物中的珍品[32]，尽管对此目前尚未取得一致见解。

我国出土的西方银器中还有一件被屡屡提到的银胡瓶，1975 年出土于内蒙古敖汉旗李家营子。此胡瓶器腹亦呈卵圆形，但较李贤墓所出者更加丰肥，把手上端不是起于肩部，而是连接在口沿上，连接处装一鎏金胡人头像，其圈足下缘饰凸粒联珠纹。发掘简报称，此"银壶的造型和联珠纹饰，则是波斯萨珊时期的样式"[33]。他们的论断是从夏鼐先生的文章中引申出来的，虽然夏先生的原文用了"这些都是萨珊式银执壶的特征"这样较为笼统的提法[34]。但夏文之标为"几件典型的萨珊朝银器"的插图中所举"扁执壶"即胡瓶的实例，则正和李家营子银胡瓶的器形基本一致（图 31 – 7：1）。此图引自俞博《唐代金银器》图 23. h，俞图只画出器物的轮廓，来表现其细部。其实原器非常华丽，器腹在大圆光中饰翼驼纹，颈部和足部饰忍冬纹，衬以鱼子纹地（图 31 – 7：2）[35]。翼驼代表粟特的胜利之神韦雷特拉格纳（Verethragna），它在萨珊器物上是不会出现的。此器为爱米塔契博物馆藏品，1878 年出土于俄罗斯彼尔姆州，上

图 31 – 7　粟特银胡瓶

1. 夏鼐文中所举"典型的萨珊朝银器"之"4"　　2. 饰翼驼纹的粟特银胡瓶（与左图为同一件器物）

面有一行花剌子模文铭记，系持有者所刻，与产地无关。经过一个多世纪的探索，此胡瓶今已被认定为粟特银器的代表作。而其上之以鱼子纹地衬托忍冬纹的做法，则应效自唐代金银器。可是要做到这一点必须在唐代金银器工艺已相当兴盛之后，也就是说其制作时间不能早于 7 世纪后期；这时萨珊王朝已经覆亡，翼驼纹银胡瓶制于萨珊之说，当然也就无从谈起。

此外，"典型的萨珊朝银器图"举出的一件八棱带把杯，也已被证明是粟特制品，唐代的这类银杯也正是在粟特的影响下产生的。桑山正进甚至说："如果不考虑粟特地区与唐代中国的关系，这类杯的出现便无从解释"[56]。

那么，为什么会出现这些与实际情况颇有出入的判断呢？只能说是受了时代的局限所致。当时对萨珊文物的认识，大致还停留在波普《波斯艺术综览》的水平上，许多中亚的器物还和西亚的混在一起。而且国内对古代金银器的研究还没有形成队伍，1978 年夏鼐先生发表《近年中国出土的萨珊朝文物》时，这一课题还算是偏僻的冷门。此后的二十年就不同了，动乱结束后，随着陕西蓝田杨家沟窖藏、浙江临安水邱氏墓、江苏丹徒丁卯桥窖藏、陕西扶风法门寺塔地宫、山西繁峙窖藏、河南伊川鸦岭齐太夫人墓等处之大量金银器的出土[57]，韩伟、陆九皋、段鹏琦、卢兆荫诸先生之有关论著的刊布[58]，若干国外的研究成果也流传开来。如法国学者索连（A. Souren）和麦立坚—齐尔万尼（Melikian—Chirvani）所撰《伊朗银器及其对唐代中国的影响》一文，认为对中国金银器影响最大的不是萨珊金银器。而是萨珊灭亡后伊朗东部和中亚地区的金银器[59]。俄国学者马尔沙克（Б. И. Маршак）所撰《粟特银器》一书，从过去被认为是萨珊朝的银器中重新考定出三群粟特银器。并指出，中国金银器深受粟特的影响，反过来又影响了粟特的金银器[60]。日本学者桑山正进所撰《一九五六年以来出土的唐代金银器及其编年》一文，除对唐代金银器进行编年分期外，也特别强调粟特地区对唐代金银器的影响[61]。他们的见解在不同程度上引起了我国学者对中亚银器的注意。1999 年，齐东方《唐代金银器研究》一书问世，这部集大成的著作是对五十年来之金银器研究进行的一次总结。书中三分之一的篇章是讲"唐代金银器与外来文明"的，作者对中国金银器所受西方影响，从考古学的编年排队和型式演变的角度作了考察，对许多悬而未决的问题都提出了自己很有力度的看法。但站在 21 世纪的门槛上，不能不对论述的系统性和鉴别的准确性提出更高要求。比如由于遗物稀少和年代参差，很难找到萨珊金银器直接影响中国金银器的证据，即两者之间时代相接、形制相仿，存在着明显的因袭关系的实例；那就应尽可能找出间接影响的证据，即甲如何影响乙，乙又如何影响丙的实例。在考证器物的国别时，对其产地也宜尽量避免用"中亚制品"或"萨珊式器物"等泛称，因为文化交流的线索如果连接在含糊的概念上，就将变得软弱无力了。

由于研究者将视线陆续聚焦于粟特，故近年在我国出土物中检出的粟特银器为数不太少。其中有的器物上刻有粟特文铭记，且已被释读，故可确认。如广东遂溪边湾村南朝窖藏中出土的十二瓣银碗上之铭记，意为："［此碗属于］石国的……SP.［重］42 个币"[62]。新疆焉耆七个星乡出土银碗的铭记意为："这件器物属于得悉神……达尔斯玛特神，银重 30 斯塔特"[63]。西安沙坡村出土鹿纹银碗的铭记意为："祖尔万神之奴仆"[64]。另如李家营子出土的猞猁纹银盘[65]、西安西郊出土的缠枝纹银碗[66]、河北宽城出土的银胡瓶等[67]，则可以根据其形制而考定。

除了作为研究热点的粟特地区外，内蒙古呼和浩特附近的毕克齐镇出土的高足银杯和西安隋·李静训墓出土的高足金杯应为拜占庭制品[68]。而李静训墓出土的金手镯则是从印度传来的[69]。这些金银器的原产地在古代世界上星罗棋布，正反映出当时中国的对外交往甚为广泛。

可是在研究过程中，也有时将国产之器物当成外来的了。如 1976 年在河北赞皇东魏李希宗墓出土的银碗，碗壁上排列着三十二道凸起的弧线，代表水波，从构图上明显看出来自萨珊的影响。但碗底心锤鍱出的一朵六瓣宝装莲花却是中国式的，非西亚所能办（见本书图 18–10：1）[70]。1988 年在湖北老河口市李楼村西晋墓出土的铜洗，底心就铸出一朵莲花[71]。南北朝时的瓷盏，碗内于底心印莲花纹者更不乏其例。李希宗墓的银碗不过从西方引来了水波纹，踵事增华而已。而水波纹与碗心之花朵结合在一起的图案且继续流传下去，1993 年四川彭州出土的宋代金杯还在沿用[72]。自西晋到宋，六七百年间其基本构图一直不变，正是由于深深植根于传统中，所以才能出现这样的现象。而齐东方认为李希宗墓的银碗也是"印度或伊朗东部 4 世纪至 5 世纪的作品"[73]，或恐非是。

至于玻璃器，我国在这方面不如西方发达，常将西方传来的玻璃器视为珍宝。先秦时外来的玻璃制品主要是一种套色的蜻蜓眼式玻璃珠，1978～1979 年河南固始侯古堆 1 号墓出土三颗，1978 年湖北随州曾侯乙墓出土七十三颗[74]。他处也时有发现，但成分未经检验。西汉时传入罗马玻璃，1954 年在广州横枝岗 2061 号西汉墓出土的三件深蓝色玻璃碗，是我国已发现之最早的罗马玻璃器[75]。这是一种模压成型的钠钙玻璃。公元前后，罗马发明了吹制玻璃技术。1987 年，洛阳东郊东汉墓出土的一件黄绿色长颈玻璃瓶，自口沿至平底通体旋绕白色条纹，是典型的罗马搅胎吹制玻璃器（见本书图 8–7）[76]。此器色调鲜明，造型优雅，而且相当完整，十分珍贵。1980 年在江苏邗江甘泉 2 号东汉墓出土的紫、白两色相间的搅胎玻璃器残片，复原后应为带竖棱纹的平底钵[77]。与上一例不同，它仍是模压成型的，这类罗马玻璃器之完整的实物在我国还没有发现过。值得注意的是，广西合浦西汉墓及贵县东汉墓出土的几件玻璃器，经化验属钾硅玻璃，与公认的我国古代自制的铅钡玻璃及西方的钠钙玻璃均不相同。从器形上看，这种玻璃器中既有如贵县南斗村 8 号东汉墓出土的带托盘之高足杯那种我国当时少见的器形，也有腰鼓形耳珰这类我国固有的器形[78]。因此，这批玻璃器是外来的还是当地自制的，其中的耳珰等物是否系用外来的玻璃料加工而成？均有待研究解决。

魏晋南北朝时期的出土文物中仍有罗马玻璃器，如 1965 年在辽宁北票北燕·冯素弗墓出土的玻璃鸭形器，建国前夕在河北景县北魏封氏墓地祖氏墓出土的波纹碗等[79]。但如南京象山、鼓楼岗、北崮山等地之东晋墓中出土的带磨饰的玻璃器[80]，研究者中有的认为是罗马玻璃，但也有认为是萨珊玻璃的。萨珊玻璃工艺的鼎盛时期为 3～6 世纪，这时罗马玻璃器仍向我国进口，故二者在出土物中曾同时并存。与罗马玻璃相较，萨珊玻璃更加透明，而且其装饰工艺独具特点，除磨出凹面圆饰者外，还有先在厚玻璃器壁上磨出圆柱形突起，再将其顶端磨成下凹之球面的。安息朝后期和萨珊朝前期还曾以钳出的乳突纹为饰，萨珊朝后期则常于器壁外琢磨或粘贴出凸圈纹。在我国，萨珊玻璃器早在 1965 年已于北京八宝山西晋重臣王浚之妻华芳墓出土，但初出时此器破成碎片，未引起充分注意[81]。1985 年，丁六龙工程师成功地将碎片拼接复原成一件饰以乳突纹的圆底钵，正符合前期萨珊器的形制。1978 年湖北鄂城五里墩 121 号西晋墓出土的萨珊玻璃器残片，复原后亦应为圜底钵，但器表以磨出的凹面为饰[82]。它和 1985 年江苏镇江句容东晋南朝墓出土的玻璃钵形制相似，但后者为完整之器[83]。我国发现的这类以直接磨出的凹面为饰之萨珊玻璃圜底钵中最精美的一例，应推 1988 年在山西大同张女坟 107 号北魏墓中所出者，其外壁磨出三十五个长椭圆形凹面，分四行间错排列，圜底上又磨出七个较大的圆凹面（图 31－8）[84]。此器除出现小片风化层外，整体状况良好，外观几乎可与一千多年来一直在保存条件无与伦比的日本正仓院中珍藏的白琉璃碗媲美。而 1983 年固原李贤墓出土的玻璃碗虽比上述诸器略小，但质地纯净，给人以莹澈之感。其外壁磨出两横列十四个突起的凹形球面，上六下八，相间排列，每一凹面均如透镜，从中可以透视到另一侧

之三个以上的凹面[85]。如杯中盛物，则反映幻化成不知凡几，自然会引起使用者的莫大兴趣。此外，还应提到 1986 年在西安东郊隋清禅寺塔地宫中出土的萨珊玻璃小瓶，球形瓶体上有四个三角形饰和四个凸圈[86]。地宫瘗于开皇九年（589 年），正当萨珊朝后期，也正是萨珊玻璃器上这种装饰意匠流行的时期。1970 年在西安何家村唐代窖藏中出土的侈口直壁平底杯，器壁上也饰有三个一组、竖排成八行共二十四个凸圈[87]。其大小不一，显然是用贴丝法粘上去的。何家村窖藏封埋于唐德宗以后，距离制此玻璃杯的时间应在百年以上，可见萨珊

图 31－8　山西大同张女坟 107 号北魏
墓出土的萨珊玻璃圜底钵

玻璃器长期流传，为世所宝爱。

8 世纪以降，西方的玻璃生产中心转入伊斯兰国家，工艺技巧又有新的发展，这类玻璃器曾作为商品，自陆、海两路输入我国。遗留至今者虽已是吉光片羽，但就考古发掘品统计，自西晋至晚唐，萨珊玻璃器共出土十余件；而自晚唐到北宋前期，出土的伊斯兰玻璃已达四十件以上。1987 年在陕西扶风法门寺塔地宫中出土伊斯兰玻璃器十七件，是李唐皇室的供奉之器[89]。其中的划刻描金盘、涂釉彩绘盘、模吹印花筒形杯、缠丝贴花盘口瓶等，都是罕见的精品甚至孤品。比这次发掘早一年，1986 年在内蒙古哲里木盟奈曼旗青龙山镇辽·陈国公主墓出土伊斯兰玻璃器六件，制作年份虽较法门寺地宫出土物为迟，但不晚于 1018 年[89]。其中有式样很典型的折沿平肩筒腹刻花瓶。应生产于 10 世纪末至 11 世纪

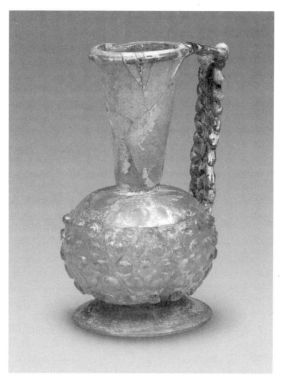

图 31-9　内蒙古哲盟奈曼旗辽代陈国公主墓出土的花丝柄乳丁纹瓶

初。我国发现的此类刻花瓶已有五件，除这一件外，河北定县静志塔（976 年）[90]、浙江瑞安慧光塔（1034 年）[91]、安徽无为宋塔（1036 年）[92]、蓟县独乐寺白塔（1059 年）[93]均出。根据这些与纪年器共存的出土物，可以排出其发展序列，为在断代问题上颇感困惑的伊斯兰刻花玻璃器提供了一支年代标尺。陈国公主墓出土的伊斯兰玻璃器中还有带长把手的高杯，与 1976 年辽宁朝阳姑营子辽·耿延毅墓出土者几乎全同[94]，堪称双璧。带长把手的伊斯兰玻璃器之另一例是 1988 年在辽宁朝阳北塔天宫中发现的胡瓶，其把手与上述二器相近，少见的是它还装有鸟头形金盖。徐苹芳先生认为此器为"萨珊玻璃器中之精品"[95]。不过胡瓶在萨珊器物中虽常见，但这种颈部甚短、器身接近三角形或水滴形的造型要到伊斯兰时代才流行。日本天理参考馆所藏此型伊斯兰铜胡瓶，器口与延伸出的流部亦形成鸟头形，且刻出鸟目，可作为旁证[96]。又陈国公主墓出土的一件以花丝堆砌成把手的乳丁纹瓶，除科威特国家博物馆藏有一件外，具有这两种特点之完整的玻璃瓶尚未见第三例（图 31-9）。安家瑶先生说，此器之氧化钠的含量高达 20.66%，与埃及和叙利亚的玻璃成分相近，其生产地点可能就在埃及或叙利亚[97]。而陈国公主墓出土的刻花玻璃盘，无色透明，腹外壁刻出一周二十八个四棱锥形饰。据安家瑶研究，乃是世界上独一无二的拜占庭艺术珍品[98]。

最后，再对我国出土的西方古代陶瓷器和铜器略作介绍。陶瓷方面有 1968 年在江苏扬州南郊发现的一件波斯翠绿釉陶壶[99]和 1965 年在福建福州战坂乡五代闽国刘华墓出土的三件波斯孔雀蓝釉大陶瓶[100]。这类蓝绿釉皆以铜离子着色。与我国汉代以来的绿釉陶器上所施低温铅釉不同的是，这是一种基本不含铅的碱金属釉，在高温条件下才能烧成。它的出现为我国的陶瓷工艺带来借鉴。铜器方面则只有 1985 年在陕西临潼庆山寺塔地宫中出土的人面纹铜壶，腹部凸起六个人面，很奇特，可能是中亚产品[101]。另外，1989 年在新疆和田发现一批窖藏铜器，共十六件，应为 11～13 世纪初喀喇汗朝（黑汗王朝）之物。其中有素面的，也有图案繁缛并錾嵌银或嵌紫铜花纹为饰的[102]。

建国五十年来出土的西方古文物种类繁多，且有大量珍品，其中包含的文化信息极为丰富，已作的研究工作尚未能充分揭示其内涵。本文更仅仅是从文物的角度介绍情况，为文化交流史的研究者提供史料而已。其囿于见闻，挂一漏万之处，尚希识者正之。

（原载《文物》1999 年第 10 期）

注　释

① 夏鼐：《新疆发现的古代丝织品——绮、锦和刺绣》，《考古学报》1963 年第 1 期。

② 夏鼐：《中国文明的起源》，文物出版社，1985 年。

③ A·斯坦因：《亚洲腹地》第 2 卷，第 676 页。

④ 薄小莹：《吐鲁番地区发现的联珠纹织物》，《纪念北京大学考古专业三十周年论文集》，文物出版社，1990 年。

⑤ 姜伯勤：《敦煌吐鲁番文书与丝绸之路》，文物出版社，1994 年。黄时鉴：《元代扎你别献物考》，《文史》35 辑，1992 年。

⑥《元史·百官志一》。

⑦ 许新国、赵丰：《都兰出土丝织品初探》，《中国历史博物馆馆刊》，总 15、16 期，1991 年。

⑧《中国文物精华（1997）》，文物出版社，1997 年。

⑨ 新疆文物考古研究所：《新疆尉犁县营盘墓地 15 号墓发掘简报》，《文物》1999 年第 1 期。

⑩ 同注⑨。

⑪《太平御览》卷七〇八引。

⑫ 新疆维吾尔自治区博物馆：《洛浦县山普拉古墓发掘报告》，《新疆文物考古新收获（1979～1989）》，新疆人民出版社，1995 年。《鉴赏家》第 8 期，第 79 页。

⑬ 王炳华：《丝路"新疆段"考古新收获》，《十世纪前的丝绸之路和东西文化交流》，新世界出版社，1996 年。

⑭ 新疆维吾尔自治区博物馆：《新疆民丰县北大沙漠中古遗址墓葬区东汉合葬墓清理简报》，《文物》1960 年第 6 期。

⑮ 陈宁康、傅木兰：《新疆出土东汉蓝印花布考》，1997 中国贵州国际蜡染联展暨学术研讨会交流论文。

⑯ 多数研究者认为这块布系蜡染制品，见郑巨欣、朱淳：《染缬艺术》（中国美术学院出版社，1992 年）、缪良云：《中国历代丝绸纹样》（纺织工业出版社，1988 年）等书。注⑮所引论文的作者目验原物后，认为所用防染涂料不是蜡，而是另一种白色浆料。因标本夹在两片有机玻璃中，究竟是何物，一时尚看不清楚。

⑰ 余太山主编：《西域文化史》，中国友谊出版公司，1995 年。

⑱ 赵丰：《丝绸艺术史》，浙江美术学院出版社，1992 年。

⑲ 同注⑮。

⑳ *Silk Road Coins*, *The Hirayama Collection. British Museum*, 1993.

㉑ 广州市文物管理委员会等：《西汉南越王墓》，文物出版社，1991 年。

㉒ 南京博物院：《江苏邗江甘泉二号汉墓》，《文物》1981 年第 11 期。广州市文物管理委员会等：《广州汉墓》，文物出版社，1981 年。湖南省博物馆：《长沙五里牌古墓葬清理简报》，《文物》1960 年第 3 期。

㉓ H. Margon, "Metal Working in the Ancienl World." 载 *American Journal of Archaeology*, V, 53, No. 2. 1949.

㉔ 河北省文物研究所：《河北定县 40 号汉墓发掘简报》，《文物》1981 年第 8 期。

㉕ 岑蕊：《试论东汉魏晋墓中的多面金珠用途及其源流》，《考古与文物》1990 年第 3 期。

㉖ 广州市文物管理委员会等：《西汉南越王墓》，文物出版社，1991 年。山东省淄博市博物馆：《西汉齐王墓随葬器物坑》，《考古学报》1985 年第 2 期。

㉗ 参见本书《凸瓣纹银器与水波纹银器》一文。

㉘ B. Gyllensvärd, "T'ang Gold and Silver." 载 *Bullelin of The Museum of Far Eastern Antiquities*. No. 29. 1957.

㉙ 据宿白先生在《中国大百科全书・考古学卷・"中国境内发现的中亚与西亚遗物"条》所附"中国境内发现的萨珊银币详表"统计。

㉚ 马玉基：《大同市小站村花圪挞台北魏墓清理简报》，《文物》1983 年第 8 期。

㉛ 夏鼐：《北魏封和突墓出土萨珊银盘考》，《文物》1983 年第 8 期。

㉜ 马雍：《北魏封和突墓及其所出的波斯银盘》，《文物》1983 年第 8 期。

㉝ 林梅村：《中国境内出土带铭文的波斯和中亚银器》，《文物》1997 年第 9 期。

㉞ 参见本书《唐李寿墓石椁线刻"侍女图"、"乐舞图"散记》。

㉟《文化大革命期间出土文物》第 1 辑，文物出版社，1973 年。

㊱ 孙培良：《略谈大同市南郊出土的几件银器和铜器》，《文物》1977 年第 9 期。

㊲ 夏鼐：《近年中国出土的萨珊朝文物》，《文物》1978 年第 2 期。

㊳ 同注㉞。

㊴ A. C. Gunter, P. Jett. *Ancient lranian Metalwork*. Washington, 1992.

㊵ 齐东方：《唐代金银器研究》，第 387 页，中国社会科学出版社，1999 年。

㊶ 同注㉝。

㊷ 初仕宾：《甘肃靖远新出东罗马鎏金银盘略考》，《文物》1990 年第 5 期。

㊸ 史蒂文森：《外部世界文化对中国的贡献——交流与融合》，北京大学赛克勒考古艺术博物馆"迎接二十一世纪的中国考古学"国际学术讨论会论文，1993 年。

㊹ 石渡美江：《甘肃靖远出土鎏金银盘の图像と年代》，《古代オリエント博物馆纪要》第 13 册，1992 年。

㊺ 同注㉝。

㊻ 同注㊲。

㊼ 宁夏回族自治区博物馆：《宁夏固原北周李贤夫妇墓发掘简报》，《文物》1985 年第 11 期。

㊽ 吴焯：《北周李贤墓出土鎏金银壶考》，《文物》1987 年第 5 期。

㊾ 齐东方：《中国古代的金银器皿与波斯萨珊王朝》，《伊朗学在中国论文集》，北京大学出版社，1993 年。

㊿ 同注㊵，第 257 页。

(51) B. L. ハルツヤア、穴泽咊光：《北周李贤夫妻墓とその银制水瓶について》，《古代文化》41 卷 4 号，1989 年。

○52 参见拙文：《固原北魏漆棺画》，《文物》1989 年第 9 期。

○53 敖汉旗文化馆：《敖汉旗李家营子出土的金银器》，《考古》1978 年第 2 期。

○54 同注○37。

○55 东京国立博物馆等：《シルクロードの遗宝——古代·中世の东西文化交流》，日本经济新闻社，1985 年。

○56 桑山正进：《一九五六年以来出土の唐代金银器とその编年》，《史林》60 卷 6 号，1977 年。

○57 蓝田县文管会樊维岳：《陕西蓝田发现一批唐代金银器》，《考古与文物》1982 年第 1 期。明堂山考古队：《临安县水邱氏墓发掘报告》，《浙江省文物考古研究所学刊》，科学出版社，1981 年。丹徒县文教局等：《江苏丹徒丁卯桥出土唐代银器窖藏》，《文物》1982 年第 11 期。陕西省法门寺考古队：《扶风法门寺塔唐代地宫发掘简报》，《文物》1988 年第 10 期。李有成：《繁峙县发现唐代窖藏银器》，《文物季刊》1996 年第 1 期。洛阳市第二文物工作队：《伊川鸦岭唐齐国太夫人墓》，《文物》1995 年第 11 期。

○58 韩伟、陆九皋：《唐代金银器》，文物出版社，1985 年。韩伟：《海内外唐代金银器萃编》，三秦出版社，1989 年。段鹏琦：《西安南郊何家村唐代金银器小议》，《考古》1980 年第 6 期。卢兆荫：《试论唐代的金花银盘》，《中国考古学研究——夏鼐先生考古五十年纪念文集》，文物出版社，1986 年。

○59 文载 W. Watson 编，*Pottery and Metalwork in T'ang China*. London，1977.

○60 Б. И. Маршак，*Согдийское Серебро*. Москва，1971.

○61 同注○56。

○62 吉田丰：《〈中国和印度的粟特商人〉补记》中所作考释，见《唐研究》第 3 卷，第 540 页。

○63 同注○33。

○64 同注○33。

○65 同注○53。

○66 保全：《西安市文管会收藏的几件唐代金银器》，《考古与文物》1982 年第 1 期。

○67 宽城县文物保护管理所：《河北宽城出土两件唐代银器》，《考古》1985 年第 9 期。

○68 内蒙古文物工作队等：《呼和浩特附近出土的外国金银币》，《考古》1975 年第 3 期。中国社会科学院考古研究所：《唐长安城郊隋唐墓》，文物出版社，1980 年。

○69 熊存瑞：《隋李静训墓出土金项链、金手镯的产地问题》，《文物》1987 年第 10 期。

○70 石家庄地区革委会文化局文物发掘组：《河北赞皇东魏李希宗墓》，《考古》1977 年第 6 期。并参见本书《凸瓣纹银器与水波纹银器》一文。

○71 老河口市博物馆：《湖北老河口市李楼西晋纪年墓》，《考古》1998 年第 2 期。

○72 《国之瑰宝——中国文物事业五十年》，朝华出版社，1999 年。

○73 同注○40，第 259 页。

○74 固始侯古堆一号墓发掘组：《河南固始侯古堆一号墓发掘简报》，《文物》1981 年第 1 期。湖北省博物馆：《曾侯乙墓》，文物出版社，1989 年。

○75 广州市文物管理委员会等：《西汉南越王墓》，文物出版社，1991 年。

○76 《正仓院の故乡——中国の金、银、ガラス——展》，NHK 大阪放送局，1992 年。

○77 南京博物馆：《江苏邗江甘泉二号汉墓》，《文物》1981 年第 11 期。

○78 黄启善：《广西汉代玻璃制品初探》，《中国古玻璃研究》，中国建筑工业出版社，1986 年。

○79 黎瑶渤：《辽宁北票县西官营子北燕冯素弗墓》，《文物》1973 年第 3 期。张季：《河北封氏墓群调查记》，《考古通讯》1957 年第 3 期。

○80 南京市博物馆：《南京象山 5 号、6 号、7 号墓清理简报》，《文物》1972 年第 11 期。南京大学历史系考古组：《南京大学北园东晋墓》，《文物》1973 年第 4 期。南京市博物馆：《南京北郊东晋墓发掘简报》，《考古》1983

年第 4 期。

⑧ 北京市文物工作队：《北京西郊西晋王浚妻华芳墓清理简报》，《文物》1965 年第 12 期。

⑧ 安家瑶：《北周李贤墓出土的玻璃碗》，《考古》1986 年第 2 期。

⑧ 同注⑧。

⑧ 山西省考古研究所：《大同南郊北魏墓群发掘简报》，《文物》1992 年第 8 期。

⑧ 同注⑧。

⑧ 郑洪春：《西安东郊隋舍利墓清理简报》，《考古与文物》1988 年第 1 期。

⑧ 陕西省博物馆等：《西安南郊何家村发现唐代窖藏文物》，《文物》1972 年第 1 期。

⑧ 陕西省法门寺考古队：《扶风法门寺塔唐代地宫发掘简报》，《文物》1988 年第 10 期。

⑧ 内蒙古自治区文物考古研究所等：《辽陈国公主墓》，文物出版社，1993 年。

⑩ 河北定县博物馆：《河北定县发现两座宋代塔基》，《文物》1972 年第 8 期。

⑨ 浙江省博物馆：《浙江瑞安北宋慧光塔出土文物》，《文物》1973 年第 1 期。

⑨ 《无为宋塔下出土的文物》，《文物》1972 年第 1 期。

⑨ 天津市博物馆考古队等：《天津蓟县独乐寺塔》，《考古学报》1989 年第 1 期。

⑨ 朝阳地区博物馆：《辽宁朝阳姑营子辽耿氏墓发掘报告》，《考古学集刊》第 3 辑，1983 年。

⑨ 朝阳北塔考古勘察队：《辽宁朝阳北塔天宫地宫清理简报》，《文物》1992 年第 7 期。徐苹芳：《考古学上所见中国境内的丝绸之路》，载《十世纪前的丝绸之路和东西文化交流》。

⑨ 《シルクロード・オアシスと草原の道》，奈良县立美术馆，1988 年。

⑨ 安家瑶：《试探中国近年出土的伊斯兰早期玻璃器》，《考古》1990 年第 12 期。

⑨ 同注⑨。

⑨ 顾风：《略论扬州出土的波斯陶器及其发现的意义》，载《伊朗学在中国论文集》。

⑩ 福建省博物馆：《五代闽国刘华墓发掘报告》，《文物》1975 年第 1 期。

⑩ 临潼县博物馆：《临潼唐庆山寺舍利塔基精室清理记》，《文博》1985 年第 5 期。

⑩ 李吟屏：《新疆和田市发现的喀喇汗朝窖藏铜器》，《考古与文物》1991 年第 5 期。

中国古代茶具[*]

一

世界三大饮料作物之一的茶，原产于中国。但茶在成为日常饮料之前，还有一个主要供药用的阶段。因此，茶的见于记载和饮茶风习的出现不是一回事。目前只能根据汉·王褒《僮约》（公元前 59 年）中"烹茶（茶）尽具"、"武阳买茶（茶）"等史料，将中国饮茶的兴起定在西汉。武阳即今四川彭山县双江镇。后来晋·孙楚在《出歌》中也说："姜、桂、茶、荈出巴蜀。"可见近两千年前，巴蜀已以产茶著称。

以汉代到南北朝，饮茶之风在西蜀和江南一带逐渐流行，但原先的饮茶方式不甚讲究。据《尔雅》晋·郭璞注等处记载，起初煮茶与煮菜汤相近。然而就在晋代，一种较精细的方法开始出现。晋·杜育的《荈赋》中有"沫沉华浮，焕如积雪"等语，表明当时不仅将茶碾末，且已知救沸育华。这和《茶经》中所说"华之薄者曰沫，厚者曰饽，细轻者曰花"，"重华累沫，皤皤然若积雪"等提法完全一致。这种精细的饮茶法在六朝时显然已博得上层社会的喜爱，因而这时的许多名人如孙晧、韦曜、桓温、刘琨、左思等，都有若干与茶有关的逸事。和这种情况相适应，饮食器中便逐渐分化出专用的茶具。

中国最早的茶具约出现于东晋、南朝，这时因盏中的热茶烫手，在江、浙、闽、赣等地生产的青瓷器中，遂出现了专用于饮茶的带托盘之盏。托盘内底中心下凹，周围有凸起的托圈，形制与唐代带"茶拓子"铭记的金银茶托基本一致^①。这里展出的青釉刻莲花纹带托瓷盏，可以作为早期茶具的代表（图 32 – 1）。它具有瓯窑产品的特点，这是和浙江温州瓯窑窑址出土的瓷片相比较而得知的。《荈赋》说饮茶之具"器择陶拣，出自东瓯"，正与出土物的情况相合。瓯窑是中国最早烧茶具的窑口之一，其产品釉色青绿泛黄，玻化程度虽较高，胎、釉的结合却不够理想，常开冰裂纹，且出现剥釉现象。虽然如此，但中国茶具的发展，实滥觞于此时。

---

* 为中国历史博物馆在香港举办的"中国古代茶具展"作。

图 32 – 1　　南朝青釉刻莲花纹带托瓷盏

二

　　南北朝时饮茶虽然在南朝流行，北朝地区却不好此道。喜欢饮茶的南朝人士在北魏首都洛阳遭到嘲笑的事，于《洛阳伽蓝记》一书中有生动的记述。此风广被全中国要到唐代中期，其背景则与佛教禅宗传法有关。"学禅务于不寐，又不夕食，皆许其饮茶。人自怀挟，到处煮饮。从此转相仿效，遂成风俗"（唐·封演《封氏闻见记》）。这时将茶叶采下后，先用蒸汽杀青，再捣碎，制饼，然后烘干。而六朝时制饼，并无蒸青这道工序，故茶味不同。唐代饮茶须先将茶饼碾末，再行烹点。不过，这时曾同时并存两种烹点方法。这里先说陆羽《茶经》（成书在 764 年以后）中所记的"煎茶法"。

陆羽是推动饮茶活动的著名倡导者。他所说的煎茶法是先在风炉上的茶镀中煮水，俟水微沸，量出茶末往镀心投下，随即用竹荚搅动，待沫饽涨满镀面，便酌入碗中饮用。此法在中唐时最为流行，这时咏茶的诗句中常反映出往镀中放入茶末的情况。如"汤添勺水煎鱼眼，末下刀圭搅麹尘"（白居易诗）；"铫煎黄蕊色，碗转麹尘花"（元稹诗）等。至晚唐时，又兴起了另一种方法：先将茶末撮入茶盏，然后用盛着沸水的茶瓶向盏中冲注；一面冲注，一面用茶筅或茶匙在盏中环迴击沸。其操作过程叫"点茶"。河北宣化辽代张世卿墓的壁画中，将点茶的场面画得很清楚（图 32 - 2）。后来居上，至北宋时点茶之风甚盛，煎茶者已不多，故风炉与茶镀的实物颇少见。这里展出的传河北唐县出土五代邢窑白瓷明器风炉、茶镀，是已知最早的实例（图 32 - 3）。煎茶时为了"育华"，即使茶面上多浮出汤花，则须控制镀中之水的沸腾程度，故将贮于"熟盂"中的熟水添进镀中止沸。所以，熟盂也是用于煎茶法的一种特殊茶具。此器在唐代遗物中尚未发现。这里展出的金代黑釉铁锈斑瓷熟盂，满限容量为 1236 毫升，实际容量当与《茶经》所称熟盂"受二升"（合 1200 毫升）相符（图 32 - 4）。

点茶法则不用镀而用汤瓶煮水，水沸后持瓶向茶碗中冲注。此法最先见于唐·苏廙《十六汤品》。他特别重视点汤的技巧，强调水流要顺通，水量要适度，落水点要准确。目前能够直接确认的唐代汤瓶是西安出土的一件，底部墨书"茶社瓶"，年代为太和三年（829年)[②]。此器腹部圆鼓，盘口，肩上出短流（图 32 - 5）。这类器物中有些虽为用于盛酒的酒注，但如长沙窑窑址所出那种书有"题诗安瓶上"之句者，乃是汤瓶无疑。展出的黄釉褐斑"何"字贴花瓷瓶，也是长沙窑生产的汤瓶（图32 - 6）。此外，河南陕县刘家渠唐墓出土的白瓷汤瓶，器形与上述西安所出"茶社瓶"及唐县出土茶器中之汤瓶相同，但瓷质更精。不过汤瓶也有长流的，本文图 32 - 8：1、图 32 - 12：1、3 所举汤瓶的流就颇长。宋·审安老人《茶具图赞》中标出的"汤提点"，也是一件长流瓶。

图 32 - 2　　宣化辽墓壁画《点茶图》

图 32-3　　五代白瓷风炉、茶镀

图 32-4　　宋黑釉铁锈斑瓷熟盂

　　无论煎茶或点茶，均须先将茶饼碾末。碾末的用具有茶臼、茶碾与茶磨。展出的唐代白瓷茶臼，内壁无釉，划出多重同心圆，再错刻人字纹，以形成供研磨用的糙面（图 32-7）。唐·柳宗元诗"山童隔竹敲茶臼"，说的就是这种器物。内蒙古赤峰元宝山元墓壁画《进茶图》中，还画出了手持茶臼研茶的人物（图 32-8：2）③。不过更常用的是茶碾。西安出土的唐西明寺茶碾是石制的，已残，约存原器之半，长 16.4、宽 10.7 厘米。刻有"西明寺石茶碾"六字。此碾相当大，可供僧众举行茶宴。通常用的茶碾则"贵小"。《臞仙神隐》说，茶碾"愈小愈佳"。扶风法门寺塔地宫出土的唐

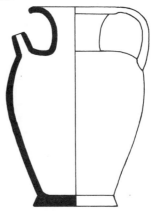

图 32-5　　唐代茶瓶

1. 西安唐太和三年（829 年）王明哲墓出土，底部墨书："老导家茶社瓶，七月一日买。壹。"

代银茶碾长27.7厘米（图32-9）。展出的元代白釉瓷碾槽长27.5厘米（图32-10），与上述银茶碾的长度基本一致。至于茶磨，宋代始常用。在朝鲜半岛新安海底沉船遗物中曾经发现，宋画中也有使用茶磨的情况（固32-8:1）。

　　碾出的茶末用罗筛过后，则贮于盒中以备饮用，茶盒的体积一般不大。《茶经》说盒高三寸，口径四寸。有用竹、木制作的，贵重的也用玉或银制。唐·卢纶诗中曾说将新茶"贮之玉盒"。银茶盒在《契丹国志·礼物名数》及陆游《老学庵笔记》卷九等处亦曾提及。日常多用瓷茶盒。展出的五代越窑青瓷茶盒，是单独装匣支烧的，釉汁明亮润泽，制作颇精（图32-11）。山西长治李村沟金墓壁画《茶具图》中，画出了形制和它相近的茶盒（图32-12:1）④。

　　直接持而饮用的茶具是碗，当时一般称之为盏。本次展出的唐代邢窑与越窑的茶盏，可代表当时北白南青之两大瓷系。展出的邢窑细白瓷盏，胎质之细腻、釉色之白净、造型之规整，已臻唐代邢窑制瓷工艺之极诣。邢窑白瓷在当时极负盛名。唐·李肇《唐国史补》说："内丘白瓷瓯……天下无贵贱通用之。"在北方和中原地区，邢窑白瓷是瓷器中占优势的品种。白居易诗说："白瓷瓯甚洁。"释皎然诗说："素瓷雪色漂沫香。"颜真卿等人也称道："素瓷传静夜，芳气满闲轩。"这些都是咏白瓷茶具的佳

图32-6　唐长沙窑黄釉褐斑
"何"字贴花瓷汤瓶

图32-7　唐白瓷茶臼

句。白瓷的胎、釉均须精细淘练，制作较繁难。《茶经》中虽推奖越瓷，但仍记有"或者以邢州处越州上"的看法，反映出邢、越瓷的声誉可相匹敌。展出的另一件邢窑葵口白瓷盏，内壁釉面有旋绕的擦痕，当是长期用于点茶时被茶筅或茶匙"击拂"之所致（图32－13）。邢窑葵口盏当时流传甚广，伊朗的席拉夫遗址曾出完整的此式器，所

图 32－8　使用茶磨（1）和茶臼（2）

1. 传南宋·苏汉臣《罗汉图》局部　2. 赤峰元宝山元墓壁画

以其用途可能是多方面的。但此碗的擦痕以及传卢楞迦笔《六尊者像》中所绘此式盏承以茶托，则均是它被用作茶器之证。

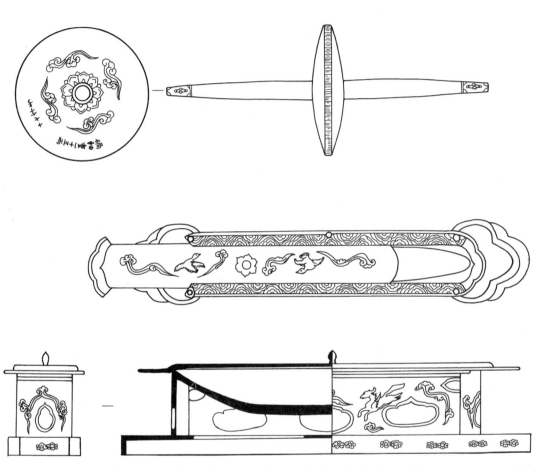

图 32 - 9　扶风法门寺塔地宫出土唐代银茶碾与碾轮

唐代后期，越窑青瓷蓬勃发展，窑场分布既广，规模又大。这时浙江慈溪县上林湖一带曾设置"贡窑"，生产宫廷用瓷和贡品。所烧青瓷号称"秘色"，如唐·陆龟蒙《秘色越器》诗以"夺得千峰翠色来"，五代·徐夤《贡余秘色茶盏》诗以"巧剜明月染春水"之句来比拟它。但这类文学辞藻难以使人确知其色调，故秘色究系何色，久已成为难解之谜。1988 年陕西扶风法门寺唐塔地宫出土的秘色瓷器，因有同出石刻《物帐》上的记载为证，才给秘色找到了答案。这里展出的两件越窑青瓷盏，与法门寺所出者色调相近，也可以归入广义的"秘色"范畴（图 32 - 14）。秘色越器是以铁的化合物作为釉中的呈色剂，后来宋代最受欢迎的黑瓷也大都如此。陆羽崇尚越器，就时代潮流而言，正是得风气之先，是站在下一时期瓷业生产之主流的前沿上的人物。

自点茶法兴起后，尽管饮茶技术日益超出了《茶经》的范围，但陆羽的功绩仍为嗜茶者所景仰，即如宋·梅尧臣诗所说：
"自从陆羽生人间，人间相学事春茶。"
因而在《茶经》成书后的半个多世纪后，
陆羽已被祀为茶神，事见李肇《唐国史
补》（约成书于825年前后）。该书又载：
"巩县陶者，多为瓷偶人，号陆鸿渐，买
数十茶器，得一鸿渐。"这种瓷制的茶神
像一出，竟久行不衰，在唐·赵璘《因
话录》、《新唐书·陆羽传》、北宋·欧阳
修《集古录跋尾》以及南宋·费衮《梁
谿漫志》中均有这方面的记载。制作茶
神陆羽瓷像的时间既然前后经历了近三
个世纪，数量不会少。《唐国史补》还
说："市人沽茗不利，辄灌注之。"因为
"俚俗卖茶肆中，尝置一瓷偶人于灶侧，
云此号陆鸿渐"（《集古录跋尾》），摆放
得比较随便。"市人"对之日夕亲炙，司
空见惯，既尊且谑，有时甚至做出一些
出格的举动。这种瓷像虽然有的"甚清
俊"（宋·韩淲《涧泉日记》），但不见
得件件均精雕细琢，大部分也不会镌刻
铭记，识别时只能依靠旁证。这次展出
的茶神像，是在传河北唐县出土的一批
茶具中发现的（图32-15）。它既与茶具
同出，装束姿容又不类常人，也不是佛
教或道教造像，故被鉴定为茶神像。这
是已知唯一的一件茶神像，也是它的第
一次公开展出。

图32-10　元白瓷碾槽

图32-11　越窑艾青釉瓷茶盒

三

　　饮末茶虽在六朝时已见端倪，唐代且形成了"煎茶"与"点茶"二法，但直至宋
代，末茶的饮法才达到高峰。首先，这时最受推崇的名茶已由唐代所尚之湖州顾渚紫

筒与常州宜兴紫筒，即所谓"阳羡茶"，改为福建建安凤凰山所产"北苑茶"。宋太宗
时，以北苑茶制成龙、凤团茶供御。仁宗时，在蔡襄主持下制成"小龙团"。神宗时又
制成"密云龙"。徽宗时更以"银丝水芽"制成"龙团胜雪"。茶饼愈来愈小，其制作

图 32 - 12　茶具与酒具

1. 山西长治李村沟金墓南壁东侧龛内壁画《茶具图》　2. 李村沟金墓南壁西侧龛内壁画《酒具图》　3. 山西
文水北峪口元墓西北壁壁画《进茶图》　4. 北峪口元墓东北壁壁画《进酒图》

之精，与唐代的团饼巨串已不可同日而语。其次，在制法上，这时将精选的小芽蒸青后，还要再反覆榨净茶汁。这种作法是非常独特的。一般认为，茶汁去尽则茶之精英已竭，但当时并不这么看。这时对极品之茶的要求是徽宗《大观茶论》提出的"香甘重滑"四字，而且茶色"以纯白为上真"。茶汁不去则微涩、微苦之茶味与青暗之茶色势难尽除。并且，榨过的茶膏还要放进盆中研磨，细色上品茶每团要研一整天，直到盆中的糊状物"荡之欲其匀，揉之欲其腻"，这才入模压饼（见宋·赵汝砺《北苑别录》）。饼模的实物已不存，但宋·熊蕃《宣和北苑贡茶录》中载有其图样，还注明其中不少是用银制的。

图 32 – 13　唐邢窑白瓷葵口盏

茶饼的制作达到如此精细的程度，烹点技术自然也极为讲究。宋代出现的斗茶，可以被看作是末茶阶段饮茶艺术最高水平的体现。当时斗茶的方法有两种：一种着重击拂的效果，即晁补之诗所称"争新斗试夸击拂"，是从它们的物理性状上作比较。另一种着重品尝茶味，即范仲淹诗所称"斗茶味兮轻醍醐"，是从它们的生化品质上作比较。对于第一种斗茶法，目前了解得多些，它和茶具形制的关系也更为密切。

图 32 – 14　唐越窑青瓷葵口盏

用此法斗茶的第一步是下末。首先要将茶饼炙干、捶碎，才能碾成极细之末入罗。蔡襄在《茶录》中明确指出："罗细则茶浮，粗则水浮。"而茶末的浮沉又是斗茶胜负的关键。只有当茶末极细，调膏极匀，汤候适宜，水温不高不低，水与茶末的比例不多不少，茶盏事先预热好，冲点时又搅得极透，指旋腕活，击拂得宜，盏中的茶才能呈悬浮的胶体状态。这时茶面上银粟翻光，乳雾汹涌，泛起的沫饽积结在碗沿四旁，"周回旋而不动"，"谓之咬盏"（《大观茶论》）。这样的茶"著盏无水痕"，也就是梅尧臣诗所说"烹新斗硬要咬盏"之意。

图 32－15　五代白釉黑彩瓷茶神像

如果烹点不得法，末粗茶沉，懈而不"硬"，茶、水游离，从而粘附碗壁，形成水痕，茶就斗输了。

由于斗茶时要验水痕，而白色的水痕在黑瓷茶盏上显得最清楚，故宋代尚黑盏，其中又以遗址在今福建建阳水吉镇的建窑所产者最负盛名。蔡襄《茶录》说："建安所造者绀黑，纹如兔毫，其坯微厚，焰之久热难冷，最为要用。"苏辙诗也说："蟹眼煎成声未老，兔毛倾看色尤宜。"展出的建窑兔毫斑黑瓷盏，正与以上描述相合（图 32－16）。此外，遗址在今江西吉安永和墟的吉州窑也是宋代黑瓷盏的著名产地。这里烧制的黑瓷盏上以鹧鸪斑、玳瑁斑、木叶纹及剪纸漏花著称。展出的吉州窑鹧鸪斑黑釉盏，在黑色的底釉上又施用一道浅色釉料，烧结后釉面形成羽状斑条，如同鹧鸪鸟颈部的毛色（图 32－17）。吉州窑的鹧鸪斑和建窑的兔毫斑有异曲同工之妙，在诗人笔下常将二者相提并论。如陈蹇叔诗之"鹧斑碗面云萦字，兔毫瓯心雪作泓"，即是其例。展出的另外两件吉州窑玳瑁斑剪纸纹瓷盏，在斑驳的赭黄色乳融地上，呈现出酱黑色的剪纸纹样。它是漏印成的，由于地色釉的流动浸润，剪纸花纹的边缘往往不甚整齐，显得非常自然，妙趣天成，韵味十足（图 32－18）。而在这种斗茶方式的影响下，黑瓷盏不胫而走，不仅南方地区的许多瓷窑生产黑瓷，有些北方烧白瓷的窑口也兼烧黑盏。如定窑就成功地烧出鹧鸪斑黑瓷盏，其斑纹在黑釉面上呈放射状，类似鹧鸪鸟身上的毛色，与吉州窑的鹧鸪斑韵味各殊。此外，磁州窑烧制的铁锈斑黑瓷盏也很成功。展出的这一件，釉面乌黑，其上随意点染几块铁红色的斑块，显得清爽潇洒（图 32－19）。

第二种斗茶方法则如宋·唐庚《斗茶记》所说：是"烹之而第其品，以某为上，某次之，某闽人所赍、宜尤高，而又次之，次之，然大较皆精绝。"该文后所附之诗中尚有"蟹眼煮泉相续汲，龙团别品不停尝"之句，可见是对各种茶进行品评，鉴别高下。范仲淹《和章岷从事斗茶歌》中也说："其间品第胡能欺，十目视而十手指。"更可证明这种斗茶法不以水痕先后为标志，而着重于品尝茶味。值得注意的是，用这种方法斗茶时，不一定用黑盏。上引范仲淹诗就说："黄金碾畔绿尘飞，碧玉瓯中翠涛

图 32 - 16　建阳窑兔毫斑瓷盏

图 32 - 17　吉州窑鹧鸪斑瓷盏

图 32 - 18　吉州窑玳瑁斑剪纸双凤纹瓷盏

图 32 - 19　磁州窑铁锈斑条纹瓷盏

起。"可见用的是碧玉瓯，指青瓷盏。从宋代瓷业生产的全局看，青瓷占有相当大的比重。南方的龙泉系诸窑、北方的耀州系诸窑，都是著名的青瓷窑，这里展出的几件耀州窑青瓷茶盏，有印花的，也有划花的和较少见的绞釉器。其中的水波游鱼纹和缠枝花卉纹线条流畅，允称佳作（图32-20）。展出的龙泉窑莲瓣纹青瓷盏，釉色温润，虽均属青瓷，却与耀州窑产品具有不同的美感（图32-21）。

图32-20　耀州窑青釉印花缠枝花卉纹瓷盏

宋代异军突起的钧窑，以其多变的蓝色调乳光釉蜚声于世。这里展出的一套钧窑天青釉带托瓷盏，在钧瓷中是少见的器形（图32-22）。托与盏配套，称作托盏。茶托子早在东晋、南朝时已经出现，但是直到唐代，茶托上的托圈仍较低矮。宋代茶托的托圈增高，有的托子本身就仿佛是在托盘上加了一只小碗，茶盏的下半部几乎全套入其中。在宋代，有些茶盏的底部很小，几乎立不稳，乃是因为当时还用托子承接。有些建盏的底部釉汁垂淌，颇不规则，也是由于这一部分套入托中而不外露的缘故。饮茶者手擎茶托，不直接举盏，保持着一种优雅的姿势。而饮酒之盏所用者称酒台子，形制与茶托全然不同（图32－12：2、4）。

展览中还展出了一件同安窑青黄釉划花梳篦纹茶盏。日本茶道先行者村田珠光禅师所爱赏的珠光茶碗即此种瓷器。过去不详其产地，1956年修建福建汀溪水库时才发现其窑址，从而为中日文化交流史上又增加了一段佳话。

图32－21　龙泉窑青釉刻花莲瓣纹瓷盏

图32－22　钧窑天青釉瓷托盏

四

　　唐、宋时饮末茶之风虽然兴盛，但不制饼的叶茶，即唐之蒸青、炒青，宋之散茶等，也始终存在。特别到了北宋中期以后，有些品茶者已感到精制的茶饼加工过甚，有失茶之真味，开始注意散茶。唐·刘禹锡茶诗中有"自傍芳丛摘鹰嘴"之句，所以这时多将优质散茶称为鹰嘴、鸟嘴或鹰爪。北宋·黄庭坚词："北苑龙团，江南鹰爪，万里名动京关。"说明江南生产的散茶有的和北苑贡茶齐名。南宋初年诗人周必大送给友人的礼物中有北苑团茶八銙和会稽日铸茶两瓶。瓶装的日铸茶是著名的散茶。陆游《安国院试茶》诗说："只应碧缶苍鹰爪，可压红囊白雪芽。"自注："日铸以小瓶腊纸丹印封之，顾渚贮以红蓝缣囊。"在他看来，鹰爪不仅与顾渚饼茶齐名，甚至还有所过之，于是散茶逐渐流行开来。到了元代，散茶生产已经形成一套从加工到储藏的完整工序。在王祯《农书》和忽思慧《饮膳正要》中，均有对散茶烹饮方法的详细论述。至明初，洪武二十四年（1391年）下诏禁止碾揉高级茶饼，此后遂全面进入饮散茶的阶段。

　　饮散茶用的是撮泡法，无须碾末，以前茶具中的碾、磨、罗、筅等乃废而不用。散茶无须用验水痕的方法来斗试，当年极负盛名的黑茶盏也就不再生产。在中国饮茶史上，由于饮茶法的几度变化，致使前一阶段中的若干论点常不为后一阶段的茶人所赞同。如宋·王观国《学林》说："唐人于茶，虽有陆羽为之说，而持论未精。至本朝蔡君谟《茶录》，则持论精矣。"可是明·屠隆在《考槃余事》中却说："蔡君谟取建盏，其色绀黑，似不宜用。"正是饮茶史上茶艺不断更新的反映。

　　自散茶兴起后，在宋代为斗试家所不取的青白瓷便发展起来。明·许次纾《茶疏》说：茶瓯"纯白为佳，兼贵于小。定窑最贵，不易得矣。宣、成、嘉靖，俱有名窑。近日仿造，间亦可用。"被他最看重的定窑白瓷盏在这里展出了三件，其中的团螭纹葵口碗，花纹不是模印的而是划出的，线条之流利奔放，构图之生动活泼，令人赞叹（图32-23）。展出的元代景德镇月白釉瓷碗，是宋代的青白瓷向明代白瓷过渡的产品。极精美的永乐甜白釉暗花龙纹瓷杯，这里也展出了一件（图32-24）。许次纾历数本朝的珍贵瓷器时，仅及宣、成，而未能上溯到永乐，可知在当时亦极为罕见。

　　不仅明代的茶碗与前代有别，壶类器也发生变化。明代的茶书中都把煮水器和投泡茶叶的茶壶分开来加以叙述。这时的煮水器虽自唐代的汤瓶演变而来，但功能并不完全相同。汤瓶供沸汤冲茶之用，是点茶法中重要的茶具。煮水器则单纯用于煮水，一般不作为专门的茶具看待。对于供泡茶用的茶壶，这时则要求"以小为贵"，认为这

图 32 – 23 定窑白釉划螭纹葵口瓷盏

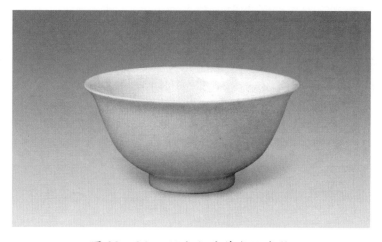

图 32 – 24 甜白釉暗花龙纹瓷盏

样才能使茶的"香不涣散，味不耽阁"。质地则以"窑器为上，锡次之"（均见冯可宾《岕茶笺》）。展出的德化窑白釉贴莲瓣壶即此时的产物（图32－25）。这里还展出了一件乾隆时名匠卢葵生所制、著名学者钱大昕题诗的锡胎漆砂壶，是不可多得的艺术精品（图32－26）。

图32－25　德化窑贴莲瓣瓷茶壶

　　受到文人用饮茶来追求雅趣之风的推动，嘉靖年间在宜兴烧成了紫砂陶茶具。据宋·梅尧臣诗"紫泥新品泛春华"以及近年宜兴所出紫砂陶器残片，可知这一陶器品种宋代已经出现。但于嘉靖之前，并不为世人习知，著名工艺家供春（龚春）才使它成为饮茶者的珍物。明·周高起《阳羡茗壶系》说：宜兴陶壶"能发真茶之色、香、味"。又说供春的作品"栗色暗暗，如古金铁，敦庞周正"。明·文震亨《长物志》说砂壶"供春最贵"，表明崇祯初年供春壶已备受重视。与文氏同时的闻龙在《茶笺》中说，其友人周某珍藏一供春壶，"摩挲宝爱，不啻掌珠，用之既久，外类紫玉，内如碧云，真奇物也"。这些都是明代人据实物作的记录，所称供春壶在色泽上的特点，应是可信的。因为宜兴蜀山出产多种优质陶土，如石黄泥、天青泥、蜜泥、梨皮泥、老泥、细白泥等，可供工艺家烧制各色的作品。这里展出的一件供春款木瘿式壶，是流传至今之唯一的供春壶，也是茶具文物中的瑰宝（图32－27）。

　　嘉庆、道光间，紫砂陶又进入一个新的发展阶段。这时西泠八家之一的陈曼生投

图 32 – 26　卢葵生制锡胎漆砂壶

图 32 – 27　供春款木瘿式紫砂茶壶（壶盖为晚清裴石民后配）

入了紫砂陶的设计工作，他和工艺家合制之壶，世称"曼生壶"，品茶家视若拱璧。展出的曼生刻铭杨彭年制器之壶，是构思巧妙的创新之作（图 32 – 28）。

五

　　清代仍饮散茶。清前期诸帝如康熙、雍正、乾隆均嗜茶，故清宫中珍贵的茶器不胜枚举，但仍以瓷器居多。展出的雍正官窑绿釉鱼子纹茶壶，釉层肥厚均匀，壶身由几朵盛开的菊花组成，浓艳而不媚俗。展出的雍正款胭脂红釉茶杯，是当时的新品种，瓷釉中以黄金作呈色剂，色调娇娆鲜丽，当时只小规模烧制，流传至今者稀如

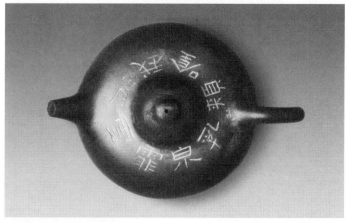

图 32－28　陈曼生题刻杨彭年制紫砂壶

图 32 - 29　雍正款胭脂红釉瓷茶杯

图 32 - 30　乾隆款粉彩诗句鸡缸瓷杯

星凤（图32－29）。到了乾隆时期，中国古代制瓷工艺已发展到最成熟的阶段。乾隆粉彩以精致细腻、色彩缤纷著称。展出的一对乾隆粉彩鸡缸杯，不仅画面生动，而且在方寸之区，题写御制诗一百三十余字，字体端庄清晰，一派宫廷作风（图32－30）。展出的乾隆方形瓷茶壶，以珊瑚红釉为地，金彩绘番莲、卷草等花纹。壶腹四面开光中各有一幅粉彩山水。此壶纹饰设色适度，显得富丽而典雅（图32－31）。

图32－31　乾隆款珊瑚红釉描金开光粉彩山水图瓷茶壶

　　清代茶具虽式样繁多，但在种类上一般因循旧制，这时重要的创新是盖碗的出现和推广。盖碗又名焗盅，初见于康熙时，由一盖、一碗、一托盘组成，结构合理，外观端庄。其敞口利于注汤，敛底利于茶叶积淀，加盖则利于保洁和保温。品茶时，一手托碗，一手持盖，在盖与碗的间隙处啜饮，并用盖拂去漂在水面上的茶叶，形成一种从容不迫、悠然自得的风度。使用盖碗又可用碗而不是用壶来泡茶，和现代的做法相通。这里展出一对道光粉彩盖碗，以见其例（图32－32）。

　　与文人的清雅和宫廷的华贵不同，民间还流行一种佐以其他食品的加料茶。这种作法的起源极为悠久。唐、宋时已有在茶中加盐姜、苏桂、茱萸、薄荷等物的。再晚些时候还有加咸食如腌笋、腐干之类的，但更习见的是佐以各种鲜果和甜食，如胡桃、

图 32-32　道光款粉彩寻梅图瓷盖碗

松子、庵摩、鸭脚、榛子、莲实及点心、饼馓等。盛这些食品的容器一般不外用盘、碟等物，这里展出了宋钧窑盘和元哥窑盘，姑作为它们的代表。这种加料茶，直到今天还在我国的北方、尤其是西北地区流行。

（原载《"中国古代茶具展"图录》，1994 年。收入本集时作了修改）

注　释

① 马得志：《唐代长安成平康坊出土的鎏金茶托子》，《考古》1959 年第 12 期。

② 李知宴：《唐代瓷窑概况与唐瓷的分期》，《文物》1972 年第 3 期。此茶瓶出土于西安太和三年王明哲墓，文中误记为元和三年。

③ 项春松：《内蒙古赤峰市元宝山元代壁画墓》，《文物》1983 年第 4 期。

④ 王秀生：《山西长治李村沟壁画墓清理》，《考古》1965 年第 7 期。

中国墨竹

一

在旧大陆，竹主要分布于亚洲以及非洲，我国是世界主要产竹国。古代欧洲并无乡土竹种，所以欧洲艺术品中很少出现它的形象，而在我国却是久盛不衰的题材。特别是画墨竹，更适应了中国纸墨及用笔方法的特点，相资相成，相得益彰，使中国的艺术品味在这些画幅中发挥得淋漓尽致，从而在绘画史上留下了一大批不朽的杰作。

竹在我国自古备受青睐，《诗·卫风》中已有"瞻彼淇奥，绿竹猗猗"那样美丽的句子。它的用途众多，引起广泛好感，"竹苞松茂"在周代已成为祝颂之词。而从竹的品性中抽象出来的所谓高节虚心等象征意义，尤为士人所推重。东晋·王徽之甚至认为："何可一日无此君"①！因此，竹之被形诸图画，在中国乃是必然的趋势。但是竹竿挺拔而婀娜、竹叶葱茏而纷繁，颇不容易描绘。过去曾认为这类图画出现得很早，清代的《金石图》一书称汉《竹叶碑》"两面隐隐有竹叶文"。然而据翁方纲就实物观察，所谓竹叶文实系剥渤痕，故汉代似尚不解绘竹②。又近年或谓南京西善桥东晋墓出土之拼镶砖画《七贤与荣启期图》中，于阮咸身侧有阔叶竹一丛③。但画面上的"竹"，一本二干，骈如连理，叶子不仅宽大，且具缺刻，树冠又呈圆形，均与竹之生态不侔。不过南北朝时的艺术品中确已出现竹的形象。敦煌莫高窟254窟北魏壁画《摩诃萨埵太子本生》中有竹，惟仅寥寥数笔，且漫漶不清，难以详其究竟。莫高窟285窟西魏壁画《五百强盗成佛因缘》中所绘之竹稍具体，竿上划出竹节，叶子的画法有的较散乱，有的画成平行的横线（图33-1）。莫高窟428窟北周壁画《萨埵太子本生》、420窟隋代壁画《法华经变普门品》中所绘之竹，也在竹竿上密排扁圈或横线以代表竹枝竹叶的轮廓（图33-2）。然而毋庸讳言，这时画竹尚处在起步阶段，上述壁画还画得相当稚拙。论者或就其中哪些偏于写意、哪些偏于写实进行分析，未免陈义过深④。对于这宗新颖生疏的题材，壁画的作者尚难驾驭，所画之竹纯属示意性质。虽然，当时也有比较精细的作品，如收藏在日本奈良法隆寺的玉虫厨子基座右侧所绘《萨埵太子本生》中的竹，就画得很用心（图33-3）。《金光明经》说萨埵死后，"大王摩诃罗陀及

图 33－1　敦煌莫高窟285窟西魏壁画中之竹（据王伯敏摹本）

图 33－2　敦煌莫高窟428窟北周壁画中饥虎背后之竹

其后妃，悲号涕泣，悉皆脱身御服璎珞，与大众往竹林中收其舍利"[5]。所以无论石窟壁画或漆厨彩绘，在表现这一故事时，背景中都画出竹丛。玉虫厨子约为6世纪后期至7世纪前期之物，其制作地点虽说法不一，但上面的绘画一派六朝作风，则从无异议，故讨论本题时可援以为例[6]。就表现方法而论，这丛竹子仍未脱离示意的范畴，它的每一枝上只画出一组羽状叶，有些过于简化、符号化，似乎以使人能辨识为满足。尽管此厨制作精工，而为当时的艺术水平所限，竹丛也只能画到这种程度。唐·裴孝源《贞观公私画史》中著录有刘宋·顾景秀《杂竹样》一卷，云是"隋朝官本"。书已不传，其竹样纵使优于以上诸例，但也不会相距太远。因为直到唐代，画竹者仍沿着或从细部结构着眼，画出竹之枝叶；或从整体印象着眼，画出竹之轮廓的两条途径，不断谋求表现技法的改进。

玉虫厨子上那几簇有如剪贴而成的羽状叶，不仅是简化的、示意性的，而且与竹之生态若即若离、似是而非。自然界中的竹叶在小枝上左右互生，两侧的叶子彼此错开，有的间距稍远，有的靠得较近。其中如凤尾竹、变种观音竹等，每一小枝具叶二十余片，几乎两两相对，看起来就像羽状复叶。但我国竹画中很少画凤尾竹。可是从南北朝到唐代，却习惯把互生的竹叶画成对生的。实际上多数观赏竹类如刚竹属、苦竹属的各种竹子，互生的叶序很清楚，与羽状叶

图 33 - 3 法隆寺玉虫厨子须弥座上所绘之竹

明显不同。而且它们每一小枝上的叶片较少，如毛竹仅两三叶，倭竹更只有一二片叶生于小枝顶端。在园林或山野间，随着竹竿的摇曳起伏，竹叶变得纷纷扰扰，重叠交错，和从夹子里的标本得到的印象大不相同。画家笔下的竹当然不是植物标本，他们不仅要画出竹之鲜明的特征，而且要画出作为活体之竹枝竹叶的动态。也就是说，画家不仅对竹要有植物学层面上的认识，还要从美的层面上，对入眼的亭亭孤竹或森森千竿，萌发灵感，产生激情；并探索出用怎样的艺术语言将其凝铸于图画中。然而在唐代，这些探索并不总是成功的，特别是试图用简括的笔墨勾画出竹之梗概的作者，一时更未能取得突破。如陕西长安兴教寺发现的初唐石刻线画《捣练图》中的双钩竹，叶子的排列有羽状的，有掌状的，有朝单一方向并列的，也有两叶对生的，整竿的布

长安兴教寺初唐
石刻线画中之竹

局显得杂乱无章（图 33 - 4）[⑦]。再如新疆吐鲁番阿斯塔那盛唐墓出土绢画《弈棋仕女图》中的竹，竿左右小枝平直，枝上下叶子僵挺，生气索然[⑧]（图 33 - 5）。在中晚唐工艺品中，如"真子飞霜镜"及日本法隆寺藏"八臣瓠壶"上所见之竹，亦仅画出为数不多之带羽状叶的小枝（图 33 - 6）[⑨]。而敦煌石室所出五代天福八年（943 年）绢本《千手千眼观音菩萨像》供养人身侧之竹，叶子作放射状向四方伸出，更像棕榈（图 33 - 7），如若不是看到同类佛画中这种竹丛下部冒出的笋，几乎就认不出来了[⑩]。

这样的技法自然难以满足唐人对画竹之审美的追求。他们所憧憬的艺术形象已经不能装在南北朝时期"南条交北叶，新笋杂故枝"（谢朓《吟竹》）那种笼统的描述中。试看唐人的吟唱："无情有恨何人见，露压烟啼千万枝"（李贺《昌谷北园新笋》）；"宜烟宜雨又宜风，拂水藏村复间松"（郑谷《竹》）；色彩何等旖旎，而境界又何等阔大。即便是带点冬烘腔、堆砌味的"烟惹翠梢含玉露，粉开春箨耸琅轩"（李绅《南亭竹》）等句，其艺术向往也不是真子飞霜镜上那几竿伶仃瘦竹所承载得了的。在唐代，诗已有资格为画引路，诗情与画意已互为表里。当诗境中的竹含烟带雨、滴露翻风，引起无限遐思之时，那些简略的、示意性的枝叶，就显得苍白无力了；从而上述注重整体效果的画法遂被强化。陕西乾县唐章怀太子李贤墓后甬道东壁壁画中画出的一色竹。虽然也是羽状叶，但小枝交互，细叶便娟，显得身姿绰约（图 33 - 8）[⑪]。台湾台南艺术学院所藏盛唐石椁的线刻画中之竹，与李贤墓所绘者颇有相似之处，只是叶子更散乱些（图 33 - 9）。不过叶子如果太散漫无归，则形象的真实感将被削弱。也就在这一时期，一幅重要的遗迹不能不被提起。虽然由于从壁画到石刻再到拓本，在形式之辗转更易的过程中出现了若干不确定的成分，岁月也给它笼罩上一层迷茫；但仍应认为，传世《阴阳竹》墨拓的祖本应出自盛唐时王维之笔。陕西凤翔开元寺东塔院有一壁王维画竹，宋代犹存，苏轼于嘉祐六年（1061 年）曾来观赏。他在《凤翔八观》诗中说："开元有东塔，摩诘留手痕。……门前两丛竹，雪节贯霜根。交柯乱叶动无数，一一皆可寻其源。吴生（指吴道子）虽绝妙，犹以画工论。摩诘得之于象外，有如仙翩谢笼樊。吾观二子皆神俊，又于维也敛衽无间言"[⑫]。后来壁画被摹刻上石，自存世旧拓本观察，画法与李贤墓壁画及台南石椁线刻的作风相近（图 33 - 10）[⑬]。而两根竹竿互相交叉的构图，在这三幅竹子中都能看到，应即苏

图 33 – 5 吐鲁番出土盛唐绢画中之竹

1

2

图 33 – 6 中晚唐工艺品中所见之竹
1. 真子飞霜镜 2. 八臣瓠壶

诗所谓"交柯"。竹叶散乱也应接近原作的面貌，否则苏诗就不必"寻其源"了。不过《阴阳竹》的竹叶在纷乱中不失条理，表现出一定的层次与节奏感，胜过其他两幅。可是拓本虽存，刻石已不知所在。元·李衎在《竹谱详录》中说："王右丞开元刻石，屡经摹勒，失真。"又说："右丞妙迹，世罕其传。"他认为这幅画不止刻过一次两次，致王维的画风已难寻觅。金·元好问诗亦称："古来画竹尊右丞，东坡敛袂不敢评。开元石本出摹写，燕市骏骨留空名。"按诸说不尽确。今存西安碑林第四室的王维《竹图》，据称乃宋元祐六年（1091 年）游师雄命人根据嘉祐间的摹本勾勒上石；不过已改成双钩画法，且出现了转侧的叶子，应非盛唐时人所能办（图 33 – 11）。但即便是在

图 33 - 7　　敦煌石室所出五代后晋天福八年（943 年）绢本佛画中之竹

　　这幅较晚的、有些走样的双钩《竹图》上，仍然看不到其竹叶有宋元时之结组和攒缀的迹象，而且它显然与上述旧拓本之间存在先后承继的关系。因此，如果说图 33 - 11 所举者在一定程度上仍多少保存着王维的笔意，当不为过。

　　唐代画竹的高手不止王维，唐·朱景玄《唐朝名画录》所记擅长"花竹"、"竹木"、"竹石"，"雀竹"、"鹤竹"的作者，有韩干、韦无忝、侯造、薛稷、蒯廉、朱审、韦偃、程修己、边鸾、殷仲容、李顾、刘商、李灵省诸家。专门画竹的则有萧悦。朱景玄认为萧悦之竹"举世无伦"。同时期的张彦远在《历代名画记》中也说："萧悦，协律郎，工竹，一色，有佳趣。"白居易特别欣赏萧悦，其《画竹歌》称："植物之中竹难写，古今虽画无似者。萧郎下笔独逼真，丹青以来唯一人。人画竹身肥臃肿，萧画茎瘦节节竦。人画竹梢死羸垂，萧画枝活叶叶动"[14]。推崇备至。萧悦工"一色竹"，这种画法与墨竹有相通之处；而画墨竹于晚唐时也正开始形成风气。唐·王建《早秋过龙武李将军书斋》云："高树蝉声秋巷里，朱门冷静似闲居。重装墨画数茎竹，长着香熏一架书"[15]。可见墨竹已进入

图33-8　陕西乾县唐章怀太子李贤墓壁画中之竹

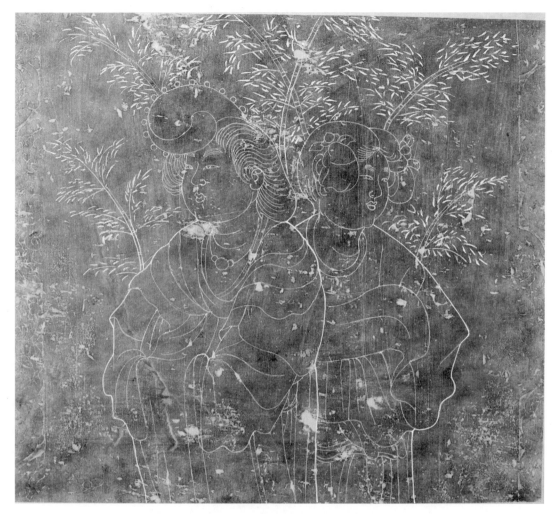

图 33－9　台南艺术学院藏盛唐石椁线刻画中之竹

达官贵人的高堂深院，同时也出现了专画墨竹的名家。宋·郭若虚《图画见闻志》
说："孙位，善画人物，龙水、松石、墨竹。"宋·黄休复《益州名画录》说孙位
于光启年间在成都昭觉寺画"松石墨竹"一堵，并称此画"笔精墨妙"。李衎
《竹谱》中还提到成都大慈寺灌顶院有唐人张立的"墨竹画壁"。可惜的是，以上
诸家所画之竹均未能流传至今，已无缘寓目了。

二

　　唐末中原丧乱，人民迁播，江南、四川相对安定，渡江入蜀者为数不少。南唐与
孟蜀均设翰林图画院延揽人才，故艺坛繁荣，画竹名家辈出。南唐保大五年（947

图 33 - 10　唐·王维《阴阳竹》旧拓本

年），元日大雪，中主李璟登楼设宴，召集名手绘制记录盛况的《赏雪图》，其中"雪竹寒林"部分为大画家董源所画⑯。后主李煜本人亦擅画竹，《图画见闻志》说他画的《竹枝图》为"稀世之珍玩也"。据《画继》称，南宋时邵博家还藏有李后主画的《晓竹图》，可证郭若虚所言不虚。但董源、李煜及南唐其他画竹名家如锺隐、丁谦、李坡（颇）等人，皆无可靠的画迹流传。只在卫贤、赵干之大幅山水人物画的背景中能看到此时墨竹之画风的一鳞半爪。

卫贤是南唐后主的内廷供奉，所作《高士图》画的是汉代梁鸿、孟光"举案齐眉"故事。此图用笔谨严，山石嶙峋，界画精妙，屋宇一侧的竹林也画得很细（图33 - 12）。但这片墨竹仍以羽状叶为单元，变化不多，与王维《阴阳竹》的画法基本一致，只不过反复重叠，显得更加茂密深邃。赵干是南唐画院中的画学生，他的《江行初雪图》是一幅有生活气息的力作。图中曳船的纤夫、张网的渔童、策驴的行旅，都画得极为传神。岸边有一丛竹子，从空阔的江面上望去，被吹弯了的竹梢挟带着凄凄霜风，正洒落一天寒意。由于竹丛在对岸，水雾迷濛，画家用简率的笔墨略事渲染，虽枝叶模糊，而萧飒之感已弥漫于初雪的江南（图33－13）。惟因这两幅画均非以竹为主题，所以不能正面代表五代时画竹的成就。当时的南唐与西蜀，花鸟画家首推徐熙、黄筌。《图画见闻志》卷一《论徐黄体异》称："谚云，黄家富贵，徐熙野逸。"其作画特点已存民间谚语中流传，影响之大可知。但除北京故宫博物院所藏黄筌《珍

图33－11　宋代据旧摹本勾勒上
石之王维《竹图》

图33－12　五代·卫贤
《高士图》中之竹

图 33 – 13　五代·赵干《江行初雪图》中之竹

禽图》以外，两家未留下其他作品。不过一幅无款的《雪竹图》，谢稚柳先生力主乃是徐熙"仅存的画笔"（图 33 – 14）[17]。因苦无旁证，尚难论定；如果把它视为徐熙画派之作，想无大误。这幅画有很结实的写真工力；图中卉木凋零，竹竿上枝杈裸露，着叶不多，但位置安排得体。宋·梅尧臣说："徐熙下笔能逼真。"此说可从《雪竹图》中得到印证。黄筌亦工画竹。《图画见闻志》说刁光胤"天复中避地入蜀，工画龙水、竹石、花鸟、猫兔。黄筌、孔嵩皆门弟子"。《益州名画录》说，黄筌"又学孙位画龙水、松石、墨竹"。表明他曾从刁、孙学画竹。黄筌早慧，十七岁已成为前蜀翰林待诏，后蜀时加检校少府监，赐金紫，入宋授东宫赞读，毕生都在宫廷画院度过。皇家苑囿中的珍禽瑞鸟、奇花怪石，他画起来得心应手。偶或也作庭园小景。南宋时孙淑、赵延、黎希声三人家中各藏有他画的《竹雀图》一幅[18]。本来画竹雀从中晚唐时已成为受欢迎的题材，《唐朝名画录》说边鸾善画雀竹。辽宁法库叶茂台辽代早期墓曾出《竹雀双兔图》一轴，三茎矮竹上各栖一雀，叶近对生，平直摊开，艺术水

图 33 – 14　无款《雪竹图》

平比《雪竹图》差得多（图33-15）⑲。不过这类画法似已形成俗套。试看南宋·吴炳的《竹雀图》，虽晚出逾二百年，却与之大同小异（图33-16）。说明有些画稿曾被长期临仿，而这种情况多出现于民间喜闻乐见的装饰画中。则黄家不仅能画出取悦上层的富贵气象，一些小画幅也可能带有投好市井习尚的通俗色彩。但黄筌毕竟是大家，是多面手，他还能画出为文士所欣赏的风格。《宣和画谱》著录有他的《墨竹图》一幅、《水墨湖滩风竹图》三幅。宋·李宗谔《黄筌竹赞》说："猗欤黄生，画竹有名。能状竹意，是得竹情。以毫搵墨，匪丹匪青。秋思野态，浑然而成"⑳。既然他也用水墨画"秋思野态"，那么和徐熙的"汀花野竹"在取材甚至立意上，恐亦难断然区分㉑。这些情况表明，当时的作者不拘一格，对各种画法都在着手尝试。甘肃省博物馆所藏北宋明道元年（1032年）瓷枕，一侧用轻快的笔道画出一枝竹子，但枕面上画的

图33-15　辽《竹雀双兔图》，辽宁法库叶茂台辽墓出土

却是老虎（图33-17）㉒，其含义在于表示虎能辟邪而竹报平安。瓷枕不是画家涉足的领域，工匠们在这类批量生产的日用瓷上画竹，反映出这一题材至北宋初已相当流行，作者的队伍也已经浩浩荡荡了。

我国最早的一位画墨竹的大师文同，就是在上述背景下出现的。他是苏轼的表兄，熙宁八年（1075年）知洋州。其地多竹，文同徜徉于此君庵、霜筠亭、笩筜谷等景区，饱览竹色，锐意研写，对画竹之道饶有创获，从而充满信心。自称："图潇洒之姿亦莫贤于仆"㉓。台北故宫博物院所藏《倒垂竹》巨轴是文同的代表作（图33-18）。我国自南北朝开始画竹，至文同时，五百余年的探索和实践终于结出硕果。虽然这只是一枝矫夭横空的偃竹，但画面上充塞着磅礴的气势。《宣和画谱》说文同的墨竹"气

图33-16 南宋·吴炳《竹雀图》

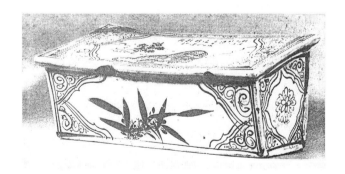

图33-17 北宋明道元年瓷枕

压十万丈夫"，应即指此而言。从构图上说，倒垂竹将画面占得很满，似乎并未刻意剪裁，但在画家笔下，遒劲峻峭的枝叶顾盼生姿，浓淡掩映的墨色清新芳鲜，而其中又注入了作者的一腔豪情。尽管是偃竹，却给人以昂扬英挺之感。与《雪竹图》相较，虽如小枝的画法等方面不无相近之处，但后者所描绘的几竿竹子正在寒冻中瑟缩，与文同之竹所流露出的情趣又有所不同。

图 33 – 18　北宋·文同《倒垂竹图》

文同画竹有以浓淡定向背之说。宋·米芾《画史》称："画竹叶以墨深为面，淡为背，自与可始也。"此说长期被人信奉。明·文征明也认为："文湖州画竹，以深墨为面，淡墨为背。东坡谓此法始于湖州"[24]。不过在《倒垂竹》上虽然看到浓淡不一的竹叶，但从长势分析，有些以淡墨画出者殊无解释成叶背的可能。特别是所画之末端翻卷的竹叶，墨色全然如一，并未因翻出背面而有浓淡之别。其所以杂用浓墨淡墨，应是为了使画面出现变化，且使本已相当密集的竹叶不给人以壅塞之感。但是在这幅画上，用淡墨所画之叶为数不少，在用浓墨画出的叶子中作无规律地穿插，而为了整体的连贯性，遂于叶间增益繁密的小枝。不过与后世习用之淡踢枝、浓撇叶的做法不同，小枝的墨色很深，透过叶面仍可看到，是其不足处。

《倒垂竹》的竹竿上一节环抱着下一节，当中留出一道弧形的白线。在金代王庭筠的《幽竹枯槎图》上也能见到类似的画法，不过其竹竿较直，留出的白线也较平整。李霖灿《中国墨竹画法的断代研究》称前一种画法为"环节法"，后一种为"平节法"[25]。其实均与当时的欣赏习惯有关。唐人咏竹，常提及"粉节"，如云："节环腻色端匀粉，根拔秋光暗长鞭"（方干《题新竹》）；"钿竿离立霜文静，锦箨飘零粉节深"（殷文珪《题友人庭竹》）。金代的诗中也有这类句子，如"娟娟粉节霜筠出，蠹蠹烟梢玉削成"（李献能《丹阳观竹自宫中移赐》）等。我国的竹类如淡竹、女竹、木竹等，节间都有一圈白线，而膨大的竹节却只在罗汉竹等品种上见到。因此文同画中的竹节是综合了几种竹子的特点创作出来的。而王庭筠的画法倒与粉节的实际相近。降至元明，对粉节已不太强调，竹画中节间的白线渐次隐去，随之产生了以浓墨勾挑之乙字上抱、八字下抱等点节法。但文同画的竹叶非常逼真，高度熟练，极其准确，长短阔狭浑若天成，叶尖铦锐，旁见侧出，生气踊跃。所画卷折的叶子用笔圆转翻跳，一气呵就。如果没有长期对竹写真（即现代所称素描）的工夫，不可能达到这种水平。而当画家已进入可以随心所欲、自由抒写的境界后，他的笔意也不容轻易改变。所以像曾于《石渠宝笈·初编》著录，今藏台北故宫博物院之墨竹单页，虽有"文同"名款，但叶面丰肥，翻卷之叶从中腰拧断，忸怩作态，点节法亦不同，与《倒垂竹》似不出一手。另一卷墨竹，款署"与可"，后附柯九思临本及七绝一首："熙宁己酉湖州笔，清事遗踪二百年。人说丹丘柯道者，独能挥翰继其传"[26]。画上翻卷之叶用笔拖沓，柯氏之诗更有高自标榜之嫌，亦可疑（图33-19）。特别应当指出的是，文同之《倒垂竹》完全摆脱了过去画羽状叶的习惯，大面积表现出叶子互生之竹枝。此前的《雪竹图》虽已有此倾向，但在文同笔下才将这种画法明确地肯定下来。他的作品无疑是我国画竹史上的里程碑。

提到文同画竹，往往与成语"胸有成竹"相联系。此语出宋·晁补之诗："与可画竹时，胸中有成竹"[27]。苏轼在《筼筜谷偃竹记》一文中更加以发挥："画竹必先得成竹于胸中，执笔熟视，乃见所欲画者。急起从之，振笔直遂，以追其所见，如兔起鹘落，少纵则逝矣"[28]。其"执笔熟视"云云，与所谓"摩诘得之于象外"的提法相通，确乎有点故神

图33-19 《墨竹图》
上·台北故宫博物院藏 下·上海博物馆藏

其说，所以往往成为后来被推向极端的我写我心、我用我法之创作态度的张本。其实据文同本人自述："予隐乎崇山之阳，庐乎修竹之林，视听漠然，无概乎予心。朝与竹乎为游，暮与竹乎为朋。饮食乎竹间，偃息乎竹阴，观竹之变也多矣"[29]。有了这样的实地观摩，加上其所未明言之通过刻苦写生获得的扎实功底，所以才能"其身与竹化，无穷出清新"[30]。所画竹石，才能"如是而挛拳瘠蹙，如是而条达遂茂。根茎节叶，牙角脉缕，千变万化，未始相袭，而各当其处。合于天造，厌于人意"[31]。也就是说，必须在植物的生理和艺术的表现两方面均通达无间，才能"曲尽真态"。李衎对此说得更直截了当："不思胸中成竹从何而来？""当一节一叶，措意于法度之中，时习不倦，真积力久至于无学，自信胸中真有成竹，而后可以振笔直遂，以追其所见也。不然徒执笔熟视，将何所见而追之耶"[32]！故"乃见所欲画者"，并非一时冲动所产生的幻视，而是在深厚的艺术积累的基础上，情思充沛，形象奔凑，水到渠成，不吐不快。否则，拈毫濡墨，忽眼空无物，则只能像李衎说的"放弛情性，东抹西涂"了。

苏轼还有一个容易引起误解的提法，他在《书鄢陵王主簿所画折枝二首》之第一首中，开头就说："论画以形似，见与儿童邻"[33]。仿佛他提倡神似而鄙夷形似。但通读这两首诗，王主簿画的并非"写意画"，而是两幅着色的花鸟，其中有瘦竹，有幽花，有枝上雀，有花间雨，画中的"采花蜂"，连"清蜜寄两股"均有所表现，"形似"的程度可想。诗中用来和它相比较的画家，也是边鸾、赵昌等人。边鸾的真迹未见，赵昌的作品却正是讲究形似之双钩填彩的工笔画。只不过苏轼认为王主簿这两幅折枝"疏淡含精匀"，更有韵味而已。对此，阮璞先生曾举出苏轼《石氏画苑记》中所说："子由尝言，'所贵于画者，为其似也。'……此言真有理。"并称："这一类道理极其平正的话语，毕竟还是出自这同一个苏轼之口"[34]。实际上，画竹要做到形似何其不易，南北朝时期的壁画作者，无论如何振笔熟视，恐怕也画不出惟妙惟肖的竹子来。直到五代、北宋，画竹才开始有门径可寻。以徽宗御题画《听琴图》背景中的竹与唐画相较，不能不承认其写实的本领已前进一大步，虽然这几竿竹子并不特别出色，却正可以代表当时的一般水平（图33－20）。所以萧

图 33－20　《听琴图》中之竹

悦所画之竹，在白居易看来惊为海内独步，而到了北宋时的黄伯思眼中，却以"笔劲而乏韵"相讥；也就是认为他画得不够味㉟。本来早在先秦时，《荀子·天论篇》已指出："形具而神生。"如果说此语并非专为画而发，那么东晋·顾恺之的"以形写神"，算得上是绘事的金鍼了㊱。神以形为寄托，如果连形都把握不住，神又从何而传，韵又自何而生。

三

缤纷飘拂的竹叶曾使南北朝以及唐代前期的若干作者感到困惑。经过长期的不懈努力，对其要领逐渐领悟，画竹的水平至宋代乃大为提高。但如上述《听琴图》里所绘之竹，构图仍比较单调，竹叶的画法也不够生动。因为画家从自然界得到的视觉印象，有待于通过艺术之悟性的理解，调整成适宜用笔墨表现的形式。竹叶看起来特别乱，有时不知如何下笔。因为画竹一般都有意反映叶子的组织结构，不像画杂树时勾叶或点叶多半千篇一律，即便是较复杂的松针和柳丝，也比竹叶的变化少得多。所以，对它的理解更需要有一个过程。而此过程却正是探索规律、提升意境的阶梯，是创造才能赖以喷涌的管道。这条管道应是以不计其数的写生画稿铺成的。在画墨竹的历史上，亲赴实地考察，勤于对竹写生，身体力行"以形写神"之要旨的画家常充当开拓者。宋代的文同如此，元代的李衎也是如此。

我国爱好画竹的人可谓不少，但由于画竹而成为研究竹类植物的专家者，大约只有李衎。他曾经"登会稽，涉云梦，泛三湘，观九嶷，南逾交广，北经渭淇；彼竹之族属、支庶，不一而足，咸得遍窥"㊲。所著《竹谱详录》记录了三百多种竹子的性状。自称："耳目所可及，是谘是咨。序事绘图，条析类推"㊳。他对竹的研究用力甚勤，了解细致入微，画竹时态度之谨严可想而知。但李衎笔下的竹绝不是植物标本，他的谨严是和清新的画风结合在一起的。当初次面对李衎的《四季平安图》时，虽然挂轴上只有浓淡不一、亭亭玉立的四竿修竹，但从枝叶间弥散开来的气韵：恬澹、幽雅、安详，彬彬有礼，楚楚有致，不禁使人屏息敛容（图33-21）。它们是啸傲风月的高士，是优游林泉的逸人，是心平气和、毫无做作、不加雕琢的从容挥洒，却足以净化读画者的心灵。竹作为一种习见的普通植物，在绘画中被表现出如此优雅的格调，如此高洁的风姿，在世界画坛堪称独一无二。中国墨竹应无可争议地登上古典艺术之美的高峰，这是包括李衎在内的元代画家首先到达的。

李衎也重视双勾设色的"画竹"，在《竹谱详录》中"画竹"被置于"墨竹"之前，李衎本人也留下多幅设色的双勾竹。这种画法不仅要求对枝叶的来龙去脉都有交代，而且叶与叶之间互相遮掩叠压的次序也必须理清。具备此种功力再画墨竹，就较有条件进入"胸有成竹"的状态了。李衎之前，虽然《宣和画谱》说："竹本以直为上，修篁高劲，驾雪凌霜，始有取焉。"但宋人画整竿大竹的毕竟不多。李衎的竹却大都采取近观的全景式，解箨抽梢，拔节舒叶，长竿翛翛，轻筠嫋嫋，在他的笔下无不曲尽其妙。不仅展现了画家的胸襟器宇，同时也反映出对竹理解的深度。自此，凡作大幅竹画者多用这种格式。特别值得注意的是，李衎的作品中竹叶开始结组。早期的羽状叶虽然也形成单元，却不是画竹法之有效的生长点，因为那种式样不符合自然界中的实际情况。文同走出了这一误区，但他画的竹叶随枝附丽。一般作者效仿时，竹叶将如何穿插搭配，亦较费斟酌。而表现整竿之竹，还要照顾到向背低昂的布局，更不易为。然而李衎的作品，如在北京故宫博物院所藏《沐雨图》、南京博物院所藏《修篁树石图》、大阪市立美术馆所藏《竹石图》中所见者，竹叶以"人"字、

图 33－21　元·李衎《四季平安图》　　图 33－22　元·李衎《修篁树石图》

"个"字和"介"字为单位成组出现
（图 33 - 22）。此法简要而鲜明，十分形
象地反映出竹叶相聚后的特点；从而画
家无须再一叶一叶地进行安排，而是一组
一组地叠加。这是画竹技法上的一次飞
跃。但不知为何，李霖灿先生认为"个字
人字叠叶法成立于明初王绂、夏昶"，全
然无视它们在李衎笔下的存在，似嫌忽
略^㉟。尽管在有些画幅中，李衎所绘之浓
密的竹叶也看不清其层次与组合，却正是
一种新画法初出时应有的现象。李衎的
《竹谱》谈到画竹叶时，曾作出"一忌孤
生，二忌并立，三忌如叉，四忌如井，五
忌如手指及似蜻蜓"等告诫，将画一片到
五片竹叶所应避忌的形式绘图列举，却对
应当如何结组未作阐释。说明他的画法还
处在着手建立的阶段，笔娴腕熟，形与神
会，偶然得之，尚未加以总结。也可能他
认为自己的画法尚待继续完善。总之，不
能因此而默杀李衎的创造。

元代已知将竹叶结组的事实，不仅
在李衎的画中见到；同时期之赵孟頫的
画，如台北故宫博物院所藏《窠木竹石
图》中，竹叶用介字结组的构图亦昭昭
在目（图 33 - 23）。但赵氏画竹却不像李衎那么认真。北京故宫博物院所藏《赵氏一
门三竹卷》中，赵孟頫的《秀出丛林》画竹一枝，竹竿颇有弹性，小枝亦繁密，都是
用浓墨画的。上覆之叶墨色深浅不一，但均较竹枝为淡。所以清楚地看出，许多竹叶
的所在与小枝并不相应，有如错了位的套版印刷（图 33 - 24）。信手作画，率尔操觚，
这种情况固亦难免。但他却认为，"墨竹儒者所以游戏寄兴者"^㊵。当时赵孟頫名满天
下，声誉至隆，时人称其书画为"国朝第一"^㊶。他的画路很宽，山水、花鸟，肖像、
道释、马羊等，无不精能；墨竹却被他看作是文人的墨戏。在北京故宫博物院所藏
《秀石疏林图》卷后，还有赵氏自题的一首七绝："石如飞白木如籀，写竹还于八法
通。若也有人能会此，方知书画本来同。"既是墨戏，又要以书法入画，于是，画墨
竹成了文人的雅事，锻句临池之余聊以遣兴。即苏轼所说："诗不能尽，溢而为书，变

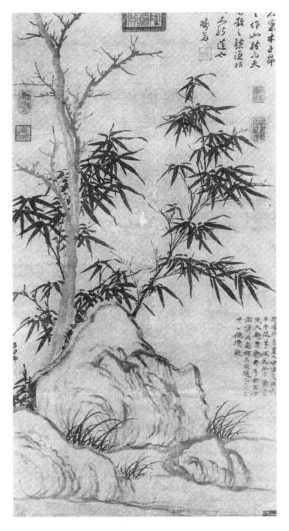

图 33 - 23 元·赵孟頫《窠木竹石图》

图 33 - 24　元·赵孟頫《秀出丛林图》

而为画，皆诗之余"⑫。作书是文人的长项，强调以书法入画，自然显得与俗工有泾渭之别。本来关于书画同源，《历代名画记》已倡其说。宋·赵希鹄在《洞天清禄》中也认为："善书必能善画，善画必能善书，实一事耳。"而赵孟頫就墨竹立论，说得遂更加具体。在这样的前提下，纵使画中出现些不合情理之处，似亦不容旁人置喙。实际上却并不完全如此。我国自古写字、绘画都用毛笔，工具相同，当然有相通之处。但作画时首先要服从画的需要，濡水晕染、干笔皴擦以及勾填点厾等绘画的笔法，作书时均不采用。反之亦然。明·王世贞《艺苑卮言》曾举例证明以书法入画之说，云："语曰，'画竹干如篆，枝如草，叶如真，节如隶。'……文与可之竹、温日观之葡萄，皆自草法中得来。"可是据黄庭坚称："文湖州写竹木，用笔甚妙，而作书乃不逮"⑬。则文同本不工书，适成其说之反证。而画竹在元代已风靡天下，如元曲《百花亭》杂剧中的市井子弟王焕，"九流三教事都通，八万四千门尽晓"，连他都能"围棋递相，

图 33 - 25　元·吴镇《墨竹图》

打马投壶，撇兰擷竹"㊹。所以这时画竹尚未为文人所专擅。尽管赵孟頫提出他的主张，画家却没有都走墨戏之路。

总的说来，元人画竹的态度是严肃的。以吴镇之作为例，他的墨竹被讥为"有酸馅气"，即特别文绉绉，应该算是最具有文人画气质的了㊺。台北故宫博物院藏有他的《墨竹谱》二十二开，是画给其子佛奴作教材用的，本不求世人知赏。但其中的一些小幅竹画，简淡旷逸，立意清卓（图33－25）。他画的竹子一般着叶不多，有如明·李东阳《麓堂诗话》所说："莫将画竹论难易，刚道繁难简更难。"用极稀疏的枝叶撑起画面，却令最挑剔的眼睛亦无以增减，正是其不可及处。自然界中之竹有的枝叶原本就少，如倭竹属的花竹之类，完全有可能为吴镇所取法（图33－26）。这类竹子大约即他的诗句所说："野竹野竹绝可爱，枝叶扶疏有真态。"所以他并未因写意的需要而对竹枝横加删夷，其画实一本天机，只不过视角独特而已。他有时也将竹叶安排得密集一些，比如画雪竹要用叶子承托积雪，太少了不行，可是其画笔依然简捷。虽叶子的组织因雪压变形，拥掩错落，挥写时若不经意，但无处不妥帖，正所谓"于杂乱中有严密"㊻。然后在上面约略勾画轮廓，并不染地留白，而霏霏雪光已照眼而来（图33－27）。这正是文人画追求的境界。后世画雪

图33－26　花竹

图33－27　元·吴镇《雪竹图》

竹，有人说："左拳按块油单纸，叶叶都从纸上飞。画上只留半截叶，淡烟笼雪自然堆"㊼。也有人说："写雪竹，贴油袱。……染成锯齿一般形，揭去油袱见冰玉"㊽。未免匠气熏天。徐渭画墨竹特用瘦笔、破笔、燥笔、断笔，也是借技术手段弥补艺术之不足，与吴镇相较，高下自见㊾。在《墨竹谱》中，吴镇常常写上几句有关竹之掌故或指点作画方法的话。但这幅《雪竹》上的题字为："董宣之直，严颜之节。斫头不屈，强项风雪。"分量很重。元季浊世，画家以竹作为性情的寄托，于斯可见。

吴镇是"元四家"之一，因为他本是画山水的大师，所以有人说："仲珪（吴镇字）以画（指山水画）掩其竹"[50]。而与吴镇并列于四家的倪瓒，虽然也以平远山水著称，但关于画竹留下了一些名言，所以谈到这门艺术便不能不提起他。比如他说："仆之所谓画竹，不过逸笔草草，不求形似，聊以自娱耳"[51]。又说："余之竹，聊以写胸中逸气耳。岂复较其是与非，叶之繁与疏，枝之斜与直哉！或涂抹久之，他人视之为麻为芦，仆亦不能强辩为竹，直没奈览者何"[52]。这时正值画论中反"形似"的潮流甚嚣尘上之际，看来倪瓒与汤垕《画论》中"形似为末节"、"形似者，俗子之见"等论点有所响应；好像他的画也会是些不求形似、"为麻为芦"的涂鸦。然而从北京故宫博物院所藏《竹枝图》（图33－28）及台北故宫博物院所藏《春雨新篁图》等画迹看，倪高士用笔既准确，法度复森严，一丝不苟。特别在《竹枝图》上，虽作者自书"老懒无惊，笔老手倦"，仿佛已进入迟暮之年、颓唐之境，但画中的竹枝却分明饱含生机。故可知他要发挥的"胸中逸气"，乃是在正常心态下萌动的艺术豪情，并非必须以超常手段加以宣泄的某种偏激之气。

画竹在吴镇、倪瓒的艺术活动中只占一小部分，不像顾安、柯九思等人倾全力以专攻。顾安的风竹很受推崇，《好古堂家藏书画记》誉之为："笔法圆纯，飘飘然掀舞，洵仙笔也。"本来北宋·崔白的《竹禽图》已经为竹叶在风中的姿态提供了一种范例（图33－29）。但《竹禽图》是双勾填彩的工笔画，以之与顾安的《墨竹图》相较，更能凸现出后者的笔墨趣味（图33－30）。顾安那一笔笔撇出的竹叶，圆润、轻快、灵动，在画幅中悠扬自如，其中的韵味于崔白腕下是找不到的。而墨色的浓淡变化又使这几竿竹形成了空间的立体纵深，于是读画者能够感到，经过这里的风还在向远处吹去，萧瑟的秋意还在向画外延伸。

柯九思之竹又是一种面貌，竹叶的结组是集束式的，李霖灿称之为"帚状、

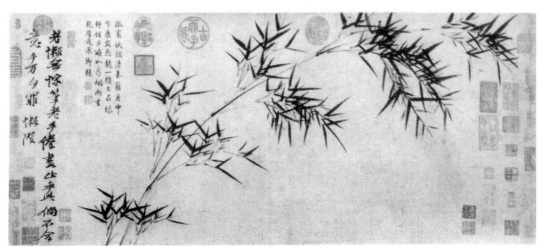

图 33－28　元·倪瓒《竹枝图》

掸状"，一大把叶子仿佛都绑在一根莛儿上（图33－31）。叶色浓淡杂出，互相浸润，既不代表正面、背面，也不代表老叶、嫩叶[53]。柯氏称为"破墨法"，实不见佳。但此公雅善自诩，如言画竹枝，先说文、苏如何，然后谈锋一转："前辈已矣，独走解其趣耳。"说到他的"破墨法"，则云："此法极难，非积学之久不能也"[54]。故倪瓒鄙之为"谷鸟林乌"[55]。今人叶遐庵、徐石雪画竹学柯丹丘，其成就遂受到局限（图33－32）。

　　元代画竹高手辈出，如峰峦并峙，是我国画竹史上成绩极辉煌的时代。而作为李衎、顾安画派之后劲，却应推明初的夏昶。他是一位集大成式的人物，技法更熟练，更精进，"落墨即是，出笔便巧"。其《戛玉秋声图》收藏在上海博物馆，画的也是风竹，但与上述顾安之作相较，竹叶更觉潇洒出群（图33－33）。

图33－29　宋·崔白《竹禽图》

图33－30　元·顾安《墨竹图》

图 33 – 31　元·柯九思　　　　　　图 33 – 32　叶恭绰《竹图》
　　《清閟阁墨竹图》

这一特点在他的《嶰谷清风图》、《清风高节图》中也能看到。白居易说的"叶叶动"，在夏昶笔下才真正有所体现。也只是到了这时，才真正感到有饱含生气的习习清风吹入竹丛，大片叶子被激活，飘摇惊战，参差离乱，各有姿态。从此画竹又进入了一个新的境界。夏昶的画流传较多，但最值得提起的是，1982 年在江苏淮安明代王镇墓中出土了一幅他画的《白石苍筠图》（图 33 – 34）[56]。卷轴画出土于墓葬的几率很小，淮安所出明画可与辽宁法库出土的辽画、山东邹县出土的宋元画相媲美，堪称是旷世的奇珍了。

图33-33　明·夏昶《夏玉秋声图》

图33-34　明·夏昶《白石苍筠图》，
淮安明·王镇墓出土

四

　　王绂、夏昶等在明初为画风开了一个好头，明画中墨竹的格局始终未曾大坏，他们的作用是不可忽视的。沿着夏昶的路子，画竹一门传灯续薪，有明三百年间，名家不胜列举：宋克、吕端俊、归昌世、姚绶、周之冕、朱完、赵备、鲁得之、朱鹭、冯起震、杨所修等各擅其胜，但开创性的大师不多。就中如冯起震的墨竹，最为笔者所钦赏。他比夏昶更进一步，所绘迎风的竹枝，似乎每一片竹叶都因受到不同强度之气流的吹拂而摇晃抖动，仿佛听到从清泠、萧骚到窸窣之不同的颤音（图33-35）。今人秦仲文颇解其趣，展开他的画幅，亦有忽闻天籁之感（图33-36）。

但明季画坛毕竟是文人写意画的天下，虽然他们以山水画为主要阵地，可是画墨竹亦被看重。明代中叶画写意墨竹的主要代表人物是陈淳（号白阳山人）和徐渭（号青藤道人），并称"白阳、青藤"。但陈淳的墨竹画得一般，他常以墨点代表小枝，杂乱地挤在叶子基部，不甚得体。后来清僧石濂大汕的墨竹学他，弄得画面上胡天黑地。

图33-35　明·冯起震《墨竹图》

图33-36　秦仲文《墨竹图》

与陈淳相较，徐渭的影响面更大。自"扬州八怪"以降，作水墨写意画者无不奉为宗师，郑燮甚至谦称自己为"青藤门下走狗"。他的画沉着痛快，形象把握得相当准，绝非出诸臆构的无源之水。他有题同一首诗的两幅墨竹，一幅是半工半写的"戾兼行"，面貌接近文征明，另一幅是用笔狂放的大写意。由于诗句相同，构图相近，两幅画看起来有如二体对照的真草书帖（图33－37）。徐渭自称其画为"信手拈来自有神"，"不求神似求生韵"；其画竹为："我亦狂涂竹，翻飞水墨梢。不能将石绿，细写鹦哥毛"[57]。他具有写实功底，是将鹦哥毛摸熟了以后才敢"狂涂竹"的。而从上述竹画看，令人不禁怀疑是否存在着更刻意求工的底稿，在此基础上再以不同程度的"狂涂"出之；即这类写意画是打好了素描稿再转化而成的速写。尽管稿子可能画在纸上，亦可蕴于胸中。当然有的画家也许连底稿或腹稿都没有，只根据平日稀薄的印象信手挥写，那就只能"不求形似"了。

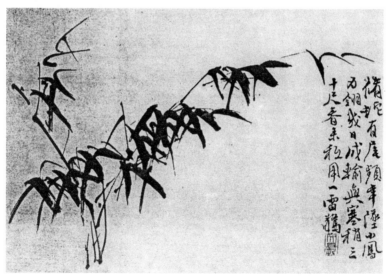

图33－37　徐渭的两幅《墨竹图》

图 33 - 38　明《长春百子图》（局部）

　　不过这时的文人写意画致力于标新立异，也有其不得已的苦衷。因为到了明代中叶，画竹已有一定程度的普及。《万历野获编》说这时广陵（扬州）有以养育供人领去作姬妾的女子"为恒业"者，他们对这些女子进行技艺训练，包括琴棋书画等，使得她们也能画"兰竹数枝"[58]。明人的《长春百子图》中，甚至儿童也在玩赏一轴竹画（图 33 - 38）。由于存在社会需求，故《竹谱》之类著作陆续问世。当然《竹谱》并非专为这些人而设，但书中往往有用俚语写成的口诀，有易懂的图解，的确带有通俗的手册类读物的性质。如嘉靖年间所刊高松《遁山竹谱》，万历年间所刊周履靖《淇园肖影》、程大宪《雪斋竹谱》，以及天启年间所刊《十竹斋画谱》中的《云馆竹谱》等。

各《谱》中介绍如何画竹，讲的无非是发竿点节、分枝布叶的方法。但正如吴镇所说，墨竹之法，"叠叶为至难"，所以也都把叠叶法作为重点。《遁山竹谱》中对此给出的口诀是："重人晴竹一川风，雨竹原来叶写分。风竹顶风枝借雨，雨垂低覆也重人。其间晴竹原无借，鹊爪多排人少重。""重人"指叶子的排列如两个"人"字相重，这是晴竹的式样。"一川"指三叶下垂似"川"字、一叶斜飏如"一"字，这是风竹的式样。"分"字为雨竹之形。高松说："分乃雨竹叶，五六个、七八个聚在一处，就成雨竹。""借"指借用，如画风竹，顺风处用"一川"，顶风处则可借用雨竹的"分"字形。高松对这些口诀特别强调，认为这是"君子写竹之源而进学之基，无有弗本于斯者人也"。此书的图也画得很清楚，将其中的"风竹"图与李衎《竹谱详录》中的"风翻"图相较，无疑前者使人更好理解（图33－39）。至此，元代李衎发明的竹叶结组之法，已经不仅不神秘，而且有了便于掌握的诀窍。但倘若一味如式排叠，不免成了简单地重复。所以《淇园肖影》又说："分字起，个字破。疏处疏，堕处堕。"《云馆竹谱》也说："叶写个，个个破。分聚散，勿乱蹉。""破"指将结组的基本单元如个字、分字等，添上破笔衬贴，化解其固定的格式，使

1

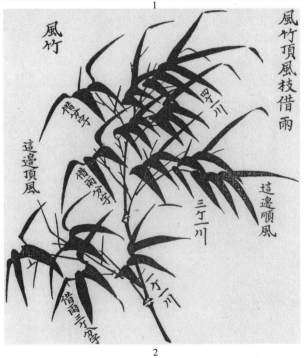

2

图33－39　风竹
1. 李衎《竹谱详录》　2. 高松《遁山竹谱》

这些单元的存在不致过分彰显，以免看起来机械板滞。于是，在高手笔下，虽不逾矩矱亦可千变万化，初学也能照《谱》来上几笔。但如果仅是照搬成法的模拟之作，自为行家所不取。其实最先撰写《竹谱》的李衍早就说过，要"驰骋于法度之中，逍遥于尘垢之外，从心所欲，不逾准绳"。可是没有一定的修养很难做到。本来找出并理清画竹叶的规律，是几个世纪中多少人所致力探求的。条理如此清晰的《竹谱》，不要说对唐代的王维，就是对宋代的文同也是无从梦想的事。可是在这时之以画文人画自居的作者面前，《竹谱》却带有一丝苦涩的味道。前贤之经验的总结他们固然乐于接受；但从另一方面说，《竹谱》带有普及性，不超越《竹谱》的窠臼，将何以自别于流俗。一个"俗"字，使他们避之不迭。

到了清代，如康熙年间的《青在堂竹谱》、雍正年间的《天下有山堂画艺》中的《墨竹谱》、乾隆年间的《蒋最峰写竹简明法》等书先后刊行[59]。《竹谱》增多，画竹的技法更为人所知，文人画家们面临的形势也似乎更严峻。为了免俗，他们势必另辟蹊径。清初的四僧中，只有石涛的竹画享有大名。他的天分极高，所作墨竹，笔墨升腾变化，酣畅淋漓，纸上充满奔放的气势（图33－40）。由于他用生宣作画，画笔中的水分和纸张的渗透性被控制得恰到好处，浓密的竹叶苍润迷离，墨色更加烂漫，水墨的性能被充分发挥；而这种效果在丝绢和熟宣上是表达不出来的。于是石涛之竹独树一帜，既从传统中吸收营养，又不受习气的束缚，故见重于当时。其实他的作品并无奇险怪异之处，完全可以和明代之优秀的竹画接轨。不过他的身世太奇特了。这位明宗室既落发出家，示不仕清；后来却又"重瞻万岁"，奔走于权贵之门。所以他有时关于绘画所发表的议论，如"至人无法，非无法也；无法而法，乃为至法"[60]。如谈墨色之诗："墨团团里黑团团，墨黑丛中花叶宽。试看笔从烟里过，波澜转处不须完"[61]。不知是否因屈节怀惭而故作禅语，令人难以捉摸。

石涛晚年寓居扬州，对扬州画派的形成有相当大的影响。扬州画派的代表人物是"扬州八怪"，八怪到底是哪几位，说法不一；但其中的汪士慎、金农、郑燮、李方膺等都爱画竹，郑燮的成就尤其突出。郑燮画竹曾学石涛，不过他是"学一半，撇一半，未尝全学"，保持着自己"不仙不佛不圣贤"，也就是名士的作风。他画的竹叶用侧锋横撇，较宽短，无法翻转，所以大都呈正视形，缺少变化和动感。他自称："郑板桥画竹，胸无成竹。浓淡疏密，短长肥瘦，随手写去，自尔成局。"既然胸无成竹，所以他的画只是按照竹之轮廓将叶子堆叠起来。他说："书法有行款，竹更要行款；书法有浓淡，竹更要浓淡；书法有疏密，竹更要疏密"[62]。他正是依据浓淡相间、疏密相济的格式在排列组合。他的画被认为"无含蓄之致"[63]，无含蓄指工夫只作在表面，所以只是"纸上之竹"，流露出的只是装饰画的趣味（图33－41）。为了弥补其不足，郑燮发展了在画上题词的作法。清·方薰《山静居画论》说："画亦由题益妙，高情逸思，画之不足，题以发之。"郑燮的题画诗之"六分半"的书体饶有可观，位置的安排亦着意经

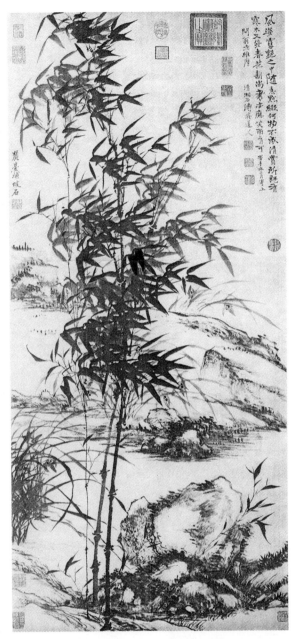

清·石涛《兰竹图》（王原祁画兰石）

营；而借物抒情，又具有一定的思想性。如"衙斋卧听萧萧竹，疑是民间疾苦声。些小吾曹州县吏，一枝一叶总关情。""乌纱掷去不为官，囊橐萧萧两袖寒。写取一枝清瘦竹，秋风江上作渔竿。"这些诗句表现了作者关怀民生、清白自持的人品，故其见重画史，亦非偶然。试看同样是在竹画上题诗，如戴熙就写道："雨后龙孙长，风前凤尾摇。心虚根底固，指日定干霄。"中心思想直说出来就是："我要作大官！"与郑燮相

清·郑燮《墨竹图》

较，清浊不难立辨。当然，诗作得好，字写得好，与绘画本身不是一回事。但因利乘便，郑燮之墨竹竟成了文人画的典范。

诸"怪"为了追求"奇古之气，出人意表"，所画的竹子常常变形。金农之竹，叶子像放大了的枫叶。自称："余六十后始学画竹,前贤竹派,不知有人。宅东西种植修篁以千万计,每高春夕晡时,就日影写其状,即以此君为师也。"似乎所画之竹取法自然。但听其言而观其画,却全然不是这码事,天下焉有像小巴掌状的竹叶(图33-42)!李方膺的风竹,叶子没有尖端,像过风时晾在笤帚把上的布条(图33-43)。与顾安、夏昶之作不可同日而语。

继扬州画派而兴起的海派,沿此趋势继续发展,作画更潦草,常故作狂态。虚谷枯槁,蒲华潦乱(图33-44)。吴昌硕有"五六十年写篆之历史",被认为是将金石

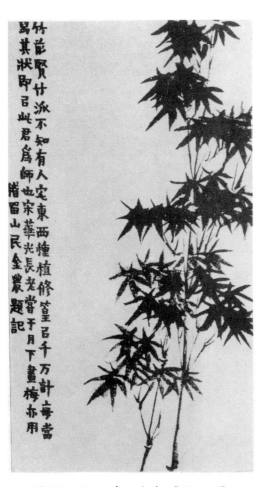

图33-42　清·金农《墨竹图》　　　　图33-43　清·李方膺《风竹图》

图 33 – 44　　清·蒲华《墨竹图》　　　图 33 – 45　　吴昌硕《修竹临风图》

气引入彩墨大写意的开山。但他的风竹满纸横墨，虽可以誉为屈铁画沙，却实在不似竹叶（图 33 – 45）。似与不似的问题，自苏东坡以来讨论了多年。直到清代，邹一桂在《小山画谱》中仍然坚持："未有形不似而反得其神者。"话虽然说得质白，却颠扑不破。比如为在世的名人画像，假若体貌一无肖似之处，则无论笔墨如何遒劲，也不会有谁想到画的就是他。人物如此，植物又何曾例外。从前李衎以为，如缺乏"时习不倦"的写真功力，作画则"东抹西涂"；今吴氏画中的横线是单向的，故无烦西涂，只要东抹就行了。如若不是由于我国已积累起上千年欣赏竹画的视觉惯性，恐怕无人能认出画的是竹。而依样葫芦，齐白石连这种涂抹也以"我家法"的名义照单全收了（图 33 – 46）。

明清写意画且以"三绝"、"四全"为尚，吴、齐亦喜题诗⑥。然而新一代画家多出身艺术院校，学养与往昔有殊，能诗者罕；书法、篆刻亦难强求。于是在画上只加标题。为增加分量计，时或写成篆字，好比小书房里悬挂大金匾，有点比重失调。何况从观念上说，古代中国以竹代表君子，代表人格，是高尚的理想的化身。现代却多半只拿它作为花鸟画中的一个分支，重视程度大不相同。而且现代国画讲创新时，常融入西法，画墨竹却无西法可资借鉴。将来在中国画里虽然还要有它的位置，但从发展趋势看，元明清时之三绝四全睥睨群芳的墨竹，以其独特的审美情趣与笔墨工力交织而成的一片清影，是否会逐渐离我们远去？当下诚难逆料。

图 33 -46　齐白石
《风竹山鸡图》

（原载《中国历史文物》2003 年第 5 期）

注　释

① 《世说新语·任诞篇》。

② 《竹叶碑》又名《中部督邮等字残石》，已断裂，今仅存三段，原置孔庙大成殿东庑。翁方纲说见《两汉金石记》卷七。

③ 南京博物院：《南京西善桥南朝墓及其砖刻画》，《文物》1960 年第 8、9 期。陈寅恪认为，"西晋末年，僧徒比附内典、外书的'格义'风气盛行。东晋之初，乃取天竺'竹林'之名加于'七贤'之上，成为'竹林七贤。'"又说："'竹林'则非地名，亦非真有什么'竹林'"（《魏晋南北朝史讲演录》，黄山书社，1987 年）。西善桥拼镶砖画中无竹，正可为陈说增一旁证。

④ 杨雄、杨春晖：《敦煌壁画中的竹画》，《敦煌研究》2000 年第 5 期。

⑤ 《大正藏》第 16 卷，第 355～356 页。

⑥ （日）显真《圣德太子传私记》中说，玉虫厨子是"推古天皇御厨子也"。按推古女帝于 592～628 年在位。

⑦ 呼林贵、尹夏清：《长安一片月，万户捣练声——长安兴教寺新出"捣练"图》，《东南文化》2002 年第 2 期。

⑧ 李征：《新疆阿斯塔那三座唐墓出土珍贵绢画及文书等文物》，《文物》1975 年第 10 期。

⑨ 真子飞霜镜见孔祥星《中国铜镜图典》第 627 页，文物出版社，1992 年。八臣瓠壶见东京国立博物馆《法隆寺献纳宝物》图 3，东京，1996 年。

⑩ 松本荣一：《敦煌画の研究》（东京，1937 年）所收诸例。

⑪ 陕西省博物馆：《唐章怀太子墓发掘简报》，《文物》1972 年第 7 期。

⑫ 宋·苏轼：《凤翔八观·王维、吴道子画》，《苏东坡全集·前集》卷一。

⑬ 此拓本为台北中央图书馆藏。

⑭《全唐诗》卷四三五。

⑮《全唐诗》卷三〇〇。

⑯ 宋·郭若虚;《图画见闻志》卷六。

⑰ 谢稚柳:《鉴余杂稿·徐熙落墨兼论〈雪竹图〉》,上海人民出版社,1996年。

⑱ 宋·邓椿:《画继》卷八。

⑲ 辽宁省博物馆等:《法库叶茂台辽墓记略》,《文物》1975年第12期。

⑳ 宋·黄庭坚:《山谷内集》任渊注引。

㉑《图画见闻志》卷一说:"徐熙江南处士,志节高迈,放达不羁。多状江湖所有,汀花野竹,水鸟渊鱼。"又说他和黄筌"二者犹春兰秋菊,各擅重名"。

㉒ 毕克官:《中国民窑瓷绘艺术·中国写意画的先驱者》,外文出版社,1991年。北京市文物商店所藏宋磁州窑虎形枕,枕面亦绘墨竹(《文物》1985年第1期),可见虎与竹的组合亦是民间喜用的题材。

㉓ 宋·文同:《新刻石室先生丹渊集》卷一七。

㉔ 明·文征明:《题陆宗瀛所藏柯敬仲墨竹》,《甫田集》卷二。

㉕ 李霖灿:《中国画史研究论集》,台湾商务印书馆,1970年。

㉖ 夏玉琛:《记苏轼枯木竹石、文同墨竹合卷》,《文物》1965年第8期。

㉗ 宋·晁补之:《赠文潜甥杨克一学文与可画竹求诗》,《鸡肋集》卷八。

㉘ 宋·苏轼:《文与可画筼筜谷偃竹记》,《苏东坡全集·前集》卷三二。

㉙ 宋·苏辙:《墨竹赋》,《栾城集》卷一七。

㉚ 宋·苏轼:《书晁补之所藏与可画竹三首之一》,《苏东坡全集·前集》卷一六。

㉛ 宋·苏轼:《净因院画记》,《苏东坡全集·前集》卷三一。

㉜ 元·李衎:《竹谱详录·画竹谱》。

㉝《苏东坡全集前集》卷一七。

㉞ 阮璞:《中国画史论辨·苏轼的文人画观论辨》,陕西人民美术出版社,1993年。

㉟ 宋·黄伯思:《东观余论,跋宗室爵竹画轴后》。

㊱ 唐·张彦远:《历代名画记》卷五。

㊲《竹谱详录·自序》。

㊳ 同注㊲。

㊴ 同注㉕。

㊵ 清·卞永誉:《式古堂书画汇考》卷一三。

㊶ 元·陶宗仪:《南村辍耕录》卷七。

㊷ 宋·苏轼:《文与可画墨竹屏风赞》,《苏东坡全集·前集》卷二〇。

㊸ 元·虞集:《道园学古录》卷一一。

㊹《元曲选》第4册,第1427页,中华书局,1958年。

㊺ 元·孙作:《沧螺集》卷三。

㊻ 清·汪之元:《天下有山堂画艺·墨竹谱》。

㊼ 明·高松:《遁山竹谱·写雪竹口诀》。

㊽ 明·周履靖:《淇园肖影》卷下。

㊾ 清·郑燮:《板桥集·板桥题画》。

㊿ 同注㊺。

㉛ 元·倪瓒:《答张藻仲书》;《清闷阁集》卷一〇。

㉜ 元·倪瓒:《倪云林先生诗集·附录》卷五。

㉝《天下有山堂画艺·墨竹谱》称:"深为嫩叶,淡为老叶。大竹则淡叶居多,小条以浓叶为主。若错乱互异,非其法也。"

㉞ 元·柯九思:《画竹谱》。

㉟ 元·倪瓒:《清闷阁集》卷四。

㊱ 江苏省博物馆:《淮安县明代王镇夫妇合葬墓清理简报》,《文物》1987 年第 3 期。

㊲ 明·徐渭:《徐文长三集》卷一〇。

㊳ 明·沈德符:《万历野获编》卷二三。南宋时已有训练宫女画竹的做法。元·周密《武林旧事》卷七:"乾道三年三月初十日,……太后邀太皇、官家同到刘婉容位奉华堂听摘阮奏曲罢,婉容进茶讫,遂奏太后云:'本位近教得二女童,名琼华、绿华,并能琴阮、下棋、写字、画竹、背诵古文,欲得就纳与官家则剧'。"

㊴ 王世襄:《中国画论研究》第 28、43 章,广西师范大学出版社,2002 年。

㊵ 清·石涛:《苦瓜和尚画语录·了法章》。

㊶ 清·石涛:《大涤子题画诗跋》。

㊷ 同注㊾。

㊸ 清·秦祖永:《桐阴论画》下卷。

㊹ "三绝"指诗、书、画三者均佳。"四全"指诗、书、画、印四者俱全。

《诗经名物新证》序

　　撰写《诗经名物新证》，原是沈从文先生于上世纪 60 年代初提出来的。当时先生有感于《红楼梦》的新注"务实不够，务虚不深，对本文缺少应有认识，因此不能把所提到的事物，放在当时历史社会背景中去求理会"。而纵观中国文学史，他认为无论《诗经》、《楚辞》或乐府诗、唐诗中出现的起居服用等万千种名目，读起来问题都随处可见。所以他希望结合文献与实物，写出一系列名物"新证"。但接踵而至的灾害与动乱，使这类工作陷于停顿。直至四十年后的今天，扬之水同志才在《诗经》方面，完成了宗旨与之相合的一部书。

　　《诗经》与同时代的其他著作不同，它是以纯文学的面貌出现的。尽管《雅》、《颂》和一部分《国风》包含着丰富的史料，在对祖先的颂扬中，历数其功烈，故不妨看做是用诗的语言叙述的古史。由于先民"重实际而黜玄想"的气质及周代社会的审美趋尚，诗人的激情往往以雍雅蕴藉的形式表达，乐而不淫，哀而不伤，怨而不怒，几乎从不在怪力乱神的基调上大声喧哗，和西方英雄时代之史诗的面貌大不相同。这种风格在当时且备受推崇，被认为是遣词的典范，连孔子都说："不学《诗》，无以言！"贵族议政时引《诗》，宴享时赋《诗》，极尽附庸《风》、《雅》之能事。而为"代言"的实用性目的所剪裁，《诗经》常被断章取义、引譬连类，以致《诗》无定指，也就是董仲舒说的"《诗》无达诂，《易》无达占"。《易》是卜筮之书，卦与卦、爻与爻之间千变万化，讲说时容涉玄虚。而《诗经》作为春秋中叶以前我国社会生活之形象的反映，读者本应从其多彩的画面中接触到那个时代的脉搏；"无达诂"就把它们都推到迷雾中去了。这和后世所谓"观诗各随所得"（刘辰翁），"作者之用心未必然，而读者之用心何必不然"（谭献）等强调审美之差异性的见解，不是一个层面上的事，董仲舒的本意也并非从审美着眼。遗憾的是，自汉迄清，对《诗经》的研究大体上总不外讲义理与重训诂二途。讲义理者或遵《诗序》，标榜褒贬美刺；或废《诗序》，宣扬天理人欲，各持一端。其说解常借题发挥，而与《诗》之本身若即若离。重训诂者或将整首诗恝钉分割，虽对一词一事的解释矜慎精审，但对全诗的意义却往往置之弗论。不过纵使如此，两千年来的《诗经》研究毕竟为我们留下了一大笔宝贵的遗产。简言之，今人虽拥有前所未有的有利条件，又可以占有两重证据，却仍不能不通过训诂和考证的方法，先认识《诗》中提及之事物的性状，继而由表及里，探讨其隐约的指喻，再从时代背景和人事际遇上，联系通贯，理清诗旨。也就是说，仍然要在前人已取得的成就的基础上，再作横向的扩展和纵深的开掘。

　　说到我们今天的优势，首先是通过科学唯物史观的阐释，对周代社会的阶级构成、政治体制、经济状况和发展动向的大脉络已能掌握；古文献、古文字、多项历史课题的深入探研和古文物的大量出土，使我们对《诗》中之内容的理解更有依据，对《诗》中之形象的识别更有凭借，更有条件把《诗经》真正读懂。但这样的研究常被认为是"注释型"的，认为它未走出"传统的模式"，缺乏开拓与突破。实际上由于两千多年的时空隔阂，我们对许多诗篇的了解并不透彻。俞平伯先生就曾说："求之训故则苦分歧，求之名物则苦茫昧。"从俞先生的感慨中不难想见一般读者面临的窘况。而且从若干种《诗经》语译本出现的几近离奇的讹误中，还可看到它对专业工作者也形成困扰。因此，在上述分歧和茫昧得以解决之前，诗意颇难准确把握，系统的综合研究和比较研究就不能说已经具备充足的前提。

　　扬之水同志的《新证》则在这方面做了认真而扎实的工作。所用的方法似乎相当传统，但却汇集了一大批崭新的发掘资料，这是由现代中国七十年田野考古的成果所提供，而且多数已经发掘者做过不同程度的甄别和考订。此书从容选取，用以说诗，使之互相印证，互为表里，不少盘根错节的问题遂焕然冰释。读者不难发现，过去相当费解的诗篇，出现在此书中时，已从分歧和茫昧中浮现出来，背景明朗，形象具体，诗意也显出它原有的活泼与清新了。

　　比如先秦时代的车马旌旗、弓矢斧钺，是贵族身分之可炫耀的亮点，因此频频出现在诗篇中。可是其种类繁多，用途各别，常疑莫能明。以当时马车上通用的轭靷式系驾法而论，如不悉其就里，则对《小戎》中的"游环胁驱，阴靷鋈续"，"四牡孔阜，六辔在手"等诗句将不知所云，诗人的骄傲我们也就无从理解。而且当时的戎车之构造相当科学，于古代世界遥遥领先，并在此基础上发展出我国特有的驾车作战的战斗形式。但车战有一套特定的战术，不了解这些规则，则对《清人》中的"左旋右抽，中军作好"，亦将不知所指。而本书作者对出土的车马具、武器及其使用方法均通晓洞达，所以就有可能把一幅先秦时代车驰马骤的画卷展现出来。

　　《诗经》中出现了不少人物，其身分仪容，往往要通过对服饰的渲染，才能使读者获得鲜明的印象。而从西周到春秋，年代虽漫长，遗物中的人像却很少，是中国服饰史上一个薄弱的环节，说《诗》者也在这方面遇到困难。本书却能抉微钩沉，将有限的实物资料与诗句结合得恰到好处。过去对"副笄六珈"、"充耳琇实"、"玉之瑱也"、"象之揥也"等有关首饰的描写，都说得影影绰绰，读起来犹如雾中看花。本书对它们的解释，虽然不追求文物鉴定式的精确，但处处明白显豁，诗意也得以廓清。如《君子偕老》这首诗，过去认为是讽刺卫夫人宣姜的，连主张废《序》的朱熹在《诗集传》中也认为："宣姜之不善乃如此。"但诗中写的衣裳妆饰，却无处不流露出对这位贵妇人的敬意，甚至以"胡然而天也，胡然而帝也"、"展如之人兮，邦之媛也"这样的句子极口称颂，和"五世不宁，乱由姜起"声名狼藉之卫夫人的情况全然不符，则此"邦之媛"自与宣姜无干。"胡然而天也，胡然而帝也"，诗的本意全在赞颂，只是由于受了《序》说的影响，"胡天胡帝"后世竟成为讥讽之辞。本书不仅还诗中主人公的清白，而且通过对"子之不淑，云如之何"的分析，拨动起诗中哀婉的弦外之音，使读者在这一美丽而凝重的形象面前，更兴起深深的感喟。

西周是我国上古最重要的朝代，夏商史迹尚多掩映在考古学文化中，而西周则奠定了古中国的规模，其典章制度，被长期传承，奉为圭臬。远在古公亶父时，已迁岐兴邦。文武定都丰镐，更大兴土木，赫赫宗周，宫宇相望。考古发掘中发现的台基房址，础石砖瓦，所在多有。本书结合对建筑遗迹的考察研究成果，讲解《绵》与《斯干》等篇，于是"缩版以载"的工序，"筑之登登"的场面，"如翚斯飞"的峻拔，"殖殖其庭"的高敞，都被阐释得有声有色。进而，作者又从宗周偏处西土的地理位置，谈到周初君臣已实施在"天下之中"的伊洛平原建立成周，"宅兹中国，自之乂民"的史实。并指出西周经营天下有三个步骤，亦即先后进行的西征、东出、南进等三条路线。其后昭王在汉水的失败，六师覆没，又成为西周向南土发展的大挫折。作者在西周之政治军事形势的阔大背景下，讲《大东》，讲《鼓钟》，就从章句训诂的考证求索，上升为胸怀历史风云的高瞻远瞩，而其视点又随诗章之情节抑扬控纵，宏观和微观错综融会，这样就把诗中人物的身世忧戚交织进历史的苍凉。比如《鼓钟》一篇，前代说《诗》者似未给以特殊重视，本书指出它是追怀南征亡灵之作。展卷再读，遂觉语意痛切，似可遥闻"鼓钟将将"中汹涌着的淮上惊涛。

作者本是写散文的能手，《新证》虽属研究文章，却仍用那种细腻的文笔写成。其考释虽涉及广泛的学术领域，但无不扣紧诗意展开，读时如剥蕉剖笋，作者层层交代，随之柳暗花明，随之云开雾霁，每篇每章都如同直抒胸臆的快人快语。以《七月》为例，这首所谓农事诗罗列的事物太多，叙述的方式又不是直线进行的，看似好懂，其实有不少障碍。作者却把它讲得舒畅明快，娓娓道来，而聚讼与积淀的问题，大都得以解决。它带给读者的是科学的清醒，是诗思的摇曳，虽非句句"达诂"，却与古人有所会心。不过，本书在三百篇中只讲解了十六首，好些好诗还未被说到。如能扩大篇幅，将对《诗经》的研究更有裨益，但这只能俟诸来日了。

（原载《诗经名物新证》，北京古籍出版社，2000 年）

在纪念沈从文先生诞辰 100 周年
座谈会上的发言

今天大家在这里怀着崇敬的心情纪念沈从文先生诞辰 100 周年，场面非常之令人感动。沈先生是我国著名的作家，但在他供职中国历史博物馆的三十多年中，他的身分一直是一位文物学家。我是 1951 年认识沈先生的，直到 1955 年去北大读书以前，和沈先生的接触较多，我所认识的也正是一位作为文物学家的沈先生。

1951 年在北京举办敦煌壁画展，地点为故宫午门。当时我是北京市总工会宣传部的一名干事，办公地点在劳动人民文化宫，离午门非常近，所以经常去。那时候沈先生几乎天天上楼给观众讲解。他讲的重点不是佛像、菩萨像，经变故事虽然也介绍，但他最津津乐道的是历代的供养人，特别是他们的服饰。什么幞头啊，帔帛啊，以前虽然在书本上见过这类名称，但对具体形象却毫无概念。从沈先生那里我才知道它们是什么样子。在服饰史的研究上沈先生是我的启蒙老师。实际上沈先生这时已在着手整理中国古代服饰，1981 年出版的《中国古代服饰研究》总结了他在这一领域中的成就。

沈先生这部书是中国服饰史的开山之作，它系统地叙述了我国从上古到清代的服饰史，而且涉及许多兄弟民族的服饰，内容十分丰富，但文笔却相当简洁。这么说，丝毫不是贬低它的学术价值。在服饰史中，有许多看法是第一次在这里提出来，并被广泛认可、成为定论的。虽然如此，但简洁、生动、全面毕竟是这部书的特点。沈先生本人也一再强调写这部书要"博闻约取"，又说它是用"长篇小说的笔法来写的"。为什么呢？因为沈先生不希望中国第一部古代服饰史成为一般人看不懂的，充满了古怪的名称和古书上的大段引文，成为一部冷僻的书。作为开山之作，许多事物前人不曾涉及，当然需要考证。但他的考证不是把牛角尖里的东西再往更深处推，而是把它们挖出来，摊开来，简单明了地就给解释清楚了。他说的"作为长篇小说"来写，尤有深意。小说当然要写人物，但长篇小说不是水墨写意，逸笔草草，不是剪影，不是卡通，而是写实的大油画；缤纷壮丽，细致入微。沈先生的服饰研究也正是要把古人的形象真正呈现出来，要在文物考古的强光灯照射下，让各朝各代形形色色的人物来一次大亮相。

　　我国历史悠久，无数古圣先贤、仁人志士是中华民族的脊梁，他们永远是激励我们前进的榜样。但由于我国古代留下来的写实的人像作品不多，所以提到一些著名的历史人物时，我们的头脑里往往浮现不出他们的身影。而且，我们的美术界也没有形成创作史诗性的历史人物画的传统，山水画里那些背着手看瀑布的老头只不过是一个符号。清代的仕女画，无论画"麻姑献寿"的麻姑，还是画"黛玉葬花"的黛玉，几乎都是同样的打扮，毫无时代特点可言。一些大师级的艺术家在这方面也不甚在意，比如徐悲鸿先生画的《田横与五百壮士》，画中的田横就穿着隋唐时才流行的圆领袍，佩着明代式样的宝剑。可田横是秦末汉初的人，那件圆领袍比他的时代晚了约八百年，那把剑比他的时代晚了约一千五六百年；要是再晚五六百年，他就该戴上墨镜、别上手枪了。能说这是田横吗？或许有人认为：画家不是历史学家，不能用"历史"或"考古"的框框来要求。是的，您不是历史学家，但您在画历史画，难道可以不懂历史吗？不清楚所画的对象，不明白当时的制度，不理解事件的原委，张冠李戴，汉唐宋元一锅煮，如何能通过画笔描绘出前贤的风采，升华出历史的神髓呢？通过您的画，将一些混乱的概念不负责任地抛给观众，这和卖文化假药又有什么两样？影视界受到"戏说"之风的冲击，更是一个重灾区。比如电视上播出的《三国演义》，曹操的头盔顶部装有一对犄角形物，这种装饰中国古代绝对没有，纯属日本式样，他们称之为"锹形"，是镰仓时代，也就是13世纪时才出现的。曹操是2世纪中叶到3世纪初叶的人，根本没见过这种东西。所以荧屏上出现曹操和刘备开战的场面时，就像是一个耀武扬威的古代日本军官在追杀古代中国兵，让人看了很不是味儿。再如20世纪80年代拍摄的《马可波罗》，一位资深的艺术家兼学者扮演忽必烈。在许多镜头里他都戴着帽子，扮相还看得过去。一次忽然摘下帽来，竟露出一个大光头，就是北京俗话说的"秃瓢"。忽必烈哪里是这样的呀！他应该剃"婆焦"，两鬓垂下用小辫子绕成的发环。这样一位学者型的名演员以及他背后的中外导演，竟连七百多年前中国最高统治者之具有民族特征的发型也缺乏概念，令人感到可叹，说明这个问题应引起注意。这种情况其实相当普遍，这就使"古代"在人们心目中变得相当模糊。而一个民族、特别是其知识界如果对自己的历史只有模糊的印象，那就不仅是可叹而且是可悲了。其实这类问题在沈先生的书里都有答案。所以，沈先生的研究不是象牙塔里的纯学术，而是为社会、为现实服务的。沈先生当年就曾为《蔡文姬》、《虎符》等话剧的演出提供过多方面的资料。今天，在绘画、影视，特别是以历史人物为题材的城市雕塑等方面，都需要让"古人"的穿戴别出硬伤。当然，古代服饰问题不能要求艺术家自己临时去解决，我们应当提供材料，提供研究成果，应当在沈先生开拓的道路上继续前进。

　　另一方面，大家知道，一般说文物具有三重价值：历史价值、科学价值和艺术价值。我们学历史出身的，往往对文物的历史价值特别留心，写文章多半针对其历史价值而发。科学方面因为有专业人士作分析化验，所以也说得比较准。而谈到文物的艺术价值时，却好像无须深究，人人皆知。可是出现在文章里，不是说某件文物"十分精美"，再不然就是"精美绝伦"。对于一些不起眼的陶俑，张嘴也是"栩栩如生"。在沈先生的著作里，当我们读到《古代镜子的艺术》、《谈瓷器艺术》、《龙凤艺术》、《鱼的艺术》等优美的散文时，才真正体味到文物之美，文物才从一般器物中凸现出来，使人另眼相看。就拿沈先生对古代服饰的描写来说，那绝不是干巴巴的流水账，而是让我们看到了从历史中走出来的、有具体身分的人，那么鲜亮，那么优雅，一下子就让人感觉到他们的实际存在。

文物研究往往是多见物，少见人。沈先生强调全面整体地看文物，提出要"上下前后，四方求索"，所以在沈先生研究文物的文章中，总有人的活动呼之欲出。举一个例子，比如《红楼梦》第四十一回"贾宝玉品茶栊翠庵"，说的是贾母、刘姥姥、宝玉、黛玉、宝钗等人到妙玉的栊翠庵喝茶。这是《红楼梦》中一篇精彩的文章，字里行间不乏委婉的讽刺，但表面上不动声色，不露形迹，十分含蓄又相当尖利。这里还有不少所谓"隐喻"，作者不说破，让读者自己去体味，去发出会心的微笑。文中妙玉拿给宝钗喝茶的杯子叫"瓟斝"，是一件葫芦器；上面有王恺、苏轼的刻款。葫芦器是明清时才较常见的工艺品，晋代的王恺、宋代的苏轼怎么会在上面刻款呢？当然是一件假古董。给黛玉用的杯子叫"点犀盉"，是一件犀角杯。犀角杯在当时的豪门富户中不太罕见，但点犀杯就不好说了。因为普通犀角通体呈棕褐色，有的犀角却在中心部位自下而上有一道白缕，这种犀角就叫"点犀"或"通天犀"。唐诗"心有灵犀一点通"，就是拿它来打比方。古代（特别是宋代）很重视这种犀角，因为当时拿它做成装在腰带上的带銙（带板）。横剖开点犀制成的带銙，在棕色地子当中出现一团亮斑，特别惹眼，特别名贵。可是做成杯子得把芯儿掏空，贵重的白缕给掏没了，点犀不通灵了，就不值钱了，所以不可能有用点犀做的杯子。曹雪芹这么写，就把妙玉的假充内行，表面上高雅脱俗，一尘不染，实际上很势利眼，很会逢迎；刻画得入木三分。沈先生以其深厚的文学和文物学的功力，把这些微妙之处剖析得清清楚楚，再看小说原文，简直就活了。可是像人民文学出版社出版的《红楼梦》注释本，却仍把它们解释成"珍贵的古玩"，未免点金成铁。

沈先生的前半生是作家，是用文学作品创造美好的人物形象。他的后半生是文物学家，是解释和重新发现那些不可再生的文物的价值。对于国家的文化事业来说，这两方面的工作都是需要的，难分高下。有人曾认为沈先生的转业是个"损失"，似不尽然。从文博工作的角度讲，倒希望有更多像沈先生这样极渊博、极敏锐又具有极大热忱的学者投身到这条战线上来才好。

（2002 年 12 月 25 日于中国历史博物馆）

后 记

收在本集中的三十五篇拙作，早的一篇（《有刃车軎与多戈戟》）写于1980年，晚的（《从汉代看罗马》）写于2009年，历时凡三十年。此期间笔者一直在原中国历史博物馆、今中国国家博物馆工作，主要任务是研究、介绍本馆展藏的和在他处见到的与之相关的文物。本集中的不少篇都曾作为展陈工作的部分内容，登在展览图录上，备观众看文物时作参考。1980年写的那篇管窥蠡测的小文，也是为配合历博举办的曾侯乙墓出土文物展而作，只不过当时还不兴印图录，所以就发表在刊物上了。

为展览会写文章，不用说都是命题作文。由于题目跟着展览走，所以门类较杂，从陶俑、绘画、服饰、玉器、兵器、饮食器、滇文物、辽文物、龙文物直到古罗马文物等，跨度较大。而且往往都是急茬的，须克期完稿。但好处是可以仔细观赏一些心仪已久之物。展厅内胜迹琳琅，有如群贤毕至，贵客满堂。在这里，若干游移不定的思路有的会被激活，一些悬而未决的设想有时会得到印证。兴奋之余，遂直书所见。可是博物馆人面前屹立着的是观众，对文物的解说，只许清楚明白，不许含糊其辞，更不要说是误导了；所以每次动笔都成为一场拼搏。收入本集的文字尽管全都反复修改过，但只能说是向这方面作了努力，自知偏颇疏漏之处仍然难免。此外集中还收了几篇读书随想，特别是其中对过去有关某类文物之成说提出另外的看法的，肯定更会出现不妥之处。恳请观众、读者、方家多多赐教。

博物馆是文物的殿堂，而文物是人类文化成就之物化的见证。在博物馆服务，有幸和这些世间珍异朝夕谋面，没有理由不掬其丹诚、倾其绵薄，去揭示它们的内涵，阐扬它们的意义。唯仰观各类文物之博大，俯察自己的这点体会之粗浅，每不胜惶汗。在祖国的文物宝山之前，一名老兵也正和一名新兵一样，只有从头迈步，努力登攀！

作 者
2011年于北京